麦读
MyRead

走向上的路　追求正义与智慧

LAST CALL
The Rise and Fall of Prohibition

最后一杯

[美] 丹尼尔·奥克伦特　著

钟志军　罗梦玲　译

美国禁酒令的立与废

中国民主法制出版社
全国百佳图书出版单位

狂热
与
野蛮
只有
一步之差

《美利坚合众国宪法第十八修正案》

1919 年 1 月 16 日批准通过

第一款　自本修正案批准期满一年之后,禁止在合众国及其管辖的一切领土内酿造、出售或运输作为饮料的致醉酒类;禁止此类酒类输入或输出合众国及其管辖下的一切领土。

第二款　国会及各州均有权通过适当立法实施本修正案。

第三款　本修正案除非在国会将其提交各州之日起七年以内,由各州议会按照合众国宪法规定批准成为宪法修正案,否则不发生效力。

目　录

序言：1920 年 1 月 16 日

旧金山，大街小巷已经堵成一锅粥。小轿车、大卡车、马车等各种能够运送货物的交通工具，此时此刻都爆燃出全部动力，努力穿过起伏陡峭的城镇道路。路边房屋门廊下、楼梯走道里，以及人行道上，各种板条箱子堆砌如山。这些箱子里装的都是特殊货物，一定要抢在明天午夜前运达。因为过了后天零时，这些货物就变为非法商品了。当地报纸已经报道，无论何人所拥有的啤酒、烈酒以及其他酒精饮料，只要在当天午夜之前没有运到家，即使堆放在门前的也属非法商品，将遭受严厉打击。两周之前的新年夜，是禁酒令全面生效前的最后一个新年夜。当晚，狂欢的人们挤爆了旧金山全城的旅店和私人俱乐部，以及邻近的酒馆和码头小卖部。空气中弥漫着末日来临前绝望狂欢的气息，酒窖、俱乐部酒柜、银行金库、保险箱等各种角落里珍藏多年的美酒纷纷重见天日，很快被一饮而空。1920 年 1 月 16 日，过了此日，阳光远离大地，黑暗笼罩天穹。

和美国其他城市一样，末日狂欢的旧金山对至暗时刻的到来并不感到震惊。政府早在一年之前即已警示国民：自 1920 年 1 月 17 日起，只有放在居民家中的酒精饮料才是合法的。若往前追溯，美国人在过去几十年中一直经历着规模空前的禁酒社会运动。社会卫道士、进步主义者、女性参政权运动分子、排外主义分子,共同组成了强大的禁酒运动联盟,最终完成了修宪大业,通过崇高的宪法修正案迫使全社会遵从他们禁酒的意志。

旧金山北部的纳帕谷(Napa Valley),葡萄园主们已经铲掉了葡萄藤,改种各类果树。一位作家写道,"几年之前,全面禁酒还是天方夜谭,未料到转眼竟成事实"。旧金山南部,斯坦福大学学生会主席、校棒球队明星球员、美国奥运会田径队候选队员——肯·利来(Ken Lilly)正和两位同学驾车在圣荷西午夜的街道上飞驰,慌忙之中撞上了电话线杆。利来与一位同学身受重伤。他们能恢复健康,但他们车上运载的装有40加仑葡萄酒的酒桶却没法恢复完整了。醇厚的美酒,染红了圣荷西的街道。

在最后一晚的酒龙头流干之前,全国上下为了酒忙成一团。纽约城里,名为"黄金美酒"的商店把最后的存货放在柳条篮子里摆在路边,打着"一美元一瓶"的广告甩卖。蝙蝠·马斯特森(Bat Masterson)是狂野西部时代的传奇人物,后来在纽约转行做了体育专栏作家。如今,68岁高龄的马斯特森孤零零地坐在他心爱的酒吧里,忧郁地凝视着杯中的茶,见证了禁酒令生效的第一个午夜。美国糖胶公司(American Chicle Company)在报纸上打出巨幅广告——"再见了,老伙计!"标题之下画了一支马蒂尼酒杯,向人们传递来自巧克力的安慰——"美味丝滑,抚慰您的味蕾。"

同一天晚上,底特律的联邦执法人员关闭了两家非法酿酒作坊(这类作坊在此后数年中遍地开花),指控两家作坊的老板行贿官员(在之后更加普遍)。加拿大新布朗斯维克省(New Brunswick)的报纸报道称,有大量加拿大产的私酒被藏匿在缅因州北部森林中,正源源不断地通过汽车、雪橇、冰上滑行船乃至人力等各种方式发往美国。而就在此时的华盛顿大都会俱乐部里，助理海军部长富兰克林·德拉诺·罗斯福（Franklin D. Roosevelt）正与其哈佛大学 1904 届的同学们觥筹交错，谈笑风生。

　　当然，也有很多人为新的一天的到来而欢呼雀跃。为修宪禁酒奋斗了几十年的革命者们发起规模庞大的集会和祈祷会，以庆祝伟大的胜利日。集会中，到处可见象征"酒精恶魔"的大麦·约翰（John Barleycorn）的葬礼雕像。汹涌人潮中，没有谁的热诚可与比利·森迪（Billy Sunday）牧师相提并论。森迪在弗吉尼亚州诺福克（Norfolk）举办了一场布道会。面对会堂上万信众，他正式宣告了"酒精恶魔"的死亡和人间天堂的降临。森迪说道："泪水的统治已经终结，贫民窟将迅速变成回忆。我们会把监狱变成工厂，拘押房变成玉米仓库。男人再次昂首挺胸，女人重新找回笑容，儿童回归欢乐时光。地狱，将永远空荡荡！"

　　如此宏大的胜利号角的吹响，自然少不了"反酒馆联盟"（Anti-Saloon League）（以下简称 ASL）——美国历史上最强大的，也是唯一一个通过持续不懈的政治运动改变了宪法条文的政治运动团体的身影。如今，在赢得最终胜利之日，ASL 宣称，"午夜后的第一分钟，一个新的国家诞生了"。禁酒令一出，天涯共此时。坚决反对禁酒的《纽约世界报》（*New York World*）的编辑们和禁酒分子一样，也经历了一个新国家的诞生。该报发文称，"午夜十二点的钟声已过，依照宪法建立，并存续了 131 年之久的美国政府，已经不复存在"。时任内政部长的富兰克林·K. 兰恩（Franklin K. Lane）精确地描绘了正在走向新纪元的美国。"整个世界正在偏离、扭曲、变形，或者说完全违背了应有的理念……"兰恩在 1 月 19 日的日记中写道,"爱因斯坦打开了涨落理论的规律。酒——动荡世界给予人们安慰的朋友——却被宣告了死亡。万事万物随之化为灰烬,如在地狱中舞蹈"。

这一切是如何发生的? 为何一个视自由如生命的国家,会决定放弃自欧洲殖民者抵达新世界以来一直为个人所拥有的权利? 他们是如何将位列全国第五的庞大产业宣布为非法并彻底禁止的? 他们是如何在神圣的宪法文件中增加了仅有一次先例的 112 个单词的? 除此前的一次例外,美国宪法原文及前十七条修正案的核心原则均意在限制政府公权,而非限制公民私权。现在,美国宪法的原则有了两个例外:不得蓄奴,不得买酒。

很少有人能认识到禁酒令诞生与发展背后的复杂性。实际上,1920 年 1 月 16 日,标志着一系列革命性社会变化及其冲击的到来。在整个 19 世纪里,酒精泛滥问题一直困扰着美国社会,激励着一代代人走向政治舞台。这些人将其诉求转变为政治实践,并发展成一种政治运动样板,为后来的一百余年树立了榜样。在实现其政治理想的过程中,禁酒运动团体还促使一个全新联邦税收体系的诞生,将国内政治诉求融入国家对外战争,并为社会边缘人士争取了普选权。在未来的岁月里,他们的成就将引领美国穿过历史的曲折反复,改写公民和政府的立国契约,重新定义男人和女人之间的社会地位与关系,并引发政党之间的历史性分化重组。

在 20 世纪 20 年代,有谁会想到,表面上只不过表达了禁酒这一个立法目标的第十八修正案,会在国际贸易、快艇设计、旅游业、软性饮料和英语语言等领域引发翻天覆地的变化? 又有谁会想到,它会导致第一个全美犯罪集团的建立、私人宴会主题的变化、妇女对除选举权以外政治问题的深入参与,以及拉斯维加斯的诞生? 根据最高法院的解释和国会的理解,禁酒令也间接成为美国女性堕胎权的法理基础,同时粉碎了美国女性对《宪法平等权利修正案》的希望。

禁酒令改变了我们的生活方式,从根本上重新定义了联邦政府的角色。那么,它究竟是怎么产生的?

第一部分

不屈抗争

一个家庭、一个民族，如果饮酒节制，正常情况下他们自然会提升到更高的文明层次；反之，如若沉沦于酒精，终将覆灭。

——里奇蒙·霍布森

1914 年 12 月 22 日，于美国众议院。

第一章

大地惊雷

在美国的历史长河中,大部分河段都弥漫着酒精的气味——这个国家跋涉其中、徜徉其中,有时甚至淹溺其中。1839 年,在美国旅行的英国皇家海军军官、作家弗雷德里克·马里亚特(Frederick Marryat),见到酒在美国人生活中的无处不在,感到异常震惊。"如我所闻,美国人如果不喝点酒,什么事都干不成。"马里亚特在《美国游记》(*A Diary In America*)中写道,"见面,喝;分别,喝;初次认识,喝;完成谈判,喝;反目成仇,喝;言归于好,喝;天气炎热,喝;天气寒冷,喝。选举获胜,举杯畅饮以助兴;选举落败,酒入愁肠歌以怨;一日之酒,始于晨,罢于夜;美国人自少年之时就开始饮酒,继而乘醉过一生,直至迈入坟墓"。

美国人读到马里亚特上校的这些话,不会有一丝惊讶之感。美国人对于酒(更为恰当的说法应该是酒精功效)的爱好源自先辈清教徒。他们所坚守的清教徒式生活原则向来以严格著称,但各种清规戒律中却不包括戒酒。要知道,把约翰·温斯洛普(John Winthrop)送到马萨诸塞湾殖民地的船上,除了第一批殖民者,还装载着 1 万多加仑的烈酒,以及 3 倍于水的啤酒。1722 年,16 岁的本杰明·富兰克林(Benjamin Franklin)整理出了 19 个关于"醉酒"的表达词汇;15 年后,他在《宾夕法尼亚公报》(*Pennsylvania Gazette*)上把相关词汇数量增加到了228 个,甚至包括"Juicy"(刺激的)一词。截至 1763 年,仅在新英格兰地区就有多达 159 家酿造朗姆酒的商业酒厂。而到了 19 世纪 20 年代,酒水供应量更是大增,以至于酒的价格远低于当时的茶叶价格。

在合众国早期,饮酒已经不仅仅限于在家庭或教堂之中,而是成为社交生活的必备元素之一。用历史学家 W. J. 罗拉巴赫(W. J. Rorabaugh)的话来说,"美国人自黎明破晓之时就举杯饮酒,整日不停,直至下一个黎明破晓"。在农村地区,农民们会在门旁放一桶烈性苹果酒以供家人、来客或者任何路过之人取饮。《纽约论坛报》(*The New York Tribune*)主编霍勒斯·格里利(Horace Greeley)曾忆及,他们家门旁的酒桶每周都要重新加满)。研究食物史的学者迈克尔·波伦(Michael Pollan)指出,"历史上美国农村家家户户都有自己的果园,每年可酿造出成千上万加仑的苹果酒"。在城市里,普通工人在周末通常要大吃大喝,饮酒作乐。如果有人到了周一仍然躺在家醒酒,耽误了上工,大家都会觉得稀松平常,没有人会认为有何不妥之处。直到1830 年,每到上午 11 点和下午 4 点,城镇的钟声就会响起,提醒大家"饮酒时刻"到了。如马克·爱德华·伦德(Mark Edward Lender)和詹姆士·柯比·马丁(James Kirby Martin)在名著《美国饮酒史》(*Drinking In America*)一书中所道:"时间一到,工地、办公室以及商店里的工作人员不约而同地放下手头工作,抄起酒壶,开怀畅饮。彼时人们普遍认为,无论大人小孩,是男人就'绝对必要'在早晚去喝上几杯酒。甚至学校的孩童也会偷空咂上几口威士忌。"自 1782 年起,美国陆军士兵每天的口粮开始包括 4 盎司威士忌。乔治·华盛顿(George Washington)

将军自己也曾说过,所有部队都认为适度饮用烈酒有益身体健康。关于饮酒的好处,不言自明,无可争议。

饮酒习惯也渗透富裕阶层日常生活的方方面面。乔治·克林顿(George Clinton)曾于1777—1795年间担任纽约州州长。在宴请法国大使的一次晚宴上,州长的120名宾客总共喝掉了"135瓶马德拉酒、36瓶波特酒、60瓶英国啤酒,以及30大杯朗姆潘趣酒"。乔治·华盛顿在自己的农庄一直保有一套酿酒设备。约翰·亚当斯(John Adams)每日晨起之后,也要喝上一大杯烈性苹果酒。托马斯·杰斐逊(Thomas Jefferson)口味广泛,对各类美酒佳酿来者不拒。除了自己远近闻名的美酒藏品,杰斐逊还钟爱自酿的黑麦威士忌。詹姆斯·麦迪逊(James Madison)的酒量也颇为了得,每天至少要喝掉一品托威士忌。

1810年,年轻的美利坚合众国建国尚不足20年,然其境内酿酒厂的数量却已超过1.4万家,较建国之初足足增长了5倍。到了1830年,美国成年人的豪饮能力更是令人咋舌——平均每人每年足足要喝掉7加仑的纯酒精。按照当代标准折算,相当于每个现代人每周要喝掉1.7瓶80美氏度①的酒*,或每个成人每年喝掉90瓶(还要把高达300万的戒酒成年人也计算在内)。直观理解,19世纪时美国人均饮酒量,相当于现代美国人的3倍。

33岁的亚伯拉罕·林肯先生也曾为我们描绘过伊利诺伊州桑加蒙县(Sangamon)的日常生活图景。1842年,林肯在一次戒酒聚会上说

① 美氏度即Proof,是常见的酒精度数的2倍。(本书脚注,标*号的为作者原注,标数字序号的为译者注)

* 历史学家、人口学家和经济学家从各种数据中来获得酒类消费统计数据,包括生产记录、税收收入,以及令人不快的因肝硬化而死亡的人数。

道："我们发现人人都对酒有爱恨交加的纠结——从初生的婴儿到将死的老人，一生都无法摆脱。酒，就是带来毁灭的魔鬼。"

　　对于林肯当时所处的时代而言，"戒酒"（Temperance）一词的内涵相比之后的年代要温和得多。在此前几十年中，这个词语只是表示人们在饮酒数量和种类方面均保持节制而已。美国著名医生、戒酒运动倡导者本杰明·拉什（Benjamin Rush）认为，人们若想戒酒，不妨用啤酒和葡萄酒替代烈酒作为过渡；对于一时难以改喝温和酒类的人群，他建议可以换喝混合鸦片的葡萄酒，或直接喝鸦片酒作为过渡。这就是当时作为美国著名的医生、独立宣言签署人、杰斐逊和亚当斯好友的本杰明·拉什所提倡的戒酒方式。在历史学家 J.C. 福纳斯（J. C. Furnas）的记忆里，他认识的拉什先生是"一个整日酩酊不醒的醉汉，一个靠近火焰打个喷嚏就肯定会被烧成灰的家伙"。

　　1821 年，哈佛大学文学教授乔治·蒂克纳（George Ticknor）曾警告托马斯·杰斐逊，如果美国的烈酒消费量继续保持目前水平，"我们的国家将和酒鬼乐园没什么两样"。到了 1830 年，美国每年人均 7 加仑的酒精消费量验证了蒂克纳的担忧。威廉·劳埃德·加里森（William Lloyd Garrison）也是酒精受害者。他的父亲沉迷于饮酒不能自拔，在小威廉年仅 13 岁时弃家出走。深感酒精之害的加里森为其所发起的戒酒运动设计了一个响亮的宣传口号——"节制饮酒是滑向酗酒深渊之路"。作为安德鲁·杰克逊（Andrew Jackson）总统的战争部长，刘易斯·卡斯（Lewis Cass）将军取消了士兵的威士忌酒配给，并且禁止在军队的要塞和营地中饮用含酒精的饮料。但卡斯将军能够推行饮酒禁令，其实得益于军队饮水质量的改善。在此之前，军队缺乏必要的净水设备,不能保证清洁的饮水供应,不得已的情况下只能配备威士忌补充身体所需水分。

　　大致在同一时期,美国第一波反对饮酒的社会思潮业已初步成型。1840 年,六个酒鬼在巴尔的摩市(Baltimore)一家小酒馆中共同宣誓彻底戒酒,这便是后来大名鼎鼎的"华盛顿人戒酒行动"(The Washingtonian Movement)。相较于后来的各类戒酒主题运动,华盛顿人戒酒行动并无标新立异之处。参加或支持此项运动的成员并不诉求改变立法,也不将糟糕的处境归咎于酒馆老板或酿酒商,他们仅仅是让嗜酒者立誓戒酒而已。在一场谴责酒精泛滥的演讲中,亚伯拉罕·林肯(他认为强制禁酒是个糟透了的主意)盛情赞美了华盛顿人戒酒行动纯粹依靠"信念、友善、谦逊劝告的行动方式,……他们所要劝告和说服的对象都是他们的老朋友和同事们,而非恶魔"。

　　华盛顿人戒酒行动的策略虽不包含任何强迫元素,但其实际运作方式却并非林肯所理解的那样谦逊。根据美国史料记载,依靠传道者们激烈雄健的修辞,该运动影响了约 30 万至 60 万男性脱离酗酒深渊。"深渊里的人啊,打碎你们身上燃烧的锁链!"约翰·巴塞洛缪·高夫(John Bartholomew Gough)向他的听众鼓励道,"身披烈火,与地狱的火焰共舞,用你们的欢呼声,嘲笑酗酒的诅咒!"作为华盛顿人戒酒行动中最为成功的布道者,高夫也是一位改过自新的酗酒者(或者更为准确地说,是一位改过自新的舞台演员)。在 1843 年一年中,他独自一人举办了多达 383 场演讲。次年,高夫在波士顿广场举办的一场戒酒活动足足吸引了两万多名信众参加,他本人自此也在全美名声大噪。

　　1844 年,高夫参加了另一场盛大的戒酒集会活动。意外的是,因为堕落、奢靡的生活被曝光,他很快发展成为一场全国性丑闻的主角。

活动期间,高夫连续六天饮酒作乐,后来在曼哈顿下城区靠近百老汇和运河街的一家妓院被人认出。丑闻曝光后,高夫声称自己当时被人下了迷药,导致难以自制地喝了一顿酒。期间他声称,"我看到一个身着黑衣的女子,但我没有引诱她,她也没有引诱我"。据传言,他自丑闻曝光后就变成了一个彻底的禁欲派信徒,并在之后的 34 年中继续在各地发表演说。终其一生,高夫一共发表了超过一万场关于禁酒的演讲,累计听众超过 900 万人。听众之中,有一名旧金山市土地测量员。为了表示对高夫的崇高敬意,这位土地测量员以高夫的姓名命名了旧金山市的一条主干道。丑闻爆发后,原本的荣誉之举却显得极度讽刺。

　　回顾 19 世纪 40 年代的戒酒运动,华盛顿人戒酒行动的信徒们是最为令人敬佩的群体。他们通过"和平与爱的布道",改变了许多人的生活。"然则不幸的是,戒酒行动并没有彻底解决问题,恶魔的圈套依然到处都是。在这些被改变的人中,后来又有许多重新堕入更为黑暗的深渊。因此,我们现在的宗旨改变了,我们需要的是——**禁酒**(**Prohibition**)!"

　　显眼的感叹号是菲尼亚斯·泰勒·巴纳姆(Phineas Taylor Barnum)标志性的风格。"禁酒"一词,简单易懂,指向明确。自此以后,大写的 P 有了新的含义。禁酒——通过立法将绝对禁酒主义强制施加于不情愿的人——一个原本深藏于心不敢外露的虔诚梦想,在 19 世纪 40 年代却被转换成为新的战斗口号。在此过程中,巴纳姆或许是举国公认的最重要的推手。他是一位坚决无情的劝导者,善于运用多种宣传技巧劝说人们跟从他的誓言。巴纳姆在纽约经营了一家美国博物馆,他会吸引观众参观他的丰富收藏,如"吉普赛人、白化病人、肥胖男孩、巨人、侏儒以及颅相的漫画"，但这些仅仅是表演揭幕的噱头而已。吸引观众的目光后，巴纳姆会极力引导他们进入博物馆内的剧场，观看"符合道德标准的道德戏剧"。其中，《醉汉，或堕落的被拯救者》（*The Drunkard；Or The Fallen Saved*）*是一出非常著名的通俗剧（该剧第四幕中主角的奢华表演在当时尤为流行），单场观众高达3000人。

巴纳姆仅仅是成千上万倾向实现完全禁酒的美国人中的一员。正如其所言，"我们已经认识到禁酒关乎人类生死——要么我们消灭酒精，要么酒精消灭我们，以及我们的亲朋好友"。人们对此坚信不疑，因为"尼尔·道（愿上帝保佑他！）已经让我们睁开了双眼"。

尼尔·道（Neal Dow）是缅因州波特兰市（Portland）一位成功的商人。1827年，24岁的尼尔·道成功劝说志愿消防队颁布禁酒纪律，自此在家乡一鸣惊人。当时的消防员们酗酒严重，经常在各种"滑稽的场合"暴露出酩酊大醉之态，相当令人不齿（虽然他们当时也相当享受）。消防员们对此或许也有自知之明，觉得有改变的必要，于是被尼尔·道那种烈火般的激情所感动（也可能是被吓到或被震惊到了）。

尼尔·道的主要理念契合改良主义者的诉求，获得了广泛拥护，反过来又促使其成为禁酒运动的中流砥柱。他的父亲是一位杰出的废奴主义者，曾外祖父拥有"健壮的体格和强大的精神"，有一个令人难忘（且有预言性）的外号——憎恨邪恶·霍尔（Hate-Evil Hall）。他的家族经营着一家效益可观的制革厂，尼尔·道在30多岁时已经是制革厂

---

* 《醉汉，或堕落的被拯救者》是当时美国最为成功的商业戏剧，其地位直到数年后《汤姆叔叔的小屋》出现方被取代。该剧以贯穿整个19世纪的戒酒运动为主题，上演后经久不衰，直至1964年退出舞台。之后，该剧被21岁的巴里·马尼罗改编成一部不太受欢迎的音乐剧，不久即结束了演出。

的负责人了,他组织部分波特兰市的雇主成立了一个小团体,取消雇佣工人每日的"11 点小憩"(喝酒时间)福利。1851 年,尼尔·道当选波特兰市市长,旋即游说缅因州议会通过全美第一部州范围的禁止酒精法案。根据该法案,州政府可对违反禁令销售酒精的人员课以罚款,对参与生产酒精的人员处以监禁之刑。

众所周知,《缅因禁酒法案》(Maine Law)的施行对美国禁酒运动产生了深远影响。那些因华盛顿人戒酒行动而风起云涌的反酒精运动团体,在此之后纷纷效仿并遵循《缅因禁酒法案》的成功之路,开始在其他十几个州推行禁酒立法(其中几个州的做法比缅因州更为激进)。例如,佛蒙特州的法案强制要求被拘留的醉酒者告发卖给他们酒的商人。随着尼尔·道的经验在全国各地推广开来,他也成为一位举国闻名的风云人物,其崇拜者不仅有巴纳姆这样的商人,还包括当时的许多著名公共人物。各种赞誉之声随之而来,有些人对尼尔·道的崇拜之情无以复加,以至于显得狂热。例如,当时著名的教育改革家贺拉斯·曼(Horace Mann)不仅尊称尼尔·道为"道德领域的哥伦布",而且还将他主导的《缅因禁酒法案》的意义与印刷术的诞生相提并论。此时此刻,禁酒已不再是一项推进中的社会运动,业已演变成一种社会狂热。

物极必反,盛极必衰。禁酒的社会狂热也不例外。共和党政客们此时正忙于废奴大业,非常担心禁酒主义风潮会割裂社会,恐其削弱他们以废奴议题团结起来的青年团体的凝聚力。1855 年,波特兰市爱尔兰裔移民中反对尼尔·道及其禁酒政策的人群发起骚乱。6 月 2 日当晚,参加抗议的队伍人数超过 3000,群情激愤。见此乱状,尼尔·道命令州属民兵镇压抗议人群,导致 1 人死亡,7 人受伤,举国哗然。在接下来的几年里,多个施行类似《缅因禁酒法案》的州相继通过立法推翻了相关禁酒法令,缅因州也位列其中。

波特兰市爱尔兰裔群体的反抗,可被视为未来风暴的预演。在接下来的70多年中,外来移民群体对禁酒运动及相关禁酒法律的敌意丝毫不减,且不限于单一族裔群体。总体而言,欧洲移民对有关限制酒精立法的反对激烈程度排名如下:爱尔兰裔、德裔、意大利裔、希腊裔、南欧斯拉夫裔,以及东欧犹太裔。虽然烈酒及啤酒在生活中至关重要,但上述"排名"也暗示着这些移民群体尚未就酒的议题形成政治活动团体。美国内战期间,政府强征啤酒税以扩大财政收入,只有德裔啤酒生产商才表现出集体行动的意识,团结起来反抗政府的征税。

然而,即使像美国啤酒酿造商协会(United States Brewers' Association)(以下简称USBA)这样强大、富裕、自私自利的团体,也会遇到势均力敌的对手——女性。双方之间的斗争足足持续了半个世纪之久。在女性一方中,生活在东北部和中西部地区小城镇的盎格鲁–撒克逊新教徒表现尤为突出。1873年,一位57岁的家庭主妇作为领导者,带领她们投入了战斗,第一场攻势在她的家乡俄亥俄州希尔斯伯勒市(Hillsboro)发起。在她们的队伍中还有一位知名的导师,他一直倡导女性禁欲、贞洁生活、体育运动、健康饮食、宽松衣着,维护女性权利。在此人的鼓励下,这位家庭主妇带领一群女性跪在了一家酒馆门前。

每当迪奥克莱西恩·刘易斯(Dioclesian Lewis)博士出现时,通常都能迅速吸引大批围观群众。"迪奥"是刘易斯给自己起的绰号。因为长相高大帅气,他在当时有"超级鲜肉迪奥"的盛名。刘易斯并非真正的博士,他的医学博士头衔是一所自然医疗学院授予的荣誉学位,但这并不妨碍他的多重社会身份:教育家、健身达人、健康饮食提倡者、畅销书作家，以及当时全国一流的演说家——对自己的观点谜之自信，对他人的批评不屑一顾。此外，迪奥还是懒人沙发的发明者。

1873年12月22日，刘易斯的演说车队停驻在希尔斯伯勒市，此地位于辛辛那提市（Cincinnati）以东50英里处，有约5000名居民。当晚，刘易斯的演讲主题是《我们的女孩》（Our Girls），和他的新书同名。紧接着，他又发表了一番关于酒的即兴演讲。刘易斯在演讲中号召希尔斯伯勒市的女性团结起来，借助祈祷的力量，把酒馆驱逐出人们的生活。与众不同的是，刘易斯没有让女性们祈祷上帝惩戒的神力，而是求助于卖酒的商人，而且最好是与店家一起祈祷。

次日早晨，75名希尔斯伯勒市的女市民两两一组列成长队，从一所长老会教堂走出。整个队伍整齐有序，高的人位于队尾，矮的人列于队首，领头的就是大名鼎鼎的艾丽莎·简·特林布尔·汤普森（Eliza Jane Trimble Thompson）。艾丽莎出身名门，父亲是俄亥俄州州长，丈夫是当地的一位知名法官，两人养育有8个孩子。在此之前，她甚至从未在公开场合发表过讲话，更不用说带领一支队伍公开游行了。在教堂集合时，艾丽莎被游行队伍推举为领头人。虽然在教堂出席聚会的人们都支持戒酒，可谓志同道合，但直到走出教堂大门之前，艾丽莎依然战战兢兢。当时她已经57岁了，是一位虔诚的卫理公会教徒。艾丽莎带领队伍跨出教堂的温暖庇护，共同唱着约翰·卫斯理（John Wesley）翻译的德国赞美诗《让恐惧随风而去》（Give To The Wind Thy Fears），迈着坚定的步伐，走入凛冽的寒风。

自平安夜开始后的10天里，汤普森修女带领她的队伍走遍了希尔斯伯勒市酒馆、旅馆、药房（大多都按杯卖散酒）。每到一个地方，她们都跪在地上，祈祷店主的心灵获得救赎。这些妇女分成多个小组，每6

个小时换一次班,轮流从家中赶到清单上的下一家酒馆,不停地祈祷、歌唱、朗读圣经。辛辛那提市当地报纸称,她们的行动引发了前所未有的轰动,上一次出现如此影响力的新闻还要追溯到12年前引发南北战争的南方联盟军队攻击萨姆特要塞(Fort Sumter)事件。如果店主允许她们进入店内,她们会跪在污秽不堪的锯末地板上,全然不顾上面经年累月积攒下来的酒水污渍和呕吐物。如果店家没有同意入内,她们就直接跪在门外,蜷成一团以抵抗刺骨的寒风。在威廉·史密斯(William Smith)的药房里,店主跟她们一起祈祷,当场发誓自此以后再也不卖酒了。在马德尔酒馆外,顾客们背倚房屋的墙壁,手插在口袋里,围观她们跪地祈祷。虽然她们的祈祷谦逊、炽烈,但看客们却无动于衷。

希尔斯伯勒市的行动开启了禁酒圣战。从中西部开始,禁酒运动如飓风一般横扫美国,直至纽约州及新英格兰地区,所到之处摧枯拉朽。在11天的时间里,汤普森修女与其姐妹们成功劝说镇上13家酒馆中的9家关门停业。没过多久,华盛顿科特豪斯市,幡然醒悟的酒馆老板自愿将酒倒入沟渠。1874年1月到2月间,圣战之火从俄亥俄州烧到了印第安纳州。仅仅在这两个州,联邦酒税的征缴额就急剧减少了30万美元。在全国范围内,有110多个市镇范围内经营酒水的场所全部"屈服"于汤普森修女掀起的这场飓风。

然而这场飓风并未持续太久,仅仅几个月之后便偃旗息鼓。有些酒馆依然关门,但大部分都重新开张了。不过这并非意味着汤普森修女的努力和神圣的热情是徒劳无功的。在这场飓风的影响下,许多城镇上的酒馆老板被社区所驱逐、遗弃。安德鲁·辛克莱(Andrew Sinclair)在《过剩时代》(*Era Of Excess*)一书中引用剧作家谢伍德·安德森(Sherwood Anderson)的回忆,展现了当时俄亥俄北部城镇的酒馆老板们的尴尬境遇——"他们在大街之上,弯腰低头走路,悄无声息。他们的妻子儿女很少露面,过着与世隔绝的生活。"

因为这场神圣运动,艾丽莎·简·汤普森为其追随者所颂扬,他们亲切地称呼她汤普森修女。汤普森修女的成就,离不开这条神圣道路上的开拓者们。和华盛顿人戒酒行动差不多同一时期,纽约北部地区的一个妇女团体也开始自发组织起来开展禁酒活动。也正是这个群体,在未来会接过汤普森修女的旗帜,将她发起的运动以及她的理想继续向前推动。其中包括:苏珊·B. 安东尼(Susan B. Anthony),一位小学教师;以及伊丽莎白·凯迪·斯坦顿(Elizabeth Cady Stanton),一位记者的妻子。数年后,露西·斯通(Lucy Stone)和阿梅利亚·布鲁默(Amelia Bloomer)也加入了她们的队伍。

四处爆发的禁酒运动带来的一个直接影响就是女性参政权运动。为了宣传节制饮酒的改革理念,阿梅利亚·布鲁默建立了自己的报纸——《水桶报》(*The Water Bucket*)。与此同时,露西·斯通创办了《百合花》(*The Lily*),后来发展成为女性参政权运动早期重要的宣传刊物。斯通认为,"饮酒不节制严重损害了女性的幸福生活……面对压制女性的这座大山,她自然有权利拿起笔作为反抗的武器"。苏珊·安东尼在青少年时期就对共和党充满了恐惧,因为他们的党魁是马丁·范伯伦(Martin Van Buren),人称"威士忌·范",对任何酒水皆来之不拒。在禁酒运动的推动下,苏珊加入了女性参政权运动。

1849 年,苏珊·安东尼在"戒酒女儿联合会"(Daughters Of Temperance)举办的集会上发表了第一次公开演说。对于苏珊·安东尼的演说，"儿子们"就不太买账了。1852年，在奥尔巴尼市（Albany）举办的"戒酒儿子联合会"（Sons Of Temperance）集会中，主办方以其女性身份为由禁止苏珊·安东尼登台演讲（活动组织主席称"这位姐妹不应登台演说，而应在台下聆听学习"）。同年，"纽约州戒酒协会"（New York State Temperance Society）在锡拉丘兹（Syracuse）举办集会，也以同样的理由禁止苏珊上台演讲。1853年，"世界戒酒协会"（World Temperance Society）在纽约市举办盛大集会，同样的情况再次上演（阿梅利亚·布鲁默也被请出了会场）。在此之后的半个世纪中，苏珊·安东尼和伊丽莎白·斯坦顿并肩战斗，献身于女性参政权运动。

对于厌恶酒精的人而言，酒精就是魔鬼。但可能会有人认为，如果没有所谓"酒精魔鬼"的存在，就不会有那么多富有才华与激情的女性投身于女性参政权运动，并不断取得进步。1928年，评论家吉尔伯特·塞德斯（Gilbert Seldes）说道："假如美国在1800年就有了禁酒令，女性参政权运动分子也会在同时期出现，并在过去的一百多年中演化分散到其他各类民间知识分子团体中。"塞德斯认为，女性团体在19世纪中期之所以开始迫切期望拥有选票，是和酒精泛滥问题密不可分的：她们希望关闭随处可见的酒馆，或者至少加以规制。她们希望拥有自己的财产，以保护她们家人的财务安全，不至于被沉迷酒精的丈夫们挥霍一空。她们希望能够有权和丈夫离婚，还要把那些家暴妻子的男人们统统关进监狱，保护孩子们免受恐吓。为了达到这些目标，她们迫切需要改变把已婚女性视作男人所属"动产"的不合理法律制度。而为了改变法律，她们需要选票。

但是，彼时距离女性参政权的实现还需要几十年的时间。19世纪40年代，众多女性决定团结起来，向她们的丈夫发出威胁——如果丈夫们不能"戒断酒精"，她们就"戒断爱欲"。然而这一努力同样迅速走向失败，没有掀起大的波澜，酒精依然不断地渗入这个国家的每一寸肌理之中。路边的酒馆在为路过的旅客们提供就餐和休憩服务的同时，也为临近城镇和农场的居民们奉上一瓶瓶的酒水。对于这些男人而言，喝酒名义上是为了从日常沉重的劳作中获得一刻放松，但实际上更多是为了逃避对家庭和亲人的责任。哪怕只是片刻的沉醉，也是宝贵的欢愉。对他们而言，在酒馆里饮酒的重要性和酒馆之外的生活同样重要。毕竟，饮酒是通往"遗忘之境"的最短路径。

整日酩酊大醉的丈夫和父亲，已经为女性们带来了足够多的痛苦。但对许多农村地区和偏远小城镇的女性们而言，她们还需承受早期酒馆所衍生的其他损害：酒瓶掏空了钱包，夺走了工作，荒芜了农田。更为凄惨的是，酒馆还是后来被医生称之为"无辜梅毒"肆虐的根源地。嗜酒如命的丈夫们在酒馆中不光饮酒买醉，还会寻花问柳，非常容易感染梅毒，继而传染给无辜的妻子。男人们整日沉醉于酒馆，视之为天堂。而在他们妻子的眼中，酒馆不仅是阴暗肮脏之地，还是撒旦盘踞的魔巢。

汤普森修女掀起的旋风，给当地带来的不只是被放逐的羞辱。20年后，弗朗西斯·威拉德（Frances Willard）曾评价说，此次"圣战"，抓住了时代的脉搏，跟上了神圣的旋律。广大组织者不畏艰苦，排除万难，收获了巨大的回报。"圣战"的旋律至今仍在天空中飘扬，科学的短号铿锵有力，立法的长号低沉悠远，政治和党派的战斗鼓声如大地惊雷，响彻云霄。

汤普森修女的圣战运动不仅为禁酒运动提供了精神鼓舞，还提供了动员社会的组织力量,促使了"基督教妇女禁酒联合会"(Woman's Christian Temperance Union)(以下简称 WCTU)成立。相比汤普森修女,弗朗西斯·威拉德更看重行动的力量。35 岁时,她还只是创建 WCTU 那个小团体的一个成员;到 40 岁时,她已经成为这个组织的掌舵人。在后来的日子里,她一直是这个组织的大总管、宣传领袖、首席理论家,乃至 25 万成员大军心中的神祇。毫无疑问,正是在威拉德的领导下,WCTU 迅速发展成为 19 世纪后期几十年中影响力最大的政治活动团体。在其忠实信徒汉娜·怀特尔·史密斯(Hannah Whitall Smith)看来,威拉德(家人和朋友更喜欢称呼她"弗兰克")是"人世间美丽、善良、坚强、高贵、温柔的化身,是理想女性的典范。"历史学家、联邦参议员阿尔伯特·J. 贝弗利(Albert J. Beveridge)评价说,她是"现代社会正义力量队伍中的'俾斯麦'""护佑人间美好与光明力量最伟大的组织者"。有幸在其去世前最后一个采访她的记者在回忆起采访的感受时说:"我当时觉得自己犹如乘坐施有魔法的汽车,穿越梦幻仙境,来到了代表'智慧与爱'的圣人身旁。"

威拉德在威斯康星州简斯维尔市(Janesville)的乡村农场长大。16 岁时,她起草了一份誓言,贴在家里《圣经》的扉页,让家人一起签署。誓言带有韵律,犹如圣诗:"我们在此立下誓言,自此永不饮酒。红酒也好,白兰地也罢,令人堕落的黄汤从此再不入我之口……我们在此立下誓言,所有令人昏醉的,必受我们永远的憎恶!"后来,威拉德一家迁居至伊利诺伊州的埃文斯顿(Evanston)。在这里,威拉德感觉来到了卫理公会教徒的天堂之地。一所新建立的学院(西北大学的前身)主导着小镇生活的方方面面。如其创办者所言,所有人都"沐浴在神圣的学习氛围之中"。学校的宗教氛围还得到了立法的支持,当地政府禁止在学校方圆四英里之内销售任何酒类商品。没过多久,学校附近又新建了一所女子学校,同样秉持反酒精的原则。威拉德在西北女子学院学习期间成绩优异,毕业时作为优秀毕业生代表发表演讲。1871年,威拉德出任新成立的埃文斯顿女子学院校长。1873年,埃文斯顿女子学院并入西北大学,威拉德出任合并后的西北大学女子学院院长,也是该校历史上第一位女性院长。

1874年,威拉德担任院长一年后,戒酒运动爆发了,她也积极投身其中。在匹兹堡市(Pittsburgh)市场大街,她和姐妹们跪在谢弗纳酒馆门前,高唱圣歌《万古磐石》(*Rock Of Ages*)。在那里,威拉德找到了真实的自我。"触目所及的街头巷尾,到处都是衣衫褴褛、蓬头垢面的醉酒男人,"威拉德写道,"我突然意识到,除了在亲妹妹玛丽去世的床前,我是第一次为他人如此真诚地祈祷"。一周之后,她回到了芝加哥,着手安排结束自己的学术工作①,全身心投入到戒酒运动之中。

一面是来自艾丽莎·汤普森的道德诉求,一面是来自苏珊·安东尼等女权主义者的怒火,威拉德把两股社会力量相结合,将戒酒运动转化成为一个女性政治议题。威拉德认为,如果权力完全掌握在男人手中,女性的各种问题就得不到解决。因此,推动戒酒运动远远不足以解决当前问题,必须要更进一步通过立法实现禁酒,才足以击败酒精恶魔。而若想通过立法实现禁酒,女性就必须拥有选举权。3年之后,威拉德依靠争取女性参政权(此时她已将女性的法律表决权的范围扩大到所有公共议题)的政治承诺,罢免了反对女性参政权的 WCTU 创始

---

① 在此之前,威拉德与时任西北大学校长查尔斯·亨利·富勒缔有婚约。随着二人感情破裂,婚约取消,工作上也分道扬镳。这也是威拉德辞去院长的原因之一。

主席——安妮·威顿梅尔（Annie Wittenmyer）。在此之后，苏珊·安东尼频繁出席 WCTU 的各类会议。威拉德则安排安东尼的侄女——露西·安东尼（Lucy Anthony）担任联盟的宣传工作负责人。随着安东尼和威拉德两股政治力量的联合，双方运动的政治诉求也完成了重组——WCTU 确立了具体的政治目标，而女性参政权运动则获得了一支军队。

"除了手上的工作，我很少关注其他事情，包括一日三餐。"威拉德这样说道。她如此废寝忘食地工作，效率产出也是惊人。威拉德每天起床之后首先全神贯注地阅读，然后吃早餐，早餐之后就立即投入工作。无论是在埃文斯顿的家中，还是在穿越全国的旅行演说途中，她每天都至少向速记员口述 8 个小时以上。威拉德工作起来不知疲倦，可以日夜不停奔赴全国各地旅行演说。有一年，她走遍了除博伊西（Boise）和凤凰城（Phoenix）①之外的每个州首府。1881 年，在秘书兼终身伴侣——安娜·戈登（Anna Gordon）的陪同下，威拉德前往南方组织设立 WCTU 分会。历史上，南方各州政治保守，社会对女性政治运动的接受程度远不如北方。除此之外，她还将足迹拓展到美国以外（1883 年时已经建立了世界基督教妇女禁酒联合会），特别是英国地区。威拉德借此极大地扩展了自己的社交圈和支持者，例如同样反对酒精的俄国大文豪列夫·托尔斯泰，以及英国著名慈善家亨利·萨默赛特夫人（Lady Henry Somerset）。在此期间，威拉德出版了大量书籍，包括辩论集、回忆录、政治纲领手册等。难得一见的是，她还出版了一本和戒酒运动毫无关系的书，取名《一圈又一圈：我是如何学习骑自行

---

① 博伊西和凤凰城分别是爱达荷州和亚利桑那州的首府。

车的》("我学习骑自行车大概花了 3 个月时间,平均每天练习 15 分钟。简单来说,可以分成四个步骤。第一步,学会蹬踏板;第二步,学会转方向;第三步,学会下车;第四步,学会独立上车控制这个神秘怪兽")。威拉德已将生活与工作融为一体。她养有一只宠物狗,绰号"哈比",其最初的名字是"禁酒"。

威拉德的队伍高举着两面大旗。第一面大旗是"保卫家庭",看上去极具安慰效应。温馨口号的背后,隐藏着戒酒运动主题的微妙变化,以及一个经过精心包装的政治目的——通过反复强调戒酒对美国家庭健康、福利、安全的必要性,打造 WCTU 的工作不仅是为了拯救有过之人,也是为了拯救被害者的形象。宣传部门在行动中最喜欢使用哭泣无助的母亲、衣衫褴褛的孩童、拿着房屋没收通知站在门口的银行家等形象作为保卫家庭宣传画核心主题。原本是理念性的道德运动,自此有了实际行动的支撑。

威拉德的第二面大旗是"全面出击"。随着其个人声誉日隆,这一理念也不断发展完善,成为主导运动的两股力量之一。"全面出击"理念的提出,表明 WCTU 的巨大能量并不会只局限于酒精相关议题,还可以广泛扩展到社会各个领域,只要这些领域与改善他人生活的价值理念有所联系。威拉德属下的新教修女(或称其为追随者)在这一理念的主导下,广泛参与女性参政权、监狱改革、免费幼儿园、职业培训学校等社会议题。1889 年,威拉德读到了爱德华·贝拉米(Edward Bellamy)的《回望过去》(Looking Backward)一书,从此开始标榜自己是一名"信基督的社会主义者",并将 WCTU 的议题扩展到八小时工作制、工人权利,以及公用事业、铁路、工厂、剧院国有化等新的领域。同一期间,她还开始介入素食运动、火葬、放松女性着装限制等社会运动,以及她所谓的"夫妻纯洁生活"运动。凯瑟琳·吉尔伯特·默多克（Catherine Gilbert Murdock）在《驯服饮酒》（*Domesticating Drink*）一书中指出，所谓"夫妻纯洁生活"是一个"披着委婉外衣"的说辞，其真实内涵是"倡导一种戒酒、戒烟、戒除性生活的夫妻禁欲生活方式"。

威拉德把禁酒与其他社会改革联系在一起的决定，既非原创，也不罕见。建立于1869年的禁酒党（Prohibition Party）在其成立3年后的第一次全国性竞选中就曾首次提出女性参政权、公共教育、废除选举人团等政治主张，随即又迅速推出从州际贸易管制到森林保护在内的一系列政治目标。声名远扬的迪奥·刘易斯，其实同样也是一个政治议题和竞选果实的收割者。于1845年立誓戒酒的弗雷德里克·道格拉斯（Frederick Douglass）曾说："如今，众多伟大的改革汇集成强大的力量。如果我们能让世界从沉醉中醒来，奴隶制就将丧失生存的土壤。"伟大的废奴主义者温德尔·菲利普斯（Wendell Phillips）自称已经戒酒近40年。他一直主张，奴隶制的失败证明了政府的主动作为是抵抗道德堕落行为的有力武器。有鉴于此，想必菲利普斯也一定会拥护道格拉斯、威廉·劳埃德·加里森、尼尔·道以及其他所有曾为禁酒和废奴而奔走呼号之人的主张。

实际上，任何人能够平稳地游走于劝说和强制、传统意义上的戒酒与新含义下的禁酒之间的人，都会赢得菲利普斯的赞同。彼时彼刻，大写字母"P"所代表的"禁酒"一词，所包含的意义已经不限于其字面意思，而是一个宣言、一个神话。

纳撒尼尔·柯里尔（Nathaniel Currier）是19世纪美国平版画家，他与詹姆斯·梅里特·艾维斯（James Merritt Ives）联手在曼哈顿开了一家平版画印刷店。1848 年,柯里尔以"华盛顿告别演讲"为主题创作了一副著名的平版画。1876 年,为庆祝美国独立 100 周年,二人重新印刷发行了这幅名作。伟大统帅位于画作中央,周围簇拥着一群下属。华盛顿身着戎装,右手紧握成拳,举在胸前,看起来是在强调什么。他身边的啤酒桌上,放着一顶三角军帽。奇怪的是,画中的军官看起来大多若有所思,似乎未被统帅的激情演讲所感染。

怪异的画面背后其实另有玄机。28 年前该作品首次印刷发行时,画中桌子上并没有那顶帽子。同样的位置,最初画的是醒酒器和玻璃酒杯。华盛顿的手也没有握成拳头,而是端着酒杯举在胸前。很显然,华盛顿是在举杯向军官们致辞饯别。军官们若有所思的表情,则传达了他们折服于统帅的谦逊,以及在酒精的作用下因统帅的离开而感到悲伤的心情。

柯里尔 1848 年的原作具有深刻的历史记录意义。通过画中餐后酒的酒瓶和旁边的一碗山核桃果仁,精确传达了华盛顿经常与客人们整夜痛饮马德拉酒的嗜好。画中的情形发生在 1783 年,华盛顿在弗朗西斯酒庄(Fraunces Tavern)发表告别演讲。兴之所至,他给自己倒了一杯酒,邀请下属军官们举杯共饮。当然,柯里尔和艾维斯毕竟是生意人,生意的利益要求他们听从禁酒运动鼓吹者对原版画面的激烈反对。再版之时,用统帅的帽子遮住醒酒器和酒杯轻而易举,但要截掉华盛顿手中的高脚杯和两根手指就需要一些技巧了。不过了生意,想必多花些功夫也是值得的。这种自我审查从 1876 年就开始了,而这时WCTU 及其盟友刚刚开始为实现组织目标而展示力量。禁酒运动新战略初步尝试,便已达成惊人效果。由此可以预见,汤普森修女最初所开创的虔诚祈求方式,必将被各种激进行动所取代。

玛丽·汉切特·亨特(Mary Hanchett Hunt)令人目眩神迷的职业生涯将上述转变体现得淋漓尽致。亨特原是马萨诸塞州的一位化学教师,因为热衷于通过宗教活动(虽然她的不少策略事后被证明算不上圣洁)推进禁酒事业而闻名全国,成为19世纪最著名的女性之一。在四十多岁时,亨特发自内心地觉得应该为主贡献自己的力量,于是放弃"海德公园女士缝纫协会"的领导职务,转而成为今日为世人所知的禁酒运动的著名吹鼓手。据威廉·詹宁斯·布莱恩(William Jennings Bryan)评价,亨特所领导的运动在第十八修正案形成的过程中所发挥的作用超过其他任何运动。也正是因为亨特,温德尔·菲利普斯所鼓吹的强制禁酒策略终于找到了理想代言人。

亨特相信自己肩负有向全国青少年儿童普及饮酒之毒害、让他们发自内心远离酒精的伟大使命。1878年,她说服当地学校首次开设反对饮酒的教育课程。此次成功尝试,进一步激发了亨特的斗志,使她坚信应在全国各地学校普及成功经验。1879年,亨特受弗朗西斯·威拉德之邀,在WCTU的大会上发表演讲。从此以后,她把WCTU的成员也征召入自己的战斗队伍。亨特的队伍所到之处,当地学校均立即进入"戒严状态",首批被波及的政治实体就是全国各地的教育委员会。亨特清楚地指出,通过教育委员会,可以在全美每个课堂上都开设"科学禁酒教育课"。当然,亨特在实际行动中并没有将如此重要的任务全部托付给教育委员会。"我们不能仅听一些学校官员的片面之词。"亨特指出,"我们有责任深入到学校,仔细了解、判断学生们有没有如实、准确地学习我们的禁酒教育课"。在威拉德的支持下,至少在项目实施早期阶段,亨特计划在WCTU的每个分部都设置两个以上的督察人员对接所属地区教育委员会,保证当地学校进入"戒严状态"。为了

避免外界轻视她们的决心,亨特借用教育部门的岗位分类法,将当地的
课程实施监督人员称为"超级督导"。

　　1881年,亨特开始追求更高的目标。在说服WCTU将通过立法实
现强制禁酒加入组织宗旨之后,亨特开始将行动目标转向各州立法机
关。她组织形式多样的政治活动,尽可能扩大政治影响力,有时甚至会
到一些州的首府城市指挥请愿示威活动,同时用各种方法游说立法人
员,并且颇有成效,为其赢得了"游说女王"的称号。1882年,佛蒙特州
通过了全美第一个强制禁酒教育法案。1884年,至关重要的纽约州议
会也臣服了;次年,宾夕法尼亚州更进一步,将本州财政经费与州议会
立法执行情况相关联,其中包括对所有新教师开展强制禁酒知识考试。
在此期间,亨特和威拉德产生分歧而分道扬镳。但亨特此时已经不再
需要威拉德的支持,她的事业并没有受到多大影响,依然高歌猛进。
1886年,亨特率领队伍进军联邦国会,促使国会通过法案,在联邦境内
所有公立学校及军事院校开设科学禁酒教育课程。截至1901年,全美
人口尚不足8000万,但全国各州学校已经普及了强制禁酒教育课程,
2200万在校青少年儿童每周都要上3次课。

　　成千上万学生所学习的课程虽然名曰"科学禁酒教育课",但实际
内容却和"科学"一词相去甚远。三个词中,只有第二个词——"禁
酒"——名副其实;亨特口中所谓的"科学",纯粹是宣传伎俩;名为"教
育",实为强迫。学生们被强制灌输了一堆大杂烩,融合了传说、伪科
学及恐吓。例:大部分饮酒人士死于浮肿,洗澡之前不能饮,酒精
穿过喉咙之时会烧坏喉道表皮、使之暴露并持续灼伤等。这些所谓的
"知识"即使在WCTU的高层们看来都感到尴尬,它们并非自发传播,
而是以课本为载体进入课堂。据估计,当时全美至少有50%的学校所

使用的禁酒教育课本都是经亨特审查许可后印刷的。

亨特在位于波士顿特鲁尔街(Trull Street)的家中指挥外面世界庞大的禁酒运动,对教科书进行审查许可只是其中一部分。亨特开辟了一间房间作为"科学禁酒博物馆",展示各种具有特殊意义的物品,例如州长签署禁酒教育法案时所使用的钢笔等。亨特的往来信件如雪花一般,工作日程也极其复杂,联络室中设有五位助理处理上述工作。教科书的出版商和作者若想获得科学禁酒教育的认可,也需通过联络室沟通。亨特对于签署许可这项工作从来都是亲力亲为,绝不假借助理之手。查尔斯·H. 斯托厄尔(Charles H. Stowell)是密歇根大学医学院教授,著有一系列关于健康和解剖的教科书,供不同年级的学生使用。斯托厄尔教授及其出版商希尔弗与伯德特出版社(Silver, Burdett & Company)计划出版一本面向中年级学生的教科书《健康身体》(*A Healthy Body*)。为出版此书,斯托厄尔教授花了1年多时间与亨特逐字逐句沟通,以期获得她的审查许可。与那些"非科学及非学术"书籍的作者不同,斯托厄尔教授与亨特并不存在原则性冲突,他本人也是坚定的反酒精人士。斯托厄尔教授在教科书中把酒精描绘成"具有损伤或麻痹大脑效果的毒药"。但在沟通过程中,亨特坚持在教科书中加入小酌一杯就会严重影响人视觉的内容,引发了斯托厄尔教授的强烈反对。

为了查明亨特全部工作的真实情况,政府成立了专门调查委员会。斯托厄尔教授在作证时说:"我本人一生从事生理学研究,我提醒各位注意,我的学识让我不至于堕落到相信他们在那些书中加入的文字。"但是,正是亨特做生意的方式而非她的编辑标准使得斯托厄尔教授的出版商与她产生严重冲突。1891年,亨特通知正准备出版斯托厄尔教授一本教科书的出版商,她由于日程繁忙,绝对不可能满足出版进度的要求。亨特表示,其文书助理爱玛·L.本尼迪克特(Emma L. Benedict)"在双方合作期间要前往大西洋城休息数日"。除非出版商代她承担助理的休假费用,否则她在六周时间内绝无可能完成对这本书的许可审查。

希尔弗与伯德特出版公司收到此种委婉勒索要求时的内部反应如何并无记录材料流传下来。或许考虑去海边休假几天的费用并不算高,出版公司很快就支付了这笔款项。不料亨特一朝得逞,后面更是变本加厉,使得这家出版商实在无法继续忍受。1891年底,斯托厄尔教授的第二卷教科书完稿,亨特故技重施,有意拖延。此次不同以往,亨特未作任何掩饰,直接表明必须向她支付费用才能获得审查许可。她质问斯托厄尔的编辑 O.S. 库克(O. S. Cook):"难道你认为我所做的一切都是白干的吗?"库克告诉亨特,出版公司"已经清楚地了解到,在您对教科书审查许可之前,双方必须确定有关报酬安排"。但当她要求安排会面进一步沟通时,出版公司却最终答复道:"我公司的立场已经非常明确,任何进一步的讨论均毫无意义。"

在其统治全美学校教室的27年之中,亨特的确从未在 WCTU 领过一分钱的工资;她与支持者们也不断否认曾经向出版商收过(或期望收过)任何报酬。1894年,WCTU 郑重声明,没有因亨特的审查许可索要或收取过任何费用。1895年,亨特自己的顾问委员会主席 A. H. 普拉姆牧师(A. H. Plumb)在纽约州参议院的一个委员会会议上严厉谴责外界的"不公指控",两年之后更是坚称有关亨特从每本审查许可后的教科书中收取 3% 版税的说法,是希尔弗与伯德特出版公司散播的谣言。

　　1906年，就在亨特去世后数月之后，WCTU也终获解脱，将亨特留下的工作组织恢复到最初设想的性质——"酒精情报交流机构"。随着原本隐秘信息的不断曝光，亨特在同仁们眼中的光辉形象逐渐崩塌，真相也渐渐浮出水面。许多年来，亨特一直控制着一个名为"科学禁酒联合会"（Scientific Temperance Association）的银行账户，与此同时，她在WCTU的工作是以"科学课程部"（Depontment Of Scientific Instruction）的名义开展的。亨特把为巴恩斯出版公司、吉恩出版公司审查许可图书所收取的相关版税收入都存入了这个银行账户，意在"全部或部分用于维持特鲁尔街23号的相关工作"。

　　若要为玛丽·亨特选择墓志铭，以上故事是不合适的。更适合的是1886年时她在国会听证会上喊出的口号："这一天就要到了！从全美各地学校中，将走出无数受过教育、憎恨酒精的选民；尼加瓜拉瀑布一般的选票，将淹没所有的酒馆。"自此听证会之后，有2200万在校儿童，在一个学年里每周都要接受三次禁酒教育。禁酒运动未来的发展，也的确如她所言。

第二章

液体面包

　　凯莉·阿梅利亚·摩尔·格洛伊德·内森(Carry Amelia Moore Gloyd Nation)身高 6 英尺,拥有码头工人一般强壮的肌肉、监狱看守一样凶悍的面庞,以及在痛苦面前依然保持云淡风轻的强大忍耐力。她的母亲坚信,内森有朝一日会成为维多利亚女王一般的名人。内森的第一任丈夫是个不可救药的酒鬼。她坚定信仰宗教,会一边弹奏管风琴,一边与其"永恒的守护者"——上帝对话。她曾自称是"一条紧密跟随上帝脚步的斗牛犬,撕咬上帝不喜的一切"。她曾为威廉·O. 麦金利(William O. McKinley)总统的遇刺身亡而欢呼,"共和党这群贼人、酒鬼、恶魔的虚弱傀儡"死不足惜。她说她出版了自己的报纸——《粉碎者邮报》(The Smasher's Mail),"读过我的报纸评论文章的公众自然会明白,我并没有陷入癫狂"。

　　总体而言,所有憎恶酒精之人大多会经历一个从戒酒到禁酒的心路历程。但所有人中,没有谁像内森一样以如此高昂的劲头投身于禁酒事业。在其表述混乱不堪的自传中,内森大致讲清楚了自己通过开展反对酒馆老板运动的成名之道。1901 年,她的第二任丈夫不堪虐待,与其离婚。同年,她举起了自己的"圣剑"——一把斧头。

参议院酒吧位于托皮卡市(Topeka),深受州政府官员们的青睐。内森亲自"攻陷"了这家酒吧。用她发明的新词表述,叫作"斩杀"。

"我冲进这家酒吧,砸碎所有的镜子和瓶瓶罐罐;举起收银机重重地摔下;砸掉冷库的水龙头,然后打开库门,切断啤酒软管。啤酒立即喷洒如雨,充溢整个房间。我砸坏了老虎机,从散乱的零件中捡起一块锋利的铁片,撬开了啤酒桶的塞子,打开了酒桶龙头。桶里的啤酒四处飞舞,把我淋得全身湿透。警察到来后,客客气气地逮捕了我。"

她总结道:"库克先生是当地治安官,我受到了他和夫人的周到招待。"

内森早期的活动为其在当地赢得了一大批女性追随者,她们大多深受酒精泛滥之苦。在内森的带领下,她们不断攻击堪萨斯州的酒馆和售酒商店。她们攻击时使用的工具看起来平淡无奇,包括石头、锤子、砖头、拐杖、铁棍等,以及后来令内森名声大噪的斧子。类似的打砸行动持续了2年之后,内森开始走出堪萨斯,四处演讲。她在打砸时所使用的斧子也从一件武器转变成个人的象征和名片。虽然在宣传禁酒的巡回演讲活动中时常要面对特别专业、挑剔的听众,例如大学生,但即使如此,内森依然坚持站到舞台的中心,就算被众人嘲笑也在所不惜。在耶鲁大学的一次演讲中,一群本科学生欺骗内森,将一大杯啤酒当作水递到她的手中,然后在她身后哄堂大笑。尽管内森在哈佛大学没有遇到公开取笑,但她依然震惊于当时的所见所闻,力劝在场的父母们立即行动起来,反对"凶残的屠夫、血腥的独裁者、不忠的叛国者"。

内森此次没有被公开取笑，但也没有收到任何掌声。整场演讲气氛激昂，但内森却记录了独特的细节。她写道："我在哈佛大学演讲时，发现教授们竟然都抽着雪茄。"

批评内森胡搅蛮缠、哗众取宠固然很容易，但不容否认的是，自华盛顿人戒酒行动以来，几代人的饮酒量的确相较前人有所下降，这一变化与内森及其之前秉持非暴力的先驱们是分不开的。祈祷、鼓动、教化及政治活动，都在其中或多或少发挥了一定作用。19世纪末，威士忌及其他蒸馏酒精饮品的生产量和消费量都大幅下滑，和整整100年后的数值相差无几。

但是，饮酒习惯的改变掩盖了冰冷的事实：劣质假酒、私酿酒、乙醇酒精，以及其他廉价制作的刺激性饮料，过去一直都是那些破烂邋遢酒馆的基本商品，现在都逐渐被啤酒所取代。在托皮卡酒吧里，凯莉·内森手握利斧，砸烂了冷藏室和酒桶的龙头，喷涌而出的啤酒浸透了她的黑裙——整个19世纪的美国，如内森一样，完全沉浸于啤酒的海洋。1850年，美国人喝掉了3600万加仑的啤酒；1890年，美国年啤酒消费量猛增至8.55亿加仑。在短短40年中，美国人口仅增加了2倍，但啤酒消费量竟然增长至原来的24倍。

从当时的社会环境看，酒精消费习惯和市场占比变化的原因并不神秘。美国人口数量增至原来的3倍，不是得益于土地突然变得肥沃，孳生了更多的人口，而是因为大量新移民的涌入。这其中，来自爱尔兰和德国的移民居功至伟。德国移民到美国后，不仅带来了啤酒，还带来了整整一代喜欢喝啤酒的男人，他们知道如何酿造啤酒、推销啤酒，以及如何向外界掩饰啤酒真实特性的营销策略，把啤酒打造成一种淡化酒精属性的商品（虽然是一时之术，但在长期实践中却一直行之有效）。1866年，刚成立四年的 USBA 对外宣称，烈酒会导致"家庭不幸、人民贫困、身体疾病和社会犯罪"，实在有百害而无一利。啤酒则不同，它只是**"液体面包"** * 而已。

海量增长的啤酒消费量，形成了新的酒类消费"蓝海"，"液体面包"可谓名副其实。航行在啤酒蓝海之上的还有新组建的"酒馆无敌舰队"。当时的城市移民不断增加，西进运动则加速了新定居点的扩张，形成了众多以男性移民为主的伐木场和矿场小镇［历史学家约翰·海曼（John Higham）研究认为，当时西北部各州采取各种措施"相互竞争，吸引欧洲移民开发空闲无主土地，以发展本州经济"］；此时，一位名叫阿道弗斯·布希（Adolphus Busch）的年轻天才啤酒酿造师发现，在啤酒酿造中加入巴氏灭菌工艺，可使啤酒通过新建设的州际铁路长途运输并保持新鲜。在这些因素的综合作用下，啤酒迅速风靡全美，成为国民性饮料。

新型酒馆的扩张之所以能够获得众多移民（以德国人和波希米亚人为主）的支持，主要得益于这些移民（还包括爱尔兰人、斯拉夫人以及其他多个国家和民族的移民）在宗教信仰上没有被 WCTU 及其他禁酒活动组织的道德体系所影响。早在1876年时，弗朗西斯·威拉德在一次演讲中就提到了"美国国内的外国异教徒"问题。在她的斗争生涯晚期，威拉德呼吁联邦国会立法限制移民，以把"旧世界的渣滓"挡在合众国国门之外。在明尼苏达州北部的梅萨比岭（Mesabi）和朱砂岭

---

　　*　一些戒酒运动积极分子的确宣称啤酒不似烈酒那样危害巨大。莱曼·比彻（Lyman Beecher）牧师［也是亨利·瓦尔德·比彻（Henry Ward Beecher）和哈莉特·比彻·斯托（Harriet Beecher Stowe）的父亲］就曾说过，啤酒"能够令受害者在走向坟墓时……依然保持着白痴天生的愚蠢，而非疯子天生恶魔般的狂暴"。

(Vermilion)地区,国会调查人员在所统计的 15 个采矿城镇中发现了 256 个酒馆,酒馆的老板们来自 18 个不同的国家或民族。1909 年,著名记者乔治·基布·图纳(George Kibbe Turner)写道:"一旦有新定居点在芝加哥落成,老乡们立即就会热情地向新移民兜售酒水。无论是意大利人、希腊人、立陶宛人、波兰人,抑或任何原始野蛮部落的移民,只要来到芝加哥,都会给老移民们带来新的商机。老移民面对发财的机会,不将其挖掘殆尽是决不罢休。"统计署数据显示,全美有 80% 的持牌酒馆的老板是初代美国移民。随着无牌照酒馆的迅速扩张,这一比例应较官方统计数字更高。

所谓酒馆,并无统一的标准。例如,在俄勒冈州波特兰市(Portland),若想喝杯啤酒,可以到奥古斯特·埃里克森(August Erickson)的酒馆。这里的吧台由明亮优美的红木打造,装饰精美,足足有 200 码长,在巨大的房间里围成一个四边形,房间几乎有一个街区那么大。当然,如果沿着伯恩赛德街(Burnside Street)走,你也会在路边发现一间灯光灰暗、充满恶臭的小酒馆,其令人印象最深刻的应该是顾客区下方的金属槽中散发出来的啤酒残渍味道。按照历史学家马德龙·鲍尔斯(Madelon Powers)的说法,其中还少不了客人们随地小便留下的尿液。他们举杯痛饮,都是按加仑计。可想而知,所谓膀胱,在酒馆里不过是临时容器罢了。* 露西·亚当斯(Lucy Adams)是一名学校教师,于 1902 年抵达波特兰市,埃里克森酒馆和其他简陋酒馆给她留下了深刻的印象:"街边到处都是呕吐的秽物,混合着劣质的啤酒和威士忌,散

---

　　* 虽然这些金属槽原本被设计用来排出溢洒出来的酒水,但鲍尔斯在《酒吧里的面孔:1870—1920 年工人酒吧的知识与秩序》(*Faces Along The Bar: Lore And Order In The Workingman's Saloon*, 1870—1920)一书中透露,这些金属槽通常被称为"小便槽"。

发出阵阵恶臭。醉醺醺的男人们挡住我前行的道路,令人大倒胃口。街边的每家商店看起来都像是小啤酒馆或酒馆,无精打采的人进进出出,络绎不绝。"露西还指出,有些酒馆里不但有男人,"还有女人甚至孩子前来光顾,他们把啤酒打包带回家中"。雅各布·里斯(Jacob Riis)在纽约州记录了同样的情形:"我怀疑在一千个拎着啤酒桶走进纽约酒馆里的孩子中,难有一个会空手而归。"当时人们使用铁制的小桶作盛啤酒的容器,打酒时在铁桶内层涂上一层猪油。虽然这么做会有损啤酒的味道,但也有其独特的价值——猪油能够消除桶内啤酒泡沫,这样就能够装更多的啤酒。

　　根据详细统计,在 1870 年至 1900 年之间,美国酒馆的数量从 10 万个增长到 30 万个。1890 年,南达科他州莱德维尔市(Leadville)有 2 万居民,平均 100 个居民(包括女性、儿童和戒酒者在内)拥有一个酒馆。1890 年时的旧金山在这个指标上略超莱德维尔,平均每 96 人拥有一个酒馆。但需要指出的是,旧金山的统计数据仅覆盖该城 3000 家持牌合法酒馆。据粗略估计,城内还至少有 2000 家没有牌照的喝酒场所。凯莉·内森在声望如日中天时曾到访辛辛那提市,如果有人问她为何没有抄起斧头到当地街头"转转"。她应该会回应说:"如果那样做,我还没有走出一个街区就筋疲力尽了。"这一解释,不仅适用于辛辛那提市,对于美国其他几十个城市也适用。

　　雅各布·里斯的精力显然比内森更加充沛,他的武器——相机和笔记本——使用起来比内森的斧子方便多了。1889—1890 年,为了撰写其划时代的社会调查作品——《另一半人如何生活》(How The Other Half Lives),里斯详细统计了曼哈顿第十四大道以南区域的酒馆数量。在创作期间,他为了论证酒馆对贫穷移民生活造成的巨大阴影,将同区域的酒馆数量和教堂数量做了对比分析。结果显而易见，酒馆数量具有压倒性优势，比例高达4065∶111。里斯进一步指出，酒馆不但在数量上取胜，其客人的数量也远超过教堂里会众的数量。更何况，酒馆每天客流稳定，整周都不打烊。

虽然真相残酷，但里斯知道为何底层民众会如此渴望涌进酒馆开怀畅饮。要想明白背后的原因，就必须充分考虑里斯及其他人所观察记录下，底层人民的糟糕生活环境，然后才能明白酒馆服务所具有的特定价值——往好的方面说，酒馆有舒服的环境和许多同道中人；往坏的方面说，酒馆至少能让人一醉解千愁。纽约市圣公会主教亨利·科德曼·波特（Henry Codman Potter）在参观了当地一些住宅公寓后感叹道："令我意外的，不是住在这些地方的穷苦民众为何要喝那么多酒，而是他们为何喝得那么少！"著名作家厄普顿·辛克莱（Upton Sinclair）是反酒精阵营的一员，坚持数十年不动摇。在小说《屠场》（The Jungle）中，辛克莱解释了主人公尤吉斯·路德库斯（Jurgis Rudkus）在"地狱的蒸汽坑中"工作一天之后总要到酒馆中喝酒的原因：为了寻求身体的放松、心灵的解脱——他可以喝酒！他可以忘记痛苦，卸下负担；他能够重新看得清楚，重新掌控自己的大脑、自己的思想和自己的意志。那一刻，他死去的自我又重新回到躯体之内。常流连于酒馆的杰克·伦敦（Jack London）则为酒馆赋予了一层华美的迷幻色彩：在酒馆里，"生命变得不同。男人们可以高谈阔论，开怀大笑，空气里弥漫着伟大的气息"。

当时的酒馆除了提供酒水饮料的基本服务，还是重要的社交场所。在城镇之中的移民聚集区，以及多种语言汇集的矿山和伐木场工人定居点里，酒馆的社交属性更为突出。酒馆里的顾客和他们的邻居交往甚少,酒馆老板自然就成了生活服务中介——兑换钞票、提供借贷、为尚未找到落脚点的新来者提供邮件代收服务、传递信息,必要时还可以为顾客们提供住宿服务,每晚只要 5 美分。在东海岸和五大湖地区的港口城市,酒馆老板常兼职码头劳务中介。许多酒馆往往是临近地区内唯一能够提供公共厕所和洗浴设施的场所。到了 19 世纪 90 年代,酒馆老板们发现为顾客们提供免费午餐是个好主意,因为免费午餐能够吸引更多的顾客,提升啤酒销量。历史学者乔恩·M. 金斯代尔(Jon M. Kingsdale)专注于酒馆生活史研究,他以芝加哥市第十七区面向劳工阶层的酒馆为例,列举了酒馆老板们提供的免费午餐菜单——“法兰克福香肠、蛤蜊、鸡蛋三明治、土豆、蔬菜、奶酪、面包以及一些冷热肉食”。在一些档次略差的酒馆,免费午餐不会那么丰盛,但诸如沙丁鱼、咸菜、椒盐脆饼干、咸饼干等基本食品绝不会少。这些食品有一个共同特点——都很咸,饥肠辘辘的酒馆食客们吃完后必须喝上一大杯才能解渴。正如乔治·埃德(George Ade)在《旧时酒馆》(The Old-Time Saloon)一书中所道,沙丁鱼“不只是鱼,它们还是沉默的伙伴”。

　　若是能够穿越时光,漫步于 1905 年时的酒馆,人们不仅会感叹酒馆内丰盛的自助餐,还会为当时酒馆内部的装饰所震撼。大多数酒馆都流行在墙上悬挂一把铁斧。这把铁斧造型奇特,斧头内部镂空,装饰有凯莉·内森的浮雕头像;斧柄上有一句一语双关的口号——“欢迎世界各国来宾,除了凯莉”[All Nations Welcome But Carrie,利用谐音巧妙地嵌入了凯莉·内森的名(Carry)和姓(Nation)]。即使是狭小昏暗的小酒馆,也会在吧台后方的墙上装饰一副彩色平版印刷的卡西利·亚当斯(Cassily Adams)的名画——《卡斯特的最后一战》(Custer's Last Fight),或者类似的英雄史诗主题画作。另一种常见的装饰品是彩绘镜子,通常饰有身材丰满、姿势诱人的裸体女性。酒馆老板经营的多是廉价酒水,但却花费重金用于酒馆的装修。不熟悉酒馆经营之道的人,可能会对这种廉价与奢华共存的矛盾现实感到非常困惑。

事实上,酒馆老板们根本不用自掏腰包购置这些画作或镜子装饰品。在有些酒馆中,家具、黄铜踏杆、痰盂、抽屉内的餐具和架子上的玻璃器皿,甚至连食品都不用老板自己花钱采购。到了 20 世纪 10 年代末,酒馆老板们已经完成了从酒馆经营者到收受补贴的服务员的角色转变。在其身后,啤酒商会为酒馆的所有经营花费买单。

商业模式的变化,为整个啤酒行业发展带来革命性的飞跃。随着巴氏灭菌法、冷藏保鲜技术及高效铁路运输网的运用,啤酒公司在全美遍地开花。随之而来的结果是啤酒行业竞争门槛大幅提高。啤酒公司为保持市场占有率,必须与本地酒馆"结对子",形成商业同盟。如果酒馆老板与某一品牌啤酒公司达成独家合作,啤酒公司就要为酒馆老板的日常经营提供现金或贷款支持,并支付装修场地、添置桌椅、办理执照(在某些城市高达 1500 美元)的费用。如有需要,啤酒公司还要提供金钱,打点当地的核心政要,为酒馆疏通官商关系。

得益于这种新型商业模式,投资者只需投入少量资金,即可撬动很大体量的生意。乔治·图纳评论道:"在芝加哥,一个人如果身上有 200 美元,只要不是被通缉在册,都是会去酒馆的。"在高峰时期,芝加哥市差不多有半数居民每天都要光顾酒馆。与此同时,啤酒公司的竞争也日趋白热化:如果古斯塔夫·柏斯特(Gustave Pabst)的销售人员在十字路口一角盘下一家门店,阿道弗斯·布希的销售人员必然如影随形,在对角盘下另一家店。截至 1909 年,全美有 70% 的酒馆(在纽约和芝加哥这一比例超过 80%)与啤酒公司紧密捆绑在一起——或直接为啤酒公司所有,或欠啤酒公司债务,或存在合作经营契约关系。若以投资规模计算,啤酒酿造行业已是全美第六大经济产业。

啤酒行业显然不只是一块大蛋糕,而是一座金山,值得行业利益集团全力捍卫。另外,啤酒行业的内部竞争也达到白热化,在面对外敌时难以肩并肩一致对外。南北战争时期,联邦政府为了不缩减战争开支,向酿酒商征收酒税。面对危机,众多啤酒酿造商首次联合起来,发起成立了行业协会——USBA,推举行业代表,反对政府的征税方案(此次行动全程基本使用德语沟通,反映出啤酒酿造商之间的"共通性")。随着战争结束,啤酒酿造商们虽然没能达成完全取消这一税收的目标,但也成功游说政府将税金从每桶1美元降至60美分。在此过程中,酿酒商们也逐渐认识到政府与自身行业的紧密利益关系——酿酒行业的纳税对政府财政收入的贡献度越高,其行业利益与政府利益的结合就越紧密,政府也就更有动力与啤酒酿造行业结成利益同盟,共同反制日益兴起的禁酒运动。1875年,联邦政府1/4以上的财政收入来自啤酒酒桶和威士忌酒瓶。酿酒行业对财政收入的贡献比例高得令人咋舌,但这还不是最高的时候,在之后的时期里,比例还将逐年提升。1913年,一位禁酒运动领袖抨击道:酿酒行业贡献的巨量税收简直就是"对公共良心的贿赂"。

然而,即使对公共良心的贿赂已经到位,并源源不断,啤酒酿造商们也依然无法忽视社会上日益增长的反饮酒的舆论氛围。1867年,USBA把禁酒运动定性为一种社会狂热,并表示将倾尽所能反对禁酒运动的政治议程。随即,酿酒商们开始发起或者资助一系列的政治宣传与游说组织,这些组织都有一个共同特点,那就是"名不副实"。第一个走上前台的是"全国保护协会"(National Protective Organization),后更名为"个人自由联盟"(Personal Liberty League),进而又被"全国商业与劳工协会"(National Association Of Commerce And Labor)所取代。不管名称如何变换,其核心主旨始终未变,一切皆是为了维护啤酒的合法性。*

随着 WCTU 的力量日益壮大,啤酒公司所面临行业风险也水涨船高,其反制禁酒的手段也越来越凌厉。1890 年时,"湿"(Wet)和"干"(Dry)开始作为形容词和名词应用于日常表达(作名词时还衍生出Wets、Drys,但未能通过当时的拼写检查)。这一新的现象反映出,彼时的美国社会已经因禁酒问题产生了分歧,啤酒公司开始利用社会公共运动表达其行业利益诉求。除了公开的社会政治运动,啤酒公司还暗地里贿赂报纸编辑,请他们刊登反对禁酒的各类文章,自身却隐藏于幕后。当通过金钱换取报纸编辑支持的方法达不到预期时,他们便将目光转向了政客们。1900 年,古斯塔夫·柏斯特接到一封家族友人的来信。友人在信中提及,爱达荷州苜蓿农场主弗雷德·T. 杜波依斯(Fred T. DuBois)曾经担任过联邦参议员,现正计划重返参议院。"在我看来,杜波依斯兼具政治手腕与野心,如果啤酒公司能与其达成合作,他必然会利用自己手中的权力维护合作各方的利益。如果你觉得可行,请转给我 1000 到 5000 美元的资金。相信我,这将成为你最成功的一笔投资。"在当时,联邦参议员尚未采用普选方式,而是由各州议会推举产生。人们可以确信,这笔钱可不是用来买些鸡毛蒜皮的零碎的。研究蓝带啤酒公司历史的学者们指出,杜波依斯后来再次担任联

---

* 烈酒商人们也会玩这样的把戏,芝加哥的酒水经销商就出版了一份行业杂志,名为《公平竞争的捍卫者》(The Champion Of Fair Play),发行时间长达 52 年之久。

邦参议员,而且的确从柏斯特家族捞了不少钱。

　　啤酒行业是反禁酒运动的急先锋。若要推举一位首领,那非行业内最成功的商人——阿道弗斯·布希莫属。阿道弗斯出生于莱茵河区的富商之家,在家中 21 个兄弟姐妹中排行最末。1857 年,年仅 18 岁的阿道弗斯移民美国,开始从事啤酒酿造工作。1861 年,22 岁的阿道弗斯·布希与客户的女儿莉莉·安海斯(Lilly Anheuser)结为夫妻。在此之前,阿道弗斯的哥哥乌利希(Ulrich)已和莉莉的姐姐安娜(Anna)结婚,所以这桩新婚事让两个家族亲上加亲。婚后不久,阿道弗斯就接手了岳父的生意,并将自己的姓氏添加到公司品牌之中,这就是大名鼎鼎的安海斯-布希啤酒公司。

　　阿道弗斯·布希是一个真正有远见的人。其他人只是把啤酒酿造视为一门简单生意,他却目光远大,以啤酒酿造为核心,逐渐把自己的产业延伸到上下游相关的铁路运输、酒瓶生产、煤矿、酒馆等领域,把啤酒产业的垂直整合提升到惊人的高度。通过并购的铁路线路,布希得以把自家伊利诺伊州煤矿出产的煤炭运输到圣路易斯河畔的安海斯-布希啤酒厂(当地戏称:圣路易斯是一座位于密西西比河畔的大型城市,紧邻安海斯-布希啤酒厂)。除此之外,布希还切入铁路冷藏货车和冷藏卡车制造业,其生产的冷藏车辆不仅供自家啤酒运输使用,还向有冷链运输需求的其他公司供货,例如阿穆尔肉制品公司。为了获得德国老乡鲁道夫·狄塞尔(Rudolf Diesel)发明的新发动机技术在美国境内的独家专利使用权,布希足足花费了 100 万美元。他还花了 3 万美元购买了名画《卡斯特的最后一战》,并加上"安海斯-布希"的醒目标识,使之迅速出现在成千上万的酒馆墙壁之上。1875 年,布希家族的啤酒产量为 3.5 万桶;到了 1901 年,安海斯-布希啤酒公司产量迈过 100 万桶大关,其中主要是淡拉格类型的百威啤酒(以波西米亚地区的 百威镇命名),一举成为全美最大啤酒生产企业。他的酿酒厂极为出 名,甚至催生了一首不朽的流行歌曲——《在安海斯树下》(Under The Anheuser Bush),由《等太阳出来吧,内莉》(Wait' Til The Sun Shines, Nellie)的谱曲者①制作(歌名出自其中的一句歌词——"来吧、来吧、来吧, 抛来你的眉眼柔情,在安海斯树下")。

除了辉煌的事业成就,阿道弗斯本人也极具魅力。他会说五种语 言,在圣路易斯、帕萨迪纳(Pasadena)、古柏镇(Cooperstown)和德国的 威斯巴登(Wiesbaden)为自己和妻子建造了多座宫殿,常以君临天下的 风范巡游各地。每当阿道弗斯和妻子莉莉旅行归来,回到圣路易斯的 布希 1 号住宅(紧邻自家啤酒厂)时,啤酒厂员工就列队鸣礼炮迎接。 依托安海斯-布希啤酒公司在业界的领导地位以及个人的王者之风, 阿道弗斯自然是啤酒行业协会的话事人。1903 年,他主导制定了一项 协议,旨在资助一个社会活动委员会"在德克萨斯州推广反禁酒事项" (德克萨斯州是安海斯-布希啤酒公司主要市场之一)。最终,一共有 9 家啤酒公司签署加入,充分展现了阿道弗斯在啤酒行业的强大号召力。 后来,有部分酿酒商不愿意继续为该委员会的活动提供资金支持,布希 争论道,"为了资助这个委员会,虽然我们要花费好几百万美元,甚至 更多的金钱。但如果这么做能够提升我们的行业地位,这些花费有何 不可?"为了展示自己的立场和信念,他安排公司额外提供 10 万美元资

---

① 即著名作曲家哈里·冯·蒂尔泽(Harry Von Tilzer),这首歌是安海斯布希啤酒 公司于 1903 年委托他谱曲的。歌曲的名字一语双关,巧妙地融合了公司两大创始人的 姓氏 Anheuser 和 Bush。

助德克萨斯州的选举活动。例如,为赞成啤酒合法化的黑人和墨西哥裔群体支付参加投票所需的人头税;花钱买通报纸编辑的支持(一份内部报告称,"我们提前寄送了支票,当地的编辑一般都在为谋生而奔波,没有退还支票的习惯"。),以及资助其他一些更隐秘的活动。1910年,当德克萨斯州中东部啤酒公司推举的代理人在罗伯逊县击败禁酒派后,阿道弗斯透露说是他的操作逆转了选举结果。至于手段,"就不便明说了"。

　　阿道弗斯·布希的工作早已超越对金钱的追求。为了在德克萨斯州取得反禁酒运动的胜利,他倾尽所有。"如果我们败下阵来,除了丢掉德克萨斯州的全部市场,我们还将丢掉个人和家庭的荣誉与地位。与其如此,我更愿赌上大部分财富去博得胜利。"阿道弗斯发出了战斗的号召,激发了员工和全行业的高昂斗志,也为自己赢得了崇高的声誉。1911年,阿道弗斯和莉莉举行金婚纪念,全美共35个城市为他们举办庆祝活动,共襄盛会,宛如美国的全民节日一般。两年之后,阿道弗斯·布希因肝硬化去世,享年74岁。对于阿道弗斯的去世,全国啤酒酿造行业人员共同举哀,向其致以最崇高的敬意。

　　1915年,在宪法中增加有关禁酒条款的政治议程也开始加速推进。随着禁酒呼声日益高涨,USBA的成员们发现,酒馆行业的"罪名"越来越多,已然罄竹难书,甚至被人做成小册子钉在酒馆大门之上。USBA首席顾问休·福克斯(Hugh Fox)总结说,清单所罗列的罪名与WCTU所抨击的问题不谋而合,例如:"在禁售时间内售卖酒精、赌博、卖给醉酒之人、环境肮脏、在居住区非法营业、乡村区域酒馆泛滥、滋生社会恶习、向未成年人兜卖、通宵营业、资助无知的非法移民、操控酒馆、色情歌舞表演、周日休息日营业、与无牌照非法酒馆交易、免费午餐诱惑、按桶交易、酒馆数量泛滥等。"

这是自汤普森修女在希尔斯伯勒市跪下后40年来,首次有人将酒馆行业的恶劣后果总结得如此全面。吊诡的是,这份清单并非出自禁酒阵营之手,而是来自布鲁克林的啤酒酿造商威廉·皮尔(William Piel)。皮尔想通过此举提醒啤酒公司当前行业环境之艰难。纵使有上百万人被收买以对抗禁酒势力,更有数千万人喜爱(或依赖)啤酒,但啤酒行业仍面临着严重危机。

休·福克斯的上述观点,是在试图团结啤酒和烈酒两大行业而举办的"联合协调委员会"上提出的。当时禁酒运动给酿酒行业所带来的压力由此可见一斑。纵然如此,想把这两大行业团结起来一致对外,仍犹如协调一群乱嚎乱叫的野猫一般困难。过去几十年来,虽然啤酒商人和烈酒商人偶尔也会联合起来,共同抵抗禁酒运动的势力,但双方关系始终貌合神离,都觉得搅在一起就会染上对方身上的恶疾。1871年,双方正在共同合作,为降低内战期间联邦政府开征的酒税而奔走呼号,新的内讧却再次爆发。有啤酒公司宣称,啤酒行业与烈酒行业不但缺乏共同利益,甚至有所冲突,乃至说是敌对也不为过。为此,名为《美国啤酒和烈酒商通讯》(*American Brewers' Gazette And Distillers' Journal*)的行业杂志毅然砍掉了刊物名字的第二部分,直接改名为《美国啤酒商通讯》(*American Brewers' Gazette*),以示与烈酒行业划清界限。随后几年中,烈酒行业团结81家不同酿酒公司,建立起一个东起缅因州,西至加利福尼亚州,实力雄厚的全国性行业托拉斯,以同啤酒行业分庭抗礼。但在啤酒公司眼中,烈酒公司仍和麻风病人没什么两样。阿道弗斯·布希对外宣称,烈酒公司生产的都是"糟糕透顶的廉价混合物"，而啤酒公司的产品则是"清淡爽口的健康饮料"。更有甚者，有些啤酒公司秉持着以邻为壑的斗争精神，公开支持禁酒令。只要竞争对手的产品被禁掉，啤酒仍能像汽水一样合法，就是洪水滔天也未尝不可。

　　面对啤酒行业的背后一刀，烈酒行业自然也不甘示弱。他们也出资收买政府公职人员，介入州县政治活动。有时候，烈酒行业也会和啤酒行业做出合作的样子，但始终缺乏真心实意。1908 年，威廉·詹宁斯·布莱恩在总统大选中落败，他将败选原因归咎于酿酒利益集团的阻击，这或许是两大行业合作所取得的最大成绩。但随着啤酒行业和烈酒行业之间的斗争愈演愈烈，二者朝着共同目标努力的合作基础也走向崩溃。烈酒行业选择支持"模范酒商联盟"（Model License League）所采用的酒馆改革计划，通过立法方式限制酒馆许可证的数量。对于违反管制（如向未成年人售酒、超时经营等）的酒馆，处以吊销许可证的惩罚。鉴于啤酒行业的销售模式，其所控制的大量酒馆正是模范酒商联盟的打击对象。如此一来，此前还称兄道弟的啤酒行业与烈酒行业彻底反目成仇。"若是坚持宣扬啤酒的危害比烈酒低，整个酿酒行业就不可能抵御禁酒运动。禁酒运动力量，起源于对酒馆的偏见。"在一次试图团结两大阵营的会议上，来自辛辛那提市的烈酒酿造商莫里斯·F. 韦斯特海默（Morris F. Westheimer）发出如上的警告。韦斯特海默指出，作为众多酒馆的实际控制人，USBA 及其成员对酒馆如今的艰难处境难辞其咎。相较之下，烈酒行业的大部分业务已经摆脱了对酒馆渠道的依赖，转入"原装销售"模式，即使酒馆消失，它们所受的影响也微乎其微。韦斯特海默警告说，如果啤酒行业继续坚持以邻为壑，把烈酒行业当作替罪羊来保存自己，烈酒行业就不得不选择反击，支持关闭市面上的所有酒馆。"敌人的敌人就是朋友，你们的分裂将促使我们与敌人达成合作。"

韦斯特海默说出此话是在 1914 年。纵使其巧舌如簧、能言善辩，但在一群犹如幼童之人面前，他的警告亦是如此苍白无力。此时此刻，他们的敌人已经足够强大，根本不屑于同任何禁酒阵营之外的敌人合作。更不用说，著名的"ASL"此时业已崭露锋芒，成为禁酒运动的急先锋。1893 年，霍华德·海德·拉塞尔（Howard Hyde Russell）牧师创立了 ASL，但他并未以"父亲"的姿态自居。多年之后，拉塞尔牧师在谈及这一创举时依然认为自己不过是顺应天意而已。一位俄亥俄牧师在向其会众介绍拉塞尔时说："上帝曾派他的仆人降临人间，名曰约翰；如今上帝又派一人降临人间，名曰拉塞尔。"对于同行的赞美，拉塞尔牧师一半谦虚婉拒，一半赞同。多年之后回顾此事，拉塞尔牧师说："我静默的内心油然生出虔诚的敬意，不得不相信此话蕴含莫大的真理，ASL 运动，确实出自全能的上帝之手。"

第三章

登峰造极

俄亥俄州的奥柏林镇(Oberlin),是一座以服务穷人的阿尔萨斯牧师的名字命名的小镇,由两位长老会牧师于1833年建立。两位牧师为了"荣耀上帝,积极行善",选在此地建立定居小镇。自建立之日起,奥柏林镇及同名的奥柏林学院(Oberlin College)就吸引了无数怀揣改变世界梦想的男男女女。奥柏林学院是全美第一所男女同校的高等教育机构,也是最早接纳黑人学生的学院之一。弗朗西斯·威拉德的父母曾放弃了纽约北部的繁华农场,前来奥柏林求学;女权主义先锋露西·斯通也是学院早期的毕业生。奥柏林小镇是"地下铁路"(Underground Railroad)①的重要枢纽,居民们都是虔诚温顺的教徒,但在某些方面却充满激情——历史上,奥柏林学院的饮食限制异常严格,酒精、茶、咖啡和肉类自不用说,连胡椒、肉汁和黄油也都属于禁止之列。

在踏入通往道德伊甸园的道路之前,霍华德·拉塞尔在爱荷华州从事律师工作,事业有成。28岁那年,拉塞尔受到"虔诚妻子的感召",

---

① "地下铁路"是19世纪美国废奴主义者把黑奴送到自由州、加拿大、墨西哥以及海外的秘密网络。

前往奥柏林镇,自此改变了人生轨迹。35岁时,拉塞尔担任神职,并在接下来的5年中吸引了众多信众。之后,他返回俄亥俄州东北部,创立了ASL的前身(鼎盛时期拥有上百万付费会员)。ASL或许不是美国历史上第一个全国性政治压力团体,但肯定是第一个以修改美国宪法为目标并且坚持不懈执行的政治压力团体。ASL能够取得空前的胜利,取决于其坚持的两大斗争策略、一个目标单一的核心支持者群体,以及一位著名的奥柏林学院毕业生——1893年的一个周日,霍华德·拉塞尔在第一公理会教堂(First Congregational Church)演讲,提出了从酒精的死亡魔掌中拯救美国的宏伟计划。这位当时坐在教堂前排的学生,聆听到拉塞尔的计划后备受鼓舞。

通俗地讲,ASL的两大策略就是专注和威吓。所谓专注,就是向酒精宣战,而且仅限于酒精。酒精是许多社会组织所选定的敌人,但把组织的敌人仅限于酒精则属于ASL的一大创举,也是对WCTU及禁酒党"全面出击"策略的修正。弗朗西斯·威拉德所设定的"全面出击"策略在执行过程中不可避免地会导致力量过于分散(如果联盟成员们还在忙于支持亚美尼亚人对抗土耳其人,正如1895年她们所做的那样,又怎么能集中精力在禁酒工作上呢?),并且会排斥潜在的合作力量(企业家群体即使支持禁酒运动,但也难以与社会主义者领导的政治组织为伍)。在这方面,禁酒党也好不到哪去。他们的政治诉求花样百出,从反对政府控制公用事业到对邮政专营立法的司法审查,不一而足。他们把大量政治资源投入与核心宗旨无关的领域,导致其在政治选举中的表现非常之差(总统大选得票率从来没有超过2.2%)。相反,ASL恪守核心宗旨,反对多元政治目标。正如其早期一位领导所言,"ASL不以政党的形式参与政治,也不追求彻底消除卖淫、赌博、赛马、凶杀、盗窃或抢劫等罪恶,更不关心金本位、银币泛滥、贸易保护、自由贸易及币制改革等政治议题。"他们只关心酒精,关心如何把国家从酒精的控制中解放出来。

ASL 的专注策略,确保其得以更有效地执行威吓策略。用"威吓"来形容一种对民主手段的直接应用似乎显得过于强硬,但在 ASL 看来,民主本身就是高压政治的一种表现形式。拉塞尔直言不讳道:"ASL 本身就是为了实施政治威吓而组建。"在实践中,ASL 并不寻求赢得多数选票,而是致力于获得关键优势。在主要政党①势均力敌的竞选中,只要能够获得 10% 的关键选票,即可决定选举结果。拉塞尔喜欢引用杰伊·古尔德(Jay Gould)②的政治信条——在共和党选区中,他是共和党人;在民主党选区中,他就是民主党人。但无论如何,他总是为伊利铁路公司(Erie Railroad)服务。ASL 今天可以支持共和党人,明天也可以支持民主党人,只要候选人在 ASL 唯一关心的问题上坚守立场就行。正如宾夕法尼亚州的 ASL 负责人所言:"我们对每位公职候选人都只有一个问题——他在禁酒议题上的立场是什么?"

为了实现组织目标,赢得能够左右选举结果的 10% 关键选票,拉塞尔率领 ASL 的同仁动员了秉承直译派③理念的新教教会及其广大信众。他们遍布全美,信息传达通畅,行动执行力强。对于任何政治压力团体而言,能够争取到这样一个选民群体都"如有神助"。ASL 把自己

---

① 美国自建国以来,政治活动主要由两个政党把持,从早期的联邦党人和民主共和党,到后来的民主党与共和党,第三党的力量即使出现,也一直相对弱小,是典型的两党制国家。

② 杰伊·古尔德(1836—1892),美国铁路开发商和投机商人,镀金时代最凶残的商业大亨之一,也是同时代美国的顶级富豪。

③ 指完全依照字面意思来理解圣经的教派。

定位为道德权威的继承者，时刻准备着迎接"世界末日之战"。正如其政治口号所言——"为了反对酒馆而战斗的教会"。

ASL 及其附属组织的领导层、中层骨干及基层员工，绝大多数都是卫理公会或浸信会的信徒。在州一级分会的领导层中，神职人员占比超过 75%。《巴尔的摩太阳报》(Baltimore Sun)记者弗兰克·肯特(Frank Kent)认为："ASL 的成功秘诀在于，组织内的牧师可以在教堂争取成千上万的信众，这样的机会是无与伦比的。"例如，ASL 每年通过举办"田野聚会"，深入全美 3 万余家教堂，向其会众宣传联盟的工作情况，并募集捐款支持联盟的组织活动。得益于严密的组织和纪律，ASL 只需一声令下，乡村城镇的广大牧师可以立即做好准备工作，在指定的周日向全国的信众发出指令。如费城地区的发言人所说："我只要向本市 20 个区域的 20 个关键人物共计发出 20 封指示信，就足以组织起 5 万人参加活动。我能列举出 100 家教堂，仅仅通过讲经班就能集结起 2 万人。"

一旦 ASL 通过其控制的教会建立起组织的"毛细血管网络"，不消多长时间，它就能取代了 WCTU 在禁酒运动中的领袖地位。1898 年，弗朗西斯·威拉德去世，在一定程度上加速了这一进程。但更关键的还是在于 WCTU 工作重心过于分散，她们似乎把大部分精力和政治资本都投入到对敬爱领袖的怀念之中。在短短一天之内，就有超过 2 万人前往芝加哥的 WCTU 总部瞻仰威拉德的遗容。不久之后，WCTU 总部所在地也迁到威拉德在埃文斯顿的故居。那是一座整洁利落的循道宗姜饼小屋，威拉德称之为"休憩小屋"。WCTU 把领袖故居的几个房间略加整理，改作"弗朗西斯·威拉德纪念馆"。以上种种，都由威拉德生前的秘书、伴侣及继承人——安娜·戈登一手操办。WCTU 对威拉德光辉事迹的宣传也充满了狂热色彩:有人记起见到威拉德时的感受,"被她充满激情的情绪所感染,有幸站在世界历史上不世出的思想大师身旁"。在华盛顿特区国会大厦的雕像大厅,她的雕像与塞缪尔·亚当斯(Samuel Adams)、乔治·华盛顿、罗伯特·E. 李(Robert E. Lee)等人的雕像并列,为美国女性第一人。她的生日后来被南卡罗来纳州、宾夕法尼亚州、威斯康星州和堪萨斯州定为学校的法定节假日。

威拉德去世之后,WCTU 作为政治组织继续发展,她在女性追随者心中的影响力也未明显减弱。即使过了 20 年,广大追随者依然尊称她为"我们伟大的领袖"。不过,威拉德的强大影响力,也令其继任者始终处于她的阴影之下。与此同时,WCTU 虽仍保持有庞大的组织力量,但禁酒运动的指挥权和控制权已由 ASL 接手掌握。

1908 年,来自哥伦布市的卫理公会传教士珀利·A. 贝克(Purley A. Baker)接替了霍华德·拉塞尔,担任 ASL 的负责人。贝克引以为荣地表示:"虽然 ASL 从未提名自己的人员竞选公职,但我们一直是美国组织能力最完备、最强大的政治组织。"贝克说出此番豪言壮语时,韦恩·比德维尔·惠勒(Wayne Bidwell Wheeler)尚未掌握 ASL 的大权。

若要中肯评价韦恩·惠勒的历史地位,着实颇为棘手。惠勒生前,可谓誉满天下;如日中天之时,流言亦四起;猝然离世后,也曾谤满天下。从 1927 年众多媒体刊发的惠勒去世讣告中不难看出,不能以常人论非常之人。《纽约先驱论坛报》(New York Herald Tribune):"如果没有韦恩·惠勒的领导,就不会有第十八修正案。"《密尔沃基日报》(Mil-waukee Journal):"韦恩·惠勒的成就,当属人类最伟大之列。"《巴尔的摩太阳报》的编辑以社论形式赞颂他们心中的伟人——"当后世的人们静下心来,回顾我们这个时代,惠勒毫无疑问会被认为是最伟大的人物之一"。现在看,这段颂词半对半错——惠勒之名在同时代的确如雷贯耳,而如今却几乎无人知晓。

在失去唯一的儿子后,惠勒年迈的母亲问记者:"难道韦恩不一直是个好孩子吗?"当然,那些在奥柏林学院就认识他的人可能会有不同的看法。1890年,惠勒进入奥伯林学院读书,当时的他身无分文,为了养活自己,做过服务生、宿舍看门人、暑期家教,还当过小贩,起初他贩卖一些体育赛事书籍,后来还卖过家具、教学用品,甚至地毯编织机。惠勒身材不高,只有5英尺6英寸左右。即使在20世纪20年代处于个人权力顶峰时,他看起来仍更像是一个在保险公司办公室中认真工作的小职员,而非《辛辛那提询问报》(The Cincinnati Enquirer)所称的"驱使伟人作傀儡"的显赫人物。惠勒戴着一副金边眼镜,胡子修得整洁利索,对敌人的嘲讽永远还以不屑的眼神和微笑。他就像《辛普森一家》(The Simpsons)中的内德·弗兰德斯(Ned Flanders),但更老更矮,打扮更为讲究,经常穿着西装背心三件套。惠勒的追随者相信,他肩负着美利坚合众国的命运。

当霍华德·拉塞尔为ASL招募第一批全职员工时,惠勒也正在寻找"一个充满爱心、激情四射、愿意奉献自我帮助别人的灵魂"。在奥柏林学院的彼得斯大楼门房内,拉塞尔和惠勒首次讨论了这份工作。结束时,两人共同祈祷上帝能够指引他们的未来。惠勒在多年之后解释说,他加入ASL主要是受组织的利他主义和理想主义的感召。惠勒给人留下的印象一直都是柔弱谦逊,除此之外并无特别之处。实际上,这种印象只是流于表面,他的同学对他有一个更为准确的评价——"惠勒是男人中的火车头。"

实际上,惠勒精力充沛,其实更像是一座"发电厂"。在凯斯西储大学法学院(Western Reserve Law School)就读期间,惠勒同时在克利夫兰的一家律所兼职实习。法学院的学习和律所的工作已经非常繁重,但他仍同时坚持为联盟工作。他骑着自行车,从一个城镇到另一个城镇,与教堂里的信众促膝长谈,招募更多的支持者。1898 年,惠勒从法学院毕业后,到 ASL 担任法律办公室主管。在这个岗位上,他做得如鱼得水,工作能力得到出色发挥。惠勒以联盟的名义不断发起法律诉讼,到处发表演讲,组织全国通电和游行活动。对于这些游行活动,惠勒亲切地称之为"穿靴子的请愿"①。惠勒在俄亥俄州当地信众中非常受欢迎,各地教堂争相邀请他去参加活动,以致霍华德·拉塞尔感叹道:"我们的惠勒先生真是供不应求啊!"忙碌之余,惠勒也收获了爱情。他的心上人也毕业于奥柏林学院,有着一个悦耳的名字——埃拉·贝拉·坎迪(Ella Belle Candy)②,二人于 1901 年结为夫妇。当然,

---

① "穿靴子的请愿"(Petitions In Boots),典出欧洲童话故事《穿靴子的猫》(Puss In Boots)。这则童话故事最早出自意大利文学家乔万尼·弗朗切斯科·斯特拉帕罗拉(Giovanni Francesco Straparola)的童话集《愉快的夜晚》(The Facetious Nights Of Straparola),100 多年后法国文学家夏尔·佩罗(Charles Perrault)将之改编成现在大家所熟悉的版本。故事讲的是磨粉匠去世前,把自己仅有的财产分给了三个儿子,其中小儿子只分到一只猫。这只猫穿着一双带有魔法的靴子(中文也取双关意翻译为神猫布斯),一心想帮助它穷困潦倒的小主人翻身。小儿子很善良,暗恋公主已久。可国王和王后唯利是图,根本不可能把公主嫁给出身贫寒的他,为此小儿子始终被两个哥哥嘲笑。一日,公主微服出游,在一小酒馆内唱歌时与小儿子相遇,两人互生好感,神猫布斯不忍心善良的主人错过自己的爱情,设计把小儿子包装成了伯爵以接近国王。爱情的路上困难重重,期间又有食人恶魔和巫师的设计陷害,但小儿子凭借自己的诚实善良和神猫布斯的魔力,最终抱得美人归,而神猫布斯也成为新的勇士。不难看出,惠勒有意把自己比作霍华德·拉塞尔手下的神猫布斯。

② 艾拉·贝拉·坎迪的英文原名是 Ella Belle Candy,除了发音美丽,名字也带有双关:Belle 在英语中也有"美女"之意,而 Candy 指"糖果"。

他们的结合与埃拉父亲的关系很大。老坎迪是一位成功商人,也支持
ASL的事业,他许诺给予惠勒以财务上的保障,这是联盟所无法提
供的。

ASL深度介入并改造了俄亥俄州的政坛。它配有31名全职带薪
工作人员,随时待命,以协助一大批富有热心的牧师。约翰·洛克菲勒
(John D. Rockefeller)富甲天下,也是浸信会成员,终身滴酒不沾。为
支持ASL的工作,洛克菲勒按照联盟对外募集资金总额10%的比例提
供配捐资金。拉塞尔认为,联盟必须追究"对家庭、教会和国家犯下严
重罪行或过失的政治人物"的责任。经过长时间的努力,这一目标已
经不再只是一个大胆的承诺。对于许多公务人员来说,这已经形成了
令他们不寒而栗的现实威胁。在惠勒成为ASL俄亥俄州分部主管的
那年,联盟已经对覆盖两党的70名在任议员(超过整个州议会的半数
席位)发起攻势,并且大获全胜。

随后,经过改选的俄亥俄州议会可谓完全由"总承包商"韦恩·惠
勒一手定制。现在,联盟开始付诸实践,颁布一项梦寐已久的法律,把
决定酒馆命运的权力交到选民手中——如果辛辛那提人民选择"湿"
(支持饮酒),辛辛那提市就继续保有酒馆,饮酒合法;如果代顿市人民
选择"干"(支持禁酒),代顿市就全面禁酒,饮酒违法。在此之前,不同
版本的规制措施业已经州议会两院审议通过,州长迈伦·赫里克
(Myron T. Herrick)说服议会小组委员会成员对表决的版本加以修订,
他认为这些修订十分必要,可使法律更加公平可行。鉴于小组委员会
为州长提前介入并架空ASL的立法议程提供了可乘之机,惠勒将"小
组委员会视为ASL的威胁"。为了联盟的目标,惠勒带领联盟向敌人
发起进攻。按照常理,他的目标应该是州议会的小组委员会成员,但惠

勒更进一步,定下了更为冒险的目标——把赫里克州长拉下马。

要想把赫里克拉下马并非易事。赫里克发迹于克利夫兰,是当地著名的律师兼银行家,由马克·汉纳(Mark Hanna)参议员一手扶持进入政坛。马克·汉纳是当地政坛教父级人物,也是威廉·麦金利*总统宝座的缔造者。赫里克曾以俄亥俄州历史上最高得票当选州长,拥有源源不断的竞选资金。因为曾否决一项投注赛马合法化法案,赫里克赢得了众多教会人士的支持。就大环境而言,俄亥俄州是共和党的传统票仓,在过去的20年的州长选举中,共和党仅有一次败选记录。

然而,惠勒和ASL彻底打倒了赫里克。州长选举期间,他们在全州范围内资助发起了超过300场反对赫里克的集会。为了动员教会信众参加集会,惠勒不但暗示赫里克在修改州议会法案中所扮演的重要角色,更进一步指控,赫里克是"谋杀工厂的拥护者"、酒精利益集团的"马前卒"。期间,USBA向会员单位发出秘密指示,敦促各啤酒公司悄悄为赫里克提供充足的资金支持(当时的民主党候选人鼓吹禁酒)。在选举日前的周四,惠勒宣称"他获得一份秘密信函,然后拍照复制上千份,在周日礼拜集会上广为散播"。此次州长选举是俄亥俄州有史以来投票率最高的一次,州内共和党人倾巢而出,为支持本党候选人赫里克奔走呼号。然而因为惠勒的介入,这一切都显得徒劳无功,迈伦·

---

* 马克·汉纳的另一个忠实政治信徒是相隔一个世纪的卡尔·罗夫(Karl Rove)——乔治·W. 布什总统的政治大脑。"有些孩子梦想当总统,卡尔则梦想当马克·汉纳。"2003年1月,罗夫的一位朋友在接受《时尚先生》采访时如此表示。"我们经常讨论这个问题,经常会说,'上帝啊! 什么样的孩子会梦想成为马克·汉纳?'"但在许多时候,罗夫对硬球(Hard Ball)政治所表现出的高度敏感性也表明,他真正崇拜的历史人物应该是韦恩·B. 惠勒。

赫里克的政治生涯被终结了①。

有时候,金钱问题比酒精问题更为重要。赫里克既是俄亥俄州州长,同时也是当地商业巨头。惠勒旗帜鲜明地打击赫里克,自然也触动了不少人的商业利益,ASL 的大金主洛克菲勒便暂时减少了对联盟的财务资助。即使如此,惠勒也不为所动。他反而高呼:"从此之后,任何政党都不能无视教会抗议的声音和这个国家道义的力量。"或者更为准确地说,任何政党都不能再忽视韦恩·惠勒的力量。用 ASL 员工的话来说,他现在所发动的全国性运动足以"使其成为伟人,控制六届国会,决定两任总统……引导与全国绝大多数重要州政府和联邦政府机构工作相关立法,决定共和党和民主党之间的权力平衡,操纵比任何人都多的政客,在没有法定授权的情况下从外部监督联邦政府机构。无论是敌是友,都不得不承认一个事实——在当时的美国,惠勒是一位权力与权术皆无人能敌的政治强人"。

1909 年 1 月,USBA 的休·福克斯向会员发送了一封近乎愤怒的信。在信中,福克斯要求啤酒公司"严肃反思,认清当前形势——ASL在全国拥有 800 家办公室,超过 500 名带薪员工。除此之外,他们还以临时雇佣合同的形式招募了大量兼职宣传游说人员,上至印第安纳州州长,下至卫理公会牧师,皆为联盟所驱使"。福克斯大声疾呼:"你们看清楚了吗? 在过去百余年中一直通过布道和鼓励方式推进的禁酒运动,如今已经按照资本主义运作方式脱胎换骨了。"

---

① 赫里克后来被同样来自俄亥俄州的共和党人霍华德·塔夫脱总统任命为驻法大使。塔夫脱本人也不受 ASL 待见。1904 年,塔夫脱在西奥多·罗斯福政府担任战争部长,ASL 的旗下官方报纸《美国议题》就曾称其为"啤酒肥渣塔夫脱"。

托马斯·吉尔莫（Thomas Gilmore）是烈酒酿造商协会的成员，算是福克斯的同行冤家。在 1908 年的一次会议上，吉尔莫告诉他的老板，ASL"作为一个社会运动组织，其实力之强可谓登峰造极，美国有史以来任何一个社会运动组织都无能出其右"。在吉尔莫的辞典里，"登峰造极"一词有多重含义，除本身词义外，也可以指他心目中的联盟是"今日美国政坛中最专横、最独裁、最危险的组织"。啤酒公司和烈酒公司虽然都属于酿酒行业，但永远同床异梦，难以合作共抗外敌。新泽西州著名的啤酒酿造商克里斯蒂安·费根斯潘（Christian Feigenspan）表示，"许多啤酒公司总是想着通过与烈酒公司划清界限来获得自身的救赎。"在匹兹堡市的烈酒酿造商 A. J. 桑斯坦（A. J. Sunstein）看来，烈酒公司的做法和啤酒公司有着异曲同工之妙——削减售酒牌照的数量。考虑到啤酒公司是大量酒馆背后的实际所有人，而烈酒公司的产品营销对酒馆渠道依赖很低，此举依然是以邻为壑。而看似中立的第三方，如报纸编辑兼专栏作家亚瑟·布里斯班（Arthur Brisbane），其积极鼓吹的方案又有所不同——"严格管制威士忌酒运输环节，同时鼓励消费低度酒和啤酒。"

对于酿酒行业而言，如果他们的敌对阵营陷入了四分五裂，他们或许能够幸运地与之打个平手。然而事实总是很残酷，虽然反酒精阵营因快速扩张分裂出大量杂乱的分支，但惠勒及其领导的 ASL 却充分发挥自身的领袖天赋，如外科医生一般灵巧地操纵着庞大的联盟组织。就像比利·森迪遇到简·亚当斯（Jane Addams）——人们可能从没有想过二人会走到一起，但他们现在要肩并肩共同奋斗了；人们很难想象世界产业工人联盟（Industrial Workers Of The World）会和三 K 党有什么联系，但现在他们握手言合了，而且站在同一个战壕里。惠勒提出的

"俄亥俄理念",帮助 ASL 领导反酒精阵营的不同派别求同存异,提炼出禁酒这一共同宗旨,隔离各派别的其他宗旨与意识形态问题,从而结成广泛的禁酒统一战线。总体而言,这个统一战线所涵盖的细分派别可以划分为五大类,包括种族主义者、进步主义者、女性参政权运动分子、平民主义者(其中也包括一小部分社会主义者)和本土主义者。每个派别都可能出于自己的政治利益而反对酒精,但同时也会利用禁酒运动的力量推行与禁酒毫不相关的意识形态或政治议程。

这种情况在种族主义者中得到了很好的体现,在南方各州尤为明显。残酷的内战给南方留下一片废墟,重建成本高昂且过程漫长,南方的种族主义者对此积怨已久。南方在禁酒运动中进展缓慢,部分原因便是禁酒运动与废奴主义有所关联。重建结束后,白人在南方重新夺回了他们的统治地位,与其联盟就变得容易多了。1907 年,《亚特兰大宪法报》(*Atlanta Constitution*)驻华盛顿记者写道,北方和南方在对待酒精的问题上立场相似,但不同之处在于"南方有黑人问题"。为了避免读者误解,他详细回顾了重建时代的历史,以及"成群结队的黑人,喝着威士忌,醉醺醺地在大街上游荡的情形"。这种景象在大街上很常见,并非原来的联盟各州所独有。弗朗西斯·威拉德对此也深信不疑,她曾表示:"这家酒馆是黑人们的权力中心。这里有更好的威士忌酒,黑色面庞的暴徒们高声呼喊着振奋人心的口号。"

其至那些假装关心南方黑人命运的人也沉迷于各种有害言论,假借形形色色的伪科学知识,以高等人类的视角俯视黑人的悲惨境遇——"奴隶制下的黑人虽然因为接触不到酒精而免遭毒害,但他们也因此不具备抵抗酒精邪恶力量的能力"。《科利尔》(*Collier*)周刊的编辑认为:"白人开始承担起对黑人的道德义务,而向黑人们非法销售酒精和毒品与道德义务的要求背道而驰。"来自阿肯色州的国会众议员约翰·牛顿·蒂尔曼(John Newton Tillman)则认为,禁酒能够终结南方四处蔓延的私刑,因为如果没有酒精的毒害,黑人们就不会犯下可怕的罪行。

蒂尔曼这场著名的演讲发表于1917年的国会众议院议事厅,他在演讲大量引用了马丁·路德(Martin Luther)、教皇乌尔班二世(Pope Urban II)、四位来自缅因州的前参议员、切斯特菲尔德勋爵(Lord Chesterfield)、罗伯特·布鲁斯(Robert Bruce),以及"和平王子"①等人的箴言警句。蒂尔曼当时还宣称,酒精"增加了黑人存在的危险性"。20世纪初,小托马斯·迪克逊(Thomas Dixon Jr.)的小说《豹斑》(The Leopard's Spots)、《同族人》(The Clansman)非常流行,格里菲斯以这两部小说的故事创作了著名电影《一个国家的诞生》(The Birth Of A Nation)。书中的黑人"布满血丝的双眼里满是威士忌",在街头游荡徘徊,肆意侵入白人的家园。他们疯狂酗酒,导致当地抢劫和强奸犯罪案件飙升。在迪克逊所描绘的世界,黑人"一半是孩子,一半是动物……他们的情绪一旦被激发,就会变得像发怒的老虎一样可怕"。肉欲②并不是导致白人盲目恐慌的必要因素。对有些人而言,他们更害怕的是自己的尊严被黑人冒犯。1908年,内战英雄罗伯特·F.霍克(Robert F. Hoke)将军的女儿莉莉(Lily)宣称,北卡罗来纳州的男人们毫无疑问会在公投中投票支持禁酒,"因为他们不希望看到喝醉的黑鬼把白

---

① "和平王子"指耶稣。

② 作者在此使用了Carnality(肉欲)一词,可能是意在讽刺白人在种族问题上的虚伪——白人男性可以和黑人女性发生性关系,如历史上很多名人一样,但却不能接受黑人男性和白人女性发生关系,认为这是对白人男性尊严的巨大侮辱。

人女性从马路上拖走"。

　　联邦宪法第十五修正案赋予了黑人投票权,也令这些白人非常反感,他们不希望现状继续下去。1887 年,黑人选民利用手中的选票否决了田纳西州的州禁酒宪法修正案,将双方的矛盾激化至难以调和的境地。尽管布克·T. 华盛顿(Booker T. Washington)及其他南方黑人领袖同样反对酒精,但在此之后许多州的白人禁酒主义者放弃联合黑人支持他们的禁酒事业,转而妖魔化黑人群体。他们四处渲染一种丑化的黑人形象——看吧,一个黑人,一手拎着威士忌酒瓶,一手握着选票,正朝我们走来,这是白人的噩梦。这种妖魔化的恐吓氛围,引发了C. 范恩·伍德沃德(C. Vann Woodward)所谓的"第三次全国禁酒浪潮"(前两次分别是 19 世纪 40 年代的华盛顿人戒酒行动和 19 世纪 80年代 WCTU 的崛起)。这波禁酒浪潮发端于 1906 年民主党在南方佐治亚州举办的党内初选大会,并迅速席卷内陆地区。州长候选人霍克·史密斯(Hoke Smith)(罗伯特·霍克的外甥)蛊惑佐治亚州的白人选民,污蔑黑人参加投票是受烈酒公司利益集团所操纵。在被洗脑的白人选民的支持下,史密斯顺利当选州长,并在就任第一年内就迅速修订法律,剥夺了佐治亚州黑人的投票权。考虑黑人选民总体倾向于反对禁酒,那么一旦剥夺了黑人的选票,支持禁酒的群体就可以无所顾忌地通过更为严厉的禁酒法律了。

　　在接下来的几个月,北卡罗来纳州、俄克拉荷马州及密西西比州相继通过了针对本州禁酒令的补充法案(正如莉莉·霍克所预料的那样)。此类补充法案通过之前,州议会一般都会先通过剥夺黑人选举权的"吉姆·克劳(Jim Crow)法案"。当亚拉巴马州通过了剥夺黑人投票权的歧视性法律后,当地浸信会信心大增,预言该州将取得禁酒的胜利——"在我们亚拉巴马州,黑人及其他类似有色人种的投票权已被剥夺,威士忌的堡垒很快将不攻自破"。

白人禁酒主义者虽然满嘴荒唐,但对利害关系的分析却是十分精准。啤酒行业和烈酒行业打得不可开交,禁酒主义者一看就能明白,对手阵营的分裂给他们提供了绝佳的机会。当然,就算这对同行冤家像贵格教徒一样精诚合作,也无力阻止大部分禁酒法案的通过。啤酒公司为了争取黑人的支持作出了不懈努力,已经成了南方白人的敌人,更不用说那些更容易愤世嫉俗的群体。例如,没有人相信酒商们经年持久地反对人头税是被超越经济利益诉求的高尚道德本能所驱动。有个轻浮的酒商高层人士对外宣称,阿道弗斯·布希在德克萨斯州出差时的外勤人员包括四名黑人,主要工作是处理有色人种选民相关问题。他们随身携带强大的"工具包",显著扩大了他们的影响力。这些工具包括投票授权书、代黑人支付人头税所用的现金、一张解释选举规定的简易卡片、几份反禁酒宣传册,以及带有亚伯拉罕·林肯头像的海报。

在完善的产品分销体系支持下,烈酒公司并不需要卷入南方的封建政治体系,以免激起该地区人民的愤怒。无论他们如何高调反对啤酒公司的酒馆以表明立场,还是会因为自己酿酒公司身份以及推销酒精产品的行为而遭到羞辱。彼时的烈酒行业已经被犹太人把控,虽然还达不到德国人对啤酒行业的垄断程度,但已经足够引起社会的不信任,刺激产生本土主义偏执狂的"毒液"。约翰·蒂尔曼在国会解释他是如何希望通过隔离黑人和酒精以拯救黑人免受私刑之害的时候,尚且因为自己贬低了黑人群体而感到惭愧。蒂尔曼列举了一长串烈酒行业大佬的名字,如施坦伯格(Steinberg)、绍姆伯格(Schaumberg)、赫希鲍姆(Hirschbaum)等。"从这些名字可以看出,我不是在刻意攻击一家美国本土企业,我抨击的都是外国人的企业。"对于自己讲话中鲜明的排外色彩,蒂尔曼并未觉得有任何不妥。当然,他的观点并不限于在南方地区流传。即使一直以揭发丑闻而被社会所称道的《麦克卢尔》(McClure's)杂志也持类似看法。该杂志在1909年的一篇文章中提到:"犹太人头脑精明,行事肆无忌惮,目前已经掌控了全美的烈酒批发市场。"

在此期间,一起轰动全国的丑闻为蒂尔曼式偏见的扩散提供了最好的助攻。李·莱维(Lee Levy)是一位资深烈酒酿造商。早在1902年来到圣路易斯市之前,他就已在德克萨斯州从事烈酒酿造工作近20年。莱维迁到圣路易斯市之后,在一座密西西比河畔小镇的北侧开办了一家烈酒厂,短短4年时间就赚得盆满钵满,荣登《圣路易斯名人传》(The Book Of St. Louisans)评选的该市"领袖人物榜"。2年之后,《科利尔》周刊的专栏作家威尔·欧文(Will Irwin)如此描述莱维的形象——"他是圣路易斯市的绅士,身体富态,常于晚餐之后坐在奢华的绒毯上休息,伸出戴着钻石戒指的手,点上一根黑雪茄,筹划着如何把生意做得更大"。对于莱维而言,这确实是日常的生活片段,并非欧文对他的曲意逢迎。

莱维原本可以在圣路易斯舒舒服服地做个富翁,但没想到因为和欧文的偶然相遇(如果可以这么说的话——欧文几乎不可能见过他),突然出现在全国发行量最大、影响力最广的杂志上,变成了全国知名人物。但莱维暴得大名,追根溯源还是因为路易斯安那州什里夫波特市(Shreveport)的一起意外事件。查尔斯·科尔曼(Charles Coleman)是一名黑人,被指控奸杀了一名14岁的白人姑娘玛格丽特·李尔(Margaret Lear)。法庭对科尔曼的审判非常迅速,仅仅4个小时就宣告结束。陪审团经过3分钟的内部审议,作出了有罪判决。一周之后,科尔曼在什里夫波特监狱被执行绞刑(科尔曼被绞死之前,仅仅被守卫法院的当地民兵揍了一顿,侥幸逃过了残酷的私刑)。《科利尔》周刊之所以会报道科尔曼的案件,是因为科尔曼在作案时喝醉了,而欧文恰好在南方地区调查烈酒公司向黑人销售酒精的情况。他根本不知道科尔曼当时到底喝了什么酒,在写报道时就移花接木,把发生在伯明翰市的一起黑人强奸案的细节嫁接到科尔曼身上。在伯明翰的那起案件中,凶手口袋里有一瓶喝掉一半的杜松子酒,酒瓶上有厂家的酒标,酒标上有一幅图案,还有一行字——圣路易斯市李·莱维公司生产。欧文发表在《科利尔》周刊上的报道并没有直接提及酒的品牌。他解释说,"如果我直接曝光了生产厂家,我们的杂志就不能通过邮政渠道寄送给读者了"。酒标上的图案也没有出现在杂志上。该案检察官在法庭文件中指出,"相关图案的细节实在不适合在法庭上具体描述,否则会玷污神圣的法庭"。莱维公司生产的酒水品牌是"黑公鸡威猛杜松子酒"(Black Cock Vigor Gin)①,酒标所配图案上画着一个几乎全裸的白人女性。醉翁之意,不言自明。

根据当时保守的社会风气,欧文在提到玛格丽特·李尔的强奸案时写得非常委婉,以"无名氏案"代指。但对于科尔曼喝酒这个细节,欧文则毫不顾忌,斩钉截铁地认定科尔曼喝的是"黑鬼杜松子酒"。这

---

① 莱维在酒的品牌上耍了恶俗的小聪明。Cock虽然有"公鸡"的意思,但无论在英文还是中文语境,皆是"男性生殖器"的俗称。

种酒价格低廉,每品脱售价只要 50 美分(莱维的批发价更是低至 27 美分*),专门面向南方贫穷黑人群体出售。除了莱维,欧文还提及了其他生产"黑鬼杜松子酒"的商人,其中包括韦伊(Weil)、德莱弗斯(Dreyfuss)、布卢腾撒尔(Blutenthal)等人。欧文的报道刊发后,纳什维尔市(Nashville)坚定支持禁酒的《田纳西人报》(*Tennessean*)如获至宝,立即把当地向黑人群体销售莱维公司产品的白人商家全都曝光了。《田纳西人报》号召读者搁置讨伐酒馆原罪的争论,把目光聚焦"黑人问题"这一个点上。在黑框装饰的头版社论中,该报编辑大声疾呼:"黑人原本相当温顺、勤劳,但一旦沾染上酒精,就会变得凶狠狂暴,危及白人的生活、财产和社区安全。"一位白人牧师警告纳什维尔人:"这种杜松子酒以及瓶身上的酒标,业已制造出大量犯下强奸罪行的黑人恶魔,引起了南方白人女性前所未有的愤怒,其罪恶空前绝后,罄竹难书。商家在兜售这种酒时还向买酒的黑人吹嘘,喝了他们的酒就可以将黑人的力量注入白人的魅力。"反对禁酒的《孟菲斯商业呼声报》(*Memphis Commercial Appeal*)则反驳道:"将犯罪归咎于酒商,却赦免'贫穷的黑人野兽',是对本地以及南方贤淑女性的莫大侮辱。"

除了《科利尔》周刊的读者外,从亚特兰大到洛杉矶,各地报刊的读者们很快都知道了李·莱维和他的杜松子酒(虽然具体的酒名并没有见报)。经此风波后,莱维本人仍继续从事烈酒生意,但他和他的商业伙伴们因"通过邮件发送不当内容"被判有罪,烈酒行业的"模范酒商联盟"也将其除名。联邦法官之所以判定他们有罪并处以 900 美元

---

* 一本杂志曾如此描述"黑鬼杜松子酒"的味道:"一杯下肚,好似火柴点燃了一股热浪,从身体里喷涌而出。紧接着,一股混合着甘甜、辛辣、苦涩的味道闪过,好像要烧掉喉咙里的每一寸黏膜,留下令人作呕的腐臭气味。"

罚款,起源于阿肯色州邮政检查员的钓鱼执法。这位邮政检查员假冒销售烈酒的商家,向莱维下了一笔 24 夸脱的订单,并附上"我在北小石城(Argenta Ark)开了家店,可以帮你们扩大'黑鬼杜松子酒'的销量"的留言。就在莱维被定罪的当月,田纳西州参众两院以绝对多数的优势将禁酒令写入了该州法典。

在后世被视为进步主义运动旗手之一的西奥多·罗斯福(Theodore Roosevelt),同时也是禁酒阵营的一分子。乍一看,罗斯福支持禁酒的第二大动因应该是种族仇恨。1882 年初,23 岁的西奥多·罗斯福踏入奥尔巴尼市,开始了他的州议员生涯。当时的纽约州议会中有 25 名爱尔兰裔民主党议员,他们的所作所为让罗斯福感到无比震惊。罗斯福在日记中愤怒地写道,"他们就是一群蠢货、醉鬼、小人,智商和道德上的双重残废"。他还补充道,典型的爱尔兰裔议员,都是"低俗、肮脏、腐败、无知的野蛮人",其中很多人连"连贯地说上三句简单的话"都很困难。紧接着,罗斯福以"壮约翰"·麦克马纳斯("Big John" McManus)议员为例,说他的"粗俗、低贱程度无以复加"。壮约翰的"罪名很多",其中最主要的一条是开了家酒馆。罗斯福极度讨厌麦克马纳斯,以至于曾一度不顾危险,追着块头比自己大很多的对手约翰威胁说要"踢爆你的蛋"。

但相较于对爱尔兰裔民主党议员人品的反感,罗斯福和他的盟友更厌恶他们所代表的政治文化。城市里的酒馆一直发挥着社区邮件收寄处、招聘大厅和移民群体社交中心等功能,同时也是强大政治机器的发源地、孵化器和操练场,在 19 世纪的最后 25 年里一直掌控着东部和中西部大城市的政治生态。1884 年,纽约市的 24 名市议员中有 12 名拥有酒馆,还有 4 名拥有和酒馆相关的产业。在底特律,酒馆经营者支持的政治团体——"请闭嘴社团"(Keep Your Mouth Shut Organization)——控制了该市议会 1/3 席位。为了补偿占据少数席位的这部分议员,他们承诺向市政府官员们提供免费畅饮的酒馆作为活动场地,只要他们承诺不执行关闭酒馆的市政法令即可使用。30 多年来,芝加哥市议会第一选区一直处于迈克尔·"小人物"·肯纳(Michael "Hinky Dink" Kenna)、"澡堂"·约翰·考夫林(Bathhouse John Coughlin)的牢牢控制之下,肯纳开了一家名叫"工人交易所"(Workingmen's Exchange)的酒馆。相比芝加哥,波士顿更不遑多让。当地睦邻之家的工作人员表示,"酒馆和政治之间的联系非常紧密,二者在任何政治问题上的立场都能保持完全一致"。当地选区有位名叫帕特里克·J. 肯尼迪(Patrick J. Kennedy)的政客兼酒馆老板,就是在他位于干草广场(Haymarket Square)的酒馆里开创了一个辉煌百余年的政治王朝。

　　酒精和政治的联姻并非新生事物。乔治·华盛顿在 24 岁时首次参选弗吉尼亚殖民地议会议员,结果未能成功。在总结经验教训时,华盛顿认为主要原因在于没有给选民提供充足的酒喝。2 年之后,华盛顿做了充分的准备卷土重来,足足安排了 144 加仑的朗姆酒、潘趣酒、烈性苹果酒及啤酒等饮料。这些工作都由他的选举代理人出面张罗,平均下来每张选票要耗费半加仑酒。19 世纪末至 20 世纪初,城市贫民窟的酒馆在销售啤酒和烈酒的同时,还为周边贫困居民提供了基本社区服务,酒馆也因此汇集了政治价值——信任、支持、就业。对于最贫穷的那部分居民而言,花钱买杯酒也是一种遥不可及的奢望。此时若说一张选票可以换来去酒馆畅饮一晚的机会,这些一贫如洗的人自然迫不及待。所以,啤酒公司眼中的酒馆不仅仅是为之带来源源不断利润的场所,同时也是给予他们庇护的政治权力的守卫者,特别是面对日益强大的禁酒阵营敌人之时。

罗斯福和其他支持城市改革的新教权贵们也认识到了同样的事实,并感到十分不满。当时的政治生态充满了腐败文化(酒馆实际控制的纽约州议会又被称为"贿赂委员会"),令进步主义者举步维艰,倍感挫折;而这种基本盘主要由外来移民构成的政治生态,还侵蚀了本土新教徒的特权优越感。作为进步主义阵营的著名人物,伊丽莎白·卡迪·斯坦顿点燃了争取女性参政权的革命火炬。斯坦顿对当前的政治生态也非常不满,她愤怒地说道,"帕特里克(Patrick)、桑博(Sambo)、汉斯(Hans)以及容东(Yung Tung)①这些人根本无法区分何为专制,何为共和,他们也根本没有读过《独立宣言》……但他们现在却主导制定法律,要求我们的孩子莉迪亚(Lydia)、玛利亚(Maria)、卢克丽霞·莫特(Lucretia Mott)、范妮·肯博尔(Fanny Kemble)遵从。"族裔问题尚且如此,如果把莉迪亚、玛利亚、卢克丽霞、范妮的名字改为汤姆(Tom)、迪克(Dick)或哈里(Harry),再把他们的姓氏改为夫姓,那么斯坦顿将更加怒不可遏了。

与此同时,许多厌恶新移民群体生活方式的进步主义人士也在努力探索改善现状的方式,包括慈善组织、社会行动和政府规制等,他们相信这些措施可以帮助改善新移民群体的生活状态,使之更稳定、便利,或者用一句话总结——更美国化。但他们旋即认识到,要想同化如潮水般涌进的新移民并非一件轻松之事。斯坦福大学首任校长大卫·

---

① 四人分别为爱尔兰裔、黑白混血儿、德裔和华裔移民,姓名也有典型的民族文化特征,下文中四个孩子的名字则是典型的白人新教徒家庭的名字。

斯塔尔·乔丹(David Starr Jordan)是禁酒阵营的忠实拥护者,也是罗斯福的政治盟友。乔丹认为:"大多数新移民……和盎格鲁-撒克逊人相差很大,他们的自我管理能力很差,总体上比较缺乏道德修养和社会常识。"匹兹堡市市民委员会主席 H. D. W. 英格利(H. D. W. English)认为,如果能够通过进步主义人士所青睐的积极干预策略,由联邦政府出面关禁全部酒馆,那么就有可能将来自世界各地的新移民群体从"污垢和啤酒"中解救出来。*

当然,对于移民中的劳工阶层而言,关禁酒馆则意味着对他们的压制。正如亚瑟·S. 林克(Arthur S. Link)所言,进步主义阵营中的人士"虽然对外表现得较为强势,甚至带有强制色彩,但并不意味着他们不是进步主义者"。他们支持禁酒不是因为憎恶酒精,而是憎恶酒精对那些不是在铺着白色桌布的桌子上使用高脚水晶杯饮酒的人群所带来的伤害。"如果工人们每天工作八小时后,不再把时间花在酒馆里,他们将省下更多的钱,从而改善自身的经济状况。"当时颇具影响力的报纸编辑威廉·艾伦·怀特(William Allen White)怀着进步主义者的俯视心态如此写道,"当工人们下班后都能和家人团聚,或者在图书馆中学习,并拥有好书、留声机和汽车时,社会将变得更加美好"。未曾想到,怀特在30年后撰写的自传里却描绘了一副可怜甚至可以说是悲惨的景象,影射移民群体的生活困境,读起来令人不寒而栗。他写道,20世纪最初的十年里,进步主义者"也曾坚信我们只消改变下等狗(弱势

---

* 历史学家詹姆斯·H. 廷伯莱克(James H. Timberlake)指出,社会达尔文主义阵营中与进步主义者意见相似的人士同样认识到了酒馆中普遍存在的堕落现象,但他们也将之看作是一种自然的社会进化——"酒精杀死一代又一代不健康的人,促进了自然选择和人种改良"。

群体)的生活环境,为它们提供体面的狗舍、健康的食物、定期洗澡、充
分的锻炼,就能够治愈它们的疥癣,清除身上的跳蚤……一切都会自然
而然变得更加美好"。言语之中,充满了失落与悔恨。

一方面,其他著名进步主义运动领袖人物——如睦邻之家的开创
者简·亚当斯和莉莲·瓦尔德(Lillian Wald)——之所以支持禁酒,并
非出于她们对移民群体的反感。相反,她们对移民群体抱有发自肺腑
的同情之心。她们积极从事禁酒运动,与废奴主义者的动机非常相
似——废奴主义者不仅仅反对奴隶制,还从根本上认为黑人与白人平
等——禁酒运动亦是如此。她们既不同情驱使男人们走进酒馆的冲
动,也没有像波特主教那样把同情心惠及地下酒馆。虽然亚当斯从未
动摇过对禁酒事业的支持,但她也相信,"如果酒精与诸多恶行密切相
关,那么它必然也与家庭和健康有着很大的关系"。显而易见的是,喝
酒能够给城市贫民窟居民晦暗乏味的生活带来一些欢乐。塞缪尔·费
洛斯(Samuel R. Fellows)是芝加哥市的一位主教牧师,也是一位进步
主义改革者,他不如波特那样了解酒馆给顾客们带来的愉悦感受。
1895年,费洛斯在华盛顿大街开办了一个新型活动场所,里面有吧台、
女服务员、痰盂等酒馆所必需的装饰,但唯独欠缺两样东西:其一是第
二个"o",他称之为家庭沙龙(Home Salon),其二是酒(Booze)。一如预
期,这个场所很快就关门大吉了。

另一方面,进步主义者充分发挥内部精英阶层的智力资源,高举科
学方法论的大旗。其中最具代表性的科学咨询机构的发起人包括哥伦
比亚大学校长、哈佛大学校长、宾夕法尼亚州主教,以及其他47名拥有
大量财富的社会知名人士(虽然他们的富有主要是因为含着银钥匙出
生),是为"酒精问题调查五十人委员会"(The Committee Of Fifty For

The Investigation Of The Liquor Problem）。委员会的名字非常响亮，与其组成人员的名气相得益彰；其使命也足够崇高——抵制玛丽·亨特发起的所谓科学禁酒教育课程所传达的错误信息和宣传霸权。委员会还要求，所有的调查工作只忠于科学事实，而非为了实现反对禁酒的特定目的。

"五十人委员会"为后世留下了两个具有深远影响的工作遗产。其中一项遗产是研究成果，它科学研究了酒精对人的生理影响，以及给社会带来的各种后果。委员会成员在工作过程中丝毫没有受到亨特伪科学的腐蚀，也没有为酒精行业的歪门邪说以及自视高人一等的傲慢人士的禁酒观点所干扰。在检视了委员会的调查结果后，哈佛大学校长查尔斯·艾略特（Charles W. Eliot）戒掉了保持多年的适度饮酒习惯，变成了一名彻底的戒酒人士。

"五十人委员会"的另一项遗产就是这个第一流的委员会的组织工作方式本身。正如著名文艺评论家范威科·布鲁克斯（Van Wyck Brooks）所称赞的，进步主义人士"天生就是成熟的中年人"。后世类似的委员会皆效仿"五十人委员会"的工作方式，从精英群体中选择组成成员。他们查明事实问题，讨论解决方案，在公开场合宣读内容详尽的调查报告，然后努力通过立法方式将解决方案制度化。

在这些随后激增的委员会中，有两个承担了一项极其重大的使命——调查19世纪90年代最有影响力也最有争议性的酒精改革问题。约翰·雷恩斯（John Raines）是一名来自手指湖（Finger Lake）地区的纽约州议会议员，同僚们给他起了个特别的外号——"鹰脸"。纽约州对州内酒馆的规制，主要来自约翰·雷恩斯的积极推动，其中最著名的成果就是强制酒馆在星期日歇业的《雷恩斯法》（Raines Law）。《雷恩斯法》的影响力很大，因为周日既是劳工群体的休息日，也是酒馆老板们生意最好的一天。但《雷恩斯法》通过在具体条款上的精妙操作，避免了该法影响到其支持者的生活——富人钟爱的周末就餐和饮酒场所大多是在酒店里的餐厅，而非独立的酒馆，所以雷恩斯在法律条文中要求餐厅若想在周日也能合法提供饮酒服务，必须能够同时提供餐食服务，并且至少拥有十间客房。和南方不少州一样，此类禁酒令是为"其他人群"定制的，而非为"我们自己"制定的。

　　雷恩斯显然低估了酒馆行业的强大实力。新法实施之后，酒馆行业不但没有因此被削弱，反而变得欣欣向荣。以布鲁克林地区为例，在《雷恩斯法》实施前，该地区仅有 13 家提供住宿的酒店，实施后酒店数量迅速激增到 2000 多家，其中绝大多数都是使用劣质薄木板在后屋或楼上分隔出房间，每间房里摆上破旧的床铺，以满足《雷恩斯法》的条文要求。改造完成后，酒馆迅速获得了潜力巨大的新盈利来源——卖淫嫖娼。至于新法案所要求的餐饮服务，解决起来也非常简单。正如雅各布·里斯所描述的，用两片面包夹一片肉，做成一份三明治即可，毕竟新法对餐食的要求是必须有肉。人们还给这种三明治起了个特别的名字——雷恩斯三明治。既然有肉食，提供酒水自然就合法了。

　　这一结果显然不是改革者们所期望的目标。为了削减酒馆数量，一个"十四人委员会"（Committee Of Fourteen）*应运而生。委员会成员也包括教区牧师、睦邻之家高层人员、哥伦比亚大学教授，以及其他持

----

　　* 数字是很有生命力的修辞方式。几年后，一个以禁酒为宗旨的"十九人委员会"成立了，没过多久就有一个"六十人委员会"接过了"十九人委员会"高举的火炬，进而又有一个"千人委员会"。1913 年，千人委员会组织成员在国会山前集会请愿，请求国会制定宪法修正案，将酒精从美国人的生活中彻底清除出去。

进步主义立场的社会名流,如后来担任国防部长及国务卿的亨利·L.斯蒂姆森(Henry L. Stimson),也包括三位新加入的盟友。新加入者和改革者的共同特点是都憎恶酒馆的存在,但在某些方面又有着天壤之别——这三人全部都是 ASL 成员,包括其创始人霍华德·拉塞尔。

这是双方美好友谊的开始。禁酒运动阵营对进步主义议题的支持,进一步巩固了进步主义阵营对禁酒运动的支持。1906 年,ASL 出面支持全民公决运动,以赋予公民通过公决的方式制定或废除州内法律的权利。1910 年,坚定的进步主义分子希拉姆·约翰逊(Hiram Johnson)竞选加利福尼亚州州长并且胜利当选,其竞选搭档就是卫理公会部长兼 ASL 加州分会负责人的 A. J. 华莱士(A. J. Wallace)。在工人伤残赔偿金问题上,进步主义阵营和禁酒阵营更是实现了完美的配合。每当一项进步主义劳工立法获得通过,就会有更多工人关注自身工作环境安全问题和习惯问题。USBA 的休·福克斯向会员们警告说:"许多州均已通过了有关工人伤残赔偿金的立法,把有关工人工作环境安全的举证责任由劳工一方转移到雇主一方。"举证责任的转变,对啤酒行业将是灾难性的。美国钢铁公司(U. S. Steel)、匹兹堡钢铁公司(Pittsburgh Steel)等一大批产业巨头"纷纷表示反对酒馆行业",福克斯写道,还有一些大公司更为过分,如钻石钟表公司(Diamond Watch Company)竟然宣布对饮酒劳工的零容忍政策:一旦发现,立即开除。

仔细审视不难发现,上述产业巨头根本算不上什么进步主义企业,他们反对自家工人饮酒也是出于其他原因。曾任纽约市健康委员会负责人,现为钢铁贸易协会工作的托马斯·达灵顿(Thomas Darlington)博士在 1914 年对此给出了真正的解释:"工人对酒精的消费力和公司的薪酬开支存在直接关系,一旦工人沉迷于饮酒,他就会要求更高的工资以维持家庭开支"。但在当时,禁酒运动背后的政治利益关系已经十分复杂。新加入盟友的政治目标各不相同,甚至互有冲突。围绕诸如劳工伤残赔偿金此类的问题,不同团体之间分歧很大,相互之间都必须有所妥协才能达成共识。经过各方博弈与妥协,推动禁酒运动前行的主要力量逐渐集中于三类政治活动团体——平民主义者、女性参政权主义者、本土主义者,三者分别完成了推动禁酒令写入宪法所需的三个必要条件:一种税收、一场社会革命、一次战争。

第四章

向敌开战

亚历山大·汉密尔顿(Alexander Hamilton)虽然没有豪饮的习惯,但也非常关心饮酒问题。在他看来,饮酒是民主生活的重要组成部分。"在美国,似乎没有任何商品的消费量能够与酒相提并论。"汉密尔顿在1792年如此写道。作为财政部长,他需要筹集足够的资金维持政府的良好运转,酒自然就成了理想的征税目标。他认为,喝多喝少都是个人选择,只与酒的品质相关,和他们的居住社区、所属阶层、家庭成员数量、天气阴晴、月亮圆缺等概不相关。不但如此,汉密尔顿甚至发现了征收酒税的社会价值——这或许能够阻止人们饮酒。

汉密尔顿此举并非政府官员最后一次使用酒税作为社会治理工具。亚拉巴马州众议员里奇蒙·霍布森(霍布森在1914年向众议院提交了关于禁酒的宪法修正案,他被认为是第十八修正案的缔造者)曾暗示(或者说威胁):只需一个简单多数表决,"国会就可以让美国各州变'干'"。国会所要做的,就是制定法律开征高额酒税,提高酒的价格。如此一来,酒水贸易就会在高昂的成本压力之下崩溃。ASL中的部分人士非常拥护霍布森的方案,并将其称为"间接禁酒",而且在推动过程中还可以援引开国元勋汉密尔顿的先例来论证方案的合理性。但他们忽略了一点——汉密尔顿开征酒税的真正目的在于提高政府财政收入,鼓励禁酒只不过是搂草打兔子而已。根据 1791 年的《消费税法》(*Excise Act Of* 1791),汉密尔顿根本没有提及 ASL 所主张的"间接禁酒"目标。

汉密尔顿的《消费税法》引发了两种截然不同的反应,其中一种是暂时性的,这就是 1794 年宾夕法尼亚州西部的黑麦农场主掀起的"威士忌叛乱";而另一种则是长期性的,并融入了维持合众国运转的血液之中——从每一瓶酒中征收的税金源源不断地流入国库,其数量之多令一代又一代的联邦政府官员都震惊于酒税的繁荣。从某种程度上说,叛乱是政府开征酒税后无法回避的一种激烈社会反应。威士忌酒不仅仅是宾夕法尼亚州人民生产的一种普通商品,同时还是社会交换媒介和货物流通工具,对于肯塔基州和田纳西州的玉米农场主也至关重要。一个农场主可以选择运输一大车粮食穿过阿勒格尼(Alleghenies)的群山,也可以选择用货车运输便于装卸、体积更小、不易腐烂、利润更高的威士忌酒。对于莫农加希拉山谷(Monongahela Valley)的黑麦种植农场主来说,酒是一种具有货币功能的经济作物。

乔治·华盛顿总统起初不愿派遣民兵镇压宾夕法尼亚州的叛乱,担心此举会招致各界激烈的批评——"我们现在总算知道政府组建军队的真实目的了"。此话不假,如果没有酒税,联邦政府根本不可能维持一支像样的军队。1802 年,旧的酒税征收条款到期废止。为了支付 1812 年第二次英美战争的花销,詹姆斯·麦迪逊总统重新开征酒税。1817 年,酒税再次被暂停征收。1862 年,林肯总统为了支撑内战开支再次开征酒税。

　　内战结束了，但酒税并没有随着硝烟一同消散，因为政府此时已经"喝酒喝上瘾了"（酒税此时衍生出两样事物，其一是地下非法交易的逃税商品——私酒①，以及与之对应的联邦国税局那些装备精良的征税执法人员——税务官）。在未来30年的大部分年份里，酒精商品为联邦政府贡献了超过20%的税收收入，在某些年份甚至超过40%。当联邦政府为了支持美西战争而把酒税税率提高一倍时，啤酒酿造商终于发现，他们一直强烈抵制的酒税竟然是整个行业的救命稻草。恍然大悟之后，他们的爱国热情暴涨，并自豪地（无耻地）宣布：是他们——啤酒酿造商——贡献了40%的战争开支。十年后，他们更进一步，直接篡改历史，声称USBA成立于1862年，旨在"协助政府"制定酒税标准，以"确保安全、便利地完成征税，并防止税务欺诈"。然而事实上，唯一的欺诈群体正是酿酒商自己——他们最初成立USBA的目的，就是反对政府征收酒税。

　　截至1910年，联邦政府每年从烈酒瓶和啤酒桶中征收了超过2亿美元税金，占国内税收总额的71%，占联邦政府收入总额的30%以上。在联邦政府财政预算占比中，唯有海关税收能超过酒税。20世纪初的十余年间，联邦政府是否应该维持高额关税一直是美国社会争议最激烈的公共议题。但如果没有关税和酒税，联邦政府的运转就会成为问题。若是在全国范围内禁酒，政府也就不能从酒中征收任何税收，这对

---

　　① 原文中使用了Moonshine一词，但并非"月光"之意，实际是一个俚语，起源于18世纪英国乡村私酿威士忌成风的小城蒙莱克尔（Moonraker），最初是指晚上借着月光非法生产的高酒精度蒸馏酒。这些私酒未经陈化去除酒中杂醇就急于出售，对人的身体健康危害极大。1964年美国曾有一部电影，名为 *Moonshine Mountain*，译为《私酒之乡》。Moonshiner在英语中也指非法私酒商。

禁酒运动来说是一个无法克服的现实问题。除非,你能调整禁酒运动大军的前进方向,与另一项正在进行的重要政治运动——设立所得税相结合。

在美国政坛,如要推举一位同时驾驭禁酒和所得税两项政治议题的政治人物,没有人比威廉·詹宁斯·布莱恩更有资格。布莱恩自1896年起就担任民主党领袖,直至1912年总统大选中败给伍德罗·威尔逊(Woodrow Wilson)。他拥有虔诚的宗教信仰,对任何自己参与的议题都当作宗教圣战一般全心投入。如其所言,他"身披正义的铠甲",无所畏惧。布莱恩下巴尖长,犹如军舰舰艏直刺前方,引领着他向荣耀之地前进;他的脑袋又圆又亮,好似灯塔,反射着涔涔而下的汗水光泽。在一次又一次的演讲中,他总能引发听众山呼海啸般的回应。纵其一生,布莱恩的生活习惯却谈不上节制,唯一可以算得上的或许只有滴酒不沾这一项。1900年大选期间,一位记者陪同布莱恩到全国各地竞选,曾经记录下他惊人的胃口。根据记者报道,布莱恩一天要吃六顿饭,其中一顿早餐,他足足吃掉了一整个罗马甜瓜、两只鹌鹑、两份弗吉尼亚火腿、六个鸡蛋、两盘黄油薄烤饼,还有好多咖啡、炸薯条和许多盘小菜。一顿饕餮大餐之后,布莱恩精神焕发,开始了一天的竞选活动。

如果没有根深蒂固的种族主义观念,布莱恩后世很可能被奉为"有信仰的自由主义者"。但在他所处的时代,布莱恩不愿被冠以大写的绰号将自己标签化。早在他首次步入内布拉斯加州政坛时,支持者们便称他为"来自普拉特(Platte)的男演说家"。布莱恩一生三次参加总统竞选,均惨遭失败。但在忠诚的拥护者心目中,他仍然是无人匹敌的领袖、"伟大的平民"。为他书写传记的作者们非常理解宗教在布莱恩一生中的重要地位,给他的传记起的名字都带有浓厚的宗教意味,如《信仰守护者》(*Defender Of The Faith*)、《虔诚的英雄》(*A Godly Hero*)等。他的反对者同样也理解这一点,给他起了不少带有讽刺意味的绰号。在亨利·L. 门肯(Henry. L. Mencken)眼中,布莱恩就是"原教旨主义教皇";他在 1925 年的"斯科普斯猴子审判案"(Scopes Monkey Trial Of 1925)中的对手律师克拉伦斯·丹诺(Clarence Darrow)则表示,布莱恩是"全体摩门教徒的偶像"。

若想挖苦布莱恩不是难事,在 20 世纪 20 年代尤为容易。在完成诸多政治领域的战斗后,他将绝大部分精力都投入到为《圣经》至高无上的准确性辩护的工作之中。他最爱讽刺达尔文进化论信奉者的一句名言是:与其研究石头年份(The Age Of The Rocks),不如吟诵《万古磐石》(*Rock Of Ages*)。但在 1913—1919 年期间,美国爆发了自《权利法案》颁布以来最为频繁的争取宪法权利运动,所得税、参议员直选、禁酒令及女性参政权均是在此期间被写入宪法修正案。在以上所有争取宪法权利的重要运动中,布莱恩一直都冲在最前方。

1906 年,布莱恩觐见了英国国王爱德华七世(Edward VII)。国王在会见后评价说,他的访客"非常友善、聪明,只是有些浮夸"。然而正是雄辩的口才使得布莱恩成为当时的社会公共意见领袖。1896 年,36 岁的布莱恩众议员在民主党代表大会上发表了题为"黄金十字架"的著名演讲,引发轰动,为其赢得了总统大选党内提名。其实在此次演讲的 3 年之前,布莱恩就已经引起了广泛关注。作为来自内布拉斯加州的年轻众议员,布莱恩起初籍籍无名。然而在众议院的第二个(也是最后一个)任期中,他凭借卓越的演讲本领,成功地在一份待表决的关税法案中增加了关于征收所得税的条款。通过这个条款,布莱恩扼住了东北部银行家和工业资本家们的咽喉。放眼望去,再也没有什么方式能比让这些产业豪强感到窒息更能汇聚人民的力量,特别是在19世纪90年代平民主义运动热火朝天的背景之下。在美国南部和西部,人们对"金钱巨头"的愤怒在关税问题体现得尤为明显。政府对进口商品和原材料征收高额关税,导致国内必需品的价格高得出奇,东部产业财阀们的利润则水涨船高。根据布莱恩的征税计划,从每个富豪身上切掉几磅肉对整个社会影响不大,毕竟只有极少数富人才是征税目标。与此同时,征收所得税还有助于反驳维持关税存在的必要性,可谓一举两得。

　　1895年,联邦最高法院宣布所得税条款违宪。经济学家E. R. A. 塞利格曼(E. R. A. Seligman)称该判决是"有关政府收入的德雷德·斯科特案(Dred Scott decision)"。同一时期,联邦最高法院秉持司法能动主义,在许多涉及争议性社会问题的案件中都作出了有利于资本利益的判决,遭到社会主流舆论的广泛批评。所得税条款被裁定违宪后,也和其他诸多被最高法院否定的政治议题一样,转而逐渐发酵成为新的社会改革运动。在接下来的15年中,所得税成为布莱恩的支持者及其他收入再分配倡导者所梦寐以求的杀死金钱权力的希望之剑。南部和西部支持者的热情尤其高涨,仿佛染上了狂热的色彩。田纳西州众议员科德尔·赫尔(Cordell Hull)被称为"所得税之父"(赫尔在20年后担任富兰克林·罗斯福总统的国务卿),他的传记作者哈罗德·辛顿(Harold B. Hinton)写道,赫尔对所得税的感受就像"圆桌骑士加拉哈德(Sir Galahad)之于圣杯"。所得税宪法修正案通过之后,东北部产业财阀们受到沉重打击——44%的所得税收入来自于纽约一州。看到这个数字,不难理解为何最初表决通过所得税宪法修正案的9个州之中有 8 个位于南方或边境地区(首先表决通过的是亚拉巴马州,该州参众两院全体一致通过)。

对于禁酒运动阵营而言,无论对酒的影响如何,争取所得税立法至少在两个方面是极具吸引力的。于进步主义人士而言,开征所得税显然能够扩大政府权力,提升行政效率;于许多拥抱种族主义的南方禁酒运动群体而言,他们的种族主义怒火简单且明确,就是想通过所得税打击北方的政治经济帝国主义者,以报南方重建时期的家恨国仇。

而对于那些了解政治现实与政府现状,致力于推进禁酒这一核心议题的群体而言,征收所得税也是让联邦政府摆脱酒税依赖的必要一步。WCTU 的领导层早在 1883 年就已认识到这一点,其官方报纸《联盟信号报》(The Union Signal)委婉地抛给他们的读者一个问题:"禁酒之后,我们拿什么来支持政府运转呢?"其实他们心中早已经有了答案,那就是所得税。编辑写道,所得税是"分担政府开支压力的最合理、最具可执行性的制度安排"。早在 1895 年,禁酒党就曾认识到"现行的消费税正是政府捍卫被征税商品的一种承诺,也是促进其产业繁荣增长的主要动力之一"。禁酒党显然既不希望捍卫酒精的存在,更不希望促进其繁荣增长,于是他们也很快将所得税确立为工作目标之一。ASL 领导层也非常清楚,若想推进既定的事业,必须解决反对方所提出的"政府收入损失的问题"。当国会表决开征所得税的宪法修正案时,反酒精议员群体和支持所得税议员群体愉快地达成了一致。而在国会中支持所得税宪法修正案的重量级议员,恰好都是参众两院中支持第十八修正案的议员,包括来自亚拉巴马州的众议员里奇蒙·霍布森、德克萨斯州的众议员莫里斯·谢泼德(Morris Sheppard)、华盛顿州的参议员韦斯利·L. 琼斯(Wesley L. Jones),以及曾在明尼苏达州

黄药县 (Yellow Medicine County) 做小镇律师的安德鲁·J. 沃尔斯泰德 (Andrew J. Volstead)。

　　禁酒运动和所得税运动两股势力的成功结合,也促使所得税阵营领导人科德尔·赫尔开始支持 ASL 的政治目标。赫尔生于农民之家,他的父亲也经营威士忌酒生意。1908 年,莱维杜松子酒事件引发了田纳西州人民关于禁酒政策的激烈辩论,赫尔正是在那一年离开了家乡。尽管赫尔从不公开谈论与酒相关的话题,但他在国会一直投票支持有关禁酒的议题。直到 1932 年,禁酒令的支持者业已寥寥无几,赫尔的努力也已显得徒劳,但他仍然极力阻止将废除禁酒令提议列入民主党政治议程。纵观赫尔的整个职业生涯,ASL 一直都是其坚强后盾。

　　对于 ASL 而言,没有比 1913 年更让人欣喜若狂的年份了。虽然纽约州参议院刚刚在 1 月否决了该州的控酒法案,但没有造成太大的影响。2 个月后,联盟官方出版物《美国议题》(The American Issue) 仍然非常自豪地盛赞该项法案的主要支持者——31 岁的富兰克林·德拉诺·罗斯福对禁酒事业的忠诚。此时的罗斯福即将出任威尔逊政府助理海军部长一职。根据当时社会的主流判断,海军部长约瑟夫斯·丹尼尔斯 (Josephus Daniels) 很快就会命令美国海军在所有海军基地及军舰上实施禁酒。能将被 ASL 称赞为"虔诚的基督徒、爱国主义倡导者"的有为青年纳入麾下,丹尼尔斯自然十分高兴。

　　许多年来,ASL 一直坚持走基层路线,逐州推进禁酒立法,但后来发生的两次重大事件促使联盟改变了斗争策略。首先是威廉·霍华德·塔夫脱 (William Howard Taft) 利用总统权力否决了旨在禁止向禁酒州输入酒精的《韦伯-肯扬法案》(Webb-Kenyon Act),但国会随即以绝对多数(246∶95)推翻了塔夫脱总统的否决。这一反转结果,不仅彰显了反酒精阵营的强大实力,而且还表明他们已在国会拥有了广泛的支持。

《韦伯-肯扬法案》之后是有关所得税的宪法第十六修正案。当国会着手处理此项议题时,ASL也开始反思既有的碎片化斗争策略。1913年4月22日,ASL执行委员会发布了一项目标更为远大的新斗争策略。ASL在对外声明中表示:"反对全国普遍禁酒的主要理由是政府离不开酒税收入,而有关所得税问题的宪法修正案正好可以解决反对者所提出的政府收入问题。"此时此刻,各路反酒精政治力量均已汇集在ASL新旗帜之下。该委员会认为:"通过一条新宪法修正案,能够确保实现全国普遍禁酒。"

对致力于禁酒的各路政治力量而言,ASL的新斗争策略无异于一道闪电从天空划过,照亮了前进的道路,振奋了支持者的斗志。在此之前,ASL及其盟友还在忧虑自己的目标是否会被所得税及其他复杂的议题所牵绊;而在此之后,他们明显感受到来自社会各方的强大支持,而且是蓄积多年的洪荒之力。1909年,联盟建立了属于自己的印刷厂,工厂土地来自韦斯特维尔镇(Westerville)的捐赠,距离哥伦布市12英里。现如今,印刷厂的8台印刷机彻夜不休,每月能够为禁酒运动印刷40吨宣传品。一批又一批的联盟领导干部在俄亥俄州分部完成训练后(在48个州分部主管中,有34名从俄亥俄州分部开启了他们在联盟的职业生涯),很快就被派往全国各地的联盟分部,把所学到的知识运用到各自家乡的禁酒运动斗争之中。

ASL发布的通过宪法修正案实现全面禁酒的新斗争策略,标题为"下一步和最后一步"(The Next And Final Step)。但是,如果不能把韦恩·惠勒从他在俄亥俄州主管的工作中解放出来,并把他派往华盛顿特区,联盟的下一步目标是不可能实现的。尽管惠勒最终的工作调动要等到1916年,但他在ASL最高委员会中的巨大影响力自其推进禁酒修正案时就已经充分展现出来了。在国会大厦对面布利斯大楼内的联盟驻华盛顿办公室,联盟游说人员的工作表现就像布利斯大楼三楼的猛禽一样凶狠。惠勒也往来穿梭于ASL在哥伦布市和华盛顿特区的办公室。凭借高超的战略指挥能力和永远汹涌澎湃的战斗激情,他很快就取代了ASL的立法主管——埃德温·丁威迪(Edwin Dinwiddie)的职务。威尔逊的首席政府律师,也是1924年民主党总统候选人的约翰·W.戴维斯(John W. Davis)评价丁威迪是"一个目光狡黠、面容奸诈的说客",而《纽约世界报》编辑给韦恩·惠勒的评价则明显高人一等,称他是一位连美国参议院都会在其面前正襟危坐、苦苦哀求的立法机关霸凌者。

当惠勒站在国家政治舞台中心时,他已经娴熟掌握了立法谈判所需的各种技巧。几年前,在林肯·斯蒂芬斯(Lincoln Steffens)访问哥伦布市时,惠勒就已向这位扒粪新闻小报记者详细解释了自己的战术。"我的战术和政治大佬们的思路一致,就是联合少数群体。"惠勒说道。在势均力敌的选战中,掌控关键少数选票,既可以将选票输送给一方,也可以输送给另一方,如此一来就能控制整场选举。"不支持我方提案的公职人员,我们坚决反对他;承诺支持我们提案的候选人,我们坚决支持他。"斯蒂芬斯还记得,惠勒曾亲切地和他打招呼,就像迎接一位共同为改革事业而奋斗的伙伴一般。但转眼间,他就对那些背叛ASL选民的政客们"嗤之以鼻,发出狂怒的警告"。"他们既然违背了我们之间的承诺,下一次,我们会毫不留情地击败他们……我们正在不断地教导此类骗子一个真理——违背对我们的承诺必定遭受惩罚,而不只是回到幕后老板身边那么简单。总有一天他们会清楚地认识到,整个美国,以及 ASL 终将实现全面禁酒的伟大目标。"

随着 ASL 沿着"下一步和最后一步"的路线大踏步前进,惠勒通过关键少数操纵多数的技巧就变得愈发重要。在完全掌握如何控制立法机关之后,禁酒阵营此前曾大力支持的全民公决运动逐渐变成了 ASL 的潜在危险。如果两个候选人在普选中政见对立,惠勒就可以通过操纵少数人,以孤立的问题为着力点,进而操纵整个选举的结果。譬如说,如果一个候选人的支持率是 45%,那么加上 ASL 的关键部分选票,那他就能够赢得选举。但当投票人的选票上只有简单的"是"与"否",或者"干"与"湿"的单一议题选项,少数就只能是少数,就没有操纵的空间。历史学家杰克·S. 布洛克(Jack S. Blocker)认为,如果在全州范围内对禁酒法案举行公决,ASL"并不可能发挥比实际支持者人数更大的权力"。而在立法机关选举中,惠勒手中少数人所能撬动的权力可以成倍增长。根据美国宪法的规定,新宪法修正案必须经国会参众两院 2/3 绝对多数支持,然后经至少 36 个州表决批准,方可最终生效。要达到这些数字要求,韦恩·惠勒的才能不可或缺。

1913 年 11 月,ASL 在哥伦布市举办年度大会。在此次年会上,ASL 宣布了增加新宪法修正案的运动目标,并决定在下个月就正式向国会请愿。惠勒向在场人员发表了演讲。此时的他看起来更像是一位引领 ASL 前进的神职人员,而不是将信仰变为法律的政治活动家。"正如摩西对以色列子民所说的,他们应该勇往直前。"惠勒向在场的会众说道。"神圣的时刻已经来临了,我们要充分发挥我们伟大国家的道德力量,踏平敌人最后的堡垒。"

"我不知道你们会做何选择，"惠勒总结道。"但我本人宁愿战死于征途，也不会临阵脱逃。"

1913 年 12 月 10 日，在法律、广大支持者以及历史潮流的共同推动下，ASL 领导人齐聚华盛顿国会山，向全国民众展示他们的组织力量与广泛影响力。在过去 10 个月里，多个州的议会相继表决批准第十六修正案，解决了禁酒运动推动过程中所遇到的政府收入替代问题。国会以绝对多数强行通过《韦伯-肯扬法案》，已经表明它愿意接受——或者说害怕违背——来自 ASL 的命令。正在此时，一封价值巨大的信件落入了联盟手中，仿佛敌人送来的神奇助攻。这封信写在肯塔基州酿酒和销售公司的信笺纸上，收信人是伊利诺伊州德怀特市（Dwight）的基利研究所（Keeley Institute）——一家颇有名气的戒酒疗养院。病人住进这家疗养院后，每天会接受四次氯化金注射，以抑制"神经细胞对酒精不可抗拒的渴望"。酿酒公司在信中直白地写道："我们的客户就是你们潜在的患者。只需花费 400 美元，就可以购买 4 万条客户信息。"与这封信同样臭名昭著的还有另一次事件。1 年前，有位烈酒经销商在行业会议上声称："我们得让男孩子们养成喝烈酒的嗜好……我们在这些男孩子们身上花掉的每一美分镍币，在他们的饮酒嗜好形成之后，会以大额美元的形式再流回大家的口袋。"

"湿派"报纸严厉质疑这封酒厂信件的真实性。当然，这封语气诡异的信件到底是否属实，要等到多年之后方能见分晓。但当 ASL 在华盛顿特区发起请愿后，任何质疑的声音都被淹没于汹涌的人潮中。1913 年秋天，华盛顿特区街头到处都是寻求国会支持的"请愿化缘团"。在此之前，全国女性参政权运动大会和国际反动物实验与动物保护代表大会(International Antivivisection And Animal Protection Congress)(演讲嘉宾为威廉·詹宁斯·布莱恩)也先后在华盛顿特区举行,整个首都特区被各路支持禁酒的运动组织彻底占领了。在一个游行出发点,50名身着白衣的年轻女孩站在队伍前列,引领着WCTU的女性游行队伍;在另一个出发点,ASL的男性游行队伍排列整齐,代表着全美48州的男人。两支队伍分别前进,在国会山前的大街上汇聚到一起,联合展示了他们关于新宪法修正案的请愿书。游行代表把请愿书递交给了他们所信赖的议员,包括来自亚拉巴马州的众议员里奇蒙·霍布森,以及来自德克萨斯州的参议员莫里斯·谢泼德(谢泼德是莎士比亚研究专家,也是参议院的进步主义议员代表),他们二人会将请愿书的内容加进国会立法议程。游行队伍所到之处,引发了道路两旁成千上万人观望跟随。国会山的卫兵告诉记者,除了总统就职典礼,这是有史以来国会山门前台阶上聚集人数最多的一天,或许也是唯一一次有人能够声嘶力竭地喊出"基督教的战士们,向前进!"口号的游行。游行结束后,ASL的领导层聚集在布利斯大厦,召开了"战争委员会"工作会议,制定了指导未来工作的具体战术方案。惠勒在多年后回忆起当天会议时表示,我们定下的目标非常简单——**向敌开战!**

男女基督徒战士们会师国会山,共唱圣歌,标志着禁酒运动中最具价值合作的达成。所得税宪法修正案的生效,以及配套的《1913年税收法案》(Revenue Act Of 1913)的通过,已经展现出ASL与其他利益集团密切合作的巨大价值。但是,ASL和争取女性参政权宪法修正案的女性政治团体的合作为禁酒事业所带来的价值,又是与其他政治组织合作无法相比的。正是得益于女性参政权运动所引发的社会革命,禁酒运动才前所未有地抵近成功的边缘。

自 1876 年以来,每届国会都会提出一项将禁酒令写入宪法修正案条款的提议,但所有提议都没有迈过国会小组委员会审查这一关。关于女性参政权的议案同样如此,进展最好的一次也就是在 1890 年进入公开辩论环节而已。当时,一些强调神圣信仰的政治家们偶尔也会将上述两项提议联系在一起,因为二者都展现出共同的道德理念。这其中,正在为首次竞选公职而奔走的威廉·布莱恩就是典型代表之一,他当时年仅 30 岁。自那之后的 24 年中,这两项政治议题已经高度糅合在一起,难解难分。1914 年,有关这两个议题的提案在同一天分别通过小组委员会讨论环节。两项宪法修正案的牵手,并非因为二者具有共同的道德理念,而是因为推动者强化了二者之间互惠互利的共同价值,令像布莱恩那样的纯粹主义者也不得不为之妥协。

提到互惠互利,就必须要提及最不可能支持禁酒的小说家杰克·伦敦。杰克·伦敦曾自嘲道,如果他能活过 21 岁,那简直就是奇迹。他早期的犯罪生涯与其自我评价或多或少有些关系,但最主要的还在于酒的引诱。1913 年,杰克·伦敦回首过往时曾写道:"酒,是后天培养出的品味,而达到这一品味的过程却也异常痛苦。"亨利·门肯一眼看透了其中奥妙,他在杰克·伦敦死后的第 8 年曾对厄普顿·辛克莱说道:"如果杰克·伦敦把酒戒了,他就根本写不出什么值得一读的作品。可以说,是酒造就了他。"

门肯所言不差。事实上,即使有很多人和杰克·伦敦一样才华横溢,也很难像他一样既是酒中豪杰,又能保持优质高产(在短短 15 年的创作生涯中,杰克·伦敦一共留下 21 本小说、3 本故事集、3 本回忆录、1 部剧本,以及不计其数的散文和偶尔写写的杂文)。除此之外,你还要考虑辛克莱和门肯交往过程中两人不同的人设——辛克莱多年来非常"干",犹如撒哈拉沙漠居民一般;而后者则非常"湿",很可能是美国最真心实意维护饮酒合法化的公共人物(门肯曾经吹嘘道:"我品尝过当今世界所有知名美酒,而且还都很喜欢。")。杰克·伦敦更不用说,他和奥克兰的酒保船保持着良好的合作关系,源源不断地将鸡尾酒运送到他位于索纳玛县(Sonoma)的农场。他喝下的酒数量之多,足以让他有资格写一本关于饮酒的专著。

杰克·伦敦在自传体小说——《约翰·巴雷肯:饮酒回忆录》(*John Barleycorn*: *Alcoholic Memoirs*)—— 一书的开篇描述了自己从索纳玛县骑马进城,参加1911年加州女性参政权法案公决投票的过程。杰克·伦敦写道:"那天温度宜人,我在投票之前小酌了几杯。投完票,我便扔掉了酒杯,骑马穿过藤蔓覆盖的山丘和一望无际的草场,回到了我的农舍,正好又赶上新的酒局和丰盛的晚餐。"杰克·伦敦曾经一直反对女性拥有选举权。尽管最近他不得不承认女性拥有选举权的那一天很快就要到来了,但表面上一直显得毫不在意。现在,杰克·伦敦却对妻子说自己找到了一个很好的理由投票支持女性参政权。"任何社区的女性在获得选票权的那一刻,她们要做的第一件事肯定是关闭附近的酒馆。""当没有人喝酒,也喝不到酒时",他自己也就可以停止喝酒了。所以,杰克·伦敦希望女性参政权运动能够获得成功,好帮助他从沉醉中清醒起来。

杰克·伦敦所言不谬,禁酒运动的确非常依赖与女性参政权运动的合作。几十年来,众多女性通过参与禁酒运动收获了丰富的政治实践经验,其中不少人后来都成为女性参政权运动的得力干将。除此之外,成千上万的 WCTU 女性成员也开始意识到,任何反酒精的武器都不能与公民参政权相提并论。杰克·伦敦之所以会投票支持女性参政权，其根本原因在于禁酒阵营和女性参政权运动阵营之间互惠互利的密切联系——从舒适的亲密合作转化为深刻的相互依存。

　　二者之间达成相互依存的关系并非易事。一方面，ASL 认为，联盟之所以能够凝聚起如此强大的力量，关键在于坚持单一政治目标。另一方面，一些著名的女性参政权主义者也认为必须要保持组织目标的纯粹性。1896 年，苏珊·安东尼在给俄勒冈州的女性参政权主义者阿比盖尔·斯科特·杜尼维（Abigail Scott Duniway）的信中写道："我个人认为，支持或反对禁酒是每个人的私事，与他人无关。"虽然安东尼说过，她很高兴看到女性在抵制饮酒的战争中觉醒，但她本人在整个社会运动生涯中始终坚持自己特定的单一目标，未曾有过分心。如安东尼所言，在自己获得选举权之前，她不会对其他任何公共议题发表意见。

　　但要猜出安东尼的立场并非难事，毕竟她最初是以禁酒运动积极分子的身份步入政坛的。与 WCTU 富有成效的合作，让她与禁酒事业的联系不断加强。1888 年，安东尼在向国会专门委员会介绍威拉德时浓墨重彩地说道，她是"25 万女性大军的总司令"、"全面出击"的旗手威拉德，她对女性参政权的渴望与她对酒精的厌恶同样强烈。威拉德同样也为安东尼提供了不少机会，如让她在 WCTU 全国大会上组织专题讨论。但在给阿比盖尔·斯科特·杜尼维写信表明自己的钢铁雄心之时，安东尼已经是 76 岁高龄了，而授予女性参政权的宪法修正案此时还遥不可及。安东尼不顾年事已高，仍然下定决心在自己的余生中继续为争取女性参政权而奋斗。

　　即使只是安东尼关于女性参政权运动理念的些微改变，也足以开启一个前景广阔的合作机会。1889 年，ASL 正为即将在得梅因市（Des

Moines)举行的年度大会做准备工作。此时,安东尼坚持单一目标的原则已经有所软化。她写信给 ASL 的秘书长詹姆斯·L. 埃尔温(James L. Erwin)表示:"我希望得到你们的慷慨支持。"她同时问联盟能否考虑通过一项决议,"宣布支持女性参政权。"安东尼明确指出,"干派"仍是政治上的少数派,这和杰克·伦敦后来所揭示的社会普遍认知不谋而和。"每个理性的人都非常清楚,当前的政治权力棋局中需要增加新的平衡力量,这些力量毫无疑问也会积极参与反酒馆事业。"安东尼的结论显而易见——"ASL 若想取得成功,唯一的希望在于帮助女性获得选票"。

啤酒公司当然也知道两股力量之间存在合作的共同利益基础。作为女性参政权运动的领袖人物,安东尼的想法及语言表述都与 USBA 几年前通过的一项决议遥相呼应。该项决议宣称,"女性一旦获得选举权,必将坚定地投票支持禁酒"。因此,USBA 确立了反对女性参政权的"官方政治纲领",声称对女性参政权的抵制"无处不在,始终如一"。如此根深蒂固的信念,只可能是受行业私利的驱使。对于烈酒公司来说,形势与立场并没有什么两样。1912 年,美国烈酒零售商协会(National Retail Liquor Dealers' Association)举行会员大会,明确表明了该组织的官方态度。协会的主席号召全体会员立即武装起来——"先生们,我们必须对 WCTU 及女性手中的选票时刻保持警惕。让我们携起手来,与女性参政权运动斗争到底!"

源源不断的美元有力地支撑了啤酒行业反对女性参政权的组织工作。他们与啤酒行业的工人们(包括啤酒厂员工、木桶制造工人、货车司机、冰块搬运工及其他啤酒产业链上的工人大军)达成了前所未有的友好劳资关系,通过这些工人把自身的势力渗入城市的每个角落,时刻为下一次反女性参政权集会或公投做准备。但是,啤酒公司躲避公众视线隐身幕后的作风,反而暴露了他们自身的懦弱与苟且。1906年,啤酒公司在俄勒冈州秘密联络州内的酒馆老板和酒店业主联合发动了一场拉票行动,成功阻挠了俄勒冈州赋予女性参政权的州宪法修正案。此外,USBA 还悄悄收买了全国知名的女性参政主义者菲比·库赞(Phoebe Couzins),让她违背之前的立场,以独立姿态为反对女性参政权而奔走呼号(对于自己令外界震惊的立场转变,库赞遮遮掩掩且轻描淡写地解释道:"在争取女性参政权过程中的所见所闻所思,让我明白了自己以前想法的错误之处。")阿道弗斯·布希曾亲口向库赞许诺,她除了每月能从 USBA 获得津贴之外,还可以领取一份终身年金。布希还警告行业同僚说:"如果有人知道她实际上收了我们啤酒公司的钱……她所做的一切努力都会付之东流。"

在啤酒公司谋划的所有反对女性参政权的阴谋行动中,一起发端于德克萨斯州,随后席卷全国的宣传行动可算无耻之最。当地啤酒公司们以一个名为"农民教育与合作联盟"(Farmers' Educational And Co-operative Union)的虚假组织的名义,在数百家农村报纸上投放文章。啤酒公司的公关人员欺骗这些农村报纸的编辑,说这些文章"讨论的是农民当前所面临的重要问题以及利弊选择"。实际上,这些文章毫无疑问都是啤酒公司伪造的虚假信息,而且充满了煽动之语。例如:"上帝啊!请怜悯我们可怜的国家吧!我们的女人竟然更愿意与政客握手,而不甘于握着孩子们的脚。"另一类更为常用的虚假宣传是一些带有强烈暗示性的问答题,实际上并不需要回答。例如:"未来的掌权者将在她们怀里欢笑,在她们脚下匍匐。女性对这样的政治成就难道还不满足吗?"

答案显然是否定的。面对啤酒公司这样好战、奸诈且强大的共同敌人,禁酒运动与女性参政权运动之间的同盟关系日益加强,自然是水到渠成之事。至于禁酒运动的胜利是不是苏珊·安东尼最渴望达成的目标,其实并不重要。与之对应的是,女性参政权也不是 ASL 负责人珀利·贝克所关注的头等大事。1911 年,贝克抛弃了联盟一直所坚守的单一议题斗争策略,公开宣布支持女性参政权,他将此举称为是应对啤酒公司和烈酒公司合谋所施毒计的"解药"(因其灵活多变的手腕,反禁酒群体给他起了一个侮辱性的外号——"伪君子珀利")。啤酒公司在德克萨斯州的阴谋被曝光后,ASL 开动宣传机器大力宣扬,迅速吸引了全国的注意力。1916 年,ASL 最终正式宣布支持女性参政权运动——这是联盟自成立以来首次放弃单一议题斗争策略。

啤酒公司弄巧成拙,堪称愚蠢。他们越是反对女性参政权,就越会招致成千上万美国女性的反感。在这些美国女性中,一大部分可能原本就反对禁酒令或者只是持中立态度而已。但在过去几十年中,啤酒公司、烈酒公司以及他们控制的酒馆、餐厅及烟草行业盟友们持续地对女性参政权运动群体发起恶意攻击。当历史潮流终于开始向女性参政方向流动之时,她们也选择与禁酒运动携手共进。

在阿道弗斯·布希看来,"被误导的狂热女性群体一旦发动起来,会以惊人的效率毁灭啤酒公司及其盟友"。在 20 世纪 10 年代,曾有 7 个西部州实施了禁酒令。与之相伴的,上述 7 个州的女性都获得了选举权。密歇根州之所以能够加入禁酒令的"行列",就是得益于"马尔科姆县烈酒经销商协会"(Macomb County Liquor Dealers' Association)为该州的反女性参政权组织提供资金支持的秘密被曝光。来自蒙大拿州的简奈特·兰金(Jeannette Rankin)是美国国会首位女性议员。她之所以投票支持禁酒,源自她在蒙大拿州体会到了"政治上的紧迫性"。
1918年,德克萨斯州的女性首次获得在该州党内初选投票的权利。她
们旋即发挥自己手中选票的力量,帮助"干派"候选人大胜"湿派"前州
长詹姆斯·E. 弗格森(James E. Ferguson),女性党代表投向两位候选
人的选票比例达到了惊人的10∶1。

弗格森失败了。但他和支持他的啤酒公司一样,对他们施展的阴
谋诡计所带来的后果仍然一无所知,反而还指控女性的投票是"非法
的"。虽然这些选票的确是"非法的",但它们所代表群体的力量正在
日益壮大。到了20世纪10年代末,女性参政权和禁酒令作为兄弟条
款均被写入宪法文本。或者也可以说,二者是姐妹条款①。

---

① 规定禁酒令和女性参政权的两条宪法修正案分别是第十八和第十九修正案,因
此作者称之为兄弟条款。因女性在禁酒运动和女性参政权运动中的核心作用,作者在此
一语双关,称之为"姐妹条款"。

第五章

虽败犹胜

在格丽泽尔达·赫尔·霍布森(Grizelda Hull Hobson)丈夫政治生涯中最光荣的一天之后的许多年,她收到了一封信,署名是她丈夫在美国海军学院的 1889 级老同学。这位退休海军上将在信中回忆起与里奇蒙·霍布森在安纳波利斯(Annapolis)的同窗岁月,还特别提及霍布森在大学一年级时曾经留下的"几乎成为学院经典"的一句名言,字里行间感慨良多。当时,军校一年级新生饱受高年级学生霸凌之苦,有一名候补军官就一直欺侮霍布森。霍布森后来忍无可忍,顶撞了这位候补军官,厉声回击道:"长官,自今日此时起,我不希望再看到,也不会再容忍你的傲慢无礼与恶意诽谤。"

霍布森当时年仅 16 岁,他华丽的辞藻相较于他的年龄而言显得早熟、狂妄。但霍布森并非仅是个头脑简单的毛头小伙子,华丽的辞藻其实预示了他不平凡的未来——他将变得英勇豪气、能言善辩、不畏强权,还有一点点疯狂。在上述众多个人品质中,至少前三种让他为禁酒运动作出了重大贡献。霍布森一生历经磨难,在成长道路上磨出的老茧足以让他抵御来自他人的责难。自从遇到那位爱折磨人的傲慢军官之后,霍布森就一直谨小慎微,严格遵守学校各项规则。面对同学,他也铁面无私,哪怕碰到一丁点儿的违规行为,他都会向校方如实上报。他的军校同学们自然也还以颜色,动用一条不那么正式但同样严格的军营潜规则对他施加报复——排斥这位年轻的亚拉巴马州青年。在接下来的 2 年时间里,除了一位同学之外,再也没有其他人和霍布森说过话。面对刁难,霍布森毫不畏缩。正如一位他的崇拜者所说,虽然他"脱离了那个社会,一个人却也过得逍遥自在"。

霍布森把这段往事写入了自传式小说——《安纳波利斯的巴克·琼斯》(*Buck Jones At Annapolis*),受到广大男青年的热烈欢迎。书中的英雄主人公也来自南方,是一个正直、勇敢的孩子,他不仅也被排斥过("全世界最可怕的惩罚"),而且也像霍布森一样以班级第一的荣誉毕业。毋庸置疑,这是本畅销书。在《安纳波利斯的巴克·琼斯》出版发行的 1907 年,霍布森作为美西战争中的国家英雄已经成名近十年。美西战争期间,霍布森在古巴执行一次失败的任务过程中表现英勇,虽未能把美国海军梅里马克号运输船沉没在计划中的地点以堵塞航道,本人也沦为敌军俘虏,但从西班牙监狱释放出来后,他迅速成为全民英雄。与此同时,他也主动包装宣传自己,极力扩大自己的知名度。这种操作手法也预示着下一个时代新的个人宣传模式的诞生。

霍布森获释回国后到大都会歌剧院发表了一次演讲。当天门票一经放出,就售罄了。他在《世纪》(*Century*)杂志上连续发表 4 篇文章,讲述了自己战争期间的经历。他还授权一家波士顿的乐谱出版社发行了一册名为"梅里马克号上的霍布森:钢琴华尔兹"(Hobson Of The Merrimac: Waltzes For Piano)的曲谱。曲谱封面上印着一张他的照片,照片拍下了霍布森的 3/4 侧脸,相貌英俊、气度威严、神态端庄,"眼睛中燃烧着熊熊烈火"(如果印刷机能够将英雄钢铁一般坚定的蓝色眼神展现出来就更好了!)。他的目光略微侧向左前方,像是凝视着不远的将来。在获得海军新的任命后,霍布森出发前往旧金山,然后开启他在远东地区新岗位上的职业生涯。一份报纸报道说,霍布森曾在一次公开活动中亲吻过一名年轻女子。消息曝光后的几天内,英雄话题饥渴的媒体蜂拥而上,大肆宣扬霍布森的接吻技巧和他的军事才华一样无与伦比。报社蹭着名人桃色艳闻的热度多卖了上万份报纸,而更轰动的新闻还在后面。经过报纸添油加醋的报道,霍布森所到之处,前往车站月台与他接吻的女士们排了长龙。据统计,在芝加哥有 163 人,在堪萨斯城有 419 人,在托皮卡有 350 人。霍布森每到一站,都十分配合狂热粉丝们的需要,热情发挥自己的技巧。但到达丹佛市时,霍布森扛不住了。"当接吻变得快速、激烈,也就失去了本身的美妙感觉,反而变得乏味了,"他告诉记者说,"有时碰上苍老的嘴唇,我也想悠然掠过。但如果要开启下一段旅程,我又必须装作欣然接受的样子,否则寸步难行。我没有其他选择,只好这样继续下去"。

"悠然掠过?"这句话从霍布森口中说出略含一丝"傲慢"味道。20世纪初,霍布森的语言风格转向了复古,精致优雅的遣词造句、字里行间的正义火焰、万无一失的精心准备,这些优点使得霍布森犹如外科医生一样值得信赖(他能够将演讲时间精确到秒),也让他的演讲极具说服力。从远东地区回国后(他在远东又一次遭到排挤,这次是一些厌恶他声名的官员在搞鬼),霍布森回到了亚拉巴马州的木兰庄园(Magnolia Grove)。这是一处位于伯明翰市西南方 90 英里的家庭种植园,建筑宏伟壮丽。霍布森就是从这里出发,开启了自己进军政界的道路。

1906 年,霍布森首次进入众议院。和许多支持禁酒的年轻议员一样,他几乎立即加入了进步主义阵营。他反对关税,试图打破产业托拉斯的垄断,提议废除选举人团制度以让人民直接选举总统,支持征收所得税和女性参政权*等。在众议院中,他强烈支持建立强大海军,还在1911年神秘地预言日本有朝一日会攻击美国太平洋舰队。谁能想到,霍布森最初针对禁酒提出的一个普通解决方案,没过多久竟然升级成一项宪法修正案,彻底取消了酒类商品贸易。不过,真正成就霍布森达到政治生涯顶点的并不是禁酒令,而是他在当时严酷的种族歧视大环境下,能够有一个开明的种族立场。

霍布森的种族观念与他对军队的忠诚是分不开的。他曾在众议院提出一项法案,禁止在哥伦比亚特区范围内歧视任何身着军装的士兵或水手,无论他是白人、黑人抑或其他种族。与之相随的另一项提案则要求海军军事学院(安纳波利斯海军学院)和陆军军事学院(西点军校)向已被纳为美国殖民地的菲律宾和波多黎各的学生敞开大门,允许两地学生报名入学。霍布森的上述举动已经让他的许多南方同僚大跌眼镜,然而更令人吃惊的还在后面。在1906年的布朗斯维尔事件**

---

* 霍布森支持女性参政权并不是因为他对女性权利的认识非常开明。恰恰相反,他竟然认为酒精是刺激女性堕落的直接原因。但是,他不认为男性也存在同样的问题,只是也同意有必要加以改善。

** 1906年8月13日,德克萨斯州布朗斯维尔(Brownsville)发生枪击事件,两名白人遭到枪击,其中一人死亡。美国陆军第25步兵团是一支全部由黑人士兵组成的部队,当时正好驻扎在布朗斯维尔附近的布朗要塞。仅仅因为距离较近,这支黑人步兵团就遭遇飞来横祸。尽管整个指控缺乏可靠的证据,而且有更多证据表明此事与他们并不相干,但第25步兵团仍被裁定对这起枪击事件负责。在未经审判的情况下,该步兵团士兵仅因未能向调查人员指认出凶手就被推定为"沉默共谋",进而被西奥多·罗斯福总统下令解除现役,并禁止担任公职。1972年,尼克松总统为所有遭受不公对待的士兵恢复了荣誉。

中,西奥多·罗斯福总统在未经严肃调查和公平审判的情况下就把受到诬陷的黑人步兵团士兵解除现役,并且禁止他们担任公职。霍布森不顾朋友的警告,勇敢地站了出来,在众议院披露了167名黑人士兵所受的不公遭遇。"在圣地亚哥山上,我看到黑人士兵挥舞着我们的旗帜;在马尼拉的硝烟中,我也看到过他们的脸庞;在钱塞勒斯维尔(Chancellorsville)的战场,曾有一位黑人兄弟拯救了我受伤的父亲。"霍布森还提及曾经留在木兰庄园照顾他母亲和外祖母的奴隶(言语之间带着不太契合现代人感受的家长式语气)。他还说,"白人在这个国家拥有至高无上的地位",有责任"给黑人以绝对的正义"。最后,霍布森指出——对于1909年时的亚拉巴马州民主党来说,如果推动立即实现彻底的种族融合,并不会减损自身的声誉。"我们将站在永恒的正义一方!"霍布森已然发出了自己的号召,"人人生而平等!"

他将为此付出沉重的代价。5年之后,参议院空出了一个席位,霍布森在民主党内初选中与众议院同事奥斯卡·安德伍德(Oscar Underwood)共同角逐这个席位。安德伍德属于"湿派",他认为禁酒侵犯了州权(这个理由足以让他获得州内酒水经销商的支持)。在亚拉巴马州,安德伍德根本没必要回避自己反对禁酒的立场。这背后的原因,与该州"干""湿"与否也没有关系,而在于他手中的另一种更强大的政治武器——种族问题。

严格来说,霍布森其实也算不上是一位在种族问题上非常开明的政治人物。在他那篇重复演说了很多次的著名演讲——《酒精,终极毁灭者!》(1911年首次在众议院辩论中首次发表)中,他甚至警告说酒精会将黑人男性变成食人族。尽管如此,安德伍德仍然率领自己的支持者挥舞种族议题大棒攻击霍布森,声称他是"国会中唯一一位在至关重要的种族问题上戳伤自己人民的南方人"（在布朗斯维尔事件中，霍布森是该地区国会众议员中唯一一支持黑人士兵的议员），并恐吓南方地区选民，称霍布森的立场会不可避免地鼓动"全美国的黑人争取选举权"。安德伍德的竞选攻击在军事院校问题上达到了修辞的顶峰，或者说道德的下限。他污蔑菲律宾人是"黑鬼、矮黑人和黑猩猩"，称如果陆军军事学院或海军军事学院接纳菲律宾人入学，就意味着"绝对的社会平等！他们可以与我们的男孩坐在同一间房间里，同一张桌子上！"。

　　党内初选结果出炉，安德伍德以 62% 的得票率碾压了霍布森。这一天距霍布森在国会大厦台阶上接见 ASL 和 WCTU 的游行队伍仅仅 4 个月。也正是在 4 个月前的那天，霍布森正式提交禁酒宪法修正案，后来通常被人称为"霍布森修正案"。几个月来，霍布森修正案安静地躺在司法委员会里，根本无人问津。对于那些所在选区并非"干湿分明"的国会议员而言，这份修正案就是一颗炸弹，谁不小心碰到就会被炸得粉身碎骨。换而言之，以"干""湿"为标准划分国会选区，也正是 ASL 关键少数策略的目的所在。对于这些选区内支持禁酒修正案的那些"跛脚鸭政客"①而言，如果没有 ASL 的介入，即使他们穷尽一切力量，对立法结果的影响也基本为零。

　　1914 年 12 月 22 日，也就是霍布森要将他起草的宪法修正案推进到众议院辩论环节的那天，来自密苏里州的众议长钱普·克拉克（Champ Clark）在辩论开始前敲响了法槌，高呼现场人员保持秩序。

---

　　①　跛脚鸭政客，是指任期将满，即将下台的议员或政府官员。

"今天将有一场要命的演讲,估计会持续 10 个小时,甚至可能更长。"克拉克提示说,"部分演讲内容可能会非常生动。我作为主席,在此请求各位议员及旁听人士注意维持会场秩序"。只要瞄一眼辩论现场,就不难理解议长的用意。议会大厅的旁听区域挤满了怀着"朝圣使命"的人,其中大多数是女性,她们占据了所有旁听席位,连过道都挤得满满的,在大厅内构成一道人肉分隔线。众议院大厅南廊栏杆上悬挂着一份请愿书,任何走进大厅的人只要走近就会发现,这份巨大的公文上面密密麻麻地签满了名字。更令人震惊的是,这些名字并不是人的姓名,而全部是各类政治团体的名字。

　　然而这并非意味着霍布森的目的已经实现——修正案可以进入实际的辩论环节进而举行投票表决。相反,具体的推进工作仍然困难重重。禁酒修正案花了好几个月的时间才通过司法委员会的审查,这也揭示了霍布森的艰难处境。就当时众议院形势而言,他所提法案的命运很大程度上掌握在多数党领袖①手中。多数党领袖与众议长共同负责法案辩论和投票环节的议程安排,可以决定法案的生死。天意弄人,当时的多数党领袖恰好是"湿派"大佬——奥斯卡·安德伍德,一位终结霍布森议员生涯的强敌。

　　但霍布森亦非无能之辈。他知道,就在 3 周之前,众议长刚在底特律商务委员会发表了一场演讲。克拉克当时的表现非常糟糕——他喝得酩酊大醉,整个人颤颤巍巍,说话语无伦次,全场张牙舞爪,以至于主办方刻意关掉了会场灯光替他遮掩,最后干脆打断他的发言把他请下

---

　　① 　众议院议长由众议员选举产生,实际上由众议院多数党的党团负责人担任;众议院多数党领袖则由该党第二号人物担任。根据美国总统继任法律,众议长继任总统之顺序仅次于副总统,为美国政坛第三重要政治人物。

了台。《纽约时报》语带嘲讽地描述了当晚的情况："克拉克先生开始了他的演讲,但却步履蹒跚,看起来似乎身体欠安。"眼见对手出丑,霍布森并没有落井下石,而是立即向禁酒阵营的盟友们发去急电,要求他们在对外宣传中"删去所有关于众议长克拉克在底特律演讲的报道"。霍布森表示,如此操作"符合基督教的原则",而且强调当前的谨慎"非常必要,可能对众议长与我们事业的长远合作关系产生重要影响"。霍布森所言不假,要想勒索一个人,通常都是这么干。

12月22日,克拉克所说的"10小时的要命演讲"开始了,先后共有50多名众议员发言,会场里硝烟弥漫。来自密苏里州的威廉·W. 拉克(William W. Rucker)强烈支持霍布森的方案,高呼是时候"让人类从堕落中解放出来了";来自伊利诺伊州的众议院少数党领袖詹姆斯·曼恩(James Mann)则表示强烈反对,他警告说,禁酒令会豢养出"一支政府间谍大军,监视每一个乡镇居民的一举一动"。印第安纳州众议员马丁·A. 莫里森(Martin A. Morrison)属于立场摇摆的中间派,但他也警告说,当天的辩论是对"无辜者的大屠杀"。根据莫里森的估计,最终的投票表决将会终结100多位议员同仁的政治生涯。

在整整一天时间里,众议员们不停地进进出出,有的去吃饭填饱肚子,有的回办公室匆匆翻阅蜂拥而来的便签、信件或电报。众议院大厅内,各种纸片前前后后飞来飞去。有人带来了更多的电报,有人带来了禁酒运动积极分子制作的粉红色明信片,每张明信片上都印着一个无辜孩子(看起来很羸弱)的照片。霍布森一直气定神闲地坐在自己席位上,享受着参加旁听的女粉丝送来的鲜花。出乎意料的是,他全天只吃了一块三明治充饥。

作为禁酒修正案的发起人,霍布森在当天早些时候向众议员们发

表了自己的演讲。霍布森身高6英尺,沙灰色的头发已经略显稀薄,目
光斜视前方,吸引了会场所有人的注意力。发表演讲时,他身体略向前
倾,以脚掌着地支撑整个身体,摆出完美的身姿,向大厅内的人们高呼:
"酒精,终极毁灭者!"在这个12月的星期二,国会山的同僚们心里都
很清楚,这可能是他们最后一次聆听这位梅里马克号英雄用他高超的
演讲技巧召唤天国降临了。

　　深沉的男中音响了起来。霍布森向现场所有人大声问道:"这项
修正案的目的到底是什么?"紧接着,他给出了自己的答案——"是为
了摧毁那些罪恶的机器,他们不停地腐蚀着广大生于斯长于斯的青
年。"霍布森表示,禁酒修正案只禁止"用于出售"的酒精的生产、运输
和使用,而非普遍强制禁止——人们自己在家酿酒和饮酒并不在禁止
之列。为了达到目的,霍布森选择了当时在国会禁酒派议员中接受程
度较高的迂回策略。他解释说,自己的方案并不要求议员们投票直接
支持酒精或反对酒精,而仅是给予州立法机关审议这项宪法修正案的
机会,表达各州的意志。因此,霍布森坚称,任何投票反对该项修正案
的国会议员,本质上都是在"否认各州及各州人民公决的权利"。

　　不过,霍布森当天演讲中的大部分时间都在重复"终极毁灭者"的
主题。他擅于把握观众心理,知晓哪些比喻和修辞能够让观众陷入激
动和恐惧的情绪(一位"干派"同僚沮丧地说,霍布森的演讲是建立在
"谬论和逻辑混乱的推理"之上的)。霍布森煞有介事地解释说,酒精
是"生物体中一种令人厌恶的排泄物";它会将一位文明的年轻人逐渐
"变得半文明、半野蛮,粗鲁残暴,最后禽兽不如";"美国每年流通资金
的近2/3"掌握在酒精产业托拉斯手中。他还阐述了酒精如何破坏家
庭、搞垮经济、腐蚀政治、侵蚀政府。"美国当今的奴隶数量几乎是历

史蓄奴最高峰时期的两倍,其中大部分是白人。"当然,他口中所说的
"当今的奴隶",指的是酒精的奴隶。

最后,霍布森并没有按照习惯援引万军之主耶和华作结,而是向他
即将告别的众议员发起了邀请。他向同僚们振臂高呼:"以男人气概
之名、以爱国主义之名、以高尚义人之名、以众人家庭之名、以我们众议
员之名、以我们国家之名、以人类和上帝之名,我需要你们的加入。让
我们携起手来,履行我们伟大的使命!"

主席台上,众议长没有敲槌喝令肃静。他可能一直在回想此前在
底特律商务委员会活动中的糟糕表现,以及在记者面前对霍布森的评
价。克拉克当时说,来自亚拉巴马州这个男人是"一位游侠骑士""如
果他生活在骑士的年代,他准会成为寻找圣杯的骑士。而在我们的时
代,面对我们的问题,他就是一个标准的政治疯子。"

克拉克当时特别希望听众能够理解他对霍布森所做预言的看法。
霍布森曾预测,不出十年,全国范围内都会普遍实施禁酒令。停顿片刻
之后,克拉克再次强调了自己的观点。"你明白了吗?"克拉克向记者
说道,"霍布森就是一个疯子!"

国会举行辩论的当天早上,《芝加哥论坛报》(*Chicago Tribune*)驻
华盛顿记者曾预测说,部分国会议员会假装生病以躲避前往国会山出
席辩论,还有部分人"会以庆祝圣诞节假期作借口提前一天离开华盛
顿"。但事实证明,绝大部分国会议员们还是相当尽职的,有 90%的众
议员在安排好休假的同时仍然正常出勤,并且做好准备迎接《芝加哥
论坛报》记者所说的"众议院 433 名议员政治生命的审判日——至少
对于那些希望再次竞选公职的议员而言确实如此"。最终的投票结果

是197票支持,190票反对——虽然未能达到宪法所要求的2/3绝对多数,但这仍然是一个令人震惊的结果。如果有什么精妙的词汇能形容惨胜,那头条作家们一定不会放过。在禁酒宪法修正案的首次真实投票测验中,"干派"力量取得了胜利。支持"干派"的投票来自于民主与共和两党,来自于全国的每一个角落。其中,有近2/3的支持票来自于人口少于1万人的小城镇选区,但这并非表明农村保守派占据了主导地位;在众议院的18位进步党成员中,有17位投票支持禁酒。

《国家》(Nation)杂志的编辑钦佩霍布森的激昂情怀(以及他坚持原则为布朗斯维尔事件中的黑人士兵辩护的勇气),他们盛赞道:霍布森"不是为了结果而战斗,而是为了事业而战斗"。在今天,他再次取得了事业上的伟大胜利,其荣耀可与其被西班牙海军俘虏囚禁的经历相比肩,都是虽败犹胜。霍布森自己也欣喜若狂,如其所言,那是一种"殉难般的狂喜"。

霍布森在众议院最后一个任期内的最后一次重要演讲,主题是女性参政权。在卸去公职回归私人生活后的第一次著名演讲中,他再次以女性参政权作为主题,其激昂程度更是前所未有。1915年,ASL在大西洋城举办大会。霍布森在演讲时高声疾呼,"我们要在世界的每一个角落为女性争取选举权"。与霍布森的台上呼声相对应的是台下正要发出去的一系列紧急命令。"在散发支持'干派'的演讲稿和其他文件时,要善于利用政府的免费邮寄特权……要求所有报纸和期刊拒绝刊登酒类广告……呼吁救世军①立即采取行动……培养当地战斗力

---

① 　一个1865年在伦敦成立的基督教慈善组织,于1880年进入美国,很快站在禁酒运动的最前线。

量,以便在全国范围内取得最佳成果。"

"全面进攻!"霍布森在演讲结尾吹响了最为洪亮的战斗号声,瞬间就把现场的观众都点燃了。"进攻! 进攻! 进攻!"

1915 年的 ASL 年会取得了空前绝后的成功。霍布森修正案所取得的象征性胜利,如烈火一般温暖了老一辈禁酒活动家们的血液,也让年轻的成员看到了胜利的曙光。约翰·L. 沙利文(John L. Sullivan)是前重量级拳击冠军,也是前重量级酒鬼,他的画像曾经在酒馆中随处可见,流行程度堪比《卡斯特的最后一战》。如今,沙利文站在台上支持神圣的禁酒事业;一个名为"美国天主教禁酒联盟"(Catholic Prohibition League Of America)的新组织对外号称有 3 万名成员(数字不太可信),在此次大会上提出了一项团结合作方案,获得出席大会代表们的批准通过;著名医生约翰·H. 凯洛格(John H. Kellogg)来自巴特克里克市,曾把玉米片引入美国家庭早餐食谱,此次也上台发言;布克·T. 华盛顿(Booker T. Washington)发来对大会胜利召开的祝贺;有位演讲人员援引了当时英国首相大卫·劳合·乔治(David Lloyd George)的一句话,引来会场听众的热烈欢呼。当时的英国已经在欧洲大陆苦战一年,劳合·乔治在演讲中还如此说道:"我们正在与德国人,与奥地利人,与酒精战斗。而酒精,才是最致命的敌人。"

禁酒情绪在世界范围内日益扩散,特别是在第一次世界大战战火肆虐的欧洲。对 ASL 而言,这证明他们正与全世界的正义之师并驾齐驱。劳合·乔治从未试图在英国推行严格禁酒,但他确实如《大西洋月刊》(Atlantic Monthly)所言,对饮酒发起了轰轰烈烈的"英勇打击",出台了一系列贸易管制法规和限制饮酒的节约法令。这些措施包括将消费税提高至原来的 7 倍,以及强制执行特殊的酒吧关门时间表——直到 2005 年才被取消——使得每个英国酒保的基本用语中都有一句:"时间到了,先生们,请吧。"其他一些国家——皆是北方国家,没有一个国家信仰天主教——也都纷纷陷入"反酒精狂热"情绪之中。在瑞典,政府颁布了一系列禁酒法令,其中包括向个人发放"饮酒许可证";在德国,工业区停止销售酒水;在冰岛,全国范围内禁止销售含酒精饮料(冰岛此举后来影响了西班牙的酒类商品出口,招致西班牙的贸易报复。西班牙政府对冰岛渔产品的关税提高至原来的 3 倍,迫使冰岛取消了酒精销售禁令);挪威和芬兰在同时代也分别颁布了类似禁酒令的管制法律;而在美国北部的邻国加拿大,禁酒风潮横扫全国,仅有信奉天主教的魁北克省未受波及。

最令世人震惊的禁酒举措出现在俄国。1914 年 10 月,沙皇尼古拉斯二世(Czar Nicholas II)颁布一项法律——自实施之日起,俄罗斯帝国全境内永久禁止销售伏特加。在世人看来,沙皇的禁酒令犹如强令鱼儿离开海洋。圣彼得堡的一家报纸在这项法令实施一年后报道说,"有成千上万的非法酿酒厂已经重新开始生产经营"。但在大洋彼岸的美国,从 WCTU 到劳工运动激进分子,所有的"干派"人士都盛赞沙皇的禁酒举措。塔科马市(Tacoma)中央劳工委员会甚至认为,俄国革命的成功是沙皇禁酒令的意外副产品——工人阶级摆脱了酒精的毒害后才终于能够站立起来,挣脱束缚在身上的锁链。这种观点并不完全是空想。列宁自己也曾说过:"允许销售伏特加意味着向资本主义倒退一步。"直到 1923 年,沙皇倒台 6 年后,酒精含量超过 20% 的烈酒才在苏联再次合法化。

在禁酒运动大军的左翼力量中,塔科马市的工会成员们并不孤单。

卡尔·马克思和尤金·V. 德布斯（Eugene V. Debs）的传记作者、社会主义运动领导人约翰·斯帕戈（John Spargo）认为，酒产品贸易是资本主义的典范，酒精在不停地腐蚀人类的潜能。伟大的黑人工会组织者和宣传家 A. 菲利普·兰多夫（A. Philip Randolph）认为，禁酒能够帮助黑人社区降低社会犯罪率、提高工资待遇、减少政治腐败，并带来其他特殊价值。世界产业工人联盟（IWW）认为，酒精是工人阶级的仇敌，资本主义剥削者企图以酒精作为毒药，灌入工人的生活，从而削弱工人的力量。在波特兰北部边境区域，世界产业工人联盟散发传单警告工人，称他们"不能同时与酒精和老板作对"。

浸信会和卫理公会的神职人员、进步党及其盟友、女性参政权运动中的女性、西部平民主义者、大多数南方民主党人、世界产业工人联盟，以及其他盎格鲁-撒克逊及北欧国家中持相似立场的领导人……，看看这些禁酒运动的同盟军，难道还有人会认为 ASL 所提出的禁酒不仅可以实现，而且很快就会实现的理想是虚妄的吗？在修正案辩论期间，里奇蒙·霍布森定下了禁酒阵营的奋斗目标。"我再次向你们宣示我们国家的伟大道德、伟大精神、伟大戒酒与禁酒力量的坚定决心，我们必将使禁酒问题成为 1916 年大选中最重要的议题。"霍布森坚定地说道，"我们将会选出我们自己的总统和国会，他们会提供给我们为之奋斗的一切"。

就在霍布森修正案虽败犹胜的 5 天之前，国会颁布了一项相对温和的法案，名曰《哈里森麻醉品税法》（Harrison Narcotics Tax Act），授权国家税务局对鸦片、可卡因衍生物及其他毒品进行管制并课税。从表面上看，《哈里森麻醉品税法》只是一部普通的征税法律。但就实质而言,该项法律授权联邦政府在处理与个人行为相关事务的过程中可以动用警察权,是对以往税法的重大突破。威尔逊政府素来信奉强联邦政府理念,毫无疑问支持这项立法,并且将其视为联邦政府监管酒类运输贸易的合法先例。

　　威尔逊此举或许能够让他有底气面对进步主义者的批评。但作为一位现实主义政治家,他很清楚自己在1912年的胜选主要归功于爱尔兰裔美国人、意大利裔美国人及北方大城市民主党人的支持。他最得力的政治助手约瑟夫·帕特里克·图穆蒂(Joseph Patrick Tumulty)博士是来自于泽西市(Jersey)第五选区的天之骄子,一个令人敬畏的政治机器打造出来的成功产物,曾任泽西市酒商联合会顾问,现在是威尔逊与东北部民主党人沟通的密使。与威尔逊总统截然不同(与威尔逊握手曾被人比喻为像是握着一条"棕油纸包裹的10美分腌鲭鱼"①),图穆蒂博士带有典型的俱乐部社交风格,与人相处时总能令人如沐春风。对于民主党联盟的这部分成员来说,禁酒令犹如不去不快的癣疥之疾。

　　但民主党联盟的另外两大堡垒却犹如火药一般"干"燥。在南方地区,威尔逊的种族问题立场与反对重建时期的南方人颇为相近,二者有着天然的亲近感。在西部地区,威尔逊的经济观点与平民主义者不谋而合,他们都反对高关税,支持征收国内所得税。虽然威尔逊偶尔也喜欢喝高杯酒②(通常是苏格兰威士忌),但他认为适度饮酒是一种可以接受的戒酒形式。他对禁酒法律的前景表示怀疑,但也深知与ASL

---

　　① 一般而言政治人物都应精于社交,握手属必备技能,但威尔逊社交能力较差,不擅长握手。

　　② 高杯酒指喝威士忌时添加苏打水或姜汁啤酒,往往还会添加一两片柠檬。由于使用的酒杯相较喝纯威士忌的杯子更高,所以又名高杯酒。

对抗没什么好处,选择尽量避免冲突至少不会有任何风险。作为 ASL 的天敌,北方少数族裔选民不太可能投靠主要由新教徒组成、主张高关税、反对移民的共和党人。正如韦恩·惠勒所言,威尔逊或许并不支持禁酒运动,但"他也没有公开反对"。

　　威尔逊的态度从其任内最重要的两项人事任命中可见一斑。海军部长约瑟夫斯·丹尼尔斯和国务卿威廉·詹宁斯·布莱恩是内阁中推动禁酒观念的两位最高级别的官员。丹尼尔斯发布的《99 号通令》(General Order 99)取消了所有美国海军单位内传统的"葡萄酒晚会"活动(实际上酒桶里装的大多是波本威士忌或黑麦威士忌)。此举既是他本人禁酒立场的延续,也是平民主义运动的要求。海军此前已经禁止水手饮酒,丹尼尔斯的命令则将海军军官也纳入禁止之列,与普通海军士兵同等对待。《纽约先驱报》称丹尼尔斯为"约瑟夫斯爵士、美国海军葡萄汁·皮纳福号战舰司令官(Admiral Of The USS Grapejuice Pinafore)"①。面对种种调侃,丹尼尔斯根本不为所动。

　　布莱恩对威尔逊总统忠心耿耿,坚定支持其在酒精战争中的中立

---

　　①　约瑟夫斯爵士、美国海军葡萄汁·皮纳福号战舰司令官(Sir Josephus, Admiral Of The USS Grape-Juice Pinafore),记者送给丹尼尔斯的这些绰号应来源于当时流行的喜剧《皇家海军皮纳福号》(H. M. S. Pinafore),又名《爱上水手的小姑娘》(The Lass That Loved A Sailor)。该剧以英国皇家海军皮纳福号军舰为故事背景,讲述了舰长女儿约瑟芬与低级水手拉尔夫·拉科斯托相恋,但舰长希望女儿与海军大臣约瑟夫·波特爵士(Sir Joseph Porter,The First Lord Of The Admiralty)结婚,而波特爵士则致力于人权平等,促使二人冲破世俗偏见。全剧采取讽刺基调,通过不同阶层人之间的爱情故事,讽刺了皇家海军、议会政治和不合格的权威人士,正好契合丹尼尔斯的政治立场及其禁酒举措。约瑟夫斯·丹尼尔斯(Josephus Daniels)的名字又与剧中正面人物海军大臣约瑟夫·波特(Joseph Porter)名字相近,二人同样担任海军部长(大臣),又都致力于消除阶级差异,于是就有了记者这个说法。

立场。加入政府后，布莱恩的反酒精立场也随之软化。1914 年时，他甚至曾公开反对霍布森修正案，认为此举不利于解决当时更为紧迫的社会问题。纵然自身职务与内心对禁酒的期望相互冲突，但对于一生滴酒不沾的布莱恩而言，人生理想不可能被一直压制。在担任国务卿仅 6 个星期后，这一冲突便显现出来。当时，布莱恩参加了就职后的第一次正式外交活动——在威拉德酒店总统套房为即将结束任期返回伦敦的英国驻美大使詹姆斯·布莱斯（James Bryce）举办饯别午宴，出席的宾客大多是各国驻美使节与夫人，宴会场地也装饰得富丽堂皇。来宾就座之后，布莱恩起身发表致辞。这次国务卿致辞成了一场外交事件，惊奇效果堪比三岁小儿颠三倒四的俚语——今天的午宴不提供葡萄酒，诸位来宾面前杯子中的红宝石色液体只是葡萄汁而已，请大家尽情享用。

　　布莱恩一下子就搞了个大新闻。自从 1896 年在后背绑了一个金十字架后，他就再也没有为批评者提供过更火爆的新闻素材了。出于礼节，国务卿的宾客"欣然"接受了宴会主人的安排。俄国大使告诉参加午宴的其他宾客说，他已经"很多年没尝过水的滋味了"。当然，得益于布莱恩的事前提示，俄国大使来的时候自己带了红葡萄酒，所以顺利挺过了午餐。消息一出，新闻界对布莱恩口诛笔伐，共和党人则讥讽威尔逊和布莱恩的外交政策是"葡萄汁外交"。虽然布莱恩也收获了一些支持，但更多的还是嘲笑。例如大文豪萧伯纳（George Bernard Shaw）就调侃说，他赞同布莱恩的无酒精政策，并真诚地建议在外交场合里引入素食主义。

　　禁酒派人士，特别是华盛顿地区的，一直是那些家庭条件优渥、人脉深厚、志得意满之人的嘲笑对象，他们对此也早已习以为常。来自明尼苏达州的众议员安德鲁·沃尔斯泰德反击说，那些批评的人"四肢发达，头脑简单"；WCTU则蔑视地称呼对方为"所谓的高贵人士"。早在19世纪70年代，人称"柠檬水露西"的海耶斯夫人（"Lemonade Lucy" Hayes）作为第一夫人入主白宫时，就曾将白宫变"干"（也是第一次变干）。国务卿威廉·M. 埃瓦茨（William M. Evarts）在国宴上困惑地说道："水如香槟一样流淌。"1915年，布莱恩因不满威尔逊对德国的好战政策辞去了国务卿一职。而在此时，所谓嘲笑奚落对他而言已经微不足道。禁酒运动已经在全国轰轰烈烈蔓延开来，发展势头一片光明。曾经三次竞选总统失败，已经离开国会20多年的布莱恩退出内阁后，立即全身心投入禁酒运动之中。

当时的禁酒运动已经完全处于ASL的掌控之下。ASL对国会孜孜不倦的"关注"令"湿派"政客的立场开始动摇，原本就摇摆的政客则纷纷投靠"干派"阵营寻求庇护，"干派"政客则放开手脚誓要大干一场。联盟的基层活动形势表明，上述政客立场的变化趋势将在1916年选举中更加显著。1912年时，联盟位于韦斯特维尔的印刷厂每月能生产40吨宣传材料。到了1916年，产能增长到每天10吨。在"干派"力量的威胁下，《纽约论坛报》、《芝加哥先驱报》（Chicago Herald）和《波士顿记录报》（Boston Record）等众多报纸已经停止刊登酒类广告。联盟在有些州为选举设置了"十夫长"，每位十夫长负责检查辖区内民调名单上的十位选民是"干"还是"湿"。在伊利诺伊州，ASL宣称他们能够获得该州每位选民的详细数据。在全国范围内，联盟每年的支出规模相当于2009年的5000万美元。ASL创始人霍华德·拉塞尔早已从组织的日常管理工作中脱离出来，现在"专心穿梭于工厂主、商业大亨、行业专家之间，不断举行活动午宴"为联盟宣传募资。仅在1916年，他一人筹集的资金就支持了 100 多个城市的宪法修正案宣传活动。新的宣传募资活动非常高效,但相比一年前的"大篷车巡回之旅"还是少了不少乐趣。当时,拉塞尔乘坐一辆越野大篷车,配有男声四重奏演唱组合,沿着林肯公路横穿全美宣传禁酒。

连接政治行动和筹款机构的核心是联盟所展开的大规模宣讲行动。在禁酒修正案宣传活动的后期,共有超过 2 万名训练有素的演讲者奔赴全国各地,传递 ASL 的福音,并且向活动组织者收取 ASL 什一税(根据 ASL 的政策,如果活动组织者不允许 ASL 收取什一税,ASL 将不会为其提供演讲资源支持)。官方宣传材料列举了每位演讲者的特点,例如:俄亥俄州的艾拉·兰德雷斯(Ira Landrith)亲和力极强,能和站上美国舞台的每个政治人物完美合作;L. J. 泰伯(L. J. Taber)不仅特别擅长吸引农场主的支持,还能向歌剧院的观众们发表振奋人心的演讲。无与伦比的兰德雷斯也好,能力超强的泰伯也罢,他们同所有联盟的演讲者一样,都要遵循 ASL 制定的"演讲者指导手册"(Suggestions To Speakers),其中详细解释了在什么时间到达,在哪里站着,手持托盘的募捐人员如何站位,讲多长时间,何时抛出财务支持诉求等。"不要祈求",联盟告诫演讲者说,恰恰相反,一定要让现场观众"觉得非常荣幸能够加入一场伟大的战斗"。

根据推测,这些指导并未强加于联盟的明星人士身上。这些人士又称"吸金发言人",他们能够吸引最多的观众,筹集最多的资金,联盟也会向他们支付高额的报酬。吸金发言人通常是国会"干派"成员中最"干"的人士,其中包括华盛顿州参议员韦斯利·琼斯、肯塔基州众议员并在杜鲁门时期任副总统的阿尔本·巴克利(Alben Barkley)。当然,最能吸金的布莱恩和霍布森两人已经不再担任公职。脱离威尔逊政府内部规则的约束后,布莱恩利用 ASL 的赛道服务于自己所信仰的事业,同时也保持了自己在美国政治舞台上的存在感。1915 年的某一周,布莱恩平均每天都要发表 10 次演讲,吸引了超过 25 万名俄亥俄州人。在安娜堡(Ann Arbor),有 5000 名学生聆听了他的演讲;在费城,他向 2 万名观众展示了一段新的宣传方式——他当时跪了下来,恳求现场观众保证彻底戒酒。《新共和》(New Republic)评论说:"嘲笑布莱恩先生此时此地的所作所为轻而易举,或者说想不嘲笑他都难。"但现实情况是,有超过 1.2 万名费城人民接受了布莱恩的祈求,发誓戒酒。

　　布莱恩的演讲及集会经纪人查尔斯·F. 霍纳(Charles F. Horner)建议他的客户继续"密切关注有关禁酒的主题",这是观众们最想听到的。在一年时间里,仅 ASL 一家机构就向布莱恩支付了 1.1 万美元报酬,请他将正义的雷声带给支持禁酒的民众。如果按照 2007 年的物价转换,这笔钱相当于 12.5 万美元,已经算得上是一笔巨款。当然,布莱恩的吸金能力和霍布森相比还是处于下风。根据记录,霍布森在为 ASL 服务的 11 年中,平均每年从 ASL 获得 1.9 万美元报酬(相当于 2007 年的 20 万美元)。早年的经历和声誉,尤其是取得空前反响的演讲——《终极毁灭者》(据其本人估计已经发行了超过 200 万份)——是他超强号召力的有力保证。以其名字命名的霍布森修正案更是让他从众人之中脱颖而出,魅力倍增。1914 年,在对禁酒修正案进行投票的 2 周之后,也就是他在国会任职的最后几个星期里,霍布森就演讲费用问题与 ASL 和 WCTU 展开了谈判。很快,他就携带新版的《终极毁灭者》演讲稿回归了传播福音之路。仅在 1915 年夏天,霍布森就为 ASL 发表了 83 场演讲,并在之后继续以同样的效率四处发声,以至于他的妻子都向联盟管理层抱怨说丈夫的工作太过辛苦,影响了他的健康。她在信中写道:"他的力量和健康对您来说毫无意义,但对我来说却意味着一切。"她还表示,"天黑之后,还让一位全国知名人物站在街角发表演讲是非常危险的"。

丈夫未能与 WCTU 达成协议,于她而言无疑是一种解脱。安娜·戈登——弗朗西斯·威拉德在政治、精神和法律上的继承人——已经意识到了往昔强大无比的组织如今正不断衰败,对组织成员行动的影响力也日益下降,成员们已经开始将资金和支持转向了 ASL。戈登无奈地告诉霍布森:"我们缺乏足够的资金去推动我们的事业。"因此,WCTU 不得不拒绝霍布森提供的演讲服务。一句"ASL 有钱",虽是安慰之语,却道出了戈登心中无尽的遗憾。

研究禁酒的历史学者和当时的公关人员一直围着里奇蒙·霍布森转。霍布森吸引他们的原因有很多:如滑稽喜剧一般的宣传效果、对正义大军的强大引领价值,以及融合了玛丽·亨特宣传风格的演讲。玛丽·亨特的科学禁酒教育课充满了极尽夸张的臆想(如果父母双方都酗酒,那么每七个孩子中就会有一个天生畸形且无法治愈),霍布森在海军学院就读时正好学习过这些,如今运用起来可谓驾轻就熟。一名 ASL 领导人士曾对首位研究联盟情况的学者彼得·奥德加德(Peter Odegard)说:"霍布森第一次访问某些城镇时,他的价值远远超过付给他的报酬;第二次重访时,可能恰好等于付给他的报酬;如果他第三次到访,肯定会对禁酒事业产生破坏性作用。"

然而,霍布森作为一名政客,拥有十分巧妙的宣传战术,这在他于 1915 年 3 月寄给 ASL 负责宣传工作的欧内斯特·彻林顿(Ernest Cherrington)的信中有着最生动的体现。霍布森在信中写道:"我们在与酒精势力的斗争中不能妥协,绝对不能拖延到 1920 年国会议席重新分配①之后。明年,我们必须将宪法修正案提交表决。"霍布森的判断非常有预见性,他已看到美国人口在地理分布上正在发生的巨大变化,这些变化将会重塑美国的政治生态。1910 年时,只有 46% 的美国人生活在城市之中。而随着外来移民持续涌入、主要移民群体出生率居高不下,以及几十年来持续的城镇化进程,到 1920 年时城市人口占比必将超过农村人口,成为社会多数。按照美国宪法规定,联邦政府每十年需要开展一次人口普查,并根据人口普查结果重划选区、重新分配国会众议员席位。对于"干派"而言,议席重新分配后的政治力量分布可能会造成灾难性后果。

彻林顿是 ASL 中最世俗、最温和的领导者,他打心底相信解决饮酒问题的路径不能是强制,而应该是教育。但他也认同,"一旦美国大城市人口占据国家多数,进而掌握国家政治决策,我们所吹嘘的美国文明将不可逆转地滑入腐烂的进程"。收到霍布森来信不到两周,彻林顿就致函 ASL 宪法修改委员会主席小詹姆斯·坎农(James Cannon Jr.),在信中警告说,如果第十八修正案未能在 1920 年前通过众议院审议表决,"那么随着各州议席重新分配,'湿派'力量绝对能够占据众

---

① 根据美国宪法规定,代表人民的国会众议员由各州选民直接选举产生,议席分配应与选区内人口数量相匹配,并根据联邦政府十年一度的人口普查数据进行调整。理想情况下,每个州所分配到的众议员席位应与各州人口占全国总人口的比例相等/近似,每个州内选区的人口数量应相等/近似。但由于历史和政治原因,联邦众议院和州众议院在议席分配中未能实现各议席所代表人口数量基本相等。如此一来,不同选区的选民选举代表自己的各级众议员时,选票的价值差异甚大。在历史上,选区划分和议席重新分配一直是两党重要的政治角力点,并与种族歧视等问题纠缠在一起。打开现在的美国选区划分地图,仍然可以见到各种奇形怪状的选区,其中有不少就是为了有利于特定的党派而故意扭曲划分出来的。

议院1/3以上席位"。而且从远期看,农村/城市及本土出生/外国出生人口比例的天平会进一步向"湿派"倾斜,众议院席位也会有相应的调整,禁酒事业将陷入更加不利的境地。言及此处,彻林顿的急切心情跃然纸上。"联盟必须清醒地认识到当前严酷的现实。如果我们想在1916年的选举中力挽狂澜,就必须一击制胜,否则将悔之晚矣!"

1916年选举日当天,ASL的高层领导、宣传团队及前线的5万名演讲人、筹款人以及投票监督人均已完成了他们的准备工作。两年前,众议院司法委员会里被惊吓到的众议员们甚至都不愿意对霍布森修正案进行表决。现在,ASL呼应了惠勒早期与马克·汉纳战斗中所习得的经验教训——"务必确保转向"干派"的候选人赢得选举"。在其他各州的选票统计结果尚不明确之时,加利福尼亚州的结果已经揭晓——威尔逊再次赢得加州的13张选举人票。见到这一结果,ASL的工作人员终于可以安安稳稳地睡上一觉了。

"在选举日当夜,我们就知道我们赢定了。"惠勒十多年后回忆起那次选举时写道,"在选举日之前,联盟对参选候选人设置了极高的筛选门槛,通过难度可为空前绝后"。每个州维持饮酒的举措均招致失败,有四个州已经自行公决变"干",其中包括密歇根州,这是第一个实现转变的北方工业州。另有23个州正在着手制定变"干"的法律。惠勒欣喜地指出:"形势已经非常明朗,禁酒修正案将会由新选举产生的国会提交给各州表决。"

第六章

真假"干派"

不断自我革新的政党总是比安于现状的政党更能保持政治生命力。后者可能仍然保持一些前进的惯性,但惯性毕竟敌不过激情的力量。无论是 ASL、WCTU,抑或其他禁酒阵营的先锋组织,一旦获得了那些希望利用禁酒令实现自己心中梦想之人的支持,便会产生催化剂般的神奇效果。禁酒大联盟的阵营是如此广大,主张禁酒的人甚至对那些轻义重利之人也来之不拒,并不担心他们昭然若揭的贪婪之心破坏大联盟的形象。在新加入阵营的盟友中,包括可口可乐公司创始人阿萨·坎德勒(Asa Candler)(他本人滴酒不沾,但发现了"干"彩虹的另一边隐藏的巨大商机),以及剧院老板李·舒伯特(Lee Shubert)(他也喝酒,但更希望百老汇大街上所有的酒馆都关门大吉,如此一来顾客们就都会到剧院去看戏了)。就当前联盟阵营实力看,历史站在他们一边。

与此同时,另一阵营的"坎德勒们"和"舒伯特们"——即烈酒公司、啤酒公司及其他追逐利润之人——对他们的大部分支持者并没有什么特殊的吸引力。在这个饮酒者的国度,人们长期以来习惯于相信餐具柜上的威士忌或酒馆里的啤酒,就跟冰箱里的黄油一样,都不是政府关注的管制目标。乔治·埃德在其 1931 年所写的挽歌——《旧时酒馆》一书中,为反禁酒人士撰写了一句入木三分的墓志铭:"不饮酒的人结成的组织已经存在五十多个年头了,而饮酒的人至今仍是一盘散沙,因为他们一直在忙着喝酒。"

在 20 世纪 10 年代,一个典型的美国人的生活是这样的:住在中等规模的城镇、参加新教教会、家附近的墓地里埋葬着几代本土出生的祖先。即使考虑掠夺成性的烈酒公司和啤酒公司的影响,也很难在美国政治光谱中找到单纯自我标榜是"湿派"的典型美国人。众多"湿派"活动分子都是政治机器中的零部件,他们大多是生活在城市中的少数族裔。最为显赫的"湿派"是国会中那些固执己见的共和党人,他们普遍反对所得税、反对女性参政权、反对限制童工立法、反对向联邦政府转移一丝一毫的权力、反对任何有损他们所服务财阀利益的改革措施。反对禁酒的典型代表如马萨诸塞州的亨利·凯伯特·洛奇(Henry Cabot Lodge)、纽约州的伊莱休·鲁特(Elihu Root)、特拉华州的亨利·阿尔杰农·杜邦(Henry Algernon Du Pont)等人,他们的利益与小镇街道或中型城镇居民的利益之间,显然找不到任何共鸣之处。

放眼望去,啤酒公司、烈酒公司及他们的批发商和经销商,几乎都没什么口碑良好的盟友,但他们也曾试图改变糟糕的对外形象。啤酒公司想把自己包装成光荣的工人阶级营养饮料供应商,而烈酒公司则激烈反对酒馆的扩张以及随之而来的罪恶。在密歇根州将全州变"干"的法律公决之前,底特律的啤酒酿造商乔治·H. 吉斯(George H. Gies)散发了一系列广告卡片,试图将啤酒的益处与母乳相媲美。其中一张卡片上画着一位长相俊俏的年轻女人,左臂托抱着一个正在吃奶的婴儿,右手端着一杯满满的啤酒,下方写着一句广告词:"闪耀着琥珀光泽的拉格啤酒,口味温和,能给妻儿带来健康和活力。"1914年,"美国烈酒零售商协会"为"美国反亵渎联盟"(Anti-Profanity League Of America)的工作背书。反亵渎联盟的创始人之一亚瑟·塞缪尔·科尔本(Arthur Samuel Colborne)经常徘徊在曼哈顿区域出售啤酒的酒馆周围,不断警告那些酒馆老主顾们:"你将'首先步入地狱',然后'魔鬼抓住它''父亲烧死它''哎呀呀呀'……如果你不放弃可怕的渎神誓言,你将永远无法逃脱魔鬼的罗网。"

对于啤酒公司而言,投靠"美德"只是短暂地走了一段岔路,其主要的轨迹依然是"下三滥"的套路。他们竭尽全力抵制参与禁酒运动的公司,甚至不再赞助芝加哥黑石酒店,仅仅因为黑石集团支持并庆祝了伊利诺伊州周日酒馆停业法令的颁布。啤酒公司黑名单上的名字很长很长,例如:百路驰轮胎公司,因为其两名高管支持过禁酒运动;亨氏食品公司,因为其总裁隶属于某个"干派"主日学校协会;还有凯迪拉克、宝洁和西联汇款等商业巨头。帕卡德汽车公司的一位高管因为公开谴责啤酒公司通过鼓励"醉酒的狂欢和白人奴隶制"来牟利,就被公司总裁亨利·B. 乔伊(Henry B. Joy)强令写信给 USBA 为自己的不当行为表示道歉。乔伊认为,公司下属高管的言行"损害了帕卡德公司的利益"。

为了控制舆论,啤酒公司也在芝加哥、纽瓦克、蒙哥马利、华盛顿等城市直接投资或收购了报纸发行商。报业大王威廉·伦道夫·赫斯特(William Randolph Hearst)旗下的编辑亚瑟·布里斯班素来抨击烈酒公司,推崇啤酒公司,但现在看起来也不如之前那样"铁面无私"了。1917年,布里斯班在 15 家啤酒巨头的现金支持下收购了《华盛顿时报》。这些金主花费大笔资金支持布里斯班打造自己的宣传平台(米勒啤酒公司总经理说:"在这件事上,我们把他视为代理人。")。金主的名单飘溢着醇厚的麦芽和啤酒花香气,他们个个都是衣冠楚楚的绅士,施密特(Schmidt)、鲁伯特(Ruppert)、哈姆(Hamm)、柏斯特等人赫然在列。当然,少不了行业巨头阿道弗斯·布希先生。

啤酒商也为美国带来了一些有着鲜明个人色彩的贡献——啤酒行业不可消除的"德国口味"。在啤酒行业大佬中,阿道弗斯·布希家族对祖先故土极其眷恋。实际上,此处使用"祖先"一词并不妥当,因为那里也是他自己出生的地方。阿道弗斯与德国皇帝交情匪浅[皇帝本人曾参观过布希家族位于朗根斯瓦尔巴赫(Langenschwalbach)的别墅],他和夫人莉莉所生的两个女儿均嫁给了德国军官。阿道弗斯去世后,其子奥古斯特成为家族新掌门人。为了庆祝德皇诞辰,奥古斯特每年都在密苏里州的农场举办盛大庆祝派对。1914年夏天,阿道弗斯的遗孀正好在朗根斯瓦尔巴赫度假。第一次世界大战爆发后,她选择继续留在那里生活。

最早自1876年时起,啤酒行业鲜明的民族色彩就一直是禁酒运动推动过程中的棘手难题,当时弗朗西斯·威拉德曾提及"我国的外来异教徒人口"问题。而对啤酒行业而言,这些族群正是他们最为可靠的伙伴。根据USBA首席政治战略家珀西·安德烈亚(Percy Andreae)的说法,"我们啤酒行业在美国最忠实的朋友",就是"数以百万计被错误对待的外国移民"。安德里亚身价极高,啤酒商每年要支付给他4万美元报酬(相当于2008年的86万美元)。此外,他还担任美国外文报业协会(American Association Of Foreign-Language Newspapers)的副主席和发言人,撰写支持啤酒业的社论,并将这些文章翻译成其他语言版本刊发。当然,这些文章都由他人署名。德裔美国人联盟(German-American Alliance)是由在美德裔群体发起设立的民间团体,啤酒公司承担了该联盟驻华盛顿办公室的运营成本,后来干脆直接将之实际转变为虚拟的下属机构。

对于"干派"人士而言,异国情调并不能讨他们的欢心。许多进步主义人士也激烈反对外来移民为主的大城市政治组织,同时也反对酒馆,并联合工会共同向政府施压,限制外来移民涌入。而 GAA 与古爱尔兰修道会(Ancient Order Of Hibernians)结成的合作关系,则"致力于反对政府颁布任何限制奢侈消费的法律,或任何限制公民个人自由的法律"——每一项都与进步主义人士的诉求针锋相对。意大利裔美国人联盟(Italian-Americans Alliance)也与 GAA 达成合作,共同反对禁酒宪法修正案,因此也被进步主义人士列为斗争对象。斯坦福大学校长大卫·斯塔尔·乔丹(David Starr Jordan)指出,虽然圣马特奥郡(San Mateo)的"盎格鲁-撒克逊裔"居民占比超过 90%,"但大约有一半的驾车超速、肇事逃逸等违法甚至更恶劣的犯罪行为,都是意大利人干的,其中大部分又都来自那不勒斯和西西里两地"。

尽管南方地区不少州有多达 99% 的人口都是土生土长的本地人,但他们的仇外情绪却更为强烈。当然,即使是美国北方各州,在南方居民眼中也算是外国。然而当外国人真的出现在自己家乡地盘上时,许多南方白人却退缩了。托马斯·沃尔夫(Thomas Wolfe)在《天使望故乡》(*Look Homeward, Angel*)一书中,描述了年轻的尤金·甘特(Eugene Gant)陪同父亲投票时遇到的一群"湿派"选民的形象。沃尔夫写道,在"干派"占主导地位的城镇中,这些人如被流放了一般,他们不知道自己实际上维护了自由价值。"他们的脸红通通的,浑身酒气熏天,顽强地维护着那个红眼睛、酒糟鼻子、杯不离嘴、囊空如洗的'魔鬼'。"

在亚特兰大,35 岁的威廉·约瑟夫·西蒙斯(William Joseph Sim-
mons)看到犹太工厂老板利奥·弗兰克(Leo Frank)被处以私刑的新闻
后,着手创办了美国历史上第二个"三 K"党组织。与后来以黑人为仇
恨对象的"三 K"党不同,这波"三 K"党人主要敌视犹太人和天主教移
民*,他们支持禁酒令及女性参政权,同时还把禁酒令当作对付外来移
民的强大武器。

对于 ASL 而言,反移民显然是一块肥沃的土壤,而伍德罗·威尔
逊让它变得更加肥沃。威尔逊总统可能对 ASL 的事业漠不关心,但其
鼓动参加第一次世界大战的宣传是建立在反欧洲特别是反德国的国民
情绪之上的。1917 年,规模空前的战火已在欧洲大地上熊熊燃烧了 3
年,总统恳求国会批准美国参战。威尔逊表示:"我们与德国人民没有
纷争,我们对他们没有其他感情,有的只是同情和友情。他们的政府参
与这场战争并非基于一时冲动。"虽然威尔逊性情温和,富有教养且擅
于政治谋略,但他对国内部分人民所采取的行动却称不上友善。他渴
望参战,在为战争做准备的同时,还发起了"反连接主义"。从具体措
施看,威尔逊开始妖魔化那些"出生在他国旗帜之下,但在我们宽宏大
量的归化入籍法律之下顺利移民到充满自由与机遇的美国之人"。他
使用了一个颇具挑衅性的比喻来描述合众国的敌人,指控他们"已经

---

　　* 佐治亚州的汤姆·E. 沃森(Tom E. Watson)原是一位平民主义鼓吹手,后来摇身
一变成为种族主义煽动家,也是"三 K"党的庇护人。在一份名为《女修道院里发生了什
么?》的耸人听闻的文件中,沃森将对天主教的敌视和妖魔化展现得淋漓尽致。他表示,
在女修道院里,"单身的神父把未婚女性锁起来供他们蹂躏",还杀掉他们的孩子。他还
声称,神职人员在听取信徒告解时会向已婚女性传授各种信息。

将不忠的毒药注入到美国社会生活的大动脉之中"。

　　将视线返回 1912 年，当时的 ASL 领导层设定了一项历史性的艰巨任务——正式推动禁酒修正案进入立法议程，此时第十六修正案（所得税）和第十七修正案（参议员直接选举）尚未获得批准。美国宪法一直以稳定著称。除了南北战争引出的 3 项修正案外，美国在过去 118年中仅对宪法修订了 2 次。

　　正是内战期间通过的一条宪法修正案构成了国会批准将禁酒令写入宪法的最后一个障碍。除了信奉天主教的路易斯安那州，南方各州属于美国反酒精情绪最为高涨和对酒精管制最为严密的区域。例如，亚拉巴马州禁止任何形式的酒精广告，即使是在本州内流通的州外报纸上刊登酒精广告也行不通。该州杰斐逊县检察官雨果·拉法耶特·布莱克（Hugo Lafayette Black）发自内心地支持禁酒事业，强力执行控酒法律。他曾经以运输货箱上面印有酒厂地址为由，指控一个外州航运公司违反了亚拉巴马州禁止酒精广告的法律，并且赢得了诉讼。尽管南方各州总体同情禁酒事业，但其独特的政治生态——特别是对州权的眷念——迫使 ASL 专门设计一种独特的游说策略，并且还需要一位独特的说客来实施。接下来，让我们有请"'干派'弥赛亚"——小詹姆斯·坎农牧师隆重登场。

　　小詹姆斯·坎农个头不高，性格蛮横，与人相处总是惹人讨厌。但他工作勤奋，又像蛇一样精明，不似霍布森那样热衷虚荣。提及他的形象，有位传记作者如此描述道："他穿着高帮扣带鞋，身躯瘦弱，常年累月套着一件长长的羊毛内衣，脸上的胡子足足留了 25 年。"威廉·伦道夫·赫斯特虽然在大多数问题上都与坎农意见相左，但也承认坎农

"有着全美最聪明的大脑,可惜无人赏识"。门肯也曾表示,坎农"不经意地眨眨眼,或许就能让美国总统像牛蛙一样欢跳起来"。

坎农发自内心坚信自己正在从事一项正义的伟大事业。他本可成为克伦威尔时代那种标准的清教徒,但却做了惠勒时代的战士。他出生于马里兰州的一个富裕家庭,因为父亲在"内战"期间忠于南方,后来举家移居弗吉尼亚州。年轻时的坎农曾北上几百英里求学,在普林斯顿大学获得了两个学位,然后又返回弗吉尼亚州,加入当地卫理公会。40 岁出头时,坎农已经成为弗吉尼亚州顶级社会名流之一,但却能在赢得名声后依然保持克制的态度。回想起自己闻名全国之前那几年的时光,坎农对《里士满时讯报》(*Richmond Times-Dispatch*)记者说,"除了有关教育、禁酒、赌博、嫖娼、庆祝安息日、电影、童工等领域社会问题,我不记得我还曾利用过自己对立法机关的影响力做过其他什么事情"。

坎农的影响力不可能在微不足道的位置上发挥出来。黑石女子学院是弗吉尼亚州中南部的一所两年制学院,坎农曾担任该校校长。他为申请该校入学资格的年轻人设定了如下要求:"申请到学院就读的年轻女性必须接受校长如老朋友一般的指导,否则便不会被录取。校长将给学生设定培训计划,帮助她们成长为有价值、有魅力的女性。"坎农从未担任过任何公职,也未曾在主导弗吉尼亚州政治的民主党中担任过什么职务,但这并不妨碍其赢得非同一般的社会影响力,因为他是一个特别擅长演讲的民主党"干派"分子。1914 年,坎农已经成为该州禁酒运动的领军人物,通过不懈的努力在弗吉尼亚实现了全面禁酒,震动了美国社会。很快,ASL 向他发来了召唤。

对外宣传时,ASL 特别强调自身的"跨宗教派别或超越党派"定位,但事实并非如此。在宗教色彩上,其管理层几乎全部来自浸信会和卫理公会。尽管它也给予"干派"民主党人(特别是南方民主党人)一定支持,支持在南方推行禁酒,但仍很难谈得上超越党派,毕竟其领导层深深根植于俄亥俄州小镇的共和党土地之上。霍布森以华盛顿为大本营,与南方同僚们在种族问题上存在难以弥合的分歧。与海军学院曾经的同学们不断疏远的尴尬现状,反映了他作为说客在南方的失败。如此一来,坎农的价值就突显出来了。虽然惠勒及其前任埃德温·丁威迪能够与民主党人达成交易,但二人都未能让民主党的核心决策圈接纳 ASL。坎农信心满满地表示:"有鉴于此,我作为一个民主党人,将受命与民主党人打好交道。"

坎农所说的民主党人,具体来说指的是南方民主党。就坎农的特性来看,他不可能与来自坦慕尼协会①的北方民主党人及其他大城市的民主党领导人同台共事。坎农怪异的行为举止——包括他的奇装异服,以及一种弗吉尼亚老朋友们所言的"也就能打动一只小虫子"的幽默感——对他的工作并没有什么助益。此外,他为人专横,与意见相左之人相处时总是态度恶劣。正如一位朋友所说,"他和许多缺乏幽默感的男人一样,必须把自己的生活融入一项神圣的事业之中,方能寻找到生活的意义"。惠勒虽然与"湿派"公开对立,但时刻都保持着彬彬有礼的形象,坎农则完全相反。赫伯特·艾斯伯里(Herbert Asbury)在《伟大的幻觉》(*The Great Illusion*)一书中如此评价坎农:他对待敌人

---

① 坦慕尼协会,又称哥伦比亚团(The Columbian Order),成立于1786年,最初是一个全国性的爱国慈善团体,专注于维护民主政体,反对联邦党人的政治理论。该团体后来逐渐演变成为纽约市的民主党政治机器,长期把持着纽约市,乃至纽约州的政治权力,鼎力支持移民群体,特别是爱尔兰裔移民在美国政坛崛起。

"充满暴力与羞辱……习惯于全盘否定，穷追猛打"。遭受坎农攻击的众多机构中，有一个对民主党政治机器而言万分重要的组织——罗马天主教会。虽然罗马天主教会势力庞大，但坎农不为所动，攻击起来仍是毫不留情。在他眼中，罗马天主教会就是"无知、迷信、不宽容和罪恶之母"。

一旦诉诸己身，坎农的道德标准又变得极其实用主义。他曾在里士满创办过一家报社，公开承诺不刊登"任何形式的赌博广告"。仅仅3周之后，他认识到读者们非常想从报纸上看到赛马新闻，于是就改弦易辙了。弗吉尼亚州一位知名"干派"人物曾说过，"坎农在议会中的大多数忠实支持者一边忙于制定禁酒法令，一边却喝得酩酊大醉"。在坎农看来，自己身负"督促"南方政治人物加入禁酒阵营的重任，采取包容态度是非常必要的，这有助于最终目标的实现。他也根本不在意他拉拢的人到底是不是"真'干派'"（Dry-Drys），"只要投票支持ASL的，这个人就是'干派'"。门肯在《美国语言》（*The American Language*）一书中写道，当时"假'干派'"（Wet-Drys）数量众多，多得难以令人信任。事实上，莫里斯·谢泼德在戒酒方面算是出类拔萃。在其主导的禁酒方案实施近十年后（霍布森离开众议院后，谢泼德成为最积极的禁酒修正案支持者），参议员威廉·卡贝尔·布鲁斯（William Cabell Bruce）发自内心地向谢泼德表达了自己的敬意。根据布鲁斯观察，在参议院所有"干派"议员之中，谢泼德是他所知道的唯三的真正不喝酒之人。

"假'干派'"在南方民主党政坛中非常常见。科尔·布利斯（Cole Blease）是一位臭名昭著的种族主义分子，曾做过南卡罗来纳州州长和联邦参议员，他终其一生都毫不掩饰对私酒的热爱。参议员约翰·夏普·威廉姆斯(John Sharp Williams)学识渊博、勤于思考,可谓高贵人士的代表,然而他却在参议院中公开表示,自己虽然投票支持禁酒,但并不意味着想喝酒时就会忍着不喝。不仅如此,威廉姆斯还吹嘘说,自己在余生之中肯定会继续尽情豪饮。韦恩·惠勒对于"假'干派'"自有一套解释,他认为"人们是在祈祷而非喝酒时来投票的"。或者坦白来说,"议员投票是基于他们保持政治生命的本能"。

对坎农和其他负责吸引南方民主党人参与禁酒事业的 ASL 高管们而言,让他们感到棘手的还有"假'干派'"的一个分支。这个分支的政治人物支持在本州实施禁酒立法,也同意投票支持国会通过禁酒立法,但前提是能够解决一个独特的逻辑(或曰意识形态)障碍。一方面,虽然通过一项禁酒宪法修正案能够一劳永逸地解决禁酒问题,但这些南方政治人物更忠实于州权。他们担心,如果宪法能够为实现联邦政府的禁酒意志而被修订,那也就能够为赋予女性参政权而被修订。兹事体大,不可不察。另一方面,他们明白,为了体现自己的表里如一,若承认禁酒宪法修正案的有效性,从逻辑上就要求他们接受宪法已有修正案的有效性,也就是第十五修正案——确认黑人和白人均享有选举权。

对于众多南方政治人物而言,支持通过宪法修正案方式实现禁酒的选择是利害权衡的结果。实际上,他们必须确定选择哪方立场才最有可能维持《吉姆·克劳法》下所建立的种族隔离铁幕。佐治亚州年仅 31 岁的众议员卡尔·文森(Carl Vinson)在其众议院处子秀演讲中堂而皇之地宣称,"维护州权这一原则犹如处女的贞洁一般神圣"。德克萨斯州前参议员约瑟夫·巴利(Joseph Bailey)的说法更加粗俗但也更为直白:赋予联邦政府管制酒精的权力会建立一个可怕的先例,未来将导致"美国境内不再会有一平方英尺的领土能够禁止黑人和白人通婚"。亚拉巴马州众议员"棉花大王汤姆"·赫夫林("Cotton Tom" Heflin)①曾在华盛顿有轨电车上射杀了一名黑人(此举与其在促成设立母亲节中所发挥的作用一起,被视为他职业生涯中的两大成就之一),他用南方"干派"人士使用了几十年的老套说辞解释自己为何会投票支持禁酒:是州——而非联邦政府——在保护我们的女人,让她们免遭混在人群中的禽兽在情欲与性欲上的伤害。赫夫林所在选区的每个县都是干的,其所在州大部分地区也是干的。他和其他南方人士都拥有一个坚定的共识——他们最重视的是切切实实的种族主义问题,而非虚无缥缈的禁酒事业。

尽管如此,在1917年12月众议院对第十八修正案投票表决时,詹姆斯·坎农与其同僚们还是成功对1914年投票反对霍布森修正案的9位南方和边境州民主党众议员施加了影响,并且完全达成预期目标,没有丢失一张选票。最终的投票结果是282:128,看起来像是"干派"取得了压倒性优势。但要知道,宪法修正案在参众两院审议时均需2/3绝对多数才能够通过。如果未能把这9位众议员从"湿派"转为"干派",投票结果将此消彼长②,在参议院已经轻松通过的修正案就会在众议院流产。德克萨斯州前途无限的年轻人萨姆·雷伯恩(Sam Ray-

----

① 原名为詹姆斯·托马斯·赫夫林(James Thomas Heflin),因对家乡亚拉巴马州的主要农产品棉花产业的发展贡献突出,因此赢得了"棉花大王汤姆"(Cotton Tom)的绰号。

② 如果"干派"未能争取到9位原属"湿派"的众议员转换阵营,最终的投票结果将是273:137,二者比值为1.993,从而导致禁酒修正案未达到表决所需的三分之二绝对多数(赞成票是反对票的2倍)而流产。换言之,如果"干派"只争取到8票,投票结果将是272:138,仍然不能通过。从这一结果看,禁酒修正案当时可谓命悬一票,这9票弥足珍贵,必须全部争取到才可。

burn)就是改变立场的众议员之一,卡尔·文森亦是如此。尽管文森对所谓的南方美德和处女贞洁有着深切的眷恋,但他还是跳到了"干派"阵营。历史证明,对州权弹性的测试显然没有什么大的政治风险——文森后来又在国会服务了47年,雷伯恩则服务了44年,其中还担任了17年的众议院议长。

当1914年版的霍布森修正案升级为1917年版的谢泼德修正案时,改革队伍中的禁酒令议程已经实现了飞跃,遥遥领先于女性参政权议程。虽然禁酒修正案经过了大量立法修补,但其核心内容并未经过详尽周密的讨论。部分"干派"人士认为,原先阻碍禁酒修正案通过的问题主要是程序性的。立法辩论环节也未触及禁酒修正案的内核部分,而仅关心当时是否有足够强大的社会民意支持将修正案提交各州表决。如此一来,禁酒修正案在经过参众两院2/3绝对多数表决通过并递交给各州后,各州就有机会在批准程序中予以否决。这好比是说,一位检察官指控某人谋杀,但谋杀犯却不用承担任何法律责任。① 参议院司法委员会在修正案听证环节草草走了过场,众议院也照猫画虎;参议院全体辩论环节因时间原因基本被省略,众议院也效仿参议院,故意把辩论环节设置为某个下午众多工作事项的一部分。如此一来,谁

---

① 结合上下文及原作出版前手稿的内容,作者在此处应是指当时参众两院"假干派"基于个人政治利益,视禁酒为儿戏,根本不关心禁酒令的真正命运和选民的诉求,草草就把禁酒修正案交付各州批准。同时,议员们还充分发挥踢皮球精神,将一份因议会工作马虎而草率出炉、非常容易招致否决的修正案送进了各州表决环节。如果修正案被各州否决,国会议员们就可以对选民们交待说自己支持了禁酒修正案,没有通过的责任不在他们,而在于各州。此即作者此处比喻所说的指控某人谋杀,却不用承担任何法律责任的奥义所在。

能提出反对意见？要知道,有关禁酒的真正大讨论,在议会之外已经足足开展 60 多年了。

但确实有些沟通采取了辩论形式,只是主要发生在 ASL 理事会及其盟友之间。自霍布森推出精雕细琢的禁酒修正案以来,有 5 个问题逐渐呈现,其中 4 个问题通过修改拟提交修正案的语言措辞可以解决。根据韦恩·惠勒的指示,第 5 个问题暂时搁置,这为"干湿"两派留下了论战的空间,并且贯穿于整个第十八修正案存续的期间。

新提交的修正案草案第一处语言上的调整,也是最重要的变化是删除了原草案中四处重复的"出于销售目的"字样。霍布森修正案不仅禁止销售致醉酒类,还禁止"出于销售目的的制造、出于销售目的的运输、出于销售目的的进口和出于销售目的的出口。"1914 年 12 月,霍布森在众议院发表了震撼人心的精彩演讲。"我们没有禁止人们喝酒,我们没有要求限制个人消费,我们也没有规定人们不能在自己家中酿造家庭喝的酒。"霍布森对众议院成员们说道,"家庭的自由与尊严将会获得必要的保障"。霍布森修正案的目标只针对酒馆、烈酒酿造商、啤酒酿造商。一言以蔽之,规制的是酒的流通。对于梅里马克号上的霍布森而言,任何侵犯个人自由的宪法修正案都可能会送给敌人"选择战场的权利"。

1914 年,韦恩·惠勒同意了霍布森的意见。事实上,惠勒和珀利·贝克是霍布森修正案公认的共同作者。但在 1917 年 3 月第 65 届国会召开之前,修正案的内容发生了很大变化,惠勒的作用显著增强了。3 月底,ASL 总部以电报形式发出指示:对"出于销售目的"的调整方案已被废弃,继而代之的新修订版本将无论出于任何目的、任何来源而制造、运输、进口和出口令致醉酒类的行为全部纳入了修正案规制的范围。

　　第二处语言上的调整是为修正案新增了一款内容,规定各州"均有"执法权。霍布森在 1915 年的 ASL 大会上提出了这一修改,至少安抚了一些视州权为生命的南方右翼分子。霍布森认为,让各州共同行使执法权力,将维持"联邦政府与各州之间的权力平衡"。

　　谢泼德修正案的最后两处调整是相互关联的。其中一处是在最终版本修正案的起始处增加一句限定表述,规定修正案在获得完全批准 1 年之后方可正式生效,以给全国 1500 家啤酒公司、650 家烈酒公司、20 万家酒馆、7000 家批发分销商及其庞大从业人员留下缓冲时间,让他们在禁酒令生效前有序停掉各自的生意。除了国会中的"湿派",一些温和"干派"议员手中的选票仍有摇摆,他们希望政府能够给予啤酒公司和烈酒公司以一定补偿。因为一旦禁酒令实施,这些公司的大部分财产都将变得一文不值。即使在那些尚未变干的州,也有些厂商已经因邻州市场的消失而退出市场。1914 年,有 70 年历史的霍斯特－哥伦布啤酒公司宣布破产,该公司在弗吉尼亚州遭到致命打击,丧失了年销售额 50 万美元的市场。在谢泼德修正案悬而未决时,有 1300 万加仑的波本威士忌堆在肯塔基州的仓库里蒙尘。从全国范围看,烈酒与啤酒行业总投资额近 10 亿美元,这两个行业合在一起已经是美国的第五大产业。《新共和》杂志认为,任何反对赔偿的"干派"分子其实骨子里都和"俄国的布尔什维克一样惦记着别人的财富"。

　　但禁酒阵营中的强硬派用一个更像神学而非政治或经济角度的观点,驳斥了为酿酒商提供赔偿的诉求。根据卫理公会高层领导的说法,酒精利益集团的"宽限日期早已经被罪恶毁灭"。在国会首次就霍布森修正案进行辩论时,德克萨斯州众议员丹尼尔·E. 加勒特(Daniel

E. Garrett）则从相对不神圣的层面反驳了赔偿的要求，并指责这种要求极度虚伪。加勒特指出，在第十三修正案废除了奴隶制后，美国也曾有 40 亿美元的"财产"化为乌有。"没有人比本人更痛恨我国曾经存在的罪恶奴隶制。"加勒特说道，"就像奴隶制的消失一样，酒精也应该消失"。烈酒与啤酒利益集团"必须自行承担相应的损失，就像我们的祖辈被剥夺奴隶后自行承担损失一样"。国会辩论记录显示，当时众议院内随即响起了一阵"掌声和笑声"。

来自俄亥俄州的资浅参议员①沃伦·G. 哈定（Warren G. Harding）既支持禁酒，也支持补偿。在"干派"议员中，哈定属于最"湿"的，在政治立场（他曾认为禁酒更像是政治问题，而非道德问题）和个人生活（他钟爱加苏打的苏格兰威士忌，并持有一家啤酒公司的股票）两个方面均是如此。研究哈定担任总统之前人生经历的权威专家伦道夫·C. 道恩斯（Randolph C. Downes）完美地描述了哈定在禁酒补偿问题上的狡猾立场："毫无疑问，哈定参议员对在全国范围内实行禁酒的支持或否定，取决于他正在和谁做交易。"在 1917 年的那个夏天，他正与韦恩·惠勒谈得火热。

在 1914 年的选举中，哈定获得了惠勒及其领导的 ASL 大力支持。ASL 历来支持具有可塑性、态度温和的共和党人，而非反对禁酒的民主党人。当参议院就谢泼德修正案举行辩论时，惠勒也像往常一样坐在旁听席上（国会山此时已经成为 ASL 第二总部了），哈定向他提议召开一次会议。就在国会山会议室中，两人进行了深入交流，最终达成的成

---

① 资浅参议员，即 Junior Senator，美国每个州在参议院都有两个席位，任期时间较长的一位通常被称为"资深参议员"（Senior Senator），任期较短的一位则被称为"资浅参议员"。

果充满了妥协与诡计。哈定不仅认为应当给予酒精利益相关方以补偿,而且还要求对各州批准宪法修正案设定一个期限——此前所有宪法修正案都未曾设定批准期限。哈定建议将批准期限设定为 5 年,惠勒则要求延长至 7 年。作为交换,哈定和其他温和派人士在修正案开头增加了一款新的表述,规定修正案要在批准之日起 1 年后方才生效。如此一来,修正案给予了啤酒公司、烈酒公司、批发商、酒馆老板、调酒师、酒桶制造商、装瓶商、卡车驾驶员、冰块经销商以及所有其他依赖美国人对酒精饮料消费为生的利益相关群体 12 个月的宽限期,使得他们有时间为生产设备寻找其他用途,也有时间另谋他职。这不是真正的补偿,这是对补偿的临摹。4 年后,赫伯特·胡佛(Herbert Hoover)对国会大加批判,认为国会轻视赔偿问题"是对私人财产的侮辱"。

　　总而言之,第 65 届国会对第十八修正案语言措辞上的修改引发了诸多变化:将道德规范转化为惩罚措施(删除了"出于销售目的"的限制性表述);为州权提供了安慰("均有权"执法);终结了有关补偿的争议(设置 1 年生效宽限期);以及,设置了 7 年的批准期限。期限限制对禁酒令并没有产生实质性影响,但的确开创了一个新的先例。在此之后 4 条美国宪法修正案中有 3 条在哈定开创的 7 年批准期限内取得成功,另有一条——1972 年平等权利修正案——则在 1979 年最后大限到来时,因尚有 3 个州未能完成批准而作废。

　　相较于修正案已经作出的修订,未能实现的字词修订有着更为深远的影响。部分极端"干派"人士原本希望第十八条修正案能够禁止"酒精饮料"的制造、销售、运输、进口与出口。但惠勒坚持使用"致醉酒类"一词。该词定义较为模糊,国会需在后续立法中给予其准确定义。在其后的 16 年中,围绕该词的定义,美国社会持续上演了一系列复杂的政治斗争、公共辩论、学术研究和高雅喜剧。

随着 1917 年步入尾声，将禁酒修正案提交各州表决的流程业已完成，但后续各州批准的前景看起来似乎有些暗淡。虽然在当时已有 23 个州通过地方法律实现了禁酒，但其中仅有极少数满足第十八修正案所要求的"完全干燥"。此时摆在禁酒阵营面前的是逐州展开的修正案批准攻防战，他们至少需要赢得 36 个州的战斗，方能满足宪法所要求的 3/4 绝对多数。

令人意想不到的是，修正案在各州获得批准的速度之快异乎寻常。其中的关键，得益于对 GAA 的丑化攻击。此次攻击形式上是由美国参议院通过立法质询方式实现的，但实质上却是由韦恩·惠勒通过宗教审判方式完成的。"我们目前不希望外界知道是我们发起了此次调查。"惠勒对珀利·贝克告诫道。他同时指出，"尽管如此，你已经看到报纸上是如何报道 GAA 的，他们对该联盟的关注不亚于对国会法案本身的关注。如此程度的新闻曝光所带来的价值，是我们花上 5 万美元打广告也买不到的"。

所得税为禁酒修正案的通过提供了财政基础，女性参政权引发的社会革命为其提供了政治可行性。万事俱备，只欠东风。此时此刻，"干派"需要做的是找到将修正案嵌入宪法的终极工具——战争。

第七章

古往今来

1890 年,因热爱基督、憎恨酒精而声名远播的费城费城人队
(Philadelphia Phillies)运动员威廉·阿什利·森迪(William Ashley
Sunday)封存了他心爱的手套、球棒和钉鞋。他刚刚结束了一个漂亮的
赛季,共完成盗垒 84 次,赚了 3500 美元,是当时美国工人平均工资的 9
倍。但森迪还是决定提前退役,将自己的后半生转向奉献耶稣,走上一
条和队友们完全不同的道路,从此成为后人所知的比利·森迪。森迪
和队友们有很多相同之处,当时大多数的棒球运动员都要四处流动工
作,受教育程度也不高;他和队友们也有不一样的地方,譬如只会偶尔
喝杯啤酒或葡萄酒,而队友们则每天都喝得像赢得冠军一般。无数人
的职业生涯在觥筹交错间灰飞烟灭,还有很多人的生命湮没于酒杯之
中[其中最著名的当属费城费城人队伟大的外野手埃德·德拉汉蒂
(Ed Delahanty),他喝得酩酊大醉后试图徒步穿过尼亚加拉河上的一座
铁路桥,不幸坠河溺亡],球场看台上也四处飘散着酒香。美国大联盟
(American Association)最初的创始人中有一半是啤酒商,因为饮酒之
风盛行,又被称为"啤酒与威士忌联盟"。圣路易斯运动员公园球场的

顶层看台是一个露天酒吧;旧金山娱乐公园球场是太平洋海岸联盟海豹队的主场,球场单独辟出八排席位(从一垒绕过本垒后面,延伸到三垒)组成了一个"酒笼子"。球迷花上 75 美分就可以在看球的时候喝两杯啤酒或一杯威士忌,外加一个火腿三明治。

比利·森迪一直是位虔诚的教徒。1888 年的一天,他和一些球员正坐在芝加哥的路边石上。此时,附近一间布道所演唱的赞美诗传入了森迪的耳朵,刹那间直击他的心灵。森迪转身向队友们说,他真的不想再喝了。然后他穿过街道,在教堂未被玷污的平静中找到了自己的避难所。2 年后,森迪放弃棒球生涯,全身心投入到布道事业。他的布道充满超自然风格,言语之间弥漫着信仰的喜悦。就这样,森迪走上了成为那个时代最成功的美国布道者之路,也许是有史以来最成功的布道者。《美国名人传》(*American National Biography*)在有关森迪的词条中毫不含糊地赞扬道:"尽管看起来不可思议,但根据可靠统计,森迪在 40 年的职业生涯中累计向 1 亿多人布道。"根据森迪自己的讲述,他早期布道时使用的句子"长得连希腊语教授听了都要张口结舌",直到"我在福音之枪里装填入老鼠、催吐剂、火药和铁丝网"之后,他才取得了非凡的成就。森迪反问道:"如果只是因为我使用简单直白的盎格鲁-撒克逊英语,某些眼珠子鼓鼓、衣衫褴褛的小传教士们就四处叽叽歪歪,我为何又要在乎他们呢?……我想让人们知道我的所知所想,所以我要去他们住的地方。"

森迪的演讲通常包含两大主题。他首先会宣讲关于耶稣的原教旨主义观点(一位同时代政治评论家描述说:他"猛地甩出基督的名字,就像把一口痰吐到你的口中")。其后,森迪会猛烈抨击啤酒和烈酒利益集团的罪恶。在他眼中,酒是"上帝最大的敌人""地狱最好的朋友"，那些从酒精商品交易中获利的人都是肆虐在大地之上的撒旦。在密歇根大学的一次集会上，森迪招募了1000名学生参与推动一项全州禁酒立法。他向学生们发出振聋发聩的号召："我要与他们战斗到底，直至寒冰封住地狱；然后我会添置一双冰鞋，在寒冰之上继续与之厮杀。"

1913年，ASL在一份出版物中写道："酒精利益集团对比利·森迪的憎恨之深，让他们所憎恨的其他任何人相比起来都黯然失色。"严格来说，这并非因为森迪的追随者规模非常庞大，也不是因为他虔诚的信仰（在一家杂志于1914年所做的"谁是美国最伟大的人"民意调查中，森迪与钢铁大王安德鲁·卡内基并列第八）。在20世纪10年代末，他每年能发表超过250次演讲，影响无数听众。森迪塑造了一种新的禁酒态度——不断上升的憎恶，甚至可谓是复仇情绪——这是禁酒力量接近胜利边缘时的特征。比利·森迪怒吼道："不要再啰嗦了，我对不会施加毁灭的上帝没有任何兴趣。"

于是，德皇威廉二世、第一次世界大战、韦恩·惠勒，纷至沓来。

第十八修正案获得批准后，心怀不满的"湿派"人士一直认为1914年欧洲爆发的第一次世界大战以及1917年美国参战，是帮助ASL及其盟友取得成功的重要因素。在禁酒令存续的14年中，"湿派"一直迷信的一种说法——禁酒令的通过得益于200万离开家园的美国士兵未能参加表决修正案的投票。他们错误地认为，前往欧洲打仗的美国士兵都热爱啤酒、热爱个人自由。事实上，这些消失的男人和男孩们——其中许多人尚未达到法定投票年龄，在禁酒问题上的分歧也和其他地区没什么两样——并不能够影响投标结果。同一时期，国会应总统伍德罗·威尔逊的要求通过了一系列战争税收法案(War Revenue Acts),大幅提高了酒税税率,为美国参加战争筹措资金。对于美国国民而言,在国家参战后继续购买酒水成为一项爱国之举。

尽管如此,禁酒主义者还是找到了许多方法把他们的事业与国家安危联系在一起。1917 年 6 月,距首批美国步兵登陆欧洲还不到 6 个月,ASL 就在一次大会的官方声明中严厉谴责了法国盟友,称法国未能向美国士兵提供干净卫生的饮用水,担心这些士兵可能不得不冒险饮用葡萄酒以补充水分。面对酒税即将随着禁酒令的实施而消失的形势,政府财政开始捉襟见肘。平民主义、反商业主义及布莱恩领导的禁酒运动等各路政治力量利用美国参战之机,推动政府大幅提高了所得税的累进税率(禁酒令生效时,最高税率达到了 70%,是战前税率的 6 倍)。布莱恩指控烈酒商们怀有"对美元的贪婪",可能会"令整支军队都喝得烂醉如泥,导致我们的士兵任外敌宰割"。这可不仅仅是布莱恩式的奇特巧技,模范酒商联盟主席托马斯·吉尔莫就曾试图游说国会,要求给士兵提供酒水补给,以"确保士兵神经系统的稳定,帮助他们赢得战斗"。吉尔莫解释说,战争环境复杂残酷,"在枪林弹雨中冲锋陷阵的人,需要借助酒精把自己从恐惧中解脱出来"。

国家紧急状态为"干派"人士提供了宝贵的机遇,他们此时很容易将各类问题转移到爱国主义大旗之下。就在美国参战当月,杰出(并强烈支持禁酒)的耶鲁大学经济学家欧文·费雪(Irving Fisher)联合一群美国知名人士,共同倡议支持全国禁酒,其中包括小说家厄普顿·辛克莱、布斯·塔金顿(Booth Tarkington),航空先锋奥威尔·莱特(Orville Wright)和美国钢铁公司董事长 E. H. 加里(E. H. Gary)。费雪利用自己(及其他成员)的显著声望发布了一份调查报告,指出酿酒需要耗费大量粮食资源(每天啤酒工厂耗费的大麦足以生产1100万条面包),会对国家战争的能力造成很大的损害。尽管费雪在学术界声誉卓著[他的《利息理论》(*Theory Of Interest*)在出版近80年后仍被认为是经济学研究的里程碑著作之一],但1100万还是过于夸张了,他的同事认为500万应是更为准确的数字。无论确切数字是多少,省下的这些面包肯定足以养活美国军队,也足以养活正在忍饥挨饿的比利时人。布莱恩问道:"当人们迫切需要面包充饥的时候,我们怎么能把生产面包的粮食用来酿造令人大醉的酒水呢?"对于战争结束后过剩粮食该如何处理,比利·森迪也早有预见和安排。他表示,农产品过剩问题很快就将得到解决,酒鬼的孩子们会把这些多余的粮食当早餐吃掉的。

啤酒公司试图用统计数字反驳外界的攻击。他们曾经断言,整个啤酒行业所消耗的粮食不到美国粮食总产量的0.75%。纵然啤酒公司给出的数据是准确的,这么做也纯属徒劳。"干派"人士不仅攻击啤酒公司浪费粮食,还攻击他们占用了铁路仓储,挤压了燃油和其他战争必需品的供给。韦恩·惠勒在给威尔逊总统的信中说道:"现在很多人不得不生活在寒冷的房间,吃饭不见荤腥,主粮不见面粉。"但是,"我国的啤酒工厂和酒馆仍在继续浪费食品、燃料和人力,并且降低了矿山、工人甚至酒馆附近弹药厂的劳动效率"。在《纽约时报》的整版广告中,巴特克里克的约翰·凯洛格医生表示:"嗜酒的人所消耗的燃料比学校和教堂所用燃料之和还要多,他们是公共福利的敌人。"

国会中禁酒阵营的政治权力借助爱国主义诉求得到极大增强,他们利用紧急状态颁布了一系列无须经过合宪性审查的禁酒措施。总统威尔逊对"干派"人士的所作所为视若无睹,因为他有关战争的各项工作都需要"干派"人士的支持。在美国参与第一次世界大战的期间(1917年4月至1918年11月),一系列"非常时期"的法律、规章、行政命令首先禁止了向军人出售酒精,进而禁止了蒸馏烈酒的进口,再之后具有里程碑意义的《1917年食品与燃料控制法》(*Lever Food And Fuel Control Act Of* 1917)将相关产品的生产也纳入禁止名单。政府不仅在海军基地周围建立了禁酒区(5英里内禁止卖酒),还将煤矿、造船厂和军火工厂等工业设施与酒精相隔绝。以战争的名义,食品管理局局长赫伯特·胡佛(当时他个人反对禁酒令)下令将啤酒行业可获得的谷物配额数量减少30%,并要求合法啤酒按重量计算的酒精含量不得超过2.75%。西奥多·罗斯福此前虽然视禁酒主义者为"极端分子",认为他们都"精神错乱、自私自利、令人厌恶",但此时却鼎力支持禁酒阵营的举措。罗斯福在给卫理公会戒酒、禁酒与公共道德委员会(Methodist Board Of Temperance, Prohibition, And Public Morals)主席的信中写道:"当我们必须养活我方军队、帮助盟友军队之时,决不允许哪怕一蒲式耳①的谷物被用于酿造醉人的酒精。"

除了紧急状态下的诸多便利外,战争同时还为"干派"送上了另一份大礼——彻底重塑了联邦政府的权力版图和公众对权力的认知,进一步消解了禁酒修正案给社会带来的震动。由于美国社会素来对联邦政府不甚信任,即使有些"干派"积极分子也曾经反对通过宪法修正案方式实现禁酒。但威尔逊在战争期间塑造的国家意志概念,为联邦政府在短时期内迅速介入美国人民生活的方方面面提供了最佳的突破路

---

① 蒲式耳(Bushel)是英制的容量及计量单位,主要用于农产品的称重,1蒲式耳等于8加仑,相当于36.27升。

径,使得联邦政府对禁酒令的强制执行措施变成像军队征兵一样的常规之举。战争紧急状态给了支持大政府模式的社会群体一张"狩猎许可证"。正如查尔斯·墨兹(Charles Merz)在《禁酒时代》(*The Dry Decade*)一书中所说的,威尔逊此时不必顾忌少量的反对声音,可以随心所欲地"征收铁路、征用工厂、接管矿山、锁定物价、限制全部出口、征募全部船舶、将面包标准化、惩罚浪费燃料的行为、强制征募男子入伍,并且把他们送到远在法国的战场"。与总统的上述举措相比,关闭一些烈酒厂和啤酒厂根本算不上什么大事。

1918年2月,第十八修正案刚进入各州批准环节,战争对禁酒事业的关键助攻就出现了。当时,一位名叫约翰·斯特兰奇(John Strange)的"干派"政客向《密尔沃基日报》(*Milwaukee Journal*)透露:"大洋彼岸有我们的德国敌人,我们本土也藏着德国敌人,而且是德国敌人中最坏、最奸诈、最险恶的一类,它们的名字叫柏斯特、施丽兹(Schlitz)、布拉茨(Blatz)和米勒。"①

斯特兰奇对德国啤酒公司的宣战可视为参议院对GAA展开调查的序章。韦恩·惠勒实际策划了此次调查工作的总体构思与具体细节,并充分利用此次调查的影响完美配合了禁酒修正案的批准宣传工作。调查委员会下属的一个小组委员会实际主导了整个调查工作,而该小组委员会的成员又由惠勒实际任命。惠勒负责招募证人,并出钱承担证人花费。"干派"阵营压轴大戏的舞台是由记者乔治·克里尔(George Creel)搭建的。克里尔是威尔逊总统任命的"保皇党"宣传机

①　这些均是当时著名的啤酒公司品牌。

构——公共信息委员会的负责人,该机构是总统根据沃尔特·李普曼(Walter Lippmann)的建议设立的,被批评者称为美国版"真理部"。克里尔借鉴了 ASL 的斗争策略,组织了一支多达 7.5 万人的"四分钟演说员"队伍奔赴全国各地,利用煽动性的语言向形形色色的听众宣传兜售政府的战争方案。克里尔公然宣称:"人们并非只依靠面包生存,他们更主要依靠口号生存。"三人成虎,众口铄金。克里尔向自己手下队员解释说:"平民大众聚集一处,必然滋生恐惧。"大战当前,当恐惧附身于德国相关的一切,它就会如失控的病毒一样滋生蔓延。

不久,红十字会领导人就声称有德裔美国人渗透进他们的组织,在为美军供应的绷带中撒了磨砂玻璃颗粒。集前国务卿、前国防部长、诺贝尔和平奖获得者、退休参议员等诸多头衔于一身的伊莱休·鲁特在纽约的联合俱乐部演讲时表示:"这个城市街道上的有些人犯有判国罪,天一亮就应该被拖出去枪毙。"爱荷华州州长威廉·L. 哈定(William L. Harding)在其臭名昭著的"巴别塔公告"(Babel Proclabation)中宣布,在公共场合或电话中讲德语属于违法行为;在威斯康星州,德语书籍被收集焚毁;在波士顿,公共场所禁止演奏贝多芬的音乐;全国各地源自德国的食品及街道的名称都被盎格鲁-撒克逊风格的名字所替代。伊拉克战争期间,炸薯条曾变身为自由薯条①。当代人可能不知道,无独有偶,早在 90 多年前的第一次世界大战期间,德国泡菜也曾改名叫自由卷心菜。为了向美国总统致敬,辛辛那提市的柏林大街变成了伍德罗大街。亚拉巴马州的"棉花大王汤姆"·赫

---

① 在 2003 年,法国反对美国在联合国安理会提出的入侵伊拉克的提议,引起一些美国民众的不满,于是有美国餐馆把炸薯条(French Fries)改名为"自由薯条"(Freedom Fries)。

夫林表示："我们必须消灭本土的匈奴人,组建行刑队是对付堕落与叛变之人的唯一方法。"

《在这边》(*Over Here*)是一本关于一战期间美国本土支前历史的研究作品,作者大卫·肯尼迪(David M. Kennedy)在书中精确记录了反德歇斯底里症发作时的可怕一幕:

> 1918 年 4 月,在圣路易斯附近,一群暴徒抓住了罗伯特·普拉格(Robert Prager)。他是一个年轻人,出生在德国。事实上,他曾试图参加美国海军,但因健康原因被拒之门外。如今他被脱光了衣服,身上绑着一面美国国旗,光着脚在街上跌跌撞撞地走着。在五百个爱国者的热烈欢呼声中,普拉格最终被私刑处死。在接受审判时,暴徒头目们穿着红、蓝、白国旗三色丝带相间的衣服,辩护律师称被告们的行为属于"爱国性质的谋杀"。陪审团仅仅花了 25 分钟时间,就对所有被告作出了无罪判决。

随着反德情绪日益高涨,惠勒也积极投身其中,而 GAA 在关键时刻又助了惠勒一臂之力。GAA 成立于 1901 年,旨在促进有德国血统的美国人之间团结互助,而禁酒运动的兴起却将该组织变成啤酒商最重要、最强大的盟友。GAA 也反对女性参政权,其设在内布拉斯加州的分会在 1914 年宣称:"我们德国女人并不想要投票权。我们的敌人之所以如此渴望投票权,主要是想让禁酒令扼住我们的脖子,所以我们应该倾尽全力反对它。"到了 1914 年,GAA 的会员数量接近 200 万,在某些地方,尤其是中西部大城市,它取得了与其规模相当的政治影响力。但随着八月枪声的响起,过往的一切努力都灰飞烟灭。1917 年,惠勒将 GAA 认定为一个"敦促成员投票支持日耳曼主义、反对禁酒令"的组织。在当时的美国,"日耳曼主义"的同义词就是"反美主义"。惠勒又移花接木,将"日耳曼主义"和"湿"合而为一,使之成为反对禁酒的同义词。

当得知参议院在听证会上听取他的明星证人古斯塔夫斯·奥林格(Gustavus Ohlinger)的证词时,惠勒就知道自己又取得了一次胜利。奥林格是托莱多市(Toledo)的一位律师,具有瑞典和德国血统。1915 年,他出版了一本名为《信仰与忠诚》(*Their True Faith And Allegiance*)的小册子,将第一代和第二代德裔美国人定性为"分裂先锋"(他吹嘘自己的家族已经在美国落地扎根 250 年了)。"奥林格在参议院的作证不到 20 分钟,整个参议院就炸锅了。"惠勒在给他的同僚珀利·贝克的信中如此说道。在贝克的眼中,"德国人吃起东西来狼吞虎咽,喝起酒来鲸吸牛饮"。可以想象,他读到惠勒的来信后会是多么激动。

从那一刻起,一系列的国会报告和行政命令持续不断地颁布,然后经由惠勒及其领导的 ASL 传播推广,一步步将啤酒商人送入万劫不复的深渊。仅在首次听证会上,参议院就发出了 700 张传票。听证会的结论认为,USBA 资助了 GAA 驻华盛顿办事处的花销,其对该联盟的资助是其年度预算中第三大项开支。啤酒酿造商控制了美国外文报纸协会后,不仅提供事先编造好的社论抨击禁酒令,而且还暗中支持 1915 年反对战争开支的社论宣传运动。后来,资助布里斯班收购《华盛顿时报》及赞助其他"湿派"报纸的金主名单被曝光,上面所列姓名像是一本慕尼黑市的电话号码簿。战争期间,安海斯-布希公司向阿道弗斯·布希的遗孀电汇了近 30 万美元现金。布希的遗孀和女儿威廉敏娜(Wilhelmina)一直住在位于德国境内的莉莉别墅,并在那里收治受伤的德国士兵。虽然布希家族所持的 100 万美元德国战争债券是在美国参战前购买的,但大众的怒火并没有缓和。参议院向啤酒公司发出传票,勒令他们交出所抵制的美国公司黑名单。随即,这份名单被外泄,各类报刊争相转发。与这份名单一同曝光的还有大量 USBA 的其他文件。这些文件与德国和战争毫不相干,但皆与啤酒大王们的长期堕落密切相关。

　　啤酒酿造商对战争所带来的威胁并非毫无察觉。早在 1914 年,安海斯–布希啤酒公司执行委员会就曾考虑从商标上移除德语名字。阿道弗斯的儿子兼继承人奥古斯特也开始在上衣驳领上佩戴一枚小小的美国国旗纽扣,并下令移除装饰在工厂墙壁上的德国英雄肖像。更重要的是,古斯塔夫·柏斯特的儿子亨利和其他许多啤酒家族的成员都纷纷加入美国海军陆战队。除了出人出力,啤酒酿造商还大掏腰包支持美国参加“一战”,其中布希家族捐款 50 万美元,密尔沃基的一群啤酒酿造商则购买了 200 万美元的自由债券。

　　虽然啤酒酿造商极力表现对美国的忠诚,但并没有收获什么积极反应。参议院的一系列听证会均将啤酒酿造商各种见不得人的操纵手段看作是对美国的公然不忠。纽瓦克啤酒酿造商克里斯蒂安·费根斯潘被传唤到参议院调查委员会面前时,只能支支吾吾地给出一个模糊且没有说服力的解释,以说明到底哪里出了问题。费根斯潘素以富有涵养、能力出众闻名,长期担任 USBA 主席一职,已经是啤酒行业能推举出的最佳代表了。然而 ASL 对与德国有关的一切都展开无差别攻击,费根斯潘也不幸倒在阵前。参议院要求费根斯潘解释,为何啤酒酿造商总是从事各种各样的阴谋诡计和不法行为。费根斯潘当着参议员们的面给出了一个荒谬,甚至可以说是无耻的解释。他说,啤酒酿造商聘请了珀西·安德烈亚担任首席公关,他"有一年催眠了我们的行业大会"——一场由美国最具权势啤酒酿造商参加的大会,然后得以窃取必要的领导权,实施他的秘密操纵计划。

费根斯潘的解释更像是承认失败,正好衬托了他们的强大对手珀利·贝克所发出的怒吼。贝克在 ASL 的一次会议上发出振聋发聩的质问:"根据敌人近期所暴露出的种种事实,如果没有一个组织强大、充满活力的禁酒运动组织来对抗这个于国不忠但又资金充足的邪恶组织,美国必然会被德国同化。现在可还有人怀疑这一点? 真到那时,美国就更不可能置身于战争之外了。"

1918 年 1 月 8 日,密西西比州参议院 33 名议员和众议院 96 名议员齐聚杰克逊,投票表决美国宪法第十八修正案。投票省略了辩论环节,前后只花了 15 分钟就结束了。参议院以 28:5 通过,众议院以 93:3通过。相对于同样限制个人行为的第十三修正案,密西西比州更赞同这次表决的修正案。第十三修正案的主要内容是废除奴隶制,而且同样适用于个人行为。密西西比州一直抵制第十三修正案,直到 1995 年方才正式批准。①

在很短的时间内,投票批准宪法修正案的州数量加速增长。得益于反德情绪高涨以及人口地理因素,快速扩张的城市人口(通常属于"湿派")对修正案的影响被中和了许多。里奇蒙·霍布森在 4 年前的

---

① 该修正案于 1864 年 4 月 8 日在联邦参议院以 2/3 多数通过,再于 1865 年 1 月 31 日在联邦众议院通过,1865 年 12 月 6 日获得宪法第五条所规定的 3/4 多数州批准生效。1865 年 12 月 18 日,国务卿威廉·苏厄德正式宣布修正案通过,成为南北战争结束后通过的三条重建修正案的第一条。

一份策略报告中就曾断言,由于大城市主要集中在相对较少的几个州,所以要获得 3/4(36 个)州立法机关批准的目标看似艰巨,但实际上会比在国会赢得 2/3 绝对多数容易得多。哪怕划去 12 个城市化程度最高的州——如康涅狄格州、新泽西州、宾夕法尼亚州等,修正案仍能获得批准。

即使乐观如霍布森也无法想象,修正案的批准工作会推动得如此顺利——"就好像一艘船航行在无风的海面上,被某种无形的力量推动着飞速前行"。《纽约论坛报》如此评论道。如果该报的编辑真的深入观察,他们就会意识到,所谓"无形的力量"其实就是"显而易见"的力量——各州立法机关席位分配普遍不公。44 年后,在联邦最高法院首席大法官厄尔·沃伦(Earl Warren)所称的"我任期内审理的最重要案件"①中,最高法院确认立法机关席位必须按照一人一票原则分配。但在 1918 年,以及禁酒修正案批准过程中,立法机关席位分配是被操纵的。ASL 将啤酒酿造商妖魔化为德皇威廉二世的仆人,弱化了各地残余的反对力量,也掩盖了各州议会的组成方式。

导致立法机关议席分配不公的原因有很多。从内部因素看,主要来自州宪法的特别规定、州内人口日益减少的乡村地区与人口快速膨胀的城市区域的冲突、当权者永不愿将手中权力拱手相让等。但从禁酒令的角度看,原因只有一个:民主的扭曲造福了禁酒事业。例如,在纽约州,立法机关席的设置极度扭曲,一个城市地区议员所代表的人数是农村地区议员的 7 倍。换句话说,一位来自纽约州北部普雷斯顿

---

①　即贝克诉卡尔案(*Baker v. Carr*)、雷诺兹诉西姆斯案(*Reynolds v. Sims*)等一系列重划选区判决。

霍洛的农民(很可能是土生土长、支持禁酒的共和党人),其选票相当于七位曼哈顿地狱厨房①地区的反禁酒爱尔兰裔民主党人的选票。在新泽西,州参议院的每个席位代表一个县,与各县人口无关。五月角县(Cape May County)的议员服务了 19 640 名居民,而他来自埃塞克斯县(Essex County)的同僚则代表了 652089 名居民。* 马里兰州的议会一直被该州农民与渔民群体所把控,他们合作串通,自 1867 年以来就阻绝任何重新分配议席的提议。在此后的几十年中,外来移民居多的巴尔的摩市人口已经增长了 175%,该州其他地区的人口仅增长了 46%,但州议会的席位并未有任何变化。截至 1918 年,由于选区与议席牢牢固化,马里兰州的民主制度已经被囚禁了半个世纪之久。

1918—1919 年初,宪法修正案在各州的批准呈现加速竞赛趋势,全国范围内"湿派"人口占优势的地方基本被腐败的立法机关排除在外。密苏里州选民在选举新一届州议会的同一天还举行了公投表决,以 47∶53 的干湿比例拒绝在州宪法内增加禁酒修正案。但仅仅 2 个月后,新一届州议会就以 75∶25 的比例批准了第十八修正案。俄亥俄州是 ASL 的神圣摇篮。基于该州的选区划分,以及全州范围内孜孜不倦的政治动员,该州参众两院议会联合投票,以 105∶42 的比例表决通过了宪法修正案。然而,俄亥俄州选民却发起公投,推翻了州议会的表决结果。

---

① 地狱厨房(Hell's Kitchen)如今名为克林顿(Clinton),是美国纽约市曼哈顿岛西岸的一个地区,早年是曼哈顿岛上一个著名的贫民窟。

* 新泽西州是议席分配不公的典型代表。在州议会当时的席位分布下,禁酒修正案能够通过参议院的批准,但肯定会在按人口比例选举产生的众议院被否决。直到 1922 年新泽西州众议院改选,该州方才批准禁酒修正案,而此时禁酒令已经在全国生效 2 年了。

　　选民的否决并没有实质意义。正如霍布森所言:"一旦被批准,就永远被批准。"根据宪法第五条的规定,无论乡村地区人民的统治如何扭曲畸形,立法机关都有权将禁酒令写入宪法。不仅如此,政府对禁酒令的执行速度犹如自我繁殖的传染病毒,根本不受公民投票或州长否决的影响。除康涅狄格(有67%的人口为天主教徒)和罗德岛(天主教徒占人口的76%)两个州明确否决了禁酒修正案外,有超过80%的州立法机关投票支持禁酒。一般而言,乡村人口占比越多,支持禁酒的比例就越高。有6个州的立法机关全票批准了宪法修正案,它们分别是:爱达荷州、堪萨斯州、南达科他州、犹他州、怀俄明州和华盛顿州。在上述6个州中,只有华盛顿州拥有著名的城市,但也算不上以城市为主。

　　1919年1月16日,内布拉斯加州众议院以98∶0全票通过了禁酒令修正案(3天前,参议院的32名议员中只有1名在表决中投了反对票)。自此,第十八修正案被正式写入美国宪法。自提交之日起,36个州立法机关共只用了394天时间就走完了禁酒修正案的批准流程,不到美国建国早期14个州中的11个州批准《权利法案》所用时间的一半。

　　第十八修正案第一款——"自本修正案批准期满一年之后……"——意味着1919年1月17日的美国生活与1月15日并无二致,但这并不能阻止人们对即将到来的禁酒时代作出自己的反应。亨利·门肯卖掉了1915年产的斯图贝克汽车,并且告诉他的朋友欧内斯特·博伊德(Ernest Boyd),他"把卖车钱投资囤积了一批酒"。威廉·詹宁斯·布莱恩大功告成,整日以阅读贺电打发时间。密苏里州的一名女子收到了未婚夫的来信,她的未婚夫是第129野战炮兵团的一名陆军上尉军官，目前仍在法国东北部凡尔登附近作战。34 岁的哈里·杜鲁门（Harry S. Truman）在给未婚妻贝丝·华莱士（Bess Wallace）的信中写道："依我之见，在我们这个能够发行自由公债和绿色购物券的国家，私酒行业将会是不错的生意，我有些兄弟准备抄底干上一票。如果来不及，我们也要尽可能囤上一批货，为将来激增的社会消费需求做好准备。"

杜鲁门不可能是认真的，至少不是非常认真的，但他的想法有一定道理。那些此前已经投票实现禁酒的州的实践表明，人们的投票选择与饮酒习惯之间存在着巨大的"液体鸿沟"。1916 年，华盛顿州禁止在州内销售酒精饮料，但允许个人在获得许可的情况下从外州进口。仅仅在斯波坎县（Spokane）一地，政府就发放了 3.4 万张许可证，但该县仅有 4.4 万名登记选民。自 1880 年以来，堪萨斯州官方一直维持禁酒态势，但在贪腐受贿（或曰"宽大仁慈"）的政客的保护下，州内仍有大量酒馆继续营业，一如他们当时为凯莉·内森的崛起提供的支持。

就在禁酒令被写入宪法的当月，面对新修正案带来的禁酒沙漠，许多人没过几天就干渴难耐了。与此同时，国会为落实第十八修正案的 112 个单词未能涉及的细节问题，准备制定详细的立法作为补充，内容将涵盖执法程序、处罚措施、执法预算、例外情况及其他数百项必要细节。1918 年，密歇根州在州内实现全面禁酒（1916 年通过的全州公投直至此时方才生效）。从此以后，在该州买酒属于非法行为。美国第 25 号高速公路正好连接了干的底特律与湿的托莱多（Toledo），对私酒贩子来说便捷至极，他们亲切地称之为"私酒大道"。1919 年 2 月，法院在一份判决中裁定，在该州境内 60 公里长的路段内运输酒精暂时合法。《底特律新闻报》（Detroit News）称，这条公路上有"两股川流不息的车流""从托莱多满载酒水的车辆驶向底特律,这些车辆严重超载,以至于后挡泥板几乎要刮破轮胎"。而朝南前往托莱多的车辆全是空载,准备到达后装上新的货物。该报指出,"经过周三晚上的疯狂抢购之后,高速公路上到处都是被撞坏的汽车"。

　　根据新闻报道,底特律市当时热浪滚滚,成千上万没有汽车的市民涌入开往托莱多的城际电车,携带着廉价肮脏的手提包、纸包、油罐子、包装袋和箱子等一切能够装酒的工具冲到俄亥俄州,然后拖着大包小包满载而归。托莱多车站此时也是人满为患,挤不上车的乘客"肩负重担,沿着铁轨跋涉3英里到达市区时,却发现进站的汽车里也挤满了刚刚到达的人"。密歇根州长申请了法庭禁令,命令全副武装的国民警卫队和联邦探员在高速公路上设岗警戒(位于密歇根州的禁酒边境小镇)。见此阵势,无辜的司机把车辆驶离高速公路后方能安下心来,避免了被走私烈酒的大军挤得掉下沟渠或踩在脚下的悲惨遭遇。*

　　密歇根州的实践经验表明,只有天真幼稚到无可救药的人才会相信,私酒生意、走私勾当及他任何形式的非法酒精贸易会在禁酒令的灿烂阳光下消失。真正打算抄底的人不会将想法写在信中,成为今日人们在学术档案中能够窥探的材料,但他们显然意识到了摆在面前的罕

---

　　* 底特律早期私酒贩子中最出名的当属来自俄克拉荷马州的比林斯利(Billingsley)兄弟。密歇根州实现全州禁酒后不久,这个犯罪家族就开始在当地开展私酒业务。比林斯利兄弟中最年轻的谢尔曼(Sherman)曾在堪萨斯州的利文沃斯联邦监狱服刑15个月,出狱后到纽约开了一家豪华地下酒吧——鹳鸟俱乐部。
　　在此次托莱多走私狂欢中被捕的一位走私嫌疑人名叫山姆·博伊斯基(Sam Boesky),是一家熟食店老板。他的儿子伊万(Ivan)在20世纪80年代被认定犯有内幕交易罪,成为同时代最臭名昭著的股票市场操纵者。伊万用于操纵股票的公司名叫"法恩斯沃斯–黑斯廷斯有限公司"(Farnsworth & Hastings Ltd.),名字源于其父山姆在底特律东区犹太人居住区经营的熟食店地址——法恩沃斯街和黑斯廷斯街路口转角处。

见机遇。早在最初关于霍布森修正案的辩论中,来自肯塔基州的共和党众议员詹姆斯·坎贝尔·坎特里尔(James Campbell Cantrill)就曾表示,禁酒修正案实际上是"一项将生产无税致醉酒类饮料行为合法化的决议",是一项合法经营的烈酒与啤酒酿造商从未享受过的特权。对于那些愿意冒险从事非法活动的人而言,无需缴纳州税和联邦税就能卖酒是一种极具吸引力的商业模式。因禁酒而大幅提高的利润率足以覆盖大量与违法行为相关的成本,如贿赂警察、法官、政客及任何执法相关人员。在卸任总统至被任命为最高法院首席大法官这段时间,威廉·霍华德·塔夫脱曾在耶鲁大学担任法学教授,他当时断言:"生产酒精、烈酒、啤酒的业务将会从社区守法居民的手中消失,转化成为一种'准刑事犯罪'类别的行为。"后来发生的事实证明,他的预言极其精准,唯一用错的单词就是那个"准"字。

而为了阻止塔夫脱的预言变成现实,精于立法技艺的安德鲁·约翰·沃尔斯泰德应召而出,他的名字也自此永远与禁酒令镌刻在一起,犹如瓦格纳歌剧中一段特别黑暗、沉闷的主乐调。在韦伯斯特出版社1996年出版的未删节版《第三版新国际词典》(*Third New International Dictionary*)中,"沃尔斯泰德主义"(Volsteadism)仍被定义为"坚持禁酒原则"。相对而言,沃尔斯泰德主义一词比他本人更加深入人心。

沃尔斯泰德也许并不介意,他也不想刻意吸引外界的关注。人们注意到他,是因为他发起了落实第十八修正案的相关法律。沃尔斯泰德出生于1859年,原名安德里亚斯·约瑟夫·弗拉尔斯塔德(Andreas Joseph Vraalstad),是一位挪威移民的儿子,肤色和家乡明尼苏达州花岗岩瀑布市(Granite Falls)每年被大雪覆盖时一样明亮。他的生活犹如隐居的僧侣,不希望有聚光灯的照耀。有记者曾写道:"他在与报社记者打交道时,几乎没什么下属帮忙。"沃尔斯泰德本人对此并不否认,他的确讨厌媒体对他的关注。有一次为了不被记者拍照,他从白宫的草坪的一边跑到了另一边。闲暇之余,沃尔斯泰德会口嚼着烟叶,小酌一杯自酿野樱葡萄酒,但这或许已是他生活中做的"最出格"的事情了。即使是在家乡花岗岩瀑布市的原木别墅花园中照料牡丹花时,他也坚持打着领带。

1903 年,在担任了 14 年的黄药县检察官后,沃尔斯泰德进入国会任职,与共和党内进步主义人士以及支持女性参政权和所得税的力量站在一起。在众议院任职 16 年后,沃尔斯泰德出任司法委员会主席,肩负起制定《全国禁酒法》(*National Prohibition Act*)①的历史使命,以将第十八修正案的原则性表述转化为具体可执行的法律条款。沃尔斯泰德的一大特征就是胡子又密又长,像扫帚一样一直覆盖到下唇,这让他成为国会中最容易辨识的面孔之一。由于他肩负重任,历史以及他在华盛顿的"湿派"同僚们都从他的眼睛中读到了非同寻常的内涵。来自密苏里州的詹姆斯·亚历山大·里德(James Alexander Reed)是参议院中最为雄辩、最为激进、最爱骂人、最为反对禁酒之人,他曾经说道:"我曾经凝视过历史上诸多关于阴谋分子的图片,包括狂热东征的十字军、执火焚烧女巫的神棍、高举迫害火炬的刽子手等,然而在这位来自花岗岩瀑布市的众议员先生身上,我看到了所有阴谋者的影子重叠在一起。"当然,里德还说,沃尔斯泰德在国外出生,"讲着一口糟糕的

①　根据美国立法传统,该法通过后又被称为《沃尔斯泰德法》。

英语"。看到这里或许就能理解,里德对沃尔斯泰德其实一无所知。①

沃尔斯泰德的确属于"干派",但他并非极端鼓吹禁酒之人。他未曾就禁酒话题发表过演讲,也从未加入过 ASL,禁酒党甚至曾两次推举候选人同他竞争议员席位。沃尔斯泰德非常明白"这场过去几年来把全美国掀得天翻地覆的社会运动"的深远影响,也坚信法治的理念。宪法已经转向反对酒精,就要有人肩负起落实宪法的责任。1919 年 3 月,第 66 届国会正式召开,沃尔斯泰德勇敢地挑起历史重任,尽其所能落实神圣宪法所表达的法律原则。

将《沃尔斯泰德法》从讨论的立法草案转化为正式法律的过程,汇集了华盛顿禁酒运动的所有特征:狂热的"真'干派'"、狡猾的"假'干派'"、态度不一的"湿派",以及深谋远虑的韦恩·惠勒。此次立法的内容犹如语义上的踢踏舞,为一个意义直白的单词注入了将影响成千上万人生活的含义,而且还顺应并借助了政坛中的尔虞我诈。关于这一点,精明的惠勒将来也会为之后悔不已。

《沃尔斯泰德法》共有 67 条,其内容不仅展示了法律规制的广度,也揭示了涉入其中的各方党派的势力分布。最终的法案内容无所不包,如:"致醉"的定义(最关键的条款);去除酒精的啤酒是否能被认定为啤酒或"类啤酒"(不能);如果一艘外国船舶碰巧携带了几瓶给船员喝的朗姆酒,是否可以通过巴拿马运河(可以如此,但前提是船舶从一个国家出发驶向另一个国家,仅在航行中途经过美国所辖地域,且全程不会在美国港口靠岸停留)等。与法案有关的利益团体包括:担心禁

---

① 沃尔斯泰德出生于明尼苏达州肯扬县,里德连他的出生地都弄错了,所以他是个满嘴"跑火车"的人。

止圣餐酒的拉比协会、农业管理局、美国护发素生产商、香精生产商、工业燃料和男帽生产商等。当然,最重要的还是 ASL。

　　长期以来,公众一直认为这一法案的实际作者是惠勒。究其原因,部分是因为他的忠诚追随者想借此法案继续拔高他的声誉,部分也是基于历史,人们很难想象他在法案制定过程中没有扮演指挥角色。事实上,惠勒确实借鉴了一些州现有的禁酒法律条款,设计出了具体落实禁酒令的法案草稿,并将之提交给沃尔斯泰德和参议院的一些支持者。但沃尔斯泰德认为,惠勒版本的草案"过于松散",很容易被法院挑刺。尽管惠勒在众议院司法委员会往来穿梭的时间和委员会的许多成员一样多,但他从未对外宣称自己是该法案的唯一作者。几年之后,满怀敌意的"湿派"人士在参议院的一次听证会上质问他,是否在国会审议通过该法案时参与了对条文的多处修订。惠勒平静地回答道:"只有部分条款而已。"

　　惠勒最关心的是罗列犯罪行为和定义"致醉酒类"的两部分内容,任何禁止饮酒或购买酒水的规定都被小心地排除在刑事犯罪之外。熟谙斗争策略的禁酒人士明白,如果不对买卖双方以区别化对待,没有那个买家会指证私酒卖家。惠勒及其盟友们在第十八修正案中加入的模糊表述——致醉酒类(而非"酒精饮料")——在此次立法中有了符合他们所期望的定义。在制定修正案时有意识地采取淡化回避策略,使得持观望态度的、避免冲突的,以及一些一厢情愿的人能够支持批准修正案,他们期望最终的法律定义能为一些较为中性的酒精使用需求留下必要的存在空间。赫伯特·胡佛因在战争期间领导食品管理局时政绩斐然,成了家喻户晓的国家英雄,他就认为一个人喝酒精含量为2.75%的啤酒是不可能喝醉的。

禁酒人士此时只需要爬过一座低矮的山头即可。为了通过《沃尔斯泰德法》，他们只需要国会参众两院的相对多数，而不是两院的 2/3加上 3/4 的各州立法机关通过的绝对多数，所以在推动第十八修正案过程中刻意使用"致醉酒类"取代"酒精饮料"的那种谨慎态度现在完全可以抛诸脑后了。惠勒认为，第十八修正案文本中若是使用后者，那就连国会的大门都迈不出。现在，修正案已经成为宪法的一部分，他终于可以挥起巨锤，砸向令人咋舌的"致醉"一词的定义——任何酒精含量超过 0.5% 的可摄取饮料。这一定义涵盖了酒精度数最低的葡萄酒和稀释啤酒。如果较真的话，一些自然发酵食品中的酒精含量也会超标，例如酸白菜（酒精含量 0.8%）、德国巧克力蛋糕（酒精含量0.62%）。众议院司法委员会的一份报告指出："支持禁酒修正案的人们都没想到，'致醉酒类'一词竟然会衍生出新的问题。"其实恰恰相反，惠勒及其盟友们在第十八修正案中使用这种表述，就是想利用它的语义不明。而对于"酒类"的定义则没有什么大的争议，至少对俄亥俄州众议员尼古拉斯·郎沃斯（Nicholas Longworth）来说是如此。郎沃斯后来曾担任众议院议长，他对禁酒令没有丝毫好感，他曾经说过："任何能和酒鬼一起喝的都算是酒。"

除了坚持对"致醉酒类"的严格定义（这是第十八修正案的支点）之外，惠勒出人意料地同意在《沃尔斯泰德法》的其他方面作出了妥协，并考虑了一些特殊的例外情况，使得整个法案显得不那么绝对化。在赢得了这场规模宏大的战争之后，抓俘虏并不是他首要考虑的议题。惠勒并不期望能够通过包容犹太教徒和天主教徒的宗教习俗而赢得他们对法案的支持，因为他们此前几乎一致反对禁酒。尽管如此，犹太教正统派拉比代表团还是呼吁沃尔斯泰德允许他们的教众能够继续饮用圣餐葡萄酒,天主教也是如此。许多极端强硬的"干派"分子甚至想剥夺医生开酒精处方的权利,但这也不值一争。没有人对继续生产工业酒精的必要性提出质疑,因为工业酒精用途广泛,且在部分领域十分关键。有关工业酒精的授权条款宽松一些也并无大碍,反正以后还可以修订加强。作为对那些已经投入大量资金建造个人酒窖的人(包括许多支持禁酒的参众两院议员)的感谢,惠勒同意法案允许个人继续拥有在第十八修正案生效之前购买的酒水,并可以在自己家中享用。

　　惠勒如此热心周到,他甚至允许"致醉"的定义有一个特殊的例外。然而,如此操作并非是因为他在胜利之后突然变得放纵,而是因为他实际上别无选择。美国广大农村人口及其选出的代表是发动并支持禁酒运动的中坚力量,忽视了他们的利益会导致任何落实禁酒修正案的执行法案夭折。因此,《沃尔斯泰德法》第二十九条特别豁免了苹果汁(以及其他"果汁"),这些果汁饮料在自然发酵的过程中会产生少量酒精成分。根据法案的规定,苹果汁本身不受0.5%的酒精含量条款约束,但取决于是否"实际上致醉"。来自南达科他州的参议员托马斯·斯特林(Thomas Sterling)是一名坚定的"干派"人士,一直以乡村地区利益的代表人自居。斯特林表示,这一规定"让陪审团可以在任何特定案件中做出裁决"。如惠勒和沃尔斯泰德期望的,法案完全允许家庭生产发酵苹果汁(烈性苹果酒),法院后来在司法审判中也对此表示支持。如此一来,没有哪个农夫会拒绝家门口装满苹果汁的木桶,也不会拒绝藏在田野角落里的罐子,更不会拒绝乡村寒冷冬夜所需的舒适与温暖。当然,也有人提出不同意见,如来自肯塔基州的坚定禁酒分子阿尔本·巴克利就反对这种遮遮掩掩的表述方式。他指出,如果将苹果汁转变成更烈性的东西是合法的,那么"为什么玉米汁就不能合法呢？"

　　数年之后，为了回应巴克利对于法案偏离了禁酒事业理想的质疑，惠勒给出了自己的解释，或曰托辞——此项例外是为了"让美国农民和家庭主妇能够方便地保存他们的水果"。

　　《沃尔斯泰德法》没有为任何被控违反禁酒法律的人提供陪审团以外的司法程序，此举导致联邦法院系统陷入了持续 14 年之久的轻微犯罪案件泛滥之苦。受雇执行禁酒法律的联邦探员队伍未被列入政府公务员体系，因为安德鲁·沃尔斯泰德等人担心公务员保护制度会导致"政府办公室里满是喝得醉醺醺的人，想甩都甩不掉"。为了执行这项激进且影响深远的新法律，联邦政府最初拨付的财政资金仅有 210 万美元，金额之低甚至都不够买下几个月后圣路易斯皮毛拍卖会上一天拍出的麝鼠皮。如此种种，禁酒法能发挥出预想中的效果吗？

　　实际当然不能。待到《沃尔斯泰德法》成为法律之时，"干派"阵营已经为自己所取得的政治统治地位感到目眩神迷，他们自信已经掌握足够的权力来纠正任何错误与疏漏，深信自己所从事的伟大事业经过漫长征程已经被神圣化，变成一场伟大的人民运动，其荣耀可与美国历史上任何一场人民运动相比肩。有这种想法的不只是"干派"人士。当敌人将禁酒运动的成功归因于政治操纵及欺诈时，他们找到了自己强有力的捍卫者。哈佛大学法学院的费利克斯·法兰克福特（Felix Frankfurter）认为："同以往任何一次宪法修正案一样，禁酒令是经过谨慎考虑后才被写入宪法的。"他还补充说，禁酒令是"50 余年来社会各界持续努力的结果"。那些组织起来反对禁酒令的人——主要是啤酒酿造商——实际上比那些最坏的"干派"人士还要奸诈。"压力团体

(Pressure Groups)是我们最古老的政治遗产。"韦恩·惠勒表示，"他们是一群贵族的直系后裔，他们在兰尼米德(Runnymede)与国王约翰(King John)谈判，然后起草了《大宪章》(*Magna Carta*)"。其实正是惠勒本人创造了"压力团体"一词，所以他在这方面拥有无人能及的丰富经验。

《旧金山批发与零售商评论》(*San Francisco Wholesalers' And Retailers' Review*)指出，面对禁酒令的到来，"湿派"人士表现得毫无组织性，犹如一盘散沙，大祸临头了还不相信自己行业竟然沦落到如此境地，完全"陷入一种愚昧的麻木状态"。由于情势所迫，他们不得不调整应战。实业家亨利·克莱·弗里克(Henry Clay Frick)虽然没有雇佣喝酒的工人，但他拥有老奥弗霍尔特黑麦威士忌酒厂 1/3 的股权。弗里克意识到，他必须在尚不违法时将老奥弗霍尔特酒厂的库存分给自己的老朋友们，曾投票支持第十八修正案的宾夕法尼亚州参议员斐兰德·C. 诺克斯(Philander C. Knox)就收到了弗里克发来的 20 箱酒。在圣路易斯，布希家族加快了一种名为"Bevo"的无酒精"谷物饮料"的生产进度。到了 1919 年，各州内部法律及各种战时管制法规已经将致醉酒类的销量削减了 80%。在纽约，海军助理部长富兰克林·德拉诺·罗斯福安排人手，将四箱"旧物什"送到他位于东 65 街的别墅大屋。罗斯福对朋友说："这些旧物什至少目前是在'湿'名单上挂了号的。"

相比"干派"人士的热烈庆祝和"湿派"人士的无奈调整，更有意义的或许是那些几十年来从未被禁酒争议所波及地区人们的活跃迹象。33 岁的哈里·布隆夫曼(Harry Bronfman)在加拿大萨斯喀彻温省(Saskatchewan)约克顿市(Yorkton)经营着一家铁路旅馆，最近在邻近的前街 29 号一栋摇摇欲坠的仓储大楼里新开设了一家公司——加拿大纯药物公司(Canada Pure Drug Company)。1919 年的圣诞节,距离向南 160 英里之地的伟大禁酒日的到来只有 22 天了。哈里和弟弟萨姆(Sam)准备大干一场,要在此之前把"药物公司"的货架装满,备足存货。此时,在前街对面的加拿大太平洋铁路公司(Canadian Pacific Railway)的货运大棚里,五辆满载苏格兰威士忌的卡车正在等待卸货。

安德鲁·沃尔斯泰德是一位现实主义者。1921 年,他对众议院同僚约翰·南斯·加纳(John Nance Garner)表示:"尽管我们将逐步制定出一整套完整的法律机制,在各州的紧密配合下将我们的国家变干,但我们不可能确保这项法律机制能够得到有效执行,且不会被违反。要知道,所有的法律都会被违反。"

要是沃尔斯泰德早明白这一点就好了。在接下来的十余年里,历经 80 年游行、祈祷、政治施压、政治交易和立法完善的成果将迎接一系列社会现实的审判,其中包括虚伪背信、贪婪狡诈、杀人放火、官员腐败及人类无法改变的欲望冲动。正如 20 世纪 20 年代的一种说法所总结的:"干派"阵营收获了法律,"湿派"阵营也将得到他们的酒精。

第二部分
洪水滔天

"干派"人士激动地说,酒的问题已如奴隶制一样死气沉沉;"湿派"人士不屑地说,他们到哪儿都能买到酒。他们各说各有理,你也可以认为双方都获得了满足。

——玛乔丽·斯通曼·道格拉斯
《迈阿密先驱报》,1920 年 10 月 7 日

第八章

起跑线上

1920 年 1 月 16 日,星期五,华盛顿第一公理会大教堂。此时此刻,教堂内摩肩接踵,众多社会名流坐在嘈杂的人群前面,似乎已经控制不住现场的狂热——那种信徒在弗吉尼亚州诺福克的礼拜堂中向比利·森迪欢呼致敬的狂热。当时,比利·森迪站向会众们大声高呼:"地狱,将永远空荡荡!"安德鲁·沃尔斯泰德下垂的胡须、詹姆斯·坎农老派的高扣皮鞋,以及韦恩·惠勒与小镇银行出纳员惊人相似的长相,都是政治漫画家们信手拈来的创作素材,只是不会用于庆功大会。约瑟夫·丹尼尔斯,这位令整个海军舰队实现禁酒的海军部长也出席了此次活动。此外,当天出席的名人还有 ASL 创始人霍华德·拉塞尔和 WCTU 负责人安娜·戈登。WCTU 不久后将发起一场"保护女工"的运动,戈登与同僚们喊出的"同工同酬"(Equal Pay For Equal Work)口号,在此后几十年中长鸣不绝。

WCTU 只有寄希望于下一场战役了,因为属于它的上一场战役已经彻底地终结了,不会再有反复。丹尼尔斯部长对现场人群说道,"无人可在有生之年"看到《沃尔斯泰德法》被修改。其他与会的知名人士也都认同丹尼尔斯的判断。晚上 11 点 15 分左右，经过几个小时的演讲预热，一位新演讲嘉宾登上讲台，其高大的身影将已发言演讲嘉宾的光芒全部遮蔽了。在威廉·詹宁斯·布莱恩漫长的公共政治生涯中，再也没有比今晚更伟大的胜利了。他将美国从致命酒精的魔掌中解放了出来，一举抹去了三次竞选总统失败所留下的痛苦。在当周早些时候，布莱恩还在内布拉斯加州发表了一系列演讲，仅周一一天就举行了 10 场。即使如此，他仍然有精力赶回 1200 英里之外的华盛顿，道远路长也无法阻止他参加此次庆祝活动。就在这个城市、这座教堂中，伟大的弗雷德里克·道格拉斯（Frederick Douglass）①也曾作为会众参加布道。今日此地，午夜时分，人们将隆重纪念另一种"奴隶制"的终结。

人们等了 3 个小时才听到布莱恩的演讲。对于某些人而言，他们已经等了几十年了。长时间的等待或许分散了现场人群的注意力，也冲淡了他们的热情。但布莱恩甫一登台，就用他那滔滔不绝的演讲重燃了大家心中的激情。他那巨大光秃的脑袋不停地冒着汗，饱满的元音像喇叭一样洪亮，回荡在整个房间。午夜的钟声即将敲响，他停了下来，好让教众们起立高唱颂歌。当他们再次就座时，布莱恩集聚一生的勇气，做了一个非常燃情的总结。他援引《马太福音》的故事，把买卖酒水的商人比作想要杀死圣婴耶稣的恶人。"那些想要扼杀圣婴生命的人统统都死了！"布莱恩高声喊道。他提高了嗓门，继续喊道："他们

---

①　弗雷德里克·道格拉斯（1818—1895），美国著名黑人革命家、政治家、演说家、作家。在马里兰州从奴隶生活中逃脱后，他成为废奴运动与社会改革运动的领袖，毕生为争取黑人权益奔走呼号。在他所处的时代，人们以其为榜样，反驳"奴隶智力有残障，无法成为美国公民"的说法。当时的北方人（反奴隶阵营）几乎不敢相信，这样一位伟大的演说家竟曾经是一位奴隶。此外，弗雷德里克·道格拉斯亦是第一位在美国政府担任美国外交使节的黑人。

都死了！"然后再次高举双臂,两眼炯炯有神,像个狂喜的圣徒,似乎要将声音穿越云霄——"他们都死了！"

当然,酒精行业并没有死亡,只是以一种非法的、地下的、几乎不无处不在的面貌,伴随着禁酒乌托邦的诞生而重新出现在人们生活之中。就在疯狂喜悦感染第一公理会大教堂每一名会众的 2 个小时之后,国税局探员就在遥远的伊利诺伊州皮奥瑞亚市(Peoria)截获了两卡车正要被运走的威士忌。生产该酒的酒厂管理层人士向联邦探员表示这些酒是被偷窃的。这是禁酒法生效后第一起抓捕私酒犯罪的执法记录——将来成千上万案件中的第一起。

尽管如此,许多美国人还是对禁酒令表示了应有的尊重——他们开始减少饮酒。相当一部分人要么觉得有义务认真对待宪法的限制性规定,要么认为《沃尔斯泰德法》设置的法律制裁措施令人畏惧。1920年,与酒精相关的死亡人数迅速下降,因在公共场合酗酒被捕的人数也有所下降。一般来说,越是靠近中西部地区,特别是北欧裔新教徒聚集的城镇中,饮酒人数下降得越明显。社会学家海伦和罗伯特·林德夫妇(Helen And Robert Lynd)的研究报告指出,在印第安纳州芒西市[实际上是米德尔敦市(Middletown)],原本平均每 140 个成年人就拥有一个酒馆。由于社会贤达带头戒酒,为社区居民树立了榜样,整个地区的饮酒量下降不少。沿海大城市的情形与乡村地区差不多,依赖酒精生意的酒店和餐厅纷纷关门歇业。在纽约,第五大道上的霍兰德之家首先投降,这家店的招牌饮品——竹子鸡尾酒(混合了雪莉酒、干苦艾酒和橙汁苦味酒)——也一去不复返了。

越来越多的迹象显示,美国社会正在逐渐变干:韦尔奇葡萄汁公司创下了新的销售纪录;犯罪活动的减少,导致密歇根州大急流城(Grand Rapids)关闭了劳改农场,芝加哥市也关闭了一座监狱。"我们都对社会混乱现象的显著改善感到兴奋不已。"简·亚当斯回忆道,"社区街头骚乱大幅减少,经常导致母亲和小孩大半夜被醉酒父亲赶出家门的家庭暴力事件也明显降低"。词曲作家阿尔伯特·冯·蒂尔泽(Albert Von Tilzer)曾在1908年创作了著名歌曲《带我出去看球赛》(*Take Me Out To The Ball Game*)。如今他又创作了一首新的歌曲,名为《直至禁酒,不知妻贤》(*I Never Knew I Had A Wonderful Wife Until The Town Went Dry*)。

1月17日,ASL在其官方出版物《美国议题》发表的封面文章中用大幅标题作出如下预言——"禁酒宪法修正案业已生效,星条旗上的酒渍都会被擦掉"。历史证明,这则预言严重夸大了现实。事实上,根据权威学者的估计,即使在最乐观的推断下,第十八修正案出台后10年里,酒精消费量也就仅仅下降了3成而已。

到了20世纪20年代末,禁酒令大厦已经走向瓦解。卫理公会戒酒、禁酒与公共道德委员会的公关专家迪茨·皮克特(Deets Pickett)回忆起禁酒令时代初期时感叹道:"我们学会了喝牛奶,比之前任何时候喝得都多。我们的餐桌上摆满了新鲜的蔬菜和水果……年轻人也变得更高大、更健康、更有活力。"

在那些担心禁酒令到来的群体中,传奇品酒大师A. R. 莫罗(A. R. Morrow)也算一位。但除了觉得立法条文比较模糊令人不快,以及破坏了原有生活方式之外,莫罗也没觉得有太大影响。他有着无比精致的味觉、敏锐的嗅觉,比任何在世之人都更加了解加州葡萄酒。为了保护自己的感官敏锐度,莫罗拒绝食用任何重口味食物,也从不抽烟。即使是在品酒时,他也从不把自己品尝过的葡萄酒咽下去,担心哪怕些许醉意也会导致自己的味觉变得迟钝。当禁酒令到来时,莫罗觉得自己的生活将发生根本性变化。确信自己的职业生涯已经结束后,他抛弃了以往所有的谨慎,第一次喝下了一口酒。

　　莫罗被震惊了！不是因为喝酒导致的后果,而是喝酒之后竟然没有什么后果——他的味蕾依然敏锐如故。同其他成千上万的人一样,莫罗相信葡萄的奇迹、啤酒花的奇迹,以及还没尝过的玉米或黑麦中的奇迹。过了一段时间之后,人们发现那个可怕的日子给生活带来的影响远比他们所担心的要小。不管总体上有多少人减少了饮酒,那些真正想喝酒的人从一开始就找到了继续喝酒的法子。像凤凰城(Phoenix)的巴伦·M. 戈德华特(Baron M. Goldwater)就把他最心仪酒吧的吧台、酒水柜和黄铜踏杆统统都买下,然后把它们运到了自家地下室重新组装。他的儿子巴里(Barry)①在禁酒令生效时年仅 10 岁,也很快就学会了在父亲的地下室自酿啤酒。另一位未来美国参议员的父亲——约瑟夫·P. 肯尼迪(Joseph P. Kennedy)——把自己在父亲经营的东波士顿酿酒公司的大部分股权都卖给了朋友和商业伙伴,然后在位于布鲁克林的家中收藏了价值几千美元的葡萄酒。

　　根据《沃尔斯泰德法》的规定,约瑟夫·肯尼迪存放在地下室的酒都是合法的。与肯尼迪一样,该条款下的大多数受益者都是权贵人士,

---

　　①　巴里·莫里斯·戈德华特(1909—1998),美国政治家,共和党人,于 1953—1965 年、1969—1987 年代表亚利桑那州任参议员,是 1964 年共和党总统候选人。戈德华特曾任美国空军预备部队的少将,后从政。身为政治家,他被视为是 20 世纪 60 年代美国保守主义运动复苏的主要精神领袖,常被誉为美国的"保守派先生"。

他们有钱为自己储藏很多年都喝不完的酒,也有足够大的住宅用来存放。有产阶级(和嗜酒阶级)并不羞于利用自己的优势资源,他们在立法过程中获得了一份豁免,和国会送给全国农民的苹果酒豁免一样宽泛,而且几乎是为他们这个群体量身定做的。纵然1919年之后酒水商店纷纷关门大吉,富人们还是能够利用豁免条款和修正案正式生效的时间差随心所欲地购买和储存各种美酒。到了1920年1月16日,曼哈顿第五大道51街联合俱乐部酒窖里80%的存货都已经转移到了俱乐部会员的家中。在新奥尔良,当地知名人士沃尔特·帕克(Walter Parker)在自家房子里新建了两个酒窖,然后从他所属的斯特拉特福德俱乐部购买了5000多瓶酒,并在接下来的14年里每天都开瓶品尝。在洛杉矶,女演员玛丽·皮克福德(Mary Pickford)的母亲夏洛特·亨尼斯(Charlotte Hennessy)干脆清空了一家酒类商店的全部存货,把它们都搬到了自家的地下室。

尽管可以轻而易举地满足自己喝酒的欲望,但许多富人还是心有不甘,继续投入相当大的精力去挑战第十八修正案。可以说,废除禁酒令的实质性诉求诞生于1920年美国上层社会所聚集的俱乐部、沙龙和餐厅,他们认为把禁酒令写入宪法是对共和政体(及共和党人)基本理念的侮辱。第一次公开反抗是通过法律方式进行的,由当时美国最杰出的律师伊莱休·鲁特精心策划指挥。

鲁特是统治阶层的典范人物,聪明且富有。他鄙视禁酒令,认为这是对个人权利和州权的侵犯。鲁特本人的立场较为复杂:一方面,他的思想非常开明,认为自由饮酒的个人权利应该延伸到劳工阶层;另一方面,他又非常狭隘,把劳工行使个人权利视为他们对生活绝望的产物。鲁特对朋友埃弗雷特·P. 惠勒(Everett P. Wheeler)表示,禁酒令"剥夺了数百万人生活中的主要乐趣,而这些人从未受过从艺术、文学、体育及其他新式体育运动中获得乐趣的训练"。可以想象,即使能够享受到新式运动所带来的无穷乐趣,大多数美国工人在面临选择时肯定还是会选择喝啤酒。鲁特的想法算不上标新立异,至少资助他发起法律诉讼挑战的无私爱国者们——啤酒酿造商——很可能也是这样想的。

伊莱休·鲁特以在战争期间的反德言论("有的人应当以叛国罪被枪毙")而名声大噪。然而在1920年3月,他在著名宪法律师威廉·D. 格斯里(William D. Guthrie)的陪同下向联邦最高法院提交诉状时却显得兴致索然。某种程度上可以说,此举更像是超现实主义者的风格——鲁特和格斯里二人竟然试图说服大法官们宣布一项宪法修正案……违宪。他们案件的诉讼依靠三条腿加一根拐杖的支撑——第五修正案、第十修正案、宪法不适合纳入一项本质上是刑事条款的内容,以及盲目的希望。毫不意外,二人的努力失败了,但也留下了华丽的辞藻和可作谈资的荣耀。鲁特和格斯里的朋友、属于"湿派"的哥伦比亚大学校长尼古拉斯·默里·巴特勒(Nicholas Murray Butler)记录了鲁特在法庭结案陈词的高光时刻——他收起眼镜,放入口袋,站得笔直,伸出手臂,手指直指首席大法官,在九位大法官的注视下,发表了如下令人难忘的辩护:"……如果诸位大法官阁下……必须找到一种方法以维护禁酒修正案的有效性……正如我们所知,美利坚合众国政府将不复存在。"

大法官们对此并不认同,而且美国政府后来也算是活下来了。鲁特、格斯里以及巴特勒在未来还将继续挑战禁酒令。但当他们在最高法院败诉1个月后,格斯里又间接卷入了一场对所有当事人而言都皆大欢喜的案件。他的女儿艾拉（Ella）想和丈夫尤金·S. 威拉德（Eugene S. Willard）离婚，但仍有一事争吵良久不得其果，导致无法达成离婚协议。经过艰难的谈判，此事最终获得解决，男女双方同意平分合法拥有的全部藏酒—— 一半放在男方长岛蝗虫谷的家中，一半放在女方公园大道的房子里。

禁酒令之下，富人和穷人都各有各的门道。那些既没有路子也没有储酒之地的人，自然会采取比富人更为简单实用的方式。禁酒令时代开始后的几天时间里，便携式蒸馏器（有些蒸馏器的容量仅有 1 加仑）在美国各地的销售量迅速增长。同一周内，私酒开始从加拿大边境源源不断流入美国，其中大部分都流入东部和中西部城市的贫民和劳工阶层社区。禁酒令从社会大众预期会批准到实际生效（全世界都知道生效的时间）的时间差，为有意大赚一笔的人建立复杂的私酒分销网络留下了充足的时间。正如新布朗斯维克省弗雷德里克顿市（Fredericton）的《每日邮报》（*Daily Mail*）在 1 月 16 日之前所报道的："据说藏在缅因州边境森林中的加拿大私酒数量之多，足以让政府当局忙上一年多时间。"根据该报报道，"这些私酒规格、数量不一，少的也就 1 加仑，多的要按卡车算。运输工具也是五花八门，有的用汽车，有的乘雪橇和冰上滑行船，还有的是人穿着雪鞋或滑雪板亲自背过去的"。在 1 月底，美国海关总署署长觉得非常有必要警告国会当前加拿大的"商品"正如洪水一般涌入美国，而他的队伍只能拦截"极少的一小部分"。后来，在密歇根州偏远的矿区——铁河（Iron River）——发生的一系列事件表明，解决美国劳工阶层的干渴，并不完全取决于加拿大人的聪明才智。

　　1920 年 2 月的最后一周,无数头条新闻将全国的注意力都吸引到铁河镇,其中最引人瞩目的当属《圣路易斯环球民主党报》(*St. Louis Globe-Democrat*)。该报头版头条写着两排大写黑体字(通常只用来发布战争、总统选举和严重自然灾害等重大新闻)——武装力量开进密歇根州镇压禁酒令叛乱。《纽约时报》也毫不尴尬地突出使用了"叛乱"一词。在芝加哥,《芝加哥论坛报》也为整整八版的超长篇幅报道配了一条耸人听闻的标题——**威士忌叛乱**,副标题是"武装部队从天而降,进入矿区镇压叛乱"。

　　实际上,所谓的"武装部队"只有不到 20 名联邦禁酒探员。所谓"叛乱",其实出自一位年轻地方检察官的操纵(可以说他鲁莽,也可以说他大胆)。卷入事件的酒也与威士忌酒八竿子都打不着,而是一种家庭自酿葡萄酒(这种酒用加州圣华金河谷产的葡萄酿制,在密歇根州北部地区一般被称为达戈红酒)。铁河事件表明,穷人和富人在酒精饮料问题上的利益极其一致——前者想喝穷人喝得起的葡萄酒,而后者则非常乐意看到前者能喝到葡萄酒。

　　事件发生在 1920 年 2 月 23 日。一位名为列奥·J. 格鲁夫(Leo J. Grove)的禁酒探员在斯卡路西兄弟杂货店(The Scalcucci Brothers)地下室查获了三桶自酿葡萄酒,这兄弟二人平时主要为被铁矿工作吸引而来的意大利、奥地利、匈牙利、波兰、克罗地亚、塞尔维亚等国的移民者提供食物。地方检察官马丁·S. 麦克多诺(Martin S. McDonough)声称,格鲁夫探员查获这批葡萄酒时,斯卡路西家有人正住在杂货店楼上,所以禁酒探员未携带搜查令就闯入他"家"是错误的,三桶葡萄酒也属于被违法查封。麦克多诺要回了被查封的酒,把它们还给了斯卡路西的家人,反手还以非法运输酒类的罪名逮捕了格鲁夫探员。得知自己的下属在执法时反被地方检察官逮捕,联邦禁酒局派驻芝加哥负责中西部各州禁酒执法工作的主要负责人阿尔弗雷德·V.达尔林普尔(Alfred V. Dalrymple)非常恼火,他宣称铁县(Iron County)境内发生的事情属于"公然反叛",自己将亲临一线处理此案。达尔林普尔信心满满地对报纸记者表示,"我将带足所需人马"前去解决叛乱。"我不希望发生流血事件,但如果州属当局挡道阻拦,我会开枪解决。"①

2月24日午夜,达尔林普尔带领16名下属抵达铁河镇。然而经记者、摄影师和新闻摄像师的添油加醋,达尔林普尔的禁酒探员小队就变成了"一大群探员"甚至是"一支军队"。接下来上演的是五周之前就席卷旧金山的那场禁酒执法恐慌的乡村版和冬季版。《芝加哥论坛报》记者报道说,冰雪覆盖的道路上,到处都是"牛马拉着的大雪橇",还有男人、女人和孩子拉着的小雪橇,上面无一例外都装满了酒瓶与酒桶,都要运往附近的"山丘、矿井、隧道和灌木丛"隐藏起来,以躲避达尔林普尔率领的入侵者。

其实大部分时候,记者们得到的都是达尔林普尔在室内工作的照片。照片上的达尔林普尔在铁矿旅馆大堂里俯视着34岁的地方检察官,或者他在寒冷刺骨的二月里手持大锤,砸开手下查获的酒桶。色泽鲜艳的达戈红酒汩汩流到厚厚的积雪中,把白色大地染成了深紫色。百代新闻社一名摄影师给了一个外号叫"领带"的当地人桑斯巴(Sen-

---

① 阿尔弗雷德·弗农·达尔林普尔后来晋升为联邦禁酒局局长,也是禁酒局最后一任局长,前后只做了4个月,主要工作是根据罗斯福总统的命令解散全国各地的禁酒执法队伍。在铁河事件中,媒体对达尔林普尔说要开枪那句话的原始记录是"Shoot To Kill"("格杀勿论"),这句话也成了他一生挥之不去的笑料。1938年3月26日,达尔林普尔和家人出行时遭遇车祸离世,享年62岁,他的夫人与孩子们幸免于难。

siba）50美分报酬，让他摆出跪地姿势，抢吃被红酒浸透的雪，然后拍成照片当作新闻素材发出。当时还有不少中学生跟风加入，可惜连一分钱外快也没赚到。

25日下午4点，也就是达尔林普尔抵达铁河镇16个小时后，他突然宣布因在华盛顿有要务需要处理，1小时内就会离开，此后将不再发表任何声明。根据后来披露的信息，所谓"要务"其实是达尔林普尔的上司、禁酒特派员约翰·F.克莱默（John F. Kramer）下令对整场愚蠢闹剧展开的调查。当达尔林普尔带领手下登上返回芝加哥的火车时，铁河镇的居民们再次搬出雪橇，把他们的酒瓶和酒桶带回了家。来势汹汹的禁酒探员达尔林普尔灰溜溜地走了，年纪轻轻的检察官麦克多诺则在密歇根州北部暴得大名，被誉为守护家乡铁县的英雄。《纽约时报》报道称，通往铁县的电报线路上挤满了发自16个州的贺电，其中一份来自纽约州地方检察官爱德华·斯万（Edward Swann），他盛赞麦克多诺"勇于反抗达尔林普尔为赢得恶名而导演的这场闹剧"。

麦克多诺的勇气至少有一部分来自其鲜为人知的动机。"这些外国人"——铁县的矿工们——"通常都有葡萄压榨机和自酿葡萄酒"，麦克多诺在叛乱期间表示。"比起水，他们更喜欢喝这个。他们把酒装在便携饭桶里带着去上班，没有酒，他们就干不了活。"

40年前，麦克多诺的岳父发现了铁河地区的铁矿资源，并开办了当地第一批铁矿。麦克多诺还表示："我们在这儿雇用了大量外国工人，我们希望留住他们。"

在美国"名干实湿"的前7个月中，共有90万箱酒从加拿大的酿酒厂被运送到了安大略省边境城市温莎（Windsor）。按人口计算，相当于该地每个男人、女人和孩子平均要喝下 215 瓶酒。如果你不相信法庭上的证词，那这些数字的确过于夸张了。有位温莎的妇女一口气买了 9 桶威士忌，另加 40 箱瓶装威士忌。她对当地治安法官解释说，自己因为过于思念在前线打仗的加拿大男孩们，要靠喝酒缓解紧张情绪。后来虽然战争结束了，但她已经养成酒精依赖，再也无法摆脱。可怜的人呐，她竟然每天要喝掉 10 瓶威士忌。真相或许并非如此。这位可怜的家庭妇女很可能与其他深受威士忌泛滥之苦的温莎居民一样，只是把威士忌酒送过一英里宽的底特律河，运到对岸美国密歇根州而已。就像安大略省的东部和北部大部分地区，地表高高隆起，使得该省的每一滴液体都能顺势流到山下的温莎市。

安大略省境内有一条铁路大动脉——密歇根中央铁路——东起美国纽约州边境城市尼亚加拉瀑布城（Niagara Falls），西接加拿大与美国底特律市一河之隔的温莎市①。得益于这条交通要道，美国东北部城市在 1920 年的夏天都能直接从加拿大运酒。6 月 6 日，一位忠诚的海关检查员登上了一列国际列车。这列火车从波士顿出发，经瀑布城进入加拿大，现正停靠温莎，准备穿过通往底特律的国际隧道进入美国。海关检查员走进第一节车厢，要求所有人交出随身携带的酒。就这么一声吆喝，乘客们很快就主动交出了 12 瓶。检查员把查获的酒暂时放在车厢地板上，走到第二节车厢继续巡查。可仅过了片刻时间，当他回到第一节车厢时，12 瓶酒却都不见了。检查员镇定自若，继续走到下

---

①　尼亚加拉大瀑布城和底特律分属纽约州和密歇根州，分别位于伊利湖东西两端，中间相隔陆地为加拿大安大略省，密歇根中央铁路在该省横贯东西。当时从波士顿出发前往底特律或更西边的芝加哥，都会通过密歇根中央铁路，中途先跨国到加拿大，然后再到达美国本土。

一节车厢,轻轻敲了敲乘客外套和裤子的口袋,很快就收获了一瓶又一瓶酒。

这位姓格雷厄姆(Graham)的检查员并不知道,他拍的这些口袋属于200名马萨诸塞州的共和党人,当时他们正乘车前往芝加哥参加共和党全国代表大会。尽管《波士顿晚报》(*Boston Evening Transcript*)报道了这一"不幸事件",但字里行间却充满了欢乐调侃的气氛(格雷厄姆一直在"追捕可疑的汩汩声"),或者说有些平淡无奇,称党代表们的火车之旅"在政治上平安无事"。除此之外,报纸上便没有更多关于此事件的消息了。在过了禁酒令实施的早期阶段后,个人对第十八修正案纳入宪法的看法以及谁在负责执行禁酒令,已经不再是媒体关心的话题了。

甚至连韦恩·惠勒在媒体上的热度也下降了。惠勒要求美国政界人士只要对公众忠诚即可,至于个人私德如何他并不在意。他心里明白,如果国会不能为修正案的贯彻执行划拨足够的款项,1919年的胜利就可能付之一炬,因此他在1920年的大部分时间里都在四处奔走,防止这种情况发生。惠勒认为,两大主要政党若是不能提供持续的支持,第十八修正案很可能会像第十五修正案一样迅速遭到彻底破坏。然而,当两党在当年夏天分别召开党内代表大会时,惠勒却并没有进一步的举动。

令他感到高兴的是,共和党选择了处事圆滑的参议员沃伦·哈定作为总统候选人。此人私下里经常喝得酩酊大醉,但在公开场合却坚持禁酒。而令他感到不快的是,民主党选择了哈定在俄亥俄州的同僚、时"干"时"湿"的州长詹姆斯·M. 考克斯(James M. Cox)作为候选人。当然,惠勒更关心驱动两党工作的党内政治纲领,而非站在台上的候选人。在前广播时代,美国选民了解全国候选人信息的唯一渠道是印刷媒体,在无休止的辩论中广泛传播的政治纲领是竞选活动中必不可少的文件——而惠勒不希望在任何一份文件中出现禁酒令字眼。惠勒的研究助理贾斯汀·斯图尔特(Justin Steuart)写道,"由于担心两党任何一方甚至两方的代表大会都会拒绝相关提议",惠勒选择低调不参与,以免让外界觉得 ASL 的权力和影响力已经衰落。

共和党人帮了大忙。在他们篇幅 102 段的政治纲领中,没有一句提到禁酒令或《沃尔斯泰德法》,也没提及共和党最近在立法上所取得的成绩。共和党此次只将该党在电报改革、邮政资费标准、职业教育及船舶海运行业的未来发展等领域的成绩作为自我表扬的重点。在展望未来方面,共和党表示会强力支持即将通过的宪法第十九修正案——女性参政权修正案。至于为十八修正案所做的突出贡献,共和党显得非常谦虚,只字未提。

几周之后,民主党人也要参加本党全国代表大会,临行前他们得知了两项重要信息:一是共和党在禁酒令问题上保持了沉默;二是本党成员此次前往旧金山的途中不会再遭受被没收酒瓶的尴尬了,因为他们根本不需要再携带任何酒瓶。在禁酒令实施之前,旧金山就已经公开宣布了对这项政策的抵制。1919 年,考虑广大市民的"艰难处境",该市善解人意的监督委员会①通过决议,一致废除了禁止无证酒馆的市

---

① 旧金山监督委员会(San Francisco Board Of Supervisors)是旧金山市的议会机构。自 1856 年起,旧金山市县合一,成为加利福尼亚州唯一的市县合一行政区。该市市长拥有行政权,而县监督委员会同时也是旧金山市的市议会,掌握市县的立法权,负责表决市长提出的预算案,制定市政政策、法令和决议,协助市长任命官员。委员会下有 11 个选区,每个选区选出一名成员,任期 4 年,可连任一次,但离任 4 年后可重新当选。

政法令。一名法官——而且是联邦法院法官——拒绝对当地布道大街违反禁酒法令的路易斯·科尔达（Louis Cordano）判处监禁。法官解释说，葡萄酒之于意大利人犹如"咖啡之于普通美国人，以及茶之于普通英国人"。民主党代表大会计划于 6 月 28 日召开。就在大会召开前几个月，当地一份针对 50 名候任刑事案件陪审员进行的样本调查显示，其中仅有 2 名陪审员自称是"干派"。

如此一来，民主党人都非常期待在湾区的相聚。用一位来自明尼苏达的"干派"党代表的话说，这将是一场"与约翰·巴雷肯精神的交融"。市长小詹姆斯·罗尔夫（James Rolph Jr.）虽是共和党人，但认为即使来客都是民主党人，即使他们曾投票支持禁酒令，旧金山也会好酒好肉热情款待他们。民主党代表和记者团成员对东道主的热情招待十分感激，尤其是旧金山市政府特别安排的威士忌酒——用亨利·门肯的话说，都是"一流的波本威士忌、上等白橡木桶藏波本威士忌、品质超好的波本威士忌"。罗尔夫市长的波本威士忌不但数量充足，而且全部免费，全部由"穿着考究的女士们所组成的小委员会"奉送给大家。有位参加大会的记者报道说，如果你站在旧金山一家酒店的大堂里，只要面露干渴之状，"就会有各种不知名的撒玛利亚好心人邀请你去他们的房间缓解干渴之苦"。

民主党党代表们拖着疲惫的身躯来到召开会议的牛宫（Cow Palace），通过了本党政治纲领，选出了本党总统候选人。民主党的候选人看起来和共和党一样，也不急于解决禁酒令问题。那些来参加党内代表大会的"干派"领导人士，对大会具体议程的细节问题"若即若离"，犹如携带武器在模特走猫步的 T 台上值守的"干渴"狱警一般。把民主党变"干"是詹姆斯·坎农的责任，而把坎农［和威廉·詹宁斯·布莱恩、党纲委员会主席卡特·格拉斯(Carter Glass)参议员,以及任何一位有影响力的"干派"民主党人]变"干"则是韦恩·惠勒的责任。威尔逊总统鼓动他的支持者提出一项针对《沃尔斯泰德法》的修正法案,允许市场销售啤酒和淡葡萄酒,但格拉斯一口回绝了总统的提议,甚至连讨论是否具有立法必要性的机会都没给。布莱恩现在的想法愈发激进,他四处游说,希望国会动用武装力量实施禁酒令。ASL 当前切切实实体会到了什么是过犹不及,他们突然发现要拼尽全力控制布莱恩这列失控的火车。对坎农而言,要想说服民主党投票否决布莱恩的提议是一项违反常识的任务。他个人认为,如果民主党人提出了这样的纲领而共和党人没有,将会打破 ASL 精心平衡的无党派立场。正如参议员格拉斯所讽刺的,坎农高贵地"回避了把禁酒令变成一个政治问题的提议"。

布莱恩此时的身体状态非常糟糕。当年从普拉特走出的英姿勃发的男孩演说家现在已届花甲之年,不但饱受糖尿病折磨,还患有腿疾,行动非常不便。有人称他为民主党内"不喝酒的领袖"。大会开始时,有一句不算离题的玩笑话在与会人群中流传——"参加本次大会的人中,至少有好几百人恨不得把威廉·詹宁斯·布莱恩钉到金十字架上,看着他干渴而死"。在民主党人投票表决布莱恩的提议之前,惠勒在会场后台遇到了布莱恩,他当时正趴在一张由废弃门板和两块支撑木头做成的简陋板床上。惠勒清楚地回忆说:"我把一件旧大衣放在他的头下当枕头。他似乎累得要死,从表情上可以看出他十分痛苦。他拉着我的手,泪流满面地说,如果能促使民主党在禁酒问题上采取正确的行动,通过他提出的解决方案,让他去死都心甘情愿!"

为"湿派"所痛恨,被"干派"所抛弃,此时的布莱恩可谓众叛亲离。

自然,他提出的解决方案最终以 929.5∶155.5 的悬殊比例被否决。此时此刻,距他在华盛顿第一公理会封神的荣耀时刻,尚不到半年时间。布莱恩哀叹道:"我心已死,深埋尘土。"对于参加大会的其他"湿派"代表而言,市长罗尔夫的慷慨和韦恩·惠勒的算计让他们受益良多。他们唱着一首又一首欢快而又愤世嫉俗、古老而又悦耳的歌曲——"看,我是多干多干的人呀!"

第九章

绝妙赌局

"禁酒总比没酒好。"这句彼时广为流传的俚语看似矛盾,却是禁酒令下的真实社会写照,对想喝酒的人而言尤其恰当。如若不信,看那新英格兰地区,当地的酒来自停泊在海岸 3 英里外(法定限制距离)满载酒水的大船,由无数小帆船、单人划艇、充气救生艇、带桨蚱蜢舟组成的"船队"(有时甚至还会有几架水上飞机)上前接驳,再浩浩荡荡地把大船上的酒摆渡上岸;在费城,酒主要源于特拉华山谷的化学工业区,那里的企业在政府许可下生产工业酒精。只需把工业酒精在生产流程上稍作处理,加入少许杜松子油调味,几天之后就会变成杜松子酒出现在市场上。芝加哥人的酒则仰仗足智多谋(或曰凶残)的杰纳(Genna)兄弟①,兄弟六人在芝加哥西区附近的民宅内建立了由几百个家庭作坊组成的酿酒网络,其规模之大导致整个社区都弥漫着强烈的酒精味道。杰纳兄弟每月付给在家酿酒的老爹老妈们 15 美元作为报酬。虽

---

① 杰纳兄弟是禁酒令时期活跃于芝加哥的家族式犯罪团伙,在 1921—1925 年期间,其主要首领是杰纳六兄弟,又号称"恐怖的杰纳"。杰纳兄弟犯罪团伙曾经和芝加哥犯罪集团合作,但经过血腥的火并后,被芝加哥犯罪集团打败,然后被后者吞并。

然看起来开销也不小,但相对于帮派每月 35 万美元的收入,这一大笔工钱就显得微不足道了。

丹佛的饮酒者可以依靠狡猾的私酒商,他们把动物尸体放在私酒厂附近,用更强烈的腐肉气味掩盖酸麦芽浆的味道。在南方,私酒酿造技术遍地开花,各州均有所长。如佐治亚州发明了双垛麦芽浆桶式蒸馏法,弗吉尼亚州发明了黑陶锅蒸馏法,亚拉巴马州发明了带盖酒桶箱式蒸馏法。私酿技术到了北卡罗来纳州又有了新的变化,当地人用丙烷代替木材作为燃料,消除了生产过程中的烟气,以免招来同行觊觎或执法人员的注意。

自 1880 年起,堪萨斯州就通过立法实现了全州禁酒。禁酒令期间,该州广泛流行一种带有"深井"矿物质风味的酒。这种矿物质产自堪萨斯州东南部的矿井,所以以此命名。底特律毗邻不禁酒的加拿大,而加拿大酒产量巨大,若说底特律人能够禁酒那自是天大的笑话。新闻记者马尔科姆·宾盖(Malcolm Bingay)写道:"在底特律的任何地方,只要步行 10 英尺,必能找到喝酒的地方。当然,你嗓门必须足够大,这样忙碌的调酒师才能在一片嘈杂中听清楚你想喝什么。"

在华盛顿特区,沃伦·哈定总统更不愁没酒喝,他的路子太多了。最直接的,他可以从男仆泰勒先生那儿弄到酒。泰勒住在切维蔡斯俱乐部(Chevy Chase Club)附近的一处总统宅邸,哈定的苏格兰威士忌和波本威士忌都存放在那儿。司法部长哈里·多尔蒂(Harry Daugherty)私吞了大量司法部探员在全国各地查封的酒,他把这些酒存放在臭名昭著的罪恶巢穴——位于 K 街的绿色小别墅。当然,这其中有不少也会送给哈定总统①。除此之外,也有一些酒来自他的朋友,如西奥多·罗斯福的女婿、俄亥俄州众议员尼古拉斯·郎沃斯(Nicholas Longworth)。郎沃斯从来就没打算老老实实遵守第十八修正案,以后也不打算遵守。按他夫人爱丽丝(Alice)的说法,他们的管家为家里酿了"一款味道还算凑合的杜松子酒"。郎沃斯家的酒窖还生产了一种自酿啤酒,口味颇佳,连英国外交官亚瑟·鲍尔弗(Arthur Balfour)尝过之后都赞不绝口。

从哈定宣誓就职的那一刻起,华盛顿特区的空气里就充满了酒精的味道。说起来也不奇怪,哈定总统站在"干派"一边只是为了行事方便,他只是做了他觉得应该做的事情而已。鉴于 ASL 在俄亥俄州的庞大势力,出身于俄亥俄州的哈定站在 ASL 这一边再正常不过。哈定也从未觉得禁酒令会有实际效果,他对酒的态度也展现了他擅长交际的天赋。正如同时代的人所言,正是这种热爱交际的性格成就了哈定,所以他"一点也不反对觥筹交错的欢乐生活"。

把酒言欢是哈定总统与亲密朋友在白宫的保留节目。1920 年 1 月 16 日之前,哈定购买了价值 1800 美元的烈酒,并将这些酒从位于怀俄明大道的家中转移到了白宫(另一方面,伍德罗·威尔逊也让人把他个人的藏酒从白宫搬到了位于 S 街的家里)。从《纽约时报》发行人阿道夫·S. 奥克斯(Adolph S. Ochs)到经常参加白宫扑克牌游戏的一众牌友,都在白宫享用过哈定总统的美酒。白宫的夜生活自由惬意,弗洛伦斯·哈定(Florence Harding)夫人会优雅地给丈夫在俄亥俄州的亲信

---

① 其实很多私酒也是司法部下属孝敬给多尔蒂的,多尔蒂转身又上贡一部分给了哈定总统。

(包括司法部长多尔蒂)和华盛顿的达官显贵斟满一杯又一杯酒。宾主畅饮尽兴之后,第一夫人还经常要为喝多的来客在白宫安排住宿,其中包括司法部高官和未来的众议院议长郎沃斯、两位国会参议员[康涅狄格州的弗兰克·布兰迪(Frank Brandegee)和新泽西州的约瑟夫·弗林海森(Joseph Frelinghuysen)]、美国海运委员会主席和广告巨头阿尔伯特·拉斯科(Albert Lasker),偶尔还有令人生畏的财政部长安德鲁·W. 梅隆(Andrew W. Mellon)(梅隆富可敌国,其掌管的财政部是负责第十八修正案执法的两大部门之一)。弗洛伦斯·哈定的好友爱丽丝·郎沃斯(Alice Longworth)表示:"(关于哈定白宫的)流言压不倒事实①……白宫的空气里弥漫着烟草的香气,托盘里盛放着各种品牌的威士忌……扑克牌和筹码在手中把玩。大家解开马甲,把脚搭在桌子上,身旁就放着痰盂,到处都是极度放松愉悦的欢声笑语。"

　　茶壶山事件②以及其他一系列的丑闻令哈定政府严重蒙羞,其中

---

①　沃伦·哈定总统出身贫穷,但富有才华,长相英俊潇洒、风度翩翩,是当地有名的美男子。但令人意外的是,哈定在 25 岁的时候竟然和年长他 5 岁、长相一般且飞扬跋扈的离异富家女弗洛伦斯·克林·德沃尔结了婚。哈定与弗洛伦斯结婚,主要是想以婚姻为跳板,找到靠山,改变自己的社会地位和不安全感(弗洛伦斯的父亲是马里恩最富有的房地产投资商埃莫斯·豪尔·克林。哈定年轻时联合朋友收购了《马里恩每日星报》,将报纸的立场偏向共和党,与克林的立场相左。克林坚决反对女儿嫁给哈定,为此好多年不和女儿一家往来)。然而哈定婚后并不幸福,他在外面也寻花问柳,在担任总统后,甚至与一些女人在白宫私通,此即爱丽丝·郎沃斯所说的关于白宫的"流言"。

②　茶壶山丑闻(Teapot Dome Scandal)是美国哈定总统任内(1922—1923)暴发的一起贿赂丑闻。内政部长亚伯特·富尔未用公开招标方式处理茶壶山以及另外两处的美国海军油矿,以低价方式让石油公司承租。1922—1923 年期间,在参议员托马思·詹姆士·华勒士的主持下,国会对该丑闻进行了调查,富尔最后承认接受来自石油公司的贿款。直到水门事件发生之前,茶壶山丑闻案一直被视为在美国政治历史上最大和最轰动的政治丑闻。

大部分事实真相在哈定死后才公之于众(塞缪尔·霍普金斯·亚当斯认为"哈定死得很及时")。由于哈定在美国历任总统中评价最低,也掩盖了他所留下的诸多历史功绩。例如,他就职总统后立即向社会公众开放了白宫大门,让普通市民有机会在这片具有高度象征意义的公共财产中漫步参观;他把黑人公民重新请回联邦政府担任职务(威尔逊在任期间几乎将黑人从政府中全部清除了),并恳请国会通过一项反私刑法案,义正词严地谴责了"三K"党。1921年10月26日,哈定发表了有史以来美国总统最大胆的一次演讲。他当时深入南方腹地亚拉巴马州,在伯明翰市对广大民众说:"只要满足投票资格,黑人也可以去投票;如果不满足投票资格,白人也不能去投票。"威尔逊在任时拒绝赦免尤金·德布斯①(德布斯在第一次世界大战期间因为国内到处弥漫的歇斯底里氛围而被荒谬地指控犯有间谍罪),而哈定在上任第一年的圣诞节就赦免了德布斯,而且附带了一个前所未有(很可能空前绝后)的附加条件——被赦免者必须前往白宫与他见面。

　　沃伦·哈定终其一生都处事犹疑,缺乏决断能力。无论他说得多么漂亮(或者说华丽空洞),却总是无法作出具体的决定。哈定对一位演讲撰稿人说道:"我倾听一方的声音,感觉他们似乎是对的。然后——上帝啊!——我和另一方交谈后,感觉他们可能也是对的。"他不但抽烟,还喜欢直接嚼烟丝。有时为了平息心中怒火,他会急切地抓

---

　　① 尤金·维克托·德布斯(Eugene Victor Debs,1855—1926),美国工会领袖,国际工人联合会与世界产业工人联盟(IWW)的创建者之一。曾于1900年代表社会民主党竞选美国总统,之后又分别于1904年、1908年、1912年与1920年4次代表美国社会党竞选总统。由于他在工人运动以及竞选活动中的表现,被认为是美国最知名的社会主义者之一。

起一支香烟,撕开烟纸后把烟丝直接塞进嘴里。《新共和》杂志批评说,哈定不具备"即使在最普通的情况下担任政治领导人所需的道德品质与智力水平"。这种说法看起来正确,但并没有抓住要害。平心而论,哈定真正缺乏的是实现内心信念所必需的勇气。反过来说,哈定根本没有任何信念可言,自然也就没什么勇气。

第十八修正案通过后,韦恩·惠勒便要承担起两项重要责任——让国会及总统与 ASL 继续保持一致。两项工作的核心在于时刻警惕国会和总统的动向,而非频繁地主动出击。国会当时已经不存在任何问题。在 1916 年大选中,ASL 有效地控制了参众两院,此后的控制力度更是逐年加强。由于哈定天生缺乏远大信念,惠勒需要在这位软弱无能的总统身上倾注更多的精力。可以说,惠勒完全把哈定玩弄于股掌之间。每当他想从总统那儿得到什么时,哈定就会像训练有素的小狗一样给予热切的回应。惠勒反对提名田纳西州参议员约翰·K. 希尔兹(John K. Shields)担任联邦最高法院大法官,因为希尔兹虽然曾投票支持第十八修正案,但却反对《沃尔斯泰德法》,哈定当即作出让步。有一次,惠勒希望"就一些共同感兴趣的事情与总统简短会面",哈定很快就回复说,"不必过于客气。你只要来电话说一声,我总会想办法让你见到我的"。对哈定而言,与惠勒的会面也并不都是令人愉悦的。当财政部长安德鲁·梅隆宣布他对《沃尔斯泰德法》的某个条款的宽松解释时,哈定以一种悲观的口吻回避了惠勒的抱怨。"不知为何,"哈定写道,"我原本是相当期待您的来信的"。

但惠勒从未公开抱怨过哈定的所作所为。惠勒的助理贾斯汀·斯图尔特认为,公开抱怨"可能会被理解为他对政府缺乏影响力"。如果斯图尔特所说准确,那么有件事或可作为例证。当时,哈定想任命一位执法部门负责人,事先煞费苦心地向惠勒保证"绝对不会任命 ASL 不接受的人"。如此一来,来自俄亥俄州的罗伊·阿萨·海恩斯(Roy Asa Haynes)开启了自己的公共服务生涯。

物以类聚,人以群分。要想了解海恩斯,看看在众议院中极力支持海恩斯的极端禁酒派众议员威廉·D. 厄普肖(William. D. Upshaw)即可。厄普肖来自佐治亚州,他给自己取了个绰号——"认真的威利"。由于在一次意外事故中伤了双腿,因此又常被人称作"拄着拐杖的演说家",或者"轮椅上的布道者",抑或"佐治亚飓风"*,他在邮件中也常以"激进的'干派'人士"作为落款。作为正统派基督教信徒和政治上的天真派,厄普肖一直为"湿派"人士所取笑。"湿派"人士喜欢故意激他发怒,好让无法控制他的 ASL 惊慌失措。一位联盟官员表示:"没有人会质疑厄普肖的一片热诚之心,但他总爱大声咆哮,放纵自己的怒火。"因为单纯率直的性格,厄普肖在积极投身禁酒事业的同时也支持"三 K"党和女性参政权运动,他认为这两项运动都有利于禁酒事业。厄普肖非常支持海恩斯担任联邦禁酒局负责人,称赞海恩斯"正直、纯粹、天赋异禀、精力充沛",还夸张地表示,"海恩斯的胜利故事,读起来就像修订版的《使徒行传》(Acts Of The Apostles),融合了《苏格兰领袖》(Scottish Chiefs)①和《一千零一夜》的传奇。"

---

* 对于一个从 18 岁起就严重残疾的人来说,这些特殊的绰号并不像看上去那么反常。根据当时的一篇报道,厄普肖有一种不可思议的能力——"当被强烈的情绪和脾气冲昏头脑时,他会在没人帮助的情况下四处走动"。

① 《苏格兰领袖》是 19 世纪英国作家简·波特(Jane Potter)写的一本历史小说,讲述了苏格兰民族英雄威廉·华莱士带领苏格兰人民反抗英格兰压迫的故事。

从对海恩斯的评价可以看出,厄普肖要么极其虚伪,要么极其愚蠢。此外,他容易发怒、放纵情绪,冲动起来做事不分青红皂白。罗伊·海恩斯本人则因为三个特点(用"特质"一词就太高估他了)得到惠勒的赏识,获得了领导联邦探员的机会。他曾在俄亥俄州希尔伯勒市一家日报做过编辑(希尔伯勒市是禁酒运动的发源地之一,早在1873 年,汤普森修女就从那里发起了禁酒圣战),也是哈定总统的亲信。但更重要的是,海恩斯心甘情愿充当 ASL 的傀儡,或如 ASL 纽约分部负责人所说,"惠勒的专属宠物"。

海恩斯身材魁梧、皮肤白皙,心胸和他的腰围一样宽广,人品像他每天打的领结一样牢固可靠。他深信领导联邦禁酒执法工作是一项艰巨任务,但同时又自我感觉良好,自信能够胜任这项任务。海恩斯的判断其实也有一定事实依据。他曾表示,美国教会成员的数量在禁酒令实施的第一年里猛增了 120 万人。如果这都不意味着美国人民道德水平日益提高,那又意味着什么呢?他还曾援引另一个神奇的"事实"——自禁酒令实施以来,全国范围内 85% 的饮酒者都发誓不再喝酒了。这又该如何解释呢?显然,海恩斯的所见所得与个人判断,与可观察到的社会现实并不相符,甚至令人啼笑皆非,犹如海恩斯喜欢引用的警世寓言一样滑稽。有一次,海恩斯在警示非法私酒的危害时讲了这样一个故事:"在霍博肯(Hoboken)的渡船上,有位女士从保镖口袋里拿出酒瓶喝了一口酒。未过多久,她便摇摇晃晃地走到船尾,一头扎进哈德逊河淹死了。"这就是非常明显的教训,海恩斯总结道,"饮用私酒,就是找死"。

海恩斯的种种事迹帮助他吸引了除惠勒、厄普肖及其他"干派"领袖之外的另一批忠实支持者—— 一些著名的歌舞喜剧演员。这些演

员们只要一提起海恩斯的名字，就能赢得现场观众哄堂大笑。他们还
认为，海恩斯的上司——财政部长安德鲁·梅隆——能有这样的下属，
他本人应该也没什么大的能耐。这点恐怕任何"干派"人士都难以认
同，就是再幽默的禁酒人士听了也笑不起来。禁酒阵营一直把梅隆当
作最强劲的敌手，是哈定政府中最不认同 ASL 理念、方法和成员的实
权高官之一。

梅隆领导的财政部大楼是海恩斯负责的联邦禁酒局及外勤探员的
驻地，也是另一支联邦禁酒执法力量——美国国税局的大本营。梅隆
在当时被公认为是继约翰·洛克菲勒和亨利·福特（Henry Ford）之后
美国第二或第三富有的富豪（也有人认为他才是真正的美国首富）。
除了富可敌国的财富，梅隆还沉迷于文化艺术，他的艺术收藏后来成了
国家美术馆的基础藏品。他生活简朴，处事严谨，浑身上下透着威严之
气。除了实力雄厚的匹兹堡梅隆银行，他还控制着海湾石油公司、美国
铝业、美国钢铁乃至宾夕法尼亚州的共和党。至于公众对他的看法，安
德鲁·梅隆根本不在乎。他曾质问一位记者，"为什么要指望部长会
与你们这些记者交谈"？——除非他有什么事情要隐瞒。1911 年，梅隆
打算起诉妻子离婚。为了保密，他首先安排宾夕法尼亚州议会通过一
项法律，确保他的离婚诉讼不对外公开审理，而且只能有一位法官主
审，不允许公众和记者旁听，甚至连陪审团都不能有。

他的儿子曾说父亲"笑起来如冰水一般"，但即使是那种如冰水一
般的勉强微笑也很少能在公共场合见到。梅隆总是把自己绷得紧紧
的，时时克制着自己的一言一行。他体重 145 磅，身高近 6 英尺，白色
的头发和灰色的胡须，与棱角分明、苍白暗淡的脸庞交相辉映，犹如白
垩土雕刻出来的历史人物。要说他和下属禁酒探员们有什么私人关

系,可能言过其实,也无法验证。但若要说梅隆和海恩斯之间理念相同,则肯定是一派胡言。事实上,选择安德鲁·梅隆担任财政部长,在某种程度上即已表明哈定总统及其核心执政班底对执行《沃尔斯泰德法》根本没有什么兴趣。梅隆也喝酒,但他并没有为此感到有什么歉意。他讨厌所得税,信仰有限政府理念,认为支持有限政府最好的方法是对烈酒、啤酒和葡萄酒征收递减消费税。在大本营宾夕法尼亚州,他和兄弟理查德共同拥有一家著名的公司——老奥弗霍尔特黑麦酿酒公司。这家公司曾经是当地威斯特摩兰县(Westmoreland County)的骄傲,1794 年的威士忌叛乱就是从这里开始的。

1887 年,梅隆从朋友亨利·克莱·弗里克手中买下了老奥弗霍尔特酿酒公司 1/3 的股权[弗里克的外祖父亚伯拉罕·奥弗霍尔特(Abraham Overholt)于 1810 年创办了这家酿酒厂]。对于梅隆家族而言,完成这笔交易可能只是出于兴趣,和参加一项体育活动或为了追求爱情花点钱没什么两样,12.5 万美元的收购价格可以说微不足道。但在"干派"阵营看来,这可是天大的罪状,充分表明梅隆不适合执掌负责实施《沃尔斯泰德法》的联邦政府部门。当梅隆即将被任命为财政部长的消息公开后,ASL 在纽约州的负责人向几百家报纸发出警告,提醒编辑们要注意梅隆是老奥弗霍尔特酿酒公司的老板。西弗吉尼亚州参议员马修·M. 尼利(Matthew M. Neely)表示:"小偷永远不会执行反盗窃法律,纵火犯永远不会执行禁止纵火法律。同理,酿酒公司老板也永远不会执行《沃尔斯泰德法》。"但这一次,就连惠勒也没能说服哈定服从 ASL 禁酒事业的需要,梅隆顺利就任财政部长。

安德鲁·梅隆当然没有满怀热情地实施《沃尔斯泰德法》。他厌恶禁酒令，认为这项法律内容极端、不切实际，根本无法执行。奇怪的是，他的助理罗伊·海恩斯对此并不完全反对。确实，海恩斯所赞颂的去教堂参加礼拜的人数大幅增加现象以及后《沃尔斯泰德法》时代人们道德水平有所提升的事例，可能都会被归功于饮酒减少，但如果大地之上已无酒可寻，那遍布全国各地的 2500 名禁酒执法探员又在干什么呢？迷茫的海恩斯似乎想说，也许没有人再喝酒了，但因为种种原因，肯定还有不少问题。

　　海恩斯领导的禁酒执法队伍可谓集无能与腐败之大成。当然，这也有赖于"干派"政客们的"周全规划"——他们在立法时，特意将禁酒执法人员排除在公务员队伍之外，不让他们享有同等的就业保障。他们认为，如果"湿派"人士很容易通过公务员考试来加入执法队伍，就会知法犯法，危害禁酒法律的执行，所以要特别限制。根据"干派"阵营的设想，无条件支持《沃尔斯泰德法》是从事或保住禁酒探员工作的最重要条件。其实对于任何有抱负的探员而言，真正的必要条件是得到 ASL 的支持，这反过来也增加了 ASL 的政治资本。在美国大部分地区，雇佣禁酒执法探员的权力实际属于和国会内多数议员结盟的 ASL。政府高层和各州负责人希望能够建立一支老练的国家警察队伍来负责执行法律，但这种期望（与天真）很容易被现实社会的世故所扼杀。ASL 利用执法工作岗位奖励他们的忠实跟随者，"干派"政客则为了保住权力而甩手不管。各种因素相互作用，共同成就了禁酒局的无能与腐败。

　　有些禁酒主义者的确是两袖清风。像内布拉斯加州参议员乔治·诺里斯（George Norris）对禁酒的支持，就是他内心正直的进步主义立场的自然延伸。他认识到将禁酒探员任命过程政治化的危险，因此拒绝参与挑选探员的工作。安德鲁·沃尔斯泰德也持有类似观点。但是，当司法部长(兼总统的首席政治操盘大师)多尔蒂在1922年对国会表示公务员制度是"政府的障碍"时，其发出的信号已经非常明确。在腐败日益严重的哈定政府中，政治紧急状态才是神圣的。正如一位研究公务员制度的历史学家所言，禁酒局里"充斥着赃物，一片混乱"。

乔治·诺里斯在参议院的同僚、来自俄克拉荷马州的约翰·W. 哈里德(John W. Harreld)是典型的国会实"干派"议员。哈里德公开表示，他自己被判入狱的可能性与他在本州任命禁酒执法人员的影响力直接相关，为此他采取了必要的防范措施。但这并非是"干派"人士所独享的道德缺陷。许多"湿派"国会议员都很胆小，因为他们之前能通吃四方，现在却要面对绝望的诺里斯所说的"政治陷阱计数器"的压力。"干派"人士指责非常"湿"的纽约州众议员菲奥雷洛·拉·瓜迪亚(Fiorello La Guardia)在其大本营掌控了对禁酒执法人员的任命权，而来自泡在酒里的新泽西州和马里兰州的"湿派"参议员们则将两州所有禁酒执法岗位都安插上了自己人。国家公务员制度改革联盟(National Civil Service Reform League)的一位高级官员表示，至少在任命执法人员问题上，"干派"和"湿派"可以把手言欢，而非拔刀相向。"显而易见，国会议员们都想掠夺禁酒运动取得阶段性胜利后的丰盛战利品。"

如果问一问在20世纪中叶达到法定饮酒年龄的流行文化消费者们，"禁酒探员"一词指的是什么？多数人最先想到的应该是演员罗伯特·斯塔克(Robert Stack)饰演的禁酒特工——艾略特·内斯(Eliot

Ness),他在 1959 年至 1963 年期间播放的电视剧《铁面无私》(*The Untouchables*)①中有着出色的表现(这部剧在 ABC 电视台总共播放了 118 集)。* 艾略特·内斯的名字来自著名小说家乔治·艾略特 (George Eliot)。虽然影视作品经常将他与黑帮大佬阿尔·卡彭(Al Capone)联系在一起,但实际上他与卡彭的定罪及入狱几乎毫无关系; 他曾竞选克利夫兰市市长,但以两倍的巨大差距落败。1957 年,曾经 的著名禁酒探员艾略特·内斯在沉醉中去世。

若向看着电视剧《铁面无私》长大的一代人的父母问同样的问题, 他们想起的可能是他们当年生活中如雷贯耳的纽约二人组——伊兹· 爱因斯坦(Izzy Einstein)和莫·史密斯(Moe Smith)。早在 1922 年,这 对"无赖"组合就非常出名,《时代周刊》的头条新闻经常直接用绰号来 指代二人("伊兹和莫的突袭执法以悲剧收场""伊兹和莫把威士忌倒 进了下水道""瞧,伊兹和莫,王牌假酒调酒师"等)。伊兹和莫在禁酒

---

① 《铁面无私》原是艾略特·内斯和奥斯卡·法雷于 1957 年合著的自传体回忆 录。1959 年,美国广播公司(ABC)将内斯的这部自传改编成同名电视剧,一共制作了 4 季 118 集,广受观众好评。1987 年,由凯文·科斯特纳、肖恩·康纳利和罗伯特·德尼罗 等人主演的同名电影上映。该部影片获得 4 项奥斯卡奖提名,肖恩·康纳利凭借该片赢 得了奥斯卡最佳男配角奖。

* 罗伯特·斯塔克是该剧中的明星演员,但在《铁面无私》播放的四年期间,有一大 批将来的大明星都在该剧中出现过,他们霸占了未来 20 年的艾美奖舞台,其中包括皮 特·福克(Peter Falk)、马丁·兰道(Martin Landau)、卡罗尔·奥康纳(Carroll O' Connor)、李·马文(Lee Marvin)、杰克·克鲁格曼(Jack Klugman)、哈里·迪恩(Harry Dean)、斯坦顿(Stanton)、雷普·汤恩(Rip Torn)、爱德华·阿斯纳(Ed Asner)、泰利·萨 瓦拉斯(Telly Savalas)、达里尔·希克曼(Darryl Hickman)、杰克·瓦尔登(Jack Warden)、 马丁·鲍尔萨姆(Martin Balsam)及哈里·古蒂诺(Harry Guardino)等。作为这部关于芝 加哥黑帮战争的剧集中少有的女性角色之一,在剧中饰演阿吉·斯图尔特的芭芭拉·斯 坦威克(Barbara Stanwyck)虽然只有两个镜头,却为观众留下了非常惊艳的印象。

局工作了4年,于1925年被禁酒局开除。但这一挫折并未能击倒二人,反而成就了他们显赫的未来。

内斯、伊兹和莫并非仅有的通过大众媒体出名的禁酒探员。在20世纪20年代及30年代初,八卦小报为了夺人眼球,给禁酒运动中愿意配合炒作的执法人员起了各种朗朗上口的绰号,以便夸大乃至编造英雄传奇故事。M. T. 冈萨雷斯(M. T. Gonzaulles)被誉为"德州独狼";威廉·R. 赫维(William R. Hervey)是"科科莫校长";在美加边境工作的塞缪尔·库兹曼(Samuel Kurtzman)人称"北方瘟疫";芝加哥的艾尔·沃尔夫(Al Wolff)外号"墙纸",源于他在突袭执法时严酷无情,曾命令手下说,"我们有搜查令,冲进去逮捕他们,找来汽车把罪犯和他们的东西都搬走,除了墙纸,什么都不要留下"。在当时社会背景下,女性禁酒探员是更能吸引眼球的角色。"高大苗条"的黛西·辛普森(Daisy Simpson)是"百变女神探",她常常在私酒窝点外假装身体不适而求救,当私酒贩子拿出白兰地给她喝以帮助她恢复时,她就立马表明身份把私酒窝点给端掉。

除了这些声名远播的禁酒英雄之外,还有一部分人鲜为人知,直到他们站在证人席的对面时,人们才知道他们的真面目。他们中有探员、官员、区域主管以及其他所有职务或高或低的公职人员。他们加入禁酒队伍并非出于对公共服务的忠诚,而是在沃尔斯泰德主义的正统道路之外发现了更为有利可图的东西。比如,斯图尔特·麦克马林(Stewart McMullin)(此人的名字和证件都是假的)其实就是个暴徒,他是第一个在执勤时杀死私酒贩的禁酒探员。后来经过调查发现,他原来在14岁时就杀过人,还曾因涂改支票以及持械抢劫蹲过监狱。更滑稽的是,麦克马林被授予禁酒探员职务时,他本人还正在纽约州北部丹尼莫拉州立监狱吃牢饭。S. 格伦·杨(S. Glenn Young),早先在伊利诺伊州南部担任义警,曾经以手持冲锋枪的形象登上报纸头版新闻。他其实是个家暴惯犯、"三 K"党的打手,也是一个难以驾驭的恶霸。在弗吉尼亚州的诺福克,探员雷顿·H. 布拉德(Layton H. Blood)试图打开他所谓的"镇上黑人聚居区的台球室"(这些台球室由 ASL 资助修建,用于诱捕黑人私酒贩子)。"顺便问一句,"布拉德问他在华盛顿的上司,"财政部有给雇员提供熏蒸服务的经费吗? 您知道的,那些有色人种身上的气味很大,我比你见过的任何鸟都需要喷喷除臭剂"。

　　若要弄明白禁酒局早期腐败丛生的根源,并不需要探究麦克马林的凶残想法、杨内心深处的野蛮兽性或布拉德令人厌恶的种族主义。正如一句神圣的谚语所言——有钱的地方就有腐败。纽约州南区联邦检察官埃默里·巴克纳(Emory Buckner)表示,在他管辖的区域内,政府付给禁酒探员的 1800 美元年薪还不够他们维持基本生计,但"人们对这份工作仍是趋之若鹜",挤破头想加入禁酒局。道理很简单,只要接受这 1800 美元的微薄年薪(约相当于现在的 2 万美元),就能保证你在一场绝妙赌局中获得一个幸运数字。幸运数字的通用奖池是——几百万美元的贿赂和勒索机会——即使是中等熟练程度的探员也可以在其任内从违法者那儿抽取足够多的油水。报社编辑斯坦利·沃克(Stanley Walker)感叹道,大部分禁酒探员"都是相当正派之人,他们从不四处敲诈勒索"。沃克所言不假,这些家伙根本不需要下黑手搞敲诈勒索,因为黑钱如此之多,他们人人都有份。

　　禁酒执法队伍甫一建立,腐败问题就深入骨髓,而且表现得肆无忌惮,以至于哈定总统都大为震动,觉得"与《沃尔斯泰德法》相关的执法队伍的工作环境,上上下下都充斥着丑闻的味道,真是公共政治中最令人沮丧之事。"仔细想一想,能让素以腐败闻名的沃伦·哈定总统亲口说出这种话,本身就已经说明很多问题了。

梅布尔·维勒布兰德(Mabel Willebrandt)于 1921—1929 年期间担任美国助理司法部长一职。1916 年,梅布尔认为她与丈夫的婚姻"已经堕落到仅剩下肉体接触的死亡水平",无任何幸福可言,于是就离了婚。目前尚不清楚,她到底是在离开丈夫之前,还是之后开始养成早晨洗冷水浴的习惯。维勒布兰德身边不乏追求者,其中包括一位被称为"阿拉斯加驯鹿大王"的富翁,还有一位建造了好莱坞迷人的马蒙特庄园的富豪,但她在余生选择了孤身一人。在成为美国最有权势的女人之后,维勒布兰德收养了一名两岁的小女孩。在她位于华盛顿特区哥伦比亚高地的家中,这个孩子也学会了在冰冷的浴缸中开启一天的生活仪式,还学会了在户外帐篷里睡觉,即使在冰天雪地的冬天也不例外。"生活中很少有被宠爱的宝贝。"维勒布兰德这样说。她的传记作家多萝西·M. 布朗(Dorothy M. Brown)也曾写道,维勒布兰德的女儿"不会成为那种宝贝"。

当然不会。梅布尔·维勒布兰德,人称"禁酒鲍西亚"(Prohibition Portia),拥有"美国最敏锐的法律头脑"(《纽约时报》语),并非靠温柔可爱才取得显赫的人生成就。她出生于堪萨斯州西南部偏僻平原上的破烂棚屋里,家境微寒,在 20 世纪初找机会去了南加州谋生。在申请南帕萨迪纳市(South Pasadena)一所小学的校长职位时,维勒布兰德表示自己学过"几何、物理、化学、希腊语、修辞学、朗诵、演讲、欧洲历史、伦理学、社会学、政治科学、体育、商业法律、商业地理、美术、家政、家庭经济、黏土建模以及体操等课程,能够胜任的课程包括英语语言、语法、美国历史、现代史、公民课、地理、拉丁语、英语文学、英语写作、教育学、书法、音乐及棒球等"。

仅仅 10 年之后,维勒布兰德的职业道路就发生了巨大变化,成为自建国以来联邦政府内职务最高的女性官员。更令人震惊的是,她在33 岁生日之前就实现了这一切。对于维勒布兰德在 20 世纪 20 年代历史上所留下的绚烂光辉,当时没有任何人会有非议。1928 年,《美好家庭与花园》(*Better Homes And Gardens*)杂志曾做过一次调查——"谁是当今美国政坛公职人物中最杰出的女性?"该杂志的编辑后来写道:"有关这一问题,我们询问了全国各地的数十名女性,也包括数十名男性,所有人的答案都是一致的——梅布尔·沃克·维勒布兰德。"

梅尔·沃克·维勒布兰德? 80 年后,这个名字已经变得非常模糊。但在她所属的时代,维勒布兰德的大名和韦恩·惠勒一样如雷贯耳。如果说她很快就被人遗忘了,那并非因为她没有留下自己的印记。如果《美好家庭与花园》杂志用"最重要的"或"最有影响力的",而非"最杰出的"一词来提问,估计回答"维勒布兰德"名字的读者可能要成百上千了。在沃伦·哈定与其后两任总统执政期间,维勒布兰德一直担任助理司法部长一职,负责禁酒令具体政策的执行、起诉违反《沃尔斯泰德法》的违法行为、在最高法院为该法案作辩护等。《亚特兰大宪法报》宣称,如果政府要推出一位禁酒战争的形象代言人,梅布尔·维勒布兰德再合适不过——"令人愉悦的午餐伙伴,她既不涂脂抹粉,也不使用口红"。

维勒布兰德表示她讨厌"一切忸怩作态的事物"(在 20 世纪 20 年代,女性职员办公室里普遍装饰着带有强烈香味的花环)。她长着一双明媚的眼眸,如《纽约时报》所描绘的——"棕色的瞳仁,大而有神、目光诚挚",《亚特兰大宪法报》也对她蓝色的眼睛赞不绝口。作家弗朗西斯·帕金森·凯斯(Frances Parkinson Keyes)忆及维勒布兰德时说:"她白天的着装风格一成不变,永远都是精心剪裁的套装搭配一件简单完美的衬衫。"但凯斯同时指出,维勒布兰德在家里喜欢穿"优雅别致的衣服……腰部或肩上总是别着一朵花"。对于同时代的女性杂志读者而言,这种风格比任何高级定制的正装都更有吸引力。

　　惠勒一生只专注于一项伟大的事业,很少有闲暇和一群受到严格约束的同僚们在一起休闲娱乐。与惠勒不同,梅布尔·维勒布兰德喜欢四处走动,她最亲密的朋友要数安德鲁·沃尔斯泰德的女儿劳拉(Laura)。当然,她也有一些闺蜜以外的朋友,如打破纪录的飞行员杰基·科克伦(Jackie Cochran)、"愿意为我赴汤蹈火在所不辞"的电影男爵路易斯·B.迈耶(Louis B. Mayer)。维勒布兰德与好莱坞名人走得近并不意味着她变得轻浮。她特别喜欢到路易斯·D.布兰代斯(Louis D. Brandeis)大法官①家参加晚宴,在那里能和客人们共同探讨最前沿的知识,尽情徜徉于真理的海洋。维勒布兰德还是一位名叫约翰·J.西里卡(John J. Sirica)的青年的贵人。正是在她的指引下,西里卡才开启了自己的法律职业生涯。半个世纪后,西里卡作为"水门事件"案件的主审法官,用自己的正直回报了维勒布兰德早年对他的信任。她最出名的朋友当属劳拉·沃尔斯泰德的法学院同学、29岁的J.埃德加·胡佛(J. Edgar Hoover)。经维勒布兰德介绍,司法部长哈

---

　　①　路易斯·布兰代斯(1856—1941),著名律师、最高法院大法官(1916—1939),是第一位担任大法官的犹太裔人士,"隐私权"概念的提出者。在20世纪70年代有关"联邦最高法院历史上最伟大的大法官"评选中,布兰代斯获得62票,仅次于获得65票全票的约翰·马歇尔大法官(开创了最高法院违宪审查权)。

伦·菲斯克·斯通(Harlan Fiske Stone)于 1924 年任命这个年轻人担任了司法部调查局主任一职。*

尽管梅布尔·维勒布兰德对十八修正案的执法工作满怀热情,但她并没有被纳入哈定总统的核心决策圈。事实上,她也并非特别支持制定禁酒修正案。维勒布兰德公开承认,自己在 1920 年之前一直在社交场合饮酒。当时她还是一位公共辩护律师,在洛杉矶治安法庭为女性被告人辩护(她获得了南帕萨迪纳市小学的教师工作,但这份工作只是为了维持生活,她在教书期间修完了南加州大学法学院的夜校课程)。她的当事人是一群酒鬼,或许是她们激起了维勒布兰德的进步主义思想,抑或触怒了她挥之不去的维多利亚时代情结。参议员海勒姆·约翰逊(Hiram Johnson)是当时加州"干派"进步主义人士中的明星骑士,从维勒布兰德就读过的法学院的一位教授那里了解到了她的才华。就在此时,新组建的哈定政府正向新近获得选举权的女性群体示好,想寻找一个象征性的政治任命。约翰逊对因进步主义理念而被洛杉矶保守派所排挤的维勒布兰德欣赏有加,适时向总统做了推荐。

1921 年,维勒布兰德宣誓就职。此时,哈定政府对十八修正案的投入程度,可以通过维勒布兰德认为应该领导禁酒战争的人的真诚度来加以衡量:一位痛恨禁酒令的财政部长(安德鲁·梅隆)、一位经常蔑视禁酒令的司法部长(哈里·多尔蒂),以及一位笑话不断的禁酒局负责人(罗伊·海恩斯)。对于负责起诉违反《沃尔斯泰德法》人员的

---

* 维勒布兰德向斯通推荐胡佛时对他赞美有加,称他是"一个诚实正直且见多识广的人……行动起来像电流一样流畅,如扳机一样迅速"。

头号检察官职位来说，一名刚从法学院毕业 5 年、年仅 32 岁、充满正义感的年轻女性看起来正是恰当人选。

接下来的故事——廉价小说、童话故事，或其他老套不变的陈词滥调都能预料到——她变成了一位令人恐惧的执法者。《沃尔斯泰德法》划定了禁酒的执法权力，其中财政部长领导下的禁酒局基于法案中长期存在的征税权开展执法。禁酒局的外勤执法探员负责调查违法行为，然后将抓获的罪犯转交司法部，由维勒布兰德及其领导下的各联邦司法区检察官提起指控，交由法院审判。对于跳梁小丑海恩斯，维勒布兰德给予他的最好评价是——一个"披着羊皮的政客"。在她看来，哈定总统任命的那些真正相信禁酒理念的官员也好不到哪里去，他们组成了一个"传教士政权""许多人都心存善意、多愁善感、誓不饮酒，但他们就是抓不到恶棍。"

恶棍除了在大街上游荡，还在禁酒局内部"繁衍"。他们贪污、勒索、盗窃，无恶不做。维勒布兰德后来无奈地承认："泱泱合众国，一亿两千万人口……却连四千个不会被收买的人都找不到。"历经 8 年的艰苦努力，她终于发出如此无奈的感慨。

罗伊·海恩斯所领导的由道德家与罪犯共同组成的禁酒队伍给梅布尔·维勒布兰德的工作带来了巨大麻烦，也令她憎恶不已。这群人当然无法肩负起执行禁酒令的重任。宪法第十八修正案第二款赋予了联邦和各州双重执法权，授权（或至少鼓励）全国各地的警察队伍在禁酒战争中并肩作战。在美国各州，ASL 的实力可以通过各州禁酒法律的详细程度来衡量，这些地方法律旨在与联邦法律保持一致，共同行使禁酒执法权。在佛蒙特州，因喝酒而被抓获的人如果不供出卖酒的上家,就会被判处强制监禁;在印第安纳州,火车和公共汽车的司机一度有权逮捕随身带酒的乘客。该州还规定,商家在店铺橱窗里摆放酒瓶或鸡尾酒酒杯也算违法;在密西西比州,与交易致醉酒类相关的债务一概不予承认;在爱荷华州,政府下令禁止销售固体酒精,以防有人用块抹布就能从中过滤出液体酒精,也防止那些有着较好餐桌礼仪的酒鬼们通过佐餐面包从中享受酒精。

也有些地方警察部门意欲有所作为,好好执行禁酒令,但奈何实在抵挡不了诱惑,终归还是与私酒贩沆瀣一气。禁酒令刚落地没多久,印第安纳州的警察部门就整体沦陷了。1921 年,有一沓题为"亲爱的杰瑞"(Dear Jerry Letters)的公函被泄露给了一家报纸。根据函件中所写的内容,当地新上任的联邦禁酒主管指示印第安纳波利斯市警察局局长耶利米·金尼(Jeremiah Kinney)将没收的私酒分发给他的同事们。芝加哥市长亲自对外披露,当地超过 60%的警察都涉足私酒生意。此言一出,该市强有力的禁酒执法形势很快就土崩瓦解了。

梅布尔·维勒布兰德指责地方警察的执法努力深受"昏睡病"的困扰,意指各州政府对执法所需的资金要求反应迟钝,也可以说根本不上心。当时情况确实如此,有 18 个州连 1 美元的禁酒预算都不愿意花,足以反映出地方对整个禁酒工作的抵制情绪。1923 年,纽约州干脆废除了本州的禁酒法律,而马里兰州甚至从未费心颁布过类似法律。ASL 在一份官方出版物中严肃指出:"任何未颁布禁酒法律的州都应受到联邦政府的严密监督,这意味着他们对联盟忠诚度的倒退。"

客观而论,一些州立法机关不愿意执行禁酒法律,未必是受饮酒欲望所驱使。即使 ASL 力挺的官员占据议会多数,他们高昂的禁酒热情在捉襟见肘的财政窘况面前也会变得萎靡不振。在十余年时间里,酒税一夜之间蒸发殆尽;第一次世界大战之后,所得税税率也急剧下降;当时流行"小政府"理念,政府收入锐减,也愁坏了好几任总统——沃伦·哈定、卡尔文·柯立芝(Calvin Coolidge)及赫伯特·胡佛。在这种背景下,立法机关当然没有动力新增拨款资助禁酒执法工作。

在某些州,尤其是宾夕法尼亚州,立法与执法的脱节程度超乎人们的想象。该州占主导地位的共和党可分为两个派系,一派是由出身富裕但专横跋扈的参议员博伊斯·彭罗斯(Boies Penrose)所控制的极端保守派(大部分是"湿派"分子),一派是由出身名门且积极进取的吉福德·平肖(Gifford Pinchot)领导的进步派。彭罗斯是安德鲁·梅隆在该州政坛的盟友,统领着该州强大的政治机器,他们通过令人眼花缭乱的政治任命与庇护建立起庞大的政治关系网络,坚信政府就是为富裕阶层牟利的武器。彭罗斯有句名言:"我宁愿做傻瓜们的独裁官,也不愿做他们的公仆。"平肖曾是西奥多·罗斯福总统核心决策圈中的一员,在担任美国林业局局长一职时就展现出不凡的政治才华与抱负。平肖信奉进步主义理念,认为政府的存在价值就是要大幅改善人民生活水平,无论人民想不想要自己的生活被改善。

1912 年,彭罗斯去世,平肖趁机赢得了共和党的州长提名。在当年 11 月的选举中,平肖提出了很多竞选承诺,如禁止在州长官邸内饮酒(在当时当地这是一个令人震惊的提议);只任命那些宣誓效忠第十八修正案的法官;领导该州首次"对上帝坦诚相见"行动,使宾夕法尼亚州严格遵守《沃尔斯泰德法》等。根据梅隆家族的一位传记作者的说法,平肖十分讨厌安德鲁·梅隆。当时有流言称梅隆家族控制的海湾石油公司一直将酒装在油桶里进口到美国,然后在路边的加油站中重新分装打包。这则谣言听起来就十分荒谬,平肖却一直深信不疑。

宾夕法尼亚州第一位联邦禁酒负责人、前州参议员威廉·C. 麦克康奈尔(William C. McConnell)曾是彭罗斯手下一员。任职不到一年,麦克康奈尔就与46名同伙(包括他手下的16名执法探员)卷入了一场金额高达400万美元的腐败案件。令人意想不到的是,在本案中负责指控麦克康奈尔的联邦检察官很快就被炒了鱿鱼,有关此案的所有证据也都奇迹般地消失了。平肖肯定对此非常不满,当然这一切很可能也在他的意料之中。"政治第一,执法第二,亘古不变。"平肖在谈及彭罗斯的政治霸权时说道,麦克康奈尔只是做了"自其被任命掌权之时起就应该做的,也是他想做的事情"而已。

平肖所追求的目标和麦克康奈尔全然不同。他处事自信,效率极高,如高贵的勇士一般气宇轩昂。历史学家帕特里夏·奥图尔(Patricia O'Toole)曾盛赞他"五官精致,可以铸到硬币上"。在启动"对上帝坦诚相见"行动让宾夕法尼亚州变干之前,平肖也没有闲着。上任第一个月,他便将州警察队伍改组成了突击队,一个星期内就突击检查了18个县的非法私酒窝点。平肖通过此举提醒宾州的共和党议员们,现在他才是本州共和党领袖,是他领导他们赢得了11月的选举,而且他们已经承诺支持他的立法计划。通过一系列的雷霆手段,平肖获得了他想要制定的法律,沉浸在胜利者的骄傲中,浑身闪耀着改革家的正义光芒。对于在立法上所取得的重大胜利,平肖骄傲地表示,自己并没有为此做任何政治交易。"这是一次没有收买的胜利,价值更是非同寻常。"

没有收买或许属实,但这也意味着没有资金支持。一场辉煌的演出胜利落幕之后,曾经追随平肖的立法者们亮出了强硬底色。对于宾夕法尼亚州立法机关甚至任何立法机关而言,给禁酒武装力量想要的法律是一回事,但在执法过程中提供必要的资金支持又是一回事。最后,立法者们郑重地决定,为平肖州长雄心勃勃的计划拨付的财政资金总额正好等于零。

对于"干派"人士而言,联邦政府层面的形势从未如此糟糕。韦恩·惠勒对政治领域的每一座大小山峰与山谷都了然于胸,他也很早就意识到禁酒工作会在政府支出方面遇到普遍压力。1920 年,惠勒对莫里斯·谢泼德表示,只要 500 万美元就足以覆盖联邦政府在境内执行禁酒令的所有开支(相比之下,这笔钱甚至还不够支付哥伦比亚大学当年的工资单)。很难想象,在美国边境已经被私酒贩渗透得像筛子一般,而愤怒的"湿派"人士正干渴难耐的形势下,惠勒会真的以为用这么少的预算就能支持在如此辽阔的国土上执行禁酒令。猜也猜得出,他此时肯定心如明镜,冒着如此大的失败风险去要求爱钱如命的国会提供大量财政拨款,绝对是非常愚蠢的举动。在 20 世纪 20 年代,共和党控制的国会或许会高唱几句《国际歌》,但绝不会为政府活动开出大额支票。罗伊·海恩斯变换思路,向国会吹嘘未来从违法者身上收取的罚款和挽回的税收损失总额会远超过政府执法支出,想以此忽悠国会老爷们给予拨款。但国会直接无视了他的说法,并且决定无论收益多高,也不会给这项工作投入一分钱。

如此一来,在禁酒令实施的头几年里,"干派"人士拥有的只有国会愿意提供的执法力量而已。罗伊·海恩斯的禁酒局最初只有 1500 名缺乏训练的外勤探员和 1500 名挂靠在国税局的行政职员。联邦执法队伍的另一主要组成部分是海岸警卫队。如果海恩斯的 1500 名外勤探员势单力薄，不能深入整个国家执法，那就要考虑由"无敌舰队"
巡逻其负责的 4993 英里美国海岸线。而在 1920 年，整个海岸警卫队
的"舰队"满打满算也只有 26 艘近海小船、少量改装拖船及 28 艘沿海
巡逻快艇，其中一艘还"部署"在印第安纳州埃文斯维尔的造船厂里。
自第十八修正案生效之日起，直至 1925 年，国会在整整 5 年的时间里，
没有给海岸警卫队提供过任何实质性的增量预算。

　　基层拨款欠缺、人手不足；高层梅隆冷漠、海恩斯无能。联邦禁酒
执法工作就像经被哈定政府抛弃的孤儿一样举目无亲，茫然无助。不
屈不挠的梅布尔·维勒布兰德是唯一一位深信联邦法律必须得到执行
的政府高级官员，她也确实倾尽全力而为之。对于下属，维勒布兰德恩
威并施。她和因法庭拥挤混乱而沮丧不已的法官以及丧失工作激情的
联邦检察官们都结成了笔友，通过往来书信给他们打气加油；另一方
面，对于不全力以赴追究违法者责任的联邦检察官，她也会毫不留情地
解雇。与此同时，她还积极利用联邦法律体系中其他部分内容——税
收法规和关税法规——扩大自己的执法权力，以冲破《沃尔斯泰德法》
下执法授权的局限性。在她眼中，《沃尔斯泰德法》"没有牙齿"，威力
"微不足道"。

　　为了执行禁酒令，维勒布兰德的方法是尽力克服行政机关的惰性
和立法机关的不作为，而吉福德·平肖则采取了一种不同策略。有感
于只能共患难不能同富贵的宾州议会拒绝为自己的执法计划提供拨款
支持后，平肖转而向 WCTU 求助。WCTU 宾州分部主席埃拉·乔治
（Ella George）成功说服当地 WCTU 领导层向州长提供执法所需的捐
款，总额高达州长向州议会请求资金的 60%。

　　获得资金支持后，懂得感恩的平肖州长并没有把这种慷慨行为当

作理所应当之举。他也许是一个理想主义者,但绝不是一个忘恩负义的人。显然,他从彭罗斯政治机器下的对手以及 ASL 那儿学到了足够的政治手腕。平肖州长非常感激乔治夫人的大力支持,于是将比弗县(埃拉·乔治的家乡)所有政治任命的权力都授予给她以作答谢。

第十章

边境漏洞

乘坐狗拉雪橇从肯诺拉(Kenora)前往森林湖(Lake Of The Woods)的 120 英里旅程令山姆·布隆夫曼(Sam Bronfman)刻骨铭心,痛苦而非愉悦。这是 1916 年的冬天,加拿大横贯公路(Trans-Canada Highway)尚未竣工,安大略省西北部地区虽然平坦得一望无际,但气温也冷得直刺骨髓,27 岁的布隆夫曼必须尽快赶到目的地。当然,即使当时有高速公路,布隆夫曼也不愿意开车(他其实不喜欢开车)。自与一位非常崇拜他的女性结婚之后(妻子常亲昵地叫他"我的山姆"),到他去世前的 49 年里,他从未亲自开过车,而是一直花钱雇专职司机。

据布隆夫曼所言,从肯诺拉出发的这段传奇旅程(往返共需 12 天,路上除了向导用袋子装的鹿肉以外什么吃的都没有)为北美大陆书写了一段财富神话。根据加拿大联邦政府与各省政府之间怪异的宪法分权模式,早在美国实现全民禁酒的 4 年之前,加拿大各省就已经在流行一个"断背"版本的禁酒令了。单个省份不能禁止在本省辖区内生产酒精饮料,也不能禁止跨省运输酒精饮料(这些都属于联邦政府的权力规制范围),但他们可以在本省内禁止销售酒精饮料。截至 1919 年,每一个讲英语、以新教信仰为主的省份都选择了禁酒(只有说法语、信仰天主教的魁北克省仍遵循自己的独特文化传统)。精明的生意人从这种怪异的状态中发现了发财的机会——如果能把酒从不禁酒的地方运到禁酒的地方,然后再销售出去,那肯定能大赚一笔。

1916 年,年轻的山姆·布隆夫曼就这样坐着狗拉雪橇,长途跋涉前往一个遥远的伐木营地,期望能在那里找到一位正在转让小旅馆的卖家。至少还有一名买家在肯诺拉等着这位卖家返回谈价,而布隆夫曼诚意更足,出手更快,直接跑到卖家所在的森林湖,连报价的机会都不留给其他买家。根据当地法律,这家小旅馆持有一张卖酒执照;而根据联邦法律,布隆夫曼发现了巨大的商机。相较于历史上的肯诺拉,如今的肯诺拉最大的变化就是改了名。从小镇以前的名字中人们可以或多或少感受到它曾经的地位——1905 年更名前,肯诺拉一直被称为"老鼠运输站"。但如今,在这个安大略省最西端的小镇上,当地的禁酒令没有像马尼托巴省(Manitoba)或萨斯喀彻温省那么严格,布隆夫曼可以在此建立一个酒水仓库,把他从蒙特利尔买来的酒运到这里存储,然后再转运分销到"草原省份"①。前往森林湖的路程非常艰难,加之向导能力有限,整个行程更是倍加艰难,由此也可见布隆夫曼非常自信对美好未来的判断。20 世纪 60 年代末,在回忆起当年的惊险一搏时,布隆夫曼说道:"我当时几乎无法面对回去的路程,当时的向导只能猎捕笨鹿,除此之外他连一只兔子、一只鸟,甚至一头熊都没发现过。"

---

① 加拿大草原省份(Prairie Provinces)包括马尼托巴省、萨斯喀切温省和阿尔伯特省,位于北美大平原的北端。

直截了当、粗鲁无礼、总是把自己的利益看得高于一切,这就是布隆夫曼的性格,终其一生都未改变。* (从出生时间上看)他是叶希尔(Yechiel)和明德尔·布隆夫曼(Mindel Bronfman)的第三个儿子。但多年后,他却成了整个家族的掌舵者。如他所言,"犹如一匹马赢得了一场比赛,我也一样"。1891年,布隆夫曼刚刚两岁时,父母叶希尔和明德尔带着家人从摩尔多瓦(Moldova)农业小城索罗卡(Soroca)移民到陌生的加拿大萨斯喀切温省东部。农业社会总是充满了各种琐碎的讨价还价,而讨价还价又带来了其他商业投机。不久,头脑灵活的布隆夫曼一家积累了足够的本钱,开始不断收购小旅馆,而且专挑小镇上的那种。对大多数人而言,"旅馆"是一个庞杂的概念;对于布隆夫曼家族来说,"旅馆"就是财富积累的源泉。像爱默生(Emerson)、约克顿、肯诺拉这样的定居社区,旅馆往往开在火车站附近,为来到大草原上的游客提供最基本的住宿服务。旅客到了有床睡,有饭吃,可能还有个台球桌,而且可以肯定的是,旅馆一定有酒卖。

肯诺拉的商机没能维持多久。1918年,加拿大联邦议会立法禁止跨省运输酒类商品,唯一例外是用于医疗目的。即使如此,当地人也无须直到背靠死亡之门时才能合法地喝上一杯白兰地。在当地医生的配合下,布隆夫曼夫妇打造了新的商业模式。他们控制了一家酒水商店,客人们拿着医生的处方到商店就能合法买到酒,而医生则能从每单处方中拿到2美元回扣。即使后来医生将每单回扣提高到3美元,山姆和三位兄弟依然干得顺风顺水。当酒的地位在国境以南的美国发生翻

---

* 随着财富增加,他的粗俗程度也日益增长。传记作家尼古拉斯·费斯(Nicholas Faith)举例说,一个典型的布朗夫曼式侮辱会是"一个狗杂种爸爸的狗杂种儿子"(A Cocksucking Son Of A Cocksucking Cocksucker)。

天覆地的变化时,布隆夫曼的家族企业规模也随之急剧扩张,这就是为什么山姆与哥哥哈里会在 1919 年深冬跑到萨斯喀切温省约克顿的铁路旁过圣诞节。实际上,他们此行是为了把五卡车的苏格兰威士忌酒运送到此地,存放在旅馆房顶上。此后不久,又有 27 辆卡车陆续抵达。几天时间里,兄弟俩轮番工作了近 20 小时,用这种新"货币"填满了他们的仓库,以及他们所能填满的任何角落。

多年后,山姆向一位传记作家讲述了这些往事。他援引诗人丁尼生(Tennyson)的诗句,自己的家族抓住了"幸运女神的长裙"。这听起来比说他们布隆夫曼全家人在 15 年的时间里一直干着违法犯罪的勾当要体面得多。几十年来,他们大胆地维持着公共关系,在商业上取得了巨大成功,但最终他们还是会将那段时期从记忆中抹去。

靠山吃山,靠水吃水。布隆夫曼家族依靠酒精发家致富可谓是命中注定。在他们的母语——意第绪语中,Brofen 一词的意思就是酒。在种族歧视盛行的年代,私酒生意恰好是一种不受当时歧视性社会规则约束的行当。正如加拿大记者兼历史学家詹姆斯·H. 格雷(James H. Gray)在《二十年代的喧嚣》(The Roar Of The Twenties)一书中所言,山姆、哈里以及他们的兄弟亚伯(Abe)和艾伦(Allan)开始从事私酒生意之时,整个加拿大从未有犹太人成为注册会计师,没有犹太人从事保险业工作,严格的配额制度使得医学院的大门对犹太人连半开半掩都算不上。在整个西部省份,从温尼伯(Winnipeg)到温哥华,从事银行业工作的犹太人屈指可数——只有一人。

种族差异撕裂了美国社会,也让美国公众在禁酒问题上产生了认识上的鸿沟——土生土长的清教徒反对其他所有族群,这一幕也在加拿大上演。在东部,魁北克省拒绝加入禁酒行列,加剧了其他加拿大人对讲法语的天主教徒的不信任;在西部,根据马尼托巴省警察局局长估计,该省95%的私酒贩都是犹太人。现任圣公会副主教(即将成为萨斯喀切温省大主教)乔治·埃克斯顿·劳埃德(George Exton Lloyd)对从事私酒生意的犹太人敬而远之,并且还警告犹太人应该珍惜加拿大政府授予他们"白人所享有的权利,绝对不能有不光彩的行为,以免玷污国家名誉"。马尼托巴省的 R. H. 格罗弗牧师(R. H. Glover)更是激进,严词控诉"有一群美国犹太人,在以美元为神灵的异教徒妓女的教唆和帮助下,成功地引诱整个加拿大坠入罪恶的深渊"。

格罗弗牧师的指控非常诡异,他认为堕落的犹太人都是美国人。如果要找一个理由的话,那一定是 1920 年 1 月 16 日之后天翻地覆的变化——加拿大政府睁一只眼闭一只眼,默许存在已久的"药用"酒精滥用问题在这一天升级成将被布隆夫曼家族主导的大规模跨境私酒贸易。加拿大的禁酒主义者在国内禁酒问题上和美国战友们一样乐观,他们都不愿相信本国同胞会从事违法的私酒贸易。安大略省关闭了酒馆和酒水商店,多伦多的一位禁酒主义分子兴高采烈地报道说,他曾在海湾街圣查尔斯酒馆里统计了 128 个醉鬼的不同醉酒状态,而现在这家酒馆已经变成了饮料吧,男人们又可以以"喝淡啤酒和酸奶"打发时间了。但是,即使最乐观的人也不能无视大草原上正在发生的一幕——在那儿,山姆·布隆夫曼带领兄弟们挖到了液体黄金。

很快,欲望的魔力驱使他们涉入酒水加工生产环节。布隆夫曼家族的跨境贸易业务起步之时,酒水是逆流而上的——美国烈酒商把变得毫无价值的库存货物全部打包出口加拿大。在美国实施禁酒令的第一年,布隆夫曼家族从美国进口了大约 30 万加仑的威士忌。他们将这些进口威士忌与酒精原料及水混合,调制成数量惊人的低品质威士忌酒,然后又返售回美国。当经调制的"老乌鸦"(Old Crow)、"阳光布鲁克"(Sunny Brook)及其他美国品牌的酒水存货售罄之时,布隆夫曼家族便开始从苏格兰大量进口高度酒精,掺水稀释并添加色素(焦糖色最受欢迎,其他的多用西梅汁上色,再来点木馏油①补上烟熏味)后,一箱箱的苏格兰威士忌酒就这样"酿"成出厂了。在1920年底之前,他们每月要发2.6万箱(约6.4万加仑)货到美国。

布隆夫曼家族的酒都是此类混合调制的瓶装酒,出厂后存储在一些专供出口之用的仓库(当地人俗称"酒水转运站")。这些仓库散布在萨斯喀切温省与美国北达科他州边界地区,如盖恩斯伯勒(Gainsborough)、卡里维尔(Carievale)和比恩菲特(Bienfait)等城镇。温尼伯市的布曼兄弟(Bulman Brothers)印刷公司负责提供酒标。根据山姆回忆,"任何人都可以走进他们的工厂,然后买上1000或5000个酒标"。很快,一箱又一箱贴着假冒或新造酒标的酒从"酒水转运站"流出来,然后经过萨斯喀切温省埃斯特万市(Estevan)流向北达科他州的奴南市(Noonan),全程仅18英里。布隆夫曼家族生产的假苏格兰威士忌在品牌名称上非常缺乏想象力,多是直接伪造诸如"老高地"(Old Highland)或"威尔士亲王"(Prince Of Wales)②之类的著名商标,或者自己发明的模仿商标,如

---

① 正宗苏格兰威士忌在酿制过程中需要用泥煤将发芽后的大麦加热烘干,这个过程中酿酒原材料会吸附一种特殊的酚类化合物,进而产生泥煤风味。酚类化合物含量越高,泥煤味越明显。木馏油又称木杂酚油,是一种烈性消毒剂和防腐剂。布隆夫曼家族用酒精生产假苏格兰威士忌时,通过添加含有酚类化合物的木馏油模仿正宗苏格兰威士忌中的泥煤风味。

② "老高地"和"威尔士亲王"均为知名苏格兰威士忌品牌。

"格兰·莱威特"(Glen Levitt)①等。*

　　酒水出口贸易是"酒水转运站"所在传统农耕区域相当重要的产业。在地方及联邦法律的庇佑下,对布隆夫曼家族及他们的经销商和客户来说,只要根据各自所赚取的利润和跨境出口商品总额缴纳相应的所得税和关税,他们的生意就合乎法律了。与传统的药品生意相比,私酒生意的规模显然要大得多。1921年,山姆与加拿大税务部门达成和解协议,他与哈利同意补缴过去几年的所得税,其中1918年为550美元,1919年为7644美元,1920年则达到了惊人的113694美元。虽然1920年的纳税数额非常惊人,但其实依然没有反映布隆夫曼家族的真实盈利情况。1922年,山姆曾向外界透露说:"我已经完全掌控了萨斯喀切温省的酒水生意。"山姆所言不虚,他们干的真是大生意。根据同一年哈里在法庭上的供述,《温尼伯论坛报》(Winnipeg Tribune)计算出了布隆夫曼家族当时的盈利情况——每月利润高达39.1万美元。

　　尽管大草原上的跨境私酒贸易有着一整套的商业逻辑与规则,但仍然是一种非法走私行为。"酒水转运站"使用粗重的铁栅栏围着,门上挂着牢固的铁锁,里面还备着各式枪支弹药。用来将货物运往南方的车辆在当地被俗称为"六缸威士忌"——大多都是六缸的别克或斯塔德贝克(Studebaker)轿车。私酒贩子拆掉了汽车后排座椅,使用重型弹簧加固了悬挂系统,增强减震性能。许多人还特意在车尾保险杠上

――――――――――

　　① "格兰威特"也是著名苏格兰威士忌品牌,其英文名为Glenlivet。布隆夫曼家族使用Glen Levitt作为假酒品牌名称,属于故意混淆。

　　* 在著名作家索尔·贝娄的小说《赫索格》(Herzog)中,主人公赫索格的父亲曾是蒙特利尔的一名不太成功的私酒贩,在家中混乱肮脏的厨房中制作假酒,各式各样的酒标就摆在餐桌上,旁边放着浆糊瓶。父亲经常对孩子说:"孩子们,这瓶酒我们该贴哪个酒标呢,是白马牌(White Horse)还是尊尼获加?"孩子们选中自己喜欢的品牌,然后就开始干活了。

拴一条结实的长铁链,沿着土路一路拖着行驶。借着铁链卷起的漫天尘土的掩护,私酒贩子可以摆脱正在执行任务的忠诚警察、寻找敲诈机会的不法黑警,或者精力充沛的抢劫犯。在边境关卡,加拿大官员会要求南下的走私商人提供详细货物清单,以便计算出他们应该支付给主权政府的出口关税。清关之后,海关官员会交给走私商人一张关税收据。对于边境线另一侧的美国海关人员而言,这张关税收据价值甚大,他们需要根据关税金额计算出向走私商人索取的贿款金额。

1969 年,山姆·布隆夫曼的儿子埃德加(Edgar)已经接手了家族留下的产业——施格兰(Seagram)饮料帝国。他表示,自己的家族公司在美国禁酒令期间"只在加拿大境内销售公司产品"。但再过 20 年后,埃德加就没有那么肯定了。在他的回忆录《美酒——一个商人的塑造》(Good Spirits: The Making Of A Merchant)中,他坚持称父亲山姆在禁酒令期间所做的生意都是"完全合法的",但也添加了个限定条件:父亲和叔叔们与私酒贩子之间的往来永远也说不清道不明。

然而,布隆夫曼家族的酒并不是偶尔跨越美加边境,也没有变换花样找其他从北达科他州到美国中西部边境城市的合法道路。他们所玩的游戏简单粗暴,足够野蛮,因此也导致山姆和哈里的妹夫——保罗·马托夫(Paul Matoff)被谋杀,至今未能破案。当时,马托夫刚和美国私酒商完成一笔交易,正在位于比恩菲特(Bienfait)的仓库中清点收到的货款,被歹徒用一支 12 号口径的霰弹枪开枪杀死。北达科他州的警察用重型机枪武装自己,可不是为了抓捕几个种麦子的农民捞点外快。布隆夫曼家族在美国境内有自己的销售代表,其中负责芝加哥和明尼阿波利斯的那位销售员胆识过人,平日里大摇大摆地带着名片,公开宣称自己是布隆夫曼家族约克顿贸易公司的酒水批发商,大肆夸耀在

"美加边境的萨斯喀切温省"拥有 6 个生产仓储基地。到了 1923 年,山姆已经通过私酒贸易在美国建立起庞大的关系网络。当时在纽约举行的邓普西-菲尔波(Dempsey-Firpo)拳击冠军争霸赛①一票难求,但加拿大人山姆却拿到了宝贵的门票。送他门票的是一位聪明的年轻"企业家",名叫迈耶·兰斯基(Meyer Lansky)。

亚瑟·J. 塔特尔(Arthur J. Tuttle)是一位无比正直的法官。在被威廉·霍华德·塔夫脱总统任命为联邦法官之前,他曾在密歇根州英厄姆县(Ingham County)担任检察官,随后升为密歇根州东区的联邦检察官。在职业生涯内,塔特尔以对违反《曼恩法》(Mann Act)的妓女贩子(当时俗称妓女为"白人奴隶")处以严刑峻法而闻名。平日里,他全身心投入到自己在密歇根州中部莱斯利(Leslie)小镇的苹果农场、北部半岛上的狩猎小屋,以及大学兄弟会和共和党的事务中。

工作中,塔特尔法官也积极践行禁酒理念,发自内心地严格执行禁酒令。当然,他的法院是否有足够的权力或能力在执法过程中发挥有效作用又是另一回事。禁酒修正案被批准时,塔特尔是该地区唯一一位联邦法官,管辖着除大急流城之外所有大城市(包括底特律市)的案

---

① 杰克·邓普西和路易斯·安杰尔·菲尔波均是当时著名拳击手。邓普西是当时的世界冠军,绰号"马纳萨大锤";菲尔波来自阿根廷,是南美洲冠军,号称"南美野牛"。1923 年 9 月 14 日,菲尔波在能够容纳 8 万观众的纽约马球场挑战邓普西。此次拳王争霸赛是拳击历史上非常著名的比赛,邓普西在第一回合七次将菲尔波击倒在地,但菲尔波却没有认输,反而在起身后大展雄风,把邓普西打出了拳击台,直接摔到了场下记者席上。纵然如此,邓普西依然威力十足,跳上拳台继续厮杀,再次将菲尔波击倒。此战第一回合足足有 237 秒长,远超过标准时间 180 秒。在第二回合,邓普西又两次击倒菲尔波,最终结束了比赛,赢得了冠军。

件。在禁酒令之前,塔特尔法官的生活和工作都按部就班,《沃尔斯泰德法》的到来打破了他那用大理石和桃花心木装饰的法庭的秩序与平静。在禁酒令实施的前 18 个月中,塔特尔法官受理的案件数量足足增长了 3 倍多,大部分新增案件都是根据《沃尔斯泰德法》及海关法律提起的指控。在离法官办公室仅四个街区之外的底特律河上,每分钟都在上演着违法犯罪行为。

但在 1921 年 8 月,即禁酒令实施的第 19 个月,短短一个月里受理了 3 倍于此前一年半所受理数量的案件,这就实在超乎寻常了。对于案件受理量激增,塔特尔法官本人也负有很大责任。总的来说,塔特尔法官的判决符合《沃尔斯泰德法》的立法目的,也合乎法律条款。但在现实中,他很快就在法律条款的压力下做起了违反立法目的的事情。在禁酒令施行后第二年的 8 月,海关总署和国税局的征税员试图阻止从加拿大温莎市希拉姆·沃克酿酒厂(Hiram Walker Distillery)经美国境内铁路发往墨西哥的货物,但却被塔特尔法官制止了。塔特尔认为,即使联邦政府旨在通过执行《沃尔斯泰德法》解决"有待弥补的罪恶",但仍然违反了 1871 年美国与加拿大签署的一份条约。一位记者写道,对加拿大海关官员而言,"签发发往墨西哥的货物提单,看着一艘艘货船驶入河中,已经成为一种慷慨豪迈之举"。1925 年,希拉姆·沃克酒厂声称他们公司每年有 10 万箱加拿大威士忌通过海路销往"古巴"。

塔特尔法官在希拉姆·沃克案中迈出了一大步。但相比之下,影响更大的是加拿大温莎市地方治安法官 W. E. 甘迪(W. E. Gundy)作出的另一项裁决。安大略省的一家啤酒公司认为,虽然将其生产的啤酒运到河对岸的底特律会违反美国法律,但美国法律与加拿大人并不相干。当地治安法庭认可了啤酒公司的观点,《纽约先驱报》(*New York*

Herald)简明扼要地指出了该案所涉及的国际法问题——"根据治安法官甘迪先生传递的判决观点,美国有足够强大的实力来维护本国的法律尊严。"

甘迪法官的判决,使得加拿大一侧的河流码头犹如火山爆发般骚动不安。富有商业进取心的加拿大人(比如那位曾声称一天要喝掉10瓶酒的温莎妇女)以往所使用的零敲碎打转运货物的小生意模式,如今已经被大规模工业化经营模式所取代。在判决后第二天,就有700辆卡车的货物被一支小船队运走,驶向已经被禁酒宪法修正案覆盖的密歇根州河岸。加拿大当局人员面无表情地看着这些后来被称为"蚊子舰队"的小船散布在几英里宽的河面之上。这支船队由各式各样的小船、小艇和汽艇组成,"倾其所能满载啤酒和威士忌,由于吃水过重,河水都冲刷到船舷上缘了"。《底特律新闻报》报道称,密歇根州的联邦禁酒局由于无船可用,执法探员在过去几个月经常借用底特律警察局的船只。但在最近一段时间,禁酒局探员"没有使用警方的船只,因为他们原本期冀随着安大略省实施禁酒令,河对岸的私酒交易能够自然而然地消失"。

这种想法和指望萨斯喀切温省和马尼托巴省实施禁酒令一样幼稚。在那里,布隆夫曼家族向地方政府贡献了可观的出口税收,为许多人提供了就业机会,加拿大地方政府感到十分高兴,二者利益成功捆绑在了一起。当萨斯喀切温省政府考虑制定政策将出口商品仓库限制在该省大城市中时,拥有600名居民的农业小镇卡恩达夫(Carnduff)表达了强烈的反对意见。当地居民向议员们发起请愿,要求保留对当地经济至关重要的"酒水转运站"。在禁酒令颁布之前,底特律河是温莎市和底特律市之间的分界线;而禁酒令颁布之后,温莎市似乎通过这条原本的界河与底特律市紧紧地焊在了一起。对温莎市而言,禁酒令相当于一场土地争夺战。只要看一眼熙熙攘攘的出口码头,政府官员就能感觉到无数的财富正源源不断地流入到地方、省级和联邦政府的国库[《金融时报》(Financial Times)就认为,"私酒贸易对加拿大贸易顺差贡献良多"。]。对于已经掌握了向美国客户销售加拿大烈酒的商业网络的人而言,眼前的盛况更让他们激动不已。想象一下,如果你在偏僻的大草原省份每月都能赚到近40万美元利润,那要是再把业务拓展到人口稠密的东部地区,将会有多大的收益?

1923年,从加拿大走私到美国的私酒规模与日俱增。面对严峻的边境走私形势,负责稽查私酒的罗伊·海恩斯则如此解释:"漫长的边境线有无数漏洞,从加拿大漏些私酒进来实属正常。"诚如其所言,地图上的美加两国边境线上充满了"漏洞",以致整条边境线都是"湿"的,私酒若是漏不进来才奇怪。在西部地区,不列颠哥伦比亚省(British Columbia)依靠向每家出口公司收取高额的年度许可费,从私酒贸易中发了大财。发自英国的大型货船满载着威士忌酒停靠在加拿大维多利亚港,但没有一滴酒会流到加拿大的土地上。在东部地区,长期依靠芬迪湾和缅因湾渔业生存的渔民们转向了另一种利润更为丰厚的营生。沿着美加两国3987英里陆地边境线,"瓶装农作物"产业一片繁荣,边境线两侧的居民都过上了富裕的生活。在禁酒令废止几年之后,"联邦作家计划"(Federal Writers' Project)的采访者询问他的采访对象放弃石雕工作转而从事私酒生意的初衷是什么。这位来自佛蒙特州诺维奇市(Norwich)的年轻人回答说:"工作?我去工作?真是开玩笑,傻瓜才去工作。"

那些怀有远大梦想的人所想的绝不仅是逃离艰苦的花岗岩采石场,例如山姆·布隆夫曼。1922 年时,他才 33 岁,身高不到 5 英尺 6 英寸,下巴后缩、头发稀疏,看起来其貌不扬,但此时的他已是加拿大西部地区最富有的人之一。他有一位身着制服的司机,跟随在他身边近十年。他的豪华凯迪拉克轿车"脾气"很大,发起火来能把油漆蹭掉,但一开出去就是温尼伯街道上的一道风景。多年后,山姆的儿子埃德加回忆说,父亲的人生信条就是金钱——"如果你有钱,你就是个人物;如果你有很多钱,你就是个大人物"。如果你问他世界历史上最伟大的发明是什么时,他会说——"利益"。

对于布隆夫曼而言,将生意大本营从温尼伯迁往蒙特利尔,把市场从中西部边境地区转移到从纽约到芝加哥的富庶地带,是让家族事业更上一层楼的必然选择。他后来也承认,面对底特律这片镶金嵌玉的丰饶之地,以及从东部沿海到波士顿南部涌现出的财富机遇,自己的行动已经晚了不少。即使如此,通过陆运(火车到温莎)和海运(船运到波士顿、纽约及其他东海岸大城市)双管齐下,布隆夫曼家族能所赚得的财富仍将超乎山姆的梦想。但首先,生意规模的扩大已经超出了萨斯喀切温省仓库里 1000 加仑红杉木酒桶供应的极限,山姆必须建立起更为可靠的货物供应来源。

1971 年,山姆·布隆夫曼去世。几年后,山姆的遗孀赛德耶·罗斯纳·布隆夫曼(Saidye Rosner Bronfman)出版了私人回忆录,开篇第一句就是"我的丈夫是世间最伟大的男人"。对于丈夫的伟大,她着实深信不疑。在这本题为《我的山姆》(My Sam)的回忆录中,赛德耶回忆了她与丈夫之间的浪漫往事:山姆为她哼唱小夜曲(他最爱唱《娃娃脸》）；雇佣许多仆人全方位服侍她（他告诉她，"如有需要，就再多雇一些"）；不许她下厨做鱼丸（他说，剁鱼让他想起了"亲爱的妈妈"辛勤劳作的模样）。山姆和赛德耶于 1922 年结为夫妇，当时他们二人一个 33 岁，一个 26 岁。虽然婚礼办得热热闹闹，但他们并没有享受真正的蜜月。在婚后两年时间里，夫妻二人频繁往返于加拿大和美国，考察了"温尼伯、温哥华、卡尔加里（Calgary）、里贾纳（Regina）、芝加哥、水牛城（Buffalo）、底特律"等城市。赛德耶回忆道："我们带着行李箱生活，整个旅途就是不断地打包和拆包。"按照赛德耶的说法，他们夫妻在漫长旅途中到访渥太华、洛杉矶和路易斯维尔（Louisville）等城市，只不过是简单的歇脚，算不上商务旅行的一部分。在渥太华，布隆夫曼一家参加了一场家庭婚礼；在洛杉矶，他们看望了山姆寡居的妹妹简（Jean），她和两个年幼的孩子生活在那里（简的丈夫在比恩菲特被匪徒用霰弹枪打死）；在路易斯维尔，他们出席了肯塔基州赛马大会。

　　布隆夫曼夫妇给出的理由看起来合情合理，事实却并非如此。他们去肯塔基州本身就是商务旅行中的一站，和去其他城市的商旅并无区别。夫妇二人去了距离路易斯维尔约 50 英里的绿蔷薇酿酒厂（Greenbrier Distillery），在那里寻到了山姆几个月以来梦寐以求的收购标的——一个永久废弃的酿酒厂。这个酿酒厂对美国人来说已经一文不值，但对于山姆来说却是价值巨大，他正好可以低价购入，然后拆掉生产设备运过北方边境，在加拿大境内重新组装用于生产。布隆夫曼夫妇在加拿大圣劳伦斯河畔的蒙特利尔郊区拉萨尔镇（Ville LaSalle）找到了合适的新厂厂址。在之后两年多的时间里，山姆、哈里和艾伦每天都到现场监督新厂区建设。看着生产规模不断扩大的酿酒厂，他们仿佛看到了自己辉煌的未来。

　　山姆将这种日常仪式称之为"奉献时刻"。1926 年,他和艾伦开展了一次朝圣之旅,他们远渡重洋前往英国,拜访了控制苏格兰威士忌行业的巨头。自 1920 年以来,布隆夫曼家族就一直从苏格兰人那里大量进口威士忌,运回加拿大与自己的产品混合,重新包装成"高地威士忌"推向市场。现在,他们筹划了一个更为宏大的合作模式——建立跨越大西洋两岸的紧密合作伙伴关系,由苏格兰方面提供各种品牌的威士忌,布隆夫曼家族在北美大陆进口并负责分销,双方共享利润。

　　在伦敦,谈判桌的一侧坐着不苟言笑、小心谨慎的苏格兰人,他们非常认真地聆听了这项宏伟计划。就在一年前,由几家家族酿酒企业在 1877 年合并而成的"酿酒有限公司"(The Distillers Company Limited)终于将尊尼获加(Johnnie Walker)①、帝王(Dewar's)、白马(White Horse)、翰格(Haig & Haig)和黑白狗(Black & White)等英国威士忌行业五大品牌全部收入麾下。② 完成惊天大合并后的酿酒有限公司成为当时世界上最大的烈酒酿造公司,几乎控制了苏格兰所有的威士忌产能、绝大部分的著名品牌,以及几家英国排名靠前的杜松子酒生产企业[包括添加利(Tanqueray)和哥顿(Gordon's)两大著名品牌]。酿酒有限公司按照行业卡特尔的模式经营,迅速制定了一系列垄断经营

---

　　① 鉴于本书中的许多酿酒公司及其产品在中国境内有独特的市场品牌和商标,译者在翻译时以市场名称为准,而非按照语义直译名称。如果国内市场没有或非常少见的,则以品牌名称直接翻译。

　　② 酿酒有限公司最早由麦克法兰、约翰·巴尔德、约翰·翰格、麦克纳布、罗伯特·莫布雷和斯图尔特等六家家族酿酒企业合并而成。1925 年,公司合并了尊尼获加和布坎南–杜瓦两家酿酒公司,方完成"惊天大合并"。1986 年,酿酒有限公司被健力士啤酒公司收购,并与健力士啤酒公司旗下亚瑟·贝尔公司重组为联合酿酒公司(United Distillers);2002 年,世界烈酒巨头帝亚吉欧收购了联合酿酒公司。

协议——价格协定、品牌互补、质量控制——共同管控面向美国非法市场的销售。在公司内部文件中，苏格兰人以"待开发区域"代称美国市场。在公开场合，他们刻意保持着一种假象，即他们的跨大西洋威士忌贸易的目的地都是加拿大、百慕大群岛或英属加勒比群岛等地。

酿酒有限公司的高层人士早已将布隆夫曼视为可靠的贸易伙伴。他们的交易对手多年来一直从国外进口麦芽，用于在加拿大仿制酿造"高地威士忌"，付款及时，信誉良好。山姆和艾伦也把他们酿造的产品寄送给苏格兰人，苏格兰人品鉴后非常认可。1924 年，山姆做了一个大胆决定，将布隆夫曼的家族企业更名为"酿酒集团公司"（Distillers Corporation Limited）。对于山姆的神来之笔，苏格兰人反应不一，有人交口称赞，有人冷眼相看。当然，布隆夫曼家族有胆识的可不止山姆一人。40 多年后，艾伦接受采访时以非常平静的口吻表示："这个名字也就随便用用，并没有什么特别的原因。"

虽然谈判充满诱惑，但苏格兰人谨慎的行事风格，还是令酿酒有限公司高层平缓了与布隆夫曼家族建立合作关系的急切心情。在爱丁堡进一步会晤后，苏格兰人给出了模棱两可的态度，恭送山姆和艾伦打道回府。不到一个月，酿酒有限公司董事长威廉·亨利·罗斯（William Henry Ross）与助手托马斯·赫德（Thomas Herd）亲抵蒙特利尔，实地考察了布隆夫曼家族企业的经营情况，同时也深入了解了他们的竞争对手。尽管酿酒有限公司的历史和 64 岁高龄的罗斯的年龄一样久远，但正是在罗斯的手上，酿酒有限公司才发展成为一个行业头号托拉斯。罗斯身高 6 英尺 5 英寸，留着络腮胡子，身形消瘦如刀刃一样薄[《财富》杂志称他长得像埃尔·格列柯（El Greco）画笔下的萧伯纳]。他外表冷峻，不苟言笑，但却格外擅长在冲突中达成合作。一位威士忌行业巨头曾评价说:"除了威廉·罗斯,没有人能让杜瓦家族和沃克家族的人坐到同一张桌子前。"

罗斯与赫德回国后向董事会提交了题为《关于加拿大境内苏格兰威士忌市场情况的调查》的报告,堪称资本利己主义的一座丰碑。他们在调查报告中指出,布隆夫曼家族在拉萨尔镇的酿酒厂生产设施完备、地理位置优越(靠近铁路)、经营信誉良好,与"布隆夫曼兄弟在伦敦所言一致"。鉴于此行另一项任务是"了解潜在合作伙伴的个人品格与社会地位",苏格兰人在蒙特利尔做了更全面的调查。罗斯与赫德在调查报告中写道:"经过多方了解,我们发现布隆夫曼家族所属的犹太人群体在加拿大社会不受待见。"知情人士承认"布隆夫曼兄弟诚实勤奋、履约信誉良好,但还是建议我们不要与任何犹太人打交道"。罗斯与赫德总结了两个不与布隆夫曼家族直接合作的理由:其一是"种族"问题;其二是他们所从事的行业——私酒贸易。

两位苏格兰人还发现了一个有价值的现象,其他加拿大酿酒厂也都在"尽其所能努力开发私酒贸易通道"。酿酒有限公司既想在加拿大市场占据一席之地,又不想弄脏双手,两个目标之间颇为矛盾。但办法总比困难多,他们很快就与布隆夫曼家族一起努力,达成了一个不与布隆夫曼家族直接接触的"解决方案"。这一方案的核心要点在于,由酿酒有限公司设立一家独立控股公司,专门承接与布隆夫曼兄弟的交易。如此一来,酿酒有限公司实现了"与布隆夫曼家族的业务隔离"。罗斯与赫德报告的总结部分非常精妙:"布隆夫曼家族也希望在新成立的控股公司董事会中拥有席位。但由于这将是一家私人企业,日常业务最好不为人知。即使被人们发现了,也不应对正常的业务产生不利影响。"

苏格兰人还特别补充道,布隆夫曼家族"拥有相当大的政治影响力,产品销路畅通"。1926年,一个酿酒卡特尔很难再奢望对北美的合作伙伴提出更高要求了。接下来的5年中,英国本土市场威士忌与杜松子酒销量逐年下滑,年复合降幅高达6%。但哪怕是在全球经济大萧条即将爆发之际,酿酒有限公司董事会仍能有足够的底气与财力向公司普通股股东支付高达20%的股息。

山姆·布隆夫曼与苏格兰人达成了交易,随后又收购了加拿大老牌酿酒家族企业——约瑟夫·E. 施格兰公司(Joseph E. Seagram & Sons)*。近40年后,纽约塔里敦(Tarrytown)美景宫别墅,山姆与两名《财富》杂志的记者坐在游泳池旁,俯瞰着脚下的哈德逊河,聊起了当年的创业往事。长期以来,山姆一直是北美顶级富豪之一,身兼著名实业家、慈善家和公民领袖等多种美誉头衔于一身,曾荣获"加拿大最高荣誉勋章"(Companion Of The Order Of Canada)。他交往的皆是政商要人(以色列总理也是他的好朋友),曾觐见过英国女王。谈起布隆夫曼家族的崛起,山姆表示:"整个过程从一开始都是一个人的行动,我想你已经猜到谁是那个人了。"

毫无疑问,公司员工和马屁精们都认为施格兰公司的业务能够遍及全球,全都有赖于"山姆先生"的伟大创造与艰苦开拓。但在《财富》杂志的这次访谈中,他却选择性遗忘了陪同他一同打造商业帝国(至少在早期阶段)的自家亲兄弟。布隆夫曼家族的每个兄弟都在山姆发

---

*　1992年,当山姆的儿子埃德加被问及,到底是什么人会在1928年卖掉一家加拿大酒厂时,他回答说:"非犹太异教徒(Goyim)。"

家过程中扮演了重要角色,其中最经常抛头露面的当属哈里和艾伦。哈里和山姆犹如家族的左膀右臂,功劳相当;艾伦则是一名得力律师,其娴熟的谈判技巧使得他在山姆的大部分交易中都扮演了核心角色。

在禁酒令时期,布隆夫曼家族的另一位成员的地位也是无可替代的,他就是长兄亚伯·布隆夫曼。哈里负责运营蒙特利尔的酿酒厂,艾伦和山姆经常出差去伦敦、爱丁堡和纽约等国外城市,而亚伯则驻守大本营。在家族发家早期,亚伯常驻新布朗斯维克省圣约翰市(St. John),负责组织调度卡车将私酒运到美国佛蒙特州。后来,他又先后到了新斯科舍省(Nova Scotia)哈利法克斯市(Halifax)及北大西洋上的圣皮埃尔岛(St. Pierre)等地,为布隆夫曼家族指挥庞大的物流运营体系——把家族酒厂生产出来的酒装进开往南方的多桅帆船的货仓、开往底特律的火车;向加拿大海关官员提供货物提单(表明货物将运往古巴),然后再向他们提交古巴方面的卸货证明[由布隆夫曼家族安排在哈瓦那(Havana)的代理人伪造并邮寄回加拿大];归拢各地的销售款,并将其中一部分资金存到开立在蒙特利尔银行(Bank Of Montreal)的账户。这家银行愿意接受这些资金作为存款,其内部文件表示,户主不愿透露姓名,他"经营着一家酒类出口公司,产品在美国拥有广阔的市场"。如此一来,布隆夫曼家族的名字以及这家银行的名字与来自美国的汇款之间就没了任何关联。

布隆夫曼家族下属的加拿大销售公司和大西洋进口公司在开立之初的几年究竟赚了多少钱,至今仍不为人所知。1927年,亚伯在出席负责调查酒水出口业务的调查委员会的听证会时表示,他无法提供两家公司的会计账簿。亚伯在宣誓时对调查人员们说:"这些账簿比较碍事,我也用不着了,所以就一把火全烧掉了。"他的姐夫巴尼·亚伦

（Barney Aaron）也是他在新斯科舍省做生意时的助手，对委员会的质询百般敷衍。委员会成员非常困惑：他们公司有些货物是在秘鲁首都利马（Lima）完成清关手续的，而利马是一个内陆城市，距离该地最近的港口是卡亚俄港（Callao），那么这艘船是怎么航行到利马的呢？亚伦最开始还表示不知情，辩称"我又不是航海家，我哪知道"。后来他又改了口，给出了一个令人啼笑皆非的解释："利马城，可能是在海洋退到海岸之前修建的吧"。

在听证会上，山姆·布隆夫曼比亚伯和巴尼更加小心翼翼。他的坦率都留给了40年后《财富》杂志的采访了。山姆表示，尽管他"没有证据"，但还是很诧异，自家在船上装的那些酒，也不知怎的就流到美国去了。

第十一章

"威士忌"道

　　禁酒令来势汹汹,然而待禁酒令真正生效后,人们发现生活并没有想象中的那么"干"。在禁酒令实施的第一天,巴尔的摩市民能够看到满载着 4125 吨烈酒的大型货轮"埃勒斯利湖号"(Lake Ellerslie)驶离该城的港口,沿着大西洋海岸向南航行。或许,人们并不在意货轮驶向何方。市民们当时还不知道,在几年内,甚至不消几个月,他们就能很轻松地在巴尔的摩重新喝上一杯。但在 1920 年 1 月的那个周六,巴尔的摩市民满脑子里想的都是这艘货轮留下的无法填补的空虚——空虚的大小和船上 34667 箱及 1860 桶烈酒规模相当。简单计算可知,这批货物相当于 43.8 万瓶威士忌和葡萄酒。但如今,这些酒已永远从巴尔的摩人的生活之中流出了。

　　"埃勒斯利湖号"赶在禁酒令生效前驶离了巴尔的摩市,驶向位于巴哈马群岛共和国(Commonwealth Of The Bahamas)新普罗维登斯岛(New Providence)的拿骚港(Nassau Harbor)。早在数月之前,拿骚港已经变得非常拥挤,各种船只进进出出,络绎不绝,码头上一片忙碌景象。沿着海湾大街,年轻壮劳力不停地从船上卸下沉重的酒桶;木轮马车上层层叠叠地装载着各式酒箱,由于过于吃重,显得摇摇欲坠,码头工人们来往穿梭间小心躲闪着;马棚、住宅、杂货店,以及海滨附近的棚户区等,都被当作仓库使用了。不久之后,各式轮船和帆船成群结队抵达拿骚港,日夜不停。每艘船都能卸下成百上千箱货物,在码头上堆积如山。由于船货过多,海滨地区秩序日益混乱,巴哈马警方却心有余而力不足,已经无法维持。强壮男搬运工日益紧俏,警察们不得不着手处理新的交通问题——岛上的女人纷纷出现在港口码头。她们缓缓走向海滨仓库,体态曼妙,身姿绰约,头上优雅地顶着木箱,木箱上印着"格拉斯哥"(Glasgow)字样。

巴哈马居民的饮酒习惯已经彻底改变了。格拉斯哥的苏格兰威士忌、利物浦的杜松子酒、牙买加的朗姆酒,以及从肯塔基州欧文斯伯勒市(Owensboro)酿酒厂直接发来的肯塔基山峰威士忌,正从四面八方源源不断地涌来,而且涌出的速度和涌入一样快。在此之前,拿骚一直是一个以海绵皂、剑麻及海龟贸易出名的小港口。而如今,它已成为一个令人瞩目的新兴城市,一个理想的货物中转港口和酒水商品的运输集散地。1918年,苏格兰仅向巴哈马群岛出口了914加仑的酒水。禁酒令实施两年后,由苏格兰运往巴哈马群岛的酒水总量飙升至38.6万加仑。与此同时,经巴哈马转口运出的酒水也迅速增长。根据美国海岸警卫队研究专家估计,从巴哈马群岛流出的酒水在巅峰年份高达1000万夸脱。1921年,一位纽约州联邦检察官指出,自拿骚港运来的酒"像打开的扇面,沿着大西洋海岸传播开来"。大西洋上,成百上千艘船只劈波斩浪,向北而行,船上塞满了成千上万的酒箱。原本被充当船员们简陋小床的甲板,如今也见缝插针堆上货物,变得拥挤不堪。

一名《纽约先驱报》的记者试图告诉他们的读者巴哈马群岛上正

在发生的事情:"夜幕降临后,运输出口货物的船舶急需装货工人。曾几何时,只需付给那些黑人装卸工一先令日薪就能让他们开心不已了。但如今,如果不给 10 美元、20 美元,甚至 50 美元,就休想再让他们好好干活。"虽然 50 美元的要价看起来过于夸张,但一夜暴富的现象的确随处可见。1920 年 3 月,英国《泰晤士报》(Times)报道称,酒水贸易如"魔术大师一般,神奇地将巴哈马群岛的财政状况从赤字变成了盈余"。当地政府制作的一份经济发展宣传册将这一变化归因于"1920年初开启的美国新时代"。换句话说,殖民地出口的税收收入——私酒贩子为当地慷慨周到服务支付的小小对价——把拿骚城人民带进了20 世纪。排污系统、2300 伏柴油发电机、200 码长的现代化码头、新挖掘的港口,以及数英里长新翻修的马路和街道,都是拜私酒贸易所赐。英国派驻的殖民地总督比德·克利福德(Bede Clifford)爵士表示,拿骚城人民应当在哥伦布和维多利亚女王雕像附近竖立第三座雕像,以纪念美国的安德鲁·沃尔斯泰德参议员。

　　哥伦布和维多利亚女王的石像就矗立在几条街之外拿骚城中心的糖果粉色政府大楼前。作为巴哈马群岛的经济守护神,如果巴哈马政府真的给沃尔斯泰德塑像,理应选在两处已有雕像之间的卢塞恩酒店(Lucerne Hotel)的前方。卢塞恩酒店是一座白色木结构建筑,位于弗雷德里克街上一堵八英尺高墙之后。冷漠的沃尔斯泰德待在那里肯定不会觉得舒服,但那里的居民每天都会乐于向他的雕像敬礼。酒店院子里种植着茂密的皇家棕榈树,有三层宽阔的阳台,花园里的三角梅和木槿花长势喜人,还有一只名叫尼布甲尼撒(Nebuchadnezzar)鹈鹕在此安家,这里是巴哈马私酒行业的交易中心,聚集着各路私酒大佬以及他们的客户。

1934 年，一位当地历史学家写道："拿骚城那些发了大财的人从来没有开过一天船，也没有向美国人出售过一滴酒。"这些赚得满盆满钵的所谓企业家，大多是交易链条中提供服务的代理商、进口商和货运代理人，他们背后是以加拿大皇家银行（Royal Bank Of Canada）为代表的一众知名金融大鳄。银行家从私酒贸易中嗅到了财富的气息，着手为贷款增加一种与美国国债同等的抵押品——即将到港的酒水。罗兰·西莫内特（Roland Symonette）原是一名来自埃留塞拉岛（Island of Eleuthera）的普通海员，如今摇身一变成为布隆夫曼家族在当地的合伙人。到了 1923 年，西莫内特就已经赚到了人生中的第一个 100 万美元。*

金融大佬和中间商们相聚在卢塞恩酒店，觥筹交错间交流着发财致富的机会，他们与那些真正从事私酒贸易的人一起吃饭、喝酒。这些人都有着复杂的背景，是船长、冒险家和投机分子的混合体，着实粗俗不堪。其中最著名的当属比尔·麦考伊（Bill McCoy）。20 世纪 20 年代，麦考伊动用旗下一批双桅纵帆船大肆开展非法私酒贸易。如美国驻牙买加首都金斯敦（Kingston）领事所言，麦考伊是"拿骚城首席私酒商"。诡异的是，麦考伊本人滴酒不沾，这更加强了他的传奇色彩，但"货真价实"（The Real McCoy）这个短语并非源于麦考伊在大西洋海岸来来往往运输"商品"的品质（这个短语早在 19 世纪就有了）。有人估

---

* 西莫奈特深得布隆夫曼家族财富传承之真谛，努力洗白自身庞大财富上的私酒污点。经过 40 余年奋斗，西莫奈特将大部分财富都投入到房地产、造船业、建筑业及其他传统产业，并且取得了巨大的成功。后世所铭记的西莫奈特所取得的成就主要有两点：其一是 1964 年当选为刚取得自治地位的巴哈马群岛总理；其二是在 2001 年，巴哈马政府为了纪念西莫奈特，决定将他的头像印在当地发行的 50 元面值钞票上。

计,麦考伊在禁酒令期间一共向美国贩运了高达 17.5 万箱的私酒。其
数量之多,足以证实当时坊间传奇关于他地位的描述并非夸张之辞。
当然,麦考伊本人还具有许多其他特质,如修长的身材、英俊的面容、潇
洒的举止等,他不但是一名优秀的水手,而且还拥有一位精于编撰传奇
故事的出色代笔人。

　　虽然弗雷德里克·F. 范德沃特(Frederick F. Van de Water)以自
己的名义出版了《真实的麦考伊》(*The Real McCoy*)一书,但他在书中
使用麦考伊的口吻,以第一人称视角缔造了麦考伊的传奇。范德沃特
在书中所描述的大佬们在卢塞恩酒店这样谈笑风生的情节,毫无半点
虚假。"这儿的人醉眼迷离、勾肩搭背,满嘴的曼哈顿口音,野蛮但又
机警。"《拿骚每日论坛报》(*Nassau Daily Tribune*)发行人将卢塞恩酒店
里的私酒商和他们在勾兑的私酒业务称之为"卢塞恩的荒淫"。若是
不论臭名远扬的私酒商舞会(1921 年 7 月底,私酒商们举行了一场持
续 36 小时的舞会,喝醉的宾客互喷香槟、摔砸桌椅、挥舞刀叉。舞会结
束后,现场一片狼藉),卢塞恩的荒淫并不是受肉欲所驱使,而是由人
类的另一种冲动——贪婪所主宰的。

　　卢赛恩酒店是私酒商的活动中心。在海上讨生活的船长,如果想
做往美国东海岸贩卖私酒的生意,那他只需来到卢赛恩酒店就能解决
货源问题。最简单的方法就是去那儿找"梦境号"(Dream Land)的船
主,只要签好合同,保证供货。"梦境号"是一艘 100 英尺长的驳船,永
久停泊在北卡特岛(North Cat Cay)外海。说"梦境号"是艘船可能不够
恰当,因为连孩子的玩具浴缸都能比它漂的更远。从地图上看,北卡特
岛只是一个小点,位于巴哈马群岛最西端的比米尼(Bimini)附近,距离
佛罗里达州海岸只有 50 英里(约合 80 公里)。"梦境号"没有帆,没有

发动机,也没有任何推进装置,但它有灯光、制冷设备和完备的存储设施。在拿骚城,寻找一个愿意卖给你私酒(任何品种的酒)的人,实在易如反掌。如果想找更大牌的,如市场街的"私酒女王"格特鲁德·利斯戈(Gertrude Lythgoe),同样也不是什么难事。35 岁的利斯戈以前在俄亥俄州博林格林(Bowling Green)当速记员。一个偶然的机会,她发现走私酒水比在办公室敲字挣得多多了,卢塞恩酒店的生活也远非单调乏味的博林格林所能相比。虽然"私酒女王"的名号如雷贯耳,格特鲁德却并不以为意。她通过《华尔街日报》记者之口对外宣称,"她不是走私犯,因为酒水一旦卖出,后面的事情与她概无干系"。

　　像麦考伊这样靠海为生的商人,其所承担的财务责任从他们必须操作的两项工作上可见一斑。第一项是改变船舶的法律地位。根据法律,凡是悬挂美国国旗的船只,在世界任何地方航行都受美国法律约束。所以,精明的船长会想办法改变船舶所属的船籍国①,悬挂外国国旗航行。拿骚属于英国治下领地,在这做私酒生意,悬挂英国米字旗最为方便。对于美国冒险家而言,拿骚城是他们的拿骚城,他们会在这里找个中间人先买下自己的船,然后将船籍登记为英国,完成后再用同样的价格买回来。如此一番操作(只需付点佣金),一艘原本为美国籍的商船摇身一变就能悬挂米字旗在大洋上驰骋。1921 年至 1922 年间,在巴哈马登记的船舶数量激增,按净吨位计算足足增加了 10 倍有余。

---

　　①　船籍指船舶的国籍。根据国际海事法律,商船所有人必须向本国或外国船舶管理机关办理船舶所有权登记手续,为船舶取得相应的国籍,即船籍。商船在航行中需悬挂船籍国国旗,即船旗。在公海上的船舶受船旗国的法律管辖和保护,未悬挂船旗或无国籍的船舶在公海上被认为是海盗船,不受任何国家的保护。实践中,有些国家允许外国人所有的船舶悬挂其旗帜。于是,有些外国船舶为了逃避本国的税负和其他强制措施,会到一些所谓的"开放登记国家"注册,并悬挂该国国旗,这种船旗被称为方便旗。

船舶变更登记手续非常简单,只需操作一次即可完成。"阿瑞图萨号"(Arethusa)原本是一艘 114 英尺长的美国双桅渔船,船速飞快,非常适合用于运输私酒。比尔·麦考伊在马萨诸塞州格罗斯特市(Gloucester)买下了这艘渔船。稍加操作,巴哈马群岛就多了一艘长114 英尺的英国双桅私酒走私船,名曰"托姆卡号"(Tomoka)。

第二项必须要做的工作是缴纳关税。船舶每次从拿骚港出港,都必须向海关缴纳出口关税。关税收入是当地政府的主要财政收入来源,用于疏通拿骚港港口航道、建立供水系统,以及其他市政建设开销。麦考伊曾经表示,海关对每箱酒水征收 6 美元出口关税,意味着"每次我从港口运出 5000 箱苏格兰威士忌,就要把 3 万美元孝敬给海关当局"。当然,麦考伊不会做亏本买卖。出港之后,他会沿着"了不起的威士忌运输航线"驾船前往纽约州蒙托克、罗得岛州布洛克岛或马萨诸塞州楠塔基特(Nantucket)等地。一路下来,麦考伊不但可以轻而易举地赚回货物成本、出口关税、船员工资及给养费用,还能剩下一倍净利润。

在 20 世纪 20 年代中期以前,现代海盗尚不成气候,海岸警卫队的力量也没有相应增强。这段时期,海上私酒集团的日子可谓万分惬意。1921 年 8 月,马萨诸塞州新贝德福德市(New Bedford)的《标准时报》(Standard-Times)报道称,有一艘双桅帆船正停泊在 20 英里外无人居住的诺曼荒岛(Nomans Land)旁,船上的人"极其热情好客,正在为饱受'干旱'之苦的人们提供提神醒脑的神奇药水"。天才船长比尔·麦考伊首次在报纸上抛头露面,向该报的读者们发出热情的邀请——"想什么时候过来,就什么时候过来。在这儿,法律对我们毫无约束力。我们非常期待你们的到来。"在迈阿密外海海面上,密密麻麻停泊着许多小船。这些小船在船舷上挂着价目海报,大大方方做私酒生意,就像是在卖土豆一样。

早些时候,前来搭舷的买家都是零售商——他们有方法乘船穿越分隔陆地和国际水域的3英里海上路程。走私者称长岛(Long Island)南岸为"集结地"。沿着"集结地"行船,很快就能看到停泊在火岛灯塔(Fire Island Light)附近的一艘大船。此船名曰"酒桶号"(Cask),原本是用作木材贸易的,后来被改造成私酒船,有"水上购物城"的美誉。"酒桶号"上的一名高级船员曾详细介绍过客人如何靠近他们的大船,关掉发动机,根据船长的报价讨价还价,然后再开到下一艘大船舷侧,货比三家。大船船长心目中最理想的顾客是那些对价格不敏感、愿意与供应商建立长远可靠业务合作关系的。"这就像逛超市一样,"一名在北方水域私酒船上工作的高级船员说道,"我们拥有良好的声誉,众多的客户。他们会把你的邮件带到岸上,并能给你捎去任何你想要的东西"。强生制药公司的罗伯特·伍德·约翰逊二世(Robert Wood Johnson II)经常开着自己的游艇在新泽西州海域观光游览。在海洋上纵横驰骋的间隙,他会习惯性地开到私酒船旁停下游艇,买上一两瓶酒,以便在大海之上尽情享受晚间鸡尾酒的美妙体验。

发财之余,烦恼也无处不在,譬如敲诈勒索。根据"酒桶号"上化名为阿拉斯泰尔·莫拉依(Alastair Moray)的船员在《私酒贩日记》(The Diary Of A Rum-Runner)一书的记载,当时的船主必须向"州警察局、海岸警卫队的人员"上交保护费,平均下来每箱酒要一美元。这些收保护费的人通常都在长岛附近的私酒船停泊区域伺机而动。虽然三英里的法律管辖区域限制让私酒贩子脱离了美国法律的管辖制裁,但并不能让他们免遭腐败的美国执法人员的骚扰。毕竟,"酒桶号"上的顾客在买完酒后还要通过巡逻严密的美国领海返回岸上。因此,私酒船主就必须花费真金白银收买执法人员,或者定时送上一份大礼。在1923年7月18日的航行日志中,莫拉依详细记录了他与一名陆军中尉、一名海军指挥官及一名海岸警卫队队长周旋的过程。莫拉依写道:"当时,海岸警卫队的队长正在值班巡逻,另外两人纯属搭船兜风。"他把三人接到大船上,并在甲板下船舱中热情招待了他们,请他们畅饮威士忌。"我们许多人都参加了招待。他们在船上待了约一个半小时,玩得非常痛快。临回去时,我给他们每人都准备了一份小纪念品,以提醒他们记得此次来访。他们自封为这艘船的教父,我想这招或许效果不错。"

禁酒令给后世美国留下了众多或好或坏的遗产,其中最有价值的,当属其极大地丰富了美国的语言词汇。在1960年出版的《美国俚语词典》(*Dictionary Of American Slang*)中,"醉酒"(Drunk)一词的同义词数量高居榜首,其中大多数都诞生于20世纪20年代。在芝加哥地面,"他被人捎上车兜风去了",其实是指贩卖私酒的暴徒把难缠的竞争对手或被清除掉的同伙抛尸荒野。"马里兰自由州"(Maryland Free State)不是源于对崇尚自由的殖民地先人的赞美,也非纪念美国内战期间马里兰州对联盟的忠诚,而是由《巴尔的摩太阳报》编辑汉密尔顿·欧文斯(Hamilton Owens)发明的,以向马里兰州议会在1923年拒绝通过执行禁酒令的州法律的壮举致敬。"化妆间"(Powder Room)更是有趣。禁酒令之后,原本仅对男性开放的酒馆全部转入地下经营,而且也开始对女性开放。为了照顾女性顾客,这些地下酒馆急匆匆地改造安装了简单的女性卫生间,美其名曰"化妆间"。马萨诸塞州银行家德尔西维尔·金（Delcevere King）是一名禁酒人士，他在《波士顿先驱报》（*Boston Herald*）上公开悬赏征集一个带有羞辱意味的词语，用来指称违反宪法第十八修正案的饮酒之人。金发起的此次悬赏共吸引了超过两万五千名参赛者，最终"藐视法律者"（Scofflaw）一词荣膺一等奖，奖金为 200 美元。

奇怪的是，从禁酒运动兴起到《沃尔斯泰德法》实施的几十年间，曾经最为流行一个词语——Rum（私酒）——在禁酒运动结束的那一刻却被抛弃不用了，至少其最普遍的词义再也无人提及。根据《牛津英语词典》（*Oxford English Dictionary*）的解释，"Rum"是"对令人致醉酒类的蔑称"。该词义的出现最早可追溯至 1800 年的加拿大，在 19 世纪 50 年代传播到美国南方。到了 20 世纪初，该词已被指政治竞选演讲人及空洞的雄辩者熟练掌握使用，演变为常用的形容词，泛指令人讨厌的事物，如："私酒大亨"操纵着"私酒贩子"经营的"私酒网络"贩卖"私酒恶魔"（The "Rum Demon" Sold By "Rum Barons" Who Ruled A "Rum Traffic" Conducted By "Rumrunners"）。《牛津英语词典》没有收录该词在饮酒之人口中所指的讽刺意味，但编辑们非常确定地将非法饮酒场所称之为"私酒洞窟"（Rum Hole），将因饮酒过度而发红的鼻子称之为"私酒之花"（Rum Blossom）。

然而，"私酒舰队"（Rum Row）一词却广为人知。它简短、押韵、读起来朗朗上口，完美地描述了从禁酒令早期，在阳光明媚的沿海地区小规模私酒买卖演变而来的大规模私酒贸易现象。得益于需求迅猛增长，私酒价格水涨船高，高额的利润又吸引了众多的超级玩家，那些小打小闹的私酒贩子纷纷被工业化、规模生产的私酒集团排挤出私酒市场。如麦考伊所言，到了 1923 年，由老旧货轮、不定期邮轮、改造的猎潜艇，以及"任何带底能漂浮、有船舱能装酒的载具"组成的巨大舰队诞生了。这支舰队北到缅因湾，南至佛罗里达南角，全部停泊在海岸线3英里之外，浩浩荡荡，蔚为壮观。自此以后，麦考伊和同行们再也没有闲情逸致到新贝德福德吃喝玩乐了。现在，私酒集团从拿骚港出发沿着海岸线航行，把船上的货物在外海卸到"私酒舰队"的船上，然后再返回南方运下一批货。有的时候，舰队中的部分船只作为当地从事私酒贸易海员的浮动仓库，能够在外海停泊好几个月不动。

"私酒舰队"中用于存储私酒的船被称之为"母船"。"母船"上的私酒有很多条渠道能够流到岸上，和加拿大私酒从温莎市穿过底特律河一样方便。在夜幕掩护下，各式各样的小船会快速冲入舰队，装上货物后迅速返回岸边。如果遇到浓雾，私酒贩子会通过向美国海军无线电测向站发送国际代码来校正航向。如果夜晚气象条件良好，私酒贩子则无须利用政府的航海服务，反过来要躲避，和执法人员玩猫捉老鼠的游戏。每当海岸警卫队船只靠近时，私酒贩子就用明文发出虚假的海上遇难求救信号，把巡逻艇骗到几英里外的海域。

如果一艘船的左舷上有一块明显的黑斑，那说明这艘船可能花了不少工夫才接靠上一艘"私酒舰队"的母船。虽说操船水平有点烂，但在当时并不必为此感到惭愧。对于东北各州沿海渔民而言，贩卖私酒可比捕捞鳕鱼来钱更快更多。"如果一个男人停止捕鱼，转行贩运私酒，你能迅速感觉到其间的变化，"多年之后，马萨诸塞州的一位妇女如此回忆道。"有生以来第一次，他的家庭终于能够好好地吃饱饭了。"在佛罗里达州，船厂老板为他们的衣食父母——渔民/私酒贩——提供热情周到的服务，但却拒绝为海岸警卫队提供码头和船舶维修服务。在"私酒舰队"最北端的缅因州，来自邻国加拿大的渔民们也纷纷干起了私酒生意。新布朗斯维克省当地报纸毫不掩饰私酒生意的巨大吸引力——"贩运私酒远胜于运输沙丁鱼"。

这些船员熟悉当地每一处海湾与航道,能毫不费力地驾船驶达目的地,卸下属于他们的丰厚回报。缅因州布伦瑞克市(Brunswick)[①]最为有名的卸货地点分别是"中途岩"和"枪口"。从这两个新奇的地名可以看出,贩运私酒的行动是多么隐蔽。从秋季到来年春天,私酒贩子会强迫沿海度假区的消夏别墅封闭码头,以方便他们行动。如果一个近岸私酒贩子不幸在靠岸时遇到正在岸上"守岸待酒"的执法人员,他也不必过于惊慌,只需把货物扔到相对较浅的海湾里即可。这些货物事前都被包装在专门运酒用的"火腿包裹"——把6瓶酒装在一个麻布袋子里,里面再塞些盐——往海里一扔就沉下去了。几天之后,袋子里的盐溶解掉了。私酒贩子返回原地时就能发现——自己的投资安全地浮到海面上了。

通过与"私酒舰队"的大型私酒贸易集团的合作,大西洋沿岸居民提高了收入,该地区整体经济状况也改善良多。整个大西洋沿岸的私酒交易合作模式基本如此,只在个别地区略有变化。《纽约时报》指出,在每个"酒港"都有"好几百个这样的人"在经营私酒生意。到了纽约地界,这种情况更为普遍。纽约市场巨大,停泊在那儿的母舰数量也最为庞大,从蒙托克(Montauk)向东驶向洛克威(Rockaways),再折向南驶到五月岬(Cape May),排成一条无尽的私酒长龙。美国海岸警卫队指挥官威廉·E.雷诺兹(William E. Reynolds)表示,这种大规模走私

---

① 此地是属于美国缅因州的小城,英文名 Brunswick。前文的新布朗斯维克省(New Brunswick Prounce)属于加拿大,但两地相距不远。

运输方式"在美国历史上是前所未有的"。根据《泰晤士报》报道，1924年圣诞节前夕，一支由18艘汽船组成的船队停泊在新泽西州艾斯伯里公园（Asbury Park）东南方向，"满载着价值数百万美元的货物"。其他一些舰队则在波士顿、诺福克和萨凡纳（Savannah）附近海域建立了永久锚地。总部位于温哥华的私酒集团也在西海岸主要港口开展了类似的离岸业务。有一支"私酒舰队"的藤蔓甚至延伸到墨西哥湾沿岸，在坦帕（Tampa）、莫比尔（Mobile）、加尔维斯顿（Galveston）和新奥尔良附近都生长了坚实的业务连接点。每当夜幕降临时，舰队上的灯光交相辉映，能够照亮整个海面。一位为停泊在科德角高地灯塔附近的船只提供服务的船长回忆道："乍一看，你会以为眼前所见的是一座城市。"

在白天的日光之下，天真的海滩游客所见所感与夜间大不相同——笨重的船舶排成长长一列，小船在大船之间穿梭来往不停，仿佛是一支随时准备发动入侵的舰队。然而知悉内情的人（所有住在距离海岸一天车程内的人都可以算上）心里对此却如明镜一般。这不是侵略，而是一种反封锁、反包围——舰队之所以在那儿，并不是为了切断美国人日常生活必需品的来源。恰恰相反，它们给美国人带来了他们内心深处极度渴望的东西。

1922年，比尔·麦考伊的船队停泊在北大西洋圣皮埃尔岛港。麦考伊在岛上特别强调，是他创建了"私酒舰队"，并且为此大吹大擂。其实麦考伊对圣皮埃尔这个破烂小岛的了解最多也就两点罢了：其一，岛上港口冬天不结冰；其二，在这儿做生意悬挂的是法国国旗，受法国法律管辖。对于私酒贩子而言，这两点都是梦寐以求的有利条件。但对于世界上其他人而言，达蒙·鲁尼恩（Damon Runyon）给出的评价或许更为客观(作为人物特写作家,鲁尼恩非常擅长描写社会底层人物与生活环境,用词生动,语法准确)。"如果你从来没有在圣皮埃尔岛生活过,"鲁尼恩写道,"我想说的是,你其实没有错过什么。那只不过是一个纽芬兰(Newfoundland)附近乱石堆积的小岛而已,航路崎岖难行,登岛难如登天"。

1536 年,法国人跌跌撞撞地穿过了圣皮埃尔岛与邻近的密克隆岛(Miquelon Island),成为第一批到达该岛的欧洲殖民者。1713 年,英国人把法国人赶出了小岛。在接下来的一个世纪里,巴黎和伦敦交替控制着这个贫瘠荒芜的边境小岛。直至 1815 年,法国人永久占领了此岛,圣皮埃尔岛遂逐渐发展为法国远洋捕鱼船队的补给站,也是 6000 多名在纽芬兰以南 15 英里的寒冷海洋中谋生之人的简陋家园。相比之下,密克隆岛面积还更大些,人口密度也更大。当然,这是把紫矶鹨、白鹭及大西洋海雀统统计算在内,毕竟这些鸟类才是密克隆岛上的主要居民。

随着美国宪法第十八修正案的实施,美国东海岸地区的酒精干渴症日益加重。当巴哈马政府提高了进口关税时,比尔·麦考伊率领一群私酒贩子将部分业务从加勒比海向北转移。1922 年 7 月 8 日,就在麦考伊第一次造访几个月之后,"塞布尔岛号"(Sable Island)满载着1.2 万箱威士忌驶入了圣皮埃尔岛港口。短短几周内,圣皮埃尔岛上的经济就有了明显改观。在天气温和的时候,一队队的牛车将大量货物从码头拉走,存放到地下室和工棚下;下雪时,就由马匹拉着雪橇送货。加拿大记者彼得·C. 纽曼(Peter C. Newman)如此写道:"圣皮埃尔岛玩具港"的简陋码头被雪崩般的货物淹没了,空气中到处弥漫着酒精气味。有时候,酒精气味是如此强烈,以至于会伴随着袅袅上升的海雾穿过圣皮埃尔岛上陡峭的街道。就连夜间此起彼伏的潮汐海浪，也散发出一种独特的苏格兰风味。

比尔·麦考伊一直认为，他在圣皮埃尔岛上创办的私酒贸易是送给当地居民的一份大礼。如今，人们可以依靠一种比渔业更有价值（也更容易上岸）的商品养家糊口。随着贸易量迅速增长，除了那些登上私酒舰队的渔民，岛上其他渔民也纷纷丢弃渔网，摇身一变当上了码头工人。仅在 1923 年一年时间里，就有 1000 多艘船离开港口，驶向"私酒舰队"。岛上的每一间地下室、谷仓和棚屋都被改造成了仓库。那一年，有 600 万瓶酒从此岛上岸，相当于男女老幼平均每人各 1000 瓶。岛上政府向每瓶酒征收 4 分钱关税，税率不及巴哈马群岛的 1/10。纵然如此，每年仅关税收入就达到岛上政府开支预算的 3 倍有余。

随着私酒业务兴起，往日的"美好时光"消失在北大西洋深处，取而代之的是后世所谓的"欺诈时代"；码头对面街道的海产品清洗场也随之消失，新涌来的酒水贸易商人建造的办公室占据了原有的空间。岛上存放了太多的酒，所有房间的屋顶都要被酒瓶、酒箱顶破了。岛上居民把大批的渔产品从冷库清理出去，然后把那里改造成了酒水仓库。很快，岛上的地标建筑——宏伟壮观的罗伯特酒店开业了，说英语的男人们占满了酒店的每一间客房。他们身穿运动款双排扣大衣，头戴宽边软呢帽，揣着鼓鼓的皮夹子。罗伯特酒店共有三层高，外立面做得极其精美，每层楼顶部都装饰着华丽的木质飞檐，这在木材匮乏的圣皮埃尔岛上非常具有视觉冲击力。但很快木材就成了岛上一种常见的建筑材料。居民们就地取材，拆开装酒的木箱，收集起来就成了房屋建材，可以用来制作屋顶的盖板、窗户的窗台，还能用作建造棚屋的墙壁。有位头脑灵活的岛民用一整套来自苏格兰的木箱板建了一座崭新的房子,墙壁所用的板材两侧都印着酒厂的品牌标识,人们于是给这座房子起了个名字——卡蒂萨克别墅(Villa Cutty Sark)①。

除了从格拉斯哥运来的苏格兰威士忌,圣皮埃尔岛上还汇集了由挪威轮船横跨大西洋运来的爱尔兰威士忌,以及从法国勒阿弗尔(Le Havre)运来的香槟。眼见圣皮埃尔岛上的私酒贸易日渐兴隆,报纸上的诗人开始把该岛与拿骚城相提并论,分别称之为"香槟岛"和"私酒岛"。当然,商人重利不重名。岛上最具价值的商品,或者说让圣皮埃尔岛变得价值连城的商品,当属"塞布尔岛号"上的1.2万箱加拿大俱乐部威士忌。而对加拿大酿酒业而言,圣皮埃尔岛就是他们心目中的黄金岛。

圣皮埃尔岛具有多项独特优势条件,例如冬天不结冰的港口、低廉的进口关税、虔诚的天主教徒等。但对于加拿大人而言,没有什么比这个小岛在法律上属于法国领土更为重要了。根据加拿大法律,政府对出口到外国港口的酒水一概免征出口关税。圣皮埃尔岛距离加拿大海岸仅有15英里,可谓一步之遥。但在关税管辖问题上,它对加拿大人而言和遥远的刚果并无二致,都属于外国领土(关税区)。有了眼皮子底下的圣皮埃尔岛,加拿大的酿酒厂若想获得虚假的卸货证明文件,再也不需要向哈瓦那或其他遥远的外国港口的代理商们提供当地官员要求的大笔现金贿赂了。与此同时,他们还可以抛弃走私中间商,直接把

---

① 卡蒂萨克(Cutty Sark)现为爱丁顿集团(Edrington Group)旗下的一系列调和威士忌的品牌,最早于1923年3月23日由Berry Bros. & Rudd(BBR)酿酒厂在苏格兰开始生产,其酒标上印着一艘张帆疾航的帆船,又称"顺风威士忌"。这种酒的名字源于1869年在苏格兰建成下水的帆船"卡蒂萨克号"。根据记载,这艘船曾是世界帆船史上速度最快的一艘船。

货物销售到波士顿和纽约。从哈利法克斯港及其他加拿大港口出发的船只,会首先驶入圣皮埃尔岛港,请求当地海关在卸货证明文件上加盖关印,以取回预存的关税保证金。不久之后,一块写着"北方出口公司"(Northern Export Co.)的金字招牌便出现在圣皮埃尔港码头对面的街道上——冉冉上升的布隆夫曼帝国的触角也伸到了岛上。布隆夫曼家族不愧是私酒大亨,他们在圣皮埃尔岛上储存了大量酒水,平均下来每个星期的库存价值都超过 100 万美元。可能是为了纪念布隆夫曼家族的巨大成功,他们把一艘航行在哈利法克斯和圣皮埃尔岛之间的私酒运输船命名为"好运号"(Mazel Tov)。

随着时间的推移,仓储货物也失去了意义。圣皮埃尔岛政府决定,一艘船在抵达港口时即可获得卸货证明文件。船主缴纳完应缴关税后,可以立即掉头直奔私酒舰队而去,船员和货物都不必踏上圣皮埃尔岛的土地。这个方便之门一被打开,从圣皮埃尔岛到科德角再到长岛的海上航线就挤满了运输船主、海盗和海岸警卫队巡逻人员。混乱之中,安全就成了问题。为此,私酒贩子们不得不着手设计更为安全的通讯系统,许多版本的密码应运而生。其中,有些是语言代码,如"狗东西"(Chien Oiseau)表示"200 箱货物已抵达海岸并安全卸货";有些是数字代码,如"02716-22699"表示"船只遇到麻烦"。这些密码本大多使用铅封,如果遇到敌方登船的紧急状况,只需把这些沉甸甸的东西往海里一扔,便可确保相互之间通讯安全。作为行业巨头,布隆夫曼家族在通讯安全问题上所采用的措施自然比其他同行更为复杂,也更为领先——他们专门搭设了私有电台传送加密信息,以保障私酒运输过程中的通讯安全。

不过,有时候这门生意也不需要什么技巧,完全可以大大方方地做,就像蒙特利尔国民酿酒有限公司(National Distilleries Ltd. Of Montreal)在发给圣皮埃尔岛上的一位代理商的信中所写的那样。这封信的开头写道:"亲爱的先生,送达此信之人是特伦布雷船长(Captain Tremblay),后续他将担任哥伦比亚号的驾驶员兼领航员。"如果私酒舰队也组建了商会的话,大可用上述信件的结束语作为商会的宗旨——"他的职责是把船安全开到他熟悉的地方。"

1923年夏,罗伊·海恩斯信誓旦旦地宣称:"私酒行业就要完蛋了。"当然,为了给以后的自己留个台阶下,海恩斯又补充了一句,"除非我错误理解了当前种种非常明确的迹象,否则私酒贩子的末日已经不远了"。如果《格拉斯哥晚报》(Glasgow Evening News)的编辑们不了解海恩斯以往对所有事情的判断都错得离谱,或许会对这家伙的结论感到十分惊讶。就在几周前,该报就曾报道过一支满载烈酒的船队从克莱德(Clyde)河口出发,朝西偏南方向穿过北大西洋,抵达了美国海岸,并在集结地与私酒舰队顺利会师。

当然,私酒舰队的快速工业化并不能全部归功于苏格兰威士忌行业。事实上,法国人也插手了,总部位于德国汉堡的酿酒厂也有一份功劳,他们借用两大著名苏格兰威士忌酒品牌的名字,搞了个名为"黑白马威士忌"(Black & White Horse Whisky)①的山寨品牌推向美国市场。而在美国国内,犯罪集团也在私酒贸易中发挥着不可或缺的作用。"为降低成本,提高效率,我们自己租船,把苏格兰威士忌跨越大西洋

---

① 白马威士忌(White Horse)和黑白狗威士忌(Black & White)均是著名的苏格兰威士忌品牌,前者商标上有一匹白色骏马,后者商标上有一黑一白两只狗。德国私酒厂看中了两大著名品牌的价值,"山寨"出了黑白马牌威士忌。

运回美国，"有"黑帮会计师"之称的迈耶·兰斯基在半个世纪后接受采访时如是说道，"……到了20世纪20年代中期，我们已经经营着世界上最高效的国际航运业务"。但兰斯基同时也表示，犯罪集团对提高效率的执着并非主动为之。"英国那些正直的好人不断向我们施压，费用也水涨船高。"

这些所谓"正直的好人"都是苏格兰威士忌行业的巨头们，他们根据内部协议在"约定地盘"经营各自的生意。1919年，美国开始实施禁酒令，英国酿酒商随之再遭重创。此前的第一次世界大战已经给英国酿酒行业带来了严重的冲击，对外贸易急剧萎缩，国内市场被政府打压。"一战"期间，英国首相大卫·劳合·乔治曾说过——对英国而言，酒是比德国人更为强大的敌人。首相言行合一，对酒精行业加征新的消费税，在开战初期原本已经翻倍征收的基础上再翻一倍，直至原来消费税的4倍。受到美国榜样的启发，英国国内禁酒运动的倡导者们似乎正迎来禁酒事业的重大进展。

威士忌大亨霍姆斯托尔的杜瓦勋爵（Lord Dewar Of Homestall）注意到了日益兴盛的禁酒运动对酿酒行业的威胁。作为杜瓦家族的优秀继承人，汤米·杜瓦（Tommy Dewar）推动家族的"白牌"威士忌在世界范围内取得了空前成功。30年来，他周游世界各地推广苏格兰威士忌，尤其是杜瓦家族的威士忌品牌，顺带推广一种被后世称之为"杜瓦主义"（Dewarism）的生活哲学。所谓"杜瓦主义"哲学本质上属于享乐主义范畴，主要体现于汤米·杜瓦的150句人生格言之中，深刻展现了他本人的奢侈享乐生活作风（"两恶相权取其乐"）和保守主义政治立场（"我常深思，如果我们整天助人为乐，那要其他人又有何用？"）。

杜瓦也经常提及他谦虚低调的经商座右铭——昨日功名，尽归昨日。但在 1920 年后,这句座右铭就再没有被贯彻过。此时,苏格兰威士忌协会的年度报告中出现的一个新词汇——"禁酒病毒"正严重威胁着杜瓦及其同行们的事业。对于来自英国禁酒势力的威胁,杜瓦极其不满,势力庞大的酿酒有限公司主席威廉·罗斯也深有同感。罗斯表示:"事实上,这是美国精心策划实施的一场阴谋。美国突然在全国范围内实行禁酒,不但令其国内极端分子欢呼雀跃,显然也会影响到我们英国,本国的禁酒势力肯定会如法炮制。"显然,酿酒商们此时已如临深渊。

　　然而事实证明,禁酒运动对苏格兰大亨们并没有产生像样的影响。在英国国内,禁酒活动人士形单影只,无力赢得公众的广泛支持。在政府层面,沉重的战争债务迫使首相劳合·乔治出台促进酒产品出口的政策。放眼望去,相比于从斯佩赛德(Speyside)到艾雷岛(Islay)①的上千万加仑桶装威士忌,再也没有哪种英国出口商品能有更大的推广价值,也没有哪种商品的市场比拥有几千万嗷嗷待饮消费者的美国市场更大。从地图上看,美国位于大英帝国、加拿大和巴哈马群岛组成的免税贸易区之间,交通十分便利。伦敦的《标准晚报》(*Evening Standard*)声称,美国人民现在对于酒干渴万分,但所有好酒都"藏在(不太安全的)百万富翁的酒窖里"。为了喝酒,百万富翁们不得不"动用武力"保卫酒窖。报纸上的话虽有过于夸张,但对迫切开拓出口市场的苏格兰酿酒厂而言,却不啻于黑暗里的一盏明灯,令人热血沸腾。

　　商业往来中,如果真的有卖方市场,那肯定就是卖私酒了。广阔的大西洋激发了英国酿酒商心中的冒险天性和对财富的贪婪欲望,开拓

---

①　斯佩赛德和艾雷岛都是苏格兰地区著名的威士忌产地。

正在实施禁酒令的美国市场的种种困难，在贪欲面前都不堪一击。英国驻华盛顿大使奥克兰·格迪斯爵士（Sir Auckland Geddes）向外交大臣乔治·寇松（George Curzon）报告称："美国禁酒令的实施阻碍了自由贸易。"英国人的抱怨不但没有赢得美国人的理解，反而迎来一通威胁。威廉·詹宁斯·布莱恩表示，如果英国政府继续容忍"禁酒令是一场阴谋，须予以反对"的立场，美国将出兵占领英国的比米尼群岛（Bimini）①。当然，由于布莱恩属于少数党，而且他的党内影响力也日益边缘化，并没有能力将此番威胁付诸行动。但他毕竟曾担任过美国国务卿，所以这番言论在英国媒体上被广泛报道。

就 3 海里领海边界执法问题，英国外交部与美国国务院展开了漫长而艰巨的谈判。自 18 世纪以来，距离陆地 3 海里一直是公认的一国领海与公海之间的分界线。美国人现在想要把这条分界线向外海推进，以压缩岸上私酒贩子的货源。如能成功，私酒贩子向岸上运输私酒的往返航程就要增加 6 海里。对于美国政府所提出的执法要求，则由英国政府的另一个部门——殖民地办公室（Colonial Office）负责回应，以严厉打击其加勒比海区域殖民地日益猖獗的走私活动。根据美国驻拿骚城领事给国务院上司的报告，当地一家报纸总结了英国殖民地办公室对美国政府要求的回应："应贵国要求，我方必竭尽所能予以配合。但在此过程中，请不要指望我国政府会侵犯国民合法权利，以协助贵国执行愚蠢法律。"

与此同时，美国国务卿查尔斯·埃文斯·休斯（Charles Evans

---

①　比米尼岛是巴哈马最西端的地区，由迈阿密东部约 80 公里处的一系列岛屿组成，距离拿骚西北偏西约 210 公里，是巴哈马最靠近美国大陆的地方。

Hughes)正承受着巨大的国内压力,禁酒势力希望政府能够禁止包括客轮在内的所有船只携带酒水进入美国水域。该政策的主要倡导者是令人敬畏的助理司法部长梅布尔·沃克·维勒布兰德,她很享受这场战斗的乐趣。鉴于财政部长安德鲁·梅隆对《沃尔斯泰德法》支持不力,维勒布兰德长期抨击他的不作为,并在此过程中极大地历练了战斗锐气。如今,她把目标转向了休斯,指责国务院不但未能执行宪法修正案的要求,而且竟然"向英国大使馆提供帮助和安慰"。

或许是担忧香槟和威士忌运输线被彻底掐断,英国人最终还是回到了谈判桌前。经过谈判,寇松勋爵同意扩展3海里领海执法线的距离。两国新签署的条约约定,一国领海水域边界为蒸汽动力轮船自海岸出发1小时所航行的距离。根据此后美国政府的解释,这一距离被设定为12海里。寇松对这一妥协结果并不满意,在他看来,仅仅因为美国人的要求就改变一项长期存在的国际法条款,实际上是对美国政治现实的绥靖。而美国当前的政治现实,不过是一种"清教徒式的癫狂"罢了。

和寇松相反,领导殖民地办公室的同僚面对美国的压力没有做出半点妥协。温斯顿·丘吉尔认为,"一国政府只负责执行本国法律",没有义务去执行他国法律,因此断然拒绝利用英国的实力、权威或权力,以任何方式干涉巴哈马群岛或任何英属加勒比群岛殖民地的酒精贸易。数年之后,丘吉尔在总结他对美国宪法第十八修正案的看法时,根本不像寇松面对所谓清教徒主义时那般唯唯诺诺。在他看来,所谓禁酒令是"对全人类历史的侮辱"。

英国在禁酒时代所扮演的角色并没有随着领海界线条约的签署而消退,最终章的内容还必须等到一系列事件落地之后方才算完成。例如,等到苏格兰威士忌行业巨头们制定与私酒舰队合作相关的价格控制、准入标准等一系列规范;等到他们成功地在距离美国东北部人口中心区域更近的圣皮埃尔岛开辟另一个替代的贸易中转站;等到他们与山姆·布隆夫曼组建起利润丰厚的合资企业。

在这一切工作完成之后,有关英国在私酒贸易中所扮演角色的墓志铭,将由亚历山大·沃克爵士(Sir Alexander Walker)来书写。在一个世纪之前,沃克爵士的祖父约翰尼·沃克(Johnnie Walker)在艾尔郡(Ayrshire)创办了后来的著名威士忌酒品牌——尊尼获加。作为家族的继承人,亚历山大·沃克爵士继续经营着家族酿酒产业。1930年,皇家特许委员会传唤沃克爵士前去作证。委员会委员质问他,烈酒行业是否有可能停止向美国出口酒水商品。

"当然不能!"沃克干脆利落地回答道。

委员会委员则步步紧逼地问:"真的不能吗?"

沃克则表示:"如果我们能做到,根本不会如此坚持。"

第十二章

神佑圣血

1919 年 12 月,霍雷肖·F. 斯托尔(Horatio F. Stoll)为加州葡萄酒行业创办了一本行业杂志——《加州葡萄种植园主》(*California Grape Grower*)。显而易见,他选择创刊的时点实在算不上吉利。早在杂志出版之前,斯托尔就乐此不疲地为葡萄种植园主和酿酒商们奔走呼号。当时,第十八修正案的乌云尚未浮现在地平线上。斯托尔曾在纳帕县(Napa County)的一个葡萄种植园工作过,为《洛杉矶时报》和《旧金山阿尔戈诺特报》(*San Francisco Argonaut*)写过葡萄酒相关的文章,还帮助宣传推销了加州第一家大型酒庄——意大利瑞士殖民地酒庄——生产的基安蒂红葡萄酒。自 1910 年起,斯托尔关注的方向发生转变,从以前的促进行业发展转向拯救整个葡萄酒行业。作为加州葡萄保护协会(California Grape Protective Association)的首席宣传官,斯托尔在禁酒令之前的十余年间四处奔走,并且一意孤行地启动了他的杂志,要为葡萄种植者与酿酒商们发声。

斯托尔像极了四处兜售商品的街头小贩,声音里总是透露着一丝绝望。他在葡萄种植区的乡间小路上张贴醒目的宣传海报——"禁酒令一到,葡萄种植园将灰飞烟灭"。在名为"禁酒令将如何影响加利福尼亚"的小册子中,他那故作姿态、洋洋自得的形象跃然于纸上。斯托尔写道:"世界伟人之中"从没有一个是禁酒主义者。相反,从亚历山大大帝、尤利乌斯·恺撒到哥伦布、狄更斯、林肯和俾斯麦,再到威尔第、瓦格纳和特级海军上将杜威(Admiral Dewey)①,全都嗜酒如命。虽然人们无从得知他是如何研究发现世界伟人皆嗜酒如命的,但他后续抛出的质问也确实令人一时难以招架:"禁酒主义者能举出哪些名人来与上述伟人并肩而立呢? 除了首倡禁酒的穆罕默德一世,还有哪位禁酒主义者可称伟人?"

尽管霍雷肖·斯托尔一腔热血地为加州葡萄酒行业奔走呼号,但该行业的胜利并不能完全归功于他。四项旨在全州范围内推行禁酒令的公投议案之所以相继失败,主要原因是旧金山地区的意大利裔和爱尔兰裔占据了人口多数。而直到 1920 年,旧金山都一直是加州最大的城市。除此之外,加州的葡萄酒文化浓厚也是不可忽视的因素。在 20 世纪早期的美国,葡萄酒酿造并不被社会所重视,但在加州境内,情况则大不相同。该州共种植了 9 万英亩酿酒用葡萄,每年产值高达 7500 万美元,是当地的支柱产业。

加州葡萄酒商在本州内所取得的成功蒙蔽了他们的双眼,以至于根本没有看到管制的乌云正从东部华盛顿特区启程,即将穿过层峦叠嶂的内华达山脉,笼罩加州的天空。即使到了 1918 年冬天,第十八修正案已经完成批准程序,禁酒令即将覆盖美国大地,索诺玛县颇有名望

---

① 乔治·杜威(George Dewey,1837—1917),美国海军特级上将,曾参加美西战争中的马尼拉湾战役。1903 年,杜威被授予海军特级上将军衔,这是美国海军最高等级的军衔,杜威也是迄今唯一获此殊荣的美国海军将领。

的酿酒商——山姆·塞巴斯蒂亚尼(Sam Sebastiani)仍然深信全国范围内的禁酒令不过是一纸空文罢了。从纽约考察归来后,塞巴斯蒂亚尼信心满满地对《索诺马指数论坛报》(Sonoma Index-Tribune)表示,东部同行们已经达成"共识"——世界大战结束后,葡萄酒行业将迎来更加美好的未来。塞巴斯蒂亚尼解释说,东部同行之所以会达成这一愉快共识,是预计到很快将有100多万葡萄酒爱好者返回美国家园,那些潜在的顾客已经在欧洲西线战场的战壕里度过了人生最为艰难的时光。塞巴斯蒂亚尼确信,只要在法国待上几个月,那些人"通过观察"就能发现葡萄酒的神奇美妙。

　　1919年12月,霍雷肖·斯托尔出版了《加州葡萄种植园主》的创刊号。仅仅1个月后,第十八修正案和《沃尔斯泰德法》就将加州葡萄酒产业打倒在地。很显然,霍雷肖·斯托尔将自己未来职业生涯押在了一个前景黯淡的行业。4个月之前,斯托尔在实地考察加州葡萄酒产区时就发现,广大葡萄种植园主对禁酒令影响的认识和塞巴斯蒂亚尼一样错得离谱。他所到之处,葡萄藤上都结满了沉甸甸的果实,葡萄种植园主的心情就像加利福尼亚的天空一样晴朗。斯托尔在创刊号中写道,自己"惊讶地"发现种植园主们"完全没有为如何处理今年的收成做任何准备工作""他们正沉浸于一种虚幻的安全感中,竟然还说要继续酿造葡萄酒,他们认为禁酒令肯定会在今年葡萄收获前被解除"。现实的确令人感到非常困惑。这些葡萄种植园主竟然会如此天真地相信,一场争辩了半个世纪、以国会和州议会的拉锯妥协而告终的政治大骚乱将会在不到2个月的时间里神奇地烟消云散。

　　这些葡萄种植园主的想法和塞巴斯蒂亚尼并无二致,对于政治的判断均过于天真。没过几年,有位葡萄种植园主在一本流行杂志的文章中表示,如果他们早就预见到禁酒令终会成为现实,加州葡萄种植行业肯定会在过去 50 年内"向 ASL 和 WCTU 捐赠大量资金"以表示友好。有先见之明的葡萄种植园主砍掉了自家葡萄藤,换种梅子树、杏树或苹果树,但很快他们就会为自己的先见之明懊悔不已。根据斯托尔记载,在禁酒令实施前最后一年的 1919 年,加州地区葡萄收成不错。出人意料的是,东部地区对可供酿酒使用的新鲜葡萄需求量激增,每吨报价高达 25—30 美元。到当年收获季节结束时,每吨葡萄的报价已经飙涨到 65 美元,而且仍供不应求。

"出人意料"一词可能都难以描绘当时市场对新鲜葡萄的需求之盛。要知道,在前一个十年中,加州酿酒用葡萄的平均售价仅为每吨9.5 美元,价格顶峰时也从未超过 30 美元。但到了 1919 年秋天的收获时节,葡萄收购价格居高不下,而且自此之后竟成常态。1921 年,每吨价格再次飙涨到 82 美元,随后又突破 100 美元大关,达到 105 美元。1924 年,酿酒葡萄的价格插上了翅膀,每吨价格竟然到了 375 美元。不仅如此,葡萄价格还突破了经济学引力定律,呈现量价齐飞的现象。在加州葡萄种植园主把丰收果实打包装运的同时,阿根廷和智利出口到美国的葡萄数量也在大幅增加。1921 年,美国自南美两国进口的葡萄总量不过 1.8 万磅而已。但到了 1922 年,仅前 4 个月的进口量就高达50 万磅。

引发 20 世纪 20 年代加州葡萄抢购风潮的源头在于《沃尔斯泰德法》中的"果汁条款"。在法案起草的协商过程中,韦恩·惠勒有意加入了这一条款,表面上是为了给广大农妇们留个"保存水果"的出路,实际上是为了安抚那些想喝烈性苹果酒的农村选民。这一不起眼的条款为小规模苹果种植园主带来了不错的财源。根据堪萨斯州大学一名官员的记述，"在气候宜人的秋季，驾车行驶在苹果种植区的高速公路上，每隔一两英里就能遇到小小的'摊位'，小摊主们热情地向来往的口渴旅人出售自制苹果酒"。

如果你想喝葡萄酒，根本无须长途跋涉。要是你居住社区附近有大量南欧或东欧移民，那就更没必要了。虽然《沃尔斯泰德法》没有对家酿果汁予以详细规定，但政府之后很快就制定了详细的实施细则——每户家庭每年可生产200加仑发酵果汁以供自家饮用。按照这个限产标准，相当于每家每天能喝3瓶，只有成员众多的大家庭或者酒量极好的小家庭才能喝掉这么多。对于哪怕稍微有点上进心的私酒贩子而言，贩卖葡萄酒根本发不了财，所以他们并不愿意去干这行。要知道，当时1夸脱工业化生产的杜松子酒（50美氏度）的酒精含量相当于6瓶普通自酿葡萄酒，而且还更容易运输。但对于波士顿、巴尔的摩、海伦娜（Helena）及希宾（Hibbing）的本土葡萄酒商人而言，红葡萄酒着实闪耀着金钱的光芒。

1920年，加州纳帕谷的葡萄迎来了禁酒令实施后的第一个收获季。《圣赫勒拿星报》（St. Helena Star）报道说，"今年的葡萄是如此珍贵，以至于盗窃偷摘成风"。次年，加州一位农业管理部门官员表示，州内葡萄种植面积"自联邦禁酒令颁布以来呈突飞猛进的态势"。在1919年时标价每英亩100美元的葡萄种植园，到了1921年已经被炒到了每英亩500多美元。尽管价格高昂，但想在加州葡萄酒之乡购买葡萄种植园的买主并不用担心资金问题，只需以来年收成作为抵押，就可以从银行借到足够的资金。意大利移民康拉德·维亚诺（Conrad Viano）爱上了一片位于康特拉克斯塔县（Contra Costa County）的葡萄种植园,因为那儿让他想起了家乡皮埃蒙特(Piemonte)的生活。他白手起家,依靠从银行借来的抵押贷款购买了这片有着40年葡萄种植历史的土地。仅仅依靠第二年的收成,他就完全还清了银行贷款。

这可羡煞了那些铲掉葡萄藤改种果树的种植园主们。眼看别人种葡萄发财,这些种植园主们又争先恐后地重新种植葡萄。加州葡萄种植园以往的流行种植品种是赛美蓉①(Semillon)、仙粉黛②(Zinfandel)等优质酿酒葡萄,而现在最受欢迎的品种则是紫北塞(Alicante Bouschet)③。在莫德斯托(Modesto)以北10英里的艾斯卡隆镇(Escalon),约瑟夫·加洛(Joseph Gallo)开始投身于葡萄种植事业。他在此地拥有20英亩土地,其中10英亩都种上了紫北塞葡萄。他的两个儿子欧内斯特(Ernest)和胡里奥(Julio)虽才十几岁,但头脑活络,把象征家族的"公鸡"标志印在了运输葡萄的货箱上。在利弗莫尔谷地(Livermore Valley),除了威迪兄弟(Wente Brothers),几乎所有种植园主都把葡萄藤连根拔起,换上了西梅、杏子和苹果树。现在,古老的葡萄种植园再次焕发出勃勃生机,藤架上爬满了紫北塞葡萄藤的枝条。从索诺玛到弗雷斯诺(Fresno),老的葡萄种植园纷纷在原有的赤霞珠(Cabernets)和雷司令(Rieslings)葡萄藤上嫁接紫北塞这种被内行人认为毫无吸引力的亚种葡萄。见此转变,美食记者兼作家伊德瓦尔·琼斯(Idwal

---

①　赛美蓉是原产于法国波尔多地区的白葡萄品种,其表皮呈金黄色,可用于酿造干型与甜型白葡萄酒。赛美蓉在世界各地均有种植,其中尤以法国与澳大利亚所产为佳。

②　仙粉黛是一种起源于克罗地亚(Croatian)的红色葡萄品种,现在主要种植在美国加利福尼亚州。

③　紫北塞是一种诞生于法国南部埃罗省的葡萄品种。1865年,亨利·北塞(Henri Bouschet)将歌海娜(Grenache)与小北塞(Petit Bouschet)两种葡萄杂交,从而创造出这个新品种。

Jones）痛心疾首地写道："这些葡萄是如此之差，连醋栗都不如。"

　　紫北塞葡萄酿出来的葡萄酒确实品质较差，但禁酒令的魔力却能把缺陷点化成金。这种葡萄藤枝茂密，单位面积产量高，所产葡萄果皮厚实，能够经受长途海运的颠簸，便于运输。更奇妙的是，紫北塞葡萄的果肉带有非同寻常的深红色，经过酿酒所需的头次压榨后，剩下的果渣还能再压榨两三次，生产出来的汁水依然能保持神奇的深红色（天知道能加多少水稀释）。据霍雷肖·斯托尔报道，在 1921 年的葡萄收获季节，"成百上千的买家都在发送求购紫北塞葡萄的电报。相比其他传统酿酒葡萄，意大利裔移民愿意为一箱这种不起眼的葡萄多付 50 美分到 1 美元的价格，无论是哪儿产的"。多亏了紫北塞葡萄的旺盛需求，斯托尔的杂志也跟着红火了十年。1929 年，斯托尔用一系列数字解释了紫北塞葡萄的神奇魔力。根据当时测量葡萄汁颜色的标准，超过 150 分的颜色是"制作葡萄酒及果汁所需颜色深度的 3 倍"。测量结果显示，仙粉黛成绩惨淡，只有可怜的 38 分；赤霞珠表现不错，有 86 分。紫北塞的得分则高得逆天，足足有 204 分。

　　对于那些心思活络，想把自家定额的 200 加仑（或者定额之外的几百加仑）酒周转一部分给邻居，以增加收入的家庭作坊酿酒者而言，使用紫北塞葡萄绝对物超所值。1926 年，美国劳工联合会（American Federation Of Labor）的一名官员告诉参议院的委员会，超过 90% 的工人不仅在家里酿制某种酒精饮料，"他们甚至能用欧洲萝卜酿出酒"。相较于欧洲萝卜，抑或蒲公英、接骨木果、野樱桃等次品原料，紫北塞葡萄是最佳选择。酿酒师只需在发酵过程中加入一些糖，一吨紫北塞葡萄就能够生产五六百加仑的酒。这些酒虽然尝起来不太像葡萄酒，但至少看起来像，更别说确实像。对于蒙大拿州比尔克里克（Bearcreek）地区的斯洛文尼亚裔煤矿工人而言,高比例的产酒率意味着从加州运来的一车葡萄能够生产出近万加仑的葡萄酒(如果你愿意称之为葡萄酒的话)、副牌酒(利用头道果渣加糖再次发酵后生产的)、私酒(利用副牌酒果渣加糖再次发酵后生产的)。对于干渴若狂的比尔克里克矿工们而言,这些都是甘美琼浆,你就是说给他们喝的是仙粉黛,他们都会深信不疑。*

为了满足旺盛的原材料需求,葡萄种植园主们纷纷重操旧业,扩大生产。与此同时,一套稳健有序且完全合法的加工体系也随之建立了起来。位于前街和百老汇大街区域的旧金山火车站是整个加工体系的指挥中心。根据《日落》(Sunset)杂志的报道,这块区域整日"笼罩着葡萄酒的酸味",非常容易找到。在这里,有几辆外表怪异的卡车停在货车旁边,卡车上配置有压榨机和 800 加仑储存罐。这些流动卡车的竞争对手是附近废弃仓库里的店主,他们门前的海报上写着大幅广告语——随买随榨,立等可取。有位店家介绍说,他会根据客户的订单将葡萄压榨好。而一旦葡萄被压榨成汁——由于技术原因,汁液中难免混合着葡萄果皮和果茎——在一天内就会从店里运走。"经过压榨的葡萄被拿走之后发生的事,就和我们不相干了。"于是乎,"男男女女们开着小汽车蜂拥而来,有的是豪华轿车,有的是咔嗒咔嗒响个不停的廉价小汽车",《日落》杂志的记者如此写道。他们下过单后不用带走果

---

* 明尼苏达州弗吉尼亚市的意大利裔居民区的铁矿工人对葡萄酒的需求旺盛,但却苦于没有稳定的葡萄原材料供应渠道。为了解决这个问题,该地区居民每年都会委托一位名叫切雷萨·蒙达维(Cesare Mondavi)的杂货店店主前往加州圣华金谷地收购葡萄。蒙达维从中发现了巨大商机,很快就决定举家迁往加州。蒙达维家少年老成的儿子罗伯特不负家族所望,在加州葡萄酒行业创下了一番事业。

汁,因为卖家会带着压榨机会送货上门。才华出众的葡萄酒产业历史学者莱昂·亚当斯(Leon Adams)当时在旧金山当新闻记者。亚当斯记录说,"人们会从卡车或火车上选购葡萄,然后让卡车载着压榨机,在路上把葡萄倒入压榨机加工。开到买家房子门前,再通过软管将未发酵的压榨葡萄汁输送到地窖或其他可以发酵葡萄酒的地方。这就是一个典型的旧金山式葡萄酒加工体系"。

当然,这种小作坊式加工体系只能面向本地市场。在货场里,规模更大的商人相互竞价,一口气能够买下整卡车,甚至整列火车的货物。在货物发运之前,可以随时被出售、转手及再出售。每交易一次,货物的目的地也随之发生变化。1919 年,仅加州就有 9300 卡车的葡萄被运送到纽约。到了 1928 年,这个数字已经增加了 2 倍多。除此之外,还有 4 万卡车的葡萄被运到东部其他城市。有一年,纳帕谷的葡萄种植园主们在收成季节遇到了很大的麻烦,因为铁路运力已经达到极限,无法把收获的葡萄运走。该县园艺委员会负责人表示,要想把葡萄全部运到市场,"所需冷藏车是现有数量的 3 倍"。《弗雷斯诺共和党报》(Fresno Republican)的编辑经过详细地统计与思考,顺带做了些乘法计算,得出如下结论:在 1925 年收获季的一个令人振奋的日子里,共有 1265 辆卡车满载着快要溢出来的葡萄驶离加州,运走了大约 8635365375 颗葡萄。《商业周刊》的一名记者在报道铁路运输情况时写道,在葡萄收获季,"所有次要物资商品都要靠边站"——葡萄实在太值钱了。

在美国东海岸,宾夕法尼亚铁路公司(Pennsylvania Railroad)正在日夜施工扩建其在泽西市(Jersey)的货运车站,以容纳成千上万辆满载葡萄的货车。葡萄运到此地后,新一轮铁路站台拍卖随之展开。当地经销商从货主那儿拿了货,转手就卖给这条庞大供应链中的下家。这些下家包括城市农产品市场[如位于曼哈顿第九大道、占地七个街区的帕迪市场(Paddy's Market)]的零售摊主。每年10月,帕迪市场的摊位都堆满了葡萄,连在一起形成一堵壮观的紫色城墙;也有《加州葡萄种植园主》笔下的推车小贩大军:"每当葡萄大量运来时,在大都市的每一个角落都能看到他们的身影";以及"社区买家",他们直接代表所在城市社区内居民与卖家洽购葡萄。在波士顿、费城、锡拉丘兹、伊利、帕特森、阿尔图纳、坎顿等移民占据人口多数、不愿支持沃尔斯泰德主义的城镇,都存在着类似的葡萄供应链体系。1926年,联邦禁酒局首席调查员描述了所谓的禁酒令下的"暮光区域":在公寓集中的居民社区,"葡萄到处可见——手推车里、杂货店中、水果店内、农产品商铺中、马车里、卡车上……酿酒用的葡萄装在板条箱里,整齐码放在卡车上"。犹如大战之后的战场上随处可见废弃的弹药,葡萄消失后也会留下大量的痕迹。一位加州种植园主曾说:"走在大街上,看一看街边倾倒的大量葡萄果渣或废料,你就知道自己正身处一个葡萄酒消费社区之中。"

　　葡萄酒的消费量到底有多大呢? 在饮用葡萄酒仍然合法的1917年,美国人喝掉了7000万加仑葡萄酒,包括进口的、国产的和家庭自酿的。到了禁酒的1925年,仅自酿葡萄酒一项,美国人就足足喝掉了1.5亿加仑,而且全部是以其独特方式合法饮用的。1913年,在国会讨论里奇蒙·霍布森的宪法修正案时,来自圣路易斯市的禁酒派众议员理查德·巴尔托特(Richard Bartholdt)就曾警告说:"目前正在讨论的修正案会把国内的每个家庭都变成酿酒厂。"虽然更准确的用词应该是"葡萄酒厂",但他的想法无疑是正确且有远见的。

　　紫北塞葡萄的繁荣景象显然不能长久维持下去。由于种植葡萄来钱实在太快，各路人马蜂拥而至，种植规模很快就超过了疯狂的需求。面对供大于求的现实，种植园主们尝试采用常见的卡特尔策略。1926年，加州葡萄种植园主协会（California Vineyardists' Association）的成员达成一致决议，把一半的葡萄留在葡萄藤上任其熟落。次年，该协会又尝试敦促会员减少船运发货量。也有一些种植园主尝试锁定价格，以阻挡价格下跌。但即使葡萄售价每吨跌至40美元，他们也没什么可抱怨的，毕竟利润还是很可观。为了维护自己利益，有些种植园主甚至强烈抵制任何放松《沃尔斯泰德法》力度的措施（将允许生产销售淡葡萄酒）。与此同时，种植园主们也学会了如何热爱葡萄运输业务。弗雷斯诺的一个酿酒家族成员曾回忆说，通过当地人的识别标志——丝绸衬衫和凯迪拉克汽车——很容易就能辨别出谁是种植园主。

　　对于种植园主以前的客户——加州葡萄酒生产商而言，情况则大不相同。紫北塞葡萄为种植园主们带来了丰厚的回报，但带给酿酒商们的却是无尽的羞辱。想想看，你是做葡萄酒生意的，掌握着酿造美酒的神奇技艺，但如今却只能眼巴巴地靠边站，看着那些没有受过教育的移民在地下室里往盛满葡萄渣的洗脸盆里加糖酿酒。然而经验丰富的酿酒师们曾经受人追捧，如今却只能改行做罐头。加州大学的葡萄栽培与酿造学系是业内著名学科，声名远播，现在也只能关门大吉。当时还有人脑洞大开，计划利用船舶建造一座"浮动酿酒厂"——在旧金山码头装满葡萄，然后出海。等到船舶驶出3英里之外，酿酒程序立即启动。当"浮动酿酒厂"抵达太平洋对岸的日本市场时，船上的产品也将陈化得十分完美。《旧金山观察家报》（San Francisco Examiner）的编辑底气十足地质问道:浮动酿酒厂驰骋七海,谁又能阻止这支葡萄酒厂舰队呢?相较于葡萄种植园主们的其他设想,如生产葡萄黄油、葡萄番茄酱以及广受欢迎的葡萄软糖等产品,船载酿酒厂设想的可操作性也就略差一点而已。

在这些思路开阔的行业成员中,有一名葡萄种植园主和一名酿酒师通过合作获得了空前的成功。他们不但渡过了禁酒令的干裂河床,还在法律的保护下挖掘出了一个黄金喷泉。禁酒令通过后,利弗莫尔山谷的威迪兄弟从未铲掉他们葡萄藤,他们也从不需要与经纪人或托运人谈判,风靡加州的紫北塞葡萄也从未威胁到他们优质的赛美蓉葡萄,更没有威胁到远近闻名的"威迪克隆霞多丽"(加州种植的霞多丽有80%都源自这个品种)。威迪兄弟的幸运,在于他们达成了一项长期协议,把所有葡萄都卖给了拉瑟福德(Rutherford)的酿酒师乔治斯·德·拉图尔(Georges de Latour)。双方合作期间,德·拉图尔曾拖欠过威迪兄弟一笔账款。为此,他安慰了其中的一位威迪先生:"威迪先生,我要向你坦白现在的情况。我在和教堂做生意,他们虽然回款比较慢,但绝对是好客户。"

从德·拉图尔后世积攒下来的财富判断,"好客户"属于非常低调的说法。在19世纪90年代初,乔治斯·玛丽·约瑟夫·德·拉图尔(Georges Marie Joseph de Latour)从家乡佩里戈尔移居加州。作为化学家,他起初并非靠酿酒谋生,而是主要经营酿酒过程中一个不起眼的副产品——酒石酸。酒石酸来自于葡萄皮,初步提取后就是一堆浮渣,经过提炼可以得到酒石粉。作为发酵粉中的活性物质,酒石粉在美食烹饪中用处很多,甚至还可以用来清洗罐子。移居加州不久,德·拉图尔就结婚了。1900年,夫妇二人在纳帕谷购置了4英亩的麦田和果园。

曾有一段时期,德·拉图尔一直驾着一辆马车在加州北部的葡萄酒之乡辗转奔波,从清理废弃葡萄皮的种植园主那里收集葡萄皮。

30年后,马车早已成为过去。德·拉图尔现在的座驾是一辆定制的凯迪拉克皇家房车。他有两处漂亮的房子,一处位于旧金山太平洋高地,另一处在拉瑟福德占地面积超过400英亩的葡萄种植园深处。他们的女儿正值芳龄,刚刚踏入社交圈。在剧院里,他们也订购了一个专属包厢。当地报纸称他们为"旧金山最有名望的家族之一",德·拉图尔对此并不否认。每天晚上,德·拉图尔一家都会穿着考究的服装出席宴会。温文尔雅的乔治斯一般身穿无尾燕尾服,他的夫人费南代尔(Fernande)高贵典雅,衣柜里的每一件衣服都散发着优雅的光芒,再搭配上精美时尚的帽子,是当地社交圈的一道靓丽风景。德·拉图尔的财富不是依靠祖辈的恩泽,而是来自于从家族企业璞立酒庄(Beaulieu Vineyards)获得的红利。在20世纪30年代初,得益于十多年的禁酒运动,他们每年能收取超过10万美元的股息。按照2009年的价值计算约合100多万美元。除此之外,德·拉图尔夫妇还花费好几百万美元投资了土地、房产,并从威迪兄弟和其他种植园购买葡萄转卖。在纳帕谷的酿酒商中,几乎只有他一人能将这些葡萄酿成合法、畅销且品质卓越的葡萄酒。

在1959年上映的电影《我的葡萄种植园》(*This Earth Is Mine*)中,克劳德·雷恩斯(Claude Rains)扮演了一位以德·拉图尔为原型的角色。更为准确地说,雷恩斯扮演了一位以克劳德·雷恩斯扮演的乔治斯·德·拉图尔为原型的角色——他充其量也就是复制品的复制品。虽然移居加州多年,但德·拉图尔难以捉摸的法国乡音终生未改[厄尼·派尔(Ernie Pyle)表示,这种口音十分浓重,"陌生人根本听不懂"〕。禁酒令期间,德·拉图尔自家的酒庄消耗掉了收获来的大部分葡萄。奇怪的是,他会定期把一部分葡萄扔到土里,这在外人看来简直莫名其妙。这些关键的人物细节在电影里都无迹可寻。但在其他方面,雷恩斯的表现堪称完美——他温文尔雅、慷慨大方、全身心地投入到酿造优质葡萄酒的梦想之中。上至尊贵的种植园主,下至贫穷的葡萄采摘工人,都对他尊敬有加。在纳帕谷,从未有人说过乔治斯·德·拉图尔的坏话。他的竞争对手、酿酒商路易斯·M.马提尼(Louis M. Martini)回忆说,他是"一位非常好的人,才干过人、诚实有信、恪守道德,在各方面都堪称模范绅士"。马提尼还补充说:"他全家人都非常优雅高贵。更重要的是,他还特别懂葡萄酒。"

　　拥有如此多的优良品质,德·拉图尔无论遇到多大的困难,都能成为一名成功的葡萄酒商人。但他在禁酒令期间惊人的迅速崛起,还是得益于"一句话"和"一项法律条款"。其中 1912 年的那句话这样写道:"持信之人为乔治斯·德·拉图尔先生,是本地受人敬重的天主教徒。德·拉图尔先生即将走访东部各州,推介他在加州纳帕谷酿造的圣餐葡萄酒。"推荐信的抬头亲切地写着"致尊敬的牧师",落款为"P. W. 里奥丹,旧金山总主教"(P. W. Riordan, Archbishop Of San Francisco)①。那项法律条款则来自第十八修正案下的《沃尔斯泰德法》,它允许酿造、销售圣餐用葡萄酒。二者结合起来,造就了德·拉图尔的惊人财富。

　　作为虔诚的天主教徒,在本地也具有崇高的名望,德·拉图尔与总

----

　　① 天主教会教阶分为神父教阶和执事教阶,其中神父教阶分为神父、主教、助理主教、教区主教、教区大主教、总主教、枢机(红衣)主教等七品,称为"圣品七阶";执事教阶也分七品,又称"助祭七阶"。

主教里奥丹能够建立良好的关系并非出自偶然。夫妇二人初到时所购
置的 4 英亩麦田和果园，很快就全都种上了葡萄。1904 年，德·拉图
尔成立了自己的酒庄，并将其命名为"璞立酒庄"。在公司首批董事会
成员中，就有两位天主教牧师，其中一位名叫 D. O. 克劳利（D. O.
Crowley）的神父和他共事超过 20 年。如此一来，德·拉图尔既能保证
璞立酒庄自 1908 年起开始酿造的圣餐葡萄酒的纯度，又能与总主教办
公室保持着直接而密切的联系。不久，德·拉图尔在纽约设立了销售
办公室，并且很快就做成了一笔相当不错的生意。但与即将发生的事
情相比，这不过是开胃酒而已。1918 年，当他与威迪兄弟达成合作协
议时，历史性的禁酒令即将到来，一同到来的还有乔治斯·德·拉图尔
在事业上的关键一跃。

　　德·拉图尔并非加州地区唯一一家与教会有业务合作关系的酿酒
商，其他信奉天主教的酿酒家族——纳帕谷的贝林格家族（Beringers）
和马提尼家族以及利弗莫尔的肯嘉尼家族（Concannons）——也拥有
"教会认证"资质（就是获得了大主教的首肯），教区内牧师可在圣餐中
使用经认证酿酒商生产的葡萄酒。但和其他酿酒家族不同的是，德·
拉图尔还拥有一份独特资产——他在纽约设立的销售办公室。在禁酒
令开始时，这个销售办公室已经在纽约市场深耕 10 年，取得了可观的
销售成绩；他与里奥丹总主教的继任者爱德华·J. 汉纳总主教（Arch-
bishop Edward J. Hanna）继续保持着亲密的友谊（汉纳总主教后来主持
了德·拉图尔的女儿海伦与一位法国贵族的婚礼）；从某种意义上说，
圣餐葡萄酒并非只存在于圣坛之上。远在圣坛之外，还有一个更大的
市场。

　　在与威迪家族达成交易时——他买下的是威迪家族在为期 14 年

的禁酒令时期的全部产出,德·拉图尔把全部赌注都押在了教会圣餐葡萄酒业务上。没过多久,他就开始赚大钱了。就在禁酒令开始之前,德·拉图尔聘请查尔斯·W. 费伊(Charles W. Fay)加入公司。费伊是一名政坛老手,在威尔逊政府时期一直担任旧金山邮政局局长,在整个20世纪20年代的加州政坛一直保持着举足轻重的地位。知道这层背景,也就不难理解为何费伊是唯一一名拥有璞立酒庄股份的非家族成员。1920年3月,联邦禁酒局向德·拉图尔颁发"加州第1号许可证"(Permit No. Cal-A-1),允许他酿造、运输及销售圣餐葡萄酒。同月,汉纳总主教对德·拉图尔蒸蒸日上的生意表示了衷心的祝贺。到了1922年,除了旧金山总部以外,德·拉图尔还在东部及中西部的7个城市建立了销售体系;次年,他开始购置大片的葡萄种植园,保障酿酒葡萄的供应来源(包括一大块直接从北加州教区购置的种植园)。在20世纪20年代中期,德·拉图尔新建了一个占地面积超过一英亩的储藏仓库,里面存放着90万加仑葡萄酒。为了大规模运输葡萄酒,他还说服南太平洋铁路公司(Southern Pacific)专门修建了一条通往纳帕谷的铁路支线。

对很多人而言,这似乎只是一批量比较大的圣餐葡萄酒。联邦禁酒局的记录显示,璞立酒庄的批发商所拥有的葡萄酒库存经常会莫名其妙地消失。虽然欧内斯特·威迪确信德·拉图尔会遵守法律规定,但当不断耳闻璞立酒庄的产品流入所谓的"非法渠道"后,他也确信德·拉图尔肯定还有其他的销售门路。德·拉图尔与教会之间的商业合作不仅存在于牧师群体(法律要求牧师必须在订购单上签字)里,还隐藏于他们的宗教集会之中。比如,一位牧师收到一批120加仑璞立酒庄的货物后,他顿时就有了可供信徒喝4.6万口的圣餐葡萄酒存货。

不过在操作中,他或许会从这批酒中拿出 100 加仑左右分给参加教堂活动的会众,留下够喝 1 万口的量。有的时候,这些葡萄酒根本就没有离开过教区牧师的家。1932 年,有 6 箱璞立酒庄酿造的顶级葡萄酒被运送到了芝加哥,专供红衣主教乔治·芒德莱恩(Cardinal George Mundelein)享用。德·拉图尔告诉自己的好友,也是联邦禁酒局的二号人物 E. C. 耶洛利(E. C. Yellowley):"我建议牧师们每次采购的葡萄酒数量都多些,比如半桶或一桶。"他还解释说,每次发货的数量多了,运输过程中便不易被盗窃。德·拉图尔没有解释的是,发货量越大,就更便于运输。*

　　璞立酒庄的葡萄酒能在圣坛之外广为流通的原因并不难理解。在那个特殊年代,人们饮酒并非仅出于精神需求,更多是一种本能或习惯,像万有引力定律一般普遍。要想让人们看着酒柜里存放着的酒而无动于衷,实在有悖人性。有位历史学家则认为,璞立酒庄的成功要归功于德·拉图尔"能够在花费很少营销成本的情况下,将葡萄酒轻松地推向市场"。这种观点非常肤浅,只能说明这位学者并没有做扎实的研究。在德·拉图尔发送给全国各地牧师的宣传材料中,与圣餐相关的信息——"那嚼我的肉、饮我的血的,可获永生,而我在末日必令他复活"①——远没有其中的市场信息重要。汉纳总主教在一份璞立酒庄的宣传册上写下了如下推荐语:"我对贵酒庄的葡萄酒非常满意,可入选加州顶级葡萄酒之列。"宣传册上印有葡萄种植园和酒庄的照

---

　　* 后来基督徒兄弟会的修道士利用自家在纳帕谷拉萨尔山的葡萄种植园也做起了葡萄酒生意,为了防止运输过程中被偷盗,他们把半桶装的葡萄酒套进面粉桶里运输,桶壁上都印着"拉萨尔先生出品"的标识。

　　① 引自冯象译《约翰福音》6:54。

片及介绍文字——形容酒庄"被太平洋海岸山脉的群山所庇护"——
为宣传册增添了浓厚的商业气息,而非教会的神圣气息。在供应的葡
萄酒品种方面,璞立酒庄最大程度地迎合了市场需要,这也充分表明来
自宗教人士的鉴赏评价并不一定与圣餐仪式联系在一起。1921 年,
德·拉图尔相继推出了苏特恩、夏布利、雷司令、赤霞珠、托卡伊、雪利
酒、安吉莉卡、勃艮第、波特酒和麝香葡萄酒等一系列葡萄酒品种,极大
地丰富了酒庄产品线。在禁酒令结束前,他还增加了马德拉、马拉加和
莫泽尔等品类,以及他称之为"璞立特供"的调和酒。*

　　德·拉图尔最出色的营销策略是为来访酒庄的神职人员特别建造
了一座乡间别墅,并向期望亲至酒庄品尝葡萄酒的人士发出长期邀请。
德·拉图尔的尊贵客人中还包括不少政治人物和好莱坞名流,尽管这
些人可能很讨人喜欢,但他们只不过是证明德·拉图尔家族地位的一
种象征罢了。真正支撑德·拉图尔家族地位的,还要数那些来到拉瑟
福德的牧师们。客住乡间别墅建在葡萄种植园的深处,紧邻德·拉图
尔家族的消夏别墅,呈不规则状分布,木质结构,共有 6 间卧室,内部装
饰用的是路易十六时期的家具,外面有阳台和两个花园(分别是意大
利风格和法国风格),屋顶上的钟也是从佛罗伦萨进口的,配建的游泳
池更是引领加州生活潮流。密尔沃基的梅耶神父(Father Meyer)、纽约
的布罗迪神父(Monsignor Brody)、洛杉矶的坎特维尔主教(Bishop Cant-
well)以及其他数百位前往拉瑟福德朝圣的教会神职客人,均被邀请到
德·拉图尔家共进晚餐。宾主尽欢之后,这些神职人员又怎会再考虑

---

　　* 德·拉图尔也利用《沃尔斯泰德法》药用酒例外的漏洞对外销售了大量葡萄酒,这
些酒与圣餐酒的区别只在与药店老板签署的销售合同上略有不同,其中特别注明"药用
制剂⋯⋯不适合日常饮用"。

其他圣餐葡萄酒品种呢？

如果需要沟通业务，德·拉图尔的酒庄是达成交易的最好地方。站在阳台上，头顶的美国悬铃木提供了完美的遮阴，远处可见一排排郁郁葱葱的葡萄藤。德·拉图尔在酒庄里建造了一处圣坛，来访宾客可在圣坛下畅饮基督耶稣之血，与神交谈。即使是无神论者，在此也能陷入神圣的狂喜。

1929年，一位年仅18岁的英国绅士在日记中写道："我们大约上午10点出发，开车行驶了约100英里，到了一个法国人的家中。我不太记得他的名字了，只记得他酿造的葡萄酒是用于宗教仪式的。"

这位年轻绅士就是伦道夫·丘吉尔（Randolph Churchill），此时正陪同父亲温斯顿·丘吉尔一起拜会璞立酒庄。温斯顿·丘吉尔一直不遗余力地抨击禁酒令，认为禁酒令"既荒唐又可悲"。带着些许惶恐，他带着儿子来到已经在全国范围内实施禁酒的美国。这是他们漫长北美之旅的一段。在从不列颠哥伦比亚省维多利亚市动身前往西雅图之前，伦道夫已经把酒瓶和药瓶统统都装满了威士忌。丘吉尔对儿子的周全考虑与主动精神甚为满意，写了封信给妻子把伦道夫好好表扬了一番。丘吉尔在信中援引宙斯钟爱的斟酒俊童的故事，对妻子说道："伦道夫就像永不倒下的伽倪墨得（Ganymede）①。从离家到现在，必要的东西，我从没有缺少过。"

---

① 伽倪墨得是希腊神话中的一个美少年，原为特洛伊王特罗斯之子，母亲为卡利罗厄。特罗斯有三子：伊洛斯、阿萨拉科斯和伽倪墨得，伽倪墨得在其中最年少貌美，因此受到众神之王宙斯的喜爱，将他带到天上成为自己的情人，并代替青春女神希比为诸神斟酒。

　　这倒不是说丘吉尔父子需要担心路上喝不到酒。作为英国豪门望族,他们受邀去璞立酒庄参加当天的午宴。此次参访给丘吉尔留下了深刻的印象,他在酒庄的留言簿上写道:"短暂来访,风味永念。"丘吉尔对夫人克莱门汀(Clementine)说,宴会主人"在酒庄里存放了100多万加仑的葡萄酒,在这片禁酒的土地上可称得上一道靓丽风景"。伦道夫在日记中则委婉地写道:"基督以最奇妙的方式帮助了酒神巴克斯。"

　　基督并非唯一一个伸出援手的神灵。要知道,德·拉图尔同时还酿造符合犹太教教义的葡萄酒。虽然为天主教提供的圣餐葡萄酒只占璞立酒庄产量的很小一部分(璞立酒庄的酒同时还供给路德教、俄罗斯东正教以及其他教派的神职人员),但这份生意非常值得做。1923年,德·拉图尔与两位芝加哥商人达成代理销售协议,授予他们二人在伊利诺伊州的独家经销权。这两位商人之所以能够拿到宝贵的经销权,关键在于他们"在整个伊利诺伊州的犹太教拉比及教徒群体中拥有深厚的社会关系"。璞立酒庄的葡萄酒获得了旧金山一位犹太教拉比的认证(认证价格为每加仑10美分),可以作为犹太教洁食出售。根据璞立酒庄所提供的各项证据,其生产的葡萄酒的确符合犹太教有关洁食的认证要求,但圣赫勒拿大道上的路易斯·马提尼家族生产的葡萄酒就要打个问号了。马提尼此人经常在星期六偷偷溜进酒庄,这时他聘请的监督洁食生产的犹太拉比正在外面守安息日。他的儿子后来回忆说,老马提尼会偷偷地往葡萄酒中加入"使葡萄酒更加可口的成分"。

　　除了著名社区服务运动倡导者莉莲·瓦尔德、犹他州州长西蒙·班伯格(Simon Bamberger)、犹太教拉比斯蒂芬·M. 怀斯(Stephen M.

Wise)，以及一些将禁酒令视为社会改革的历史机遇来帮助受压迫底层人民的进步运动人士以外，美国犹太人几乎一致反对禁酒令，而且态度异常坚决。天主教徒也是如此。对于犹太教和天主教这两大宗教群体而言，禁酒令事关重大，并非仅仅关系到他们的宗教信仰自由。透过四处飘扬的禁酒令旗帜，天主教徒和犹太教徒看到的是头戴白帽的"三K"党四处散播的仇恨，以及在卫理公会和浸信会教徒中占据多数的本土主义者不断膨胀的排外主义。1914年，美国拉比中央会议（Central Conference Of American Rabbis）的一位发言嘉宾在年度会议上总结道：将禁酒令写入宪法，主要归功于"教会暴君们日益膨胀的野心"。

美国拉比中央会议是由美国犹太教拉比群体中的改革派成立的组织，代表着政治立场最自由、族群归化最彻底、经济实力最雄厚的那部分美国犹太人。禁酒令的内容与美国拉比中央会议的精神存在明显抵触，因此遭到该群体的坚决反对。与此同时，他们的兄弟教派——犹太教正统派的兄弟们则不甘口头抗议，而是直接付诸行动。在《沃尔斯泰德法》讨论期间，正统派教徒通过私下渠道直接向安德鲁·沃尔斯泰德游说，最终争取到将圣餐酒排除在禁酒法案的规制范畴之外。虽然在后来联邦禁酒局制定的宗教用圣餐酒分配规则中，给天主教徒的配额比犹太教徒多（每个犹太家庭每年限量10加仑）。但在实际操作中，政府部门的配额制度根本就是形同虚设。天主教会拥有严密的组织结构和等级制度，其圣餐酒分发过程高度组织化，且全程受监督——总主教先向某位供应商发出认证，然后其教区内的神父按照总主教的许可采购圣餐酒。相比之下，犹太教并没有形成严密的组织结构，因此也无法建立一套系统化的圣餐酒流通体系。于是乎，任何一位犹太教拉比只须出示一份教众名单，即可合法采购指定数量的圣餐酒，然后自行分配给其他人。

　　但拉比无处不在，拉比人人可当，因此拉比也真真假假。以对葡萄酒的认识为标准，那些拥有古老而光荣头衔的拉比们如今可以划分为三派：一派认为葡萄酒是圣餐不可或缺的组成部分，应按照现行规则获得适当配额；一派认为未发酵葡萄汁也是一种可接受的替代品，在政治上也有必要的价值；还有一派（通常是假拉比）认为销售葡萄酒是拉比所拥有的一项不可剥夺且可从中获利的权利。正统派虽然坚决抵制世俗权力对神圣信仰的粗暴干涉，但却也抵挡不住改善财务境况的巨大诱惑。与改革劲头十足的犹太兄弟教派不同，20 世纪 20 年代的正统派拉比大多是尚未完成归化的贫穷东欧移民。学者汉娜·斯普雷彻（Hannah Sprecher）在其专著中指出：在禁酒令时期，"从葡萄酒交易中获利的诱惑是如此之强"，以至于洛杉矶的圣经律法学校规模在禁酒令前仅有 180 人，到禁酒令颁布 1 个月后就迅速增长到 1000 人。这所律法学校的拉比本杰明·加德纳（Benjamin Gardner）不禁哀叹，学员们到了学校，整天嚷嚷着"要葡萄酒，要更多的葡萄酒"。如此哀叹的话从加德纳口中说出来其实挺虚伪的。律法学校的一名校董曾指控加德纳不仅兜售葡萄酒给教会成员和校外人士，而且同时还做着一种类似特许经营的业务。很显然，加德纳的生意干得可谓风生水起，以至于他愿意为另一个犹太教堂买单，这样就可以牢牢握住向教众销售葡萄酒的特权。

　　加德纳的所作所为在当地引发了巨大的争议。洛杉矶的政治环境充满了新教气氛，该地区大部分选民强烈支持禁酒，是全国唯一选出禁酒党国会议员的选区*,极度排斥"湿派"及其支持者。《洛杉矶时报》甘当马前卒,对滥用拉比头衔与特权的行为进行了调查。在名字第三次出现在报纸上后,拉比加德纳就变成了身份存疑的"拉比"加德纳。"自称拉比"的哈里·马格里斯(Harry Margolis)在第三次因违反禁酒令遭逮捕后,被课以5000美元罚款。《洛杉矶时报》报道称:"马格里斯的手往牛仔裤口袋里一伸,甩出了一把现金,足足有5000美元。"最具轰动性的当属格罗夫斯(Groves)兄弟案。格罗夫斯兄弟共有三人,一人是联邦禁酒探员,一人是前加州民主党干事,一人是无业游民。据《洛杉矶时报》报道,兄弟三人通过"纸糊"的犹太教会,"处理"了50万加仑的葡萄酒。代表这些所谓犹太教会的所谓拉比们,实际上全都是私酒贩子。

在成百上千的案例中,他们往往集拉比与私酒贩子的身份于一身。奥克兰的拉比鲁道夫·I. 卡菲(Rudolph I. Coffee)撰写了一篇可信度很高的报道,名为"清理葡萄酒会众",发表在全国性的社会工作杂志《调查》(Survey)上。卡菲在文中写道,圣莱安德罗市(San Leandro)的东湾镇(East Bay Town)共有7个犹太家庭,他们原本只在宗教节日里举行宗教仪式。但自从小镇上一位"贫穷但受人尊敬的希伯来语教师"被任命为小教堂的拉比,并与供应商达成委托协议(他每销售一加仑的酒就能得到相应的佣金)后,一切都改变了。很快,这个小教堂的会众人数增加到250人,其中一位会众居住在加州雷德布拉夫市(Red Bluff),距东湾镇足足有200英里路程。同样的故事也发生在圣莱安德

---

　　*　即查尔斯·H. 兰道尔(Charles H. Randall),他担任了三届国会众议员(1915—1921),卸任后当选为洛杉矶县议会主席。

罗市隔壁的阿拉米达市(Alameda):当地一个小教会的拉比在九个月的时间里处理掉了5000加仑的葡萄酒。这位拉比的成功主要归功于一份长长的会众名单,上面全是死人的名字。用死人冒领葡萄酒在当时是一种颇为流行的做法。1924年,加州禁酒局负责人塞缪尔·R.鲁特(Samuel R. Rutter)主导的一项调查显示,一些"葡萄酒会众"人员名单上的名字是"从已废弃城市的人口普查文件中随意摘抄出来的"。

这种手法不仅仅局限于加州。奥马哈市(Omaha)正统派拉比首领兹维·格罗津斯基(Zvi Grodzinski)向同事们抱怨说,当地有些拉比"正在搞一场自由竞赛,竟然把圣餐葡萄酒当作商品销售,不仅卖给犹太人,还卖给其他异教徒"。著名禁酒特工伊兹·爱因斯坦就曾捣毁过纽约拉比们设在狭小廉租房里的经营场所,这些拉比对外宣称他们的会众高达数百人。罗德岛普罗维登斯市的改革派拉比塞缪尔·伽普(Samuel Gup)抱怨道:"我们当地的正统派拉比们一直在干违法勾当,他们出售葡萄酒纯粹是为了赚钱。只要愿意付钱,他们可以把酒卖给任何人,包括犹太人和非犹太人。"伽普的同事、费城的拉比约瑟夫·克劳斯科普夫(Joseph Krauskopf)表示,一些正统派同行非法销售葡萄酒的行为堪称"公共丑闻"。

在盈利模式上,广大拉比也是各有门道。有些拉比把从客户那里获得的收入据为己有,也有些拉比从供应葡萄酒的酿酒商那里收取佣金,甚至有些拉比自己开了店铺——纽约联邦禁酒负责人切斯特·P.米尔斯(Chester P. Mills)少校直截了当地称之为"葡萄酒商店"。这些商店的橱窗里一般都挂着"圣餐用犹太教洁食"的牌子,柜台后面站着一位拉比,负责招募顾客加入教会,然后顾客们就可以付钱拎走货物了。夏皮罗(Schapiro)在纽约下东区拥有一家历史悠久的犹太洁食葡萄酒厂,经营着庞大的圣餐生意(同时也经营看似体面的非法勾当)。他的酒声名远播——黏稠度高、酒精度也高,醇厚得"可以用刀切开"。如果想寻求更加刺激的酒(更不用说更美味的酒),其实还有很多选择。拉比除了卖圣餐葡萄酒,还销售圣餐香槟酒、圣餐薄荷甜酒、圣餐白兰地及其他各类与犹太教信仰仪式八竿子打不着的酒水。但即使荒唐如斯,一位联邦法官依然认为拉比卖的这些酒都是合法的。该联邦法官在判决中裁定:"圣餐酒的宗教性质,取决于其用途,而非成分。"《纽约先驱报》据此向广大读者们"建议":按照联邦法官的解释,100 美氏度的黑麦威士忌完全可以摆在安息日的餐桌上饮用。

做一个能赚外快的拉比或者成为一个自称拉比的人在当时是非常普遍的现象。赫伯特·艾斯伯里在《伟大的幻觉》一书中写道:"对于联邦禁酒局而言,任何一名身穿黑色长袍、蓄有胡须、看起来像犹太人的人,都能自动升级为拉比。"需要指出的是,艾斯伯里所提到的犹太人面相条件是缺乏事实根据的,因为伊兹·爱因斯坦曾遇到两位分别名叫帕特里克·霍利汗(Patrick Houlihan)和詹姆斯·马奎尔(James Maguire)的犹太拉比,而米尔斯少校则指出:"有两位哈莱姆区的黑人摆出拉比的架势,声称自己受到希伯来文化的感召皈依了犹太教。"米尔斯还说,不知何故,他心里总是怀疑这两位拉比是在第十八修正案颁布后才皈依犹太教的。

按照犹太古风,各色人等冒充犹太拉比贩卖私酒成风,对犹太人来说实在是令人羞愧的丑闻。一番调查下来,即使不是犹太人干的,也会让犹太人感到万分难受。报纸上连篇累牍的报道,均把普遍的违法行为归咎于专为犹太人利益而制定的法律法规,已经成为犹太人每天都必须遭受的舆论蹂躏。这种情况不禁让犹太人想起了一句历史悠久的意第绪①习语——蒙受来自异教徒的羞辱——而且是在非犹太美国人的众目睽睽之下,对犹太人群体的一种集体羞辱。正如底特律的拉比、美国拉比中央会议主席列奥·M. 富兰克林(Leo M. Franklin)援引《塔木德》(*Talmud*)中的希伯来经典语录所言,圣餐葡萄酒丑闻正逐渐演变为"Hillul Ha-Shem"——在众人面前亵渎上帝之名。

对于富兰克林和改革派拉比而言,如喷泉一般到处喷涌的圣餐葡萄酒使得禁酒令(原本"并不在本次大会讨论议题之列")成为他们无法回避的议题。当极端禁酒人士亨利·福特发现犹太人享用圣餐葡萄酒的宗教仪式可以将他最痛恨的两大敌人——犹太人和酒精——意外地联结在一起时,相关争论变得更加激烈。福特在其拥有的以反犹著称的《德宝独立报》(*Dearborn Independent*)上发表文章,抓住犹太拉比的葡萄酒丑闻,指控犹太人背信弃义。福特郑重其事地告诫称,禁酒令是"犹太人的幸事"。他还将圣餐葡萄酒生意与私酒行业中确实大量存在的犹太人面孔联系在一起,进而列举了禁酒令所赋予的"某些非法商业优势"。例如:"犹太人拥有大量葡萄酒库存,他们还是"地下铁路"的幕后老板,能够偷偷摸摸地将私酒流向公众的餐桌……大部分酒类许可证(至少有95%)都掌握在犹太人手中。只要你能签署一个犹太人名字,你就能得到一张许可证。"该文紧接着还表示,"所谓'拉比酒'不过是威士忌、杜松子酒、苏格兰威士忌、香槟酒、味美思酒、苦艾酒等等烈酒的委婉说法罢了"。福特的长篇谩骂看似粗暴,但其最

---

① 意第绪语属于日耳曼语族,目前全球大约有300万人在使用,大部分的使用者是犹太人,而且主要是发源于中世纪德国莱茵兰一带的阿什肯纳兹犹太人。后来,这部分犹太人大规模向东欧迁移,继而移民到其他国家。

可怕之处在于他说的不少都是真的。*

　　更糟糕的是,《德宝独立报》那篇文章最具破坏性的部分并非出自福特之手,也不是那些帮他代笔、散布仇恨的雇员写的,而是直接引自于一位专业人士。该人士声称,他"接触了全国各地150多位人士",这些人都自称拉比,都从事分销犹太教圣餐葡萄酒的生意。"他们从未接受过任何担任拉比的教育,此前也没担任过类似宗教职务。他们召集会众,只是为了从事葡萄酒批发销售业务。"这些人的操作模式简单粗暴:"他们只是把一小撮人聚集到一起,然后称他们为教会的会众。如此一来,他们就可按照现有法律的规定,有权购买和销售葡萄酒。"而《德宝独立报》上述报道的引用来源,正是美国拉比中央会议主席列奥·富兰克林。

　　对于富兰克林这样杰出而正直的拉比人士而言,他面临着双重痛苦的折磨。作为具有贵族气息的底特律贝丝·艾尔教堂的精神领袖,富兰克林碰巧和福特比邻而居,两人也是好朋友。从1912年起,汽车大王福特每年都会送给这位杰出的拉比一辆新车。尽管福特于1920年起在《德宝独立报》上宣布投身反犹运动后,富兰克林就婉拒了汽车大王的礼物,但他们二人仍然保持着友好的关系。与此同时,富兰克林逐渐确信,报纸上每天刊登的关于拉比卷入葡萄酒交易的报道即使内容真实无误,也必然会助长反犹主义。他便去信给接替自己担任美国拉比中央会议主席的爱德华·N. 卡利奇(Edward N. Calisch)拉比:"我们必须……倾尽全力摆脱即将铺天盖地而来的丑闻阴影,我希望

　　* 福特在疯狂攻击中还提及当年的李·莱维杜松子酒事件,提醒读者莱维杜松子酒是导致年仅14岁的玛格丽特·李尔被强奸杀害的罪魁祸首。

你们能够立即采取严厉措施,行动起来。"在信中,富兰克林所提供的解决方案是——请求国会废除犹太圣餐酒的例外特权。

富兰克林的解决方案引发了一场犹太教内部的宗派战争。改革派拉比以严肃的学术研究结论指出,犹太律法允许"在必要的情况下"使用未发酵的葡萄汁取代葡萄酒。这一方法并非犹太拉比原创,更像是他们重新采用了 WCTU 下属的非发酵葡萄酒部门此前曾经为基督徒提出的解决方案。WCTU 的方案最早是由来自新泽西州瓦恩兰市(Vineland)的卫理公会教区牧师兼牙医托马斯·布拉姆韦尔·韦尔奇(Thomas Bramwell Welch)于 1869 年发明的,即将未发酵的葡萄汁经过巴氏杀菌法消毒后装瓶保存,成为"韦尔奇医生非发酵葡萄酒"。后来,韦尔奇医生的儿子查尔斯·韦尔奇(Charles Welch)进入卫理公会的委员会任职,正式授权教会在圣餐仪式中使用"韦尔奇葡萄汁"(已改名)替代葡萄酒,使得这项产品获得巨大成功。

改革派拉比虽然通过学术研究技术性地解决了问题,但在感情上却要承受莫大的痛苦。正如正统派刊物发表的一篇文章所言,改革派拉比及其支持者忽视了"犹太人在过去 2000 多年中将葡萄酒与节日庆典相联结所形成的神圣传统"。这种神圣传统的力量是如此强大,以至于一位支持改革派解释的保守派犹太律法学者竟然收到了死亡威胁信件。死亡威胁并没有起到阻却的作用,因为改革派拉比走得更远,他们将圣餐葡萄酒与自身此前并不认可的正统派的一些做法都结合在一起。1923 年,平信徒(Laymen)中的改革派也举行了一场类似的大会。《纽约时报》在头版头条打出醒目标题——"请犹太人摒弃意第绪语和葡萄酒"。对于正统派教徒而言,这无异于要求他们否认自己的身份与历史。

最后,改革派向国会发起的请愿以失败告终,美国犹太人享用圣餐葡萄酒的特权被保留了下来。与圣餐葡萄酒一起保留下来的还有报纸上充满讽刺的头版新闻标题(富兰克林援引的一篇报道的头版标题是"犹太教拉比无视禁酒法律,收割惊人私酒财富"),以及正统派与改革派之间的紧张对立关系(直至后来有民间权威人士介入调停方才缓解)。1926年,联邦禁酒局收紧了对犹太教圣餐葡萄酒的管制措施,相继关闭了大量葡萄酒商店,吊销了数百张拉比所拥有的许可证,并将犹太家庭的葡萄酒配额从每年最多10加仑大幅缩减至5加仑。受此影响,有些城市用于犹太教宗教仪式的葡萄酒合法提取数量急剧下降,最多的降幅高达90%。

禁酒令颁布前后,两位犹太教拉比有关葡萄酒和禁酒令的言论,完美展现了《沃尔斯泰德法》在美国犹太人群体中造成的真正影响。

1914年,辛辛那提市的拉比戈特哈德·多伊奇(Gotthard Deutsch)援引《诗篇》第104的诗句说道:"'葡萄美酒被创造出来,以愉悦人心。'按照拉比的教诲,拒绝上帝的礼物属于犯罪。"

1926年,费城的拉比路易斯·沃尔西(Louis Wolsey)则说道:"禁酒令是'盎格鲁-撒克逊-清教徒'的问题,我们犹太人应该置身事外。"

第十三章

私酒四流

　　"他拥有一些药店，很多很多的药店，"黛西·布坎南（Daisy Buchanan）说道，"他是白手起家自己开的这些药店"。在黛西看来，这套说辞足以完美解释隔壁新邻居万贯家财的来源。而她的丈夫汤姆·布坎南（Tom Buchanan）对东卵岛（East Egg）之外的世界有更多的了解，在他眼中这足以成为杰伊·盖茨比（Jay Gatsby）是靠贩卖私酒发家致富的证据。现代读者阅读 F. 司各特·菲茨杰拉德（F. Scott Fitzgerald）的名作后，可能难以理解汤姆·布坎南如何能作出这个判断，但菲茨杰拉德自然明白其中缘由，与作者生活在相同时代的美国人也非常清楚。"盖茨比生意上的问题我能搞定。"他在作品编辑审稿期间对麦克斯·珀金斯（Maxwell Perkins）表示，此时珀金斯正不断督促菲茨杰拉德把盖茨比财富的来龙去脉解释得更清楚些。在《了不起的盖茨比》（The Great Gatsby）首次出版的 1925 年，"药店"的含义和杜松子酒一样清晰无误。

　　在 20 世纪 20 年代，每年有数百万加仑的烈酒在药店之间自由流动。汤姆认为这些酒只不过是"粮食酒精"罢了，实在是大错特错。只消瞄一眼所谓"药用威士忌"的价目表,背后的花招就跃然于纸上。路易斯维尔法兰克福烈酒公司在标注了"仅供持证医生参考"的宣传册上写道:医生可以19.5到30美元不等的价格买到12品脱的保罗·琼斯黑麦威士忌、老海盗朗姆酒、红星杜松子酒、白星白兰地,抑或顶级的泛波威士忌。当然了,酒精大旱之下能合法买到酒的医生们虽然坐拥酒池,并不意味着他们自己会独享近水楼台之便恣意海喝(没人知道他们到底喝没喝),毕竟这些酒是用来卖给手持医生所开合法处方的顾客的。但在处方与酒水往来之间,医生们也发现了禁酒令给他们创造的前所未有的"外快宝藏"。

基于医疗目的销售酒精是《沃尔斯泰德法》中列举的三种例外情况之一。但与允许宗教仪式使用圣餐葡萄酒、允许农民喝苹果酒(或自酿葡萄酒)不同,这是唯一一项可以合法销售烈酒的例外渠道。在禁酒令开始实施的半年时间中,共有1.5万名医生排队申请开酒精处方的许可证。在20世纪20年代的大部分时间里,每位病人每10天可以请医生开1品脱的烈酒处方,而每位医生每月可以开100张此类处方。这些处方都是由政府发行的,印有独特的编号,看起来和股票差不多。说起来确实如此,这些处方和股票一样,都属于有价凭证。虽然每个地区行情不同,但大致来说,从医生手中买一张处方的价格要3美元,再花上3—4美元就能把酒瓶装满。牙医行业也实行类似的许可证制度。莫要吃惊,兽医们也能持证开方,他们坚持认为他们经手的动物都能用掉一瓶四玫瑰威士忌。对于治病救人的医疗行业,联邦国会一直以来都是非常慷慨热情的。

数十年来,药剂师(还有杂货店主、邮购商人及狂欢节组织者)一直在销售酒精饮料,美国医生行业对此一清二楚。治病救人的行业兼顾卖酒这种奇怪现象之所以大行其道,要归功于19世纪在家创业取得巨大成功的马萨诸塞州林恩市(Lynn)家庭主妇莉迪亚·埃斯蒂斯·平卡姆(Lydia Estes Pinkham)。作为著名的废奴领袖的女儿,莉迪亚·平卡姆本人也是一名活跃的女权运动家。1873年经济危机期间,她丈夫投资于房地产的财富在一夜之间化为乌有。生活所迫之下,平卡姆顿觉有必要另寻一条谋生门路。她充分发挥了家庭厨房的价值,把一些植物根茎和药草一番熬煮乱炖之后,包装成治疗女性各种身体不适的万能神药。很快,以"莉迪亚·埃斯蒂斯·平卡姆蔬菜混合物"为名的产品在19世纪晚期取得了空前的市场成功。对于平卡姆取得的商业成就,有人认为其关键在于她开创性地利用全国报纸媒体大打广告,抑或她将自己名字打造成品牌的策略(平卡姆把自己的名字印在各式各样的产品上,包括针线盒、食谱集,甚至一本"治疗女性特有疾病的民间教科书上")。也有人认为广告和品牌都是表象,真正的秘诀在于她销售的每瓶产品都包含20.6%的纯酒精。

说起来简直匪夷所思,因为平卡姆身上不仅仅有废奴主义者和女权运动家的标签,她同时还是一位积极投身于戒酒运动的社会知名人士。平卡姆则坚定地辩解说,酒精是万能灵药中不可或缺的核心物质,用于溶解黄地百合、葫芦巴籽等原材料。事实可能确如平卡姆所言,酒精是不可或缺的。在酒馆不接待女性顾客、饮酒社交场合看不到女性的年代,平卡姆的补品在广大家庭中很受欢迎,拥有极好的口碑,在社会上也较受认可。

并非所有人都被平卡姆的万能灵药所愚弄了,也许根本就没有人被愚弄,买卖双方你情我愿地做了一场心知肚明的交易。无须复杂的数学功底,掐指一算也能算出一瓶14.5盎司规格的平卡姆保健品所含的酒精量相当于 7.5 盎司 80 美氏度的威士忌。不用有深奥的生理学知识就能知道这样一瓶保健品喝下去足以让一个大块头男人兴奋起来,或者让身材相对较小的普通美国女性喝得酩酊大醉。在 19 世纪的"湿派"群体眼中,平卡姆是虚伪"干派"人士的典型代表。正如当时一首流行饮酒歌谣[套用了《我要歌颂我救主》(*I Sing Of My Redeemer*)的曲调]所唱:"琼斯夫人膝下无子/她日思夜盼能当妈妈/自从她喝了三瓶平卡姆的灵药/如今年年生下双胞胎娃娃。"

　　事实胜于雄辩。通过对平卡姆产品的效用分析,其力量源泉并非来自黄地百合的神奇特性。于是一夜之间,仿冒的竞品如雨后春笋般出现,并且竞相在配方中加入更多的酒精来与平卡姆的产品抢夺市场。1902 年,马萨诸塞州健康委员会检测了市场上众多滋补保健品的实际成分。结果显示,一款名为"威士可"(Whiskol)的"非致醉刺激饮料"竟然含有 28.2% 的酒精,霍芬德牌德国滋补水的标记酒精含量为29.8%,华纳牌安全滋补酒则高达 35.7%,理查德森牌浓缩滋补雪莉酒以 47.5% 的酒精含量(相当于 95 美氏度)勇夺冠军(该品牌比较坦诚地在产品名称中使用了"酒"字)。相比之下,考夫曼牌硫黄滋补酒的生产厂家就没那么诚实了,他们在商品标签中表明产品中"不含酒精",而实际酒精含量竟然高达 20.5%(非常巧合的是,硫黄含量正好为 0)。在这些神秘药酒生产商中,最让人大跌眼镜的是科尔登牌液体牛肉滋补水的幕后推手。他们不但未能如实标记自家产品中含有26.5% 的酒精,反而大言不惭地宣传该款滋补水"适合用于治疗酗酒恶习"。

　　在以平卡姆牌滋补水为代表的众多类似保健品被否认具有速效治

疗功用后,美国医学协会(American Medical Association)代表大会于
1917年全体一致通过决议,明确指出酒精"在医学治疗过程中……没
有任何科学价值",并将酒精从已获批准的医药名录中永久性地剔除。
然而1922年,美国医学协会以华丽的转身展现了其开明的姿态——或
者,也许是资本主义极度讨厌眼睁睁看着财富机会从手中流失。仅仅
用了2年时间,美国医学协会就重新审视了5年前刚解决的问题。它
面向全国会员展开的一次调查——关于医学界使用酒精的公投,结果
揭示了一个非凡的巧合:随着医用酒精处方交易日益繁荣,美国医生关
于酒精效用的"科学认识"也喷涌而出,原来饮用酒精的好处竟然如此
之多,有利于治疗包括糖尿病、癌症、哮喘、消化不良、毒蛇咬伤、产妇哺
乳困难及身体衰老等27种不同病症。鉴于酒精的惊人疗效,美国医学
协会宣称任何限制酒精医疗用途的规范都是"对医学实践的严重不当
干扰"。如此一来,该协会于1917年在会员大会决议中一致通过的关
于药用酒精"没有任何科学价值"的论断也就成为了谬论。

　　禁酒令实施后,医生们的表现非常出色。《沃尔斯泰德法》的实施
对医生的实际业务影响甚微,只是大大缩短了病人的平均就诊时间。
病人刚一坐下,医生很快就开出一张处方:"威士忌,每次一汤匙,每日
三次。"这是由肯塔基州卡温顿市(Covington)的哈里 · P. 泰勒医生
(Harry P. Taylor)在政府印制的标准处方上写下的标准用量,其更显专
业性的拉丁语形式为"Spritus Frumenti",意为"精神食粮"[纽约州坎农
斯维尔(Cannonsville)的 C. O. 古铁雷斯医生(C. O. Gutierrez)尤为推
崇这种写法]。相比之下,一位底特律医生开出的处方就显得直白扼
要——"每小时服用3盎司酒精饮料,直到受到刺激为止"。禁酒令对
药剂师行业的影响比对医生要大得多。有些人崛起为行业翘楚,有些

人则黯然出局,他们都是亲历者,目睹了行业翻天覆地的变化。

　　"我不觉得将来会出现很多所谓的酒馆式药店,"第五大道的一名药剂师在《沃尔斯泰德法》生效前一周信誓旦旦地对《纽约时报》表示。"药剂师们非常在乎职业声誉,以坚守职业道德为荣,绝不愿为了金钱利益而置声誉或工作而不顾。"然而实际上,禁酒令给药店所创造财富的速度之迅猛,没有那个行业的现金流能够与之匹敌。从禁酒令刚开始实施起,个别药剂师就针对老客户设计出了合适的解决方案。对于注重品牌价值的高端客户,药剂师还会把开出的酒重新灌装到原来品牌所用的酒瓶中,让这些酒看起来就像是顾客在 1920 年之前购入的,除了增加了一个新的印刷标签外,没有什么区别。例如,一瓶 100 美氏度的"老祖父"(Old Grand-Dad)威士忌,酒标上通常都会用醒目的字体印有"保税威士忌"①字样,表示酒的品质极佳。但就在这行传奇标识下方,却又印着新的宣传广告语——"药用效果无与伦比"。药剂师通常批量采购药用酒精,加以稀释后再分装到一品脱规格的药瓶中,从而增加利润。在整个零售流通环节末端的是类似于芝加哥市北部马尔金药店这样的医药商店。1923 年,警察在马尔金药店门口逮捕了一名手握酒瓶刚从店里出来的醉汉,控告他违反禁酒令。负责该案的助理

---

　　①　Bottled In Bond,简称 BiB,直译为"保税仓库瓶装酒",即"保税威士忌"。根据美国《1879 年保税存储法案》(Bottled-In-Bond Act Of 1897)的规定,酿酒厂在烈酒瓶上加上"Bottled In Bond"的标签,意味着美国政府认证瓶中酒的品质符合描述,可打消消费者对假威士忌酒的疑虑。通过这种方式,美国政府也能向酿酒厂征收一定酒税(在酒离开保税仓库时征收)。获得保税威士忌认证的酒水必须达到如下全部条件:(1)在同一蒸馏季节完成蒸馏;(2)在同一蒸馏厂完成蒸馏;(3)在一个联邦政府保税仓库至少存放 4 年;(4)装瓶时为 100 美氏度;(5)酒瓶上的产品标识必须标明酿造的酒厂;(6)如果在异地装瓶,还需标明装瓶地;(7)必须是在美国境内生产的烈酒。

检察官向市长威廉·E. 德沃（William E. Dever）报告说："根据警察提供的证词，他们的舌头竟然被（这种酒）灼伤了。警察划燃火柴稍一触碰，这酒立刻就燃起了火焰。"

有些地方挂着"药店"的招牌，却做着和药店八竿子打不着的生意。纵使想象力突破天际，它们也难称是药店。多年来，位于曼哈顿第六大道和西四街交汇处的金色天鹅旅馆（Golden Swan）一直在做酒馆生意，它的非官方外号——地狱洞窟——听起来令人难以向往。著名剧作家尤金·奥尼尔（Eugene O' Neill）就是金色天鹅的常客，金色天鹅也是尤金·奥尼尔著名剧作《送冰的人来了》（*The Iceman Cometh*）中绝望酒馆的原型。如奥尼尔笔下的角色所言："这是一家毫无生机的酒馆……在这里，没有人会对将去向何方而感到担忧，因为他们全都无处可去。"禁酒令到来后，地狱洞窟的老板宣布暂时歇业。没过多久，原来的酒馆摇身一变成了药店，重新对外营业。老板买通了当地的警察，让酒馆挂着药店的名头继续干着原先的买卖。

只需雇佣一名合法药剂师，就能解决酒馆卖药资质问题。而那些确实需要购买肝病泻盐、卡特牌肝药或者象牙香皂的顾客，在地狱洞窟是买不到他们想要的商品的。问题更严重的是那些外表光鲜亮丽的合法药店。它们平日卖着和往常一样的传统药物和卫生间用品，高高的柜台后面站着一名用于装点门面的持证药剂师。但根据参议院的一项调查，这些所谓的药店靠卖酒发了大财。为了促进酒水销售，药店老板会有意将其他商品的价格保持在足够低的水平，"严重损害了合法的医药市场"。后来著名的地下酒吧——鹳鸟俱乐部的老板谢尔曼·比林斯利（Sherman Billingsley）就是靠着收购布朗克斯、布鲁克林和哈莱姆等区域药店的多数股权，开始了在纽约的私酒业生意。据拉尔夫·

布鲁门萨尔（Ralph Blumenthal）在《鹳鸟俱乐部》（*The Stork Club*）一书中记载，比林斯利后来将业务拓展到了曼哈顿，生性风流的他"把药店开到每一位他追求的秀女郎的家附近，并且以这些秀女郎的名字作为商店招牌，极尽张扬之能事"。

为了阻止那些打着药店名号卖酒的伪冒药店遍地开花，费城零售药商协会（Philadelphia Organization Of Retail Druggists）主席安布罗斯·亨斯伯格（Ambrose Hunsberger）向联邦禁酒局提议，所有新开药店必须在合法经营一年后才能获发药用酒精销售许可证。也有批评人士指出，此举用意虽好，但实践中很可能会为那些已经干了一段时间的配酒药剂师提供一个获得新牌照的绝佳机会。

查尔斯·沃尔格林（Charles Walgreen）就是极佳的例子。1916年，沃尔格林在芝加哥拥有9家连锁药店；4年之后，他的药店扩张到20家分店。按照研究其家族的历史学者的观点，沃尔格林家族的连锁药店之所以增长迅速，在于1922年新增的奶昔饮品业务的快速扩张。在1920年代，沃尔格林家族的药店从20家激增至525家。其速度之快，令人难以相信仅仅是依靠奶昔饮品推动。多年后，小查尔斯·沃尔格林（Charles Walgreen Jr.）在接受采访时表示，此间另有奥妙。老沃尔格林总是担心商店会发生火灾，但他的儿子则回忆说，父亲对商店火灾的恐惧超越了对他手下员工生命安全的担忧。他"希望消防部门能够以最快的速度冲进门店灭火，尽快地把人救出去"，查尔斯回忆说，"因为每次有消防员进来，我们柜台后面都会丢失一箱烈酒。"

机遇孕育创造力。在药用酒行业发展早期，最成功的创业大亨当属一位聪明绝顶的芝加哥律师——乔治·雷穆斯（George Remus）。雷穆斯的远见卓识让他在禁酒令中发现了巨大机遇。如其所言,"透过禁酒令,我发现了行业重新洗牌的机会"。相对于其他从业者,雷穆斯也拥有独特的优势。早在去法学院攻读法律学位前,他就已经取得了药剂师执业资格;当上律师后,他主要从事刑事辩护工作,从而有机会研究非法企业内部见不得人的生意模式和经营伎俩。和私酒贩子比尔·麦考伊一样,雷穆斯也滴酒不沾,但他对酒精行业的远见卓识却并未受到个人喜好的影响。他只对金钱着迷,疯狂地着迷。几年之后,雷穆斯在位于辛辛那提市普莱斯山上的宅邸里举行了一场新年夜派对,充分展示了他对金钱着迷所带来的非凡成就。为了感谢前来出席派对的来宾,雷穆斯给每一位男嘉宾送了一个闪闪发光的镶钻领带夹,给陪伴在场的 50 位女嘉宾每人送了一辆闪闪发光的 1923 年产庞蒂亚克轿车。曾有一年,他单单在自己众多账户中的一个账户就新存入了 280 万美元巨款(在 2008 年至少相当于 3200 万美元)。

当雷穆斯发现 80% 的美国保税威士忌都存放在喷泉广场① 300 英里半径范围之内时,这位芝加哥律师犹如一名寻找水源的探路者在发现水源后激动不已地用手杖敲打地面,他找到了通往辛辛那提的道路。每一处保税仓库均有政府设置的"税务官"管理,负责监督药用酒的批发交易(税务官只负责监督许可数量范围内的批发交易。如果你想买更多,可以按每箱 6 到 8 美元的价格购买假许可证,那就属于其他执法部门的职责范围了)。税务官会日常清点仓库中现有存货的数量,加上自上次清点以后按照许可证出库货物的数量,然后再与上月库存数

① 喷泉广场位于俄亥俄州辛辛那提市中心。辛辛那提市位于俄亥俄州西南角州界,紧邻印第安纳州和肯塔基州。

量及入库数量相核验,看数字是否对得上。通过对出库酒水数量的清点,税务官可以计算出相应的征税数额。

　　雷穆斯后来收购了一家烈酒厂,但他实际收购的是该酒厂在1920年1月16日以前就存放在保税仓库内的所有库存酒。此后他又陆续购买了14家烈酒厂,其中有拉格比(Rugby)之类的小众品牌,也有弗莱斯曼(Fleischmann)等知名品牌,而最宝贵的战利品当属杰克·丹尼。1908年,莱维杜松子酒丑闻曝光后,田纳西州开始全面禁酒,杰克·丹尼公司将酒厂迁到了圣路易斯市。根据美国法律,只要是存放在保税仓库的酒水,都属于合法商品;持有药剂师执照的雷穆斯随即又收购了肯塔基州卡温顿市的一家药店,并将其改名为肯塔基制药公司。做好法律合规工作后,雷穆斯开始从保税仓库提取自己的存货,每次都超过1000箱,再通过自家药店销售出去,整个流程完全合法。但非法的例外总是有的,如雷穆斯安排自家员工在路上劫持自家医药公司的运酒卡车。半路抢劫虽然是犯罪行为,但却是雷穆斯的精明所在。如此一来,所有的液体药物都被流转到了非法市场。与药店面向的合法市场不同,非法市场在经济上更具吸引力——更少的中间商,而且无需交税。

　　在辛辛那提市西北部死亡谷(Death Valley)的农场里,雷穆斯经营着一家规模庞大的企业,一年的总收入高达2500万美元。由于公司业务庞杂,雷穆斯雇用了数百名司机、保安、销售经理、办公文员和仓库工人。当然,不可或缺的还有律师、政客、禁酒探员、警察和其他一些从事犯罪活动所必需的同伙。在圣路易斯市,除了向治安官、征税官、法院书记员等公职人员输送现金外,他还小心翼翼地让该城的共和党和民主党委员会成员的腰包都鼓起来。撒出去的金钱种子很快就给他带来了丰厚的回报。雷穆斯不再满足于按照政府许可的数量从仓库提取药用酒，他开始安排手下潜入仓库直接在杰克·丹尼酒厂的酒桶上打洞，通过软管将酒导流到在外等候的罐车里。保税仓库里那些他没买通的税务官，根本没注意到不少酒桶里的酒早就被换成私酒贩子惯用的散发着酒精味道的水了。至于那些他已经买通的税务官，更是什么都没看见。令人感到滑稽的是，雷穆斯最终败在了自己挥霍无度的贿赂策略上。1925 年，雷穆斯在接受采访时表示，"有些人试图垄断小麦市场，却无奈地发现世界上的小麦太多了；而我试图垄断腐败市场，但却发现世界上没有足够的金钱去买通所有想分一杯羹的公职人员"。[*]

    犯罪活动并不总是在药用酒行业创造财富所需的必要因素。禁酒令刚施行时，仅肯塔基州的保税仓库就存放了 2900 万加仑烈酒，分别装在橡木桶和酒瓶中陈化。有些波本威士忌酿酒厂在以往烈酒合法化的年代本就经营得不错，在禁酒令开始后它们发现了赚取更多利润的历史性机遇，而且根本无须与非法私酒贸易产生任何直接联系。路易斯维尔市的沃森兄弟（Wathen Brothers）家族企业是著名的烈酒生产商，旗下拥有著名威士忌品牌"老祖父"。1920 年，沃森兄弟将家族产业重组为美国药用烈酒公司（American Medicinal Spirits Company），打造了一个拥有58 个品牌的庞大烈酒企业。1926 年，布朗-福尔曼公司的工人们见证了

---

    [*] 雷穆斯确实在亚特兰大的联邦监狱享受过几年牢狱生涯。他一开始享用的是该监狱的奢华单间，被失望的梅布尔·维勒布兰德称之为"百万富翁牢房"；后来，雷穆斯被转移到监狱医院大楼内的独立公寓房中。每天晚上，伴着监狱天主教堂的钟声，他都会和另外两位关系密切的私酒贩子共进晚餐。出狱之后，雷穆斯发现妻子和送他进监狱的联邦禁酒探员通奸，一怒之下枪杀了妻子。虽然闹出了人命，雷穆斯却并没有为此再进监狱。

一个特别重大的时刻——一列载有 12 名武装警卫和 6750 加仑合法老森林人波本威士忌酒的火车从位于圣路易斯维尔市霍华德大街的酿酒厂缓缓驶离,全部发往波士顿的一家药店老板指定的保税仓库。当地市场火爆的需求给了老板充足的信心,他认为仅在当地医药市场就能轻松消化掉 5.4 万品脱的上等波本威士忌。

《路易斯维尔先驱邮报》(Louisville Herald-Post)评论道,布朗-福尔曼公司发往波士顿地区货物的规模,充分证明了"当前药用威士忌需求非常旺盛……肯塔基州的保税仓库已被迅速清空了……有必要重新扩大肯塔基州特产的生产,以满足日益增长的合法市场需求"。就在人们对未来将要发生什么还不甚明了的时候,布朗-福尔曼公司已经收购了竞争对手——时代波本威士忌公司(Early Times)——的全部股票,解决了自身存货不断萎缩的问题。

时代波本威士忌公司拥有大量存货,布朗-福尔曼公司拥有销售渠道,二者的合并属于强强联合,但来自纽约的大卫·舒尔特(David Schulte)则什么都没有。舒尔特早年靠在长岛收摘草莓为生,后来到了曼哈顿的烟草商店做收银员。依靠过人的商业天赋,他在很短的时间内就建立了自己的烟草销售网络,进而发展成颇具规模的日用百货批发商。禁酒令开始后,他用自己的成就证明了一个人不需要酿酒蒸馏设施,也不需要药品销售人员,依然能在药用酒市场大赚特赚。1925 年,舒尔特收购了位于宾夕法尼亚州西部的老奥弗霍尔特黑麦威士忌酿酒厂。这家酿酒厂此前为安德鲁·梅隆和亨利·克莱·弗里克共同拥有,舒尔特以 450 万美元的价格从梅隆控制的联合信托公司手中将老奥弗霍尔特酒厂收入囊中,其中包含了酒厂的众多存货。没过多久,舒尔特就以 770 万美元的价格将酒厂和存货打包卖给了一位药用烈酒商人。

《时代周刊》评论称,舒尔特的名字是"勤劳致富的代表符号"。但在 20 世纪 20 年代,源自药用烈酒市场的财富来得非常非常容易。

药用酒精并非在每个州都合法。禁酒令后,有 12 个州完全禁止以治疗名义开酒精处方,有 9 个州只允许医生开未稀释的无味纯酒精——没有药用的"老祖父",没有有益健康的"杰克·丹尼",也没有用于治疗的"稀有牙买加老朗姆酒/桶装进口/品质非凡"(虽然看起来很奇怪,但这条商品的描述确实印在波士顿 S. S. 皮尔斯公司下属的药品批发贸易分公司的价目表上,旁边还特别注明"供医生和牙医开方使用……仅限医疗用途")。印第安纳州州长和司法部长公开承认他们曾违法"秘密"获得威士忌,用于给身患重病的家庭成员治病,引发了巨大的社会争议。纽约骷髅地浸信会教会(Calvary Baptist Church)的原教旨主义牧师约翰·罗奇·斯特拉顿(John Roach Straton)也加入了这场争论。斯特拉顿是绝对"干"的"干派",坚决主张对违反禁酒令的行为零容忍。他激烈地抨击道:"州长和司法部长应该让家人去死,自生自灭,也不应违背他们的就职誓言。"

但事实上没有一个州颁布法律禁绝一切含有酒精的物质,如香水、洁厕剂、油漆、清漆、防冻剂和无烟火药等,甚至像斯特拉顿这样的禁酒人士也不得不容忍人造花卉、毡帽、照相胶片、嗅盐和铅笔的生产与销售,这些商品在生产过程中都需要使用酒精。《沃尔斯泰德法》为供人们饮用的酒精设置了各种例外,但却没有为非饮用酒精设定任何例外。联邦禁酒局负责人罗伊·海恩斯表示,根据《沃尔斯泰德法》的规定,酒精的"数百种用途"中"只有一种用途是非法的"。不出意料,就是这一种非法用途扭曲了整个工业酒精的合法贸易。1920 年至 1925 年期间,美国合法生产的工业酒精产量增加了2倍;到了1930年,这个数字又翻了一番。根据政府部门的权威统计数据,仅在一年内流入私酒贸易市场的工业酒精就达到了6000万加仑。如果把这些工业酒精稀释到80美氏度,可以制作1.5亿加仑的酒精饮料;若再稀释五倍,相当于7.5亿加仑。对于一个1.15亿人口(包括婴儿、儿童和戒酒人士)的国家来说,如此规模的酒精饮料实在惊人。诡异的是,其中不少工业酒精实际上被出口到了加拿大。由于美国工业酒精价格低廉,在加拿大市场竟然能够卖得比合法征税的酒价格更低。因为这种尴尬的现象,正在参加国际会议的财政部官员不得不尴尬应对《纽约先驱论坛报》提出的一个极具杀伤力的问题——"如何防止美国将非法私酒强卖给友好邻国?"

在美国,每1加仑酒精都要在形式上通过复杂的处理过程才能流入私酒市场。根据法律规定,酒精在出厂前必须经过特殊处理,即加入各种有害物质,使其无法供人饮用。在76种经政府批准的添加剂中,有些仅仅令人感觉不快但相对较为温和,如肥皂、薄荷脑或各种催吐剂;有些就是彻头彻尾的有毒物质了,如甲醛、硫酸和精碘。这招看似巧妙,但正可谓国家有政策,私酒贩子有对策。通过再蒸馏等工艺流程去除这些令人讨厌的添加剂,这对任何一位有真才实学的化学专业人士都不成问题。在这些当代炼金术士中,较为著名的是保加利亚裔化学家安纳斯塔索夫·斯里本(Anastassoff Sreben)。斯里本通过一系列眼花缭乱的操作,隐身于南方消毒公司、芝加哥精油与化学公司等众多注册于芝加哥北部同一栋建筑内的公司中,实际上做着再蒸馏私酒的生意。根据检方调查,同样列名于起诉状中的企业还包括维多香料公司、泰姆森调味品公司、普瑞登化妆品公司以及谢利科洁厕用品公司等。

这些徒有虚名的幌子公司都有一个共同特点——它们在日常生产中需要用掉大量工业酒精。在这里,"表面"工作是不可或缺的条件。若想从酒精工厂购买酒精用于生产,如生产须后水,厂家必须持有联邦政府颁发的许可证。交货之后,上游酒精工厂需向联邦当局提交一份收据,证明货物确实已经交付给须后水生产厂家。在此之后,无论须后水生产厂家是否制造须后水,都不在联邦禁酒局的执法范围内。禁酒执法探员仅在酒精被稀释、调味、上色、装进贴有假冒标签的瓶子里并被卖到干渴难耐的公众面前时,才能处理这些被提取的酒精。

联邦政府的禁酒监管体系在工业酒精领域充分展现了其荒谬且无效的缺陷。作为禁酒执法部门负责人,罗伊·海恩斯试图为当前的尴尬状况做辩解。他说,容忍人们"冒险"将工业酒精改作饮料"似乎比让监管体系更加复杂化,以至于正直之人无法获得制造业所必需的酒精更为妥当"。纽约南区联邦检察官埃默里·巴克纳则抨击道,工业酒精行业是"完美的腐败狂欢节"。

在这场盛大的狂欢节中,费城就是马戏团的那顶大帐篷。纽约是一座"嫁接工厂",能再加工出更多的酒(据估计月产量近 100 万加仑)。其他城市也不遑多让,产量大到不得不扔掉一些。在肯塔基州的帕迪尤卡(Paducah),负责城市建设的官员警告说,"他们一直往下水道排放的东西正在侵蚀下水道的剩余使用寿命"。但相较于费城,还没有哪个美国城市能够让工业酒精如此迅速、顺利地流入市场。费城工业酒精行业的发达一定程度上得益于杜邦化学公司特有的磁力,将众多中小型化工厂都吸引到临近的特拉华河谷生产经营,形成了庞大的化学工业综合园区。在某种程度上,这也要归功于一个效率极高的犯罪团伙——第七大街帮（The Seventh Street Gang）。这个帮派的头号人物叫麦克斯·霍夫，绰号"大波波"（Max "Boo Boo" Hoff），是一个热衷于推广格斗运动的疯狂赌徒。霍夫率领第七大街帮经营着贵格工业酒精公司（Quaker Industrial Alcohol Company）、格伦伍德工业酒精公司（Glenwood Industrial Alcohol Company）及联合乙醇公司（Consolidated Ethyl Products Company），覆盖了工业酒精生产、向幌子公司转移、在分装工厂重新装瓶包装，以及最后的批发分销的整个流程，形成了一个完全把控上下游的垂直型企业集团。在短短一年时间内，霍夫和同伙们就生产了将近 150 万加仑纯酒精——如果稀释到 80 美氏度，可以变成 337.5 万加仑普通烈酒。如此大规模的酒精产量，仅靠费城一地是无法消化的。在 1925 年的两个星期时间内，霍夫旗下公司便向圣路易斯、芝加哥及圣保罗发出了 40 辆满载私酒的大货车。

1923 年，费城市长 W. 弗里兰·肯德里克（W. Freeland Kendrick）任命原海军陆战队少将斯梅德利·D. 巴特勒（Smedley D. Butler）担任费城警察局局长，负责打击四处喷涌的非法私酒及其他触犯禁酒令的犯罪行为。巴特勒是战争英雄，曾两次获得荣誉勋章，外号"沧桑锐利之眼"（Old Gimlet Eye）、"好战的贵格教徒"（The Fighting Quaker）。他身高 5 英尺 4 英寸，身体强壮有力，拥有远大的志向、坚韧不拔的品格及出众的军事才能。16 岁时，巴特勒谎报年龄加入了海军陆战队，在中国义和团运动期间曾指挥侵华美军，其后多次率军入侵尼加拉瓜、洪都拉斯、巴拿马、墨西哥和菲律宾等地，镇压过海地人民起义。第一次世界大战期间，巴特勒带兵驻扎在法国布雷斯特军营。一位传记作家描述说，"他有一种内战期间统帅的魅力，能够率领同袍顶着枪林弹雨冲锋陷阵，充分展现出奋不顾身、勇往直前的强悍战斗"。为了前往费城打击犯罪,巴特勒拒绝了海军部长的热情挽留,向卡尔文·柯立芝总统辞去了海军陆战队的军职。他在接受任命时郑重宣布,上任后不仅要打击私酒贩子、酒馆老板和腐败的警察,还要打击那些自认为凌驾于法律之上的城市精英阶层。巴特勒警告说:"各类组织或帮派在费城的大酒店里大摇大摆地举办宴会狂欢豪饮的日子已经一去不回了……本人出手,要么大获全胜,要么粉身碎骨。"

故事的结局从一开始就注定了——巴特勒一败涂地(不过也没有粉身碎骨)。霍夫团伙的生意利润太过丰厚,丰厚到足以收买警察部门的调查局局长、大街上成百上千的警察,以及必要的联邦禁酒探员。根据一个大陪审团的估计,仅警察局职员每年受贿的金额就高达200万美元。有一名年薪不足4000美元的小巡警的银行账户存款竟然有近20万美元。犯罪集团提供的赏金是如此之多,以致警察之间也相互行贿,人人都想用金钱疏通门路调到警察局的精英执法队。因为只要能调到那里工作,收取贿赂的机会几乎是无限的。在政治权力圈中,霍夫和律师出身的联邦众议员本杰明·戈尔德(Benjamin Golder)结盟,此人是统治费城政坛的共和党的核心人物。

霍夫的势力也渗透了费城的其他商业机构。他与雷丁铁路公司达成了一项内容复杂的运输协议,涵盖了西至明尼苏达州、北至加拿大边境的一大片区域,从而和该公司结下了紧密的商业利益关系。在公众眼中具有不错声誉的联合国民银行(Union National Bank),到了霍夫那里就成了支持他扩张非法业务的资金来源。霍夫仅以自己实际控制的14个假名银行账户中的1000万美元存款作为质押,就从这家银行拿到了巨额贷款,从而帮助他达到洗钱目的。一位曾试图把他送进监狱但没能成功的地方检察官评价说,"大波波"霍夫"像是一只巨型蜘蛛,前后都长着眼睛,盘踞在一张巨大网络的中央"。他是"地下世界里那位能够看见一切、洞察一切并且控制一切的灵魂人物"。

联合国民银行与霍夫犯罪团伙共谋遭到曝光,直接导致其总裁约瑟夫·S. 麦卡洛克(Joseph S. McCulloch)引咎辞职,随后该行被出售给其他银行,报纸也开始把费城称为"私酒圈的华尔街"。1927年,重返海军陆战队任职的巴特勒再次领军出征。在辞任费城警察局局长前,巴特勒说道:"在费城执行法律,比我经历过的任何一场艰苦的战斗都要糟糕。"他还表示,"谢尔曼将军虽然精于作战,但他从来没有领导过费城的警察队伍"。

非常吊诡的是,打败"沧桑锐利之眼"的不是大波波霍夫等私酒贩子,而是一众更有影响力的群体——他们的广大顾客,尤其是在如雷丁铁路公司或联合国民银行等霍夫的商业伙伴中的精英人士。巴特勒抱怨说,当肯德里克市长拒绝他突袭丽思卡尔顿酒店和贝尔维埃-斯特拉特福德酒店时,他就已经受够了窝囊气。丽思卡尔顿和贝尔维埃-斯特拉特福德是费城精英的聚集地,两家酒店的私酒货源比大波波霍夫的还要高级。巴特勒非常清楚,哪怕是最好的私酒货物,也和其他私酒都有着共同的特点——无论这些私酒是从霍夫手下的洁厕用品工厂流出的冒泡酒精、出租房蒸馏炉中或边远地区私酒作坊调制出的酒水、犹太教会或基督教堂中泄露出的葡萄酒,还是从加拿大南下、加勒比地区北上东流的朗姆酒,抑或是从东海岸到西海岸成千上万个药店柜台流出的药用私酒——哪里干渴,它就往哪儿流。

第十四章

饮酒之道

1919年,《生活》杂志曾以幽默的口吻畅想了禁酒令开始后一种新式文艺作品的范例:"她缓缓喝尽瓶中的酸奶,平静地体验其中的美味与功效。当喝完第二杯,一位彻底解放的新女性诞生了。她走到桌子对面,温柔地抚摸着英俊强壮的追求者的领结。"《生活》杂志坚信,在实行禁酒令后的美国,这种类型的生活方式必然会出现。"英雄豪杰谈笑间依然会轻弹烟灰,"《生活》杂志补充道,"但他们如果想小酌儿杯,就只能点上一杯巧克力苏打水了。"

事实上,20世纪20年代的英雄豪杰们根本没有像《生活》杂志预言的那样扭扭捏捏,唯一的例外只存在于厄普顿·辛克莱的小说里。要知道,这位杰出的美国小说作家在整个禁酒时代过的都是标准的"干派"生活。(辛克莱甚至还写过一篇关于"一位恪尽职守的禁酒探员"的小说。《时代周刊》评价说,这算是这位作家不屈不挠塑造"荒唐可笑的道学先生",向心中英雄偶像致敬的证据。)司各特·菲茨杰拉德这样的人才是20世纪20年代的伟大旗手,他的作品淋漓尽致地展现了他所生活时代纵酒狂欢的真实一面,奏出了时代最强音。在《了不起的盖茨比》出版的 3 年前,菲茨杰拉德就在《漂亮冤家》(*The Beautiful And The Damned*)中塑造了自由不羁的格洛丽亚·帕奇(Gloria Patch)一角。格洛丽亚"饮酒无度,喜欢驾车狂奔",曾明目张胆地表示"我讨厌改革者,尤其是那些想改革我的家伙"。威廉·福克纳的名作《圣殿》(*Sanctuary*)中,主角戈温·斯蒂文斯(Gowan Stevens)在弗吉尼亚大学读书期间就学会了如何"像绅士一样饮酒"。回到了禁酒令时期的密西西比州家乡后,戈温又掌握了如何通过往玻璃罐装的私酒中添加足够分量的柠檬、糖和水,来中和私酒的强烈气味。欧内斯特·海明威在《太阳照常升起》(*The Sun Also Rises*)中,化了超过一半的篇幅描写花样百出的酒精饮料与喝酒方式。* "有酒不喝,天理难容!"这是海明威的信条。他在 1923 年时曾经说:"人,唯有醉过,方才活过。"

　　据威廉·曼彻斯特(William Manchester)的回忆,亨利·路易斯·门肯有一年在家里好生招待了来访小住的辛克莱·刘易斯。此次接待犹如一场灾难,门肯的家藏美酒在那年很快就被喝光了。作为一个酒量惊人的酒鬼,刘易斯在喝得昏天暗地的同时,依然能够保持对身边与喝酒相关的一切人和事的敏锐观察力——在小说《大街》(*Main Street*)中,他描写了站在索克草原酒馆门前"等候喝得酩酊大醉、准备起身回家的丈夫"的女性;乔治·巴比特(George Babbitt)斜眼盯着他的客人,笑眯眯地问道:"嘿,伙计们! 你们觉得还能站起身来,继续违反一点禁酒法律吗?"在描写道德伪君子的小说中,刘易斯开篇第一句就是:

---

　　* 海明威笔下的流亡者们毫不掩饰他们对禁酒令或禁酒令时期相关人士的厌恶。当杰克·巴恩斯和比尔·戈恩一路醉醺醺地进行他们漫长的钓鱼之旅时,二人有一场荒诞讽刺的对话,他俩都声称与韦恩·惠勒相识。巴恩斯最后说:"是的,酒馆必须取缔。"比尔则回答道:"酒馆必须取缔,我要带了它一起走。"

"埃尔默·甘特里（Elmer Gantry）喝醉了。"①

毫无疑问，饮酒成为20世纪20年代美国小说中不可或缺的情节。通过大量小说对饮酒的描写，不难窥见同时代美国人生活的变化。但若说是禁酒令导致了年轻人群、时髦人士或巴比特这样的人沉迷于饮酒，实在有些言过其实。任何读过伊夫林·沃（Evelyn Waugh）的早期小说，沉湎于他笔下早期英格兰大地上的光彩年华②氛围的人，都不会将短裙、热曲、酒壶的流行归咎于禁酒令的施行。同样的道理，魏玛时期德国人对革新和胆魄的疯狂追求，也和禁酒令没有什么干系。到了1927年，埃德蒙·威尔逊（Edmund Wilson）能够列举出97个描述醉酒的不同单词，从"微醺"到"眩晕"，再到"喝透""烧灼"，以及最终的"僵硬""不腐""入土"等。虽然这些词语看起来已经足够惊悚了，但威尔逊却表示还有很多更极端的词汇如今已经很少见了，因为"以往属于过激的彻夜狂饮如今都变得稀松平常，成为社交生活中的普遍现象，不会再被当作声名狼藉的出格之举"。内布拉斯加州支持禁酒的进步派参议员乔治·诺里斯认为，是第一次世界大战撕碎了人们对西方文明及19世纪辉煌余晖的最后一丝眷念，催生了"遍及全球的文明变革"。禁酒令只是加速了这一进程，而非根本的原因。

---

① 乔治·巴比特、埃尔默·甘特里分别是辛克莱·刘易斯的同名小说《巴比特》和《埃尔默·甘特里》中的主角。

② 原文为"England's Bright Young Things"，指的是被誉为"英语文学史上最具摧毁力和最有成果的讽刺小说家之一"的伊夫林·沃的著名作品《邪恶的肉身》（Vile Bodies）。2003年，斯蒂芬·弗雷将沃的这部作品改编为电影《光彩年华》（Bright Young Things）。"光彩年华"源自当年的英国八卦小报，专指20世纪20年代英国伦敦上层社会出现的波西米亚风格的年轻人，他们衣着光鲜，穿梭于各类奢华晚会，炫耀着地位与财富，沉迷于酒精和药品。

1823 年,威廉·哈兹里特(William Hazlitt)写道:"对众多事物而言,禁止构成了唯一的诱惑。"而在一个世纪之后,饮酒并不在其中。激起人们对酒的兴致,并不需要施加外在的刺激或诱惑。其实,这才是关键。

在 20 世纪 20 年代,无论是把饮酒当作创作主题,还是作为娱乐消遣的小说家,薇拉·凯瑟(Willa Cather)都是其中最为卓越的一位。在她的作品中,酒无处不在,连她年轻时期的作品也概莫能外。《迷途的女人》(*A Lost Lady*)的背景设定在草原上的甜水镇,一旦有人用"闪闪发光的托盘"端着鸡尾酒走出来,就意味着"大伙相聚谈话的时间到了"。凯瑟不喜欢格林威治村其他作家所沉浸的那种醉醺醺的世界〔当小说家道恩·鲍威尔(Dawn Powell)在东九街公寓中举办派对时,家里的鱼缸都要装满杜松子酒〕。纵然如此,她还是发现了日常生活中发生的各种眼花缭乱的变化。凯瑟在多年之后的回忆文章中写道:"大约是在 1922 年左右,世界一分为二。"这句话是如此经典,以至于一代又一代的历史学家都喜欢用它当作一个时代的铭文——一个井然有序的稳定时代自此终结了,20 世纪喧嚣骚动的大都市生活由此开启了。在 1924 年的一次采访中,凯瑟给新时代下了更为精确的定义——"没有人再愿意待在家里了"。

在评论家马尔科姆·考利(Malcolm Cowley)看来,"派对"这一新生事物的出现完美体现了新时代的特点——"一群男男女女相聚在一起,喝着杜松子鸡尾酒,放开束缚谈情说爱,随着留声机或收音机播放的音乐尽情舞动,聊着关于不在场朋友的八卦逸事"。考利写道,随着派对的出现,男人和女人首次走出家庭,在外面的聚会活动上喝酒社交。情调浪漫的餐厅备受冷落，因为那里没有酒喝。《名利场》杂志发表了一篇颇有建设性的文章，指导读者"如何在禁酒令笼罩的日子里引人上钩"——换句话说，就是如何委婉地写一封告知宾客可以在聚会上违反禁酒令的邀请函。该杂志给出了一个简单明确的建议：随函附上一张便条，提醒客人"务必带上开瓶器"。

禁酒令之后，美国人学会了用新的方式在各种新旧场所喝酒，甚至比往常在家和酒馆聚会喝酒的频次还要多。新出现的地下酒吧（Speakeasy）取代了往日的酒馆。后来的历史证明，地下酒吧所孕育的社会文化远较酒馆丰富得多。根据门肯的考证，"地下酒吧"一词起源于19世纪爱尔兰语中的"轻声细语的商店"（Speak Softly Shop），特指当时社会上能够非法饮酒的场所——在那里，人们尽量压低声音，避免引起不必要的注意。而到了美国禁酒令时期，该词已经演化成了一个包罗万象的俚语，用来代指任何可以买酒或喝酒的公共场所。在美国，尤其是在大城市，其实根本不必像做贼似的压低声音去找酒喝。到了1930年，地下酒吧在美国遍地开花，已经成为美国文化不可或缺的组成部分。《纽约太阳报》（*New York Sun*）专栏作家 H. I. 菲利普斯（H. I. Phillips）评论说，美国历史可以浓缩为11个单词，分别是："Columbus, Washington, Lincoln, Volstead, Two Flights Up And Ask For Gus"（哥伦布、华盛顿、林肯、沃尔斯泰德、爬两层楼点杯酒）。

开一家地下酒吧再简单不过了，只要有一只瓶子和两把椅子就能开张。但若要正经地开下去，在必备物品之外还要添置的设施是无穷无尽的。在像哈莱姆这样的黑人聚集区有许多住宅公寓——俗称"烈酒小卖部"、"自助公寓"或"啤酒公寓"——把沿街墙面打掉做地下酒吧。这些地下酒吧也只对黑人开放，拒绝服务白人，因为白人很可能是联邦禁酒局的探员（事实上禁酒局工作人员也的确都是白人）。在普罗维登斯市的联邦山地区，意大利裔移民会非常热情地邀请陌生人到家中"做客"。客人们可以在那里买到美味可口的意大利比萨，附带主人自酿的葡萄酒和果渣白兰地，用红色格纹桌布一裹，很方便就能把它们带走。有研究烹饪历史的学者认为，美国人对意大利南部饮食情有独钟，很大程度上源于禁酒令时期从波士顿到旧金山遍布整个美国的这类家庭地下酒吧。在底特律市中心，离市政厅大楼一街之遥的"血流成河酒吧"（Bucket Of Blood）除了为客人提供传统的餐饮酒水外，还经常被新闻记者当作业余新闻编辑室使用，那里有多条对外联络的电话线路，其中一条能直通市长弗兰克·墨菲（Frank Murphy）的秘书办公室。在波士顿，这边市长詹姆斯·迈克尔·柯利（James Michael Curley）的汽车喇叭在大声播放《我无比支持禁酒》的开场曲，那边就有4家地下酒吧在市警察局所在的街道上开门营业。在威斯康星州希博伊根市（Sheboygan），共有113家企业获准销售软饮料，其中两家严格遵守规定，只销售不含酒精的饮料。后来，这两家企业都倒闭了。

　　根据纽约市警察局局长所言，到20世纪20年代末，纽约市非法饮酒场所的数量已经高达3.2万个，风格也是包罗万象。若说纽约最著名的酒吧，则非坐落于曼哈顿西52街、1930年新年第一天开业的21俱乐部莫属。自1922年以来，杰克·克伦戴尔（Jack Kriendler）及查理·伯恩斯（Charlie Berns）已经开了许多家地下酒吧（或者说不断打游击），21俱乐部只是其中之一。合作之初，二人在格林威治村开了一间小型地下酒吧，名叫"红脑袋"（Redhead）。1925年，他们将酒吧迁址，并改名叫福兰顿（Fronton）酒吧。次年，又迁到西49街42号，改名为橡木桶俱乐部（Puncheon Club）——外号洞窟、铁门、42号。地下酒吧的经营物业一般都采用短租形式,因为业主很难信赖他们的租客能够一直搞定执法部门。也正是为此,随着租约的频繁变更,酒吧的名字也换来换去,即使神通广大的税务局也是一头雾水。也就是在经营橡木桶酒吧期间,伯恩斯和克林戴尔经历了整个禁酒令时期的第一次也是唯一一次被捕。搬到 21 俱乐部所在的场地后,他们终于有了属于自己的物业,再也不用四处打游击,也不用频繁改名字了。从此以后,他们决定不再行贿,而是投入巨资,精心打造一套能够有效防止执法人员突然袭击的私酒安保系统。系统建成后,一旦门口保安发出警示,酒保只须按下一个按钮,酒吧内的货架就会自动翻倒,将酒瓶通过铁格栅门经过管道滑入密室①,剩余的残酒则会流入下水道。虽然现场会留下不少玻璃碎片和挥之不去的酒香,但毕竟气味不能作为执法的证据,警察也无可奈何。

除了自成一派的 21 俱乐部,曼哈顿的酒吧风格包罗万象,从鲍厄里街的奥利里酒吧(虽然号称"易吐者免进",但据一位同行描述,"酒吧内尽是东倒西歪的酒鬼和令人作呕的气味"),到东 53 街的巴斯俱乐部(据说其内部装潢极尽奢华,用的都是大理石和黄金材质;酒吧服务员排成长队,帽童只负责顾客的帽子,绝不碰客人的大衣;存衣处的工作人员个个都戴着博尔萨利诺宽檐帽)。巴斯俱乐部内常年有一支管弦乐队驻场演奏室内乐;而在奥利里酒吧,后屋永远混乱嘈杂,酒鬼

---

① 21 俱乐部存酒的密室设置在 19 号大楼的地下室,与酒吧有一扇隐藏门相连。密室内藏酒丰富,在禁酒令时期就有 2000 余箱各类名酒,如 1889 年的梦哈榭葡萄酒、1880 年的罗曼尼·康帝、罗斯柴尔德酒庄的拉菲等。从买卖酒精尚属于违法行为的禁酒令时代开始,21 俱乐部就一直是纽约的文化地标。自富兰克林·罗斯福担任总统后的 80 余年间,除乔治·布什和贝拉克·奥巴马两位总统外,其他所有总统都曾在 21 俱乐部就餐。

们的嚎叫犹如午夜恶狼一般。

地下酒吧的饮酒风格也与往日酒馆明显不同。在《沃尔斯泰德法》施行之前，酒馆里出售的酒无论多烈，大多数还都是出自专业酿酒师之手，不至于存有毒性，而且往往贴有标签，如实注明酒的真实产地。但地下酒吧酒水的来路则是鱼龙混杂，从经由拿骚城运输过来的单一麦芽苏格兰威士忌，到简单稀释的防腐液，不一而足。像前者那样的好酒大多都流入了受到严格限制的封闭市场，市场内的走私者拥有广阔的人脉关系网络。比如纽约的拉蒙塔尼兄弟（LaMontagne Brothers），他们通过打马球扩大社交圈。后来，拉蒙塔尼兄弟被指控在著名的球拍网球俱乐部（Racquet & Tennis Club）举办单身派对时提供了大量香槟，二人的业务网络遭到严重打击。相比诉讼缠身的拉蒙塔尼兄弟，布罗德里克·哈特威尔爵士（Sir Broderick Hartwell）的遭遇则更惨。哈特威尔是英国贵族，绰号"私酒男爵"。哈特威尔男爵曾在英国募集资金投资私酒生意，并向投资者许诺每过两个月就能有高达20％的回报。但很不幸，有一艘为他运送私酒的货船在航行途中发生暴乱，一次就损失了5.6万箱酒。诸如此类偶发事件会显著影响拉蒙塔尼兄弟或哈特威尔先生客户手中报价单上的价格。1925年11月11日，《纽约客》在封面上用显眼的字体写道："烈酒市场行情：苏格兰威士忌每箱50到80美元不等，香槟80到120美元，具体价格根据品质和品牌而定。进口杜松子酒近期有优惠促销。"过了几个星期，另一则通知写道："虽然基安蒂红葡萄酒市场几乎被餐饮行业垄断，但仍有少量高档存货出售，每瓶报价4.5美元。"《名利场》杂志也跟踪报道了私酒贩的报价单。日报媒体一般不为读者们提供报价服务，不过《纽约世界报》偶尔也会跟踪报道私酒市场新闻。1923年12月24日，该报在头版头条报道称，虽然大雾弥漫，但接驳船还是成功地将私酒舰队上的酒水运上了岸。报道的标题非常醒目——"私酒之王保证圣诞节的湿润"。

大多数酒吧的高档酒供应都严重不足，供需矛盾的加剧导致市场上假酒横行。在往日的酒馆年代，从没有听说哪位客人会按酒的品牌点单；但在地下酒吧时代，按酒的品牌点单就成了一种习惯。如此操作，首先是希望保护自己免受来历不明的假酒伤害，其次是顺便彰显个人品位。1923年，英国皇室酒水供应商贝里兄弟公司（Berry Brothers）发布了新品牌"顺风威士忌"（Cutty Sark），专供对外出口，其中大部分都出口到了美国市场。翰格酿酒厂则直接调整了翰格威士忌的品牌定位，主打私酒贸易。布罗德里克·哈特威尔则根据客人的喜好致力于打造自有品牌。在做大做强自有品牌的同时，汤姆·杜瓦还另辟捷径，用来历不明的劣质酒开发了新品牌，美其名曰"松鼠威士忌"。按杜瓦的话说，"喝了这酒，能让男人滔滔不绝并爬上树，能让主日学校的普通教师步行10英里穿过3英尺厚的积雪，去射杀他所属的教区牧师"。当然，客人们还有替代的选择——喝帝王威士忌！几十年后，许多烈酒行业的著名品牌都和禁酒令时期的劣质酒有着极深的渊源。

显而易见，在一个需求如此强劲且不受任何监管的市场——没有国家酒精饮料监管机构、没有税务监控、没有合法零售商店——欺诈横行就像宿醉后的头痛一样在所难免。如一位业内人士所言，"舷外物"作为一个通用术语，专指那些使用工业酒精调制然后使用假冒瓶身分装的劣质酒水。不法分子为了假装这些酒水是从海上走私过来的，还会特意把酒瓶在海水中浸泡一段时间。1922年，约瑟夫·帕特里克·肯尼迪负责供应哈佛大学同学十周年聚会用酒（他提供的威士忌酒度数最高达190美氏度）。聚会期间，老肯尼迪自豪地对一位想从他那买一些调和威士忌的朋友说："班上的同学们,不管是喝惯了好酒的还是习惯了劣酒的,都对我的酒感到非常满意。"联邦禁酒局纽约地区负责人报告说："1 美元一杯俱乐部装饰精致,吧台踏杆反射着闪亮的黄铜色泽,进进出出的都是身份尊贵的顾客。但实际上,客人们在这些高档俱乐部里喝的酒和码头周围能喝到的 10 美分一杯的垃圾酒并无分别。在大部分喝酒场所,如果你点了 X 品牌的酒,你喝的就是 X 品牌的酒;如果你点的是帝王威士忌或哥顿杜松子酒,而且付了 2 倍的价格——那你喝的还是 X 品牌的酒。

派对无处不在,在地下酒吧、在郊区的乡村俱乐部、在市中心的社交俱乐部、在遍布整个美国大陆的"瞎猪""瞎虎"等凡是你能说出名字的所有地方*。禁酒令不仅改变了美国人喝酒的场合,也改变了喝酒的群体。

回首过往,词曲作家亚历克·怀尔德(Alec Wilder)曾说:"地下酒吧里的漂亮女孩是世界上最漂亮的女孩。"这与马尔科姆·考利所言的地下酒吧文化的"非法魅力"有莫大关系,但更重要的还是人家本来就貌美如花。一个漂亮女孩——说实话,任何容貌的女孩也都一样——出现在酒吧里喝酒,在禁酒令时期都是全场焦点之所在,能够牵动所有在场男士的心弦。美国的社交生活自此被永远改变了。历史学家凯瑟琳·吉尔伯特·默多克如此写道:"禁酒令的影响不仅仅是关掉了全国的酒馆,它还促使原本在家偷偷摸摸喝酒的人走出家门,到外

---

    * 根据语言学家凯瑟琳·多罗恩考证,"瞎猪"及诸多变形词语均源于缅因州。19世纪,当地有一家酒馆老板向顾客们出售门票,客人们凭票可以参观他养在后院的一只瞎眼睛的猪。入场之后,每位客人可以免费喝一杯朗姆酒。

面去喝。"正如怀尔德所言,看到母亲在外面的地下酒吧喝酒,比看到她在家里偷偷喝着丈夫的酒更令人舒心———一想到以前她只能躲在楼上浴室里喝着平卡姆夫人生产的乱七八糟的保健酒,那种感觉就更强烈了!

女性并不一定要是秘密的饮酒爱好者才会被地下酒吧文化所吸引。当时有许多地下酒吧伪装成餐厅,专为吸引女性顾客。同样,为了避免生意被新来的竞争对手抢走,许多餐厅也转型成地下酒吧,包括当时已经口碑甚佳的著名餐厅,如纽约的德尔墨尼克餐厅。早在禁酒令实施之前,德尔墨尼克餐厅就以其酒单品类丰富而自豪。禁酒令开始实施后,为了避免顾客流失,该餐厅也顺势改为地下酒吧。有了餐厅移植过来的餐桌服务,女性顾客也就不用坐在不方便的高脚凳上,也能不失文雅地把脚翘起放在铜踏杆上。新的娱乐项目———爵士乐队、伤心女歌手①、查尔斯顿舞②、肚皮舞———也伴随着地下酒吧男女同饮时代的到来而诞生。一位支持禁酒的宣传人员警示说,尽管这些创新看起来温和无害,但其本质都是"创造各种吸引女性顾客的条件"。而"化妆室"的出现,让地下酒吧的这些营销手段变得更加隐蔽。

在大城市中,饮酒文化中的乱性现象开始普遍出现。例如,《沃尔斯泰德法》生效后,纽约市因在公共场所醉酒而被逮捕的女性数量迅速飙升,并在之后的十余年中居高不下。在地下酒吧聚集的西52街,

---

① 20世纪初美国开始流行一种充满伤感曲调的情歌(Torch Song),源于"To Carry A Torch For Someone",意为"单相思"。这种伤感情歌一般由女歌手演唱(Torch Singer),像如今知名度非常高的英国歌手阿黛尔也可归于 Torch Singer。

② 查尔斯顿舞是美国20世纪20年代至30年代流行的一种摇摆舞,以南卡罗来纳州查尔斯顿城命名,其舞蹈旋律来源于1923年詹姆斯·P. 约翰逊在百老汇创作的《查尔斯顿》一歌。

莱昂和艾迪酒吧在入口处挂着一个醒目的招牌——"世界上最漂亮的女孩子都从这儿进去喝倒了"——宣告了一个新时代的到来。曾几何时，这座城市的每一个角落的每一家酒馆都是男性专用；禁酒令实施以来，它们很快就都提供男女平等的饮酒机会。海伍德·布隆（Heywood Broun）写道："性别障碍已经被彻底砸碎了。在纽约，只服务男性顾客的酒馆恐怕都没几个了。"和亚历克·怀尔德所见相同，布隆也非常乐于见到"往日喝酒男人站着吟唱《慈母颂》（*Mother Machree*）的地方，如今也出现了女高音歌手的欢声笑语"。当然了，饮酒体验的女性元素也让布隆偶尔会怀念禁酒前的时光。他写道，在禁酒之前，我不用"穿过一群拥挤的女学生"就能来到吧台喝上几杯。

随着"黑棕人种酒吧"的出现，另一个社会隔离的屏障也崩塌了。这种酒吧综合了卡巴莱（Cabaret）歌舞表演和夜店娱乐两种形式，往往开在黑人聚居区，常驻有著名的非裔爵士乐手表演。有些夜店——如著名私酒贩子奥尼·麦登（Owney Madden）参股的哈莱姆区棉花俱乐部（Cotton Club）——实行一种非常奇怪的种族隔离形式：全黑人社区、全黑人娱乐服务、全白人顾客。而在加泰罗尼亚俱乐部（Catagonia Club）和黑檀木俱乐部（Club Ebony）①，黑人和白人则实现了非常自然的种族融合。矮人天堂俱乐部（Small's Paradise）在黎明时分（这家店在其他夜店打烊时开始营业）的例行"早餐舞"也是完全不问种族的。底特律的种族融合萌芽于哈莱姆洞穴（Harlem Cave）和亲密角落（Cozy Corner）——两家位于素有"天堂谷"美誉的全黑人居民区的夜店。非裔美国人主办的杂志《信使》（*The Messenger*）的联合编辑钱德勒·欧文

①　非洲也是黑檀木的重要产地之一。

(Chandler Owen)认为,黑棕人种酒吧是"美国最民主的场合",在那儿"我们看到白人和有色人种自由自在地融为一体。他们一起跳舞,不仅是在同一个屋顶下,而是白人和有色人种互为舞伴"。纽约的黑人日报《阿姆斯特丹新闻报》(Amsterdam News)的专栏作家写道:"夜店在改善种族关系方面所取得的成绩,比教堂(无论白人教堂还是黑人教堂)在过去几十年中所取得的都要多得多。"

在那个喧嚣时代,"哈德逊河上的索多玛"(Sodom-On-The-Hudson)的玩法通过广播电台、八卦小报以及好莱坞的声光影像传遍了美国大地。许多娱乐业人士对禁酒令欢呼雀跃,他们觉得以往拥挤在酒馆里推杯换盏的消费者会被吸引到电影院里。魅力,无论是否违法,都是电影行业最为信奉的可靠卖点。而最有魅力的地方,自然要数纽约上城区的地下酒吧了。会说话的图片让整个美国都听到了纽约的靡靡之音,看到了纽约的纸醉金迷。如雷蒙德·莫雷(Raymond Moley)所写的,对有声电影的巨大需求,促使"百老汇疯狂制作戏剧电影作品",进而把高脚杯碰撞的叮叮当当声、弹簧床起起伏伏的吱吱声、极快语速的噼里啪啦声,传遍了美国的大街小巷。

有一段时期,好莱坞的电影制作行规禁止大银幕上出现饮酒的画面。于是乎,电影中开始频繁出现倒酒、手握酒杯,以及背对着镜头作喝酒状的镜头。WCTU的积极分子还专门设立了一个电影监督部门,以促进影视行业"制作干净的电影"。自称是"基督教说客"的威尔伯·菲斯克·克拉夫特(Wilbur Fiske Crafts)信誓旦旦地表示,他"要把电影从魔鬼和500名非基督徒犹太人手中拯救出来",以防他们腐蚀整个国家的精神。但令这些禁酒斗士尴尬的是,电影票房表明,社会大众把支持票投给了地下酒吧和自由女性。一项对1929年上映的115部电影进行的学术调查表明,66%的电影中出现了饮酒画面。在《午夜过后》(After Midnight)中,纯洁羞涩的诺玛·希勒(Norma Shearer)喝下了人生中的第一杯酒,然后如花朵一般绽放。琼·克劳福德(Joan Crawford)在《我们跳舞的女儿》(Our Dancing Daughters)一片中,靠在地下酒吧桌子上跳舞的镜头而一举成名。好莱坞通过电影形成了一个不断膨胀的良性循环——在电影中插入时尚人物喝酒的画面,引发观众(在1930年,每周有1亿人次观看电影)疯狂模仿电影中的人物,然后好莱坞就有更为充足的动力去制作更多类似的电影。

导演克拉伦斯·布朗(Clarence Brown)表示:"我们认为电影应该如实描绘和反映美国人的日常生活,而鸡尾酒会和地下酒吧正是美国人生活中不可或缺的一部分。"

1924年,《底特律新闻报》的一篇社论写道:"致高中同学们,以下行为既时髦又迷人——与私酒贩交易、把酒瓶塞进屁股后的口袋里、自己酿酒以强化敢作敢为的形象、在可爱敏感的女生面前大口喝酒以彰显自身魅力。"根据该报的看法,正是出于对时髦和表现的追求,一群年轻人涌入了斯塔德勒酒店(Hotel Statler)内正在举办的一场高中女生姐妹会舞会。由于参加人员酗酒严重,这场舞会不得不临时中止,一度登上新闻头条。

如果不是霍华德·C.克雷斯吉(Howard C. Kresge)也在被告之列,斯塔德勒酒店的酗酒舞会也不至于引发媒体如此之大的关注。霍华德是零售业巨头塞巴斯蒂安·史博林·克雷斯吉(Sebastian Spering Kresge)的儿子,而老克雷斯吉一直被视为ASL最大的个人赞助人。类似的聚光灯也照到了弗吉尼亚州ASL负责人的儿子卡洛尔·赫本

（Carroll Hepburn）以及棉花大王汤姆的儿子小托马斯·赫夫林
（Thomas Heflin Jr.）。小汤姆还对媒体宣称，一个州如果想放开饮酒，
其他州就没有正当理由予以阻止。尽管报纸媒体对"干派"后代们的
堕落违法行为报以嘲讽，但若让它们对年轻人在禁酒令时代养成饮酒
作乐的习惯感到兴奋，还是相当困难的。在小克雷斯吉的例子中，新闻
报道所表现出的愤怒不过是一声"啧啧"的警告——有教养之人可能
会"将他排除出上流社会"，或许，他会被贴上"粗鲁"的标签。

　　然而美国年轻人普遍染上饮酒习惯已成定势，无可逆转。司各
特·菲茨杰拉德曾认为，20世纪20年代年代是"一个由年长者接管的
儿童派对……青春的血性必将被青春的酒精取代"。其实，菲茨杰拉
德说反了。正如布朗大学校长 W. H. P. 方斯（W. H. P. Faunce）教授所
言："这并不是年轻人掀起的反抗，而是中年人领导的革命。"就在《底
特律新闻报》指责小克雷斯吉在斯塔德勒酒店纵酒狂欢的前一天，该
报还报道了一场成年市民发起的"真正的巴比伦狂欢"，距离斯塔德勒
酒店不足三英里。据保罗·梅隆（Paul Mellon）所言，从曼哈顿东58街
的莫里亚蒂酒店（几乎是一家耶鲁–哈佛–普林斯顿校友俱乐部）到蒙
大拿州米德维尔（Meaderville）的路边小酒馆［据约瑟芬·维斯·凯西
（Josephine Weiss Casey）回忆，该酒馆有"世界上最好的气泡杜松子
酒"］，饮酒在年轻人群体中的流行程度与在年长群体中并无二致。保
罗是财政部长安德鲁·梅隆之子，他自称"全面拥护地下酒吧"。约瑟
芬·凯西对路边酒馆的钟爱，其原因之一就在于它们不只是为"像我
们这样的孩子"设计的。由于缺乏饮酒年龄限制（以及诸如打烊时间、
与学校之间的距离等类似限制酒精消费的规范），饮酒不再只是模仿
成年人生活的一种方式，而是进入成年人世界的通道。普渡大学

(Purdue University)科学院院长斯坦利·柯尔特(Stanley Coulter)认为，校园内日益泛滥的饮酒问题主要归咎于"愚蠢的校友"所树立的坏榜样。

　　尽管一些富有开拓精神的年轻人沉迷于啤酒的味道[在位于缅因州布伦瑞克市的鲍登学院(Bowdoin College)，学生们利用学院科学实验室的设备自己动手酿造啤酒]，但和父辈们一样，他们大多数时候还是喝杜松子酒。杜松子酒的酿造方法非常简单，只需在工业酒精中加入杜松子油和少量甘油，再用自来水略加稀释即可。如果有哥顿杜松子酒的酒标，再往瓶身上一贴，那就更完美了。正是因为工艺简单，这种酒成了规模化生产的私酒贩和幕后老板们最喜欢的产品。一位研究自制杜松子酒的专家表示："杜松子酒的陈化时间，大约相当于从调制杜松子酒的浴室走到调制鸡尾酒的吧台所花的时间。"

　　随手可得是酒水在禁酒令时代最为宝贵的特质，杜松子酒的这一特点使其获得了空前的历史地位。如薇拉·凯瑟所言，它是"水手和女清洁工的精神慰藉"。《财富》杂志进一步解释说："在禁酒令之前，杜松子酒只被用来调制马提尼鸡尾酒或者给黑人喝而已。"而禁酒令的到来，使得这种酒成为一种品质更佳的液体面包。这种变化的出现，并不是说新一代杜松子酒鉴赏家对其了解加深了多少。费城银行家加德纳·卡萨特(Gardner Cassatt)在长达五年的时间里一直资助胡桃木大街(Walnut Street)的私酒贩子乔尔·D. 科尔珀(Joel D. Kerper)，他曾在大陪审团面前为科尔珀生产的杜松子酒的质量作保。实际上，科尔珀是费城工业酒精蒸馏器的主要用户，也是使用这些设备生产假冒酒水的最大受益者。当他把一箱箱的烈酒装在标有"清漆"或"地板漆"的箱子里，然后运到费城精英阶层在缅因州的避暑别墅时，他还算是个诚信之辈。

　　这种被赫伯特·艾斯伯里称之为"禁酒令时期的杜松子酒"的假酒催生了美国人在饮酒习惯上的一项发明——混合饮料。各种类型的威士忌鸡尾酒已经存在了几十年了,马提尼鸡尾酒就是其中典型,但禁酒令时期的假酒推动了鸡尾酒调制方法的进一步创新(通常使用高脚玻璃杯)。源于印度,最初用来抵抗疟疾的奎宁水(或称汤尼水),此时成为掩盖来路不明杜松子酒奇怪味道的最佳搭档。由于姜汁汽水能够压制实验室中的假黑麦气味,所以被用于取代苏打水,成为调制威士忌的新标准配方。在禁酒令开始后的前 8 年里,生姜啤酒销量翻了一番。威廉·格里姆斯(William Grimes)曾著有一本关于鸡尾酒历史的研究作品,名为《去冰还是加冰?》(*Straight Up Or On The Rocks*)。格里姆斯在书中指出,葛丽泰·嘉宝(Greta Garbo)在影片《安娜·克里斯蒂》(*Anna Christie*)中的第一句台词就是:"给我一瓶威士忌,把姜汁汽水放在旁边。千万不要吝啬,我的宝贝!"由此可见,姜汁汽水在当时是多么风行。

　　当然,软饮行业也因为那些守法人士的支持而进一步发展——软饮托拉斯的敌人们早在 20 世纪 20 年代初时就已预料到这一结果。"软饮托拉斯"是反禁酒宣传人员创造出来的新术语,专门用于攻击支持禁酒的人士——如可口可乐公司的阿萨·坎德勒——无尽的贪欲。但结果证明,这次攻击存在重大失误,因为试图冲进高速扩张的软饮市场的公司,大部分都是根本不可能和禁酒力量联合的酒业巨头,如绝望的柏斯特啤酒公司,以及罹患战斗疲劳症的安海斯-布希啤酒公司。安海斯-布希公司曾开发了一系列软饮,如咖啡风味的卡福(Caffo)、布施茶(Buschtee)以及从未走出布希家族实验室的奇可(Kicko)等。尽管传统啤酒厂商通过进入软饮市场或生产无酒精的类啤酒饮料避免了公司关门的悲剧,但他们从这一市场所获收益与在禁酒令期间销售额足足增长了2倍的可口可乐公司所获的收益相差甚远。聪明的市场营销人员给可口可乐寻求了一个绝佳的产品定位,如其广告语所言——尽情欢饮,永不迷醉。

经营苏打水生意的行业也没有损失。那些违反禁酒法令的美国人需要在酒中添加苏打水让酒变得更加可口,而那些遵守禁酒法令的美国人则需要苏打水来解渴。新泽西州软饮行业协会(New Jersey Soft-Drink Trade Association)主席路易斯·斯坦伯格(Louis Steinberger)愉快地发现:"在禁酒令统治下,软饮行业生意出奇之好。我们一致决定,既不顶撞'干派',也不冒犯'湿派',就让'干''湿'之战愉快地打下去吧。"

令人惊讶的是,虽然美国私酒泛滥成灾,但却仍然难以满足饮酒者的需求。如果非法行为不够刺激,那就也没什么乐趣可言。很快,美国人就在寻找酒精刺激的过程中加入了一些冒险活动。

《蒙特利尔公报》(Montreal Gazette)提出了一种可行的冒险方式。该报称,蒙特利尔市的旅游业到1925年将呈指数及增长——"得益于美国的禁酒令,每年到蒙特利尔旅游的游客将达到数十万人次"。在魁北克省东南部70英里的东部小镇,一排排被称为"边境线别墅"的路边旅馆沿着美加边境拔地而起。仅有300名居民的小镇阿伯考恩在很短的时间内就新建了5家酒店,专为从佛蒙特州里奇福德(Richford)火车站花费75美分乘出租车抵达此地的美国人提供服务。边境线别墅有时也会参与走私,在阿伯考恩东部的海沃特村,有一座"拉邦蒂别墅",来自佛蒙特州寻找合法酒水的年轻人在这里找到了有利可图的工作。走私贩子雇佣佛蒙特人驾驶装满酒的汽车向南75英里到达巴里(Barre)。所有人都被要求把车停在指定的车库,然后出去散散步,一小时后再回来,就可以在车座上捡到125美元。这一趟美国之行下来,司机们从未接触过货物,也没有遇到任何人。

不列颠哥伦比亚省的维多利亚市有长达3100英里的边境线,一位专栏作家描述说,大量"《沃尔斯泰德法》导致的美国难民"涌入这座城市。这些人看起来既不疲累,也不贫穷,更没有挤作一团寻求救助。"从外表看来,他们并不贫困……"《殖民地日报》(Daily Colonist)专栏作家C. D. 史密斯(C. D. Smith)写道,"大多数人穿着灯笼裤,眼神里充满了胜利与期待。"在美国律师协会于西雅图举办的一场敌意汹汹的年会上发表演讲后,梅布尔·维勒布兰德意识到与律师们的沟通是一项艰巨任务,因为"有很多律师在年会当天都越境跑到加拿大逍遥快乐去了"。就连离底特律市的24小时狂欢派对如此之近的安大略省温莎市,也从这场跨境狂欢中受益良多。新旅馆如雨后春笋般不断涌现,以满足熙熙攘攘的美国客流。当地政府拨款在底特律河畔修建了一座仓库,专门用来储存酒店的酒水存货。

在阳光火辣的南方地区,《沃尔斯泰德法》的难民们要稍微多花费一些精力寻找乐趣,但是此类冒险只不过是在酒精之旅中增加一点运动元素罢了。禁酒令开始实施不到3个月,佛罗里达州椰子林(Coconut Grove)的一家旅行社就开通了私人水上飞机服务,可以从迈阿密的大型游船上出发,直飞比米尼岛枪棒俱乐部(Bimini Rod And Gun Club)。在当时,许多报道对禁酒令都是极尽讽刺之能事,比如塞缪尔·霍普金斯·亚当斯(Samuel Hopkins Adams)就在《科利尔》周刊上披露说,有一家前往比米尼岛的飞机在返程途中还装满了酒水。"此举并非对法律的蔑视,"亚当斯写道。"因为如果人类的胃成了容器,进口酒水便没有任何法律限制了。"航行于德国汉堡和美国之间的邮轮"信赖号"(Reliance)上的一名乘务员表示,船上的美国顾客"在哈瓦那品尝了代基里鸡尾酒,在特立尼达(Trinidad)享受了朗姆碎冰鸡尾酒,到了金斯敦又发掘了潘趣鸡尾酒"。

英格里斯·摩尔·厄普派库(Inglis Moore Uppercu)原是一位成功的凯迪拉克汽车经销商,但却在事业巅峰时期介入航空业,创办了海空航空公司(Aeromarine Airways),开通了美国第一条国际航空运输航线,从而为自己在酒精之旅行业树立起赫赫声名。海空航空公司最初以美国迈阿密为基地,使用尼娜号、平塔号和圣玛利亚号三艘木质船身的水上飞机提供航运服务,主要目的地为加勒比群岛的一些旅游胜地。厄普派库花费重金把客舱内部装修得富丽堂皇,内置柳木沙发,舱壁都使用红木贴片。正如海空航空广告语所言,这是"飞往比米尼岛的豪华轿车"。1920 年 11 月,海空航空还开通了飞往古巴的航线,开启了哈瓦那未来几十年时髦欢乐、彻夜不休的时代。紧随乘客而来的还有众多私酒商人,他们为黑帮主导的赌博圣地打下了根基,并且很快就开花结果。一位名叫多诺万(Donovan)的纽瓦克酒馆老板拆掉了自家吧台的每一块木板,然后在哈瓦那特拉格拉佛酒店大堂里再重新组装起来。这家酒店是新泽西人在此地的家,消费不高,人人都能负担得起。古巴当地的百加得(Bacardi)朗姆酒家族和刚刚起步的泛美航空公司(Pan American Airways)联合发起了一场广告宣传活动,其口号是"和我们一起飞往哈瓦那,两个小时后你就能沐浴在百加得朗姆酒中"。每当美国驶来的游轮抵达哈瓦那港口,热心周到的法昆多·百加得(Facundo

Bacardi）都会向落地的美国客人致电问候，欢迎他们来到古巴，并盛情邀请他们参观自家酿酒厂。百加得对《纽约客》表示，家族的生意从来没有像今天这样好过。

对于威廉·詹宁斯·布莱恩而言，禁酒令诱发的酒精之旅也非常充实。在1920年旧金山的民主党大会上惨遭羞辱后，布莱恩逐渐退出政治生活，移居阳光灿烂的迈阿密，住在一座临水的西班牙风格别墅中，他称之为塞雷纳别墅（Villa Serena）。在佛罗里达，他有时也会主持每周的圣经学习班。在布莱恩的巨大号召力下，前来参加学习班的会众有上万人，其中一些人给他提供了生活上的资助。根据威廉·E. 洛伊希滕贝格（William E. Leuchtenberg）在《繁荣的危险》（*The Perils Of Prosperity*）一书中的记载，在佛罗里达土地泡沫时期，珊瑚阁市（Coral Gables）的一位地产商人聘请布莱恩"坐在海滩遮阳扇下的救生筏上，向人民鼓吹佛罗里达的气候与美景"。

从塞雷纳别墅的草坪上向外望去，可以看到从巴哈马群岛出发的船只正在海面上与比斯坎湾（Biscayne Bay）赶来的私酒商汇合。看到眼前的繁荣景象，布莱恩颇受打击。1921年，他曾呼吁国会入侵比米尼岛，但却无人理会。自此以后，布莱恩将关注的焦点转向了那些背信弃义、在外国土地上追逐酒瓶的美国公民。这些美国人堕落如斯，有时竟然还想把酒带回美国。布莱恩对阿肯色州众议员 W. A. 奥德菲尔德（W. A. Oldfield）表示，这种"共谋行为"违反了联邦宪法，相关犯罪者理应被褫夺公民身份。

"当你扬帆远航，越过修正案的管辖范围，甩掉限制自由的枷锁，可爱的冰镇饮料纷纷出现在你的眼前，在水晶杯中泛起晶莹透亮的泡沫。"这首狂想曲如此美妙,远不是旅行者在哈瓦那祖鲁埃塔街(Zulueta Street)的邋遢乔酒吧(Sloppy Joe's Bar)所听到的卖酒广告音乐所能相比的(邋遢乔酒吧的广告非常直白——"尽情欢饮之地")。那些"可爱的冰镇饮料"是法国轮船公司(French Line)推出的优雅远洋航线的核心卖点。法国轮船公司不仅要与冠达(Cunard)邮轮公司竞争跨大西洋旅客船运服务霸主地位,还立志要摘下世界上最庞大、最豪华、最快速酒吧的桂冠。

20 世纪 20 年代初,英国人暂时处于领先地位。禁酒令生效 4 周之后,也就是 1920 年 2 月的某一天,伦敦的《每日快报》(Daily Express)向读者宣称,冠达邮轮公司旗下的"莫瑞塔尼亚号"(Mauretania)"已在南安普顿(Southampton)靠岸,船上的垃圾箱都是空的。虽然邮轮上的存酒总量庞大,但疯狂的美国乘客还是将之喝得点滴不剩"。多年之后,E. B. 怀特(E. B. White)一定会怀念没有禁酒令约束的远洋航线在纽约人内心搅起的躁动。怀特写道,在哈德逊河的码头上,"跨大西洋的邮轮吹响了出发的号角,市民们不安地听着来自午夜狂欢、放荡、逃离的邀请"。在船上,吸烟室兼作酒吧,服务员也化身酒保。据海事历史学家约翰·马科斯托尼-格雷厄姆(John Maxtone-Graham)的研究,从美国到英国的远洋航线塑造了"一种新的跨大西洋成见——烂醉如泥的美国人"。

起初,这种地域成见只在英国与法国船只的甲板及大厅内蔓延,因为美国邮轮航线悬挂美国国旗,受美国法律管辖,在全国禁酒之后也随之开始全程禁酒。然而与美国其他地方名不副实的禁酒不同,这些美国邮轮是真刀真枪地禁酒。它们就像撞上了大洋上的一片冰山,生意以肉眼可见地急转直下,而外国同行们的航线却迅速繁荣起来。《纽约论坛报》的一名记者曾详实地记录了自己乘坐"哈定总统号"（President Harding）远航的感受。这名记者写道："正如一名高级船员所言，一想到美国人民仅仅因为无法忍耐'苦等七天才能喝上一杯酒'就抛弃他们转而选乘外国邮轮，船员们就备受打击。"

禁酒令给美国航运业带来了巨大伤害。面对持续的亏损压力，美国政府航运管理部门也不得不故意藐视第十八修正案的威慑力。在美国海运委员会（U. S. Shipping Board）①主席阿尔伯特·拉斯克（Albert Lasker）的指示下，美国船舶曾短暂地放松了对禁酒令的执行。拉斯克是芝加哥广告业巨擘，也是芝加哥小熊队（Chicago Cubs）的大股东，他领导下的政府机构带着商人的精明色彩。美国海运委员会认为，为了扶持在第一次世界大战中损失惨重的美国航运业，偷偷摸摸绕过《沃尔斯泰德法》要比从吝啬成性的国会寻求额外拨款更为可行。在《纽约先驱报》的巴黎版上，很快就出现了"乔治·华盛顿号"（George Washington）和"美国号"（America）的大幅广告——"美味佳肴，精选葡萄酒和烈酒"，船上菜单有六种不同的红葡萄酒、四种香槟酒、五种利口酒和九种烈酒可供选择，此外还有一种不知名的"美国黑麦威士忌"，售价比翰格、詹姆逊、尊尼获加等其他高档进口威士忌还要高出 20%。

拉斯克的松绑政策很快就被阿道弗斯·布希的儿子奥古斯特·布希破坏了。失去权力的布希家族成员——禁酒令使得这个家族的政治

---

① 美国海运委员会系根据《1916 年美国航运法案》（The U. S. Shipping Act Of 1916）设立的联邦政府部门，负责监管美国海上运输，有权设立航运行业补贴政策。根据《琼斯法》（Jones Act Of 1920），美国海运委员会还负责管理全部美国政府所有的船舶，以备在之后卖给美国民企经营。

地位一落千丈——一定是非常不快乐的布希家族成员。在禁酒令的高压下,奥古斯特·布希爱发牢骚的坏毛病逐渐恶化到无事生非的境地。在乘坐"乔治·华盛顿号"出游之后,布希愤愤地唠叨说他"此生之中,从未见哪次航行如此次这般消耗了这么巨量的酒水"。他据此断定,美国政府是"当之无愧的世界头号私酒商"。在给沃伦·哈定总统的信中,布希写明了自己的论断。随后,他还像分销啤酒一样向社会广泛散播自己的观点。

　　布希并不怎么关心船上的酒,就像他一点也不在乎被人发现在船上玩五分钱一局的沙狐球游戏一样。他的想法更为复杂:想让哈定政府难堪,让第十八修正案蒙羞,进而乘机向家族宿敌——烈酒行业——狠狠捅上一刀。但在出刀过程中,布希引起了韦恩·惠勒的关注。惠勒很快反应过来,认为这是一个天赐良机,他可以借机在美国船舶上再次实现全面禁酒,而且还可以将禁酒令的范围扩大到外国船舶。惠勒搬出联邦最高法院在很久之前作出的一系列海商法判例,向美国国会和白宫施加政治压力,以表明他的政治力量并没有萎缩。在惠勒的推动下,哈定政府于1922年10月宣布美国船舶永久禁酒,同时规定进入美国港口的外国船舶也不允许携带酒水。

　　起初,英国人对此禁令不屑一顾。一位航运业高管在哈定政府宣布船舶上禁酒的两天后表示:"如果这项监管规定开始施行……意味着英国船舶将受美国法律管辖——兹事体大,断不能忍!"随着美国认真执行法律,英国人愤怒了。英国议会也考虑立法,强制要求美国船舶在使用英国港口时必须携带酒水。最后,这场斗争还是以英国方面的妥协而告终。曾有一段时期,西行开往美国的冠达邮轮公司和白星邮轮公司的船舶在靠近长岛3英里的管制线时会暂时停船,向大海里倾

倒尚未被乘客及乘务人员在跨大西洋航行中喝掉的酒精饮料。后来随
着寇松勋爵勉强接受了美国政府提出的扩张领海法律管辖权距离的要
求，美国政府也投桃报李，允许英国船舶将酒带入美国港口，只要封存
起来即可。"有没有可能出现一个新的文明国家取代美国，占领美国
现在所占据的土地？"冠达邮轮公司董事长托马斯·罗伊登（Thomas
Royden）诙谐地问道。很快，他自己就找到了答案。如其所言，管辖威
力横跨大西洋的沃尔斯泰德主义"让美国在全世界人民面前丢人现
眼"。来自纽约州北部、支持饮酒的贵族参议员小詹姆斯·沃兹沃斯
（James Wadsworth Jr.）的抨击更为刺耳——"我们美国人愚蠢至此，全
世界都在鄙视我们"

　　对英国和其他一些国家的船舶来说，除了要在距离美国海岸不到
12海里的地方把酒瓶塞好塞子然后锁入库房，其他一切如旧。在
99.6%的旅程中，他们都可以自由自在地举办海上漂流狂欢。相比之
下，全面禁酒的美国邮轮只能惨兮兮地向乘客宣扬禁酒的好处。为吸
引跨大西洋旅行者的兴趣，阿尔伯特·拉斯克频出新招，鼓励美国邮轮
在后甲板上设置高尔夫球练习场、提供电影首映服务、带上一流管弦乐
队，甚至向头等舱乘客提供无限量鱼子酱。

　　到了禁酒令末期，拉斯克的这些创新只有一个未能幸存下来。当
时的可口可乐公司专门设计了一款漂亮的新包装瓶，瓶颈处包裹着锡
箔纸，乍一看像香槟酒瓶。可口可乐公司的海外业务部门希望这款新
包装产品能够在送别派对和船上宴会中取代正品香槟酒。但那时的美
国游客已经熟练掌握了各种在行李中藏匿酒瓶的门道，也不缺乏购买

真正的"真正的感觉"①的渠道,对长着香槟模样的可乐没什么兴趣。如果想喝酒,直接把酒带上船就好。

　　80年来,众多电影作品、电视节目、复古时尚潮流、经典音乐选集,共同编织了人们脑海中禁酒令时期的印象——毛皮大衣、卷起的长袜、清爽短发、钟形帽,这些印象组成了蒙太奇般的画面,如大银幕一样流光溢影,令人目眩神迷。然而,充满美好想象的银幕之上缺失了两个重要元素——痛苦与绝望。

　　这些灾难都是由一场爆炸性的贪婪浪潮带来的。在禁酒令颁布之前,那些被生活遗弃的人就一直在用劣质酒水毒害自己。例如,有人会用袜子过滤斯特诺(Sterno)罐装冻胶燃料以提取其中的固体酒精,也有人将防冻剂加水稀释当作酒喝。如赫伯特·艾斯伯里所记录的:"瘾君子们总是能够自我安慰,他们会认为一点点的铁锈能够改善酒的味道,还能补充身体所需要的铁元素。"禁酒令的到来极大地刺激了低劣私酒商的贪婪本性,他们在酒水中大量添加甲醇、异丙醇等有毒化合物以扩充库存,牟取暴利。这些劣质酒水流入市场后,瘫痪和死亡就成了各家报纸上的例行新闻[1927年1月1日,《纽约世界报》报道,"有10人因喝私酒死亡;20多人被送往贝尔维尤医院(Bellevue)治疗;过去一年本地有760人饮酒致死"]。水牛城有家工厂,使用一加仑大小的罐子,每周送两次货。一位顾客说,前来送货的卡车"就像送牛奶

---

　　①　作者在此一语双关。Real Thing 直译为"真正的感觉",其实源自可口可乐于1969年推出的广告语——It's The Real Thing。而在禁酒令时期的美国人心中,"真正的感觉"是指酒精的味道,而非装在香槟酒瓶中的可口可乐。

的"——如果稀释得当，只会引发头痛；如果稀释不当，肯定会喝瞎眼。* 检验结果表明，这家工厂送来的罐装货物包含 38% 的甲醇。一瓶 2 盎司的牙买加姜汁酒只卖 35 美分，但其酒精含量高达 80%，足够一个人喝得头昏脑涨。在堪萨斯州威奇塔市（Wichita）曾经有一个批次的姜汁酒被私酒商胡乱添加的成分污染，酿出一场人间惨剧——500 人永久致残。牙买加姜汁酒素有"毒药杰克"（Poison Jake）的恶名，其毒性来自蒸馏加工过程中由于操作不当而混进去的三邻甲苯基磷酸酯，进入人体后会破坏手部和足部神经，导致受害者走路姿势歪歪扭扭，当时社会称之为"杰克步伐"或"杰克腿"。杰克腿的大量出现，在当时的一些蓝调音乐中也有所体现：

> 这是一种可憎的恶疾
>
> 我从小就曾有所耳闻
>
> 你眼睁睁地看着自己手脚麻木
>
> 从此以后，永失所爱

就像克拉伦斯·布朗所说，电影鸡尾酒会和地下酒吧"反映了美国人的生活"，有毒酒精也频繁在电影中出现。在布朗于 1925 年上映的电影《鹅女》（The Goose Woman）中，路易斯·德雷瑟（Louise Dresser）饰演的一位堕落歌剧明星竟然在众目睽睽之下用护发素满足自己的酗酒欲望。当观众需要被警示时，好莱坞从不会羞羞答答地让主角背对着镜头。然而，并不是每个人都把好莱坞的警示放在心上，就好比危害甚大的毒酒竟然让人们面对更传统的危险时平淡如水。禁酒令实施后

---

* 盲目海喝（Blind Drunk）一词来源于甲醇攻击视神经、破坏视网膜细胞的能力。

的头几年,酒鬼和品酒师们很快就意识到地球并没有停止运转,因公共场合醉酒和酒后驾车被逮捕的人数激增,因肝硬化死亡和酒精性精神病住院治疗的病例亦是如此。除去数量庞大的不喝酒群体(无论是信誓旦旦绝不喝酒的人,还是老老实实遵纪守法的人都包括在内),那些饮酒群体的人均饮酒量就像一个时间序列图一样耀眼。

引人瞩目的是,在富裕阶层和受过良好教育的人群中,过量饮酒引发的危害表现得尤为突出。马利蒙特学院(Marymount College)是位于纽约的一所天主教女子学院,其学生委员会表示:"无度饮酒在富人阶层中非常普遍,而在穷人阶层则甚少出现。"就连到访美国的英国客人,也对接待他们的东道主的饮酒量感到十分震惊。报纸出版人查尔斯·伊格莱斯登爵士(Sir Charles Igglesden)描述说,他亲眼看到"参加晚宴的男士在餐前已经连续喝下四五杯鸡尾酒,在就餐时仍争分夺秒地喝"。安德鲁·梅隆的前妻在给他的信中写道:"我发现,人们在晚宴上对酒的渴望比在禁酒令颁布之前更高了。"[她还就如何将一箱走私的苏格兰威士忌从纽波特(Newport)搬到她的冬季寓所征求了财政部长的意见。如果财政部长都不知道怎么操作,还能有谁知道呢?]克莱尔·布斯·布罗考(Clare Boothe Brokaw)在《名利场》上写了一个故事,使得"喝点酒"这句口头禅成为富人阶层中的通用俚语。对布罗考而言,"社会与人类面临的最强烈痛苦当属无聊,而喝点酒是针对无聊最有效的止痛剂"。

对饮酒的危险漫不经心是当时社会主流心态。也正因为此,过度饮酒在当时属于时髦的做派,年轻人更是有样学样。马利蒙特学院的年轻女学生们宣称:"自从禁酒令颁布以来,年轻人饮酒情况愈发严重。"她们将"这种可悲的恶习"归咎于父母一辈传递的糟糕榜样。堪萨斯州托皮卡市警察局局长称:"女孩子们根本不会和那些没有酒瓶的男孩子出去玩。"正如这位局长在爱达荷州博伊西市的同仁们在辖区内所看到的——"触目所及,几乎每个人都在纵情喝酒"。密歇根大学女性学系主任简·汉密尔顿(Jean Hamilton)在她的发信邮箱中塞满了写给过度溺爱女儿的学生家长的信件。在给大二学生保利娜·伊佐(Pauline Izor)父母的信中,汉密尔顿写道:"一个女孩喝得神志不清,完全听任身边的男人摆布,这是非常危险的事情。"保利娜此前喝得酩酊大醉,"踉踉跄跄跌倒了两三次,根本无法自己站起来"。

保利娜·伊佐的情况不算极端,也不罕见。她此后的人生,也和大多人一样平淡无奇。保利娜·伊佐后来和一位医生结婚,组建了自己的家庭。40 年后,她回到安阿伯市(Ann Arbor),在密歇根大学的一个女生宿舍担任舍监。翻开一本陈旧的学校年鉴,你能看到她担任舍监时的照片——一位 60 来岁的优雅女士,身着浅色圆领连衣裙,戴着别致的珍珠耳环,精心梳理的发型让人过目难忘。照片上还有一大群年轻的女学生,面带微笑,坐成四排,穿着同款白衬衫。作为学生们的宿舍妈妈、全职的在校监护人,保利娜·伊佐就坐在她们的中间。此时此刻,当你读到"地下酒吧"这个词,脑海中可能会不由自主地浮现出这样一幅画面——一位 19 岁的时髦女郎,头戴钟形女帽,手里拿着酒瓶、脚踩高跟鞋,跳着欢快的查尔斯顿舞,一副无忧无虑的开心模样。但若要你看着 60 岁的保利娜·伊佐,或者看着自己母亲或祖母的泛黄照片,然后试着把她想象成一个醉酒倒地的年轻女郎就实在太有难度了。80 多年过去了,我们的心灵之眼能够轻而易举地投射出流行文化捍卫者们传递给我们的往昔时代的欢乐影像。但若想到自己的祖母也曾在酒精中毒的边缘摇摇欲坠,无异于认为她们会大肆抢劫银行。

　　因此,只有在黑暗的角落里,才能看到有关禁酒令时期美国民众(年轻人尤甚)饮酒无度之荒诞历史的三维全貌。因为支付私酒款起了纠纷,达特茅斯学院三年级学生罗伯特·T. 米德斯(Robert T. Meads)竟然开枪打死了高年级的亨利·E. 马洛尼(Henry E. Maroney),被法院判处 20 年监禁。宾夕法尼亚州的避暑胜地见证了"胖子阿巴克尔派对"(Fatty Arbuckle Party)的兴起。此类派对都是模仿发生在旧金山的那场臭名昭著的派对,而旧金山的那场派对导致了好莱坞女星弗吉尼亚·拉佩(Virginia Rappe)香消玉陨*。犯罪行为或悲剧事件并非禁酒令时期人们过量饮酒的必然后果,而绝望却必定是。约翰·奥哈拉(John O'Hara)的名作——《相约萨马拉》(*Appointment In Samarra*)就很好地展现了这种绝望。奥哈拉的小说生动描绘了在宾夕法尼亚州吉布斯维尔市兰特南戈乡村俱乐部(Lantenengo Country Club Of Gibbsville)参加狂欢派对的年轻夫妇们的众生百态——"呕吐声连绵不绝,或多或少,都伴着悲伤的声调"。

　　正是对年轻人群饮酒无度的恐惧,最终造就了保利娜·莫顿·萨宾(Pauline Morton Sabin)波澜壮阔的一生。她是西奥多·罗斯福政府海军部长的女儿、莫顿盐业公司(Morton Salt)的女继承人、摩根大通银行合伙人的妻子、共和党全国委员会首位女性成员、两处巨大庄园的女主人。其中月桂果庄园(Bayberry Land)位于纽约南安普顿市,占地 298 英亩,共有 28 个房间;橡树庄园(The Oaks)坐落在南卡罗来纳州鹅溪

---

　　* 经过三次开庭审理,举办派对的喜剧电影明星胖子罗斯科·阿巴克尔被裁定无罪,但其大好前程自此全毁。

市（Goose Creek），占地 1961 英亩。保利娜最初对禁酒令颇为支持，她觉得"一个没有酒的世界将会变得十分美好"，并天真地憧憬着自己的两个儿子将在一个更干燥、更安全、总体上更美好的国家长大成人。然而随着禁酒令的推行，她却亲眼看着美好的憧憬变得支离破碎，现实变得面目可憎。

保利娜·萨宾在一篇广为流传的悼词中写道："上一代的女孩子是不会冒险步入酒馆的。姑娘们不喝酒，是因为喝酒并不是'好'习惯。但如今，男孩女孩不仅在聚会上喝酒，在其他场合也喝酒。回家的路上遇见地下酒吧，他们随随便便就跑进去了。"保利娜的观点后来被收录进一本名为"为什么美国母亲要求废除禁酒令"的小册子，在当时广为传播。"禁酒革命"催生了第十八修正案和《沃尔斯泰德法》，但并没有如其所愿解决美国人民过度饮酒的问题。相反，它要解决的问题更加恶化了。现在，保利娜·萨宾将和其他志同道合的女性一起，勇敢地站到韦恩·惠勒的对立面，推动废除禁酒令。

法律虽然说得很清楚，但在萨宾看来，年轻人对法律的规定根本不屑一顾，禁酒令逐渐演变为"让虚伪主导美国社会的帮凶"。随着时间推移，似乎没有什么力量能够阻止酒精洪流席卷美国大地，也没有什么能够阻止随之而来的政治欺诈、文化混乱和暴力犯罪的蔓延。

第三部分

干湿之战

　　局面已经十分明朗。多年来,我们的政治承诺完全被"干""湿"相关议题所裹挟。当前现状严重扭曲了整个政治生态,导致正常的思考无法进行——即使头脑清醒之人也无法清醒思考——而且把竞选公职之人的美德光芒藏匿于迷雾之中。

　　　　　　　　　　　　——弗兰克·肯特,《巴尔的摩太阳报》
　　　　　　　　　　　　引自一份 ASL 复印文件,约写于 1922 年。

第十五章

旧创崩裂

沃伦·哈定总统去世时,保利娜·萨宾还在巴黎。1923年夏,哈定总统开启了筹划已久的西部之旅。7月底,他发表了一场异乎寻常的演讲,要求加强禁酒执法工作。这场演讲也让他首次登上了丹佛当地报纸的头版头条。也正是在此次西部之旅中,哈定总统终于下定决心不再饮酒。他做这个决定着实不易,很大程度上要归功于总统夫人弗洛伦斯的再三请求。当然,韦恩·惠勒的呼吁或许也激发了他内心的良知。8月2日,沃伦·哈定病逝于旧金山。多亏他去世得早,茶壶山事件及其他一系列丑闻尚未完全曝光,否则他的声誉在生前就会荡然无存。保利娜·萨宾住在巴黎的克里翁(Crillon)酒店,从她的房间(英国首相劳合·乔治参加巴黎和会期间也住在这间房间)往外望去,协和广场(Place de la Concorde)的风光一览无余。对于沃伦·哈定之死,萨宾夫人在日记中写道:"哈定从社会底层发迹到成为总统,自然有不少过人之处,距离伟大也就一步之遥。"她的密友爱丽丝·郎沃斯所给的评价倒相对温和:"哈定不算是个坏人,他只是个懒汉而已。"

没人会认为卡尔文·柯立芝是个懒汉,当然,也不会有人把他当作伟人。朗沃斯曾爆料,柯立芝治下的白宫与哈定时期的白宫截然不同,"就像新英格兰地区正大光明的前会客厅与后院见不得光的地下酒吧一样,有着云泥之别"。的确,柯立芝与前任的风格几乎完全相反。柯立芝为人多疑,哈定则轻信他人;一个为人谨慎,一个行事鲁莽;一个寡言少语,一个多嘴饶舌。若说两位总统之间有什么相似之处,可能还真有一点。即使考虑哈定在丹佛演讲时关于加强禁酒执法迟来的表态,实际上他们二人对推行禁酒令都没什么兴趣。从柯立芝的角度出发,这与他一贯的政治哲学和对政府角色的定位是一致的。他曾经表示,"如果政府实在有必要显示自身的存在,也应该确保普通人在这之后的相当一段时期内与之前感觉并无二致"。柯立芝视政府为国家体制的退化器官。沃尔特·李普曼认为,柯立芝总统的政治原则就是不作为——"准确来说,不是因为懒政惰政而不作为,而是一种有意识的不作为,并且十分冷酷、坚决"。

除此之外,其他方面的原因也强化了柯立芝总统对加强禁酒执法的冷漠。他素来认为,政府应该远离公民的生活。1926 年时,美国正处于经济泡沫的中期。纵然各项经济指标看起来欣欣向荣,柯立芝还是将联邦禁酒局的预算资金削减了 3.5%。从个人喜好看,虽然他在担任总统前后也喝啤酒和葡萄酒(1930 年,威廉·兰道夫·赫斯特送了他一批匈牙利托卡伊葡萄酒。柯立芝在喝下第二杯后,神情愉悦地表示:"这美酒令人终生难忘。"),但在白宫期间,他的确一直保持着戒酒的习惯。除了在任期间支持扩大海岸警卫队规模,柯立芝在禁酒方面最显著的举动当属在哈瓦那出席国宴时用一杯水向古巴总统赫拉尔多·马查多(Gerardo Machado)敬酒。面对《沃尔斯泰德法》引发的种种棘手问题,他的应对之策都很简单,要么是天真愚蠢,要么是有意回避。1923 年,他在一次州长会议上表示,如果人们不再从私酒贩子那里买酒,"所有问题都将迎刃而解"。

不过也曾有一个案件让柯立芝觉得必须有所作为。1924 年夏,总统了解到一起私酒犯罪案件后,旋即下令执法部门竭尽联邦政府所能前往查处。总统亲自发起了此次调查,并任命他在埃姆赫斯特学院(Amherst College)读书时的同窗,也是他在华盛顿的密友——司法部长哈伦·菲斯克·斯通——主持调查工作。前线的具体工作由新上任的调查局*局长约翰·埃德加·胡佛负责。胡佛非常重视这项工作,亲自率领四位下属及驻纽约调查局的探员组成调查团队。前线队伍中,还有一位来自马萨诸塞州西部的牧师——约翰·D. 威拉德(John D. Willard),他也是斯通的亲妹夫。斯通嘱咐威拉德,如果此案能够办成铁案,"一定会让总统感到高兴"。

有关此案的调查让所有参与者都感到信心满满。斯通亲力亲为,对调查工作提出了很多指示。为了避免电话接线员泄露工作细节,调查人员使用了其他的通讯方式。威拉德甚至越过公认的职业道德红线,申请剥夺犯罪嫌疑人辩护律师的保密特权,以便从辩护律师口中获取关键信息。经过为期 4 个月的周密调查,调查团队终于对外公布了指控文件。根据指控书,被调查对象是马萨诸塞州霍利约克市(Holyoke)的 4 名男子,他们被指控窝藏 13 瓶烈酒和 37 箱啤酒——勉强可以开一个像模像样的地下酒吧,而且仅限周末两天的存货。虽然犯罪标的很小,但这几位被告的罪行严重之处在于他们卖酒给埃姆赫斯特学院周围的学生,尤其是斐·伽马·德尔塔兄弟会(Phi Gamma

---

* 1935 年时,调查局才改为现名"联邦调查局"。

Delta)的学生。正如斯通在埃姆赫斯特学院对下属们所说的,柯立芝总统曾"非常关心有关他所属的兄弟会组织内有关贩卖私酒情况的报告"。

出于个人对禁酒令的反对以及政治立场上对共和党的忠诚,保利娜·萨宾很快站到了柯立芝总统一边,在 1924 年总统大选中给予他支持。另一阵营的吉福德·平肖对禁酒令忠贞不贰,反过来刺激他与曾经所属的共和党渐行渐远。平肖的政治生命深植于进步主义运动和他对禁酒运动的支持,这两点也塑造了这位宾夕法尼亚州州长鲜明的公共政治形象—— 一种西奥多·罗斯福和吉罗拉莫·萨佛纳罗拉(Giro-lamo Savonarola)①的融合。和许多"干派"人士一样,平肖也认为柯立芝执政碌碌无能,必定是一个隐藏的"湿派"分子。1924 年,他以禁酒党候选人的身份出战总统大选。

韦恩·惠勒所面临的局势已经非常明朗。他既不可能给予摇摆不定的柯立芝以无限的支持,也不可能以自己统领的选票大军作威胁,逼迫这位颇受欢迎的总统就诸多禁酒令相关议题表态站队。相反,在柯立芝执政的前几年中,惠勒将精力集中于保护 ASL 支持者的利益。他曾不顾共和党"湿派"大佬沃尔特·E. 埃奇(Walter E. Edge)的强烈反对,动用力量将一位能力平庸的 34 岁新泽西律师送上联邦法官的席

---

① 吉罗拉莫·萨佛纳罗拉(1452—1498),意大利道明会修士,从 1494 年到 1498 年担任佛罗伦萨精神和世俗领袖。他以在虚荣之火事件中反对文艺复兴艺术和哲学,焚烧艺术品和非宗教类书籍,毁灭被他认为不道德的奢侈品,以及严厉的讲道著称。他的讲道往往充满批评,并直接针对当时的教宗亚历山大六世以及美第奇家族。因施政严苛,佛罗伦萨市民将其推翻,并处以火刑。

位。《华盛顿邮报》评论说,这位律师"依靠韦恩·惠勒的支持与指导"①才坐上了法官席。

国会的局势就大不相同了,国会山内影响力的大小靠的是资历的深浅。除了他的名字之外,惠勒在国会并没有其他资本可言。他总是吹嘘自己能够把任何甘做"宪法敌人"的参议员和众议员都拉下马,还戏称能够"在下次选举日的黎明时分枪毙"他们。在 1920 年、1922 年及 1924 年的国会选举中,ASL 继续依靠对关键少数选票的控制操纵选举。只要候选人愿意把自己与禁酒事业捆绑在一起,ASL 就会将其控制的 10%~20% 的选票投给他们。因为反对禁酒,俄亥俄州参议员阿特利·波默林(Atlee Pomerene)及肯塔基州参议员奥古斯特·奥斯里·斯坦利(Augustus Owsley Stanley)*就败给了 ASL 支持的两位候选人。但这二位候选人除了对支持他们选举的政治天使——惠勒及 ASL 言听计从之外,并无任何共同之处。打败波默林的是西蒙·费思(Simeon D. Fess),素有"最干的'干派'"之名,视所有违反《沃尔斯泰德法》之人为"无政府主义分子……政府之敌";取代斯坦利上位的是弗里德里克·M. 萨基特(Frederic M. Sackett),一位来自路易斯维尔市的老派共和党

---

① 这里指对威廉·克拉克(William Clark)的联邦法官职务任命的操纵,其过程充分展现了"干""湿"两派之间的政治斗争。先是埃奇向柯立芝总统提供了一份包含 7 位候选人的名单,而后 ASL 表示支持其中一位候选人。此举引起埃奇的警惕,立马将这位候选人剔除。ASL 随即推出克拉克竞争该职务,他们认为克拉克是"执行禁酒法案的杰出人选"。在争取联邦法官席位之前,克拉克的全部工作资历也才 4 年而已,其中 3 年在律所执业,一年在州法院任职。

* 斯坦利的孙子——奥古斯特·奥斯里·斯坦利三世——在 20 世纪 60 年代中期成为受严格管制毒品 LSD 的主要制造商,并且对这种致幻毒品的大规模泛滥作出了"突出贡献"。后来,斯坦利三世成功转型为著名的"感恩至死"(Grateful Dead)乐队音响师。

人。萨基特曾以四处炫耀自家丰富的窖藏美酒而闻名,后来却承诺只要禁酒令尚且有效,他将滴酒不沾。或许有些人会相信他的许诺吧。

为了打败斯坦利,惠勒派遣自己的得力助手前往肯塔基州帮助萨基特竞选。对惠勒而言,萨基特的个人品性如何并不重要。他曾说过,"禁酒令不是全靠戒酒人士投票通过的"。推而论之,戒酒自然也不是维持禁酒令存续的关键因素。惠勒关心的只是萨基特在参议院的选票,只要自己(以及其他"干派"议员)在点名时能够在国会山大厦游荡,确保投票人数达到法定人数即可。惠勒出现在国会大厦,本身就是一种力量的展示。《纽约客》杂志的作者莫里斯·马基(Morris Markey)称他是"眨眨眼就能决定谁能坐进国会大厦的'暴君'尼禄"。在与禁酒令相关的立法辩论中,他的大拇指是朝上还是朝下才是决定辩论结果的关键。众议院"湿派"领袖、马里兰州众议员约翰·菲利普·希尔(John Philip Hill)称,惠勒才是国会山上的"兵马大元帅"。只要他一声令下,就能在国会召集足够的议员形成多数方。

由于惠勒手握连任所需的关键选票,俯首听命的"干派"议员对惠勒自是感恩戴德。在给惠勒的信中,俄克拉荷马州众议员埃尔默·托马斯(Elmer Thomas)道出了许多同僚的共同心声:"我诚恳地向您保证,我将无条件支持您所建议的立法议案。"如果没有惠勒维持纪律并为他们指明工作方向,国会山内的"干派"党团内部早就打成一锅粥了——进步派勇斗反动派,共和党大战民主党,乡村平民派死磕商业精英派。能把政治立场针锋相对的议员们联合起来,实在是一项了不起的成就。像德克萨斯州参议员莫里斯·谢泼德,积极投身于禁酒事业,是第十八修正案的主要起草人,对酒精可谓深恶痛绝;而南卡罗来纳州参议员科尔·布利斯则曾公开表示,自己非常享受饮酒的乐趣。他们二人意识形态对立、风俗习惯对立、行事风格对立。谢波德在耶鲁大学接受了良好的教育,为人彬彬有礼,他推动的进步主义立法为后来的罗斯福新政打下了基础。每年1月16日,谢波德都会发表莎士比亚风格的雄辩演讲,以纪念第十八修正案获得批准,并向外界传达他的乐观精神;而保守反动的布利斯则为仇恨所左右,他极力反对黑人接受教育,因为他认为让黑人去上学会"毁掉一个农田好手,造就一个邪恶罪犯"。他的演说通篇都是侮辱和攻击词汇,如经常使用的"懒鬼""爬虫",以及最爱用的"黑鬼情人"等。虽然成员之间差异巨大,但惠勒在保持坚定的禁酒立场的同时仍能保持足够广泛的影响力,使得禁酒立法议程能够独立于对立双方的其他议题。

国会之外的情况也并无二致。在各地推动批准禁酒修正案的过程中,随之兴起的禁酒力量背景五花八门,集合了各路现实主义者、真正信仰者及机会主义者。他们之间除了禁酒这一共同目标,其他理念概无交集。禁酒令如果是一座大厦,里面就有无数个分隔房间,住着不同的禁酒令支持者。1924年前后,ASL所联合的禁酒大军成员包括:(1)卫理公会的牧师鲍勃·琼斯(Bob Jones)。此人眼中的罪恶所涵盖的范围极大,不但包括酒精,还包括跳舞、电影。(2)被举报受贿犯罪的律师托马斯·B. 菲尔德(Thomas B. Felder)。菲尔德本身是个老酒鬼,但正是他起草了佐治亚州的禁酒法令。后来,他因收了烈酒批发商的代理人及私酒商人比尔·麦考伊的金钱贿赂,遭人举报。(3)卫理公会戒酒、禁酒与公共道德委员会改革派成员克拉伦斯·特鲁·威尔逊(Clarence True Wilson)。(4)"私酒贩克星"、明尼苏达州联邦地区法院约翰·F. 麦吉(John F. McGee)法官,他非常喜欢判决违反《沃尔斯泰德法》的被告人入狱,曾纪录地在130分钟内破宣布了112份判决,以至于法院需要临时租用观光巴士将一众被定罪的犯人送到监狱。(5)华尔街资深金融大亨伯纳德·巴鲁克(Bernard Baruch)也是一位禁酒派人士,许多年后他在回忆录中写道:"我相信你们可以通过立法方式解决酒精泛滥问题。"(6)素来行事乖张的亨利·福特。他也非常期待禁酒令能够取得最终胜利,从而"在大地之上实现普遍繁荣……消除人间穷苦"。"干派"阵营对各路盟友来者不拒,包容性极强。关于此点,联邦执法官员、女权运动家兼进步主义者梅布尔·维勒布兰德的评价可谓一针见血。曾有人问她如何看待"三K"党也坚守禁酒理念,维勒布兰德回答道:"我并不反对人们披着床单出门,只要他们喜欢那样就好。"

当然,也有禁酒派人士批评惠勒的策略,其中言辞最直率、最激烈的,或许要数 ASL 纽约州分部负责人威廉·H. 安德森(William H. Anderson)。他极力批评惠勒对财政部长安德鲁·梅隆放纵禁酒执法队伍内部腐败的渎职行为视而不见,反而终日沉迷于所谓服务政治大决战的政治伎俩。安德森曾接受过良好的法律职业训练,代表 ASL 在强烈抵制禁酒的巴尔的摩开展工作。亨利·门肯曾公开赞扬"撒旦敌手"安德森在巴尔的摩所取得的辉煌成绩,称他会"先以小恩小惠赢得对手欢心,然后把他们打得溃不成军,最后还要把他们感动得涕泪横流"。经过在巴尔的摩的涅槃重生,安德森于 1914 年被调往纽约州工作。来到纽约后,他很快展现出操纵媒体的过人天赋。十多年来,他与当地媒体打成一片,联合九家当地报纸组成了一个宣传联合体。虽然擅长与人打交道,但安德森却对小约翰·洛克菲勒的助手雷蒙德·B. 福斯迪克(Raymond B. Fosdick)极为反感。福斯迪克对 ASL 日常运作的监督自然遭到了安德森的抵制,后者还使用了"魔鬼""恶毒""背叛"等带有严重贬损色彩的评价。但无论福斯迪克干了什么,ASL 可都不愿将如此侮辱性的词汇往组织最主要金主的助手身上招呼。福斯迪克对洛克菲勒表示，他"宁愿与野猫谈心，也不与安德森先生打交道"。

　　反禁酒力量也效仿对手拼凑起一个联盟。1924年，一个支持饮酒的党团群体在国会内部正式建立。虽然人数不多，但其核心领导人的名头却如雷贯耳。在参议院内领导"湿派"力量的是民主党人詹姆斯·A. 里德（James A. Reed），他发迹于堪萨斯城臭名昭著的彭德格斯特政治集团①。里德把安德鲁·沃尔斯泰德比作"烧巫猎人""行刑人"，这已经是他个人词典中相对温和的词汇了。一位参议院同僚曾评价说，里德在谈及对手时犹如向其身上泼硫酸，刻薄程度无以复加。例如，他曾指责那些批准禁酒令的"似醉非醉的国会议员"全都得了一种特殊的麻风病，典型病症就是虚伪。他还把女性参政主义者比作"亚马逊复仇三姐妹"，"伴随着苏族（Sioux）土著人的野蛮战争舞蹈低声吟唱"。提及国际联盟（League Of Nations），他惊呼文明国家将要接受"从利比里亚到信仰伏都教的海地黑人们的统治……美国人也要在鼻子、耳朵上打孔穿环"。在其好友兼酒友亨利·门肯眼中，詹姆斯·里德是"当今时代最伟大的攻击手"。考虑门肯自己也是牙尖嘴利，他对里德的表扬犹如圣婴·鲁斯②恭维哪个人的击球能力。

---

　　①　托马斯·约瑟夫·彭德格斯特（Thomas Joseph Pendergast），美国政治人物，1925至1939年担任密苏里州杰克逊县和堪萨斯城政治集团的首脑（前任是其哥哥吉姆·彭德格斯特，绰号"老板"）。彭德格斯特对杜鲁门的总统生涯起到了重要作用，因此被杜鲁门总统称为"堪萨斯城的老朋友"。

　　②　小乔治·赫曼·鲁斯（George Herman Ruth, Jr. 1895—1948），绰号"圣婴"，是20世纪20至30年代的扬基队的强打者，帮助扬基队取得4次世界大赛冠军，后在红袜队取得三次世界大赛冠军，是美国棒球史上最有名的球员之一。

里德在众议院的一批政敌虽然没有与之旗鼓相当的谩骂禀赋,但并不代表他们缺乏这方面的词汇。除了约翰·菲利普·希尔(曾抨击 ASL 实际是"保护美国私酒贩子"的联盟),来自纽约州的菲奥雷洛·拉瓜迪亚及宾夕法尼亚州的詹姆斯·蒙哥马利·贝克(James Montgomery Beck)在禁酒令期间相继举起众议院"湿派"的反抗大旗。在认清无法通过立法手段瓦解禁酒令的残酷现实后,希尔和拉瓜迪亚另辟新径,把战场转移到报纸上。《时代周刊》曾说过,希尔"靠上头条为生""如果哪天报纸被禁绝了,他必会蜷成一团悲惨死去。"(拉瓜迪亚曾效仿希尔,故意在家非法酿酒,然后让警察逮捕自己。不过,他的算盘落空了,因为纽约警察根本没注意到他的私酒;警察虽然遂了希尔的心愿,但巴尔的摩市亲切友善的"湿派"陪审团旋即又把他释放了。)为了刺激、打击、羞辱"干派"同僚,拉瓜迪亚无所不用其极。出乎所有人的意料,他突然抛出一份议案,要求将禁酒局的预算猛增至 1 亿美元。要知道,此前禁酒局的预算可从没超过 300 万美元。拉瓜迪亚通过此举以退为进,迫使吝啬的国会"干派"议员也投票反对加强执法力量,同时又暴露了政府缺乏继续投入资金的实力和意愿。此外,拉瓜迪亚还热衷于大肆宣扬禁酒局内部的腐败。他曾说道,目前在岗的 15 万名禁酒探员根本无法胜任执行禁酒法律的工作,因为"还要安排另外 15 万名探员负责监督此前的 15 万名探员"。拉瓜迪亚是这个段子的发明者,早些年前,他在担任纽约市参议员委员会主席时就曾说过,纽约市需要 25 万名警察负责执行禁酒令,另外还需要 25 万名警察去监督前一批警察。

虽然和希尔、拉瓜迪亚一样同属共和党阵营,但贝克在公共人物群体中是个异类。前两位嗓门高、性子直爽,在大部分公共议题上都属于左派;而贝克则为人严谨,举止有度,本质上是个保皇党,在政治问题和个人思想上都持极端保守的立场。透过架在脸上的夹鼻眼镜，贝克毫无表情地观察着眼前的世界。然而环顾四周，他看到的却尽是"难以置信的轻浮与自私"，自己置身于"一片幽暗的森林深处"。或许是觉得诗人但丁的风格不够契合自己的气质，贝克经常援引莎士比亚的名言。如其传记作者莫顿·凯勒（Morton Keller）所言，贝克的演讲"充斥了大段的引用，接踵而来的往往是对晚宴听众、法庭人员及他的读者所发的长篇累牍的教诲或诅咒"。

凯勒为贝克所著传记名为《捍卫往昔》(*In Defense Of Yesterday*)，其中"往昔"一词含义甚广。贝克看起来是标准的 18 世纪人士。奈何造化弄人，让一位自视为贵族之人迷失在 20 世纪的时空，沉溺于充满乌合之众的人间社会。在担任国会议员前，他曾任哈定政府的首席政府律师。在职期间，他发现即使是秉承自由放任理念的哈定政府也遏制不住政府扩张权力与影响的意愿，因此愤而辞职。2 年后，腐败透顶的费城共和党政治集团把他安排到以黑人和外来移民占绝对多数的南费城选区，可谓弃子一枚。身为选区代表，贝克并未通过实际行动维护选区内选民的利益。对于任何略带进步色彩的立法举措，他皆弃之如敝屣。他反对女性参政、反对童工立法、反对国际联盟、反对《谢尔曼反托拉斯法案》、反对所得税，甚至连莫里斯·谢泼德所提的旨在降低婴儿死亡率的法案他也反对。

20 世纪 20 年代，围绕"干""湿"理念之争，掌握了全美大部分社会财富的东部新教精英群体分裂成两派。其实在其他诸多政治议题上，"干""湿"两派也存在明显冲突。诸如小约翰·洛克菲勒或吉福德·平肖这样的进步人士，均视推行禁酒令为一个积极能动政府的应有之举。站在他们反面的则是以贝克为代表的"湿派"保守人士，他们认为政府存在的价值仅限于维护秩序及保护私有财产而已。像平肖的夫人科妮莉亚(Cornelia),为人率直,一生致力于争取女性参政权及改善劳工工作环境的社会运动。她在解释为何加入 WCTU 时说道:"因为我发现'湿派'政治游说力量反对我所推动的任何社会议题,如童工立法和女性参政权。"正如其所言,"95%的反动派都是'湿派'分子",此言确实不虚。

自从所得税宪法修正案通过以来,特权阶级中的保守派因禁酒令再次被平民阶层力量碾压。尽管菲奥雷洛·拉瓜迪亚的各种哗众取宠之举和国会哄闹表演博得了舆论的关注,但真正付诸有组织政治行动、举起反抗 ASL 大旗的还是以贝克为代表的富豪权贵人士。就在 1918 年禁酒令批准过程中(碰巧是"一战"停战日),"反禁酒修正案协会"(Association Against The Prohibition Amendment)(以下简称 AAPA)随即宣告成立。AAPA 的成立,发端于一位名叫威廉·H. 斯泰顿(William H. Stayton)的海事法律师,是他首先给自己通讯录上的联系人依次发送了一封倡议信,提议正式发起实体组织,担当反禁酒大任。AAPA 最早的一批成员非富即贵,从姓氏上就能看出他们非同寻常的社会地位,其中包括施托伊弗桑特·菲施(Stuyvesant Fish)①、克米特·罗斯福

———————

① 施托伊弗桑特·菲施(1851—1923),著名富商,曾担任伊利诺伊中央铁路公司的总裁。

(Kermit Roosevelt)①、马歇尔·菲尔德三世(Marshall Field III)②及文森·阿斯特(Vincent Astor)③，更不用说大名鼎鼎的约翰·菲利普·苏萨(John Philip Sousa)④了。纽约游艇俱乐部(New York Yacht Club)是AAPA成立初期筹集资金的主要场所之一。不过就影响力而言，1926年之前的AAPA并没有什么值得称道的建树，直到他们获得了化学工业巨头杜邦财团及其旗下通用动力公司主席皮埃尔·S.杜邦(Pierre S. du Pont)的关注。杜邦的加入，让整个AAPA的面貌为之一新。

在杜邦加入之前，AAPA在选举政治中的行动略显笨拙，但也为其他反禁酒保守人士做了良好示范，即反抗禁酒政权的有效路径并非来自于公投表决。1922年，AAPA效仿ASL，网罗国会"湿派"候选人并支持他们竞选。韦恩·惠勒对此自然不会坐视不管，他向AAPA支持名册上的每位候选人都发了一封措辞严厉的警告信。1924年，大战双方故技重施。不过这次有许多候选人改弦易辙，拒绝了来自AAPA的支

---

① 克米特·罗斯福(1889—1943)，美国著名商人、士兵、探险家和作家，是美国第26任总统西奥多·罗斯福的儿子，毕业于哈佛大学，曾在两次世界大战中服役，并与父亲一起探索了非洲和南美洲两大洲。

② 马歇尔·菲尔德三世(1893—1956)，美国投资银行家、发行人、赛马爱好者、慈善家，是美国著名商人马歇尔·菲尔德(率先提出"顾客就是上帝"的商业理念)的孙子，马歇尔·菲尔德百货公司继承人。

③ 文森·阿斯特(1914—1959)，美国著名商人、慈善家，阿斯特家族成员。阿斯特家族祖籍意大利，家族创始人约翰·雅各布·阿斯特于18世纪移民美国，以皮草生意发家，通过几代人的努力把阿斯特家族打造成美国最富有的家族之一。文森自父亲那里继承了4亿美元的财产，与妻子都热心社会慈善事业。

④ 约翰·菲利普·苏萨(1854—1932)，浪漫主义时代后期的一位美国作曲家及指挥家，主要的作品是美国军旅及爱国进行曲，他亦因此而享负盛名。1890年，有英国杂志把精于创作进行曲的苏萨称为"进行曲之王"，苏萨的音乐出版商亦采用这个绰号推广他的音乐，自此"进行曲之王"就变得家喻户晓。

持,因为他们担心此举反而会帮助他们的对手获胜。

对于迫切希望国民能够从其称之为"一场轻微的选举狂热瘟疫"中解脱出来的皮埃尔·杜邦而言,纷繁复杂的选举根本无足轻重。杜邦与志同道合的朋友们坚信,若要构建善治的政府,就必须反对任何推动无差别普选的党派。正如他对一位共和党同僚所言,"人民通过选举代表,推动政府施行特定政策的政治参与方式是毫无意义的"。杜邦认为,选民"必须学会将政治事务交由熟悉政治之人管理,并且相信他们能够良好地开展政治管理工作"。不难看出,杜邦口中的"他们",实际上指的就是"我们"。杜邦不但有自己完整的政治理念,还是一个身体力行的行动派。在 20 世纪 20 年代晚期,他将自己、朋友,以及朋友的朋友的大量财富与声誉都投入了他所信奉的政治事业之中。

整个禁酒体系由第十八宪法修正案和《沃尔斯泰德法》这两大支柱共同组成,其中唯有后者具有灵活应变的空间。众所周知,第十八修正案本身缺乏弹性,而且坚不可摧。和批准宪法修正案的程序一样,任何对宪法修正案的修订也需要全美 48 个州议会中的 3/4 绝对多数通过。如著名律师克拉伦斯·丹诺所言,"13 个禁酒州的总人口虽然不及纽约一州,但却足以让任何对宪法修正案的修订计划胎死腹中。除非哈雷彗星再次回归,抑或人类能够在火星上消夏,否则推翻禁酒修正案无异于痴人说梦"。根据 1920 年人口普查数据,13 个小州的人口总数为 510 万,而同期纽约州人口则为 1040 万。丹诺的体内犹如滔滔洪水,一直属于坚定的"湿派",自然坚决反对禁酒。但禁酒体制的另一大支柱——《沃尔斯泰德法》却是可以被国会多数(或者说特定选区选民的情绪变化)所影响的。1922 年的国会选举结果就充分体现了上述影响。在此次选举中,安德鲁·沃尔斯泰德本人在明尼苏达州第七国会议员选区寻求第 11 个任期,但却被竞争对手无情地击败了。

沃尔斯泰德也曾为自己设想过一句完美的墓志铭:"他一生树敌众多。但正是因为他的敌人,我们对他敬爱如斯。"沃尔斯泰德的敌人,有些是南方种族主义者,他曾在推动反私刑法案过程中大肆挞伐这些对手,但更多的敌人还是因为与其同名的禁酒法案所激起的。例如,密尔沃基市曾有人将有毒酒精的泛滥归咎于他,认为他"犯有一级谋杀罪,应当被处以死刑"。有位费城居民则批评他说:"是你强迫我的大脑中蹦出一个布尔什维克。"有位纽约警察的抨击更加不堪,他认为即使枪毙沃尔斯泰德,也要浪费"一颗完美的子弹"。这名警察在纽约市警察局的信纸上写道:"你不值得浪费一颗子弹。哪怕是只虱子的幼虫,也比你安德鲁·沃尔斯泰德更重视廉耻、荣誉与尊严。"

不过击败禁酒法案起草者的政治人物却同样是一名禁酒主义者,而且如其所言,他比沃尔斯泰德更加干燥。O. J. 柯维尔(O. J. Kvale),一位路德教派牧师,曾在 1920 年参加共和党党内初选期间攻击沃尔斯泰德是无神论者(证据:星期天早晨,当敬拜上帝的信徒在教堂聚会时,沃尔斯泰德却在照料自家花园)。1922 年,柯维尔再次以独立候选人身份参加国会议员选举。这次,干燥如沙漠的柯维尔不仅收获了禁酒阵营中比沃尔斯泰德更加激进之人士的选票,还获得了"湿派"选民的支持。这些"湿派"选民迫切希望推倒禁酒令的标志性执法人物,以便让司法委员会中排在沃尔斯泰德之后的宾夕法尼亚州"湿派"议员乔治·S. 格林厄姆(George S. Graham)更进一步①,担负起修改《沃尔

---

① 格林厄姆后接替败选的沃尔斯泰德,当选为新一任众议院司法委员会主席。

斯泰德法》的重任。

面对反禁酒派的修法策略，ASL 如临大敌。反对禁酒的格林厄姆议员播撒下修改禁酒法案的种子，在粗心大意且好大喜功的柯立芝总统任内很可能会遍地开花——修正惩罚条款、修正执法程序，以及对"干派"威胁最大的——修正"致醉"的定义。随着格林厄姆的晋升，惠勒及其盟友不得不改变策略，退守法律文本，围绕《沃尔斯泰德法》及其核心的神圣定义——0.5%的"致醉"酒精含量——打造固若金汤的禁酒堡垒。禁酒阵营的智囊们非常清楚地认识到，美国政治体系不会持续保持相同的多数意见，因此他们必然要时刻准备着捍卫《沃尔斯泰德法》——除非他们能够改变参加投票人员的资格，以及计算选票的方式。

在 20 世纪 20 年代之前，"干派"阵营通过支持女性参政权运动壮大了己方的力量；进入 20 世纪 20 年代后，该阵营却订立了新的圣战目标，以期改变美国选民的构成。与赋予女性投票权扩大了公民权范围不同，这次"干派"阵营及其盟友反过来要限制公民权范围。为此，他们祭出了种族歧视的武器，一个破天荒且又颇为成功的精细方案——推翻美国宪法第一条。

肯尼斯·L. 罗伯茨（Kenneth L. Roberts）原本是一名新闻记者，后来投身于小说创作，依靠《西北通道》（*Northwest Passage*）、《武装起来的暴民》（*Rabble In Arms*）等几部作品迅速走红。在自己的作品中，罗伯

茨将本尼迪克特·阿诺德(Benedict Arnold)①视为英雄,并将忠于英国
皇室的人描绘成美国革命的受害者。他还是一位经常语出惊人的记
者。作为《星期六晚邮报》(Saturday Evening Post)的签约记者,罗伯茨
受命前往欧洲游历。在此期间,他发表了众多关于"一战"后各国政治
图景的报道,但字里行间却充溢着种族主义的泡沫。他曾写道:"身材
矮小、长相丑陋的各国流民从欧洲贫民窟喷涌而出,通过领事馆、轮船
公司和海关除虫营地等重重关卡,浩浩荡荡地流向美国贫民窟。"他还
警告说,前往美国的移民"都是些一事无成的低能群体,他们在欧洲也
处于社会最底层"。在他眼中,波兰犹太人都是些放高利贷者和酒水
商人;斯拉夫人"总是破坏统治者所制定的法律";从奥地利—匈牙利
东部边境过来的移民"衣不蔽体、食不果腹、苟居破屋,与鸡鸭牛羊猪
等禽畜睡在一起"。他偶尔也会说两句看起来不那么尖酸刻薄的话,
但又总是起到火上浇油的效果。"即使在最落后、最没文化、最肮脏、
最愚笨的东南欧移民身上,相比之下也能找到一些优点。"

　　罗伯茨的文章风行一时。究其原因,与其说是他的文章自称的启
示作用,不如说是他成功地抓住了美国人头脑深处业已存在的偏见。
1900—1915年间,有超过620万南欧和东欧移民远涉重洋踏上美国的

---

　　①　本尼迪克特·阿诺德(1741—1801),美国独立战争时期的重要军事将领,起初
为革命派作战,屡立战功,后来又变节投靠英国。

土地。1916 年,曼哈顿的社会名流麦迪逊·格兰特(Madison Grant)①出版了《伟大种族的衰亡》(*The Passing Of The Great Race*)一书,更为种族主义披上了学术的外衣,美其名曰"种族优生学"*。第一次世界大战激发了大洋彼岸美国人的排外情绪,这种情绪到了 20 世纪 20 年代已经演变为一种排外狂热,本土主义者也顺时顺势,为敌视移民的狂热寻找了新的理由——公然抗法。联邦禁酒局局长罗伊·海恩斯声称,外来移民"贡献"了纽约市内 80% 的禁酒违法案件。女性俱乐部总联合会(General Federation Of Women's Clubs)的伊莫金·B. 奥克利(Imogen B. Oakley)曾撰文写道,据"知情人士"透露,75% 的私酒贩子都是外来移民,其中大多数是意大利人或俄国犹太人。一名联邦禁酒局官员在国会作证时也援引了相似的数字,其来源被描述为"众所周知"。就可信度而言,"众所周知"和"知情人士"可谓不相仲伯。

虽然敌视移民的偏见漂浮于充满泡沫的数字之上,但其结果却并不离谱。为了弄清这一数字的精确数值,研究者们还需花费多年精

---

① 麦迪逊·格兰特(1865-1937)是一位律师、作家和动物学家,但其知名度主要来自于他的人种改良主义者和自然环境保护主义者身份。1916 年,格兰特出版了《伟大种族的衰亡》一书,鼓吹所谓"种族优生学"。该书面世后影响巨大,在美国国内促成了《1924 年移民法案》(*Immigration Act Of* 1924,又称 *Johnson-Reed Immigration Restriction Act Of* 1924)的通过,在国外则成为德国纳粹组织崛起的理论基础之一。来自欧洲的粉丝读者希特勒曾致信格兰特,称《伟大种族的衰亡》一书是他心中的《圣经》。

* 格兰特认为,北欧人种(其称之为"诺迪克人")是由战士、水手、冒险家和开拓者构成的高等种族,但因为不断与劣等的"阿尔卑斯种族"及"地中海种族"通婚,北欧种族面临着巨大的存续危机。格兰特还认为,劣等种族的基因仍有可能继续被玷污,因为"即使与欧洲三大种族的任何一支通婚,犹太人依然是犹太人"。

力*。但可以确定的是,自 1920 年 1 月 16 日午夜时分开始,贩卖私酒的生意可以说是为外来移民量身打造——没有太高的起步门槛、资金周转快、投入本钱少、无需特别训练。对于那些刚入行的外来移民来说,他们可以先在不同种族的外来移民社区内练手攒经验,为以后到外面更为广阔的市场打天下做好充分准备。研究 20 世纪早期移民的著名历史学家约翰·海曼(John Higham)认为,禁酒令为外来移民贫民窟的孩子们创造了"令人眼花缭乱的人生机遇"。

自从威拉德呼吁联邦国会把"旧世界的渣滓"挡在国门之外以来,妖魔化外来移民群体早已成为"干派"阵营政治游戏的一部分。现在有了禁酒令撑腰,他们更是如虎添翼,抓住机会推进他们抵制移民的政治议程,在美国业已熊熊燃烧的排外烈火上继续添柴扇风。《纽约时报》报道称,有一批欧洲移民"鉴于美国政府通过在全国推行禁酒令来施行暴政",因此自愿主动返回欧洲。对于促成移民倒流的成果,禁酒阵营并不满足。相反,ASL 的国会代理人继续推动将部分移民强制遣返到大洋彼岸。只要移民有任何违反《沃尔斯泰德法》的行为,一经发现,立即强制遣返。惠勒在给众议院"干派"议员们的信中写道:"大部分情况下,违反禁酒令和毒品管制法律的人都是外来移民。""干派"议员们以 222∶73 的优势比例启动了遣返移民法案,完美回应了惠勒及其代表的禁酒阵营反对移民的诉求。在此期间,惠勒像往常一样游走于国会大厦,通过操纵关键少数选票的方式向国会议员施加压力,迫使他们通过一条又一条的修法议案。

---

* 20 世纪 20 年代后期的一项研究指出,大约一半的专业私酒贩子是东欧犹太人,另外有 25% 是意大利人,剩余部分包括波兰裔和爱尔兰裔等众多族裔。

　　参议院的局势虽然较为混乱，但也绝不会错过任何有关遣返移民议案的表决。事实上，移民相关话题与参议院的任何讨论都能扯上关系。强制遣返几千名私酒贩子并不会给禁酒事业带来多大助益，但却是维护党派在国会多数地位的重要砝码。南方和西部地区的"干派"议员协力推动将外来移民排除在决定各州众议院席位的人口普查统计范围之外。根据联邦宪法，众议院议席按照人口总量分配，非公民亦在统计之列。堪萨斯州众议员霍默·霍克（Homer Hoch）认为，基于人口统计的传统议席规则"赋予了没有公民资格的外来移民对立法的影响力"。同样来自堪萨斯州的"干派"众议员爱德华·C. 利特尔（Edward C. Little）说得更加直白："我们伟大美利坚合众国的国会，如今被波士顿、纽约及芝加哥等地未开化的外国移民所统治，这可不是什么好事。"本来不愿出风头的棉花大王汤姆·赫夫林也表示，"无法无天、犯罪率高企的外来移民"正"侵蚀着美国政府的命脉"。如不采取恰当的应对措施，势将"增加罗马教皇在美国政治中的影响力"。长期以来，霍克一直鼓吹关于国会议席分配的人口普查中的移民统计问题，他曾抨击道："纽约因为碰巧聚集了 160 万外来移民人口，就能够在众议院获得额外的四个议席，进而影响事关全美的重要立法权力，实在太过不公。"

　　话虽如此，"干派"议员们的逻辑基础实际上非常脆弱，很容易被"湿派"议员以其人之道还治其人之身。来自北方地区的"湿派"议员反驳说，如果"干派"议员的理由成立，则南方各州被剥夺选举权的黑人群体也应该从事关众议院议席分配的人口普查统计中去除。来自马萨诸塞州的众议员乔治·H. 廷卡姆（George H. Tinkham）是上述议题中的"湿派"旗手。为了表示对"干派"反对党的鄙视，他把自己心中

"猎物"的大头照钉在华盛顿特区酒店公寓的墙上,并在下面逐一标记上他们的姓名。

如此一来,"干派"议员及其盟友们恍然大悟,他们已经掉到了自己挖的陷阱里面。原本想借此策略突出重围,没想到也把通往家乡的大门紧锁了。"干派"的斗争成果是《1924年约翰逊-里德移民限制法》(*Johnson-Reed Immigration Restriction Act Of* 1924)的通过。根据该法规定,美国实行移民配额制,每年配额数量根据原有美国人口中来自移民来源区域的数量确定,限额比率被设定为2%。也就是说,如果原有美国人口中有10万西班牙裔,则西班牙裔移民的每年限额为2000人。早在1921年,美国就曾实施过类似的移民限制方案,当时是以1910年的人口普查数据作为计算基数。而这一次,国会毫不掩饰内心深处的偏见,大开历史倒车,直接援引1890年的人口普查数据作为移民配额的计算标尺。如此一来,共有400万意大利人、200万欧洲犹太人、150万波兰天主教徒,以及数百万斯拉夫人、希腊人、匈牙利人、罗马尼亚人及其他非"北欧人"被排除在人口基数之外。这些族裔的祖先们哪里会穿越时空地预见到应该赶在1890年之前抵达美国大陆。美国通过移民限制法律之后,每年有34007名来自英国的移民有幸能够通过金色的自由大门,而同期给予意大利人的名额不到4000名,俄罗斯人不到2000名,匈牙利人连500名都不到。上述结果看起来与肯尼斯·罗伯茨在《星期六晚邮报》上发表的第一篇反对移民的文章所言如出一辙:"从南欧和东欧人中培育出一个美国人,和从一群哈巴狗中训练出一匹赛马一样,都是无稽之谈。"罗伯茨紧接着补充说,英国人、苏格兰人、瑞典人、丹麦人及上述地区的其他族群则不同,他们"拥有和我们相似的种族成分",因此在移民顺序中要优先考虑。如此一来,这些来自东欧和南欧的移民仍将会继续存在,但其人口数量增长比例将与总体人口增长比例不同步,其规模将持续被稀释,而美国将继续保持以盎格鲁-撒克逊人、北欧人为主体的民族构成,进而确保禁酒国体的长治久安。

在禁酒主义者看来,推动制定《移民限制法》是一件皆大欢喜的工作,无须耗费任何政治资本即可通过——其支持面之广泛,犹如国会议员投票支持他们的母亲一般。该法案的众议院发起人、华盛顿州众议员阿尔伯特·约翰逊(Albert Johnson)是一位十足的"干派"分子。但他在参议院的联合发起人、来自宾夕法尼亚州的参议员大卫·A. 里德(David A. Reed)却是一位彻彻底底的"湿派"分子,曾公然宣称他致力于"保持现有的美国民族构成"。同一时期的"三K"党,其主要政治目标还是针对经济实力和政治实力日益上升的天主教与犹太人群体,尚未将弱势黑人群体纳入关注的视野,自然百分百支持移民限制法的通过。"三K"党领袖大肆宣扬"劣等民族"和"欧洲乌合之众"那套种族歧视说辞。底特律的"三K"党成员甚至以"和美国人做生意"(Spend Your Money With Americans)为口号,取其首字母发起了一个名为"SYMWA俱乐部"的附属组织。令人大跌眼镜的是,当时由反对禁酒的犹太裔主席塞缪尔·冈帕斯(Samuel Gompers)领导的美国劳工联合会也支持这项法案,他们想借此解决因移民劳工大量涌入所导致的恶性竞争。进步主义阵营中的大部分人士,包括"干派"和"湿派"[据历史学家亚瑟·S. 林克(Arthur S. Link)指出,"支持者人数众多",因为他们历来持反犹主义立场],也对该项法案表示支持。在最终投票表决中,仅有6名参议员投票反对《移民限制法》。经此一役,韦恩·惠勒及其领导的ASL在移民配额问题上收获了广泛的支持,但却没有在法案上留下任何痕迹,他们因此可以信守承诺——所做一切,只为禁酒。ASL 可以正大光明地支持长期盟友的驱逐移民政策,因为禁酒令是所有问题的核心,违反《沃尔斯泰德法》才算扣动了驱逐惩罚措施的扳机。

但在另一个立法战场中,ASL 却难掩陷入消耗战的困境。这场斗争涉及的是第十八修正案通过 130 年之前订立的宪法条款,事关重大,ASL 在整个 20 世纪 20 年代都深陷其中。《移民限制法》在最开始的几年之间必然会取得良好的效果,其表现就是来自东欧和南欧的新移民数量将大幅减少,最终实质上改变众议院的组成结构。此前的斗争成果是辉煌的,新的战斗随即打响,而且颇为迫切——根据 1920 年人口普查结果固化国会席位,构建新的坚固堡垒,捍卫已有斗争成果。

20 世纪 20 年代,禁酒阵营阻挠国会重新分配各州众议院代表席位的举措,是美国历史上最令人难以置信的政治事件,今人难以想象美国历史上竟然上演过如此荒唐的一幕政治闹剧。就对宪法原则的践踏及赤裸裸的特定政治图谋而言,几乎可与 1937 年富兰克林·罗斯福总统抛出的"最高法院填塞计划"相比肩(如果有人还知道这两个历史事件的话)。正如其结局所展示的,这场闹剧最令今人所铭记的恰恰是它的彻底失败——如一阵烟云吹过,未能丝毫改变美国国民的政治意识。

追根溯源,禁酒阵营阻挠议席重新分配的斗争策略来自欧内斯特·彻林顿和里奇蒙·霍布森二人。1915 年,彻林顿与霍布森都清醒地认识到,禁酒阵营必须在 1920 年议席重新分配之前推动禁酒令生效实施。根据当时的人口结构,国会议席重新分配后将明显有利于大城市地区选民的利益。鉴于此，两人提出一个策略——赶在国会变得更具代表性之前修改宪法。这个策略实在有玷污民主精神之嫌，所以彻林顿和霍布森一直都很注意保密。但在 1917 年，就在国会即将就第十八修正案投票表决的前几天，韦恩·惠勒将此策略大白于天下。在 ASL 的年度大会上，惠勒向 2500 位会员代表郑重警告道："我们必须立即取得胜利。如果拖到 1920 年国会议席重新分配后，人口快速增加且反对禁酒的大城市将会增加 40 个众议院席位。如此一来，我们就要额外获得 80 名'干派'众议员的支持方能获胜。""你们不妨打开地图看一看，看看我们从哪儿能找到所需的 80 名'干派'众议员。"

美国联邦宪法第一条第二款明确无误地规定，国会议席必须根据每十年一次的全国人口普查结果重新计算分配。纵观整个美国历史，即使在战火纷纷的内战期间，国会也未曾无视联邦宪法条款的规定。在此前最近的三次议席重新分配节点——1890 年、1900 年和 1910 年——重新分配工作的耗时都没超过 9 个月，而 1920 年的重新分配工作在当年根本就没能完成。拖延到了 1921 年 1 月后，连惠勒自己都觉得国会议席重新分配已经不可避免，于是号召 ASL 的忠实会众站起来"时刻准备战斗"。然而，面临威胁的国会多数派犹如感受到危险的猛兽，为了保护自己无所不用其极。自 1921 年至 1928 年，前后共有 42 项议席重新分配的议案分别提交众议院审议，但无一成为法律。

能把这么多"拖拉机"紧密团结在一起的，当然是赤裸裸的政治利益——选区内国会席位过少的议员希望重新分配议席，而席位过多的议员则反对。围绕重新分配议席而对立的两派，其分界线与众议院内干湿阵营分界线几乎完全重合，同时也可以反映出农村与城市地区的利益冲突（参议院内亦是如此。根据席位分配规则，农村地区拥有超过人口比例的代表权,如遍地沙漠的内华达州和人口拥挤的纽约州的代表权是相同的)①。对于阻挠重新分配议席的违宪之举,"干派"众议员各有一套冠冕堂皇的说辞。如印第安纳州众议员奥斯卡·布兰德(Oscar Bland)所言,1920 年的人口普查数据存在缺陷,因为第一次世界大战中大量从农村应召参军的农民还滞留在城市未曾返乡。堪萨斯州众议员詹姆斯·G. 斯特朗(James G. Strong)则表示,他不愿把可以决定美国政府形态的代表权力(如爱荷华州)转交到那些大部分居民都不说英语的州。1927 年,来自田纳西州的民主党少数党领袖菲尼斯·加勒特(Finis Garrett)强烈抨击一份差点获得通过的重新分配议席议案,称其"非常愚蠢"。在参议院中,亚拉巴马州的雨果·布莱克(此时他还尚未投身于在他后来担任联邦最高法院大法官时令其青史留名的保障公民选举权的法律理念)针对一份重新分配议席的议案批评道,该议案"危及代议制政府的根基"。说千道万,其实反对的根本原因都是相通的。缅因州众议员艾拉·G. 赫西(Ira G. Hersey)一语道破了众议院迟迟不能通过重新分配议席议案的真相——"国会上上下下业已默默达成共识,他们对当前议席分配结果非常满意"。

"对当前议席分配结果非常满意!"这犹如一个被判刑入狱的珠宝大盗表示他非常满意被关在巴黎丽兹酒店里。而感觉非常不满意的,自然是美国那些城市地区的选民。得益于移民的不断涌入,以及较高

---

①　根据美国宪法,参议院席位按照州为单位分配,每州 2 席,任期 6 年,每 2 年改选1/3;众议院席位按照全国人口比例分配,任期 2 年。在美国政治生态中,参议员名额少、代表更多的人口、任期更长,而且参议院拥有众议院所没有的高级人事任命权(包括政府内阁成员、联邦法院法官等),因此参议员的政治地位高于众议员。在总统大选中,在任参议员获得提名者远多于在任众议员。

的人口出生率,城市地区人口数量增速空前。与此同时,农村地区人口则不断萎缩。以底特律为例,自 1910 年人口普查后至未获承认的 1920年人口普查期间,其人口总量翻了一番,但在国会的代表人数却保持不变。结果,底特律在众议院的两名议员平均代表了 49.7 万的人口,而同期联邦众议员平均代表的人口仅为 21.2 万。经历了又一个十年的扭曲后,众议院席位失衡问题更加恶化。到了 1929 年,底特律每个众议员选区的人口高达 130 万,而同期密苏里州的一个选区则不足 18万。来自布鲁克林的众议员伊曼纽尔·塞勒(Emanuel Celler)非常担忧地表示:"形势仍在不断恶化。这是城市与农村的对决,也是'湿派'与'干派'的对决。"而在"干派"看来,这些都不是问题。对于塞勒的观点,他们一个字都不赞同。

在整个 20 世纪 20 年代,臭名昭彰的国会代表权失衡问题扭曲了美国立法机关的构成。正是这个被扭曲的立法机关定义着《沃尔斯泰德法》具体条款的准确内涵,塑造着整个联邦法院系统的结构,左右着众多执法部门的经费划拨,设定着违反禁酒法律的各项惩罚措施,还决定着第十八修正案对每个美国人生活方方面面的影响(或冲击)。经过多年斗争,重新分配议席的议案终于在 1929 年 6 月获得通过,并于 1932 年大选后生效。在议案通过之前,《华盛顿邮报》的编辑在社论中铿锵有力地指出:"联邦宪法有关平等代表权的基本原则不容破坏,即使是 ASL 的淫威,也不能凌驾于宪法之上。"然而令人唏嘘不已的是,在整整十年时间里,作为美国立国根基的宪法原则确实遭到了前所未有的蹂躏。

1904 年,来自曼哈顿下东区的艾尔弗雷德·伊曼纽尔·史密斯(Alfred Emanuel Smith)当选州议员,前往州首府奥尔巴尼市就职的他年仅 31 岁。史密斯没有接受过完整的教育,他只读到八年级就辍学了。纵观他的职业生涯,每一阶段都打上了当时纽约市实力雄厚的政治党团"坦慕尼协会"的庇护烙印,清晰程度一如现代政治党团组织所散发的车尾贴纸。因为缺乏相关工作经验,史密斯未被选入州议会中负责银行业和森林产业立法的两个委员会。历史学家奥斯卡·汉德林(Oscar Handlin)写道:"他此前仅在一次担任陪审员时与银行打过交道。至于森林,他从来都没见到过。"

史密斯一生都未脱离下东区。常年不变的乡音是他最好的出身地标识,就像是在脖子上挂了幅霓虹灯招牌。与此同时,他也一直未曾脱离来自高级俱乐部的政治资源加持,常年不离身的棕色常礼帽就是他的另一个人标识。即使在当选州长后去参加一场非常重要且正式的晚会时,他也戴着这顶很有知名度的帽子。在曼哈顿一家剧院的开幕典礼上,曾有记者好奇地问起这顶帽子的特殊之处。史密斯干脆利落地回答道:"当然要戴!这可是我的棕色常礼帽,怎么能不戴?"

当然,史密斯能够迅速走红当选为全美最大州的州长,依靠的是紧随当时变化的政治形势,而非他随和亲切的言谈举止。他为人处世精明干练、坚韧不拔,坚定地支持各类进步主义社会立法,推崇强有力的高效政府,且认为政府强力之举并不意味着突破私权利的界线。他认为,"提升社区道德水准,依靠的不是法律,而是家庭与教会。"1923 年,在第二个州长任期履职 4 个月时,他签署了一项新法案,废除了纽约州为实施联邦禁酒令而制定的"小沃尔斯泰德法"——《马伦-盖奇法》(Mullan-Gage Act)。

至少在纽约市内,《马伦-盖奇法》根本未能得到执行。违反禁酒令的案件层出不穷,违法已经成为常态。如《科利尔》周刊的塞缪尔·

亚当斯所述，"如果按照警察逮捕犯人的案件数量，纽约市每天需要召集1.8万个陪审团"。对于司法系统而言，如此多的案件远超出其承接能力；对于警察而言，则意味着他们要放弃其他更为紧迫的案件。新法案虽然废除了《马伦-盖奇法》，但因《沃尔斯泰德法》仍然有效，纽约州并未实现酒精饮料合法化。随着旧法被废除，纽约州警察不再肩负执行联邦禁酒法律的职责，而是把皮球踢还给了华盛顿。如史密斯所言，此举不过是"物归原主"罢了。只要酒吧继续保持在地下花天酒地，并且不破坏社区安宁，纽约市的警察就井水不犯河水。在西52街的莱昂-艾迪斯酒吧门前，曾经贴着这样一张标语："这家酒吧凌晨三点打烊。恳请帮助我们遵守法律吧！"

纽约州的做法并非个例，也有其他州明白无误地向联邦政府表示，它们将根据本州情况便宜行事。马萨诸塞州的选民否决了本州执行禁酒令的法律议案；宾夕法尼亚州议会拒绝为本州禁酒令执法部门拨款，把州长吉福德·平肖气得七窍生烟；具有象征意义的"自由州"——马里兰州——依然保持着引以为傲的自由荣光，其州议会根本没有批准过执行禁酒令的州法律，其警察部门与法院更是公然蔑视联邦法律。但相比之下，纽约州的做法更有意义。不仅因为它是全美最大的州，更因为废除《马伦-盖奇法》是州议会和州长首次采取积极行动抵制仍然有效的联邦法律，具有里程碑的意义。史密斯的立场非常直白，在他看来，纵然法治包含无数优点，但这部法律在此时此刻实际上已经失效，其效力只不过是停留在纸面上罢了。一位曾经支持史密斯的选民批评说，"艾尔真的是一个十足的蠢蛋，他的眼中只有支持率"。

1924年6月，纽约，四年一度的民主党全国代表大会即将召开。

在大会开幕之前,民主党请出垂垂老矣的威廉·詹宁斯·布莱恩,为在前一年夏天去世的共和党总统撰写悼词。布莱恩在开篇写道:"我们,民主党人,站在尊敬的沃伦·盖玛利尔·哈定总统的棺椁(Bier)之旁,向逝去之人脱帽致敬。"写罢之后略一思考,布莱恩发现了其中的不妥,随即将"棺椁(Bier)"改作"坟墓"(Grave)①。

在更早之前,1920 年大选的民主党副总统候选人——富兰克林·德拉诺·罗斯福——就曾与布莱恩共同商讨即将召开的全国代表大会有关事宜。1923 年,罗斯福曾致信布莱恩,批评"有些前途甚广的党内白痴,竟然主张借召开民主党全国代表大会之机公开呼吁废除第十八修正案",而且还要把党代会放在湿透了的纽约召开②。后来,这些前途甚广的党内白痴在大会选址问题上取得胜利,但自身却无缘跻身党代会核心舞台。一心期望本党坚定明确支持禁酒令的布莱恩也同样一无所获。到了禁酒宪法修正案实施的第四个年头,民主党围绕禁酒问题产生了巨大分裂,内部冲突的两派水火不容却又势均力敌。在此背景下,当年的民主党全国代表大会演变成一场彻头彻尾的噩梦,党内总

---

① 因为 Bier 的拼写和发音与啤酒(Beer)非常相近。

② 1922 年,纽约州民主党在国会众议院选举中大胜共和党,从共和党手中夺得州内 13 个众议院席位,艾尔·史密斯也击败共和党人夺回州长一职。自 1868 年以后,民主党从未在纽约州召开过党代会。纽约州民主党人希望携大胜共和党人的气势,极力争取承办 1924 年党代会。当时,禁酒令与"三 K"党是美国社会两个极具争议的政治议题,民主党内部也因此分成两派。纽约州一直是极端湿州,州长艾尔·史密斯不但强烈反对禁酒,还是一位带有爱尔兰血统的天主教徒。在多方矛盾相互交织的背景下,纽约州争取举办党代会简直是惹祸上身。这也是书中反复提及的,包括罗斯福在内的许多人都担心本届党代会会导致民主党大分裂。代表南方利益且支持禁酒的麦卡杜原本反对将纽约作为党代会举办地,但由于其竞选副手卷入到哈定总统任期内臭名昭著的茶壶山丑闻,麦卡杜为了降低热度,勉强同意在纽约开会,于是就有了民主党历史上最长、最混乱的一次党代会。

统候选人初选也乱成一锅粥。也就是在这场大会之后,有关禁酒令的辩论正式被纳入政治斗争的弹药库。

纸醉金迷、夜夜笙歌的纽约自然是上演这场混战的完美舞台。伊兹·爱因斯坦在回忆录中提及,他曾与惠勒共同商讨出一项行动计划,以确保民主党此次全国代表大会全程保持"干燥"。在旁观者看来,这项干燥行动计划要是真能落实,沉没寡言的惠勒早就和这位肥胖滑稽的禁酒探员结下山盟海誓的友谊了。众多信息源源不断流入纽约城,负责纽约州和新泽西州西北部区域的联邦禁酒主管帕尔默·坎菲尔德(Palmer Canfield)已"预先关注到本届党代会的召开,并预料期间会有巨大的吃喝玩乐需求",因此于党代会召开前夜亲临一线开展执法。坎菲尔德表示,空气中"酒精湿度"有所提高在所难免,但"我并不先入为主地把本届党代会视作狂饮派对"。他的自信不仅来自禁酒双雄——惠勒与爱因斯坦——的亲自谋划,更来自于联邦禁酒局两大巨头——局长罗伊·海恩斯与首席探员爱德华·克莱门特·耶罗利(Edward Clement Yellowley)——亲自带队支援的100多名得力禁酒探员(从周边其他城市抽调而来)。执法当局兵强马壮,大军开进纽约城,因此坎菲尔德很有底气地表示:"纽约市在民主党全国代表大会期间将保持常态,不会更好也不会更差,不会更湿也不会更干。"

坎菲尔德所言甚是。民主党官方"会务接待工作组"指导参会党代表分散行动,曼哈顿有5000家地下酒吧可供他们任意消遣。而那些非官方接待人员——酒店行李服务员、出租车司机、妓女——也对出售私酒的地方了如指掌,代表们可以非常方便地在酒店房间里开怀畅饮。《综艺》(Variety)杂志报道称,由于"高档黑麦威士忌很难买到",民主党人不得不减少餐饮供应数量。操办大会的人员多是"湿派",他们为

"干派"领导安排了无尽的社交活动,就像是引诱他们逛遍所多玛城的奇观一般。总统候选人热门人选、前财政部部长威廉·G. 麦卡杜(William G. McAdoo)对朋友抱怨道:"有些好朋友自从踏上纽约的土地,就一直过着酒池肉林般的生活。"

　　不过这些插曲都不妨碍民主党迅速解决党纲中的禁酒令问题。惠勒按照自己设定的策略,反对布莱恩发布一份严格禁酒声明的设想,并通过派驻在民主党内的密使支持坎农主教。事实上,这二人都不愿承担与内部"湿派"阵营直接冲突的风险。很快,参战各方达成了一份空洞的承诺——"遵守并执行宪法及所有法律条款"。在此之前,很多人还担忧禁酒令问题会把本届民主党全国代表大会搞得四分五裂;现在,这些担忧全部消失在此起彼伏的酒嗝声中了。如此一来,战斗炮火被集中到另一重要党纲的讨论,以及最为重要的总统候选人提名问题——党内"干""湿"两派拼尽全力赤身肉搏的两场大战。一位密切关注大会进程的记者在报道中写道:"民主党若想避免一场灾难,最好的方式是在一开始就不召开这场党代会。"经此一役,民主党"旧创崩裂,更添新伤",斯坦利·弗罗斯特(Stanley Frost)在《展望》(Outlook)杂志上撰文写道:"双方的斗争必然充满暴力,并将结下深仇大恨。其后果之糟糕,令人难以想象。"

　　从表面上看,能有如此爆炸性威力的党纲是由"三K"党问题引发的。在创建现代版的"三K"党后,创始人威廉·西蒙斯因长期酗酒而被"三K"党除名(西蒙斯余生终日躲在亚特兰大的电影院里,闻着波本威士忌和丁香的陈厚味道,一遍又一遍观看电影《一个国家的诞生》①)。来自达拉斯的牙医海勒姆·M.埃文斯(Hiram M. Evans)接掌了"帝国大巫师"的权杖②,成为"三K"党新一任领袖。上任之后,埃文斯将反天主教和反犹主义纳入"三K"党的政治目标。经此战略调整,"三K"党摆脱了局限于南方区域的种族议题束缚,迅速将其影响力扩展到全美各地。据历史学家斯坦利·科本(Stanley Coben)的研究,1920年,"三K"党在北方的康涅狄格州吸引的会员超过了南方的密西西比州,在俄勒冈州吸引的超过了路易斯安那州,在新泽西州吸引的也超过了亚拉巴马州。仅在北方的伊利诺伊、印第安纳和俄亥俄三个州,"三K"党会员总数就超过50万。"三K"党支持的公职候选人都秉持禁酒与排外政治理念,在俄勒冈州、科罗拉多州和堪萨斯州甚至已经谋得了州长大权。在底特律市,有个甚至都不在选票候选名单上的"三K"党成员凭借组织的强大实力支持,仅通过选民手填候选人姓名的方式,差点成功当选市长。

　　禁酒令是主张排外的本土主义者最好的竞选武器。在许多城镇,"三K"党成员与ASL附属教堂的会众几乎完全重合。在全国范围内,ASL有意避免公开煽动宗教偏见,惠勒实际上一直努力将支持禁酒的天主教徒和犹太教徒联合在一起,欧内斯特·彻林顿也有意识地在ASL对外宣传中融入推动不同教派大联合的目标。但对于惠勒的侍

---

　　①　该片由大卫·沃克·格里菲斯(David Wark Griffith)执导,1915年首映,是美国电影史上最有影响力也最具争议性的电影之一,电影改编自小托马斯·迪克逊的种族主义题材小说《同族人》,凭借其巨大的社会影响力为新的"三K"党提供了思想理论基础。

　　②　西蒙斯宣称他建立了一个由"三K"党骑士团组成的无形帝国(Invisible Empire),并自封为"帝国大巫师"(Imperial Wizard)。目前,人们仍然称呼"三K"党领袖为帝国大巫师。

僧、统领联邦禁酒局的罗伊·海恩斯而言，"三K"党强烈的禁酒立场是一座可供挖掘的富矿。

禁酒阵营几方之间的勾连，最终酝酿出诸多人间惨剧，其中最惨重的一起发生在伊利诺伊州威廉姆森县（Williamson County）。1923年至1924年间，大约由1200至1300名"三K"党成员组成的义警完全占领了该县执法机关。虽然"干派"众议员爱德华·E. 丹尼森（Edward E. Denison）从中调停，但受海恩斯指使的"三K"党成员在原本由私酒贩子控制的威廉姆森县实施了大清洗。义警队伍的带头人是塞斯·格林·杨（Seth Glenn Young），原本为联邦禁酒局成员，因"行为非常不检点，不适合担任公职"而被开除。1924年2月1日午夜过后，杨手下的暴徒袭击了县内意大利移民矿工的住宅，威胁女人和孩子交出家里藏的酒，一时间老弱妇孺的哀号声此起彼伏。一旦在谁家发现了酒水，"三K"党义警就直接把她们的丈夫和父亲绑走投入监狱。马里昂卫理公会教会（Marion Methodist Church）的A. M. 斯蒂克尼（A. M. Stickney）牧师为"三K"党的暴行提供了理论支持，他宣称天主教徒和犹太教徒已经操控了美国的报纸产业，唯有"三K"党才能够将美国从灾难中拯救出来。杨手持冲锋枪站在队伍最前列，带领义警很快控制了当地政府。在随后的两年中，"三K"党义警和私酒贩子支持的地方官员之间展开了血腥的武斗，累计导致20人死于非命。

1924年6月，"湿派"民主党人在全国代表大会召开期间，试图将谴责"三K"党事宜列入党纲，以便以党代会的名义对"三K"党予以谴责（但避免提及在"血腥的威廉姆森县"发生的具体暴行）。虽然"湿派"详细列举了"三K"党在宗教、民族及种族问题上的诸多偏见，但麦迪逊花园广场酒店喧闹拥挤的大厅中的每一个人都知道，有关这项党纲的斗争实际上是"湿派"与"干派"之间的冲突。南方"湿派"支持曾在十年前的亚拉巴马州参议员初选中击败霍布森的奥斯卡·安德伍德作为总统候选人。作为著名的反种族主义斗士,安德伍德提议在党纲中列入谴责"三 K"党的内容;西部"干派"则支持进步主义者麦卡杜;而在反对"三 K"党的阵营内部,城市地区、少数族裔、最湿的那部分代表选择支持另一位候选人——艾尔·史密斯。然而,支持史密斯和安德伍德的党代表人数不足,在 1085 张投票中以 3 票之差未能通过谴责"三 K"党的党纲。民主党全国代表大会召开期间,"三 K"党的帝国大巫师埃文斯亲临纽约督战。他在麦迪逊花园广场酒店一街之隔的麦克阿尔宾酒店包下一间套房,并且设置了重重警卫,严密地监视民主党的一举一动。在被问及为何"三 K"党能够避免被民主党新党纲所谴责时,埃文斯耀武扬威地表示:"他们被我们可能采取的报复吓破了胆。"

总统候选人资格的争夺主要在艾尔·史密斯和麦卡杜之间展开,前者占据了主场之利。由于废除了《马伦-盖奇法》,艾尔·史密斯成为禁酒派的眼中钉,牧师鲍勃·琼斯甚至将其列为"全美首恶"。除了通过法律手段实质性废除禁酒令的开创性举措所带来的全国知名度,史密斯原本就是民主党内部"湿派"(甚至在部分共和党"湿派")中最受欢迎的一位政治明星。到了最为关键的总统候选人提名投票环节,民主党在刀锋之上小心翼翼维持的微妙平衡被彻底打破。根据提名规则,候选人必须获得 2/3 绝对多数的党代表支持方能胜出。艾尔·史密斯和麦卡杜两人旗鼓相当,互不相让,提名之战陷入僵局。在长达16 天的酷热日子里,两位候选人及其支持者争吵不休。每当喊到史密斯的名字,现场的"湿派"党代表就全体起立高唱流行儿歌《纽约人行道》(*The Sidewalks Of New York*)。相比之下,"干派"党代表则非常窘迫, 忙着往家乡打电报请求更多经费以支付酒店房费。报道此次大会的新闻记者也是筋疲力尽, 丧失新鲜感后就四散到曼哈顿大街小巷的地下酒吧和卡巴莱夜店寻欢作乐去了。经过两个多星期的拉锯战, 民主党举行了足足 102 轮总统候选人提名投票, 两位热门人选都没能胜出。最终在第 103 轮投票中, 公司律师出身、曾担任首席政府律师的约翰·威廉·戴维斯 (John William. Davis) 作为一匹黑马赢得提名。戴维斯是一位非常复杂的政治人物。他曾在 ASL 华盛顿分部办公室毫不客气地称呼韦恩·惠勒的前任领导是 "一个眼突脸长的说客", 却也曾向惠勒承诺第十八修正案已成定论, "不会再纳入可权衡利弊的讨论范畴"。可以说, 约翰·戴维斯既不是 "干派", 也不是 "湿派", 当然也不是一位能够在 11 月总统大选中击败共和党卡尔文·柯立芝的民主党候选人。

在詹姆斯·蒙哥马利·贝克这样的保守共和党人看来, 全程一片混乱的民主党全国代表大会向外界充分表明, 民主党 "没有半点政党的样子, 更像是一群乌合之众"。素以温和亲切著称的威尔·罗杰斯 (Will Rogers)①在党代会之后揶揄道: "我不属于任何有组织的政治党派, 我是一名光荣的民主党人。" 而早在一年之前, ASL 纽约分部负责人威廉·汉密尔顿·安德森曾对艾尔·史密斯有过一针见血的评价。安德森的这句评价的遣词用句如诗歌一般深奥难懂, 但极具预言性, 因此

---

① 全名威廉·佩恩·亚岱尔·罗杰斯 (1879—1395), 切诺基族印第安人, 多才多艺, 身兼演员 (舞台、电影、轻歌舞剧)、牛仔、幽默作家、报纸专栏作家和时事评论员等多种身份。罗杰斯自称是一名民主党人, 但对政治事务不太上心。他既支持共和党的卡尔文·柯立芝总统, 也支持民主党的富兰克林·罗斯福总统及其新政。他一生留下了许多关于政治的幽默评论, 非常符合他超脱政治之外的性格。

经常被后人援引作为对 1924 年民主党全国代表大会的总结,同时也预示了未来民主党和第十八修正案的共同命运。

安德森说道:"他的支持者们需要史密斯州长这种人,而史密斯州长正好是他们所需要的这种人。"

第十六章

破财消灾

1926 年,欧文·费雪写道:"克里斯蒂安尼亚大学(University Of Christiania)的沃格特(Vogt)教授在背诵诗歌时发现,如果他在背诵当天喝上一杯半到三杯啤酒,所花时间要比平时多 18%。"对于极度干燥的美国顶级经济学家之一的费雪而言,通过研究沃格特教授使用挪威语背诵《奥德赛》(*Odyssey*)所获得的研究成果是一项令人着迷的"事实发现",他自然要将之运用于提升美国经济发展水平的实践。费雪在 1919 年也做过类似的测算,当时他发现每天喝"两到四杯啤酒的排字工人,其工作效率会下降 8%"。他由此得出结论,如果禁止排字工人及其他美国劳工喝啤酒,"每年将会为美国增加 75 至 150 亿美元的产出"。

费雪喜欢用数字表达错综复杂的事物,但计算数字并非他为禁酒事业所做的唯一工作。他在禁酒阵营中是一位顶级专家,可以覆盖任何领域,面向任何观众*。他宣称自己致力于"消灭战争、疾病、堕落和

---

* 总体来说,费雪最擅长的是炒股。他曾与人一起合著过一本畅销的卫生教材,也是罗拉代克斯(Rolodex)索引卡片系统的发明人,是生命延续研究所的创始人(在亚历山大·格雷厄姆·贝尔的支持下),以及一位著名的优生学家。此外,他还是公认的英语语言学家。

币值不稳定等诸多问题",并认为酒精饮料与上述问题的发生皆有关联。他到处发表演讲,到国会作证,撰写海报、小册子和书籍,宣传禁酒法律的好处。1928 年,他的一本名为《禁酒令的至暗时刻》(*Prohibition At Its Worst*)的书被改变成电影,并且起了一个令人看起来非常古怪的名字——《拯救》(*Deliverance*)。自从禁酒令通过以来,费雪似乎在他所遇到的每一项统计数字的背后都能发现禁酒令所产生的神奇效果。例如,他发现 1924 年纽约市因说脏话而遭逮捕的人数较《沃尔斯泰德法》实施之前降低了 20%。但费雪并没有考虑其他可能的因素,比如在爵士时代的城市,人们对脏话的接受度更高。很显然,费雪只要抓住一个看起来有利的数字,就会把它作为禁酒令有效的证据。当费雪认为一杯饮料大概会降低 2% 的生产效率时,他就会说这相当于减少了超过 10 美元的国民生产总值。达特茅斯大学的赫尔曼·费尔德曼(Herman Feldman)教授对费雪的不少计算结果感到困惑,他认为所谓 2% 的效率损失很可能仅是"一个令人沮丧的想法"而已。

费雪并非孤军奋战,还有很多人也试图用各种存疑的数字与不确定的相关性来衡量禁酒令的效果。联邦禁酒局局长罗伊·海恩斯在华盛顿得意地宣布:1922 年新建房屋数量是禁酒前最后一年的 5 倍;每天有 3000 人新加入教会;有些城市的酗酒女性人数下降了 80%。有些禁酒支持者们声称,禁酒让监狱变得空荡荡,增加了居民预期寿命,提高了储蓄率;甚至连保龄球运动也因为禁酒更加受欢迎,因为"人们可以把原先花费在饮酒上的时间与金钱都花在保龄球上了"。犯罪学家温斯洛普·D. 兰恩(Winthrop D. Lane)更进一步,将赌博的增加也归功于禁酒令的积极效果,因为"男孩和男性青年在禁酒令之后能够挣到更高的工资了"。

"干派"数字命理学家的伎俩很可能是从"湿派"阵营偷师学来的。在第十八修正案生效之前,USBA 就一直在统计数字上玩弄把戏。啤酒酿造商曾自鸣得意地指出,禁酒州的人均储蓄额较未禁酒州明显低出一大截,但却有意忽视了禁酒州和非禁酒州本身的巨大差异。前者都是南方和西部相对落后的贫穷州,而后者都是传统的东北部富裕州。USBA 甚至赤裸裸地宣扬,禁酒州的生育率较低,"明确无误地反映出禁酒降低了男性雄风"。罗伊·海恩斯的角度则更为刁钻,他声称得益于禁酒令的推行,"玷污女性贞洁的犯罪案件"数量大幅减少。

统计数字变成了一个篮球赛开局的跳球,每方都希望把它击向自己的目标。针对醉酒的逮捕率?如果上升了,"湿派"会归功于饮酒的增加,"干派"则认为得益于更加有效的禁酒执法。酒精中毒发生率?"湿派"的道琼斯主席克拉伦斯·W. 巴伦(Clarence W. Barron)告诉朋友 J. H. 凯洛格,纽约贝尔维尤医院(Bellevue Hospital)收治的酒精中毒病人数量较禁酒令之前大幅上升。"干派"的凯洛格医生给出了一个神奇的解释:"正是因为纽约其他医院收治酒精中毒病人的病房都关闭了,所以贝尔维尤医院才接收了几乎全部酒精中毒的病人。"

著名讽刺文学作家沃尔科特·吉布斯(Wolcott Gibbs)对巴伦先生的数字有着不同的理解。他借一个虚构的"美国琐事传播协会"主席之口表达了自己的观点:"这些统计数字只可能有两种解释。其一是人们比以前喝得更多了,其二是他们觉得酒比以前差了。"实际上,如果要做客观的研究,20 世纪 20 年代有很多统计数字可以作为研究证据,例如肝硬化发病率、饮酒相关死亡人数、酒精中毒性精神病发病率等。这些数字明确无误地表明,整个美国的酒精消费量较禁酒令之前降低了。在 20 世纪 80 年代和 90 年代,经济学家杰弗里·A. 米隆

(Jeffrey A. Miron)与杰弗里·茨维伯尔(Jeffrey Zwiebel)的杰出研究成果显示,"禁酒令甫一实行,美国酒精消费量就急剧下滑,较禁酒令之前下降约30%"。禁酒令废止后,消费量"又较禁酒令之前迅速增长了60%—70%"。美国政府在禁酒令实施前后的税收数据(能够据此精确计算出合法销售的酒水数量)有力地支撑了两位学者的研究结论。

但国家整体的数据模糊了个体的行为。尽管成千上万的人遵守法律,但那些违反禁酒法律之人喝掉了更多的酒。欧文·费雪、莫里斯·谢泼德、欧内斯特·彻林顿等极富才华且忠厚老实的禁酒倡导者们不会理解的是,那些想喝酒的人之所以喝酒,要么是出于生理或精神需要,要么是基于自由选择。如果注意到禁酒令实施后啤酒行业的变化,"干派"智囊们或许能够理解法律对抑制人类饮酒欲望的局限性。

在众多啤酒企业中,安海斯-布希啤酒公司最先探索业务转型。1916年,奥古斯特·布希推出了一款名为"贝沃"[Bevo一词源于波西米亚语中的"啤酒"(Pivo)]的无酒精"谷物饮料",以期保住公司产品的市场份额,维持公司收入。这种饮料的酿造方法和啤酒几乎一致,只是在后期将其中的酒精除去。不过在极端保守的南方地区,贝沃没有在市场上掀起一点水花,因为好几个州都通过立法禁止其销售。根据亚拉巴马州的法律,该州境内禁止销售任何"口味像、泡沫像、气味像或看起来像啤酒"的饮料,甚至连看起来像是啤酒瓶的包装容器也在禁止之列。当然,这些南方极端保守州在全国范围内并不具有广泛代表性。随着禁酒法律在许多州蔓延开来,这种"淡啤酒"(Near Beer)饮料的销量也蒸蒸日上。1918年,安海斯-布希啤酒公司每年酿造500万箱贝沃,并耗费1000万美元巨资为该产品建造了世界上最大的瓶装厂。

随着全国性禁酒令的落地,其他啤酒厂商也纷纷杀入无酒精饮料领域。斯特罗（Stroh）啤酒公司在底特律推出了一款"无酒精啤酒"
（Temperance Beer）。在布鲁克林，皮埃尔（Piel）啤酒公司一口气发布
了 3 种无酒精啤酒（比尔森淡啤、多特蒙德金啤和慕尼黑黑啤），并宣
称它们是真正具有战前风味的新式酿造啤酒。其他啤酒厂商也纷纷效
仿安海斯-布希啤酒公司的转型战略，打造自家的无酒精啤酒品牌：柏
斯特啤酒公司创立了巴勃罗（Pablo），米勒啤酒公司推出了维沃
（Vivo），施利茨啤酒公司新创了法沫（Famo），密歇根州的弗兰肯莫斯
啤酒公司打出了福兰蔻（Franko）。但这些厂商都没敢在品牌名称中使
用"淡啤酒"一词，因为《沃尔斯泰德法》明确禁止在商标或广告中使用
"啤酒"。伊利诺伊州昆西市的迪克兄弟啤酒公司胆子比较肥，踩着红
线将自家的产品命名为"尼尔诺"（Nearo）。大家一看就知道，迪克兄
弟啤酒公司当然不是以此品牌向罗马暴君尼禄（Nero）致敬。

　　啤酒行业的巨震来得有些快，快得令所有啤酒厂家都毫无防备。
在禁酒宪法修正案颁布仅仅 6 个月后，淡啤酒市场需求急剧萎缩，销量
也急速暴跌。传统上热爱啤酒的东部与中西部城市，人们对无酒精啤
酒的需求也全都消失了。著名历史学家唐纳德·J. 普拉昌（Ronald J.
Plavchan）在关于安海斯-布希啤酒公司的权威研究作品中提到，到了
1923 年，"贝沃的销量已经小到几乎可以忽略不计。"同年，新泽西州一
位名叫乔治·S. 霍巴特（George S. Hobart）①的"干派"支持者揭开了
淡啤酒销量暴跌的迷雾。霍巴特以新泽西本地的啤酒品牌费根斯潘
（Feigenspan）为例，这家啤酒公司一直在广告中宣称他们生产的淡啤酒

---

　　① 　乔治·霍巴特是美国共和党政治家，曾担任新泽西州议会议长。他是威廉·麦
金利总统时期的美国第 24 任副总统加勒特·霍巴特（Garret Hobart）的侄子。

"口味醇厚,一如既往"。同样,安海斯-布希啤酒公司也自我标榜道"老工艺、老风味、老价格"。霍巴特毫不客气地质问道:"既然淡啤酒和真啤酒一般好,啤酒公司们以前为什么还要费尽心机酿造、推广真啤酒呢?"

这是一个不喝酒的人才会提出的问题。乔治·霍巴特本意在于证明啤酒公司根本没必要酿造含酒精的啤酒。考虑他看到的是广告语而非"酒桶和酒瓶里面装的到底是什么",所以可以判断他表达的意思完全弄反了。在一个早在1914年时人均年啤酒消费量就高达20加仑的国家,国民对淡啤酒不感兴趣实在再正常不过了。淡啤酒的"醇厚可口"只是一种可有可无的附带优点,喝酒之人真正需要的是酒精。

虽然啤酒公司在研发去除酒精的贝沃、法沫和尼尔诺等新产品过程中投入巨大,但这些产品的失败并没有把啤酒公司拖入绝境。很快,啤酒公司又开发了新的产品,而正是这个新产品在禁酒令期间将数以百计的啤酒公司从关门倒闭的绝境中拯救出来,并让他们如以前一样赚得盆满钵满。这个神奇的新产品就是麦芽糖浆,也叫麦芽提取物。在酿酒商眼中,麦芽糖的准确名字应该是"啤酒酵头"(Beer Starter)。在麦芽糖中加入水和酵母,搁置一段时间后,它就会发酵成真正的啤酒——泡沫丰富,酒味醇厚。更为关键的是,这种成包出售的产品在当时是完全合法的,和为了回家自酿葡萄酒而买葡萄一样合法。对于酿酒商而言,生产销售麦芽糖浆甚至比经营成品啤酒更有利可图,因为他们就像葡萄种植园主一样,无须经过发酵和装瓶等烦琐的工艺流程就能把产品销售出去。安海斯-布希啤酒公司的老板小奥古斯特·A. 布希(August A. Busch Jr.)透露说:"这款新产品不容小觑,估计要消耗掉我们100万蒲式耳的库存粮食。"

在发现伟大的拯救者麦芽糖浆之前，啤酒酿造商一直在死亡线上苦苦挣扎，投入了大量生产资源来摸索怎么转型，为此他们生产过苹果酱、苹果醋、牲畜饲料，甚至冰淇淋。对于一个拥有大量制冷设备的行业而言，转型生产冰淇淋不失为一个理性抉择。像斯特罗啤酒公司，在禁酒令废除后几十年来一直保留着冰淇淋业务。* 但对于在酒精产业赚惯了大钱的啤酒公司而言，生产冰淇淋就如同吃胡萝卜一样寡淡无味。很快，罐装麦芽糖浆就占领了杂货店的货架。成千上万的"麦芽糖商店"除了出售麦芽糖浆，还一并售卖过滤器、瓶子和瓶塞。柏斯特啤酒公司将旗下著名商标——"蓝带"略加调整，推出了柏斯特蓝标麦芽糖浆和更为高端的柏斯特黑标产品系列。安海斯-布希啤酒公司的策略更为直接，他们直接在自家生产的麦芽糖浆和酵母产品上使用了百威的品牌和标识。麦芽糖浆业务发展迅速，相关厂商很快就组织成立了两家麦芽糖浆行业协会，出版了一本麦芽糖浆行业杂志，反映出行业一片欣欣向荣的状态。啤酒厂商在麦芽糖浆产品上获得的成功让韦恩·惠勒陷入了深深的焦虑。1925 年，惠勒曾向国会内的朋友咨询——"禁止销售麦芽糖浆及其他麦芽产品的时机是否已经成熟？"

事实并非如惠勒所期，将来也不会。犹如加州葡萄热潮一般，麦芽糖浆的流行也不可能被压制。1926 年，距离罗伊·海恩斯夸下"家酿啤酒狂热已经奄奄一息"的海口足足 5 年之后，安海斯-布希啤酒公司的麦芽糖浆年销售量已经高达 600 万磅。尽管大型黑恶势力操控的私酒产业在 20 世纪 20 年代中后期也持续爆发性增长，但安海斯-布希公

---

* 禁酒令期间，安海斯-布希啤酒公司调整了大量生产线转产玉米油、婴儿配方奶粉、软饮料等众多品类商品，其旗下的巧克力品牌"Smack"由奥古斯特·布希亲自命名。

司的麦芽糖浆销售规模仍然保持到了禁酒令结束。几十年后,小奥古斯特·布希对一位采访者说道:"如果你真的想知道,我可以说,我们最终转型成了美国最大的私酒供应商。"

　　滴酒不沾的人在很多方面并不了解饮酒者,但私酒贩子和地下酒吧老板们则非常了解饮酒者的核心需求——饮酒者是顾客,必须被当作顾客来对待。来自加拿大新斯科舍省雅茅斯市(Yarmouth)的约翰·西姆斯(John Simms)船长会亲自驾船将私酒直接送到康涅狄格州格林威治(Greenwich)的个人客户手中;佐治亚州雅典市(Athens)的"一品脱酒保"则联合在当地报纸上撰文,诉说他们为当地社区所做的贡献。从他们身上,人们能够发现这个行业鲜明的服务本质。在这篇因市长的威胁而引发的文章中,酒保们写道:"私酒贩子和纯洁正直之士一样依靠诚信赚钱。"一位来自芝加哥、雄心万丈的年轻人阿尔方斯·卡彭(Alphonse Capone)给出了最为精辟的总结:"我通过满足大众需求赚取钱财。"

　　如果禁酒主义者真正理解饮酒大众的根本欲望之所在,他们可能会选择另外一条道路达成自我创设的时代使命。ASL聘请的最高身价演讲人里奇蒙·霍布森以及联盟首席公关欧内斯特·彻林顿都清楚地认识到,若要帮助美国脱离酒精深渊,公众教育是比强硬执法更有效的方法。彻林顿曾言:"我们的希望不在于下一届大选人选,而在于下一代人民。"但在ASL内部,霍布森一直被视为一个怪脾气的老头,彻林顿则是一个"光说不练"的假把式。在整个禁酒运动阵营,占据压倒性地位的依然是坚持主动出击的行动派,他们需要的是能够带领他们行动的领袖。

　　ASL 的狂热分子及其遍布全美的支持者似乎普遍认为,禁酒法律的执行过程本身比执法的最终效果更为重要。就像激战之后的将军们认为通过清点战场上留下的尸体数量即可判定一场血腥战争的胜负一样,在这场旷日持久的禁酒战争中,禁酒主义者认为逮捕数量是至高无上的战争目标,因为逮捕数量既可以激发禁酒队伍的忠诚度,又能给贩卖私酒的商人及其顾客带来不安与困扰(也仅止于此)。只要给酒保和私酒贩子带去了袭扰和惩罚,就不必再关心他们到底有没有停止卖酒或贩卖私酒。逮捕数量创造了关于数字的狂热,执法部门深陷其中不可自拔。例如,联邦禁酒局更愿意大张旗鼓抓捕 200 个"一品脱酒保",却不愿意直捣黄龙抓一个把私酒卖给 200 家地下酒吧的超级私酒商。

　　从全国范围看,取得执法袭扰数量上的胜利轻而易举,但落实法律规定的惩罚却异常艰难。《沃尔斯泰德法》的一个可贵之处就是保障了任何被指控违反该法之人接受陪审团审判的权利,而且将其作为定罪的必要条件。很快,司法系统就被潮水般的禁酒案件所淹没,几乎丧失正常运转的能力。在纽约州,首批根据《马伦-盖奇法》(纽约州版的《沃尔斯泰德法》,很快就被艾尔·史密斯州长废除)逮捕的 4000 人中仅有不到 500 人被提告到法庭,最后只有六人被定罪,但无一人坐牢。梅布尔·维勒布兰德意识到,"如果刑罚手段与罪行不相匹配,陪审员就不会裁定被告人罪名成立"。她的看法非常准确,也被各个地方的司法判例所验证。因为陪审员认为对违反禁酒法律的被告人所施加的刑罚太过苛刻,他们运用手中的权力在审判实践中实质性地废除了禁酒法律。当斯梅德利·巴特勒被解除费城警察局局长职务时,他披露了一些自认能够证明其政绩的数字(实际上也是其失败的明证):在两年任期内,他手下的警察队伍一共逮捕了22.7万名违反禁酒法律的人。对于所谓"沧桑锐利之眼"来说,这表明他的手下已经抓捕了15%的费城居民;而对于其他人来说,这意味着警察部门一次又一次地逮捕同一个人,循环不止。

没有人比埃默里·巴克纳更能理解这种现象的前因后果,也没有人比他更加积极地揭露这种乱象。1925年,巴克纳被任命为纽约南区的联邦检察官。从其背景看,巴克纳的职业生涯颇具传奇色彩。他出生于爱荷华州波塔瓦塔米县(Pottawattamie County)一个贫穷的卫理公会牧师家庭,年轻时曾学过速记,后来在俄克拉荷马领地的法院当速记员。23岁时,不甘平庸的巴克纳努力考入了内布拉斯加州大学学习,并以耀眼的学术才华和坚韧的进取精神赢得了内布拉斯加法学院院长罗斯科·庞德(Roscoe Pound)的注意。庞德对巴克纳青睐有加,坚信他应该到更为广阔的世界里闯荡一番。为此,庞德写了一些推荐信,将这位27岁的得意门生介绍到哈佛法学院深造,还为他筹集了学费和部分生活费。* 庞德的眼光非常准确。巴克纳虽然要继续兼职做速记员扛起养活年轻家庭的重任,但他在剑桥市遇到了在内布拉斯加州永远不会遇到的人,大大拓宽了未来的人生道路。在哈佛求学期间,他结识了一帮非常亲密的朋友,包括后来成为他律所合伙人的小伊莱休·鲁特(Elihu Root Jr.),以及后来成为最高法院大法官的费利克斯·法兰

---

* 1910年,庞德加入哈佛法学院担任教职,并于1916年担任院长。

克福特。在兼职做速记员时,巴克纳还曾为亨利·詹姆斯(Henry James)①服务过。

　　巴克纳以年级第三名(共 190 名学生)的优异成绩从哈佛法学院毕业,然后前往纽约发展,并在那里延续了在剑桥市求学时的辉煌。到 20 世纪 20 年代初,他已是纽约城律师行业的翘楚,声誉之隆一时无两。1925 年 3 月,哈伦·菲斯克·斯通就任司法部长一职。此时的司法部内陷哈定政府的腐败余波,外遭纽约州历史悠久的无法无天状态羞辱。新部长斯通邀请巴克纳到纽约州南区清理当地糟糕的法治环境。巴克纳在接受任命后给他的合伙人写信说道:"如果我被打败了,我也能平静地面对,因为我知道打败我的是外部环境,而我本人则是问心无愧的。"

　　巴克纳于公于私都是一位"湿派"。但受命之后,他发誓任期内每天晚上再也不喝白兰地与苏打水。如此一来,一旦他重新端起酒杯,人们就能知道他肯定是被自己所要打击的贪赃枉法分子与无法无天的私酒贩子腐蚀了。对于乱成一团的纽约州司法系统,巴克纳非常不满地表示:"我们伟大美利坚合众国的纽约南区联邦法院竟然沦落到如此地步,实在让人无法接受。堂堂联邦法院,别说是普通的地方治安法庭,就是连治安法庭的地下室都不如。"当时的纽约南区联邦法院,法官开庭审理案件都不配置速记员或法官助理。6 位联邦法官与 1 位地

---

　　① 亨利·詹姆斯(1843—1916),著名作家,出身于纽约的上层知识分子家庭,父亲老亨利·詹姆斯也是著名学者,兄长威廉·詹姆斯是知名哲学家和心理学家。詹姆斯的代表作有长篇小说《一个美国人》(The American)、《仕女图》(The Portrait Of A Lady)、《鸽翼》(The Wings Of The Dove)、《大使》(The Ambassadors)和《金碗》(The Golden Bowl)等。他的创作对 20 世纪崛起的现代派及后现代派文学有着非常巨大的影响。

方治安法官每年受理的案件高达 5 万宗。即使他们抛却其他一切工作,专注于审理禁酒相关案件,一年也只能处理不到 4000 宗。如果他们真的这样做了,那么纽约南区所有与联邦法律相关的案件就都无法得到处理,只能推到首府奥尔巴尼。面对当时的困局,巴克纳提议所有禁酒相关案件诉讼程序均适用治安法庭规则,即取消陪审团审判。有人提醒巴克纳,取消陪审团实属违宪之举。巴克纳则立即反驳道:"为了一个特定目的修改宪法,现在算不上难事了。"①

　　相比于空前的工作压力,联邦法院面临的更严重的困难在于日常工作环境。根据巴克纳的描述,位于曼哈顿联邦政府大楼五层的联邦法院已经成为"酒保、小贩、侍者、保人和掮客等乌合之众的聚集地"。特别是那些掮客,随处可见,甚至在男厕所里也能看到他们贿赂听审案件的陪审员。而在法庭内,气焰嚣张的辩护律师们公然怂恿当事人和证人作伪证。司法部给巴克纳的办公室下达了每年定罪 1 万人的公诉指标。要想完成上级下达的指标,就必须快速定案、减少指控罪名、鼓励辩诉交易,并辅以轻微的罚款。对私酒贩子、地下酒吧老板、狡诈的药店商人、冒牌的拉比、堕落的牧师、酒精瘾君子等各式各样被送到法庭的被告人而言,法庭课处的罚金相较于他们的日常开销不过九牛一毛,没有丝毫痛感。巴克纳表示:"把这样的诉讼称为'执法'纯粹就是一场闹剧,把这样的罚款称为'定罪'也是无比荒唐。"他于是提出建

---

　　①　巴克纳此处实为反讽禁酒派为了"禁酒"这种比较特定的政治目的,鼓动整个社会修改了作为国家政治纲领的联邦宪法。

议,法院在作出的定罪文书上应该注明被告系"破财消灾"。*

　　纽约州的法院可能比美国其他地方的法院更加肮脏腐败,但远算不上独一无二。除了专门拨给联邦禁酒局的一丁点象征性资金外,坚决禁酒的联邦国会与虚伪支持禁酒的哈定政府及假装支持禁酒的柯立芝政府结成同盟,几乎没有增拨任何资金支持司法系统扩张以应对急剧增长的刑事犯罪案件处理需求。在《沃尔斯泰德法》生效 19 个月后,梅布尔·维勒布兰德接掌司法部的禁酒工作。此时,司法部负责禁酒工作的人员总共只有 4 人,这还包括维勒布兰德本人在内。国会没有增设新的法官席位,也没有扩充联邦检察官办公室的人员编制,更没有拨款扩建新的联邦监狱(直到 1925 年底,美国才新建了 3 座联邦监狱)。

　　根据统计,美国各地的联邦检察官平均至少把 44% 的时间和资源(如果他们所依赖的可称之为资源的话)耗费在禁酒相关的违法犯罪案件上。在北卡罗来纳和西弗吉尼亚州,联邦检察官要在禁酒案件上耗费 70% 的时间;在明尼苏达州,需要 60%;在南方亚拉巴马州(也是梅布尔·维勒布兰德直接管辖、全美禁酒执法最为严苛的州之一),有关禁酒的诉讼占据了联邦法院待审案件的 90%。在反对禁酒的新泽西州,检察官不堪堆积如山的禁酒案件的压力,选择在两方阵营之间左右逢源。梅布尔·维勒布兰德对此极为失望,她多年后回忆道:"他们先通过立案调查以安抚禁酒阵营,然后就让案件沉没在故纸堆中,永远

---

　　* 1926 年国会举行的一次听证会充分展现了禁酒执法的乱象。有名男子一直以为不法之徒顶包为生。不料在一次庭审中,一位过分积极的检察官竟然提请法官判处他 3 天监禁。这名男子当即抗议道,"我当庭出示了我签署的顶包合同,告诉法官合同中约定的义务只有出庭受审、按照剧本回答问题,然后缴纳 100 美元罚款了事,并没有顶包坐牢的条款。我根本不是真正的被告,我也从来没有被逮捕过"。

不提交法庭起诉，以此关照反禁酒阵营。"

　　在州法院系统，地方检察官根据地方法令提起的禁酒诉讼案件的结果可能有两种：要么大获全胜，让联邦检察官黯然失色；要么毫无行动，完全放纵不管。第一种情况的出现并非完全源于检察官们对法律的忠诚与奉献。要知道，许多州的地方执法人员即使不收受贿赂，禁酒执法仍然有利可图。例如，印第安纳州颁布的《赖特绝对禁酒法》（Wright Bone Dry Law）①就给广大法律从业人员创造了丰厚的回报。该州死刑案件辩护律师平均收费是每天 5 美元，但在禁酒相关案件中的收费可高达每天 25 美元。在西雅图，港口码头每天中午都泊满了运送私酒的船只，等待装货的大卡车排成长龙。金县治安官克劳德·G.班尼克（Claude G. Bannick）领导下的警察局与当地治安法官达成协议——法官对违反禁酒令的人仅课以罚款，绝不判处监禁刑罚，这样他们就能很快获得自由，重操旧业，继续从事违反禁酒法律的勾当。对于禁酒执法的罚款所得，双方约定五五分成。此种执法模式可谓皆大欢喜，利益长青。

　　在禁酒理论和实践中处于领先地位的俄亥俄州，执法部门对于违法者的围剿工作也堪称全美各地执法同仁仰慕的巅峰。根据该州州法的授权，每个城镇都可以设立"酒精法庭"，由当地官员自行负责审理，审判人员中几乎没有一位是法官。该法还规定，至少一半以上的罚款收入要被用于支付负责官员的工作报酬及补充当地的财政开支。这还只是"开胃前菜"，真正让俄亥俄州这套司法系统大放异彩的是州法的

――――――――――

　　①　印第安纳州此项禁酒法律异常严苛，将持有曾经装过酒水的空瓶子或者只要在瓶子上发现挂有含酒的水滴，甚至有酒精味道即可定为犯罪。

一条规定,此规定不仅授权酒精法庭在其城镇辖区内行使司法权,还允许他们前往所属县的其他城镇行使司法权。如此宽泛的授权规定,彻底激发了当地官员的执法创新与创收精神。像仅有 1104 名居民的小城北学院山(North College Hill),正好与德裔移民聚居的辛辛那提市同属于汉密尔顿县管辖。德裔居民当然反对禁酒,所以辛辛那提市是一个非常湿的大城市,这让隔壁北学院山的官员们嗅到了巨大的商机。他们就像一艘陆上海盗船,在市长阿尔伯特·R. 皮尤(Albert R. Pugh)的率领下频繁对临近的辛辛那提市展开司法突袭,不到八个月就为北学院山(和市长)掠获了 2 万多美元回报。皮尤市长深信他可以指望北学院山的检察官和城镇法官通力合作,因为这两个职务都由他一人兼任。

到了 1927 年,政府在禁酒执法上的开支继续呈下降趋势,甚至不到执行渔猎相关法律拨款的 15%,而那些坚决不禁酒的城市和州根本就没为禁酒执法提过任何拨款。在这些城市看来,要想执行禁酒法律不仅徒然无功,而且显得荒谬可笑。于是乎,美国大部分地区又都回到了 1920 年以前地方拥有选择权的时代,那时当地人可以通过投票方式自行决定是否禁酒。第十八修正案剥夺了选民作出这种选择的权利,但宪法并不能强迫公民或官员看见他们选择视而不见的东西。1921 年,塞缪尔·霍普金斯·亚当斯写道:"在以往地方拥有选择权的时代,一个社区可以自行决定是否禁酒;而在当前新时代,社区可以自行决定是否保有法律。"

许多城市和州对外披露了他们的选择。1927 年,康涅狄格州劳工部发布了一份报告,其中包含了本不应该从政府口中说出的吹嘘之言:"康涅狄格州拥有一流的工业体系,在世界范围内享有盛誉,即使本州私酒行业的信誉也远超其他州,而且价格更为公道。"次年,底特律商务委员会公布的调查数据显示:当地非法酒精产业雇用了5万名工人,每年销售额高达2.15亿美元(其中并不包括每年投入"贪污信托"的200万美元,这笔钱由大概100名禁酒探员瓜分),使其成为该市第二大产业(汽车产业利润丰厚,是底特律市的第一大产业)。但与其他竞争产业相比,酒精产业的表现也相当不错。化学工业对底特律市经济的贡献度位列第三,但其产值仅为酒精产业的40%。

　　没有确切的调查数据可以确定全美最"湿"的城市是哪个,但确实有好几个公认的城市有资格角逐这个称号,纽约就是其中一个非常有力的竞争者。埃默里·巴克纳采取了一些新的执法策略,不时在该地区展开执法扫荡,并取得可观的成果。1927年,集反对禁酒、贪污犯、黑帮背景等标签于一身的"巨人"比尔·汤普森(Big Bill Thompson)重新当选为芝加哥市长(汤普森竞选时曾承诺:"如果我成功当选,我们不仅会重新开放人们关掉的地方,还将新开一万个。"),这个美国第二大城市自此之后或可算是最湿的城市。但在前任市长威廉·E. 德弗(William E. Dever)和警察局长摩根·A. 柯林斯(Morgan A. Collins)在任的4年期间,汤普森口中的"人们"以及不法之徒们非法经营的据点都被驱逐到市郊的西塞罗(Cicero),定期的执法扫荡已经暂时抑制了部分私酒贸易。警察局长柯林斯曾经收到中央城区信托储蓄银行(Mid-City Trust & Savings Bank)的一名管理人员写的表扬信,信中写道:"自从我到这家银行工作4年以来,今天真是最干净、最清醒的一天(周一)。以前,我们每个周一都会遇到50到100个醉鬼拿着他们的钱来办理业务。而今天,我们只接待了2个微醉的客人。现在,让我们永远地堵住剩下的那些酒桶吧。为了一个干净的城市! C.L. 塞勒(C.

L. Sayler)谨书。"

和埃默里·巴克纳一样,德弗也认为颁布禁酒令不是一个好主意,但又觉得基于职责所在应该实施它。在禁酒令时期,大部分美国城市都出现过有着类似矛盾想法的政府主官和检察官,迫使长时间不受控制的反禁酒风潮不得不周期性地让位于至少是名义上的禁酒风潮。但这种周期波动的结局都是相似的,就像在新泽西州发生的一样。艾拉·L. 里弗斯(Ira L. Reeves)上校受命加强该州的禁酒执法力度,但努力的结果却让他感到痛苦万分。里弗斯总结道:我不但没有成功禁绝酒精,"反而使得当地酒水的价格水涨船高,质量则日益下滑"。至少在巴尔的摩、旧金山、新奥尔良和底特律4个大城市,第十八修正案带来的禁酒风暴始终没有掀起多大的波浪,反而长久维持了反禁酒的平静局面。

巴尔的摩拥有保存酒业所需的各项有利条件。它是一个港口城市,当地居民以天主教徒为主,州层面没有制定禁酒法律,首府安纳波利斯的州议会被半官方的私酒商所操纵,警察部门也是出了名的腐败。在这些有利条件的共同作用下,相关各方的合作效率也出奇的高。地下酒吧老板只要定期向"伤残警察基金"捐款,就能免除被法庭审判之忧。巴尔的摩出身的亨利·门肯在《巴尔的摩太阳报》专栏中高举反禁酒的大旗,并经常与好友弗朗西斯·司各特·菲茨杰拉德分享胜利的喜悦。门肯在给当时身在巴黎的菲茨杰拉德的信中写道:"巴尔的摩现在沉浸在各种美味可口的啤酒海洋中,我都开始相信祈祷的力量了。"门肯还曾对亦敌亦友的詹姆斯·坎农主教解释说,陌生人来到巴尔的摩,在街道上不可能随随便便就找到一家酒吧并享受良好的服务。"你必须经人介绍才行,譬如法官、警察或其他有头有脸的人物。"

基于同样的原因,旧金山也是一个有力的竞争者:繁忙的海港、大量意大利裔和爱尔兰裔居民、蔓延到联邦执法机构最高层的严重腐败,以及当地人"你一定是在开玩笑吧"式的无视一切束缚的不羁民风。负责北加州地区联邦禁酒事务的奈德·M. 格林(Ned M. Green)上校自称是一名饮酒者,最终因非法挪用收缴的酒水而遭到指控(尽管他在惠特科姆酒店套房里举办威士忌香槟聚会的丑闻人尽皆知,但他坚称提供有罪证据的朋友其实是好心办了坏事)。法官西尔万·J. 拉撒路(Sylvain J. Lazaru)以命令警察将没收的酒瓶归还给原主而名声大噪。而旧金山县的地方检察官一人身兼多职,为公尽责的同时还担任着 AAPA 在当地分支机构的负责人。旧金山市毗邻加州最大的葡萄种植区,这也为当地空气增加了不少湿度。据索诺玛县酿酒师安东尼奥·佩雷里·米内蒂(Antonio Perellii Minetti)所说,"旧金山是美国唯一一个不需要武装押运酒水的城市,因为运输盛满加州红酒的酒桶和收拾空酒瓶的工作已经交由社会最底层的拾荒者承担了"。1926 年新年前夜,斯梅德利·巴特勒将军到访旧金山,目睹了参加新年狂欢的人群从各大酒店里东倒西歪地走出来后,不禁感叹说他"从未见过如此盛大的狂欢"。

社会学家玛莎·本斯立·布鲁埃尔(Martha Bensley Bruere)在1927 年出版的新书——《禁酒令有效果吗?》(*Does Prohibition Work?*)中收集了 92 个城市的调查数据(结论:有点效果),经过综合分析后将"最湿城市"的桂冠颁发给了天主教重镇新奥尔良。布鲁埃尔在书中写道:"此地人民普遍无视法律、蔑视法律,大多数男人每天都要喝点酒。"伊兹·爱因斯坦也同意上述说法,他每到一个城市都会记录下抵达后多长时间内能够买到酒。有一次他乘火车到新奥尔良火车站,出站后搭乘出租车。车刚驶离马路边 35 秒钟,司机就开始向他兜售一瓶酒。当乔治斯·德·拉图尔积极瓜分圣餐葡萄酒市场,在全国各地雇佣人员销售璞立酒庄的产品时,利润丰厚的路易斯安那州市场自然是他志在必得之地。新奥尔良的大部分烈酒都来自于邻近的圣伯纳德堂区(St. Bernard Parish),当地治安官是 L. A. 梅雷奥(L. A. Mereaux)。梅雷奥毕业于杜兰大学医学院(Tulane Medical School),如今住在一栋建造于 1808 年的豪华庄园大宅中,庄园内还设有私人赛马场,极尽奢侈之能。当然,梅雷奥警长素来生财有道,他对经过自己辖区内的所有私酒都征收保护费。1927 年,密歇根州律师劳埃德·T. 柯瑞恩(Lloyd T. Crane)到访新奥尔良后,给法官朋友亚瑟·塔特尔寄去一张印有当地景点老苦艾酒酒吧(Old Absinthe House)的明信片,并随信写道:"从照片上看,这是当地唯一不出售烈酒的地方。"

但最"湿"城市大赛的冠军非塔特尔法官管辖的底特律莫属。历史学家拉里·恩格尔曼(Larry Engelmann)称当时的底特律为一座"蒸馏房上的城市"。等到市商务委员会认定私酒产业为该市第二大产业时,恩格尔曼所言的这种状态业已持续 10 年之久。在最开始的两年,该州的禁酒法律较联邦禁酒令更为严苛。接下来发生的事情和其他多数美国城市大同小异:先是一小段人们恪守法律的模范时期,之后便有人越过红线非法运输私酒,执法部门沦为摆设,最终整个城市都沉没于持续泛滥的私酒洪水之中。底特律河对岸的温莎市每月都运来 50 万箱私酒,其中大部分要么是贴着伪造的出口文件由布隆夫曼兄弟用密封的火车车厢运过来,要么是用数百艘小船组成的所谓"蚊子舰队"渡河而来。蚊子舰队的名字听起来非常幽默,但危险程度可非同一般,上面的船员往往都携带有枪支弹药,而且敢于同人手和装备都非常短缺的联邦海关总署底特律分局的执法人员正面火并。可怜的底特律分局总共只有3条执法船和20名执法人员,却分管着从伊利湖到休伦湖之间100英里的边境水道。据传言说,加拿大境内的海勒姆·沃克酿酒厂(Hiram Walker Distillery)拥有一条直通底特律市内某处的跨境输酒管道(这可能是假消息);也有报道称,有人利用马达动力线缆拖着装有巨大容器的雪橇,从河流北端加拿大境内一处无人小岛拉到对岸美国境内的格罗斯角公园(大概率是真消息)。横跨底特律河的大使大桥和桥下的汽车隧道分别于1929年和1930年开通,它们都默默地为禁酒令的产物作出了贡献。《底特律新闻报》的马尔科姆·宾盖(Malcolm Bingay)写道:"整个工程耗时不到3年,花费大约5000万美元。自此之后,人们可以在底特律和温莎之间快速往返。温莎是我们的友好邻居,为我们提供了大量酒水。"

海量的私酒流过底特律河,但底特律也不过是一个中转站罢了。根据估算,每天有1500—2000箱私酒进入芝加哥,其中大多数都流到了阿尔·卡彭与底特律臭名昭著的紫色帮(Purple Gang)所结成的犯罪联盟的地盘。这个犯罪联盟背后有好几百家非法烈酒和啤酒酿造厂,散布在密歇根州南部的广袤区域,它们提供的私酒足以灌满底特律大大小小的各类地下酒吧、瞎猪酒吧和啤酒屋后台的仓库。禁酒令期间,底特律的各种非法饮酒场所如雨后的蘑菇一般肆意蔓延。在1923年底,该市共有7000家非法饮酒场所;到了1928年,这一数字达到五年前的3倍(有位记者仅在底特律一个街区范围内就找到了150个非法饮酒场所)。1924年的新年第一天,《底特律新闻报》的头版新闻报道说,有10万酒鬼在新年夜齐聚市中心商业区,举行了一场盛大的狂饮嘉年华。粗俗不堪的叫喊声表明,他们昨夜一直在"喝、喝、喝"。在没有税收和不受监管的地下酒吧的竞争下,底特律的合法餐厅很快走向崩溃。随着时间的推移,许多侍者、女服务员、厨师及其他餐厅工作人员都跳槽到生意兴旺的地下酒吧和"瞎猪酒吧"工作,以致美国劳工联合会下属的酒店与餐饮雇员协会(Hotel And Restaurant Employees Union)不得不把他们的组织工作转移到那些被法律所禁止的地方。

当地法官对禁酒法律也不屑一顾。1923 年夏,一名检察官向底特律法院的法官爱德华·J. 杰弗里斯(Edward J. Jeffries)检举说,警方在一起走私案件中查获大量烈酒,但这些被收缴的私酒却从警察局总部神秘地消失了。杰弗里斯法官驳回了检察官的指控,并且告诉他,"那个破地方不适合存放酒水"。2 年后,克拉伦斯·丹诺在一场颇有争议性的谋杀案中为一名黑人男子辩护。午休期间,他与法官及其他官员在法院附近的科恩酒吧共同用餐,并喝了几杯。庭审结束,法官将案件交由陪审团闭门商议,丹诺等人在外等候判决结果。他与同事没有离开法院大楼,就在隔壁的另一间法庭里休息等待,在一位热心肠法庭工作人员的帮助下享用了美味的苏格兰威士忌。

执法工作在底特律是存在的,只是和喝酒行为没有半点关系。一届又一届的市长和警察局长会不时地整顿一些混乱的地方,打击一些滋生的犯罪活动,或扫荡那些人人唾弃的"校园瞎猪酒吧"(开在校园周边,主要面向学生兜售酒水的地下酒吧)。但所有这些执法行动都和刑事法律中的其他条款有关,唯独与禁酒令无关。约翰·W. 史密斯(John W. Smith)市长是一位进步主义共和党人,原本也信奉良好的政府善政理念,但后来也承认禁酒令纯粹就是一场"悲惨的闹剧"。1927 年,史密斯在竞选连任时公开承诺当选后将不再执行任何禁酒法律,赢得了该市一大批社会贤达的公开支持,其中包括建筑师阿尔伯特·卡恩(Albert Kahn)、汽车巨头弗雷德·J. 费希尔(Fred J. Fisher)和查尔斯·T. 费希尔(Charles T. Fisher),以及该市最伟大的英雄运动员泰·科布(Ty Cobb)。然而,史密斯最终还是输给了禁酒倡导者约翰·C. 洛奇(John C. Lodge)。但在底特律,"禁酒"是一个相对的词汇。洛奇也明确表示,他将在执法政策上秉持"务实"原则。这就意味着,底特律仍然不会禁酒。

塔特尔法官一直在努力解决如潮水般涌入联邦法院的禁酒案件问题,但地方官员对密歇根州东南部无法无天的状态坐视不管,令他感到非常愤怒。联邦政府在密歇根州的存在,仅限于 3 名联邦法官、2 名联邦检察官、2 名联邦法警,以及联邦禁酒局设在当地的一个办公室(这个经费不足的办公室早已被腐蚀得千疮百孔)。有一位女士给塔特尔法官写信,举报她所在街区猖獗的贩卖私酒活动。同样满腹怒气的塔特尔法官受到刺激,在长长的回信中发泄了自己的不满。塔特尔法官回复说,密歇根州有数百名州法官、数百名州检察官和几千名州警察,但每个市民似乎都指望他一个联邦法官出面执法。"人们都向联邦政府寻求帮助,希望山姆大叔无所不能。"为什么她就不能找当地的警察做好他们的本职工作呢? 塔特尔法官向密歇根州检察长尖锐地抱怨说:"禁酒相关的案件塞满了我的法院,把其他所有案件都排挤出去了。"

庆幸的是,亚瑟·塔特尔法官所遭遇的挫折还没达到他在明尼苏达州的同事、联邦地区法院法官约翰·F. 麦吉(John F. McGee)的不幸程度。麦吉法官有"私酒商贩杀手"之誉,他曾征用大量观光巴士把违反禁酒法律的罪犯浩浩荡荡地送进监狱。1925 年,眼见自己日常处理的 80% 案件都是禁酒相关案件,麦吉法官在办公室里感慨万千地写道:"事实上,联邦地区法院已经变成了治安法庭,这一情形完全看不到尽头。从1923年3月开始,我就拼尽全力处理这一类的案件,想早日了结它们。谁曾想,这类案件却要把我了结了。"写完这段话,麦吉法官放下了手中的笔,然后拿起了枪,结束了自己的生命。

联邦执法系统与州执法系统之间的紧张关系不可调和,联邦法院的沉重负担也无法减轻。埃默里·巴克纳的老友费利克斯·法兰克福特建议联邦执法体系将执法方向限制在跨州违法行为和非法进口私酒方面,"要求各州担负起处理州内部违法行为的职责"。如果联邦政府真按照法兰克福特的建议执法的话,的确会沉重打击或者至少削弱猖獗的跨境酒水走私现象。但是,药用酒精市场、圣餐葡萄酒骗局、蓬勃发展的酿酒葡萄种植业、暴利的麦芽糖浆业务,以及规模化生产的工业酒精产业仍然会保持欣欣向荣的态势,进而确保纽约、巴尔的摩、旧金山等城市的面貌不会发生任何改变——开放的城市、开放的酒龙头。更不用说,即使法兰克福特的策略能够奏效,也绝对满足不了禁酒阵营的期望,他们坚信全国性的执法工作就是应该与他们头脑中的执法别无二致。

联邦政府情真意切,地方各州却敷衍以待,二者之间的不协调在亚拉巴马州莫比尔市上演了最荒腔走板的闹剧。莫比尔也是一个港口城市,当地居民以天主教徒为主,长期以来一直是亚拉巴马州的另类。在20世纪初的头十年,以州为主体发起的第一波禁酒立法浪潮中,莫比尔市为了抵制禁酒立法作出了"引人注目但徒劳无功"的努力——该市竟然意图脱离亚拉巴马州。实际上,莫比尔市人民大可不必如此过度焦虑。至少直至1923年时,联邦禁酒令对当地酒精贸易的干涉程度和美国政府对加拿大西北部育空地区(Yukon)驯鹿产业的干涉程度没什么两样。蔚为壮观的私酒舰队就停泊在离陆地不远的海湾水面上,亚拉巴马州南部乡村星罗棋布的私酒厂源源不断地生产酒水,然后直接流向山下城镇的黑人社区,当地政客和大商人结成了牢固的利益同盟,堪比底特律、芝加哥的官匪一体。零星的禁酒力量则被压缩在以圣弗朗西斯大街上的卫理公会教堂为中心的狭小区域。1924年,当地绅士俱乐部成员在这家教堂聆听了一位到访政治人物的演讲。演讲来宾没有顾忌当地人的颜面,严厉批评他们面对腐败和酒精无所作为。这位嘉宾说道:"当男人和女人一起高举基督的旗帜,恶行就没有容身的空间。"他还强烈警示现场听众,眼见罪恶蹂躏大地,绝不能"坐以待毙"。

这位激情昂扬的演讲者就是时年38岁的雨果·拉法耶特·布莱克,他受梅布尔·维勒布兰德之邀到当地担任特别检察官。当时,他还没有开始从一位忠诚的"三K"党成员向未来最高法院个人权利捍卫者转变。无论在个人生活还是政治观点上,布莱克都是一个标准的"干派"。9年前,亚拉巴马州刚通过州立法实施禁酒之时,布莱克作为杰斐逊县的首席检察官就软硬兼施,通过激发当地居民的道德情感,配合高超的法律手腕制服了私酒商贩和非法酒吧经营者。在此前担任地方法官时,他经常作出很重的判决,就像给别人递名片一样简单。和宾夕法尼亚州州长吉福德·平肖手下的禁酒执法探员从WCTU领工资一样,布莱克到新岗位就职后,也从莫比尔公民联盟(Mobile Citizens' League)处领过几张薪水支票,直到司法部解决了他的薪酬之后才停止。

就在布莱克抵达莫比尔市之前,维勒布兰德还细心安排了著名禁酒探员伊兹·爱因斯坦先行探路。《莫比尔纪事报》(*Mobile Register*)报道称,爱因斯坦在莫比尔停留的时间比预期要长。在此期间,这位禁酒执法队伍中的"夏洛克·福尔摩斯"深入当地酒精产业,把方方面面都摸得一清二楚。他随身携带着常用的伪装工具(此前为了办案,他曾乔装成农民、电车售票员、掘墓工人、歌剧团歌手等无数角色),但在莫比尔公干期间,这些伪装却毫无用武之地。《莫比尔纪事报》报道说:"伊兹认为他的希伯来面孔和外国口音是工作中的无价之宝。""十有八九,我会被人当作出差的销售员,而我恰好就是那种人。"伊兹·爱因斯坦这趟差旅并不轻松,搜集证据让他吃了不少苦头。"这是我第一次体验南方的阳光,"他说,"这儿的阳光一照到我身上,就令我难受极了。"在莫比尔,他没有机会说出他以往向毫无戒心的酒保或啤酒小贩表明自己身份时常说的那句名言:"有一个不幸的消息,你被捕了。"考虑到此次调查的结果干系重大,还要花不少时间才能完成,爱因斯坦直到任务完成前都没有公开身份。

1923年11月13日,一群全副武装的联邦探员手持85张搜查令扫荡了莫比尔市。1个月后,联邦检察官奥布里·博伊尔斯(Aubrey Boyles)向117人提起指控,其中包括一位银行行长、一位知名的造船厂高管、莫比尔县治安官和五位乡村警察、一位州议员、几名律师、至少一名医生、一名县财政委员会委员,以及莫比尔警察局局长P.J.奥肖内西(P. J. O' Shaughnessy)。收到法院传票后,奥肖内西试图逃到邻近禁酒氛围宽松的城市。他理直气壮地表示,自己本来就打算去新奥尔良好好喝一场的。

安排雨果·布莱克这样才华横溢、经验丰富且富有献身精神的检察官同行,绝对是维勒布兰德的明智之举。她之所以这样安排,并非是出于对现任联邦检察官博伊尔斯的不满。联邦禁酒局的执法行动招致莫比尔当地政坛的强烈反弹，他们想出一个狡猾的反击策略——操纵地方官员，以博伊尔斯意图受贿为由逮捕他，以期能消解来自联邦的进攻。如此一来，维勒布兰德只能引入新的法律干将加入执法团队。

经过司法部长哈伦·斯通长达 9 个月的周旋，地方官员对博伊尔斯提出的荒唐指控被撤销，但随同被撤销指控的还有当地犯罪团伙头目之一——弗兰克·W. 博伊金（Frank W. Boykin）。博伊金是一名商人兼政治掮客，后来还作为莫比尔选区代表连任了 14 届国会众议员。布莱克质问他一份可作呈堂证据的电报的下落，这位未来的国会议员当庭回答道："我把它吃了。"经过两次审判，一个主要由"三 K"党成员组成的陪审团支持了布莱克的指控，判处该案中的几位核心被告有罪。此次胜利直接促成了布莱克之后当选联邦参议员，以致后来升任联邦最高法院大法官。

在埃默里·巴克纳看来，纽约市警察局还不如他指控的一些私酒贩子坦诚友好（其中名气非常响的有绰号"大块头比尔"的德怀尔。他在陪审团离开后亲口对巴克纳说道："你知道吗？听了你的陈述，我也觉得自己应该被判有罪。"）。梅布尔·维勒布兰德非常理解巴克纳的艰难处境。她指出，纽约市大约有 3.2 万家地下酒吧，每家每天都付给巡警 5 美元黑钱，这样才能确保酒龙头和收银机不被关掉。但就曼哈顿中城区的地下酒吧看，维勒布兰德估算的数字太小了，这里的保护费高达每周 150 美元。像巴斯俱乐部这类高档场所的老板们更进一步，他们达成合作协议，共同出资设立行贿资金池用于向官员们行贿。纵使如此，维勒布兰德估算的数字也令人瞠目结舌。她还说道："非常明显,对于纽约市的警察和一些掌握任命警察权力的政客而言,仅仅地下酒吧一个行业每天就能奉上 16 万美元,一年 6000 万美元。如果面对这一大笔钱而不为所动,要么他们无比忠诚,要么无比愚蠢。如果是你,你选哪个?"

罗伊·海恩斯手下的联邦探员可能也同样腐败,但和地方警察不同,他们至少还要装模作样一番才能保住饭碗。成千上万的禁酒令违反者并没有受到纽约市警察局的骚扰,反而不断被海恩斯的人逮捕,随后被送到曼哈顿闹市区腐败堕落的联邦地区法院。非常恼火的巴克纳想出一个新主意,并且很快就付诸实践,于是就有了所谓的"辩诉交易日"(Bargain Day)。巴克纳公开承诺,如果被告人老实认罪,最终就可被课以少量罚款了事。他把被告人叫到市政厅南边的旧邮政局大楼讨价还价。在那里,巴克纳手下的工作人员与两名联邦法官合作,一次可以处理 500 宗案件,很快就能把积案清空。1930 年,联邦最高法院通过判例肯定了辩诉交易的合宪性,这种做法自此以后被正式纳入美国司法实践,并且不断得到巩固。法律学者杰森·马佐内(Jason Mazzone)在 2009 年的著作中评论称:"这是美国刑法历史上一次'里程碑式的跨越'。"

巴克纳还完善了一个广泛使用的法律程序,使其能够完全避免刑事法庭烦冗的流程。根据联邦民事法律的规定,任何场所一旦被认定具有"公共危害性"(Common Nuisance),检察官即可申请禁止令,根据没收私人财产的原则予以查封,最长可关闭 1 年。巴克纳自掏腰包,花了 1500 美元雇用了 4 名年轻律师(其中包括 30 年后被任命为联邦最高法院大法官的约翰·马歇尔·哈伦),安排他们到纽约的地下酒吧收集证据。他们只需买几杯酒,然后在法官面前宣誓的确买到了酒,即可立即拿到禁止令。不消几个钟头，法警就会来到被指控的违法场所，然后锁住大门查封了事。尽管巴克纳的"四骑士"①（这外号躲都躲不掉）成功查封了殖民地俱乐部（Colony Club）和多维尔俱乐部（Club Deauville）等高档场所，但他们去查封阿斯托利亚酒店时还是吃了闭门羹。法官约翰·C. 诺克斯（John C. Knox）告诉巴克纳，他不希望看到阿斯托利亚酒店也被封掉。巴克纳欣然收回了禁止令申请，但这种做法依然演变成他的常规手法。1927 年，比利·罗斯（Billy Rose）制作的一部名为《上锁 1927》（*Padlocks Of* 1927）的戏剧在百老汇上演，主要角色是乔治·拉夫特（George Raft）饰演的年轻舞蹈家和德克萨斯·姬兰（Texas Guinan）饰演的地下酒吧女店主。姬兰以热情地大声招呼客人"喂，笨蛋！"而闻名，在整场戏中，她一直戴着一条用挂锁做成的项链。

埃默里·巴克纳深知，上锁突袭战术永远不可能把纽约抽干。不过根据历史学家迈克尔·勒纳（Michael Lerner）的研究，巴克纳的做法的确改变了地下酒吧的形式。眼见巴克纳的手下不断在大街上游荡，地下酒吧的老板们选择不再花费大量资金用于酒吧内部富丽堂皇的装饰和豪华设备，而是如《纽约客》所说的那样，"随便找个房子略作布置，买桶油漆刷墙就能开张"。即使上锁突袭战术未能真正阻绝私酒流通，但至少也没有花费巴克纳多少时间和精力。再加上"辩诉交易日"实践效率日益提高，巴克纳和他的手下得以将精力从琐碎的案件上转移到那些正逐渐控制纽约私酒市场的私酒大亨身上。

这也是巴克纳最关心的问题。虽然他支持禁酒并非出于内心立场，

---

① 《圣经·启示录》第 6 章记载了骑着白、红、黑、青四种颜色马匹的 4 位骑士，分别对应瘟疫、战争、饥荒和死亡。"四骑士"的表达在美国社会中很常见，20 世纪 30 年代联邦最高法院四位保守派大法官也被称为"天启四骑士"。

但他无法忽视自己对大型犯罪集团势力日益壮大的担忧（支持大型犯罪集团扩张的正是贩卖私酒行当中的暴利）。巴克纳认为，为了更有效地追捕这些犯罪分子，执法人员必须忽略到底抓了多少人，到底定了多少次罪（尽管这些都是禁酒执法机关所需要的）。他对朋友们说："要想说服那些执法人员相信此时此刻最为迫切的是减少执法，几乎是不可能的任务。"他还表示，自己的目标是"放掉50个抓捕对象中的49个，集中力量快速把第50个办成铁案"。

　　巴克纳的计划切中时弊，得到了梅布尔·维勒布兰德的支持。梅布尔一直认为，联邦禁酒局如果把打击目标瞄准那些"将军"，放过那些大型私酒集团下的小喽啰、炊事班厨师及营地随从，执法效果会提高不少。但巴克纳在接受一家不知名的新杂志（刚刚创刊9个月的《纽约客》）采访时，出现了不该有的口误。他说："如果买酒的人是出于内心对酒的渴望，那就算不上和伪造支票或小偷等意义类似的罪犯。"他还补充道："我和这些人没有特别的过节。"

　　结果，巴克纳的这番话导致他与一个更为强大的对手产生了过节。在这期杂志摆上街头报摊2天后，对巴克纳的"变节"深感震惊的韦恩·惠勒出现在白宫，向柯立芝总统表达了他的怨言，并且故意通过媒体公之于众。《纽约时报》装作十分惊讶的样子评论道："今天他是访客名单上的第一位客人，以后他会慢慢成为白宫常客。"惠勒频频前往白宫施压，迫使柯立芝总统向外界表示，白宫不可能支持非法获得酒精行为无罪化的政策。对于总统的表态支持，惠勒感到洋洋自得。尽管如此，巴克纳实际并没有把柯立芝的表态放在心上，但他也否认了此前"没有特别的过节"的言论。在一周之后的新刊中，《纽约客》批评了巴克纳，称他被惠勒"逼得半途而废"。

这场风波并没有造成实质性影响。在同一期杂志的固定专栏"酒水市场"中,《纽约客》的作者写道:"一箱苏格兰威士忌售价在50美元至70美元之间,进口杜松子酒售价约65美元,而香槟则高达80至120美元(价格高低取决于酒的品质和品牌)。总体而言,目前市场价格整体稳定,但个别品牌的价格有所上浮。哄价现象的出现,并非是由于执法部门上锁突袭地下酒吧或打击私酒犯罪集团造成了供应短缺,仅仅是因为即将到来的盛大节日和足球比赛导致需求增加而已。"

第十七章

得不偿失

韦恩·惠勒与国会内设的众多委员会接触频繁,相处时也难免产生龃龉。每当他希望法律有所改变时,比如禁止药用酒精或者对饮酒者设定更严厉的惩罚措施等,国会山上众多盟友中就会有人出面为他召集一个听证会,特意安排他压轴出场发言。听证会上,某些反对禁酒的议员可能会一时占上风,使用辛辣的言辞攻击惠勒和ASL,但他面对攻击总能够表现得泰然自若。惠勒生性热情和善,待人彬彬有礼;在面对高压之时能保持情绪平静如水,在利用压力时也能迸发出令人振奋的激昂魅力。1922年,来自马萨诸塞州的王牌猎人——众议员乔治·廷卡姆就曾把惠勒的大头照钉在墙上,立作自己的敌手,但惠勒丝毫不为所动。

廷卡姆是一位超级"湿派"议员,他将惠勒在国会大厦的频频露面视为对国会庄严的冒犯。在一次委员会组织的听证会上,他强迫惠勒大声朗读了一长串反对禁酒的政治团体名单,以展示禁酒令不得人心、反对者众。惠勒读这份名单时估计像是背诵学校荣誉榜:"美国自由联盟(American Liberties League)……宪法自由联盟(Constitutional

Liberty League)……美国低度葡萄酒与啤酒联盟(Light Wine And Beer League Of America)……自由自决联盟(Self Determination League Of Liberties)……美国卫生联盟(Sanity League Of America)……"一遍读完,似乎其中不少政治团体的成员数量还没有名字的音符多。没有人解释为何要朗读这份名单,惠勒也没有深究。在听证会将要结束时,惠勒指出虽然部分环节与听证会的目的并不相干,但他还是会全力配合。1926年4月,惠勒在国会操纵议员大杀四方的风光戛然而止。当月,参议院司法委员会下设的一个小组委员会召开会议,表面上是为了审议针对《沃尔斯泰德法》的修正法案,但每个人都知道这只是幌子罢了。一方面,参议院依然被禁酒派所把持,任何缓和禁酒令的修正法案最终获得通过的可能性皆为零;另一方面,亨利·门肯麾下的"超级攻击大师"、密苏里州参议员詹姆斯·里德也是该五人小组委员会成员之一。在桀骜不驯的里德眼中,政治对手就是咬了鱼钩的鱼,一旦被他拽到岸上,就必须要狠狠折磨上一番。

里德曾将安德鲁·沃尔斯泰德比作"烧巫人",为此招致众议院通过了一项前所未有的高比例谴责决议(181∶3)。他还曾公开反对威尔逊总统力推的国际联盟、讽刺女性参政权运动、谴责支持联邦政府资助各州生育计划的人都是"老姑娘偷窥者"。《国家》杂志的编辑奥斯瓦尔德·加里森·威拉德(Oswald Garrison Villard)评论说:"在当世公共人物中,论言语尖酸刻薄程度,无人能出吉姆·里德之右。"若论在公共生活中谁最招里德厌恶,韦恩·惠勒必然高居榜首。如果说还有其他不为外界所知的人,他也不会明说。

在1926年的听证会上,《新共和》杂志报道说:"这位资历深厚且生性好斗的密苏里州参议员以其一贯的高贵姿态,充分展现了首都华盛顿地界真正的反禁酒事业领袖的风范。"作为参议院少数党(民主党)成员,里德并没有执掌小组委员会小木槌的权力,但他事实上却主导了整个听证会。《纽约时报》评价说,这场听证会是"一场言语战争,其激烈程度在当代华盛顿人的脑海中留下了不可磨灭的记忆"。在长达3周的听证会质证过程中,里德孤军深入,把小组委员会其他成员(均为"干派")全都排挤到角落里,而且不时展示他赖以成名的"咆哮的密苏里公牛"气势。对待支持禁酒的"干派"证人,他的言语犹如匕首一样不停地朝对方身上招呼,刀刀见骨,令其体无完肤;而对于那些反对禁酒的"湿派"人士,里德则摇身一变,言辞周到如老管家,态度亲和就像你最喜爱的叔叔那般。

"湿派"及其支持者首先上台作证。马里兰州参议员威廉·卡贝尔·布鲁斯拉开了这场剧情紧凑严密大戏的序幕。不久之后,他还将无奈地举办一场不提供酒水的宴会,以庆祝儿子戴维(David Bruce)和安德鲁·梅隆的女儿艾丽莎(Ailsa Mellon)喜结连理(这或许可以解释为何布鲁斯会称禁酒令是"侵蚀人类欢愉存在的枯萎病")。除了个人原因外,布鲁斯还有更为现实的理由支撑他强烈反对禁酒令:在禁酒令之前一年,酒精饮料为联邦政府贡献了高达443839544.98美元的收入;而如今,这笔巨额财富从执法的政府全部转移到了"违法者的口袋"。里德为埃默里·巴克纳安排了充分的时间以阐述他的看法。巴克纳摆事实、讲道理,滔滔不绝地批评了禁酒令执法经费紧缺的窘况,以及各种不合理的联邦执法制度。此外,里德还安排来自纽约市、奥尔巴尼市及水牛城的20名国会议员出席听证会,他们从国会山的另一侧鱼贯而入,异口同声地谴责ASL,并要求国会将低度葡萄酒和啤酒合法化。

当国会"干派"议员召集的证人列队上台时,里德原先给予"湿派"

证人的宽容瞬间转换为令人恐惧的幽闭感。来自路易斯维尔市的清漆制造商帕特里克·H. 卡拉汉(Patrick H. Callahan)在证人席上宣称,自己代表天主教支持禁酒协会(Association Of Catholics Favoring Prohibition)。里德立即质问卡拉汉,其所属的组织到底有多少成员(320名),而美国天主教徒又有多少? 局促不安的卡拉汉不得不承认,全美天主教徒数量大概在1800万至2000万之间。不招人喜欢的弗雷德·T. 史密斯(Fred T. Smith)身为"法律执行千人委员会"(Citizens' Committee Of 1000 For Law Enforcement)主席,在作证时的表现也好不到哪里去。在里德的高压下,史密斯如实阐述了自己的职业。他说道:"我在全国各地宣传执法、爱国主义和宗教信仰。在空闲的时间,我就做做石棉生意。"

里德把"干派"证人玩弄于股掌之中,不需要时就当作玩物扔到角落,需要时就当作太妃糖塞到口袋里。他将大把的时间耗费在提问、纠缠不休的插话以及喋喋不休的演讲上。因为里德浪费了太多时间,小组委员会的大多数成员投票决定给支持禁酒的证人提供额外作证时间。一名禁酒支持者声称,"坎农主教、WCTU 的埃拉·布尔(Ella Boole)及一位名叫玛丽·马德-马歇尔(Marie Madre-Marshall)的黑人妇女代表着1500万深受执法力度不足之苦的有色人种"。整整七天,"干派"人士在证人席上发表了热情洋溢的证词,也承受着里德无情的审讯。不管是否乐意,他们都登上了全国各地报纸的头版。每天早晨听证会的会议厅开放前人们都要排好几小时的队,但只有少部分人能够挤进去,大概也就是1/3 的人有幸能看到吉姆·里德的"表演"。这些幸运观众要么被吓得无法呼吸,要么被震撼得不能自已。唯一轻松的时刻是里德睁着大大的灰蓝色眼睛表现出一副天真无邪的样子,强调自己没有预设立场，只是致力于寻求真相而已。听他此言，疲惫焦虑的听众们顿时放松了内心紧绷的弦，发出会心一笑。不料里德反过来又抓住由头挖苦听众，讽刺他们的爆笑"是狂热分子与愚昧傻瓜的笑声"。

《纽约时报》称，这场听证会从头到尾一直是社会各界"评论和争议的焦点事件"。到了第三周，无论是茶余饭后还是在街头巷尾，人们谈论的都是吉姆·里德和韦恩·惠勒之间即将到来的重量级对峙——一场前所未有的围绕禁酒令展开的激烈论战。一方面，听证会期间，惠勒每天都坐在观众席第一排，为支持禁酒的兄弟们提供支持。另一方面，里德要了一个小手段，始终不让里德知道哪天会传唤他上台作证。1926 年夏，惠勒身体状况不佳，他告诉同事："医生诊断我患有慢性心脏病，多年来的工作透支了我的'储备精力'。"听证会休会期间，惠勒就在邻近国家动物园的公寓里闭门不出，卧床静养。一位同事回忆道："他看起来面无血色、形容枯槁、憔悴不堪。"

如《纽约时报》所期，惠勒和里德参议员的巅峰对决终于在国会山上演，最后一天听证会的后半段也终于到来。经过 15 天的漫长听证，小组委员会已经传唤了 133 名证人，收集了 1400 多页证词。当日午餐小憩后不久，惠勒终于坐上了证人席，开始宣读事先准备好的稿子。他花了将近 1 个小时才开始驳斥"湿派"证人的攻击之辞。他斥责埃默里·巴克纳缺乏诚实，质疑放任、支持啤酒合法化的国会议员，还为一家在此前听证中遭到内部员工批评的联邦警察机构辩护。当时全美私酒四流、犯罪猖獗，这些都是惠勒无法否认的事实。但纵使现状如此窘迫，惠勒仍能给出所谓合理的解释。在作证即将结束时，韦恩·惠勒用一句话做了总结，以平衡禁酒支持者和反对者之间的矛盾与战争。他说:"禁酒执法工作举步维艰的现实,正是这项法律存在意义的最好明证。"

值得庆幸的是,惠勒作证结束后不必忍受无休止的质问。午餐之后,吉姆·里德压根就没返回听证会现场。

回想起 19 世纪 80 年代那两年的教书匠生活,韦恩·惠勒曾经说道:"无论内心经历了多大的波动,如果连表面的微笑都不能保持,就断不可能赢得学生和同僚们的信任。"里德无情地抓破了惠勒的笑脸,也把他的内心搅动得天翻地覆。听证会结束后,惠勒立即启程前往巴特克里克市接受为期 3 周的康复治疗。他的朋友凯洛格医生开的治疗处方包括绿色蔬菜、无花果麸和每周三至四次卧床时使用的灌肠剂。回到华盛顿特区的惠勒显得特别谨小慎微,他告诉弗朗西斯·斯科特·麦克布雷德(Francis Scott McBride):"事实证明,我透支了未来 20 年的健康,想在短短 20 天内恢复是不可能的。"

而在另一边,吉姆·里德却感觉棒极了。禁酒运动的积极推动者欧内斯特·戈登(Ernest Gordon)在 1943 年出版的书中记录了参议院听证会所产生的深刻影响——经过此次听证,禁酒令时代的人们恍然大悟,禁酒问题并没有因为禁酒令的实施而画上句号。吉姆·里德并不十分在意这个影响,他显然是因为狠狠地羞辱了对手而感到心满意足。但毫无疑问,他成功地把已经实施 6 年之久的禁酒令从一个既成事实状态转变到争论状态。这一巨大转变令人激动不已,里德立即加入另一个参议院小组委员会的工作。这个新的委员会主要负责调查各类竞选支出,当时正把工作焦点集中在 ASL 及其他禁酒活动团体的财务状况上。

里德的调查工作挖出了不少劲爆信息,其中最令人大跌眼镜的是宾夕法尼亚州州长吉福德·平肖顾问团队(他们的薪酬由 WCTU 宾州分部承担)中的一位成员被迫承认:州长领导的禁酒外勤执法探员(也由 WCTU 出资支持)在收集违法证据的同时,每天也要花费 8 到 10 美元买酒喝。考虑在费城地下酒吧喝一杯黑麦啤酒仅需 50 美分,人们不禁感慨外勤执法探员们每天的喝酒钱的确多得有些夸张了。不过这些还都只是里德调查成果中的边角料。此前的听证会已经改变了"干""湿"两大阵营的交战规则,里德主导的小组委员会不再将酒精的危害性作为听证会的主旨。争锋的焦点不再是法律条款,也不再是制定法律的原因,而是"干派"所坚持的法律的执行。就在十年前,国会普遍使用"提交审批事项"(提交给各州批准)指代令人感觉到惊恐的"禁酒令"一词。而如今,"执法",抑或更为正式的"执行法律",又成为在背后推动禁酒令战争的真正博弈力量的代名词——到底谁将控制这个国家,"湿派"还是"干派"?

在"干派"阵营看来,执法的积极意义有着坚实的社会基础:谁在抵制执法?禁酒令实施伊始,犯罪活动就开始爆发性增长,原本仅限于特定区域内的偶发暴力违法行为,很快就演变成跨区域的普遍暴力犯罪。这并非是说 1926 年以前听不到警笛与冲锋枪的声音。早在 1923年,《纽约时报》就报道过新型黑帮的暴力犯罪("他们经常择地伏击,尤爱背后打冷枪");1924 年,佛蒙特州国会参议员弗兰克·L. 格林尼(Frank L. Greene)在离国会大厦只有几个街区的地方遭遇禁酒执法探员和私酒贩交火,不幸身受重伤。20 世纪 20 年代中期,对乔治·雷穆斯及巨人比尔·德怀尔的审判先后揭露了美国人民从未知晓的私酒产业的庞大规模与专业程度＊（埃默里·巴克纳很早就盯上了纽约州私酒大佬德怀尔，曾经差点就将他定罪判刑）。面对有组织犯罪活动日益猖獗的血腥现实，"干派"阵营更加强调禁酒令的必要性，而"湿派"阵营则据此抨击禁酒令的失败。

的确，犯罪活动在禁酒令实施之前就已经开启了"组织化"进程。1919 年，芝加哥犯罪委员会（Chicago Crime Commission）主任亨利·B. 钱柏林（Henry B. Chamberlin）就指出："如今，犯罪活动已经效仿现代商业活动，朝着集中化、组织化和商业化方向发展。"禁酒令的施行，为犯罪组织提供了绝佳的高阶进修课程。在同样出身于布鲁克林的阿尔·卡彭的协助下，约翰·托里奥（John Torrio）开始领导芝加哥黑帮大规模切入私酒产业。在此之前，托里奥主要经营赌场和妓院生意，对日常管理大规模经营场所、处理大额黑钱有着丰富的实战经验，并且能够在保障各方盟友安全的同时压制竞争对手的攻击。以上种种，皆与从事私酒生意所需的经营资源不谋而合。

不过，禁酒令之前的"生意"并不需要运输系统和分销网络这两个犯罪活动组织化、跨地区化发展的必备要素。托里奥、卡彭及其他区域的私酒犯罪从业者都离不开运输工具。在纽约，迈耶·兰斯基就依靠在威廉斯堡大桥下地下车库经营的汽车和卡车租赁业务为基础开启了贩卖私酒生意。犯罪团伙有了运输车辆，还需要与遥远城市的合作伙

＊ 对德怀尔的审判共涉及 60 名被告人，其中包括 13 名海岸警卫队成员，以及 1 名 "犯罪新星"——弗朗西斯科·卡斯蒂利亚（Francesco Castiglia）。卡斯蒂利亚被控向墨西哥湾及太平洋地区海岸警卫队人员行贿，并对涉及金额上百万美元的私酒走私犯罪、大规模腐蚀政府执法部门行为及 12 条命案负有责任。案件判决后，德怀尔只蹲了不到 1 年监狱就出来了；卡斯蒂利亚因为陪审团悬而未决逃脱法律制裁，后来改名弗兰克·科斯特罗。

伴建立犯罪联盟。没有底特律"紫色帮"所掌控的高效运输服务系统，芝加哥城内就喝不到来自加拿大的威士忌。大波波霍夫虽然掌握着费城的私酒货源，并且能够通过铁路将货物运输到圣路易斯和圣保罗，但他仍然需要西部的合作伙伴提供支持，以卸载并分销这些私酒。莫·达利兹（Moe Dalitz）的大本营在克利夫兰，他海空并进，依托飞机空运和水路将布朗夫曼生产的烈酒运过伊利湖（私酒贩子口中的"犹太湖"），然后再通过美国境内的合作分销网络流向全国，其中不乏俄亥俄州和宾夕法尼亚州的多个犯罪团伙以及纽约州迈耶·兰斯基的身影。由于不断上演的残酷帮派火并，以及私酒舰队在海岸警卫队打击下陷于瘫痪，马萨诸塞州私酒商不得不经由底特律的 800 英里陆路通道运输私酒。根据在莫比尔市的调查所得，雨果·布莱克发现了当地私酒商与底特律及芝加哥黑帮之间千丝万缕的关系。

　　形态各异的犯罪联盟预示着一个全国性犯罪集团的诞生，也为多边"和平会议"的召开奠定了基础。1929 年，来自芝加哥、克利夫兰、费城、纽瓦克和纽约的黑帮大佬齐聚大西洋城（Atlantic City）总统酒店（Hotel President），召开了一次里程碑式的犯罪势力勘界与和平会议。会议期间，与会各方划分了各自的势力范围，约定相互尊重各方在自己地盘上的排他性权力，以便各方能够在各自城市内自由行动。最后，这种有关势力范围的安排升级成为正式的合作伙伴关系，譬如兰斯基与来自纽约的"幸运儿"卢西亚诺（Lucky Luciano）、阿伯纳·"朗吉"·茨威尔曼（Abner "Longie" Zwillman）、波士顿的查理·"国王"·所罗门（Charles "King" Solomon）、普罗维登斯的丹尼尔·沃尔什（Daniel Walsh）等搭档合作，一起控制了从波士顿到费城之间的私酒贸易。在这个犯罪联盟的势力范围内，他们完全控制了私酒价格，与加拿大供应商达成了独家分销协议,并请约翰·托里奥出面作为中间人协调各方的合作。作为回报,他们确保供应托里奥5000箱私酒,并且托里奥可以按照私酒产品目录随意调换。

站立在利润丰厚的私酒产业潮头的弄潮儿,大部分都是年轻一代的小伙子。他们看到了机会,并且勇敢地抓住了机会。以1926年为节点,这些响当当的犯罪团伙大佬都还是年轻人。当时,已经掌控了所谓"世界上最高效跨国运输产业"的兰斯基年仅24岁;禁酒令废除后,风度翩翩的朗吉·茨威尔曼将手下的合法酒精销售公司以750万美元的价格售予布朗夫曼,当时的他不过22岁,或是23岁,要不就是27岁(取决于他掏出的是哪张出生证明);同一年,卢西亚诺27岁,卡彭与他同龄。几十年来,流行文化不断演绎展现的卡彭形象与他的实际年龄并不相符。他在年仅25岁时就从导师托里奥手中接管了芝加哥城的控制权;在三十而立之前已经离开了芝加哥;最终在40岁时,因梅毒死于监狱。

尽管这群匪徒都是从贫民窟中摸爬滚打出来的毛头小伙,而且明显在从事犯罪活动,但他们中的不少人还是得到了非同寻常的尊敬。在一些地方,他们对出身民族的忠诚以及对禁酒执法探员的憎恨促使他们加入反"三K"党运动。他们在娱乐行业大展身手,朗吉·茨威尔曼和珍·哈洛(Jean Harlow)曾有过一段公开的浪漫情缘,几大黑帮也都拥有颇受欢迎的夜总会。纽约黑帮大佬奥尼·麦登[恋人梅·韦斯特(Mae West)曾形容他"甜如蜜罐,邪若恶魔"]因过失杀人在著名的兴格监狱服刑7年,出狱后从别人手中盘下一家夜总会,于是就有了大名鼎鼎的棉花俱乐部(Cotton Club)。

卡彭特别注意自己的公众形象。他那平易近人的态度和幽默风趣的言谈举止令他很容易与新闻记者们打成一片。也正是通过这些新闻记者，芝加哥人记住了卡彭同情贫苦大众的乐善好施之恩，也都知道他非常关照家人，还把兄弟姐妹及寡居母亲接到南草原大道的豪宅里一同生活。鉴于芝加哥的黑色产业过于火爆，卡彭计划前往迈阿密海岸一带"稍事休息"，于是他宣布自己将加入慈善组织扶轮社（Rotary Club）。对于卡彭给自己添加的"公共慈善家"的头衔，不少人或许难以苟同。但当他说："我只是给了公众想要的东西，从来没有派出推销员强买强卖。何以如此？理由很简单，因为需求太大，我也不可能全部满足。"听完此言，几乎没有人会有异议。卡彭说得极有道理：如果将私酒生意中的客户服务部分与黑帮成员掺和的其他消遣活动分开来看，他们也不过就是一群乱穿马路的小青年而已。历史学家马克·H. 哈勒（Mark H. Haller）写道，在私酒商贩眼中，"往来的都是顾客，不是受害者"。酒吧老板总是残酷压榨为他们工作的女性，赌场老板必然会在输赢概率上暗中动手脚，指望他们良心经营无异于天方夜谭，唯一的例外就是当他们把工业酒精染色后装入翰格威士忌酒瓶里出售的时候。私酒商贩卖给顾客们想要的商品，货价相符，一拍即合。

　　刑法中写满了"暴富"的方法，违反禁止销售、制造、运输作为饮料的致醉酒类的宪法第十八修正案所能赚到的金钱当然更加可观。埃默里·巴克纳认为，1926 年全年私酒销售总额已经高达 36 亿美元。换句话说，每年私酒交易规模已经相当于当时联邦政府的全年预算，这些钱可以养活包括陆军、海军在内的全部联邦政府职能部门。与此同时，美国联邦印钞局在 1926 年印刷的大面额钞票比 1920 年多出近 3 亿美元。菲奥雷洛·拉瓜迪亚大声质问里德委员会："有哪些诚实正直的商人会用 1 万美元面值的钞票来做交易？显而易见，这些钞票肯定没有被用于支付联邦政府部长的薪水。"拉瓜迪亚所言不虚,私酒贩子用这些钞票购买了装甲防弹汽车(卡彭的座驾价值相当于 2009 年的 35 万美元)、纯银马桶座圈[芝加哥私酒贩特里·德鲁根(Terry Druggan)的珍贵藏品]以及成卡车的被批量收买的警察、政客和法官。

自禁酒令生效的那一刻起,腐败就全面渗透了政坛。纽约州和宾夕法尼亚州早期的两位禁酒主管分别是一位法官和州参议员,二人在就任新职位后不到 1 年即被逮捕起诉。俄亥俄州的禁酒主管、国会众议员约书亚·E. 拉塞尔(Joshua E. Russell)这边在西德尼浸信会(Sidney Baptist Church)向会众义正词严地鼓吹,"我们现在正为维护法律的尊严而与无法无天的邪恶力量英勇抗争";另一边,他与其高级助理正在把22416加仑的酒水从一个酒厂转运到俄亥俄州特洛伊地区。

拉塞尔因为自己的罪行蹲了 2 年监狱,约翰·W. 兰利(John W. Langley)亦是如此。兰利本人是一位极力鼓吹禁酒的国会众议员,身材强壮,言辞优雅,在东肯塔基选区颇有声名,因经常向选民郑重立誓以承诺政绩,并且兑现颇佳,人称"践诺者约翰"或"猪肉桶约翰"。国会议员的年收入不过 7500 美元左右,但三年任职期间,兰利的银行账户竟然存入了 11.5 万美元。作为交换,他安排向纽约私酒贩子出售了100 万加仑的"医用"酒精。尽管被裁定有罪,但兰利依然再次当选。后因上诉失败入狱服刑未能就任,他的妻子紧接着参加竞选接过空出的席位,并且还成功连任一次。

纵然一些从禁酒令中获利颇丰的政客身上闻不到腐败的恶臭(能给选区带来工作机会、建设项目和"猪肉"的政客总是很容易获得选民的原谅),和他们沆瀣一气的同谋者必然来自黑暗之地,那里无论禁酒与否都充满了噩梦。广受欢迎的政客的银行账户数字异常增加,但志得意满的选民并不特别在意。私酒产业创造的财富源源不断地流入犯罪集团的口袋。当然,这些钱都没有合法缴税。黑钱繁荣了赌博、高利贷等诈骗活动,也为洗钱行当创造了巨大商机。有了这些黑钱,犯罪集团之间持续进行武装竞赛,升级手中的武器。一旦不同帮派之间达成的和平条约(你占北城,我踞南城)破裂,血腥的火并就会随之上演。

匪帮纠纷,自然无法找官家解决,要想摆平还是要靠自己。1922 年,西雅图的私酒贩子齐聚新华盛顿酒店(New Washington Hotel)宴会厅,共同商议如何消弭冲突。他们按照罗伯特议事规则,文明地达成了一项和平协议,设定产品价格体系,建立行业协调机制(萨姆·布隆夫曼作为本地帮派的跨国合作伙伴,在出差途中顺道参加了此次给他留下深刻印象的会议)。在费城,敌对帮派之间的冲突都在一个叫作"江湖城寨"(Racketville)的地下世界进行仲裁。"江湖城寨"是一座"江湖兄弟友爱之城"(City Of Brotherly Hoodlums)①,拥有各大帮派自己选举出的法官、律师及其他各色人等,"他们作出的决定,所有'臣民'都必须无条件服从"。

但在大多数城市,大大小小的帮派并不理解"文明"为何物,他们更信奉暴力。在禁酒令实施后的 3 年里,芝加哥城硝烟四起,共发生了215 起黑帮成员被杀案件。那些所谓的和平条约并没有带来文明的冲突解决机制,暴力与死亡正是条约破裂的必然结果。反对禁酒令的克拉伦斯·丹诺律师(他不时会作为私酒贩子的辩护人出庭)对私酒贩

---

①　费城的城市昵称是"兄弟友爱之城"(City Of Brotherly Love)。城市的建立者威廉·佩恩(William Penn)是贵格派教徒,希望这座城市能够基于自由与宗教融合的原则发展,人与人之间都要像兄弟一样友爱共处,于是从希腊语中取 Philadelphia 作为城市名称,其原意即为"友爱城市",于是费城就有了"兄弟友爱之城"的昵称。

子的处境有着精妙的解读:"他们所从事的生意利润丰厚,但却有违法度,因此不能像卖鞋、卖房子或卖日用杂货的商人那样,在受到不公正待遇或行业内不公平竞争的时候正大光明地走入法庭寻求法律救济。"

"于是,他们只好拔枪互射。"丹诺总结道。

不少历史学家持不同意见,认为有关20世纪20年代暴力泛滥的印象不过是来自好莱坞电影的夸张表达。然而事实上,这一时期的暴力事件的确呈现大幅上升态势。1920年,美国每10万人中只有不到12人死于谋杀或暴力袭击;到了禁酒令废止的最后一年,这一数字上升到16人(到1940年,又下降到不足10人)。但如果你阅读过当时的报纸,可能会觉得暴力事件上升的幅度更大。1919年夏天,随着禁酒令离人们的生活越来越近,一种新的社会事物也应运而生,并在禁酒令期间蓬勃发展,这就是由《纽约每日新闻报》(*New York Daily News*)开创的美国八卦小报(American Tabloid)。著名词典编撰人斯图尔特·伯格·弗莱克斯纳(Stuart Berg Flexner)写道:八卦小报嗜爱人血馒头,站在禁酒令时期横暴街头的尸体上挖掘卖点吸引读者,"整天刊登黑帮雇佣保镖、杀手、打手和小混混的消息,并散播他们如何使用手榴弹、汤普森冲锋枪大开杀戒的新闻"。坎农主教强烈谴责八卦小报的低俗报道,斥责它们"通过专栏向社区居民家中日日不停地倾泻污水"。但这些谴责并没有什么作用,你翻开不同的报纸看看,每家报纸头版上都充斥着血腥的枪战、肮脏的死亡和黑帮的葬礼。如当时布鲁克林黑帮成员弗兰基·耶鲁(Frankie Yale)的葬礼,就是轰动一时的大新闻。葬礼当天,耶鲁静静躺在价值1.5万美元的银质棺材里,由200多辆豪华轿车(其中38辆装饰着鲜花)组成的车队护送前行。这一壮观的葬礼景象通过八卦小报,传遍了从东部纽约到西海岸加州的每一个角落。

　　尽管八卦小报把黑帮匪徒塑造成了名人,但它们并没有忽视禁酒令与流血事件之间的因果关系,尤其是那些反对禁酒的八卦小报意识到,如果将《沃尔斯泰德法》与杀戮不断的暴力事件联系起来,将有助于推动反禁酒事业的进程。* 这并不难做到:从1924年迪翁·奥班尼翁(Dion O'Banion)在芝加哥花店遇刺,到5年后的情人节大屠杀(St. Valentine's Day Massacre),当时最轰动的杀戮事件皆由私酒引发。私酒市场规模高达36亿美元,而且还不用缴税。面对如此巨大的诱惑,暴力就成了必然。奥尼·麦登曾经说过:"我喜欢这样的投资,你可以在本周投钱进去,然后在下周或下下周翻倍赚回来。"为了实现如此高额的投资回报,杀人如记账,都是确保生意正常运转的必要手段。

　　20世纪20年代初,你如果走在马萨诸塞州新贝德福德市前门大街上,片刻就能找到消遣场所。在港口的大多数早晨,人们都能看到一小队摩托艇发出嗡嗡的咆哮声,在波普岛(Pope's Island)与凤凰堡(Fort Phoenix)之间来回穿梭。这些小艇尺寸不大,从远处看起来就像是刚从蜂房中醒来的蜜蜂,但有时它们发出的声音却能让人联想到海上舰队决战的场面。之所以如此,是因为这些小艇配备了震天响的自由牌V-12发动机。这种400马力的发动机原先是供美军飞机使用的,后被快艇赛手加·伍德(Gar Wood)及其他冒险家改造为民用船只动力。

---

　　* 大城市中支持禁酒的小报寥寥无几,其中较有名气的有《得梅因纪事报》(*Des Moines Register*)、《洛杉矶时报》及《布鲁克林鹰报》(*Brooklyn Eagle*)。另外,《底特律自由报》(*Detroit Free Press*)一开始支持禁酒,但在1925年突然宣布转变立场,希望"能拯救美国青年一代于当前水深火热的社会",并称此前的立场是"天大的错误"。

"一战"结束后，流水线上大规模生产的自由牌发动机就成了私酒舰队的必备物资。

当新贝德福德市的私酒贩子准备上演他们的日常海港秀时，你如果沿着码头散步，就能看到他们与海岸警卫队的官员相谈甚欢。如当地一个小男孩所回忆的，一名海岸警卫队队员向一名前渔民讨了根烟抽，然后说道："谢谢，查理，我们今晚见。"走私者愉快地回答道："非常乐意，不必客气！"这就是私酒舰队早期走私时的温馨景象，和在西部边境城镇或者安大略省温莎市水面抑或新英格兰北部森林里的景象如出一辙。"我们认识警察，他们也认识我们。"佛蒙特州一名走私犯在接受采访时表示："大家相互之间都很熟，就像你和其他球队的球员称兄道弟一样。"

但到了20世纪20年代中期，世道彻底变了。在美国沿海水面漂浮的私酒意味着巨大的财富，给原本纯粹的私酒行业带来了丑恶的元素——城市暴力帮派向海上繁殖。对于母船上的船员而言，顾客顺手帮助送些杂货或捎带着把邮件送上岸的融洽时光被充满噩梦的夜晚取代了。107英尺长的"约翰·德怀特号"（John Dwight）是一艘蒸汽拖网渔船，也是私酒舰队的一员。1923年，"约翰·德怀特号"沉没在玛莎葡萄园岛（Martha's Vineyard）附近的私酒航线水域，当时船上满载着加拿大产的弗兰特纳克出口艾尔啤酒（Frontenac Export Ale），酒标上写道：海上长途旅行必备，任你开怀畅饮。后来，人们在梅内沙（Menemsha）附近的葡萄园村海岸发现了8名船员的尸体，其中3个人的脸皮被剥掉了，其他人的眼睛也都被烧坏了，而且他们的指纹也全被用硫酸腐蚀得无法辨认。德怀特船长的儿子死在一艘漂流的小艇上，他的头骨骨折，身体被卡在座位下面。据了解，有一名遇难者生前随身携带了用来交易的 10 万美元现金。

私酒舰队自出现之日起,就面临着被打劫者登船洗掠货物的风险。但相较于整船的啤酒,成包的现金显然更能激发贼人们的疯狂,所以传统海盗很快就被新海盗所替代,就像他们在"约翰·德怀特号"上所做的那样,抛下货物直接抢劫现金。这些新海盗在私酒圈内被称为"直达团伙",他们只需花些钱买通不忠的船员获得情报,再配上少量武器加上杀人掠货的胆量,就可以拉起队伍出去开干了。成本低廉,回报丰厚,而且来钱比贩私酒更快。

但随着时间推移,这些新海盗也被大帮派驱逐出去了。大帮派实力雄厚,头脑精明,能够省略交易中的现金支付环节,也有足够的实力吓跑这些游手好闲的业余海盗。货船船长和岸上接头人只需将一张被他们各自雇主撕成两半的美元钞票拼接上,交易合同就达成了。1924 年末,《纽约时报》报道称:"私酒走私产业发生了翻天覆地的变化,交易规则改变了,再也没有外行人生存的空间了。"

鉴于联邦政府执法部门工作效率向来十分低下,大型走私团伙没有对政府打击专业化私酒舰队的举措做应有的准备。事实上,此次反击举措,也是联邦政府在禁酒令实施的 14 年中唯一一次站起来直面挑战。禁酒令实施伊始,美国海岸警卫队只有 55 艘适合出海的执法船只,虽然算不上充裕,但勉强也能覆盖 5000 英里的海岸线,以及 1450 英里长的五大湖和圣劳伦斯河水域,毕竟一张纸巾也能覆盖内布拉斯加州。卡尔文·柯立芝总统出人意料地提出增加对海岸警卫队的拨款,足以反映出执法形势有多么严峻。海岸警卫队的创立者——亚历山大·汉

密尔顿曾经说过,警卫队的作用就在于通过"展示武力"①威慑"少数不
法分子"。柯立芝总统更改了自己长期以来吝啬的执政风格,请求国
会拨款 1400 万美元用于扩充并升级海岸警卫队的执法舰艇。韦恩·
惠勒适时向国会灌输了焦虑——私酒舰队的船只不断袭击我们的宪
法,严重损害了合众国的主权尊严。在惠勒的压力之下,国会顺从地通
过了拨款计划。

　　不久,惠勒所言的"清廉不腐"的 4000 名新海岸警卫队队员被派往
20 艘经过改造的驱逐舰和 300 艘新建造的执法艇上。几个月之内,执
法力量大幅扩充的"禁酒海军"在北大西洋国际水域查获了 3 艘运输
私酒的英国船只,另外还在大西洋、太平洋、墨西哥湾及五大湖水域查
扣了几十艘较小的船只。1925 年 5 月,海岸警卫队发起一场代号为
"伟大攻势"的执法行动,驱逐了盘踞在布洛克岛(Block Island)至布鲁
克林之间的私酒舰队中的 50 艘母船。在西海岸,原本可能是美国最成
功的一次走私行动却因一项名为窃听的新技术运用于执法工作而宣告
失败。

　　但最终,额外增加的拨款和集中执法仍然无法应对严峻的走私形
势。除了窃听技术,所有最新努力的持续效果都远比不上它们刚推出
之时(这并不令人感到意外,就连经过艰苦谈判从英国争取到的 12 海
里执法界限也没起到多大作用,因为这要求海岸警卫队在更大范围的

――――――――――――

　　① 　美国海岸警卫队是联邦政府七个制服部队之一,其前身是首任财政部长亚历山
大·汉密尔顿于 1790 年 8 月 4 日创立的美国海关缉私局。在如今的联邦政府中,海岸警
卫队是军队武装力量组成部分,地位特殊,在和平时期受国土安全部管辖,如有需要,美
国总统可下令将部队移交美国海军部指挥,国会亦有权在战时下达相同的命令。美国政
府用军事部队执行缉私任务,的确武力充沛,威慑力十足。

海域巡逻）。大部分被逐出私酒舰队的走私船只随后就撤去了加拿大，如此一来便促使私酒供应商想出新办法让产品进入美国市场。在这方面，所有供应商都应该学习布隆夫曼兄弟，他们通过更有效率的火车运送货物，穿过安大略省，越过河流，最终抵达山姆·布朗夫曼所称的"温莎市场"——底特律。对三名英国私酒贩的逮捕引发了美英两国之间新一轮的外交摩擦。大多数被查扣的近海船只结束法律程序后会出现在政府拍卖会上，然后又被原来的船主重新买回。蹊跷的是，原来的船主还通常是唯一竞标者，看起来那些私酒走私团伙之间已经达成了默契。仅仅在 1 年之内，一艘名为"保险商"（Underwriter）的轮船就被查扣了四次、拍卖了四次，然后又四次重返长岛海湾以东的水域继续担当运输私酒的重任。

　　海岸警卫队新招募的 4000 名新队员每月工资为 36 美元，另外还有些食宿费补贴。如果就靠这点微薄薪酬，想让他们保持"清廉不腐"相当困难，所以不难理解当时的报纸上整天都充斥着海岸警卫队不当执法、军事法庭和秘密定罪的负面报道。1928 年，纽约州尼亚加拉瀑布市麋鹿旅馆（Elks Lodge）的一名工作人员在已被海岸警卫队成员逮捕的情况下，头部惨遭枪击身亡，当时他身上没有携带任何酒水，也没有任何犯罪前科。对此，后来总负责禁酒令执法的财政部助理部长西摩·洛曼（Seymour Lowman）冷酷地说道："我不会开枪打死他，或许你也不会。但你要记住，那些加入海岸警卫队的人，他们既不是大学教授，也不是律师。"

　　虽然资金充裕了，但海岸警卫队的新执法快艇研发却失败了。在执法快艇招标过程中，政府需要向任何有意投标的造船厂提供技术规格，这相当于向走私团伙公开了建造图纸。走私团伙立即支付相同的价格给造船工人,让他们设计出比政府招标快艇速度更快的船只。位于长岛南岸的自由港造船厂(Freeport Point Boatyard)为海岸警卫队建造了15艘快艇,同时为被追捕的走私犯建造了30艘,其中包括专为臭名昭著的私酒贩子杜奇·舒尔茨(Dutch Schultz)建造的3艘42英尺长的快船。这些船只都配备了3台帕卡德解放者(Packard Liberator)500马力风冷发动机,设置有防弹油箱,能够装载600箱酒。到了1930年,一艘用于突破封锁线的150英尺运输船,配上柴油发动机、马克西姆消声器、短波收音机、装甲钢板,拥有8000箱酒的存储空间,售价仅为10万美元。如果每瓶私酒的毛利润为1美元,任何一个有自信心的私酒贩子干上一趟走私生意就能把全部投资赚回来。

就像"一战"加速了飞机制造技术的发展一样,私酒贩和海岸警卫队之间的猫鼠游戏也促进了汽艇设计水平的快速提高。作为禁酒令的产物,摩托化的"泽西海"(Jersey Sea)快艇非常敏捷,其船身几乎是平的,能够在满载货物的时候直接冲上海岸。1927年密西西比河大洪水期间,新奥尔良的堤坝被洪水冲毁,第一个到达现场的救援船只就是上游私酒贩子开发并驾驶的走私快艇。

私酒贩子还抄袭了一艘以速度著称的超级快艇的设计方案。根据《纽约时报》报道,他们甚至曾计划在改装时配上一挺机关枪。在一起执法行动中,海岸警卫队从一伙海盗手中缴获一艘超级快艇,而海盗驾驶着这艘超级快艇专门劫掠科尼岛(Coney Island)附近的私酒走私船。这些海盗和海岸警卫队对于超级快艇的兴趣点颇为相似,前者特别在乎现金和人质,后者不在乎装载能力,但他们都非常在意速度。速度就是一切,而这艘超级快艇正是这片海域速度最快的船只。在被政府收归国有后,这艘超级快艇就变成了平平无奇的CG-911;而在之前,它早已声名远扬,其革命性的外形影响了后世无数快艇的设计,现在著名的赛艇船型——香烟快艇(Cigarette)——就源自禁酒令时代的超级快艇。①

伴随着咆哮的快艇引擎轰鸣声和汤普森冲锋枪的"嗒嗒嗒"声(在第一次世界大战期间,它有"战场扫帚"之称,现在则被叫作"芝加哥打字机"),20世纪20年代继续奔腾向前。对执法者来说,唯一的好消息来自一个不太可能有好消息的地方——美国联邦最高法院。

早在1920年,伊莱休·鲁特就曾诉请联邦最高法院裁定禁酒宪法修正案违宪。尽管鲁特失败了,"湿派"阵营还是寄希望于一个似乎本来就支持他们事业的法院有朝一日能够给予他们司法的怜悯。在被任命为联席大法官之前,路易斯·布兰代斯曾代表马萨诸塞州的酿酒厂游说州议会,ASL自然将他视为一个危险因素,因此激烈反对布兰代斯的大法官提名(这也是ASL首次卷入最高法院政治)。联席大法官哈伦·菲斯克·斯通也是一位名酒鉴赏家,收藏有1912年的奥欧颂酒庄(Chateau Ausone)珍品和1916年的龙船酒庄(Beychevelle)佳酿。在被任命为司法部长后,斯通曾(毫无意义地)试图把纽约酒窖里的藏品搬到华盛顿。在晚年,斯通时常感慨命运对自己有欠仁慈,怎么能让自己"在担任公职的同时又要遵守禁酒令"。最高法院资深大法官奥利

---

① 禁酒时代的超级快艇外形狭长,较高的长宽比有利于提高速度,也方便滑行或冲滩。艇上一般安装2台以上的发动机,在风平浪静的海面速度可高达150千米/小时,2米波浪海况下速度仍可达46公里/小时,所以能够在禁酒时代声名远扬。20世纪60年代,著名赛艇手兼设计师、建造师唐纳德·阿诺(Donald Aronow)参照禁酒时代的超级快艇,设计出著名的"香烟赛艇"。因为速度快,且能隐身于海浪之中,躲避海岸警卫队的雷达照射,此类超级快艇至今仍是毒品走私犯的犯罪利器之一。

弗·温德尔·霍姆斯(Oliver Wendell Holmes)更是以钟爱威士忌而闻名遐迩(1927 年,他为了表达对一款作为礼品的私酒的喜爱之情,留下了一句典型的霍姆斯格言:"我时刻谨记着祈祷词——'引导我们走向诱惑'。"以詹姆斯·C. 麦克雷诺兹 *(James C. McReynolds)为首的极端保守派大法官本能地与詹姆斯·蒙哥马利·贝克及其他法律理论家站在一起,他们均极端抵制联邦政府的权力。一旦有机会,他们毫不犹豫会站出来扼杀它。

"湿派"阵营把希望寄托于联邦最高法院对禁酒令执法的反对,同时把乐观情绪寄托在身宽体胖的首席大法官、前总统威廉·霍华德·塔夫脱身上。ASL 自然非常敌视塔夫脱,曾在一份出版物中称他是"啤酒肥渣塔夫脱"。阿道弗斯·布希的私人律师查尔斯·纳格尔(Charles Nagel)曾在塔夫脱政府中任职,二人既是亲密的朋友,亦是紧密的政治盟友。塔夫脱离开白宫后,纳格尔邀请他出任圣路易斯一家银行的行长,年薪为 5 万美元。在总统任期的最后一个月里,塔夫脱否决了《韦伯-肯扬法案》及其对跨州酒类商品运输的限制。后来国会推翻了总统的否决。直到第十八修正案被正式批准,塔夫脱并没有改变对限制酒精消费的宪法修正案的看法。他曾公开表示,禁酒令根本"无法执行";他还深信,禁酒令无异于"给联邦政府强加一项新职责——清扫美国大地上每户居民门前的台阶。如果全国性禁酒立法获

---

* 麦克雷诺兹大法官由伍德罗·威尔逊总统提名,他极度憎恶禁酒令。当然,憎恶也是他的性格标志。他毫不掩饰自己的反犹主义立场,拒绝与布兰代斯大法官讲话(后来还包括本杰明·卡多佐大法官),甚至在犹太裔大法官发言时会转身背对他们。不仅如此,麦克雷诺兹还有强烈的厌女心理,当梅布尔·维勒布兰德等女性法律人出现在最高法院时,他也同样会背身以对。

得通过,地方政府体系将被彻底摧毁"。

　　在离开白宫到任最高法院首席大法官这段时期,塔夫脱曾在耶鲁法学院担任过一段时间的教职。他强烈支持扩大政府在刑事案件中的权力,以限制"禁止无理搜查和扣押"原则的运用,同时也极力维护地方政府的权力。但塔夫脱也坚信,公民只须遵守自己认同的法律,也就是说公民愿意参与政府治理,而非被政府治理。所谓愿意,换句话说也意味着公民可以破坏法治。基于自己的法律与政治思想,塔夫脱在最高法院构建了一个相当牢固的多数方联盟,压倒了以麦克雷诺兹为首的保守派法官,通过一系列判决扩张了联邦政府的权力范围。在两起关键案件的判决中,塔夫脱还削弱了第五修正案赋予公民的权利。1922 年,最高法院置第五修正案规定的禁止双重危险原则于不顾,裁定第十八修正案包含"并行执法权"条款,因此州和联邦政府有权分别在州法院和联邦法院就同一违法行为起诉违法者,除非国会立法予以禁止。5 年后,最高法院的大法官们又裁定,政府要求私酒贩子就非法所得进行纳税申报的做法没有违反第五修正案规定的禁止自证其罪原则。*

　　但最高法院最为关注的仍当属禁止无理搜查和扣押的第四修正案。在 1920 年至 1933 年间的 20 例判决中,最高法院全面推翻了一个世纪以来的诸多判例。第四修正案的法理基础可以追溯到殖民地时

---

　　*　该案全名为"合众国诉曼利·沙利文案"(*United States v. Manly S. Sullivan*),后来成为给阿尔·卡彭定逃税罪的判决基础。多数方判决令霍姆斯大法官不得不认真考虑被告人的辩解,也就是让被告人就非法所得进行纳税申报,在逻辑上只会促使申报人隐瞒非法开支部分,如行贿款。霍姆斯写道:"这尚未成为现实,但现在是时候考虑在什么情况下纳税人才会如此愚蠢了。"

期,根植于个人权利与政府权力之间的抗衡,特别强调保护个人住宅神
圣不受侵犯。在19世纪后半叶至20世纪初,这一原则逐渐扩张至社
会经济治理领域,发展成为自由放任经济思想的法律基础,保护商人的
经营场所与行为不受政府干涉。但随着禁酒令的实施,法官们发现对
政府搜查行为的严苛限制严重损害了政府对禁酒法律的执法能力。冲
突之下,长久以来对警察权力的制约很快就消失了。政治漫画家罗
林·柯比(Rollin Kirby)在《纽约世界报》上发表了一份非常形象的作
品,漫画中一位代表第十八修正案的人物正在用私刑处死代表第四修
正案的人物,一位ASL成员在一旁兴高采烈地围观。被告人的积极应
诉促进了有关第四修正案的法学理论的蓬勃发展——一流的私酒走
私者可以花费重金聘请大牌律师,让他们将案件上诉到最高法院。
1910年出版的《法律与实务百科全书》(Cyclopedia Of Law And Practice)
用了15页的篇幅讨论搜查和扣押问题,到了1932年的新版本则大幅
扩充至114页。最后,面向禁酒执法探员的培训课程的一半内容都是
有关搜查令的申请条件和执行程序。在财产问题几乎占据了法律条文
百分之百内容的年代,酒窖、手提箱、地下酒吧和汽车已不再如往昔一
样神圣不可侵犯。

特别是汽车。在一些城市,汽车就是流动的酒馆。车主把车停在
工厂门外,以每杯20美分的价格向工人们兜售烈酒。一旦嗅到正直的
禁酒执法探员的气味,他们就狠踩油门逃之夭夭。早在1915年,威
廉·詹宁斯·布莱恩就曾提出,醉酒之人驾驶汽车存在极高的危险性,
因此当事人不得以"个人自由"对抗禁酒令——当一个醉酒的人可以
驾驶强大的机器在街头横冲直撞时,禁酒主义者的健康与安全就陷入
危险境地,因此司机的个人权利就变得无关紧要了。在1920年代,酒

驾问题日益严重(在芝加哥,酒驾案件数量翻了近5倍)。从数字上看,这应该归因于道路上汽车数量的急剧增加,但这样简单的归因就像把流感疫情的大规模爆发归因于人口增长一样。没有人怀疑汽车在黑帮主导的私酒走私行业中所发挥的作用,以及车主在第四修正案下所享受的法律保护。1925年,首席大法官塔夫脱在给兄弟贺拉斯(Horace)的信中写道:"在人类文明史上,汽车是促进暴力犯罪获得豁免权的最伟大工具……"

　　给贺拉斯的这封信预示了首席大法官的抉择。在次日的"卡罗尔诉美国"(*Carroll v. United States*)案中,塔夫脱代表最高法院多数方大法官宣读了判决。首席大法官摆脱了宪法上的一处字面障碍,宣布禁酒执法探员无须搜查令即可拦停并搜查可能载有违禁酒水的汽车。最高法院给为这种搜查提供的"合理理由"之一是:卡罗尔案中所涉及的奥兹莫比尔(Oldsmobile)跑车从底特律出发后一路向西,而底特律是非法走私烈酒入境后的第一站,也是面向广大内陆地区最活跃的私酒分销中心之一。

　　沿太平洋海岸发展的私酒舰队在规模上远逊于大西洋沿岸及墨西哥湾的同行们,行业内部竞争因此也相对宽松得多。当然,广袤的西部地区人口也比东部少得多(1930年,纽约一市的人口就比整个加州人口还要多出100来万),而北加州旺盛的产能使得沿海最"干渴"的城市——旧金山得以享有充足的葡萄酒供应。除此之外,太平洋沿岸各州在遥远的西北地区还有一个私酒流通枢纽——底特律。存储在温哥华仓库的烈酒可通过胡安德富卡海峡(Juan de Fuca)运至西雅图,然后再沿海岸一路南下流向洛杉矶。主宰太平洋海岸私酒贸易的是罗伊·

奥姆斯泰德(Roy Olmstead),他在当地被公认为是"最出色的私酒贩子",声誉甚隆。而在全国范围内,奥姆斯泰德因作为一起案件的上诉人而家喻户晓,这起案件是最高法院在禁酒令实施的 14 年期间所做出的最重要、最具影响力的判决。

奥姆斯泰德原是西雅图警察局的一名警察,年轻有为,前途一片光明,支持禁酒的警察局长称赞他"反应迅速……聪慧机敏、工作能力强"。他的上司没有看走眼,只是他非凡的工作能力并不只发挥在警察这份本职工作上。奥姆斯泰德在 30 岁时加入警察局,从最基层的岗位做起。但此时的他并不简单,已经开始兼职从加拿大走私烈酒。罗伊·奥姆斯泰德长相英俊潇洒、才思敏捷,为人处世相当正直,从不像其他私酒贩子将进口酒加水稀释或掺入工业酒精。由于销量巨大,他能够以低于太平洋西北部地区其他私酒贩子的价格对外销售私酒。历史学家诺曼·H.克拉克(Norman H. Clark)写道:"奥姆斯泰德从没碰过同行都干过的肮脏行为——没有谋杀、没有毒品、没有卖淫、没有赌博团伙。"正因为此,"许多人不把他视为真正的罪犯"。对于他广受大众欢迎的原因,《西雅图邮讯报》(The Seattle Post-Intelligencer)解释道——他不过是在为社会服务。

随着时间的推移,奥姆斯泰德退出了零售业务,转型成为大西雅图地区多数私酒贩子的批发商,建立了该市第一个广播电台。尽管奥姆斯泰德极力否认,但梅布尔·维勒布兰德相信,奥姆斯泰德的妻子在广播中朗读的睡前故事实际上是在向海面上的船只发出秘密讯息,告诉他们什么时候海岸是安全的,以及海岸警卫队船只的动向。奥姆斯泰德在贝克山(Mount Baker)买了一座豪宅,那里是他与当地大人物交际的场合。当地有头有脸的人物都认为他是个很好的合作伙伴,更重要的是,他们认为与奥姆斯泰德交往是非常有价值的。在北极俱乐部(Arctic Club)的壁画餐厅里,奥姆斯特德的服务几乎是无价的。

联邦禁酒局驻西雅图办公室一直被视为参议员韦斯利·琼斯的私人财产。琼斯本人是一位极端"干派",在当时执掌参议院多数党党鞭之大权。为了逮捕和起诉奥姆斯泰德,西雅图的禁酒探员请理查德·弗朗特(Richard Fryant)前去助战。奥姆斯泰德根据以往的经验,觉得联邦探员们"行动过于缓慢,连感冒都赶不上",但他也敏锐地意识到新来的弗朗特拥有一项新颖但实用的特殊技能——电话窃听。没用多久时间,联邦禁酒局就整理了一批通话记录,这批记录读起来就像是糟糕透顶的电影剧本(比如:"我看过 DOC 了,一切都很好。")。尽管如此,联邦禁酒局还是凭借这些通话记录提起了 91 项指控,一举镇压了奥姆斯泰德及其同伙。

在担任司法部长期间,哈伦·菲斯克·斯通曾宣布禁止司法部人员(包括 J. 埃德加·胡佛新成立的调查局的成员)使用窃听技术办案,他认为这种方式属于不道德的行为。但斯通的命令对财政部人员没有效力,联邦禁酒局的探员自然也不必遵守。斯通离任后,其继任者约翰·G. 萨金特(John G. Sargent)维持了这一禁令,但依然只限于司法部系统。尽管如此,通常代表政府出庭的梅布尔·维勒布兰德也宣称,她完全不赞同窃听技术,而且出于个人良知,她无法在此案中出庭辩护。为此,首席政府律师只得聘请外部律师代表政府出庭。最高法院的投票结果是 5:4,首席大法官塔夫脱代表多数派裁定窃听两人之间的私人电话沟通内容与在公共场所无意中听到的对话没有什么区别。

"难道宪法不为公民提供保护,以对抗这种侵犯个人安全的行为吗?"布兰代斯大法官质问道。最高法院第一次明确表示:确实没有。

"奥姆斯特德诉美国案"(*Olmstead v. United States*)确立的先例成为美国法律的一部分,直到 1967 年才被推翻。在 1967 年的判决中,禁酒令时期的老检察官、当时的最高法院联席大法官雨果·布莱克投下了唯一的反对票。然而,理性光芒更为耀眼持久的是布兰代斯大法官在奥姆斯泰德案中的异议意见,他在其中阐述了宪法赋予个人"独处的权利"(Right To Be Let Alone)——在近半个世纪后的"罗伊诉韦德案"(*Roe v. Wade*)中,这一点为多数方大法官所援用,作为多数方判决的法理基础。

然而在当时,对奥姆斯泰德案反应最为强烈的当属 ASL。根据 ASL 纽约地区负责人 S. E. 尼克尔森(S. E. Nicholson)对此案的回应,《纽约时报》归纳了联盟的立场:"禁酒阵营对此案非常重视,我们理解并赞同美国人民的担忧,'全民窃听'如果只适用于禁酒执法,禁酒事业将会'蒙羞',并遭受'不可逆转的伤害'。"尼克尔森表示:"除非窃听手段可适用于所有类型的刑事案件,否则我们将不会赞同最高法院的这一决议。"尼克尔森所表达的联盟立场非常矛盾。一方面,联盟充分认识到联邦政府扩张特殊权力之举不受大众欢迎;另一方面,为了逃避奥姆斯泰德案及其他类似案件中不断出现破坏《权利法案》的问题,联盟特别强调执法过程中的变通之举是为了解决普遍犯罪的问题,而非仅仅局限于禁酒令。

ASL 领导层的担忧是非常明智的。联邦政府权力正在迅速扩张,唯一在增速上更快的是暴力犯罪。私酒舰队势力在东北部遭受打击后,海上运输受限的天量私酒旋即改由底特律流入美国。一位饱受挫折的检察官感慨说道:"实现禁酒令的最大障碍正是美国宪法,而禁酒令又是按照宪法产生的,也是宪法的一部分。"腐败和无能在联邦禁酒局内部肆无忌惮地蔓延,以至于韦恩·惠勒也被迫退让,同意将禁酒局员工纳入公务员体系,并享受相应保障。为此,ASL 不得不放弃对禁酒局人员的人事任免权力。在最高法院,随着霍姆斯、布兰代斯和斯通等大法官逐渐放弃对禁酒执法的支持,首席大法官威廉·霍华德·塔夫脱也意识到自己在最高法院建立的保守派大法官联盟濒临解体。于是,原本曾担心禁酒令会存在巨大破坏力的首席大法官,后来却成了禁酒令的最强捍卫者。

　　惠勒和 ASL 一直在走钢丝—— 一端强调严苛执行禁酒法律,一端又避免触及公众对联邦政府扩权的敏感点。1927 年初,这根钢丝首次面临崩断的威胁。1926 年底的假日期间,纽约发生了工业甲醇致人中毒事件,死亡数人,另有好几百人中毒严重。面对这一惨剧,惠勒的回应却令人不寒而栗。他对媒体表示:"根据宪法设定的禁令,政府没有义务为人民提供适合饮用的酒水。喝这种酒的人与自杀没什么两样。"

　　惠勒的言论就像投入水中的巨石,激起了社会各界的激烈批评。新泽西州参议员爱德华·I. 爱德华兹(Edward I. Edwards)认为,惠勒的言论不亚于纵容"合法谋杀"。安德鲁·梅隆表示反对使用有毒酒类添加剂,并且认为这种做法"不可原谅"。莫里斯·谢泼德试图帮惠勒解围,强调酗酒才是真正的凶手。但多年来以来,反禁酒阵营已经受够了所谓酒精危害性的说教,他们不费吹灰之力就反驳了此类陈词滥调。路易斯安那州参议员埃德温·S. 布鲁萨德(Edwin S. Broussard)质问道:"如果谢泼德参议员的理论是酒精有毒,那为何私酒贩子还要多此一举,再往酒精里添加毒药呢?"

　　3 个月后,惠勒出现在卡内基音乐厅的舞台上,这是他自灾难性的里德听证会以来最引人注目的一次公开露面。现在，他正步入一个"狮子窝"，这头狮子和吉姆·里德的凶猛程度不相上下。尽管自身健康每况愈下，但惠勒还是同意在纽约与克拉伦斯·丹诺公开辩论。他知道台下的观众充满了敌意，也知道丹诺肯定会利用仍在发酵的有毒酒精事件攻击他。丹诺不负众望，在台上向惠勒及其身后的"干派"阵营猛烈开火。他抨击说："现在任何喝酒的人都有可能被毒死。没有陪审团审判，没有其他合理原因，只是因为他敢喝酒，所以就会中毒身亡！"这一次，丹诺站在控方一边，站在被告席上的是禁酒令。虽已年届七十高龄，丹诺依然精力充沛，嬉笑怒骂间戏剧味十足，时而尖锐刻薄地讽刺，时而天马行空地夸夸其谈，把一身的法庭辩论技巧尽数施展出来。整个辩论过程，丹诺都像是在向陪审团发表演说。只是在这个案件中，陪审团由 2500 名纽约人组成，其中到场的大多数人都抱着给被告定罪的先入之见。事实上，他们对心中预设的期望是如此强烈，以至于为了获得第一排的最佳座位，每人花费了 11 美元——相当于 2009 年的135 美元。

　　相比丹诺，惠勒的论证更加尖刻，对各种论据的掌握也更为扎实，而且他在过去 1/4 个世纪中已将这些论据锤炼过无数次。不幸的是，这一次他一点胜利的希望都没有。惠勒被对手的雄辩力量所压倒，被现场观众对"鲜血"的渴望所吞噬，被自己糟糕的身体状况所拖垮。他身穿一套制作精美的晚礼服，配着白色领结，看起来非常得体。然而他的脸庞却是如此苍白、干瘪、空虚，以至于都没有亲自发表开场白，而是由同事斯科特·麦克布雷德代为朗读事先准备好的演讲稿。现场观众看出了惠勒的孱弱，报之以满堂的嘘声和嘲笑。此情此景下，就连一贯反对惠勒的《纽约世界报》也表达了同情之心。记者在报道中写道：

"惠勒正在与现场2000多名纽约市民单手搏斗,他们不断发出嘘声、不停叫喊、不停咒骂,都想把他轰下台去。"

但这名记者继续写道:"这位身材矮小、充满勇气、戴着眼镜、秃着头顶、身着燕尾服的男人根本没有落荒而逃。"在反驳过程中,惠勒把麦克布雷德从传声筒的角色中解放出来,以微弱的声音(前几排之后的观众几乎听不见他的声音)——回应丹诺的攻击。他的回应合乎逻辑,言语尖锐但得体,触及了每一个广为人知的禁酒理由以及其他一些新的论据("你听说过有人吃了很多馅饼或蛋糕之类的东西后,回到家里会抄起枪支朝家人开枪吗?")

辩论快结束时,惠勒像首席大法官塔夫脱一样将话题最终落到捍卫禁酒令最坚固的堡垒——法治乃是基于人民的意志所建立。他强调说,是人民通过了宪法第十八修正案,也唯有人民方能废除它。大厅里的每个人都知道,要想真正废除第十八修正案,反禁酒阵营必须获得2/3的国会多数票以及3/4的州批准,但这些州和纽约州的情况可不尽相同。当晚辩论唯一的主持人、纽约市市长吉米·沃克(Jimmy Walker)对此也心知肚明。在辩论中场,沃克市长以其特有的充满愉悦的语调向现场观众发表了一段演讲。这群纽约人同样心如明镜,他们中的大多数都是在前往或离开地下酒吧的途中来到卡内基音乐厅参加这场活动的。市长首先声明,他本人也是坚定的"湿派","或许禁酒令是件好事情,但我不知谁有天大的能耐可以安排好一切"。

不过,沃克知道什么时候该打住俏皮话,严肃地说些正事儿。他总结道:"我们当中抵制禁酒令的人,此时此刻应该停止发牢骚。要么组织起来取消它,要么就闭上嘴巴。"

第十八章

虚假公投

对于志趣不同的人而言，尽管政见不一可能会加深彼此的分歧，但在纽约州资深参议员小詹姆斯·沃兹沃斯竞选连任时，保利娜·萨宾却给予了他全力支持。沃兹沃斯自始至终都是一位"湿派"，而萨宾当时尚未放弃支持禁酒令；沃兹沃斯曾以抨击女性参政权运动闻名政坛，但正是女性参政权运动将萨宾推上政治舞台。纵然二人政治立场相冲突，但他们的背景重合度非常高，以致这些分歧都显得微不足道了。沃兹沃斯也是萨宾的朋友，同样出身于权贵家庭，坐拥大笔财富，身上带着众多显赫光环——耶鲁大学骷髅会成员、痴迷的狐狸猎人、纽约州北部肥沃的杰内西山谷（Genesee Valley）55平方英里土地的第四代继承人。和萨宾一样，沃兹沃斯身体内也流淌着共和党人的血液，他的祖父是共和党创始人之一，父亲曾担任过九届国会共和党议员。沃兹沃斯自己则与约翰·海伊（John Hay）的千金结为夫妇，从而让两个家族之间的关系更为密切。岳父海伊的政治生涯始于担任亚伯拉罕·林肯总统的秘书，最终官至西奥多·罗斯福总统的国务卿。

然而在1926年，纽约州共和党内部并不和谐。民主党参议员候选人罗伯特·F. 瓦格纳（Robert F. Wagner）法官和沃兹沃斯均反对禁酒令。由于没有可支持的候选人，ASL 干脆把自己的候选人——前州参议员富兰克林·W. 克里斯特曼（Franklin W. Christman）推到第三方阵营，以此惩罚沃兹沃斯（同时也警告其他反对禁酒纲领的共和党人）。共和党的忠实支持者依然是沃兹沃斯的坚强后盾，而禁酒令的支持者则转至克里斯特曼阵营（主要竞选纲领：《沃尔斯泰德法》不够严格），瓦格纳法官在两股势力之间勉强获得了一席之地。竞选期间，保利娜·萨宾曾建议沃兹沃斯把原定的竞选集会从麦迪逊广场花园转移到卡内基音乐厅，给出的理由也反映出她敏锐的政治意识和良好的人文教养。萨宾对参议员说，卡内基音乐厅很容易座无虚席，而且显得更为庄重。

　　1919 年，32 岁的萨宾第一次活跃于共和党的政治舞台。次年，《南安普顿报》（Southampton Press）报道了她为 400 名纽约共和党人举办的一场自助午餐会，称"这是该县有史以来规模最大、气氛最愉悦的政治活动之一"。尽管当日天公不作美，但来宾们在月桂果庄园接待大厅里自得其乐。这个庄园为萨宾所有，坐落于长岛南福克镇（South Fork）辛纳科克山（Shinnecock Hills），有 28 间客房。天气好的时候，萨宾通常在室外的大露台上举办夏日派对，客人们从那里可以欣赏到佩克尼克湾（Peconic Bay）的美景——四座排列整齐的花园，八幢附属建筑，还有铺着进口石板的屋顶上那九根造型独特的锅状烟囱。* 月桂果庄园

---

　　* 这些花园是萨宾的梦想之家，建造时可谓不计成本。园林设计师玛丽安·科芬（Marian Coffin）认为月桂果庄园表层土壤过于贫瘠，不适合种植她计划的精致花草。萨宾随即就买下了庄园附近整个农场的土地，雇佣一队卡车将肥沃的土壤运到月桂果庄园。

的设计遵循了英国乡村庄园的建筑风格。在萨宾款待共和党同仁时，庄园才落成不到 1 年。不过克罗斯兄弟建筑设计事务所(Cross & Cross)技术高超，按需求把屋顶设计得坑坑洼洼，使得房屋看上去颇具年代感。

萨宾美貌与聪明兼具，举止优雅又充满活力。在社交舞台上，她永远光芒四射；投身于共和党政治舞台后，她同样迸发出无限活力。1921 年，34 岁的萨宾创立了全美共和党妇女俱乐部(Women's National Republican Club) ；2 年后，她成为共和党全国委员会的首位女性成员。萨宾的丈夫查尔斯是摩根大通银行合伙人，身兼 16 家公司董事会职务，但却是一名坚决反对禁酒令的民主党人士。那些经常出入月桂果庄园和萨宾位于曼哈顿区萨顿广场(Sutton Place) 宅邸的友人皆为温文尔雅、生活精致的上流人士，保利娜·萨宾和其中大多数人一样，也都喜欢在晚饭前享用一杯夜间马提尼鸡尾酒(即使在乡下，即使只是家里人吃饭，这些家庭的晚餐也都是要打黑领结的正式活动)。萨宾夫妇收藏了大量美酒，其中一部分就藏在月桂果庄园中一堵可移动装饰假书墙后面的房间里。在这对夫妇的世界里，往来皆是达官显贵，自然不会缺了上等烈酒和优质葡萄酒的供应。只要向男管家点头示意或者给司机发个指示，各种美酒随叫随到，随叫随送。事实上，萨宾一家雇佣的司机曾一度在他们位于曼哈顿宅邸的车库里经营着自己的私酒生意，而作为雇主的他们对此毫不知情。

富人实际上可以认为自己不受强制禁令的约束，因为他们拥有广泛的人脉关系、优秀的律师服务和其他雄厚的社会资源。有钱人能够逍遥法外的残酷现实激怒了禁酒令的支持者。1923 年，坚定支持禁酒的《女士家庭杂志》(Ladies' Home Journal) 在文章中抱怨称:"时髦的权贵人士已经将私酒作为他们生活中一项不可剥夺的阶级特权。"耶鲁大学前校长亚瑟·哈德利(Arthur Hadley)公开呼吁美国民众无视禁酒令的法律约束,好让禁酒令沦为一纸空文。哈德利将此举与75年前北方人民抵制《逃亡奴隶法》(*Fugitive Slave Act*)的策略相提并论,以强调其非凡的社会价值。坚决捍卫法律尊严的首席大法官塔夫脱对哈德利的做法感到震怒,抨击他是一个"豪奢大亨"。通用汽车公司创始人威廉·C.杜兰特(William C. Durant)和同行亨利·福特都是坚定的禁酒派,他曾公开悬赏征集"有效实施第十八修正案的最佳方案",并在参赛条件中特别指出:"当前必须采取行动,公开向上流社会绅士名媛叫板。因此,惩罚措施必须面面俱到,能够同等约束白人、富人、黑人和穷人。"洛杉矶警察局局长詹姆斯·E.戴维斯(James E. Davis)在参赛方案中表示,权贵阶层"丝毫没有意识到自己在支持'非法'产业。他们的财富助长了违法犯罪分子的嚣张气焰,他们的同情和消费帮助私酒贩出现在不该出现的地方,并且为他们赢得响亮的名头"。

从某种程度上可以说,权贵阶层深入骨髓的特权意识塑造了他们的立场,而他们对冷酷无情又界限分明的阶级差异的强烈认同又强化了这种特权意识。康涅狄格州的著名丝绸生产商,同时也是颇具影响力的全国工业联合会(National Industrial Conference Board)主席的查尔斯·切尼(Charles Cheney)在公开场合一贯支持禁酒令,私下里却非常喜欢饮酒,但他并不认为两者之间存在矛盾;禁酒令显然只是为低等生物设计的——并非只有权贵人士才如此认为,辛克莱·刘易斯在《巴比特》(*Babbitt*)一书中生动地阐述了这一事实。在乔治·巴比特家举办的鸡尾酒"教会仪式"(刘易斯的术语)上,一位泽尼斯(Zenith)市民坚持认为,要求饮酒者持有执照比禁酒令好得多——"如此一来,我们就可以照顾好懒惰的工人，不让他们喝酒，但又不会干涉……我等喝酒的权利"。另一个人表示，"你不应该忽视禁酒令对工人阶层是一件多么有利的事情，既能防止他们浪费金钱，还能避免他们生产效率下降。"亨利·福特的代笔人表示："如果只有高收入群体才能喝私酒，从某种程度上而言绝非幸事。但如果有人必须要喝酒，那最好是那些可以消费得起酒水的人，而非那些连酒钱都付不起的人。"

在这个世界上，权贵阶层和巴比特人之间的区别不仅仅在于前者拥有更多的财富，还在于他们拥有随心所欲的选择自由——或者更加傲慢，或者不那么虚伪。飞机制造大亨威廉·E. 波音（William E. Boeing）在出庭指证罗伊·奥姆斯泰德时，大大方方地承认自己也是这位西雅图私酒大佬的客户之一。但是，泽尼斯的小商人与美国工业界、金融界权贵之间更显著、更具说服力的区别在于，二者之间政治洞察力相差甚远。1927 年 12 月，一群人聚集在詹姆斯·沃兹沃斯在华盛顿特区的官邸内。与乔治·巴比特的朋友们不同，这群人知道工人群体的愤怒情绪可以为己所用。（如果没有认真探究，你或许会感到奇怪，这些曾在禁酒令期间我行我素、视禁酒令如无物的富豪们，竟然会心甘情愿投入如此多的时间与金钱，只为终结禁酒令。）

1927 年 4 月，韦恩·惠勒在结束与丹诺的辩论后，步履蹒跚地回到华盛顿特区。经此一战，他的体力严重透支，但对神圣事业的狂热献身精神并未因此衰减。惠勒花费数月时间跟进有关工业酒精中毒事件的争论，向公务员委员会施压，要求新招募的禁酒探员必须"认同法律"。同时，他还继续履行着对国会、财政部和白宫的督察职责。他甚至说服安德鲁·梅隆，在能开发出一种毒性更大但不至于让人毒发身亡的化学物质之前,不要强制从工业酒精中去除致命的杂质。现在摆在他面前最重要的工作自然是次年的大选。ASL 一直将大部分精力和财力投入到国会竞选上,自信能牢牢掌控两党总统候选人。但在 1924年,艾尔·史密斯从民主党的废墟中脱颖而出,成为该党新一代的领袖人物。惠勒担心,如果史密斯被推举为民主党候选人,可能会将禁酒令转变为总统选举中的一个以党派划分立场的议题。有鉴于此,他从联盟的特别经费中划出 60 万美元专款,用于打击"某些潜在候选人"。

特别打击计划可谓一种超级威胁,犹如打湿一张极为重要的派对门票的票头。纵然该计划无比重要,但也没有丝毫影响到惠勒对其他工作的投入。"他真的一直在工作,"惠勒最亲密的同事、ASL 全国总负责人 F. 斯科特·麦克布雷德说,"无论是在卧铺车位上,还是在火车包厢里,他都会立刻从公文包里掏出文件,提笔草拟一份关于最高法院判决的摘要,或者是一封给集会活动的信,或者是对"湿派"攻击的回复,又或者是将要发表在某杂志上的一篇文章。在酒店餐厅里,他会一边用餐,一边和联盟成员开会。而他自己的房间宛如一个蜂箱,电话铃声此起彼伏,禁酒运动的领导层簇拥在他的周围。"当然,批评者对他日常工作的描述略有出入。《旧金山观察家报》报道称,这位"享有高薪的超级说客"整天忙于"坑蒙拐骗、信口允诺、恫吓胁迫"。不管外界如何攻击,可以肯定的是,惠勒对自己几年前说过的话铭记于心——他警告支持禁酒的同僚,失败的少数方只会不断抗议,但"赢得战斗的多数方则不断转战新的事业"。惠勒坚信禁酒是一项属于多数人的伟大事业。他同时也坚信,唯有自己不懈努力,才能确保不会有人退出这项大业。惠勒对英国禁酒运动的主要倡导者之一阿斯特勋爵[Lord Astor,美国名媛南希·兰霍恩·阿斯特(Nancy Langhorne Astor)的丈夫]表示:"最近一段时间,我们在美国经历了相当艰苦的战斗。一如既往,我们坚守住了阵地。"

1927年夏,惠勒回到巴特克里克,继续接受朋友凯洛格医生的治疗。他在治疗间隙会见记者时表示,史密斯的参选对民主党而言可能是毁灭性打击。惠勒解释道:"高瞻远瞩的政党领导人并不希望把他们的政治前途和一具尸体捆绑在一起。"他同时赞赏柯立芝总统任命来自纽约共和党悍将西摩·洛曼(惠勒称其为"广受认可的禁酒斗士")为新的禁酒负责人的做法。他还认为大学校园内的饮酒现象并不像一部分人所声称的那样普遍,并批评反对禁酒的哥伦比亚大学校长尼古拉斯·默里·巴特勒"毫无根据地攻击"第十八修正案。*

离开巴特克里克后,惠勒前往位于密歇根州西部的绝佳避暑胜地小黑貂角(Little Point Sable),那里有好几位禁酒运动领袖购置的消夏小别墅(广告上写着:"基督徒家庭的乐园、幸福的儿童、纯净的少年、健壮的年轻人。")他从禁酒运动的繁忙工作中挤出几周时间,携妻子埃拉和岳父母一起来到密歇根湖畔,希望过上一段时间的简朴乡村生活。惠勒的岳父罗伯特·坎迪(Robert Candy)家资富足,曾给他安排了一份年薪不超过8000美元但极为舒适的工作。惠勒的一位孙辈后代曾提到,埃拉"把整个家打理得井井有条,韦恩可以安心走出家门,推动禁酒事业以拯救世界"。在小黑貂角,惠勒自34年前在奥柏林镇投

---

　　*　惠勒这次对巴特勒的批评比之前温和了不少。几个月前,他曾严厉抨击巴特勒沦为"贪婪、欲望和酒精"的帮凶,与"私酒酿造商、私酒走私者、地下酒吧老板、'湿派'报纸媒体、非法移民、酒精奴隶及个人自由狂热分子沆瀣一气,只是为了能够开历史倒车,回到可以放任饮酒的时代"。被问及惠勒对他的批评,巴特勒回复道:"如此说来,他现在遇到大麻烦了。"

身于禁酒事业以来第一次从 ASL 沉重的工作中抽出身来。"他一直密切关注着全国各地禁酒运动的形势。"惠勒的研究助理贾斯汀·斯图尔特曾写道,"但在密歇根湖畔的乡间别墅里,没有源源不断涌入或发出的信件和电报,唯有一条涓涓小溪静静流过"。

或许是因为极为虚弱的身体,或许他也真心希望能从 30 年来的事业重压下解脱出来,惠勒此时真心渴望回归平静生活。但在 8 月 14 日,一场难以言述的惨剧击碎了他的美好幻想。美联社报道说:"惠勒夫人在做家务时,身旁的一大桶汽油突然爆燃,点着了她的衣服。她尖叫着冲进客厅,而离她最近但刚刚犯过心脏病的父亲此时正躺在客厅沙发上休息。老人家看到女儿衣服上燃着火焰,惊恐之下猛地站起来,随即却用手紧紧揪着胸口,之后便倒地身亡了。"

次日早晨,埃拉·惠勒也紧随父亲而去。不到一周时间,她那位亲手扑灭火焰的丈夫就离家前往印第安纳州威诺纳湖(Winona Lake)参加在那里举行的世界反酗酒大会(World Congress Against Alcoholism)。"面对如此骇人的悲剧,惠勒依然镇定如故,即便是最了解他坚强性格的亲密朋友也都为此感到震惊。"贾斯汀·斯图尔特写道,"对于所有向他表示安慰的人,他都报以简短的承诺,称此次丧亲之痛只会促使他更加积极投身于自己正在为之奋斗的事业之中。"

然而,他却没能兑现自己的承诺。2 周后,一生雄心壮志冲云霄,但身体却每况愈下的韦恩·比德维尔·惠勒也去世了,享年 57 岁。

对于 ASL 来说,1926 年国会选举中的任何胜利,都比不上詹姆斯·沃兹沃斯在纽约输掉了参议员连任竞选更令人兴奋(联盟报纸称这可能是"'湿派'遭遇的最大损失")。但对沃兹沃斯而言,没有比失败更彻底的解脱了。他可能会怀念往昔繁忙的竞选活动,尤其是那些同行记者们安排的娱乐活动——每到一站,不管停靠的小镇有多小,也不管逗留的时间有多短,记者们都会争先恐后地找个地方喝几杯(即便有几站停留的时间只有短短半小时,他们找酒喝的行动也都无一失手)。但沃兹沃斯肯定不会留恋参议院内表里不一、令人窒息的工作气氛。在最后一次公开演讲中,他严厉批评了那些自己喝酒或与酒徒称兄道弟,但却继续支持《沃尔斯泰德法》的参议院同僚。"难道虚伪也是我们国家品格的一部分吗?"他厉声诘问道,并且给出了自己的答案:若想把国家从泛滥成灾的伪善与荒谬中拯救出来,唯有一条道路——废除第十八修正案。

在反禁酒阵营中,无人能像沃兹沃斯那样大胆地发出如此铿锵有力的号召。他是一个"已被定罪"之人,享受着他人只能奢想的自由。由于竞选连任失败,他已经没有什么可失去的了。1927 年,从失败中解脱出来的沃兹沃斯开启了全国之旅,从波士顿一直走到火奴鲁鲁(Honolulu)。此次长途旅行并非为了推动葡萄酒和啤酒合法化,也不是为了重新定义"致醉"一词,而是为了彻底废除禁酒令。然而,沃兹沃斯对第十八修正案存废最大的影响发生在他位于华盛顿特区的家中。1927 年 12 月 12 日,在洛克克里克公园(Rock Creek Park)旁的宅邸,沃兹沃斯召集了 24 人共商大事。如邀请函所附之言,此次聚会所讨论事项的重要程度并不亚于"我们政府的生死存亡问题"。

邀请函上那段激昂人心的口号出自威廉·斯泰顿之手。1918 年,作为海事律师的斯泰顿曾向 600 余位与他相熟的好友发出邀请函,请他们加入其新发起成立的 AAPA。他最初给协会考虑的名字是"反狂热少数党协会"(Association Against Fanatical Minorities),后觉不妥才改成现在的名字。虽然未能阻止,或者哪怕延缓禁酒修正案的生效,斯泰顿也未放弃自己的想法,在此之后仍坚持反禁酒事业不动摇,即使自掏腰包资助协会运作也在所不惜。他从凌晨四点开始一天的工作,不停地写信,努力筹集更多资金(他特别注意拒绝那些来自烈酒商和啤酒商的捐款),招募有名望的支持者。他不允许自己被不相干的事情分散精力;如果需要添置衣服,他就会买六套一模一样的西装(全部都是定制)和十二条一模一样的领带,这样他就不用将一天中的分秒时间浪费在决定穿什么上了。

但努力并未换来回报。起初,由于斯泰顿熟知上流社会规则,加之天生内向胆怯,因此谨守着支持者的名字而未曾外泄。但这种秘密操作除了令人觉得他的所作所为定有不光彩之处以外,也反映出他的努力并无任何成果。1922年,斯泰顿想方设法在卡内基音乐厅举办了一场反禁酒音乐会,试图吸引"城中有头有脸的人物出席"。在曼哈顿,反禁酒的人多得就像人行道上的拥挤人群。1924年,AAPA在宾夕法尼亚州公开支持七名国会候选人,其中三名为寻求连任的在任国会议员。斯泰顿笨拙的竞选支持行动遭遇惨败,七名候选人都把对AAPA的公开支持视为一种社会传染病避之不及。

然而到了1927年底,受斯泰顿邀请到詹姆斯·沃兹沃斯家中参加会议的人员名单显示,AAPA的地位已然发生巨变。与会者中,包括三位现任国会参议员[威斯康星州的布莱恩(Blaine)、路易斯安那州的布鲁萨德及马里兰州的布鲁斯];竞选连任失败的沃兹沃斯;标准石油公司的继承人,凭借慈善事业将家族名字镌刻在哈佛大学、耶鲁大学、哥伦比亚大学和布朗大学建筑上的爱德华·斯蒂芬·哈克尼斯(Edward S. Harkness);身兼巨蟒铜业、伯利恒钢铁、固特异橡胶及其他五家蓝筹

公司董事的私人银行家格雷森·马勒特-普雷沃斯特·墨菲(Grayson
Mallet-Prevost Murphy);以及其他一些名字屡见报端,定期出现在社交
新闻版面,并且几乎每天都会出现在商业新闻版的社会名流(包括保
利娜·萨宾的丈夫)。"1917 年,反禁酒阵营的领军人物是 USBA 主
席。"查尔斯·墨茨(Charles Merz)写道,"1927 年,反禁酒阵营的领导
权转移到了宾夕法尼亚铁路公司总裁和通用汽车公司董事长的手中。"

　　原著名陆军将领、现宾夕法尼亚铁路公司总裁威廉·华莱士·阿
特伯里(William Wallace Atterbury)是 AAPA 的活跃分子。但是,当在
沃兹沃斯家的会议进行到第二天,与会者一致同意推举杜邦公司董事
长兼通用汽车公司董事长皮埃尔·杜邦为协会总司令。杜邦家族历史
悠久、地位显赫,而皮埃尔本人也是家族的绝对领袖。他的宅邸——郎
伍德庄园(Longwood Gardens)——是一座令人目眩神迷的私家花园,坐
落于威明顿市(Wilmington)西北 12 英里处,占地面积达 1000 英亩,拥
有 30 个房间,周围簇拥着花园、温室和喷泉。杜邦在 AAPA 内拥有不
可撼动的主导权。在沃兹沃斯宅邸会议后的第二年,他已经成为该协
会最大的个人捐助者,而排在第二、第四和第六位的分别是其兄弟伊雷
内和拉美特,以及他最亲密的商业搭档约翰·拉斯科布。皮埃尔·杜
邦接管 AAPA 两年后,一位协会高级成员表示,杜邦对协会及其使命的
投入"超过了所有美国人"。

　　皮埃尔·杜邦属于超级富豪,他一年的净收入曾经超过 5000 万美
元。他并不是一位靠继承雄厚家产过上优裕生活的富二代,而是有着
超凡经营才华的商界巨子。起初,他和两位堂兄弟一起经营家族生意,
后来逐渐独当一面,将家族的火药业务打造成一个庞大的工业龙头企
业。在精明的拉斯科布的协助下,皮埃尔·杜邦在 1920 年通过精妙的

手法掌控了通用汽车公司（杜邦家族拥有 36% 的股份）。两人合作开创的关于资本配置、会计方法以及单一控股集团公司控制下不同业务单元共同发展的商业模式，是当时美国工商业界公认的学习榜样。

　　早在父亲因一起生产事故不幸遇难之后，皮埃尔·杜邦的领导天赋便显露出来。尽管当时他年仅 14 岁，但作为家里十个孩子中的长子，皮埃尔于情于理都是一家之主。他的弟弟和姐妹们——甚至比他大两岁的姐姐路易莎（Louisa）——都习惯用"爸爸"或类似的称谓称呼他（这一家庭习惯延续了好几十年）。在皮埃尔的众多往来信件中，有一封信读起来令人震惊，细细品味之后又让人颇为感动。在这封信中，弟弟伊雷内·杜邦也亲切地称呼哥哥皮埃尔·杜邦为"亲爱的爸爸"。要知道在信件所署的 1920 年，皮埃尔已经年届 50，而当时已是世界上最大的炸药及其他化学品制造公司掌舵人的伊雷内也已经四十四岁了。

　　皮埃尔在此前一年将杜邦公司的日常经营交给弟弟打理，当时那场改变了家族商业帝国的世界大战刚结束不久。1913 年，杜邦公司的无烟火药年产量为 840 万磅。待到 4 年后美国加入第一次世界大战时，公司的火药年产量已经超过 4.5 亿磅，杜邦家族赚得盆满钵满。但在此期间，威尔逊政府通过了《1916 年税法》（*Revenue Act Of* 1916），多渠道筹集资金，为美国参战做准备。新税法给杜邦家族带来了三大冲击：对最高收入群体的所得税税率翻倍、首次在和平时期设立遗产税、对军需品供应商的利润课征 12.5% 的所得税（考虑到杜邦公司股票的股息分红在 1914 年到 1918 年间足足增加了 16 倍，新加征所得税的绝对数额相当可观）。

　　皮埃尔·杜邦因此火冒三丈。他增加了对伍德罗·威尔逊在竞选中的共和党对手查尔斯·埃文斯·休斯(Charles Evans Hughes)的政治捐款,总额高达 9.25 万美元,比休斯从其他任何捐款人处获得的捐款都多(相当于 2009 年的 180 万美元)。杜邦认为高税负扼杀企业进取心,侵犯个人自由。他还痛恨《谢尔曼反托拉斯法》(Sherman Anti-Trust Act)、公共救济计划和高速公路限速令,并对特拉华州刑事惩教机关安排在押犯人去修理汽车的计划勃然大怒,认为这对私人汽修店而言是不公平竞争。总而言之,杜邦对通过民主智慧选举出的政府的信心与其对跳舞小精灵的信心相差无几。

皮埃尔·杜邦的种种举措并不意味着他缺乏公共精神,他只是坚信有关公共利益的决策权应该掌握在个人手中。20 世纪 20 年代初,杜邦担任特拉华州教育委员会主席时(他后来还曾任州税务专员),州议会曾立法禁止为了支持黑人教育而向白人公民征税。该州当时在学校执行种族隔离政策,黑人学生就读的学校条件之恶劣令杜邦感到非常震惊。他没有呼吁政府开征新税,而是自己拿出 400 万美元资金修建了 86 座新校舍。只要可以按他认为合适的方式部署资金,杜邦便很乐意资助公益事业。但若认为自己的钱被政府没收并且被不合格的民选代表重新分配时,他就会怒火中烧。

AAPA 的成立,正是为了满足人们对理想世界的憧憬。在这个世界中,"睿智之人将有机会以获准经营商业的方式运作政府事务"。在禁酒令推出之初,杜邦曾表现出一定的支持,寄希望于通过禁酒提高美国工人的生产效率。但在大约五年后,随着禁酒执法力度越来越强,工厂经理报告的工人生产效率却不断下降,杜邦也随之调整了自己的立场。他请斯泰顿寄给他一些关于禁酒令的书籍(为了寻求观点平衡,他也向韦恩·惠勒提出了同样的请求)。皮埃尔·杜邦的兄弟们此前

已经加入了 AAPA 的统一战线。［伊雷内告诉表兄弟科尔曼·杜邦
（Coleman du Pont），禁酒令是"暴政的开始"，人民之所以没有奋起革
命，"只是因为大部分人都相当愚蠢，而且能很快适应新社会环境"。］
1927 年 12 月，当皮埃尔·杜邦抵达华盛顿特区准备前往詹姆斯·沃
兹家中参加会议时，便已下定决心，推进东道主在参议院告别演讲中所
提出的激进理念——废除禁酒宪法修正案！

　　皮埃尔·杜邦的强硬个性以及身后的亿万家产是他迅速强化自己
信念的力量源泉。在伍德兰大道（Woodland Drive）2800 号的会议召开
后短短几周的时间里，他就迅速掌控了 AAPA 的运作。事实上也可以
说，整个协会已经为他所有。杜邦给了斯泰顿一个荣誉头衔，让他淡出
实际管理，然后请来了精力充沛的纽约人亨利·H. 柯伦（Henry H.
Curran）负责日常工作。柯伦公开宣称，自己将致力于"把禁酒令这颗
肿瘤从美利坚立国命脉中摘除"。皮埃尔·杜邦联合兄弟拉美特、约
翰·拉斯科布以及另外两位志同道合人士，从其控制的基金中拨出专
款用于支付斯泰顿和柯伦的薪水。他向工作人员和同僚们表示，自己
对改革现有的禁酒法律毫无兴趣，他所在意的是"恢复原初的宪法原
则"——不容忍，更不会要求政府干预公民生活的宪法。

　　1928 年夏，杜邦辞去了通用汽车公司董事长一职，几乎全身心地
投入到废除禁酒令的社会运动之中。根据在承建黑人学校时所确立的
工作管理体系，他甚至还进行了一场杜邦版的选举——面向特拉华州
选民征集对禁酒令的态度。最终统计结果显示，反禁酒令一方以 8 比 1
的压倒性优势完胜支持方（该州近一半的选民参加了此次投票，可以
认为在这场自发组织的投票中，绝大多数人都认可杜邦的理念）。此
外，杜邦还在自家附近以书面形式征求了 300 人的意见，包括门卫、园

丁、仆人及其他个人员工。调查问卷的抬头这样写道——"致居住在郎伍德庄园并关心公共利益的诸位"。调查结果同样显示，那些人也不喜欢禁酒令。

在确立反禁酒坚定信念的同时，皮埃尔·杜邦还帮助先锋大将柯伦为 AAPA 组建了一个阵容强大的"荣誉董事会"，吸纳了众多愿意公开反对禁酒令的社会知名人士参加。尽管斯泰顿出于不必要的社交规则考虑希望继续对成员名单保密，但杜邦和柯伦非常清楚，那些镶着金边、散发着权贵气息的名字不但能够为 AAPA 的工作提供强大背书，而且或许能够赢得社会大众的仰慕。不久，金融业巨头哈里曼家族（Harrimans）、汽车巨头费舍尔家族（Fishers）和橡胶轮胎业巨头古德里奇家族（Goodriches）都纷纷加入化工大亨杜邦家族和石油大亨哈克尼斯家族（Harknesses）引领的反禁酒令阵营。AAPA 的一名高级管理人员表示，协会理事成员数量在过去两年时间里获得了前所未有的增长，目前已达数百人。这些社会知名人士"直接管理着 400 亿美元的资产，手下雇员总数高达 300 万人"。

对于 AAPA 而言，1928 年的春天尤其显得生机勃勃。废除禁酒令的工作刚刚启动，就成功吸引了 69 位美国最杰出的商业领袖与金融巨头参加，他们均愿意向皮埃尔·杜邦资助下突然崛起的组织宣誓效忠。在此后几十年间，禁酒令的支持者和反对派以及持不同立场的历史学者之间经常就一个问题争论不休，即 AAPA 卓有成效的高级成员招募工作是否可归功于一个简单动机——为了自由饮酒。1928 年 3 月 19 日，杜邦在给威廉·P. 史密斯（William P. Smith）的信中，很罕见地直呼其名（杜邦一般仅对家庭成员如此称呼）。杜邦在信中解释说："AAPA 的宗旨不仅仅是为了恢复美国人自由饮酒的权利，另一个更重要的目标是消除禁酒令给政府造成的巨大财政损失。"在禁酒令之前，政府通过向烈酒和啤酒征收酒税，每年都能获得庞大的税收收入。杜邦对朋友比尔表示，一旦废除禁酒令，"政府收入将会大幅增加，其数额足以支撑取消所得税和公司所得税"。

杜邦总结道："总体来说，前途光明，有赖诸位共同努力。"

对于韦恩·惠勒之死，外界的反应可概括为三类。第一类是试图摧毁他的政治遗产，抨击他对政治的操纵。《辛辛那提询问报》评论称："他让伟人充当傀儡，在其无情指挥下跳舞。"第二类是追随者缅怀他，视他为不朽的圣战者[《奥马哈世界先驱报》(*Omaha World-Herald*)称颂道："韦恩·惠勒虽已离世，但他推动社会进步的革命理念，闪烁着约翰·布朗(John Brown)①的不朽精神，将永远激励着人们前行。"]，或者伟大的战争英雄[《俄亥俄州日报》(*Ohio State Journal*)在漫画中将惠勒描绘成率领三百勇士抵挡住数十万波斯大军的斯巴达国王列奥尼达斯(Leonidas)——将一位一直声称代表社会多数民意的领袖比作仅率领三百士兵的列奥尼达斯，总是令人感觉怪怪的]；但其接班人——ASL 的领导层——也是第三类，却如一群野猫般，在领头公猫尸骨未寒之时立刻相互撕咬起来。

---

① 约翰·布朗(1800—1859)，美国黑奴起义领袖、废奴主义者。不像大多数北方人认为应该通过和平谈判解决奴隶制废存问题，约翰·布朗坚持采取暴动革命方式。他说："这些人只会空谈，我们需要的是行动，行动！"在 1856 年 5 月堪萨斯的起义中，约翰·布朗和同伴杀害了 5 名南方奴隶主。1859 年他在弗吉尼亚州哈珀斯费里发动起义，有 7 人(包括一名黑人)丧生，10 余人受伤。3 天之后，他的同伴多被杀害，起义被罗伯特·李将军镇压，约翰·布朗自己亦被逮捕并处决。约翰·布朗的死成了引发南北战争的重要原因之一。

早在 1924 年,随着 ASL 伊利诺伊州分部负责人 F. 斯科特·麦克布雷德(惠勒培养的接班人之一)接替珀利·贝克担任总部负责人,ASL 内部关于战略方向问题的争论开始白热化。惠勒和麦克布雷德均认为,禁酒令的成功有赖于有效执行禁酒法律规定的惩罚措施。凭借着坚强的意志和过人的智慧,惠勒在与敌人周旋的同时还极大地激励了己方盟友。但相比之下,麦克布雷德性格阴沉呆板,虽然担任立法主管(也是惠勒的最高职务)一职,却缺乏足够的能力与激情去实现内心的宏图伟愿。在卡内基音乐厅与丹诺的辩论会上,麦克布雷德代替身体不适的惠勒朗读开场白。此时此刻的他正本色出演一个非常适合他的角色——傀儡传声筒。

ASL 内部的另一派以宣传负责人欧内斯特·彻林顿为首,他们认为单靠法律无法解决酗酒问题,教育、宣传及其他教化手段对实现长久的胜利至关重要。1924 年,惠勒-麦克布雷德派击败了彻林顿派,统一了 ASL 的战略方向,但也埋下了巨大的隐患。自 ASL 成立之初,小约翰·洛克菲勒家族就持续为其提供财务支持,但在 1926 年后却切断了资助资金。ASL 推动国会立法,对违反《沃尔斯泰德法》的人处以强制监禁,令洛克菲勒极为不满。多年以来,唯一一位对 ASL 捐款超过洛克菲勒家族的人是巨商塞巴斯蒂安·史博林·克雷斯吉,但他也支持彻林顿一派的战略。克雷斯吉承担了 ASL 教育部全部的运作经费,而教育部正是由彻林顿分管。然而,联盟内部拥护法律惩罚的一派对克雷斯吉的慷慨解囊不以为然,对洛克菲勒切断财务支持之举毫不屈服,坚决推行强化法律惩罚的战略。与麦克布雷德位于同一阵营的詹姆斯·坎农主教呼吁国会通过新的立法直接将饮酒行为定为非法,并要强迫买家指认卖家。坎农主教的新提议实在过于激进,就连惠勒本人也无法赞同。到了1927年夏,随着惠勒健康状况的不断恶化,联盟内部的矛盾一点即燃。ASL也感觉有必要发布一份公开声明以平息外界各种猜测。声明中写道:"就像大多数社会运动组织一样,联盟内部也有问题亟待解决。"

尽管惠勒已与彻林顿派形成对立,但他的成就是如此显赫,他的魅力是如此强大,以至于他在疾病之中仍能使内部两大势力在战火一触即燃的形势下达成休战共识。惠勒去世后,凝聚共识的力量也随之消失。彻林顿派抓住机会最后一搏,试图夺取对联盟的控制权。然而一个桃色事件的曝光却给彻林顿派带来沉重的打击。克雷斯吉的妻子雇用了私家侦探跟踪自己的丈夫,后来在曼哈顿东48街一座使用假名登记的公寓里捉到了金屋藏娇的克雷斯吉。重要捐赠人的桃色新闻迅速成为人们茶余饭后的谈资,对联盟的事业来说可算不上什么好事,毕竟克雷斯吉这次占据的新闻版面比几个月前他被指控鲁莽驾驶那次还要多。因为出轨,克雷斯吉还被告到法院,纽约州最高法院判定他为"家庭破坏者"。反对禁酒的国会议员对此欣喜若狂,在讨论中无不感谢"陷入婚姻困境的克雷斯吉"给予"湿派"的慷慨相助。

尽管教育启蒙派一直希望能够领导ASL,避免走强硬路线,但惠勒去世后发生的一系列事件没有一件是好消息。事实上,随着洛克菲勒家族的离去以及克雷斯吉因桃色事件蒙羞失去大众支持,强硬派几乎没有任何理由接纳彻林顿主义者的温和运动路线。尽管彻林顿(在一般人眼中)是联盟内最通情达理、不慕虚荣、温和谦恭的高层人士,坎农和麦克布雷德的掌权仍然让他参与了一场精心策划(亦是徒劳无功)的阴谋,尽其所能抹黑惠勒及其追随者。作为惠勒的研究助理,贾斯汀·斯图尔特在惠勒去世后出版了一本关于老板的传记。他私下里和彻林顿达成一致，在传记中有意贬损惠勒的形象。斯图尔特一方面赞扬惠勒的斗争成效，另一方面却抨击他的行动策略，并且得出一个非常尖锐刻薄的结论，称在惠勒去世之后，联盟内再无堪当大任之士。

对于向来以处世睿智为人称道的彻林顿而言，参与破坏惠勒声誉的阴谋自然算不上一件可以心安理得而为之的工作。但在 1927 年末至 1928 年初这段时间，联盟理事会中也的确无人可称得上是成熟稳重，也无人展现出非凡的领导才华。著名的反禁酒律师朱利安·科德曼（Julian Codman）告诉皮埃尔·杜邦："韦恩·惠勒之死引发了今日禁酒阵营内部的混乱局面。"回顾与 ASL 多年以来的交锋，亨利·门肯或许发现了更深层次的原因。他或许厌恶 ASL 所信奉的一切理念，但这并没有蒙蔽他辩人识才的慧眼。门肯写道："50 年来，美国从未出现过比韦恩·惠勒更擅于操纵政治的人。与惠勒相比，其继任者之渺小犹如小石子之与欧洲马特洪峰（Matterhorn）。"

1928 年总统大选长久以来一直被认为是美国历史上最不幸或者至少是最尴尬的一段插曲。由于社会上流行的反天主教偏见，民主党候选人艾尔·史密斯失去了一些民主党铁杆票仓的选票（这些州此前从未支持过共和党）。他的对手赫伯特·胡佛在共和党造就的看似无穷无尽的经济繁荣浪潮中当选为新一任总统。而就在几个月之后，由白日美梦、财富泡沫和市场操纵共同堆砌的经济泡沫终于破裂了。在结果明晓的一刹那，1928 年大选被"干派"阵营视为禁酒令大获全胜的最佳体现。在他们看来，由于公开反对禁酒的艾尔·史密斯被反酒精浪潮所淹没，国会也会变得更加干燥。但换个角度看，1928 年大选对"干派"阵营而言其实是一场巨大的灾难。如此意外的选举局面也正表明,复杂的政治形势有时会产生一股浓厚的迷雾,将社会能见度降至零。

如果两个支持群体与第十八修正案有着非同寻常的利益关系,那二者之间显然应达成坚固的同盟。在禁酒令相关的道德问题上,没有谁比浸信会和卫理公会的牧师们更加积极,他们就是禁酒令的护民官;但在第十八修正案相关的经济利益方面,关系最大的却是那些每天都在破坏禁酒令的罪犯们。若要说那些收受贿赂的警察、腐败的法官、地下酒吧的老板,以及所有从第十八修正案及《沃尔斯泰德法》中牟得暴利者向禁酒政治人物提供了资金支持,实在令人匪夷所思。我们也很难想象,调查人员能从一张作废的政治竞选捐款支票上找到黑帮大佬阿尔·卡彭的名字。

但资金是流动的,金钱总能找到从黑帮金库流向政客竞选银行账户的通道。二者之间发生联系是不可避免的,联系的逻辑也无懈可击。不同阵营的人物,如参议员詹姆斯·沃兹沃斯("湿派")、伊兹·爱因斯坦("干派")、《纽约世界报》(坚定的"湿派")及参议员乔治·诺里斯(坚定的"干派"),均一致认为二者关系密切。如简·亚当斯所言:"毫无疑问,所有的私酒贩子都反对修改法律。"毫无疑问,亚当斯所言甚是。在1922年的马萨诸塞州的公投中,投票同意继续执行本州禁酒法律的县只有巴恩斯特布尔(Barnstable)、杜克斯(Dukes)和楠塔基特三地——其中一个县三面临水,另外两个四面环水——它们都从附近水域的私酒舰队母船经济中获益匪浅。* 在1926年的选举中,罗伊·

---

* 一些人可能会说,宗教、种族、政治立场等看起来不那么功利的因素能解释这种现象。但在英格兰和苏格兰-爱尔兰裔新教徒同样占人口多数,而且在政治上同样支持共和党的内陆县,却普遍投票反对执行禁酒法律。

奥姆斯泰德为了支持国会参议院中最积极的禁酒先锋韦斯利·琼斯竞选连任,安排助手送上 6000 美元赞助资金,同时也向 WCTU 提供了资助。在政府内部,私酒贩子的代理人也与禁酒派人士广泛合作。芝加哥市长巨人比尔·汤普森是一位极端的"湿派"(曾吹嘘"我比大西洋最深处还要湿"),但却在 1926 年率领自己的团队支持禁酒派参议员候选人弗兰克·L. 史密斯(Frank L. Smith)。向来以直言不讳著称的"干派"众议员 M. 阿尔弗雷德·迈克尔森(M. Alfred Michaelson),其实也是比尔·汤普森庇护下的傀儡国会议员。

阿尔·卡彭办公桌后面的墙上也挂着一幅比尔·汤普森的画像,和担任芝加哥市长的巨人比尔·汤普森正是同一人。据说,汤普森为了 1927 年的市长竞选,从卡彭的帮派那里筹集了超过 25 万美元的资金。在卸去市长一职之时,汤普森的年薪是 1.8 万美元,但他却在去世时留下了近 200 万美元的现金及现金等价物。黑帮暴徒对汤普森这样的"'湿派'大佬"的支持,以及汤普森对史密斯和迈克尔森这样的国会"'干派'先锋"的支持,在逻辑上并不脱节。私酒走私者需要禁酒法律以禁止合法商人合法从事酒水生意,也需要反禁酒的政府机构防止警察和其他执法官员干涉他们的生意,因此最完美的组合就诞生了——支持禁酒令的国会和州议会制定禁酒法律,而反对禁酒令的市长和州长拒不执行禁酒法律。从另一个角度看,这种组合形势与美国人口最多的城市和州在即将到来的 1928 年大选中呈现的形势非常接近。

1926 年,莫里斯·拉扎伦(Morris Lazaron)拉比调研了美国拉比中央会议的成员及他们所在社区对禁酒令的态度。历史学家玛尼·戴维斯(Marni Davis)写道,122 名成员反馈回来的意见各异,但"几乎每个地区的每位拉比都断言,只有两类人坚决支持禁酒——福音派基督徒和私酒贩子"。

在每次大选中私酒贩子可能都会往地方政府和议会的候选人办公室送去匿名的现金包裹,但他们却对总统大选政治不甚上心。另一边的福音派基督徒既谈不上清正廉洁,也非羞涩胆怯之徒。在 1928 年的总统大选中,他们前所未有地直接参与了选举政治。

并非是共和党总统候选人的魅力激发了福音派基督徒参与大选政治的热情。商务部长赫伯特·胡佛早年靠在澳大利亚和中国当采矿工程师发家致富,以在第一次世界大战期间担任美国食品管理局局长而闻名全美。他是一个相当世俗之人,在禁酒问题上的立场记录也好坏参半。他曾表示,2.75% 酒精度的啤酒算不上一种致醉饮料。在"一战"期间,他还曾反对政府出台临时性禁酒措施。如果浸信会教徒和禁酒先锋队中的其他原教旨主义者得知胡佛曾从参议员利兰·斯坦福(Leland Stanford)的庄园里买了一个豪华酒窖,他们肯定不会善罢甘休(即使知道胡佛太太已经在 1919 年将酒窖转手了)。他们要是知道胡佛每晚在从商务部下班回家的路上都会在比利时大使馆稍作逗留,并喝上几杯晚间鸡尾酒,肯定更是恼怒不堪。在禁酒令结束后,胡佛回忆起当年在比利时大使馆蹭酒喝的时光,情不自禁地感慨道:"偷得浮生半刻闲,乐享良夜一场醉。"

1928 年,艾尔·史密斯在民主党党内提名战的首轮投票中就斩获了压倒性的胜利——其支持票数几乎是来自田纳西州的"干派"候选人科德尔·赫尔的 12 倍之多。经此一役,1924 年 103 次残酷投票中几乎吞噬了民主党的烈火被扑灭了。* 在休斯敦的全国党代表大会上，民主党代表们聚集在这位反禁酒的纽约客周围，而站在艾尔·史密斯身边的副总统候选人是来自阿肯色州的禁酒派参议员约瑟夫·罗宾逊（Joseph Robinson）。民主党在会后发表了一份扑朔迷离的声明，支持"以诚实正直的方式执行第十八修正案"，使得民主党的立场也变得扑朔迷离。

但无论是民主党为维持党内表面团结所制造的假象，还是代表大会所给出的继续忠诚执行法律的幻象，都无力帮助本党候选人赢得禁酒原教旨主义者的支持。胡佛部长虽然喜欢喝酒，但至少还半遮半掩，而史密斯州长则是毫不忌讳地公开享用美酒（尽管他还没有如支持他的《国家》杂志编辑宣称的那样，每天都要喝上4—8杯鸡尾酒或苏打威士忌）。沃尔特·李普曼曾写道，胡佛"认为干湿两派都是彻头彻尾的疯子"，而史密斯则明确展示了自己的立场。尽管胡佛渴望获得共和党内"湿派"群体（为极端"干派"群体所不齿）的支持，其中包括拉美特·杜邦、詹姆斯·沃兹沃斯及保利娜·萨宾等，但他仍然顺应形势，向外界发出了正确的信号（严格执法，而非废除禁酒修正案等），而史密斯则发出了错误的信号（呼吁地方自治，抨击官员腐败现象）。虽然胡佛身为贵格会信徒，在信仰的神学理论上与基督教原教旨主义者相左，但至少美国贵格会教派也曾有过一段推动戒酒的历史。史密斯是一名天主教徒，而在20世纪20年代的基督教原教旨主义者眼中，任何教派或其他信仰的邪恶都不如天主教的万分之一。

---

* 来自密苏里州的吉姆·里德是另一位实力接近史密斯的潜在"湿派"候选人。但里德没有抓住机会，因为他收了极端"干派"人士亨利·福特的10万美元预付金，外加每天1000美元的报酬，为福特在诽谤诉讼中出庭辩护。

　　艾尔·史密斯的参选给宗教偏见分子和仇外分子树立了完美的恶魔标靶。此前推动"三 K"党迅速发展的原始冲动在 1928 年再次引爆了那些所谓的"纯种美国人",他们唯恐自己的国家落到爱尔兰人、意大利人以及其他聚集在大城市的外来移民手中。牧师鲍勃·琼斯振臂一呼,喊出了一句响彻美国的战斗口号——"宁见酒馆遍地开花,不容天主教徒踏入白宫"。如果这句还不能充分表达他的感受,那么另一句口号肯定足以表达他的强烈倾向。琼斯牧师曾宣称,相比选择信奉天主教的史密斯,他更愿意选出"一个黑人总统"。

　　约翰·雅各布·拉斯科布是艾尔·史密斯身后的最大支持者。史密斯投桃报李,安排拉斯科布担任民主党全国委员会主席。如此一来,敌视史密斯的群体更是怒不可遏,他们深感阴谋论中的情节正在一一上演——1924 年,拉斯科布极力支持柯立芝当选,以此帮助自己跻身共和党名人堂;如今,他又推举史密斯竞选总统,其实是在为实现罗马教皇的阴谋打掩护。他们密谋先全盘掌控民主党,然后代表罗马教皇把美国政府大权交到哥伦布骑士会(Knights Of Columbus)①手中。这个阴谋论恰好契合仇视天主教群体内心深处的极端憎恶心理,足以令这群人从头到脚战栗不已。

　　拉斯科布或许是当时全美最富有的天主教徒。在禁酒原教旨主义者看来,他的财富足以使其成为最危险的人物。拉斯科布出身贫寒,父亲是纽约州洛克波特市(Lockport)的雪茄制造商。21 岁时,他幸遇皮

---

　　①　哥伦布骑士会是世界上最大的天主教兄弟会志愿者组织,于 1882 年由爱尔兰裔美国人神父迈克尔·J. 麦基夫尼(Michael J. McGivney)在美国康涅狄格州纽黑文市发起设立,为纪念哥伦布而命名,致力于"慈善、团结、兄弟情谊、爱国主义",会员资格限于 18 岁以上的男性天主教徒。

埃尔·杜邦,受雇担任会计兼速记员,周薪 20 美元。在接下来的 20 年
中,拉斯科布作为皮埃尔·杜邦的代表重组通用汽车公司,从中大赚了
几千万美元;后来,他受命担任通用汽车董事会中权力最大的财务委员
会的主席,发起设立了公司贷款业务部门,亦即后来利润惊人的通用汽
车金融服务公司(General Motors Acceptance Corporation)。1928 年 2 月,
拉斯科布公开向华盛顿教区捐赠 100 万美元,并为信仰传播协会
(Society For The Propagation Of The Faith)、洛雷托基金会(Loretto Foun-
dation)、北美红衣主教学院(North American College Of Cardinals)和波
士顿一位名叫弗朗西斯·斯佩尔曼(Francis Spellman)的年轻牧师提供
投资建议。创办于 1924 年的《公益》(Commonweal)①杂志在很大程度
上得益于拉斯科布的慷慨资助。教皇庇护十一世(Pope Pius XI)为嘉
奖拉斯科布对天主教会公益事业的杰出贡献,任命他为教皇宫廷的荣
誉大臣。

在 1928 年大选中,鲍勃·琼斯或许是抨击史密斯、拉斯科布和天
主教徒阵营中最出风头的一员大将,但整个大合唱中还有很多声音。
棉花大王汤姆·赫夫林的政治斗争伎俩再次刷新了道德底线,他在参
议院声嘶力竭地控诉称,天主教牧师持续残害婴儿,天主教操控亚拉巴
马州媒体,以及艾尔·史密斯正为建立一个天主教徒占多数的美国而
谋划吞并墨西哥。一些反天主教群体再次喊出"私酒、天主教、叛国"
的攻击口号。自 1884 年总统大选以来,这句曾经的口号还从未被提及
过,当时共和党人将这三个词汇糅合在一起,构建了罪恶版的三位一

---

① 《公益》杂志是美国最早的罗马天主教独立杂志,由迈克尔·威廉姆斯(Michael
Williams)和卡尔弗特咨询公司(Calvert Associates)创办于 1924 年,最初效仿《新共和》和
《国家》的办刊风格,传播天主教会的声音,其内容涉及艺术、宗教、社会及政治多个领域。

体,以打击民主党内日益增长的爱尔兰裔势力。在拉斯科布的安排下,史密斯把竞选总部迁至纽约的通用汽车大楼,和他自己的办公室仅一部电梯的距离。在那些终日幻想着天主教阴谋的敌视分子眼中,此举又是一个新的重大证据,再次验证了他们的观点(还好他们不知道拉斯科布私下里还给了史密斯价值 10 万美元的美国无线电公司的股票,要不然他们紧张的神经可能会炸裂)。《联谊论坛》(*Fellowship Forum*)是一份"三 K"党主导的报刊(为了方便散布谎言特地起了个平淡无奇的名字),它在 1928 年 10 月的一份报告中宣称,史密斯领导下的美国将会沦为"梵蒂冈的附庸国,充斥着酗酒与腐败的恶臭"。

就这样,一个神奇的公式诞生了!天主教徒背信弃义、叛国求荣;反禁酒派寡廉鲜耻、罪孽深重。如今,二者完美地融为一体。宗教与种族歧视的代言人比《联谊论坛》之流更为狡猾,他们骂人不吐脏字,无须这种简单粗暴的牵强附会。即使素以信仰坚定著称的坎农主教——憎恨天主教徒,曾称天主教会是"无知、迷信、偏执与罪恶之母"——也宁愿以其他委婉的词汇来描绘史密斯。"湿派""纽约政客""坦慕尼派",这些词语汇聚在一起,就成为史密斯那些值得尊重的对手们口中从未言及的一个词语——"天主教徒"。

第十八修正案通过后,主要政党的六位总统提名竞争者——沃伦·哈定、詹姆斯·考克斯、卡尔文·柯立芝、约翰·戴维斯、赫伯特·胡佛及艾尔·史密斯——却都算不上禁酒令的坚定拥护者。然而,史密斯是其中第一位以反禁酒代言人的形象公开竞选之人。拉斯科布为了助力史密斯当选而投入巨资,仅个人现金捐赠就达到了破纪录的69 万美元,还为其提供了融资承诺。在拉斯科布的支持下,史密斯吸引了广大"湿派"选民,尤其是来自东北部各州的选民,他们此前从未投票支持过民主党候选人。但由于以废除《沃尔斯泰德法》作为竞选纲领,史密斯的政敌们得以运用禁酒议题辩论中相对文明的语言为其丑陋的宗教偏见披上一层遮掩的外衣。在共和党全国委员会派出梅布尔·维勒布兰德参与竞选活动后,史密斯意识到,反天主教偏见将在临近大选的秋季达到高潮,自己的天主教徒身份与反禁酒立场被对手强行揉捏在一起,会给自己的竞选埋下巨大的风险。在此前七年,维勒布兰德一直是禁酒令执法中出镜频率最高的执法官员。自大选开始以来,她并没有为胡佛积极奔走。不过相较于公开参加竞选活动,维勒布兰德的工作为共和党大选所作的贡献要大得多。当民主党正在休斯敦召开全国代表大会时,维勒布兰德亲自策划了 6 月 28 日在纽约的一系列夜店突袭检查行动,而当天正是史密斯赢得民主党内提名的日子。面对如此反转的剧情,这位风头正盛的民主党人即使感到脸上无光,也要强作镇定,显示出一副毫不在乎的样子。

在共和党全国委员会决定启用家喻户晓的维勒布兰德作为进攻武器后,她一出手就是漂亮一击。她的任务是在卫理公会俄亥俄州大会上发表主旨演讲;她的论点是"坦慕尼协会……黑社会关系……纽约……法外之城……";她的诉求是"现场有 2000 名牧师,而仅在俄亥俄州,你们的教会就有 60 多万卫理公会教徒,足以左右选举结果。这 60 万教徒也有朋友遍布于各州,请写信给他们。"

没有证据表明一向热情和善的维勒布兰德本人也反对天主教,也没有证据表明她意识到自己的演说(从未提及史密斯的宗教信仰)会被解读为反对天主教。如若有人提起,她会指出身为天主教徒的共和党全国委员会法律总顾问詹姆斯·F. 伯克(James F. Burke)早已澄清了这场"面向卫理公会教徒的演讲"。但现场那群听众的身份属性、一连串的政治暗语,以及现场动员卫理公会教徒以把他们转化为胡佛竞选大军的企图彻底激怒了艾尔·史密斯,促使他把宗教问题置于竞选的中心议题,恰好落入"干派"阵营中最愤世嫉俗的议题操纵者们的圈套。当史密斯在俄克拉荷马城参加竞选活动时,附近的乡村大肆焚烧十字架,向他发出熊熊的敌意火焰。史密斯在演讲中抨击了"三K"党、共和党、一位叛变的民主党参议员和梅布尔·维勒布兰德,称他们将自己的信仰变成了一个政治问题。他表示,此举是"对作为美国立国基础的自由精神的严重背叛与攻击"。

关于此次竞选演讲的报道占据了全国各地报纸的头版。共和党人反过来指责史密斯将宗教问题带入竞选活动。在史密斯的俄克拉荷马城演讲两天后,维勒布兰德紧接着向另一群卫理公会教徒发表了演讲,称民主党候选人"没有胆量站出来,向公众展示他作为酒水销量冠军所创下的纪录"。她和其他"干派"共和党人坚称,此次大选将是对禁酒令的一场全民公投。

但事实并非如此。艾伦·J. 利希特曼(Allan J. Lichtman)在有关胡佛-史密斯之战数据的详尽研究著作——《偏见与旧政治》(*Prejudice And The Old Politics*)中写道:"现有证据表明,对史密斯禁酒立场的反对只不过是敌视他天主教信仰的遮羞布罢了。"然而,1928 年大选投票刚结束,"干派"在得知初步计票数据后就一片欢腾,宣布此次选举是第十八修正案以来禁酒运动赢得的最大胜利。作为"干派"候选人,胡佛在共和党全国大会接受提名后的演讲中盛赞禁酒令的社会价值,称禁酒令是"一项伟大的社会与经济实验,初心高尚,目标深远"。胡佛在选举人团投票中以 444∶87 的压倒性优势赢得大选,创下了 60 余年来最为悬殊的总统大选选举人团多数票。坎农主教领导的"民主党反史密斯特别会议"(Conference Of Anti-Smith Democrats)在南方拥有雄厚的势力,足以令民主党的5个铁杆票仓州抛弃共同的历史认同,转而投向共和党的胡佛。ASL的F. 斯科特·麦克布雷德(有史以来首次支持特定总统候选人)兴高采烈地说道,艾尔·史密斯的落选将确保民主党未来再也不会提名"湿派"候选人。更令ASL及其盟友高兴的是,美国选民选出了史上"干派"议员最多的一届国会,"干派"以参议院80:16和众议院329:106的席位赢得绝对多数优势。而在48位州长中,有43人属于"干派"。

　　然而,这些数字之所以令人印象深刻,只不过是因为障眼法的功效罢了。用利希特曼的话说,这是一场"虚假公投"(Phony Referendum)。这不仅是因为对天主教的敌视比禁酒令更具争议性,而且还因为上述两个议题之后尚有更重要的推动力量——共和党执政八年以来为美国创下的前所未有的经济繁荣。仅仅依靠共和党的八年经济繁荣政绩,胡佛就足以战胜任何一位民主党人。压倒性胜利荣光之下掩盖的大量数据表明,"干派"错误统计了选票。在那些公投可以与诸如党派立场、个人倾向或教皇圣谕相分离的州,如果将议题简化为选民究竟是愿意生活在禁酒令的保护之下,还是摆脱禁酒令给他们生活带来的束缚,投票的结果就会非常不利于"干派"。在蒙大拿州,只有40%的选民支持史密斯,却有54%的选民反对本州的禁酒法令。在马萨诸塞州,史密斯只赢得了50%的选票,但该州废止禁酒法的法案却以近2/3的多数获得通过。这一反常现象并非仅出现在11月首个周二的大选日。在5个月之前,北达科他州废除禁酒法律的法案赢得了48%的选民支持。要知道,这可是北达科他州,一个早在40年前就在州宪法中写入禁酒条款的地方! 胡佛在威斯康星州击败史密斯6个月后,该州选民以

63%的多数废除了执行禁酒令的州法。1928年,美国人民虽然在大选中反对艾尔·史密斯,但这并不意味着他们支持禁酒令。

　　史密斯参加总统竞选最有意义的结果超出了庆祝其失败的禁酒派的想象。但他们很快就会见识到,史密斯坚定摧毁《沃尔斯泰德法》的战斗精神是如何引发之后政党势力重组的。天主教徒纷纷涌向史密斯周围,其他反禁酒群体亦是如此,他们终于有了一位愿意高举反禁酒旗帜的候选人。在一个共和党政治机器牢牢控制芝加哥、费城和其他城市中心区域的时代,民主党人首次赢得了美国人口前十大城市的多数选民支持。一位拥抱新移民及其他归化族群的总统候选人,其所获得的选票几乎是1920年的詹姆斯·考克斯和1924年约翰·戴维斯两位民主党候选人的两倍——两人此前都不曾也不敢支持反禁酒事业。

　　历史学家丹尼尔·布尔斯廷(Daniel Boorstin)曾在有关其他问题的讨论中提到,政治机器与政党有着根本的不同。这句话也可作为1928年民主党的脚注。布尔斯廷还写道:政治机器"为了自己的利益而存在。它的首要目标抑或唯一目标,就是生存"。而政党"则是为了追求比自身生存更伟大的目标而组织起来的"。以1928年的民主党为例,该党的意识形态之所以迅速变化,其中原因或许有很多,但最重要的当属艾尔·史密斯参加总统大选所带来的深远影响。他高举反禁酒的大旗,从美国最臭名昭著的政治机器中脱颖而出,开始了对不久后即将上台执政之政党的彻底改造。

第四部分

落幕回响

"正如往昔耶稣知晓有人将灵魂献祭给恶魔时所言:'你所做的,快做吧!'①"

——马尔科姆·塔弗

佐治亚州"干派"众议员,1932 年 12 月 5 日在众议院的发言。

---

① 马尔科姆·塔弗引用的这句话出自《圣经·约翰福音》(13:27)。在最后的晚餐上,门徒问耶稣谁是叛徒,耶稣就蘸了一点饼,递给犹大。"他吃了以后,撒旦就入了他的心。耶稣便对他说:'你所做的,快做吧!'"

第十九章

无度暴行

约翰·拉斯科布为艾尔·史密斯的竞选投入了大量资金和精力，最后却没有为史密斯换来总统宝座。在大选结果出炉的五周之后，也就是 1928 年 12 月 12 日，他做了一笔更简单的"收购"：14 箱杜松子酒、7 箱苏格兰威士忌、3 箱朗姆酒。收购总价为 1651 美元，虽然对拉斯科布而言这只不过是九牛一毛，但这价格还是高得惊人（换算成 2009 年的物价，相当于每瓶酒的售价高达 70 美元）。除去一路上的各种成本费用，包括酿造、装瓶、船运、从母船卸到小船继而再转运上岸（可能要转运 1—2 次），支付一些打通门路的贿赂、保护费及沿途各种小费，70 美元一瓶的价格或许依然足以让私酒贩子挣到不错的利润。除非拉斯科布是一位具有敏锐味蕾的品酒家，否则这些利润里还得扣除伪造酒标和酒瓶的成本。

"我不喝酒，酒对于我而言毫无意义。"几年后，拉斯科布对《科利尔》周刊的读者如是说道。当时他仍然担任民主党全国委员会主席，依旧试图向大众选民灌输反对禁酒并不意味着支持饮酒的理念。除此之外，他还一直强调自己虽然家财万贯，但与普通人也没有什么大的差异。"我们的快乐也很简单,"拉斯科布说道,好像随意拨弄着简单的和弦,"参加户外运动、家庭聊天和室内娱乐,不碰烟酒,不整夜东奔西跑。"显然,拉斯科布就是如此度过美好白日与炉边黑夜的,无论是在特拉华河(Delaware River)河畔以 15 世纪意大利宫殿为范本所建造的 20 世纪版豪华庄园——阿克米尔宫(Archmere),还是在马里兰州东海岸的避暑庄园——先锋点农场(Pioneer Point Farms),抑或是位于棕榈滩(Palm Beach)的冬日别墅,再或是他和皮埃尔·杜邦在纽约包下一整层楼的丽思卡尔顿酒店。

但拉斯科布实际上是个爱喝酒的人——干马提尼是他的最爱,而且手不离酒。1924 年,他在棕榈滩度假时曾对一位朋友说道:"在这里可以随便买卖酒水。"他还曾写道,有时候他真希望自己身在国外,这样就能"在畅饮美酒的间隙忘记禁酒令的存在"。几年后,他开始与朋友们分享私酒信息,并在自己的游艇上塞满鸡尾酒调酒器、高球杯、香槟杯、一箱箱汤尼水(Tonic Water)及一罐罐腰果。一位整理了拉斯科布大量资料的学者表示,他的游艇简直就是一艘艘"漂浮于海上的地下酒吧"。

有什么不可以呢?尽管梅布尔·维勒布兰德曾在史密斯获得党内提名的当晚开展了一波突袭检查,但到了 1929 年,纽约及其他大城市的上流社会已经不用再偷偷摸摸地喝酒了[至少不限于公开反对禁酒的人士。拉斯科布经常拿他那些公开支持禁酒的朋友——汽车行业巨头沃尔特·P. 克莱斯勒(Walter P. Chrysler)和阿尔弗雷德·斯隆(Alfred P. Sloan)——开玩笑,嘲笑他们只能把"年份香槟、稀有的陈年葡萄酒和顶级品牌的陈年威士忌"存放在俱乐部的储物柜里]。一家位于派克大街提供出租酒吧服务的公司在《纽约客》上刊登了不加掩饰的广告:"家中使用,方便享受;完整安装,时尚必备;黄铜踏杆,应有尽有。"地下酒吧同样变得大胆起来。在以前,要进入这些酒吧需要提供会员卡并对口令,里面的人还得透过门上猫眼认真确认来客身份。那些不信任家乡供应商私酒品质的外州人光顾过 21 俱乐部后,只需留下看中的酒水清单,俱乐部老板就会把他们的优质商品直接跨州送上门。以前只能在私人俱乐部偷偷喝酒,现在也逐渐更放开了。不过禁酒局对路易斯维尔市潘登尼斯俱乐部(Pendennis Club)的一次突袭还是把当时在俱乐部内喝酒的成员搞得狼狈不堪,禁酒局人员从这栋新乔治亚风格的大厦中搜出的私酒足足装满了 6 辆卡车。但这次突袭的结局却非常滑稽,虽然大部分酒水都藏在会员的私人储物柜里,但遭到当局逮捕的却是 4 名俱乐部员工,其中包括经营俱乐部雪茄摊的一个倒霉蛋。

　　但至少 AAPA 的成员还算光明磊落,很大程度上并不能算是伪君子。诚然,詹姆斯·沃兹沃斯在担任参议员期间曾公开拒绝利用自己的权力任命禁酒探员,但在私下里也抱怨有太多的岗位都流到了民主党人手中。拉斯科布自画像上的场景布置——尽情滑雪运动后在壁炉边小憩,几杯巧克力饮料,可能全家人还会下盘跳棋——所透露的温馨气氛,与他实际上经常乘坐"飞狐"游艇冒险(每月固定花销 1000 美元)或多年养成的到百老汇看戏的癖好也是大相径庭。尽管如此,拉斯科布、沃兹沃斯等志同道合之人在决定公开、积极地反对禁酒令时,还是愿意承担名誉受损的风险。相反,安德鲁·梅隆虽然厌恶第十八修正案和《沃尔斯泰德法》,但他的职务却为执行禁酒令提供支持(他是唯一一位服务了三任总统的财政部长),而他本人显然也非常看重自己的巨大权力,因此不愿意做出任何有损自己权力的举动。有年冬天,他的儿子保罗带着几个耶鲁大学的朋友回匹兹堡玩乐,安德鲁·梅隆并没有阻止他们举办一场狂欢酒会,只是要求他们不要把空酒瓶扔出窗外。否则大雪融化后,邻居们可能会看到,老父亲解释说。

保利娜·萨宾是共和党内反对禁酒,且在 1928 年总统大选中依然支持胡佛的权贵群体中的成员之一。他们中的许多人要么还没有把禁酒令视为竞选中的头号议题,要么选择相信像胡佛这样精于世故、受过良好教育的人不可能成为真正的禁酒派。1928 年 6 月,萨宾为一篇投给杂志的文章起了个醒目的标题——"我改变了对禁酒令的立场"(I Change My Mind On Prohibition)。在文中,萨宾解释了自己立场转换的原因,并继续批评那些被自己对禁酒运动的献身精神蒙蔽了双眼的"干派"女性。她非常不解,这些女性怎么能仅仅因为禁酒就支持一位"干派"参议员候选人,"却对他们在那些与国家利益休戚相关的事项上的态度不闻不问"。她在整个大选过程中对胡佛的效忠表现,显示出她的确没有犯同样的错误。胡佛在 8 月共和党大会上对禁酒令的赞扬("初心高尚,目标深远")没有动摇她的信念。相反,萨宾积极投身于胡佛的竞选活动,曾召集一群"银行大亨夫人"为胡佛筹集竞选资金。9 月初,她还在自家的月桂果庄园举行了一场面向共和党女性的集会。当时的她几乎为胡佛的魅力所倾倒,称他是"当代最伟大的人道主义者"。胡佛大选获胜后,萨宾仍然相信这种人道主义能令总统以一种开明的方式处理《沃尔斯泰德法》和第十八修正案,充分展现其力量。

1929 年 3 月 4 日,胡佛粉碎了萨宾的全部期望。新当选的总统站在国会山东门廊下,雨水不停地溅到他的脸上。在如此糟糕的天气中,胡佛按照仪式安排循规蹈矩地发表就职演说。这次胡佛的措辞较为精炼，听起来似乎比他原本想表达的内容更加严肃。胡佛在演讲中表示，"无视和不服从法律"是当前美国所面临的危险中"最为邪恶的"，他就职后将积极投身于禁酒战争。紧接着，他连续抛出一串串激烈言辞，即使是现场最温和的"湿派"人士听起来也感到痛心不已。他批评那些不认真对待并执行现有禁酒法律的州，严厉谴责那些平日里遵纪守法但却公然庇护违抗禁酒令罪犯的公民。不仅如此，他还进一步指出，任何目睹有人违反禁酒令却选择视而不见的个人，都对禁酒执法的失败负有责任。新总统还表示，"无视法律的最大罪恶在于，此举破坏了社会对所有法律的尊重"。随即，胡佛披露了解决这一棘手问题的工作计划——钦点成立一个委员会承担起监督责任。

从总统就职演说中，保利娜·萨宾甚至没有听到总统提及任何法律本身可能存在的问题，她震惊了。次日，萨宾就辞去了在共和党全国委员会的职务。几天后，她和另外 11 位社会名媛聚在一起，决定成立自己的政治组织。她们并不擅长煽动政治，一如她们不擅长在家里拖地打扫卫生。保利娜·萨宾多年后写道："我们的组织连个名字都没有，也没有明确的组织形式，我们所拥有的只有青春、力量与信念。"当然，她或许还想加上另外一些，如金钱、地位、智慧，以及坚定废除而非改革禁酒令的决心。

对于共和党在 1928 年大选中取得的空前胜利，小詹姆斯·坎农无比满意。"第十八修正案的敌人被我方打击得溃不成军。"主教志得意满地宣布，史密斯和拉斯科布"把国家权力转移到城市'湿派'势力手中"的妄想破灭了。虽然坎农的话听起来很不雅观，但这并没有妨碍他推动禁酒事业的步伐。大选之后,他继续保留了"民主党反史密斯特别会议",直到 1929 年才停止运作。此后,坎农又着手开辟新的禁酒战场。

坎农及其盟友视 1928 年的选举结果为禁酒事业高歌猛进的信号,认为胡佛的胜利严重打击了反禁酒派的气势,鼓舞了禁酒派的士气。乘大选胜利的余威,他们推行了一项韦恩·惠勒也未曾尝试过的极端议程。在此前的斗争中,惠勒曾竭力避免将排斥外来移民纳入 ASL 的政治主张。坎农则向前迈出一大步,他发起了一项宪法修正案运动,要将非公民从决定国会选区范围大小的人口普查统计中剔除。他还公开呼吁联邦政府大幅增加对禁酒局的预算拨款,"即使耗费 1 亿美元巨资也在所不惜"。这也是一条惠勒极力避免触碰的红线,因为他知道,许多国会共和党议员宁愿容忍禁酒令执法不断出洋相,也不愿意容忍联邦政府的预算再多一分钱。

议席重新分配修正案和增加禁酒局预算的努力都没有取得多大进展。但很快,坎农就发现一个简单的办法,可以利用国会中占据多数的"干派"议员席位展示"干派先锋队"的愤怒力量,促使联邦司法系统走上正轨,而且从表面上看不需要多花一分钱。坎农推动审议的法律后来被称为《琼斯法》(Jones Law),以其名义发起人——华盛顿州参议员韦斯利·琼斯——的名字命名(琼斯参议员几十年如一日,一直在参议院为 ASL 的议程奔走呼号)。《琼斯法》宛如一辆为施加惩罚而打造的战车,其威力如此之大,似乎是以报复之心驱动它滚滚前行。根据《琼斯法》的规定,在以前大多数属于轻罪的违反禁酒令的行为,如今都被定义为重罪。如有违反,初犯即判处 5 年监禁,另课 1 万美元罚款。此外,该法还首次将购买酒水者,甚至是非法销售或运输酒水的目击者一并视为法律打击的对象。如此一来,不报告重罪的不作为本身就是重罪,路边看热闹的旁观者也会被判入狱 3 年。任何无力支付《琼斯法》所规定罚款的公民,都可通过延长在监狱服刑的时间来折抵罚款(1 天折抵 1 美元),外国人则会被直接驱逐出境。最终,《琼斯法》在参众两院分别以 65∶18 和 284∶90 的票数获得通过。

此次立法可能是 ASL 所犯过的最大错误。坎农及其同僚被政治迷雾遮蔽了视线,他们把 1928 年的大选结果简单解读为禁酒事业的决定性胜利,却没认识到这一结果的欺骗性;他们以为大选结果意味着国民授予其无上的权力,却没发现这一切都是虚幻。虽然《琼斯法》赋予了法官一定的自由裁量权,允许在审判中区分"偶犯"和"商业化"组织中的参与者,但依然让社会公众大为惊骇,毕竟,本地地下酒吧的酒保,或者在采矿营地经营房屋租赁的寡妇,抑或靠兜售家中自酿烈性苹果酒赚些小钱养家糊口的农民,他们都可能会因为一次违法行为而被扔进联邦监狱蹲上 5 年大牢。此前首次违法者的最高判罚不过是 6 个月监禁加 1000 美元罚款。而根据《琼斯法》的规定,上述两项惩罚都骤然提高了 10 倍。而且如果你实在付不起罚金,转而通过每天 1 美元的价格来折抵 1 万美元的罚款,理论上你要再过上 27 年之久的铁窗生活。

在美国新闻界巨头的鼓动下,随着 ASL 复仇冲动的日益高涨,公众对它的容忍度也一落千丈。无论是出于个人信念上的转换,还是作为报业巨头敏锐捕捉到了公共民意的变化,威廉·伦道夫·赫斯特批评《琼斯法》为美国自 1798 年制定《敌对外侨与煽动叛乱法》(*Alien*

And Sedition Acts)①以来足以污染合众国法典的最邪恶专制的立法"。大约在同一时期,赫斯特发起了自己版本的"威廉·杜兰特散文写作比赛"。② 然而在赫斯特的比赛中,征集方案的目的不是为了有效执行禁酒令,而是为了解决禁酒令制造的问题。此次比赛总共征集到 7 万多份参赛作品,其中一份来自一位纽约律师,他对禁酒令导致的社会习惯的改变感到惋惜不已。这位律师写道,禁酒令之前,妙龄女郎不会和嘴里含着酒气的男人跳舞;而在今日,"她们会顺着酒精气息轻松找到酒瓶"。此次大赛的获奖作品大声疾呼,要求国会立即修订《沃尔斯泰德法》,将啤酒和葡萄酒合法化。

在《琼斯法》生效前后的几周,赫斯特操纵 28 家日报在各自头版发起一波强有力的宣传攻势,取得了显著效果。连篇累牍的有关政府执法过度与错误执法的新闻报道,成功激发了日趋不赞成禁酒的社会公众的关注。《芝加哥论坛报》对禁酒执法过程中出现的渎职行为的报道尤为激进。该报称,海关人员在执法过程中采用了"恐怖主义执

---

① 1798 年 6—7 月,联邦党人主导的国会参众两院相继通过了针对外国侨民和本国公民的四项法律,并由约翰·亚当斯总统签署生效。这四项法律分别为《归化法》(*Naturalization Act*)、《客籍法》(*An Act Concerning Aliens*)、《敌对外侨法》(*Alien Enemy Act Of* 1798)和《煽动叛乱法》(*Sedition Act Of* 1798),合称《敌对外侨与煽动叛乱法》。在美国历史上,这四项法法律一直被认为严重侵犯人权,其中尤以《煽动叛乱法》为甚。根据这些法律的授权,美国总统有权下令驱逐危害美国政府的外侨;对口头或书面批评、攻击美国政府、总统和国会者,对煽动美国人民反叛政府、反抗法律或里通外国谋反者,可处 200 美元以下罚金或 2 年以下监禁。这项法律在实施中十分严厉,使许多民主人士和持不同政见者受到残酷迫害,因而招致自由主义人士的批评和人民的反对,也一直被认为是约翰·亚当斯总统的政治污点。1801 年联邦党下台前后,这些法律或到期失效,或被废除。

② 威廉·杜兰特是通用汽车公司创始人,著名的"干派"人士,曾公开悬赏征集"有效实施第十八修正案的最佳方案"。

法手段"，譬如登上铁路大亨施托伊弗桑特·菲施停泊在纽约港的私人游艇开展突袭检查。《芝加哥论坛报》还发表了一篇关于一名 12 岁小女孩的报道，着实吓坏了(或刺激了)它的读者。报道称，这名女孩只因携带了一夸脱的酒穿过南卡罗来纳州格林威尔(Greenville)的一条街道，在没有律师也没有任何朋友或家人陪同的情况下就被带上了法庭被告席，最终被法官判处 30 天监禁。

在芝加哥以西 40 英里发生的一起事件，激起了《芝加哥论坛报》编辑们的狂热追逐。从报道频率、突出程度和内容丰富程度来看，似乎一场大决战即将来临。在奥罗拉市(Aurora)，当地官员向《芝加哥论坛报》(以及全国几十家跟踪报道的报社)提供了可供跟踪报道数月的详细素材。《芝加哥论坛报》以哀叹的语气写道，在"平静祥和、郁郁葱葱的福克斯河谷"，莉莉安·德金(Lillian DeKing)太太"躺在自家厨房里，因失血过多而死"。报道补充说，"只不过因为在自家地下室存放了几瓶酒"，她就惨遭枪杀。她的丈夫只是个做小生意的私酒商贩，他所犯的罪行本应无须"六名携带短管猎枪、手枪、机关枪、防弹背心和催泪弹的执法官员"找上门来。

《芝加哥论坛报》在一篇题为"奥罗拉大屠杀"(The Massacre In Aurora)的社论中愤怒地指出，"我们已经在麻木中习惯了各种无度暴行"，但"此案案情之残忍冷血"实在超乎想象。另一篇报道记载称，德金太太是在"给律师打电话抗议袭击者入侵"时遭到枪杀的。《纽约时报》在报道中呼吁读者为家庭遭遇不幸的 12 岁孩子杰拉德·德金(Gerald DeKing)设立一项教育基金，依靠社会民众长期的真诚与悲悯之心为他的成长提供保障。小杰拉德不仅目睹了母亲惨遭枪击身亡的惨剧，还勇敢地拿起父亲的左轮手枪反击入侵者，击中了一名副警长的腿。关心此事的芝加哥居民受到《芝加哥论坛报》的感召,纷纷慷慨解囊予以热情回应,而《芝加哥论坛报》也排出版面,详细记载了捐赠人姓名和捐赠金额("V. E. 希利和朋友们,200 美元……W. P. 库尼,10 美元……'被恶心到的公民',2 美元)。

　　这一案件在芝加哥及其他城市都引发了社会各界的强烈反应,其中最为激烈的当属密歇根州首府兰辛市(Lansing)。密歇根州议会大厦内的立法人员比联邦国会走得更远,他们通过了一项新法律——任何人若四次违反禁酒法律,就要被判处终身监禁。依据这一严酷的法律,该州已经有几个人被定罪判刑了,而对埃塔·梅·米勒(Etta Mae Miller)夫人的逮捕、定罪到判刑——均发生在韦斯利·琼斯将坎农主教发起的新法案提交国会审议期间——更是被视为过度执法的范本。米勒夫人时年 48 岁,是十个孩子的母亲,她的丈夫在此前已经因违反《沃尔斯泰德法》被定罪入狱。虽然这的确是她第四次违反禁酒法律,但该州司法系统依照州法判处她终身监禁,却完全无视了一个基本事实——埃塔·梅·米勒所犯的罪行就是把 2 品脱酒卖给了一名便衣警察。

　　有三种评论较好地反映了社会公众对米勒案的看法,其中两种直接针对米勒案,第三种在评论该案的同时还阐述了对禁酒法律的总体看法。《时代》杂志评论称,就在米勒太太被判处终身监禁的"同一天,在同一法庭,一名行李员承认犯下过失杀人罪,被判处 400 美元罚款,并被当庭释放"。卫理公会戒酒、禁酒与公共道德委员会主席克拉伦斯·特鲁·威尔逊则认为,"我们唯一遗憾的是这名妇女没有在她的十个孩子出生前就被判处终身监禁"。刚刚上任一个月的新总统赫伯特·胡佛对一群报社编辑说,如果一项法律内容妥当,"对该法的执行是树立法律威慑力的最快方法"。但他也同时表示,"如果一项法律是错误的,严格执法一定会反过来推动这项法律被废除"。

　　在大多数时候,《琼斯法》及其他严酷的法律都没有实现立法目的。立法者当初制定这些法律,目的在于大范围地威慑私酒贩子,或通过严酷的监禁刑期将他们与社会相隔绝,但结果适得其反。埃塔·梅·米勒被处以如此重的刑罚,只能吓跑那些业余人士,对犯罪集团的跨国商业犯罪活动则有如隔靴搔痒,根本起不了什么作用。要知道,这些犯罪集团财大气粗,雇佣有大量律师,还买通了许多警察、法官、联邦禁酒局官员及其他得力的助手为他们工作。在一些地区,检察官根本就不会劳心费力地按《琼斯法》来立案起诉。而在另一些地区,陪审团一旦考虑到判决可能带来的严酷刑罚就根本不愿给被告定罪。历史学家诺曼·克拉克写道:"ASL 原本想加强执法,不料却弄巧成拙,成为笑谈。"

　　赫伯特·胡佛的施政效率也就比《琼斯法》强上一星半点。在就职演说中,总统指出"犯罪势力正在危险扩张",威胁着公共利益,并且认为这种威胁根源于私酒贸易。就在总统就职典礼 3 周前,芝加哥市发生了著名的"情人节大屠杀"——该市一间车库里发现了 7 名暴徒的尸体,这成为暴力活动日益升级的鲜活证据。3 个月后,来自 5 个城市的帮派成员共聚大西洋城,召开了帮派之间的和平会议,标志着犯罪分子的组织程度迈上了新高度。

　　胡佛与此前两任总统有着很大的不同。哈定手下的一些高级官员长期积极支持私酒产业;而柯立芝对禁酒执法活动毫无兴趣,一如他对其他政府积极作为的冷漠态度。作为工程师出身的总统,胡佛相信所有问题都有对应的解决方案;同时作为一位进步主义者,他将系统化、高效的政府改革方案视为自己的施政信条。正是出于自身的坚定信念(当时的人送他"神奇小子"的绰号),胡佛任命了一个由前司法部长乔治·W. 威克沙姆(George W. Wickersham)担任主席的调查委员会①。正是这个委员会的成立,将保利娜·萨宾彻底推向了反禁酒派的阵营。经过一番调查,委员会给出了一个模糊不清的结论。无论"干派"还是"湿派",都无法知晓委员会的调查报告对他们的立场而言到底是胜利还是失败。尽管如此,胡佛的理性政府信念确实引入了一些积极举措,其中包括将执法权交给专业人士执掌,以免其受到 ASL 的负面影响。他还大刀阔斧地撤换掉了那些完全没有勤勉执行禁酒令的联邦检察官。曾经有一刹那,胡佛认定底特律的无法无天状态表明"当地政府已经彻底瘫痪",因此短暂考虑过向该地派遣军队或海军陆战队实施军管。

胡佛本可以选择一个更容易展现其实力的目标。当时,枪支暴力已将底特律河变成了战场,四处都弥漫着硝烟。一群当地游艇驾驶员曾经向国会请愿,公开抗议"河面上的乱枪扫射"。在任何时间点,都有 1500 多艘船只往返行驶在底特律河的 18 英里航道上,它们要么满载着非法货物航向美国,要么是返回加拿大去装载更多的非法货物。在政府自发组织的一次周期性突袭行动中,海关官员查封了 366 艘私酒走私船,但其中的 365 艘随后就在政府仓库中消失得无影无踪。臭名昭著的"底特律紫色帮"拓展了新业务,其中包括设立一个勒索保护

---

① 委员会全名为"全国守法与执法委员会"(The National Commission On Law Observance And Enforcement),又名威克沙姆委员会,其职能是审查联邦刑事司法系统执行禁酒令的情况,为联邦政府制定公共政策提供建议。

费的犯罪组织,随即就制造了大规模的爆炸与谋杀事件。一些从帮派中分裂出来的暴徒组成了一个号称"小犹太海军"的新犯罪团伙,他们抢占了紫色帮的私酒生意。暴力活动正在不断升级。如果胡佛实施他的军管计划,就会证明禁酒法律彻底失败了;但他若是决定不派兵,则表明政府对当时的混乱根本无能为力。

　　《展望》杂志以"河上战争"为题作了一次深度报道。《纽约时报》报道称:"私酒武装力量集正结于底特律前线。"对禁酒派而言,这些可不是什么好消息。大城市暴徒烧杀抢掠的恶行已经人尽皆知,以至于人们不用思考都知道禁酒令对暴力犯罪日益蔓延的影响有多大,更不用说那些向来坚持反禁酒立场的芝加哥报纸媒体。当时"警察与私酒贩子"的传奇故事已经传遍全美各个城市,新闻报道自然将聚光灯紧紧盯着黑帮这一完美的故事主角。"毫无疑问,阿尔方斯·卡彭是美国被宣传最多、谈论最多的黑帮人物",一位联邦探员如此写道。此言的确不虚,而且也无人能打破卡彭创下的热度记录。

　　在谈到他的犯罪团伙为芝加哥人民提供"轻松愉悦"的方式时,卡彭曾大言不惭地说道:"公共服务是我的座右铭。"(或许他原本想用的是"公共关系"一词。)卡彭不断地在报纸上抛头露面,给记者们提供可被引用的妙言妙语。如果没有什么特别有趣的话题可说,他也愿意让记者当自己的代言人。"当我卖酒的时候,其实是在走私,"卡彭或其代言人之一曾经如此说道,"当我的主顾在湖滨大道上使用银盘子为宾客端上美酒时,那必是一场热情的款待。"卡彭在另一次演讲中还说道:"库克县(Cook County)有90%的居民都喝酒赌博……我做违法的事情,只不过是为了给他们提供这些消遣服务。"像这样对于自己邪恶意图的狡辩,卡彭可没少做。

　　在八卦小报笔下，卡彭是大名鼎鼎的"疤面煞星"；而在黑帮圈子里，他是令人闻风丧胆的"帮派大佬"；对他的朋友们来说，听起来不那么威风的"斯诺奇"（Snorky）（"干净利落"的俚语形式）这个名字要方便得多。对于卡彭从著名男装商店苏尔卡（Sulka）大量购买的丝质长袍和睡衣、驼毛大衣、花里胡哨的棒冰色套装，以及所有他喜欢的华丽招摇的装饰品，媒体摄影师们毫无抵抗力。阿尔瓦·约翰逊（Alva Johnston）曾写道，卡彭精通如何培养媒体的猎奇心态，媒体也知晓如何利用他的贪婪欲望，他们各取所需，"在拿破仑还是一个可怜的陆军上尉的时候，阿尔·卡彭就已经是一位闻名世界的大人物了"。

　　毫无疑问，阿尔·卡彭恶贯满盈。他拥有一种令人恐惧的暴力倾向，引领行业风潮建立了新的行业规则，将谋杀作为结束谈判的一种方式（或在某些情况下作为开始谈判的标识）。在他统治芝加哥的一小段时期，枪战和爆炸几乎如日出日落一样永不缺席。他手下的暴徒们扶植了大量非法经营企业，并使守法企业陷入瘫痪或被他们所吞并。他们腐蚀了几十个工会组织、数百名政客和警察部门高官。卡彭帮派的卡车每周二和周六上午运送到芝加哥地下酒吧的啤酒并不好喝，用竞争对手的话说，卡彭的啤酒"只能用'差劲'来形容"。不过味道好与坏并没有关系，卡彭的手下最擅长的就是暴力推销。

　　事实上，紫色棒的壮汉和枪手可能要比卡彭的帮派更加残暴。大波波霍夫在费城的工业酒精帝国的版图远超卡彭的私酒业务，纽约的兰斯基-卢西亚诺的帮派联盟在组织复杂程度上无疑也超过了芝加哥黑帮（事实证明，它的存在时间也的确更长）。不过，卡彭对公共知名度的热衷和实现高曝光的技巧超过了其他所有的黑帮人物。如纽约的新闻记者曾经写的，所有阿谀奉承的故事，所有血腥残忍的头条新闻，所有关于这位厚嘴唇、肥下巴、体重达 235 磅、衣着花哨的"斯诺奇"的新闻照片，都让他看起来"像是一只快要撑破肚皮的阉鸡"——而这一切，对"干派"而言都是非常糟糕的。

1931 年，美国国税局的一名职员在政府调查卡彭逃税的期间记录道："由于报纸上的免费广告，他成了'大人物'；卡彭，无法无天；卡彭，流氓的偶像。"他自己或许还可以加上一句："卡彭，禁酒令的产物。"越来越多的美国人开始相信，如果没有他，你就喝不到酒。

从很多方面看，1929 年对"干派"而言是相当糟糕的一年。过度自信导致立法机构过度干预，同时也激发了自鸣得意的骄傲自满情绪。例如，亨利·福特就傲慢地宣称，如果酒精再次出现，他就关闭自己的工厂。禁酒派越是洋洋得意，他们提供给影响力渐长的愤世嫉俗者和讽刺作家的素材就越多。对《纽约客》来说，讥讽福特的傲慢是一桩要事（"如果底特律的两大主导产业被一举摧毁，那将是一个巨大的遗憾"）。但是，当 WCTU 的女性们因为感到禁酒事业已成而满怀信心地向可口可乐宣战时，以往站在她们一边的朋友们也发出了嘲笑声。曾经主张禁酒的威廉·艾伦·怀特（William Allen White）写道："看到男人喝饱可口可乐回家打老婆，或看到孩子们在午夜过后很久还站在可口可乐柜台前拽着父亲想买……我们依然无动于衷。"

在 1929 年，趾高气扬的"干派"人士或许已经对讽刺挖苦免疫了，他们可能甚至都没有意识到那是对他们的讽刺挖苦。但日益支持"湿派"阵营的报纸拥有巨大的影响力和高度的警惕性，它们不停地放出激烈的评论，曝光执法官员腐败现象和"干派"人士的违法勾当。1928 年 8 月至 9 月期间，"湿派"报纸搞了个大新闻，将总统大选期间"干派"市长支持成立的一个费城大陪审团对警察部门腐败的调查结论公之于众。调查结论认为,当地警察队伍已经完全沦陷。这个消息异常劲爆,很快就吸引了全国媒体的关注。在年初上任之时,市长哈利·A. 麦基(Harry A. Mackey)曾经试图通过人事岗位调整将警察部门中的腐败人员从他们熟悉的地盘调离。结果,4500 名警察中有 3800 人被从城镇一处调到另外一个地区,或从总部调到街道执勤,或从街道调回总部工作。随后的调查还发现,一些级别较高的警长和督察虽然年薪只有 2500 美元至 4000 美元不等,但他们个人银行存款竟然都接近 20万美元。一名警察在被要求解释他的个人财产来源时,竟然回答说是自己玩骰子和扑克牌运气好赢来的,另一位说他靠饲养"纯种狗"发了财,还有一位说他业余"从事制作鸟笼的小生意"。最离奇的解释来自一名警官,他说他把钱借给了酒馆老板,那些老板都心怀感激,在去世后都给他留下了慷慨的遗赠。有些暴徒根本不把贿赂当回事,以至于他们的会计都懒得掩饰他们账本上的应付款项科目,直接记上:"警察,29400美元。"

尽管费城的故事很详尽,但这不过是对政治腐败的一种相对较为详尽的描述罢了。自禁酒令实施伊始,这种政治腐败与禁酒法律就一直是共生关系。但 1929 年不同,这一年曝光了大量揭露"干派"政客虚伪面目的新闻。根据媒体报道,这些虚伪的政客一边投票将埃塔·梅·米勒这样的可怜人关进监狱,一边开怀畅饮鸡尾酒。当年 2 月,《科利尔》周刊以"调酒师的华盛顿特区指南"为题,对这一现象进行了跟踪报道。华盛顿特区全城都非常湿润,湿润得能挤出水来,私酒买卖自然也是无处不在,也被大众广泛接受。对于生活工作在此地的政客和联邦机构官僚人员而言,喝酒是非常重要的事。作者虽然觉得有必要向读者保证"华盛顿特区的居民和立法者中自然有人滴酒不沾",但显然这样的人属于少数。一位国会参议员指出,曾有一名苏格兰威士忌进口商向在首都的各国大使馆提供了不受美国法律约束的1.3万夸脱"外交威士忌",这相当于城内每名外交官、外交官亲属或大使馆工作人员都能分到20夸脱威士忌。华盛顿特区的一位私酒商透露,"每当国会休会,议员们返回本州时",当地的市场行情就会跌入谷底。

其中一位自称终生戒酒的国会议员在3月底引发了华盛顿特区继《琼斯法》以来最轰动的新闻。国会众议员威廉·M. 摩根(William M. Morgan)来自俄亥俄州,代表的是一个比被烈火烧焦的吐司面包还要干燥的选区。糟糕的是,他们夫妻二人与其他几对朋友夫妇到巴拿马运河区①游玩,在返回途中经纽约港上岸时被海关官员逮捕,海关官员说他们在摩根众议员的行李包里发现了两瓶威士忌和两瓶香槟。摩根一开始嘴硬,坚持说自己滴酒不沾,试图以权势恐吓海关人员。见恐吓没有效果,摩根换了口气,好言好语地试图哄骗他们,最后又坦白自己(依据国会议员的"港口免检入境"待遇)带了这些商品回来送给岳父作礼物。他的岳父是一名内战老兵,有一位打破砂锅问到底的记者竟然找到了居住于宾夕法尼亚州洛根斯费里(Logans Ferry)的这位老人,可老人家的回答却更令摩根众议员脸上无光——时年87岁的休·洛根(Hugh Logan)说:"如果他给我带了酒回来,我怎么没看到啊!"

事情曝光后,摩根继续否认海关官员的说法。然而,当他的故事还在报纸上广为流传时,另一位平日里不苟言笑的伊利诺伊州"干派"共

---

①　巴拿马运河区是1903年至1979年期间美国位于巴拿马运河的租借地,包括巴拿马运河,以及除巴拿马城与科隆外自中心线向两岸拓展约5英里的一段地带。

和党人马格尼·阿尔弗雷德·迈克尔森(Magne Alfred Michaelson)又因与摩根类似的冒险经历登上了报纸头条。在佛罗里达州杰克逊维尔(Jacksonville)火车站,迈克尔森从运河区返回时携带的两个行李箱因为搬运不慎,有液体从箱子里泄露出来。和摩根一样,迈克尔森的这些行李箱包也享受港口免检入境待遇。正如《时代周刊》所解释的那样,"许多国会议员在国会休会期间选择前往不禁酒的巴拿马,打着去巴拿马运河区工作调研的旗号,但实际上纯粹是为了去那里度假消遣,然后在返程时充分利用'免检入境'待遇"。根据起诉书的记载,迈克尔森的一个行李箱里足足装了 6 夸脱威士忌、两瓶薄荷甜酒、几瓶其他烈性甜酒,还有一整桶被起诉书称为"紫红巴尔班古特"的东西[其实肯定是海地著名特产巴尔班古特朗姆酒(Rhum Barbancourt)]。迈克尔森还有样学样,狡辩称这些酒是亲戚买的。他的小舅子是一位芝加哥煤炭商人,当时随同迈克尔森一起前往巴拿马运河区,陪着他检查了运河工程上的螺栓安全状况,或许还检测了运河里的水温。为了替迈克尔森顶包,小舅子与检方达成认罪协议。主审法官对被告人的辩护律师说道:"我无意为那个公开投票支持禁酒、私下却大喝特喝的国会议员所犯下的错误而惩罚他。"最终,迈克尔森的小舅子认领 1000 美元罚款了事,众议员自己则发表了一份表示自己无辜的声明。

迈克尔森的案子不是最后一起行李泄漏事故,也不是送给"湿派"新闻界可供揭露"干派"人士虚伪面目最劲爆的新闻——最劲爆的头条来自伊利诺伊州国会众议员爱德华·E. 丹尼森(Edward E. Denison)。早在 1924 年,丹尼森就在禁酒运动中展现出强大的能力,他说服联邦禁酒局的罗伊·海恩斯授权"三 K"党下属的治安团体执法代理权,而这些治安团体曾恐吓过威廉姆森县的意裔美国人矿工。丹尼森从巴拿马带回的 18 瓶苏格兰威士忌和 6 瓶杜松子酒被一路运抵他在国会大厦的办公室。根据《纽约时报》报道，"他向禁酒执法人员解释说，箱子里装的不是酒，而是一套巴拿马产的餐具。执法人员对此表示怀疑"。那些东西当然是酒。但在善于玩弄法律的律师的巧妙操作下，丹尼森和摩根及迈克尔森一样免遭《琼斯法》定罪处罚，而这三人都对《琼斯法》投了赞成票。*

　　每当有沾了酒的"干派"名人被拖上法庭，"湿派"报纸就一片欢呼；每当这些被告躲过法律枪口，"湿派"报纸就继续发难。当绰号"绿帽男"的私酒贩子乔治·L. 凯西迪（George L. Cassiday）在参议院办公大楼内被捕时，记者们就暗示随后的起诉将会揭露一长串他在国会山的客户中的"干派"议员名单。但令记者们感到崩溃的是，案件的最终结果与他们的预想大相径庭。不过也没有人会想到，最能令"湿派"感到欢欣鼓舞、最能让节节败退的"干派"丑态百出、最能让渴望丑闻的报界兴奋不已的丑闻却与禁酒无关。这起丑闻点燃的公众怒火把 ASL 的最强干将——小詹姆斯·坎农主教打落神坛。1929 年夏，参议员卡特·格拉斯（Carter Gless）所拥有的弗吉尼亚州《林奇堡新闻报》（Lynchburg News）刊文指控坎农主教，称他在"一战"期间担任布莱克斯通女子学院（Blackstone Female Institute）院长期间曾犯有……囤积面粉物资的罪行。

---

　　* 丹尼森在法庭作证时给出的理由五花八门，包括拿错行李、放错钥匙、邮轮服务生太愚蠢，以及调查人员怀有恶意等，串在一起足够编一部舞台滑稽剧剧本。年轻的检察官听了非常愤慨，在结案陈词中斥责道："你在本案中所说的每句话都是谎言，一套关于那些餐具的谎言！"这位检察官就是梅布尔·维勒布兰德的好朋友，后来担任联邦法院法官，也是水门事件关键人物的约翰·西里卡。

指控本身看起来算不上特别吸引眼球。据该报报道,布莱克斯通女子学院为 385 名学生储备了 425 桶面粉,而临近的兰道夫-马孔女子学院(Randolph-Macon Women's College)有 806 名学生,却只准备了 175 桶。记者还调查了其他五所女子学校的面粉使用数据,发现布莱克斯通女子学院的年轻女学生们平均每人每年要吃掉 309 条面包,而其他学校的平均消耗量仅为 48 条。从身体情况看,布莱克斯通学院的女学生们也没有吃得很多,所以坎农管理下的布莱克斯通学院的面粉肯定流向了其他地方——想必是被倒卖掉了,换来的钱都流入了坎农的腰包。

卡特·格拉斯和坎农都属于"干派"。但 20 年来,他一直是坎农掌控南方联盟地区民主党领导权的可怕对手。1928 年,格拉斯仍然效忠于史密斯和民主党全国委员会,他也早就知道坎农在布莱克斯通学院囤积倒卖面粉物资的勾当。但直到 1929 年 6 月,《纽约世界报》在另一起丑闻中首先颠覆了坎农的虔诚形象,格拉斯才通过旗下媒体将坎农的陈年旧事曝光于世。《纽约世界报》花了 4000 美元购买了一批失窃文件,从这些文件中发现坎农主教是一个铁杆股票投机客。在两年时间里,他通过一家欺诈猖獗的经纪公司买卖了价值近 50 万美元的股票,而这家公司的高管人员即将入狱*。对于坎农追随者中的虔诚人士而言,市场投机与赌博无异,自然是罪恶的。而格拉斯紧跟着曝光的坎农囤积面粉物资的不法勾当,更进一步证实了他的贪婪。更糟糕的

---

* 其中一位高管名叫哈里·戈德赫斯特(Harry Goldhurst),又名赫歇尔·戈德利希(Herschel Goldhirsch),因借他人名义实施邮件诈骗而被判刑 5 年监禁。20 多年后,他将多年来在《卡罗来纳希伯来人周刊》(*The Carolina Israelite*)上发表的专栏文章收录成书,以哈里·戈登的名义出版了畅销书《只有在美国》(*Only In America*)。

是,坎农的敌人还借此给他贴上了不爱国的标签。

最终,追寻者顺着这个逐渐清晰的罪恶目录,抵达了人性的终点——欲望。原来在第一任妻子去世之前,坎农就和后来的第二任妻子在纽约联合广场酒店发生了不正经的风流韵事。有位朋友指出,联合广场酒店内的俱乐部主要面向意第绪语剧院的演员、制片人及其他工作人员,是坎农和情妇幽会的绝佳场所。要知道,坎农可是大名人,在其他地方幽会很难不被路人认出来。

婚姻出轨比囤积面粉更有爆点,威廉·伦道夫·赫斯特自然更加卖力地在他的报纸上挥舞血腥的旗帜。包括美国参议院专职牧师在内的一群卫理公会牧师严厉谴责坎农"道德败坏,践踏了基督教的基本伦理原则";卫理公会主教学院(The College Of Methodist Bishops)召集了一个正式法庭,负责调查针对坎农的指控;佐治亚州两个城市的报纸干脆直接将坎农比作阿尔·卡彭。最后,尽管国家机构和教会当局都没有裁定坎农有罪,但这位当时美国最著名的禁酒主义者在公众面前已被羞辱得无地自容。不光"湿派"竭尽全力攻击他的声誉,"干派"阵营也站出来和他划清界限,坎农这次真的彻底完蛋了。历史学家迈克尔·S. 帕特森(Michael S. Patterson)写道,这位曾经被亨利·门肯称之为"美国有史以来最强大的神职人员",如今已经沦为"对他的教会和会众来说都无足轻重的小人"。

"干派"阵营所构建的堡垒原本是固若金汤,但在1929年,堡垒城墙上却多了三道具有威胁的裂缝。第一道裂缝出现在年初,国会终于开始着手解决困扰众议院多年的小问题——议席重新分配。不过奇怪的是,这事竟然没有引起广泛关注。自上次人口普查已经过去了8年多时间,期间农村选区的议会席位(多为"干派"人士)占农村总人口的

比例仍然过高。密歇根州参议员亚瑟·范登堡(Arthur Vandenberg)是
此次议席重新分配议案在参议院的发起人(他所在的州可以因此增加
4个议席)。范登堡指出,众议院有23个席位分配不当,不仅影响众议
员选举,而且还会在下一届总统选举中导致23张选举人票落入不应得
的候选人手中。如果不能重新分配众议院席位,不仅会"玷污国会的
合法性,还会玷污总统的合法性"。

　　棉花大王汤姆·赫夫林自然不会在这个问题上有所犹豫。他强
调,美国必须"拒绝来自外国的干涉",因为如果重新分配议席的计划
得逞,外国人就会控制美国国会。赫夫林在亚拉巴马州的同僚雨果·
布莱克的手法显然更加文明,但对家乡州的偏袒保护力度可丝毫不差
(进一步说,对两人均支持的禁酒法律的保护也不差),他认为重新分
配议席明显更有利于城市,一旦忽视了乡村,就无"公平正义"可言。
虽然有所争论,但争论并没有阻止议席重新分配法案的通过。退休海
军上将威廉·W.金博尔(William W. Kimball)在给《华盛顿邮报》的
一封信中提出一种更能挑动人心的说法,将范登堡的观点又向前推进
一步。他认为,如果议席重新分配不符合宪法,那么根据宪法的规定,
由现行选区选举出来的国会所做的任何决策都属于违宪之举。金博尔
还写道,赫伯特·胡佛"只是正式当选为……事实上的总统,属于一个
事实上的政府,存在于一个事实上存在的美国,占据了一片名叫美利坚
合众国的领土"。

　　在议席重新分配法案还在辩论的过程中,行政部门发生了一场地
震——赫伯特·胡佛解雇了梅布尔·维勒布兰德。新闻报道称,一些
"禁酒运动名人"一直四处游说,希望任命维勒布兰德担任"禁酒总司
令",其权力不仅超过司法部的检察官,更超过目前名义上仍为"干派"

所诟病的安德鲁·梅隆所领导的联邦禁酒局的所有探员（还可能超过海关、海岸警卫队及其他执法机构的执法人员）。对于误读了1928年大选结果的"干派"人士而言，维勒布兰德遭到解雇明确表明，总统并不认为自己的胜选应归功于ASL的支持。

议席重新分配本身并不能扭转国会内部势力的基本构成；一位支持禁酒的党派人士从维勒布兰德这样的关键职位去职，也不至于削弱国家的禁酒执法体系，至少对于一个以"尊重所有法律"为执政纲领的政府而言不应如此；禁酒令在1929年遭受的最后一次打击，才真正预示着禁酒令即将土崩瓦解。当年10月，毁灭性的股市崩盘或许并没有引发大萧条，但肯定敲响了经济繁荣时代即将终结的警钟（然而警钟并没有惊醒所有人。安德鲁·梅隆在"黑色星期四"那天的日记中写道："今日纽约股市崩盘，我在比利时大使馆参加晚宴。"）。当大萧条真正来临时，随之而来的是大规模失业、联邦政府权威弱化、联邦税收收入直线下降，以及对共和党的普遍反感。在这种糟糕的形势下，禁酒令自然也岌岌可危。在美国历史上，从来没有任何一款宪法修正案遭到废除，但第十八修正案——业已深受支持者的无度暴行、规模日益壮大的反对力量和几乎所有人民对其期望幻灭的威胁——开始露出遭废弃的衰亡之相。

第二十章

火星蜂鸟

从股市崩盘到废除禁酒修正案通过,反禁酒这 4 年的征程稳步向前推进,一路所向披靡,其顺利程度超乎大多数"湿派"人士的预期。直到 1932 年 1 月,许多"湿派"领导人和持相同立场的记者仍然难以相信竟有可能通过宪法第二十一修正案废除第十八修正案。这种悲观心态其实符合常理。首先,在美国 140 多年的宪政历史中,从来没有一条宪法修正案被废除。其次,正如《纽约时报》编辑委员会的查尔斯·默茨所言,令倡议者所面临的数学难题,为"否定废除禁酒修正案的可能性提供了毁灭性的论据"。除了国会参众两院各需 2/3 绝对多数赞成票(只需 23 名"干派"参议员统一立场就能阻止)之外,尚需 3/4 的州批准同意这一条件也令人望而生畏。具体到州的层面,需要至少 36 个州议会中的参众两院均支持方可。默茨在 1931 年 3 月写道,这 72 个独立立法实体中,有 13 个可能会"永远反对废除禁酒修正案"。"如果能将这 13 个实体的议席重新合理分配,它们所代表选区人口仅占全国总人口的 5%左右。"

同年冬,曾把禁酒令称为"恐怖闹剧"的天才辩手——詹姆斯·蒙哥马利·贝克——也断言，"十年之内，休想废除第十八修正案。就是耗上一代人的时间，也属奢望"。克拉伦斯·丹诺在1931年11月指出，有34名参议员所代表的州属于"不可救药的干州"，另有20名所在州属于"相对较干"，其中包括希望渺茫的亚拉巴马、德克萨斯、印第安纳及佐治亚等州。

　　丹诺和贝克均认为，这场"恐怖闹剧"只有通过废除《沃尔斯泰德法》才能落下帷幕。虽然这一方法仅须国会简单多数通过和总统签字即可，但这在当时也是令人却步难行的设想。丹诺表示，废除禁酒法律已难如登天，若要达到废除宪法修正案所需的更高门槛，当然更是白日梦。这一严峻的现实"应该能让最愚蠢又盲目乐观的"湿派"人士相信，如果他永远不可能在无法废除第十八修正案的情况下买杯酒喝，最好马上开始学习自己酿酒，以实现自给自足"。他还总结道，那些认为废除禁酒修正案是唯一解决方案的人"并不反对禁酒令……他们喜欢喝酒，但反对酒水买卖"。

　　"干派"阵营同样坚信废除禁酒修正案是不可能的。吉福德·平肖、威廉·麦卡杜和简·亚当斯发起了一个新社团组织，该组织坚信禁酒令会继续为人民所拥戴，所以其成员满怀信心地呼吁就是否废除禁酒修正案举行全民公投（为了以防万一，一些"干派"人士试图说服非裔选民称废除第十八修正案将为废除第十二、十四和十五修正案开辟道路。他们的游说取得了不小的成果）。1930年9月，第十八修正案的起草者莫里斯·谢泼德表示："废除第十八修正案的可能性，和蜂鸟把华盛顿纪念碑绑在尾巴上飞往火星不相上下。"对于谢泼德的这一说法，鲜有人表示反对。

　　不过，在这件事上所有的专业人士判断错了，反而是原先不被看好的一群人显示出了极高的远见与智慧。像曼哈顿地区的联合联盟俱乐部（Union League Club）的成员们就在公园大道和第 37 街处建造了新俱乐部大楼，并对未来下了重注，计划开设一家"规模庞大的奢华酒吧"。1931 年 2 月，该俱乐部的一名委员会成员表示："我们希望并期待禁酒令早日结束。对我们来说，禁酒令死得再快也不为过。"

当禁酒时代步入晚期，预见禁酒令未来命运的预言家并不是唯一做预测的人群。耶鲁大学经济学家欧文·费雪是支持禁酒令的领头学者，他在利率问题上树立了开创性的成就，也曾就啤酒对于背诵诗歌能力的影响进行过疯疯癫癫的数据分析，但让他在美国人记忆中留下一席之地的并不是以上任一成果，而是他在 1929 年 10 月作出的一个著名判断。当月 15 日，也就是全球市场迈入"黑色星期一"的九天之前，费雪对外表示："股价似乎将永远处于高位。"想必他非常确信自己的判断——他将巨额财富投资于股市，然后眼睁睁看着这些财富跟随着道琼斯指数一起陷入死亡漩涡。

股市崩溃重挫了禁酒运动中最重量级学者的信誉，但经济崩溃和大萧条对禁酒运动目标的影响远超过对支持者个人的羞辱。随着企业破产、银行倒闭、大规模失业和无家可归现象席卷城市和大部分农村地区，任何残留的禁酒令执行能力都荡然无存。飓风肆虐之际，胡佛总统试图平衡预算，大幅削减了原本就已不堪重负的联邦法院系统的拨款。联邦禁酒局将员工的日薪从 6 美元削减到 5 美元，用函授课程取代现场培训课程。新任联邦禁酒局局长是化学家詹姆斯·M. 多伦（James M. Doran），他在上任之初就声称需要 3 亿美元的执法经费。但由于联邦政府每年拨付的经费不足 1200 万美元，多伦本能地坚持了前任罗伊·海恩斯所倡导的乐观主义。多伦表示,我们也有个好消息——在禁酒令实施的前九年,政府在各种形式的执法上花费了大约 1.41 亿美元,而收取及课征的罚款、罚金和税金合计超过 4.6 亿美元。他无不自豪地表示,两相抵扣,利润恰好是 319323307.76 美元。*

　　凭借如此有说服力的事实证据,多伦竟然连 3 亿美元拨款都没拿到,也真是件神奇的事情。从常理看,一个乌烟瘴气的政府本来可以很好地利用这个精力旺盛且以盈利为目标的副业,但大萧条没过多久就威胁到了联邦政府的税收收入。1930 年,联邦税收收入下降了 15%,第二年下降了 37%,第三年又下降了 26%——三年期间合计较 1929 年下降了 60%。1926—1929 年间,资本利得税为美国财政部带来了 15 亿美元的收入。但在接下来的 5 年里,随着企业资本损失拨备的累积,资本利得税可征税额已经变成了负值。与此同时,社会救济、兴建工程及任何重启低迷经济的措施对政府开支的需求都在急遽飙升。阿尔·卡彭在南州街(South State Street)开设了一家救济粥铺,并在感恩节为饥饿的芝加哥人民提供了 5000 份食物,狠狠地羞辱了禁酒派和联邦政府。相比之下,作为黑帮大佬的阿尔·卡彭显然比治理这个国家的精英群体拥有更多的资源和更大的勇气。

---

*　性格异常阳光的多伦非常善于在摇摇欲坠的禁酒令中寻找积极的迹象。1928 年,他曾在全国美容美发用品经销商协会(National Beauty And Barber Supply Dealers Association)的会议上表示,第十八修正案有助于男性保养容颜,"有了禁酒令,男人就有更多可支配的钱用于消费。既然他们花钱买酒不合法,那就会把这笔钱花在刮胡子、美容、理发、修指甲上"。

除了卡彭和他的黑帮同伙,另一群美国人也看到了将经济危机转化为自身利益的途径。几十年来,研究禁酒令的历史学家一直就皮埃尔·杜邦、约翰·拉斯科布及 AAPA 的合作伙伴们从事反禁酒事业的动机争论不休。心怀怨恨的"干派"认为,这群人支持废除禁酒修正案是为了削减自己的税收负担。不过这种说法并不为大众所认可,后来更被斥为是反对者陷入绝望时的党派偏见。不可否认,杜邦、拉斯科布等人有其他反对禁酒令的充分理由,尤其是他们认为禁酒令侵犯了个人自由,剥夺了各州州权。事实上,他们中的许多人也以此为由全面反对女性参政权、参议员直选、所得税修正案,以及一项赋予国会权力以立法禁止雇佣童工的未决修正案。在约翰·拉斯科布眼中,所有这些做法都是"错误的",合在一起正好解释了为什么"强人"不应参与政治。

不过,诸多历史档案清晰地呈现了主导 AAPA[印第安纳州参议员亚瑟·罗宾逊(Arthur Robinson)认为,AAPA"几乎可算是杜邦集团的子公司"]的强人显然铁定了心要整垮或者说扼杀所得税修正案,大萧条给他们送去了武器,一如"一战"送给"干派"阵营的历史机遇。或者,援引历史作为对比:1913 年,组织起来的"干派"阵营支持开征所得税,以便为禁酒令注入生命;而如今,实力强大且财大气粗的"湿派"希望废除禁酒令,如此就能把所得税一并埋葬。

这个想法并非 AAPA 原创。早在 1923 年,《华尔街日报》出版人克拉伦斯·巴伦就在定期发表的"华尔街研讨会"专栏文章中提出,放弃禁酒令将使政府"每年从酒水贸易中获得 20 亿美元收入,如此便可废除所得税"。巴伦还认为,在人类历史上,只有"监管和税收"在打击酗酒方面取得了成功。

到 1925 年,尚未受杜邦掌控的 AAPA 已经在会员招募广告中借用了巴伦的部分意见。AAPA 的口号非常直接:"不管你现在贡献多少钱,一旦《沃尔斯泰德法》被废除,你都将因减税省下一大笔钱。"次年,伊雷内·杜邦告诉威廉·斯泰顿,如果重新开征酒税,通用汽车公司每年可降低 1000 万美元税负。斯泰顿认为,如果美国人均酒精消费量与 1914 年相同,而且税率与英国持平,那么政府获得的酒税收入将达到 13.2 亿美元。

可以说,AAPA 积极拥抱税收议题,是该组织成员(主要是财阀、权贵和为其利益服务的政客)日益扩大的必然结果(参议院在调查中发现了 AAPA 草拟的信函模板,抬头写着"致亲爱的千万富翁先生")。包括詹姆斯·沃兹沃斯在内的许多人反对大规模扩大会员,认为这种做法会增加"危险",因为"我们可能会遇到一些不受欢迎的人"。在 AAPA 的词典中,"不受欢迎的人"是一个定义相当宽泛的术语。威廉·斯泰顿告诉同僚,在得知会员部"建议我们邀请有驾照的车主都入会"时,"我简直要被恶心坏了"。他们说的可不是那些拥有汽车并雇佣别人驾车的人。"你可能在某个周六或周日从安纳波利斯驾车一路驶向巴尔的摩,"斯泰顿解释道,"看到过浩浩荡荡一车队只穿衬衫没有外套的车主。"纸上的记录可能没有体现,但他当时的语气一定很确定。具有如此价值观的政治组织不太可能迎合广大选民的口味。就像伊雷内·杜邦提议的那样,用消费税取代累进所得税——具体而言,每一杯啤酒征收 3 美分的消费税——只对富人群体有实质性意义,因为贫穷的劳工阶层和失业人群会为富人群体减税提供资金支持。

AAPA 发行了大量宣传册,每个版本都设计了醒目的标题,如"禁酒令价值几何?"(答案:随着酒精交易回归合法,"征收所得税的必要性随之消除"。)"禁酒令是否有效?"以及"禁酒令的代价与你交的所得税之间的关系"等。最后一份是该组织在 1929 年发行的版本，传播最为广泛，出版时机也最为合适。1932 年，随着大萧条让经济跌至毁灭性的低谷，这版小册子也被 AAPA 设计印刷的一份新版本所替代。新版小册子的标题用更加迫切的语气谈到了这个历史性的时刻——"政府收入需要新的来源"，正如皮埃尔·杜邦在当年夏天的一次广播讲话中所明确指出的，"小册子的作者毫不费力就找到了新的收入来源""未来不需要征收所得税，预算所需收入的一半……只需开征酒税即可补上"。

　　考虑公众接受度，杜邦在公开场合讲得较为委婉，但私下里他就毫无顾忌地抨击了。1932 年 4 月，皮埃尔·杜邦写信给兄弟拉美特说道："废除第十八修正案，联邦政府可以多征收 20 亿美元的税金。"在积极参与废除禁酒修正案的 4 年之后，他没有再提州权、个人权利等类似的崇高理念。他总结道："如此规模的税收，几乎可以抵消全部企业所得税和个人所得税。我相信你也不会否认其重要性。"

　　1928 年末，E. B. 怀特写了一篇文章，谈到纽约市为了"实施不存在的禁酒令"而投入巨量资金。数月之后，《纽约电讯报》（*New York Telegram*）提出这样一个问题："曼哈顿岛上有什么地方可以买到酒？"该报给出的答案是："在开放的酒馆、餐厅、夜总会、猫眼后的酒吧、舞蹈学校、药店、熟食店、雪茄店、糖果店……"这还没结束，该报紧接着又提出了另外 31 种选项，其中包括油漆店、麦芽糖店和搬家公司等。曼哈顿下城区的一位家庭主妇在接受采访时说道："在以前，你从来不会想过要到渔产品店里去买酒。"

　　纽约是一个非常独特的城市。但到了 1930 年，它已经不像以前那样特别了。威克沙姆委员会（Wickersham Commission）报告称："就目前情况看，全国各地都有自己的本地供应可供选择。"堪萨斯州当地长期支持禁酒的《哈钦森新闻报》（Hutchinson News）的编辑在禁酒令实施十周年之际承认，"堪萨斯州如今的酒精消费量是十年前的 10 倍……消费量只有增，没有减"。第二年，《星期六晚邮报》（Saturday Evening Post）宣布，20 世纪 20 年代波西米亚风格的格林威治村已经不复存在。个中原因，马尔科姆·考利了然于胸。"禁酒令正在走向衰亡，"他写道，"因为如今女性可以在布朗克斯区的街道上吸烟，在奥马哈喝杜松子鸡尾酒，在西雅图和米德尔敦举办超棒的派对。"格林威治村的生活方式——男男女女一起寻欢作乐，有音乐相伴，酒水则永不缺席——已经"被科科莫和堪萨斯城的年轻乡村俱乐部销售人员全盘取代"。说到此处，考利语气中满是失落之情。

在除了中度谷物酒精以外很难买到其他任何东西的地方，当地杂货店提供了一种名为"皮克"（Peeko）的调味品，有黑麦啤酒、杜松子酒、朗姆酒、干邑白兰地、薄荷奶油酒及其他几种不同酒的口味，售价 75 美分。广告上说，只要把这些"完美、真实的味道"加到谷物酒精中，即可一饮而尽。私酒产业使得一些合法企业在更广阔的领域内获得了巨大成功。以玉米糖为例（其对私酒的重要性就像葡萄对葡萄酒的意义一样），其产量也从 1921 年的 1.52 亿磅飙升到 8 年后的 9.6 亿磅。在 4 年时间里，标准品牌公司（Standard Brands Inc.）在有 18.9 万居民的弗吉尼亚州里士满市仅售出了 6.4 万包弗莱施曼牌酵母粉。但在蓝岭（Blue Ridge）山脚下仅有 2.4 万人（根据威克沙姆委员会的报告，当地 99% 的居民从事私酒生意）的富兰克林县，弗莱施曼牌酵母粉在这 4 年的销量高达 225 万包。这一现象不仅仅局限于南方。伊利诺伊州洛克福德市(Rockford)的一家百货批发商每周都要采购两三节火车皮的玉米糖。禁酒执法官员表示,他们在1929年查获了35200个非法蒸馏炉和酿酒厂,外加2600万加仑的麦芽糖浆。但从当时流向全国各地的酒水总量看,真正被查获的占比小之又小,就像是从高尔夫球场上摘走了几片草叶,根本就无足轻重。

大约在同一时期,另一种液体饮料来源也出现了——维诺萨诺葡萄砖(Vino Sano Grape Brick),一种混合了葡萄的茎、皮和果肉,经过脱水的固体状浓缩葡萄汁块,大小似一磅黄油,包装上印刷着详细的步骤,指导购买者加水使之变成葡萄汁,但又特别叮嘱不要添加酵母或糖,不要把它放在黑暗的地方,也不要放太久再喝,因为"它可以发酵成酒"。对于那些反应迟钝的人,报纸上的广告还提示他们可以选择不同的口味:波特酒、雪利酒、托卡伊、勃艮第等。黑帮大佬"钻石腿"·杰克·戴蒙(Jack "Legs" Diamond)告诉《纽约时报》:"对我来说,这听起来是个不错的行当。"

加州顶级葡萄种植园主也这么认为。在维诺萨诺葡萄砖的生产商打赢一场官司后(法院裁定他们出售的产品不含酒精,而且个人购买后将其用于家庭自制酒也合乎法律规定),他们合力打造了名为"Vine-Glo"的新产品,由禁酒令实施前最大的五家葡萄酒商共同组建的"水果产业有限公司"(Fruit Industries Limited)负责生产与销售。水果产业公司的代理商会使用5加仑、10加仑、25加仑或50加仑不等的罐子把特定品种的葡萄汁(如托卡伊、勃艮第、波尔多干红等)送到买家的家中,加入酵母和柠檬酸,再插入一根管子用来排出发酵过程中产生的气体。每隔几周,代理商的人员就会过来检查发酵进展;60天后,他会带着瓶子、软木塞、瓶口锡箔纸和标签过来,甚至还有包装酒瓶子的包装纸。

尽管 Vine-Glo 的服务非常周全，但它的广告并不比维诺萨诺精致多少。"装在烧焦的桶里……经加利福尼亚的酿酒厂压榨生产……你得到的会是什么？"一位经销商在广告商说："Vine-Glo 向美国公众传达了一条新信息，一条他们已经等待了十年的信息。"Vine-Glo 甚至还有自己的明星代言人。赫斯特旗下的编辑亚瑟·布里斯班（曾在第一次世界大战期间依靠啤酒行业的资金支持买下《华盛顿时报》，然后转卖给赫斯特集团）为水果产业公司的宣传册拟了一条短评广告语："葡萄种植者不必为自然法则负责，自然法则不在乎禁酒令，径自把无辜的葡萄酿成酒。"

家庭以外的公共饮酒场所已变得更加文明，大城市中尤其如此。"地下酒吧拐走了晚餐行业的精英人才。"《哈泼斯》(Harper's) 杂志写道。遵守禁酒令的餐厅注定要倒闭，这不仅是因为公众口味的变化，还有劳工经济学规律的原因：地下酒吧的消费要高得多，服务员和厨师能够赚更多钱，因此吸引了业内最优秀的人员加入。正如美国酒店协会 (American Hotel Association) 的律师在参议院下属委员会的一次听证会上所言，酒店客流量有所上升，因为顾客"可以躲在客房门后尽情喝酒，不必担心禁酒法的惩罚"。不过令酒店经营者感到糟心的是"我们的家具和房间正不断遭到损毁"。出于禁酒令，为了解决入住客人滥用家具开酒所产生的损毁，酒店业想出了自己的解决方案："为客房配置一套组合式开瓶器，固定在浴室门框或其他随手就能拿到的地方。"

禁酒令晚期的另一产物是"漫无目的之旅"，亦称"豪饮之旅"，或"周末狂欢之旅"。不管叫什么名字，这种旅行都是豪华游轮行业的先驱。这些海上往返航线的目的地都不远，大多在美国领海之外的公海海域，也在 1929 年美国船舶私有化之后开通的首批航线之中。"利维坦号"(Leviathan)停止跨大西洋航线后被转用于为期四天的巡游航线，船上配有完整的啤酒生产设备。"乔治·华盛顿号"也是如此。1930 年，美国政府代表团(成员包括国务卿、海军部长、三名大使和两位参议员)为前往伦敦参加裁军会议预定了"乔治·华盛顿号"的舱位，船上所见所闻多少有点令人尴尬。为了满足乘客需求，格雷斯航运公司(Grace Lines)和国际商船公司(International Mercantile Marine Company)都建造了能容纳 750 名狂欢游客的大型游轮。如果按照严格意义上的说法，这都是为了开展"沿海贸易"。

曾经必须遮遮掩掩的事物，如今就这样突然曝光于白日之下，风靡于全国各地。用较为专业的术语来描述的话，便是"全民废法"(Social Nullification)。越来越多反对禁酒的新闻报道引用大量事实证据，炫耀社会风潮的巨大转变。例如，《圣路易斯邮报》(*St. Louis Post - Dispatch*)在报道河对岸伊利诺伊州的芒兹乡村俱乐部(Mounds Country Club)时就展现出极大的热情。俱乐部销售人员宣称，自家俱乐部是"一家能够满足长期需求的高级夜总会"，客人群体"极具包容性"，从曾经的罪犯到职业枪手到"上流社会名人"和"新兴权贵"，应有尽有。该报还向读者们暗示："富裕的圣路易斯人有时会把香槟偷偷带入坚决支持禁酒的俱乐部内，并且奇迹般地瞒过服务人员，把软木塞喷向天花板，举杯嘲笑这荒谬的世界。"

开放饮酒的信息已经不止出现在新闻和编辑专栏中。在蒙大拿州阿弗尔(Havre)，诸如《每日新闻推手报》(*Daily News Promoter*)这样的小报上满是 Vine-Glo 和维诺萨诺的广告，大胆直接的标题铺满整个版面，《华盛顿明星报》(*Washington Star*)上的广告风格亦是如此(水果产业公司在广告上宣传说，它想生产"一种在农场上一直能买到的产品，而且也能让城市居民方便地取得"）。1930 年,《名利场》杂志刊登了一则香烟广告,广告中梳着马尾辫的时髦女士拿着一支马提尼酒杯,准备享用服务员端上来的开胃小菜——从照片上你可以看到,她的另一只手捏着橄榄。关于鸡尾酒配方的书籍都出自知名出版商之手,其中一家出版商曾为读者提供了前参议员吉姆·里德自己发明的"南瓜杜松子酒"配方(在南瓜上切一个洞,去掉种子,放糖进去,用石蜡把顶部密封。30 天后,糖和南瓜的肉会"转化为极为强劲的杜松子酒")。其中有本书根据不同配方混合产生的效果给鸡尾酒命了名,譬如"桥牌桌",需要把杜松子酒、白兰地、杏子白兰地和酸橙汁混合在一起调出。"如此命名,是因为几杯下肚,人就站不住了。"①

1927 年,莫里斯·坎贝尔(Maurice Campbell)少校在就任联邦禁酒局纽约地区负责人时明确表示,他将坚决支持第十八修正案。作为一名禁酒主义者,他会确保"公正且有尊严"地执法。面对曼哈顿公开繁荣的饮酒现象,他没有表现出丝毫胆怯。在接下来的 3 年里,坎贝尔少校对诸多知名娱乐场所展开了突袭执法行动,其中包括:女明星德克萨斯·姬兰与伤感情歌手海伦·摩根(Helen Morgan)合开的夜总会、丽思卡尔顿酒店、曼格尔酒店(Manger Hotel),以及吉米·沃克市长最爱的销金窟——中央公园赌场(Central Park Casino)。遭到突袭执法的饮酒场所,有些被抓走了服务生和酒保,有些则干脆被查封关门。1930 年 4 月,坎贝尔带领手下扫荡了百老汇街和第 48 街处的好莱坞夜总会

---

① 原文是"Your Legs Will Fold Up","Fold Up"既有"折叠"的意思(桥牌桌的桌腿可以收起来),也有"支撑不住"的意思。

(Hollywood Nightclub),总共逮捕 27 人,其中包括 16 名服务生和 11 名酒保。当时他们都身着晚礼服,身上碰巧又都带着酒。这次成果丰富的执法行动其实也是坎贝尔禁酒执法职业生涯的绝唱。坎贝尔表示,这次代号为"小酒瓶突袭"的行动是"第一次有人因在公共场所持有令人致醉酒类而被逮捕"。"只要这种现象在纽约一日不绝,"他警告说,"类似的逮捕行动也不会是最后一次。"

但这次突袭执法并不是坎贝尔在公共视野中最高光的时刻。5 个月后,他从纽约区执法负责人岗位离职。若论原因,要么是缺乏司法部的支持而主动辞职,要么是由于他的"不作为"而被解雇(大量证据表明应是前者)。很快,坎贝尔就成为第一个公开揭露联邦禁酒执法体系中深入骨髓的腐败、虚伪与肮脏政治的高级执法官员。

坎贝尔应《纽约世界报》等报纸的邀请,发表了一系列专栏文章。他在文章中披露,助理财政部长西摩·洛曼曾指示他恢复 200 多万加仑的"圣餐葡萄酒"配额,以帮助共和党"争取纽约市的犹太人选票"。除此之外,洛曼还告诉他,1928 年的纽约"太过干燥"。当年是总统大选年,"我们不能做任何激怒选民的事情"。坎贝尔甚至还指控副总统查尔斯·柯蒂斯(Charles Curtis)曾试图照顾在 1928 年大选中为他工作的竞选经理经营的工业酒精生意。一个月后,这位恰好当过酒吧老板的人就因从荷兰进口的"山羊浴液"中被检测出含有 95% 的酒精而遭到指控。洛曼和柯蒂斯照例否认了坎贝尔揭发的内容,并且还倒打一把。怎料坎贝尔在职期间保留了众多备忘录的副本,能够有力证实他的大部分指控。坎贝尔在总结自己的现状时说:"我已经摆脱了这一切,就像从污水坑里爬出来呼吸到新鲜空气一样。"之后,他担任了《废除禁酒令》(Repeal)杂志的编辑。

坎贝尔的系列文章在 1930 年国会中期选举前几周陆续登出。对于"干派"而言,这可不是什么好消息。然而祸不单行,私酒贩子乔治·卡西迪(也就是"绿帽男")在另一家报纸上曝光的信息,给"干派"共和党带来了第二波沉重打击。卡西迪透露说,他经常向"国会参众两院的大多数成员"销售私酒,大多数老客户"每周都要买 2—3 夸脱"。"行李泄露兄弟会"的 3 位滑稽成员——摩根、迈克尔森和丹尼森自然也连带遭殃,竞选连任全部失败。在当年 11 月的中期选举中,反禁酒阵营大获丰收(仅在众议院,"湿派"议员一夜之间就从 76 名增加到 146 名)。"湿派"的胜利,很大程度上可以归功于大萧条。共和党人对这场经济灾难负有不可推卸的责任,民主党人则是民众满腔怒火的受益者。而在除南方以外的各州,"湿派"已经主导了当地民主党(当时的党主席为约翰·拉斯科布)。共和党的传统地盘,如俄亥俄州和伊利诺伊州,也在 1930 年选出了民主党参议员。甚至在堪萨斯州——这可是堪萨斯州啊!——选民竟然选出了一个"湿派"民主党人,换掉了一个"干派"共和党。

与此同时,共和党内部正在酝酿一场声势浩大的叛乱。AAPA 的大多数成员都是共和党人,他们在东部一些州(如纽约、新泽西、康涅狄格等)拥有巨大的影响力。1930 年中期选举中,AAPA 积极运作支持废除禁酒修正案。威斯康星州共和党人也加入了这场大合唱;华盛顿州共和党直接宣布转变立场,反对禁酒,等同于和该州共和党大佬韦斯利·琼斯参议员(臭名昭著的《琼斯法》发起人)决裂;密歇根州的共和党"干派"成员同样溃不成军。ASL 密歇根州分部负责人是该州共和党大佬,此次要寻求第五次连任,却在初选环节就被一名反禁酒的政治新手击败。在选举前的第六天,由保利娜·萨宾在 1921 年创立的全美共和党妇女俱乐部的成员以 1391：197 的票数通过了支持废除禁酒修正案的决议。一周之后，面对"湿派"在选举中取得的空前胜利，萨宾说道："我们的小组织虽然规模不大，但我确信我们也为"湿派"的辉煌胜利做出了一点小贡献。"

  然而萨宾口中的"小组织"并非是指全美共和党妇女俱乐部，而是全美禁酒令改革妇女协会（Women's Organization For National Prohibition Reform）。这是在赫伯特·胡佛发表令她失望至极的就职演说几天后萨宾和 11 位好友沟通的成果。萨宾抛弃共和党在当时是一条爆炸性新闻。《纽约时报》在头版头条予以报道，《芝加哥论坛报》《亚特兰大宪法报》和《华盛顿邮报》也都跟踪报道，甚至连忠于"干派"的《洛杉矶时报》也在头版刊登了萨宾"叛党"的消息。很快，应萨宾之邀加入"WONPR"的社会名媛们，可以确保随时都能把她们的组织推上各大报纸的重要版面。她们的名字就是地位的象征，比任何堆砌修饰都更具威力——阿奇博德·B. 罗斯福的夫人（Mrs. Archibald B. Roosevelt）、考特兰·尼克尔的夫人（Mrs. Courtlandt Nicoll）、爱德华·洛兰德·哈里曼的夫人（Mrs. E. Roland Harriman）、科尼利厄斯·M. 布利斯的夫人（Mrs. Cornelius M. Bliss）、卡明斯·斯皮克曼的夫人（Mrs. Cummins Speakman）及科芬·范伦塞勒夫人（Mrs. Coffin Van Rensselaer）。①

---

  ① 除最后一位科芬·范伦塞勒夫人的姓名外，原文作者在列举前几位名媛时都使用了她们丈夫的姓名，译者在此就使用她们丈夫的名字直接翻译。阿奇博德·罗斯福是西奥多·罗斯福总统的第五子；考特兰·尼克尔是当时纽约著名律师，曾担任纽约州议会参议员；爱德华·哈里曼是美国著名金融家、慈善家，也是铁路大王爱德华·亨利·哈里曼的儿子；科尼利厄斯·M. 布利斯的兄弟是科尼利厄斯·牛顿·布利斯（Cornelius Newton Bliss），而科尼利厄斯·牛顿·布利斯曾担任麦金利总统的内政部长；卡明斯·斯皮克曼是著名商人；科芬·范伦塞勒是美国著名豪门范伦塞勒家族成员。

起初,这群著名女性的血统似乎会为她们招来嘲笑。在某些方面,她们言谈举止的风格也会引发误会。WONPR 的发起会议在芝加哥德拉克酒店(Drake Hotel)举行,大会会议记录令人联想到海伦·霍金森(Helen Hokinson)在《纽约客》上刊登的一幅漫画:"施托伊弗桑特·皮尔庞特夫人(Stuyvesant Pierrepont)对其在新泽西州项目的进展作了一次非常有趣且令人满意的报告。"WONPR 在哥伦比亚特区注册,她的会员也因此被媒体描绘成"华盛顿上流社会核心圈"。报纸记者尤其关注萨宾,给了她其他美国政治运动领导人都不曾有过的报道待遇。著名女性月刊《麦考尔》(McCall's)杂志在介绍萨宾时写道:她"喜欢穿运动服,能够轻松驾驭紫色和蓝色的衣服,经常戴珍珠耳饰"。她"对颜色非常敏感",办公室的墙壁是"淡绿色的,与橙色的窗帘搭配起来非常协调",很好地展现了她对色彩的把握。《亚特兰大宪法报》则写道:"她平时经常打高尔夫、跳舞,但最喜欢的运动还是游泳,经常在查尔斯顿附近的橡树庄园里畅游。"《时尚》杂志更为隆重,以"反禁酒名媛"(Anti-Prohibitionette)作为封面报道的主题。

萨宾深知此类舆论有助于实现她的政治目标。在启动初期,她的每一次演讲、每一次采访、每一次国会证词都蕴含着特别的力量。而力量的来源正是她的特殊身份。在引用萨宾对禁酒令的一次批评讲话后,《芝加哥论坛报》特别解释说:"要知道,这些激烈的言辞不是来自讲台上的老套谩骂,而是出自一位优雅的女士。她端坐在自己布置精美的客厅,身边摆放着罕见的古籍,屋子里有精美的绘画和富丽堂皇的挂毯……这些话出自……一位'社会名媛'之口,她现在本应在迈阿密海滩或里维埃拉(Riviera)尽情游玩,而非指挥着 15 名秘书埋头案牍,或策划全国竞选活动,或回复成捆的信件,或每周 2 次在公开会议上发言。"

换而言之,在当时很少有女性能够自信地面向社会公众发出自己的声音,而保利娜·萨宾则让此举变得体面起来。当她抨击"教会不知廉耻地介入立法事务"时,正是保利娜·萨宾——优雅、精致、富有的保利娜·萨宾——率先说出了这样的话,使得其他女性也能勇敢地站出来。WONPR 密苏里分会负责人克利福德·W. 盖洛德的夫人(Mrs. Clifford W. Gaylord)根据自己加入组织后所获取的进步观点总结说,就在不久以前,支持禁酒"似乎具有一种压倒一切的责任感,而反对禁酒似乎完全相反。要知道,很多女性拥有强烈的道德勇气,但在社交上却畏怯不前。换句话说……",盖洛德夫人带着对自己团体的深刻了解总结道,"如果代表社交准则的裴杜德夫人(Mrs. Perdoodle)能够公开站出来,那么所有的杜森瓦格尔夫人(Mrs. Dusenwacker)都会跟随她的步伐"。

随着萨宾不断公开露面接受媒体采访,围绕 WONPR 的光环越来越鲜亮。为了宣传 WONPR 的理念,萨宾用 12 个月时间走遍了美国 31 个州——对她而言,这可不是野餐那么简单。要知道,她曾在早先一次跨越全美的长途旅行中抱怨堪萨斯州"十分乏味",觉得南卡罗来纳州最富有的艾肯镇(Aiken)无聊透顶,更认为旧金山的那些社会精英不过是"乡村野夫"而已。《名利场》杂志盛赞"萨宾式女性"(Sabine Women),称她们"美丽、富有教养,严格实践自己的理念"。但在禁酒派眼中,她们却是另一种形象。对于《名利场》颂扬的神话,"干派"阵营根本不屑一顾,禁酒党的 D. 利·柯尔文(D. Leigh Colvin)甚至称她们是"酒神节狂欢中为酒疯狂的少女……只要能够令酒精合法化,她们连偷走死人眼睛上的硬币这种罪恶之事也能干得出"。肯塔基州支持禁酒的《美国独立报》(*American Independent*)也发出了赤裸裸的人身攻击,称 WONPR 的女性成员"只不过是大地上的渣滓,穿着裙子四处招摇,很可能经常在深夜勾引其他女人的丈夫,一同到时髦的度假村买醉偷情"。

如果 WONPR 没有价值,"干派"当然不会浪费如此重磅的弹药。显然,事情发生了变化,努力发挥了效果。1930 年,WONPR 的影响力在哥伦比亚特区内初露端倪。由于 WONPR 的介入,管理特区的参议院下设委员会正在审议的一项关于加强禁酒执法的法案被搁置。"在国会听证会上,从未见过如此非同寻常的集会,"《华盛顿邮报》在头版头条中写道,"那些在上流社会名人录中闪闪发光的名字,今天都聚集于此……会议厅里的女性数量,竟然是男性的 4 倍之多。她们中有老奶奶,有家庭主妇,有富家千金,她们都发誓向禁酒令宣战。"该报总结道,当她们作证结束后,"有充分的证据表明,该项法案已经被宣告死亡"。

胜利的消息迅速传遍全美。和同道 AAPA——其中大部分成员也是她们的丈夫——不同,"萨宾式女性"并没有设定成员门槛。到 1933 年,WONPR 已经拥有超过 130 万会员。在伊利诺伊州的埃文斯顿——WCTU 总部所在地,紧邻已经神圣化的弗朗西斯·威拉德的乡村别墅——WONPR 举办了一场特别宣传活动,在短短一周时间内就招募了 1500 名新会员。为了保证禁酒令能够万世不易,WCTU 曾在禁酒成功后继续推动女性参政权宪法修正案通过审议("只要第十九修正案在,第十八修正案就不会倒!")。然而不过十余年时间,WCTU 就眼睁睁地看着千辛万苦争取到的女性参政权正成为毁灭禁酒令的巨大推动力量。《时代周刊》评论道:"萨宾组织的真正力量,在于小镇主妇们无

论相距多远，都渴望以真实存在的社会知名人士为纽带，聚集起来发出
自己的声音。"

　　位于长岛的林布鲁克女性共和党俱乐部（Lynbrook Women's Re-
publican Club）中的一名成员谴责保利娜·萨宾是"叛国者"，并要求俱
乐部撤回已向她发出的演讲邀请，但却遭到俱乐部主席的拒绝。"我
宁愿辞职也不愿撤回邀请，"约翰·T. 吉布森夫人（John T. Gibbons）
表示，"因为此事关系到我们的教养。"不仅如此，她还对赫伯特·胡
佛也重复了同样的说法。吉布森夫人告诉总统："我此前一直是'干派'
的一员，但我的立场正在发生变化。"

　　1930 年，施格兰酿酒集团召开年度股东大会，山姆·布隆夫曼在
大会上发表了讲话。此时的他已经 41 岁了，与 14 年前坐着狗拉雪橇
穿越安大略省西部森林雪原的山姆·布隆夫曼相比没有大的变化，只
是发际线往后推移了一些（毫无疑问，人也变得更加闪亮了）。布隆夫
曼说起话来，口才比大多数高中就辍学的人好多了，就像他比大多数职
业拳击手都更加好斗，比大多数公鸡都更趾高气扬一样。

　　这些独特的品质引导山姆·布隆夫曼这样在萨斯喀彻温省和马尼
托巴省长大、没有受过良好教育的俄国犹太移民获得了时人难以想象
的成功。他的家族控制着北美最大的酿酒厂，而山姆正是家族掌权人。
他在蒙特利尔西山区贝尔韦代雷路（Belvedere Road）购置了豪华宅邸，
花了两年多的时间加以翻修，那时刚刚完工。为了照顾家人生活，山
姆·布隆夫曼在豪宅里雇用了一名男管家（女主人赛德耶称他为"贝
尔韦代雷路王子"）、一名厨师、二名女仆、一名园丁、一名司机、一名保
姆和一名"法国家庭女教师"。家具、菜单和礼仪均是按照赛德耶在欧

洲旅行时所见的女性房间样式和社交礼仪设计的。山姆·布隆夫曼于蒙特利尔市中心皮尔大街(Peel Street)上兴建的家族公司总部大楼在模仿的道路上更进一步。整座建筑以石灰岩作为基础材料,顶部设计有圆屋顶和塔楼,厚厚的墙壁上点缀着彩色玻璃、人物雕像和石刻的盾形纹章——这就是山姆心中的苏格兰贵族城堡。城堡入口有一道带尖刺的闸门,门内还装饰有苏格兰著名诗人罗伯特·伯恩斯(Robert Burns)的肖像画。

尼古拉斯·费斯(Nicholas Faith)在有关布隆夫曼家族史的作品中写道,皮尔大街的施格兰集团总部大楼是"对山姆所深爱的苏格兰人的诙谐致敬"。这是一种极为深沉的爱,以至于当布隆夫曼提及"故土"时,首先想到的竟是苏格兰,而非他的真正故乡俄国。在1930年的公司年会上,山姆·布隆夫曼称呼酿酒有限公司的苏格兰贵族为"我们来自故国的老朋友"。在进入公司年会日程的主要议题之前,山姆向与会者表示,"政府最近颁布了新的法律,关闭了酿酒业利润最为丰厚的市场,对整个行业造成了严重不利影响"。

山姆·布隆夫曼提及的新法律是指《1930年出口法》(*Export Act Of* 1930)。近九年来,美国政府一直向加拿大政府施压,要求加拿大禁止向美国南运酒水。在此期间,加拿大人按照本国法律可以合法地向美国运输威士忌等酒水。仅经官方认可(征收了关税)的合法酒水出口贸易量就从禁酒令开始时的8335加仑激增到110万加仑。实际上,这仅是从加拿大流入的酒水的一小部分;但对美国司法部和财政部而言,这是他们工作无效的尴尬证据。在加拿大人看来,酒水出口贸易可是个大生意——含酒精饮料商品出口关税收入占加拿大政府(联邦政府和各省政府)所有税收收入的20%左右,而且这些税负基本上都由美国消费者负担。1929 年，加拿大的酒水出口关税收入高达国内所得税收入的 2 倍（想必皮埃尔·杜邦得知这一数据会感到十分高兴）。值得注意的是，贡献如此巨额出口关税收入的纳税人都是正直守法的优秀公民，他们的贡献没有获得任何走私者的帮助。私酒走私商出口酒水时不会经过海关，更不会缴纳关税，他们直接把商品运过河流、湖泊和陆地边界，输送到广阔的美国市场。

由于加拿大政府是酒精饮料产业的主要受益者，加拿大人自然认为没有理由支持美国政府执行一项远比加拿大本国禁酒法律更为严格的美国法律，何况加拿大本国绝大部分的禁酒法律都已经失效了。就在几年前，美国海岸警卫队的一艘执法快艇在追逐私酒走私犯时于伊利湖科尔本港（Port Colborne）附近搁浅，被当地人洗劫一空。洗劫者切断了快艇上的电线，还用沙子填满了发动机气缸。若说这些年来有什么变化的话，那就是加拿大公众对美国禁酒令的支持每况愈下。多伦多一家报纸警告说，如果加拿大协助美国执行禁酒令，"将会使本国沦为国际大家庭中的一个傻瓜"。《渥太华日报》（Ottawa Journal）以"美国执法和慈善一样，均应自国内开始"作为文章标题。在为数不多的反对意见中，有一条来自政府所有的加拿大国家铁路公司（Canadian National Railways）的总裁亨利·桑顿（Henry Thornton）爵士。桑顿表示："我认为加拿大政府应该倾尽所能，制定各种政策协助美国政府在其国内实现禁酒。"然而，桑顿的真实目的其实是继续壮大本国蓬勃发展的饮酒旅游产业。1929 年，该产业为加拿大带来了 3 亿多美元的收入，几乎是 1920 年时的 4 倍。桑顿总结道："美国禁酒越严格，我们就赚得越多。"

但最终加拿大选择了妥协，制定了《1930 年出口法》。自此以后，加拿大人将酒精饮料运往禁止销售酒精饮料的国家也属于非法。对此，桑顿自然也很高兴。事实证明，山姆·布隆夫曼同样对此喜闻乐见。他在《1930 年出口法》通过前对施格兰酿酒集团的股东们表示，"公司收益比去年增长了 50%。"他还补充解释，尽管集团利润率下降，"但产品实际销量增长可观"。不过布隆夫曼未说明的是，距离纽芬兰海岸 15 英里处的圣皮埃尔港是集团获得意外增长的关键所在。出口法通过后，酒精饮料已经不能作为合法货物出口到美国，但圣皮埃尔岛属于法国管辖，不受加拿大法律约束。加拿大记者詹姆斯·杜布罗（James Dubro）和罗宾·罗兰（Robin Rowland）写道："结果就是，这个岛成为洗白加拿大私酒的大本营。"

　　对布隆夫曼兄弟和其他可利用圣皮埃尔岛洗白私酒设施的酒厂而言，该岛最终被证明具有双重优势。货物离开加拿大后，只要在岛上停靠，就可继续驶向重焕活力的私酒舰队。不仅如此，私酒贩子还可以把货物从圣皮埃尔岛走私回加拿大本土，从而逃掉每加仑 9 加元的国内消费税。*

　　对美国酒精消费者和私酒走私商来说，加拿大政府的出口法只不过是一个小小的障碍，圣皮埃尔岛为东海岸提供了完美的解决方案。在从东海岸到西海岸之间广袤的美加边境，私酒照常通过汽车运输流入美国境内（一位美国官员坚持认为，缅因州的私酒走私犯甚至会把

---

　　*　虽然可以逃税的加拿大酒厂在美国禁酒令时期拥有得天独厚的经营优势，但他们也面临着竞争：美国产的酒水运到加拿大同样也能规避消费税。相比加拿大产的酒，这些美国酒质量非常之差，甚至可以说是一团糟，而且美国生产厂家（据估计，仅底特律市就有 150 多家）提供的产品说明也少得可怜。这也算不上什么新业务模式，早在 1926 年，水牛城北部森林里一家私酒窝点生产的私酒就导致尼亚加拉河对岸 41 名加拿大饮酒者中毒死亡。

酒水灌入轮胎中藏匿,"酒精以这种方式取代轮胎充气")。安大略湖和伊利湖上的私酒船队规模仍在不断壮大。底特律的私酒价格经历了短暂的上涨,美国政府也在周期性的公告中宣布底特律河上的走私活动已经被彻底消灭。但没过多久,底特律就报以周期性的嘲笑,大量私酒通过火车运输到温莎,然后再穿过铁路隧道,让底特律再次沉浸于酒精海洋。1930年12月,美国驻哈利法斯克总领事上报国务院,称大量火车装载的货物被伪装成木材、纸浆、鱼,甚至活龙虾申报。海关可能会拦下这些货物,但——领事先生在报告中发出不满的叹息声,因为十多年来几乎每一位政府官员都曾试图执行这项不可能实现的法律——"很多执法人员在面对私酒走私时,不可能做到法律所要求的谨慎尽职"。

万里长堤上的蚁穴越来越大,也越来越多。每当总统、禁酒局或任何其他执法机构宣布一项新的执法成果,投入新的执法资源,或与其他政府谈判达成一项新的合作备忘录时,非法酒精的洪流总能找到新的(往往也是更有效的)流通渠道。

即使是最重大、最广为人知的执法胜利,本质上亦是徒劳。赫伯特·胡佛成功地将阿尔·卡彭投入监狱一事就属其中典型。胡佛在上任两周后就接待了一个芝加哥市民代表团,他们对芝加哥生活环境的描述令总统大为震惊。胡佛后来表示,他确信"芝加哥已经完全掌控在黑帮手中,警察和法官完全被黑帮控制,州长徒有其名,而联邦政府是这座城市恢复自治能力唯一可依靠的力量。我立刻下令所有联邦政府机构集中力量打击卡彭及其犯罪团伙的势力。"总统的确授权财政部和司法部要不惜代价将卡彭送进监狱。而另一位胡佛——年轻的J.

埃德加·胡佛——经过作为好友兼导师的梅布尔·维勒布兰德的力劝（"出于对我非常重要的个人原因"），也加入了打击卡彭的特别行动队。

　　艾略特·内斯率领"铁面无私"行动队英勇执法，千方百计袭扰卡彭集团的啤酒贸易，短期内也取得了一定成效。如内斯的传记作者所记录的，执法人员通常驾驶一辆车头装有钢锤的卡车；内斯头戴一顶橄榄球头盔，坐在副驾驶座上指挥驾驶员猛踩油门直接撞穿非法啤酒工厂的墙壁。1931 年，美国国税局认定卡彭偷税漏税，最终以此罪名把一代枭雄送进了监狱（内斯没有发挥多大功劳，他在此案中的作用仅限于把这位"疤面煞星""斯诺奇"送上开往亚特兰大监狱的火车，或者说转交给埃德加·胡佛）。但国税局取得的重大胜利对私酒行业并没有产生多大影响，唯一较为明显的后果是黑帮暴徒、诈骗分子及其他芝加哥恶棍们缴税的积极性迅速提高了。卡彭被定罪后，他的同行突然向国税局提交了一大堆补缴税款申报表——美国国税局表示"从这些黑恶组织收到的申报材料的数量较此前几年翻了一番。"虽然卡彭集团的势力遭到严重削弱，但竞争对手很快就解决了芝加哥的"干渴"。不仅如此，私酒犯罪集团的组织规模也没有缩小——在黑帮大佬罗杰·图希（Roger Touhy）供货的私酒消费场所中，有两家大型路边旅馆每周的啤酒消耗量均高达 600 多桶。

　　更糟糕的是，联邦警察提高执法力度所造成的压力导致了有组织犯罪集团的进一步发展。在约翰·托里奥于 1929 年举行大西洋城和平会议两年后（几乎就在亚特兰大监狱的典狱长准备迎接那位著名囚犯入狱的同一时间），来自 20 个犯罪组织的黑帮大佬再次齐聚于芝加哥，共同发起成立了一个"管理委员会"，并在委员会的领导下组成了一个新的全国性犯罪集团。塞尔温·拉布（Selwyn Raab）在《五大家族》（*The Five Families*）一书中写道："禁酒令促使 20 世纪 20 年代规模较小的社区型犯罪团伙顺利转型为区域化犯罪组织，进而结成全国性犯罪集团。"黑帮成员刚入行时不过是些"街头小混混……出道时都已是盘踞一方的黑帮列强。私酒生意为他们提供了完美的在职管理培训"。这一时期发展出的犯罪集团组织架构主导了之后美国近半个世纪的有组织犯罪活动。

AAPA 耗费几十万美元经费推动反所得税议程（其法律基础建立在州保留权力、个人权利、宪法神圣性和对法律的尊重之上）；保利娜·萨宾及 WONPR 为推动废除禁酒修正案所做的工作也赢得了社会尊重，甚至成为社会潮流；政府的执法努力仍然毫无意义，其外交努力亦是徒劳；更多的人饮酒、谈论饮酒、写有关饮酒的文章、对饮酒心照不宣；与酒相关的事情都越来越多（或许除了有关饮酒的自由裁量权以外）。所有这一切，都将废除禁酒令的可能性从此前完全不敢想象的境地推至梦想即将实现的地步，就连废除禁酒令的最后一个障碍也开始崩溃。自惠勒去世、坎农受辱之后，ASL 及禁酒阵营的其他组织陷入权力真空，无人再能扛起禁酒的旗帜，其影响力、活动资金和意志力皆日趋枯竭。

就连梅布尔·维勒布兰德也靠不住了。离开胡佛政府后，她收获了几家重要客户（包括米高梅电影公司以及美国航空公司的前身），写了一系列评论文章（后来集结成书）讲述自己在白宫的工作历程。维勒布兰德对禁酒令的支持没有动摇，但她对纽约的确失望无比，发表了不少批评之辞（或许也代表她对美国大部分地区的看法）："不能说禁酒执法在纽约失败了,其实这个城市根本就没有**尝试过**执行禁酒令。"

　　然而没过多久,梅布尔·维勒布兰德的人生便陷于失控状态。新闻爆料称,她在任职期间曾与私酒大王比尔·麦考伊私下会面,让人略感尴尬(事实上,更尴尬的不是维勒布兰德,而是麦考伊。为了反驳有关他在会面时举报了其他同行的流言,维勒布兰德同意给他写一封信,确认他并没有这样做,并同意他"在你认为合适的场合使用这份声明")。这次重磅爆料导致维勒布兰德的声誉一落千丈。还有报道称,水果产业公司(也就是那家制造和销售 Vine-Glo 的加州葡萄酒商垄断联盟)也是她众多客户之一。

　　一位在莫比尔市私酒执法行动期间结识梅布尔·维勒布兰德的亚拉巴马州官员表示,她是一位"非常正直"的女士。但和许多前华盛顿官员一样,她也把自己与政府官员之间的亲密关系转变成一项有利可图的法律服务生意。当她与水果产业公司签约时,这家公司正在销售葡萄果冻、葡萄汁、葡萄干、葡萄糖浆以及任何可以用山区农作物制成的产品(由于 20 世纪 20 年代中期过度开垦种植,这些农产品每到收获季节都堆积成山)。服务期间,维勒布兰德最成功的操作是帮助水果产业公司从联邦农业委员会(Federal Farm Board)争取到了 2000 万美元贷款。正是得益于这笔贷款的资助,该公司将业务扩展到了日后如火如荼的家庭酿酒业务。

　　这真是令"湿派"阵营感到无比兴奋的大新闻!艾尔·史密斯发来贺电,祝贺水果产业公司"雇用了像梅布尔这样能力出众的人才",并恭喜她"不但收取了可观的服务费用,还令《沃尔斯泰德法》看起来就值 30 美分"。极具鼓动性、外号"电台牧师"的查尔斯·考夫林(Charles Coughlin)称维勒布兰德是水果产业公司的"合法监护人"。一本名为《尊贵体验》（*Noble Experiments*）的鸡尾酒配方书提供了一种"梅布尔果酒"的配方，由朗姆酒、苹果白兰地和"加州纯浓缩葡萄汁"调制而成。

起初，禁酒阵营还试图为她辩解。费城的露丝·斯特劳布里奇（Ruth Strawbridge）是一位非常富有的"干派"女斗士，维勒布兰德曾评价她"让禁酒派对变得时髦高雅"。斯特劳布里奇在给维勒布兰德的一封信中写道：了解到你和 Vino-Glo 之间的关系后，"我对自己说：好吧，不管到底发生了什么，肯定没什么问题，因为是你做的"。在与 WCTU 的埃拉·布尔（Ella Boole）、ASL 的斯科特·麦克布雷德以及其他禁酒组织领导人士的会面中，维勒布兰德坚称自己仍然致力于推动禁酒事业。但水果产业公司的高管在 1930 年 11 月的新闻稿中宣布，公司生产的 Vine-Glo 将进军芝加哥市场。"我今天中午抵达芝加哥，"唐纳德·康恩（Donald Conn）写道，"旋即收到私酒贩子和黑帮恶棍的警告，声称他们会强烈抵制 Vine-Glo 在本地市场销售。"

在康恩看来，竞争对手的抵制就是自家公司产品的最佳广告，他再也找不到比这条新闻更有价值的方式向公众表明，产品目标客户就是那些想从葡萄汁中获得致醉快感的人群。为了强调这一点，他明确告诉一些记者，称公司已经雇用了保镖保护自己免受卡彭手下持枪暴徒的袭击。"这是一份来自加利福尼亚州上空的宣言，请美国人民注意收听，"卡莱尔·巴格伦（Carlisle Bargeron）在《华盛顿邮报》头版新闻中写道，"如果来自加利福尼亚的葡萄汁能与阿尔·卡彭的啤酒和烈酒一争高下，那其中一定大有名堂。"狂怒的维勒布兰德在给康恩的电报中说道："这种反向操作方式很可能给人留下此般印象，即水果产业公司……堕落到与私酒贩子同台竞争。'湿派'阵营如此推论有失公允,但极具杀伤力。"

　　有失公允,那是有可能的;极具杀伤力,那是肯定的。加州一名药剂师开始大张旗鼓地宣传店里出售的维诺萨诺葡萄砖,并将该产品标注为"梅布尔葡萄砖"。3周后,由主要禁酒团体领导人员组成的全国禁酒委员会(National Temperance Council)①极力阻止维勒布兰德对他们发表演讲。正当"干派"阵营可以好好发挥像维勒布兰德这样对禁酒问题有着深刻理解、对讲台气氛掌控得当的知名人士的力量时,她却从公众辩论中销声匿迹了。不仅如此,"干派"人士发现己方阵营充满了歇斯底里者和满腹怨气的人。在禁酒委员会的那次会议上,该组织的主席、长期担任 ASL 政治宣传员的艾拉·兰德里斯(Ira Landrith)牧师发出怒吼,其火爆程度甚至超越了一贯夸夸其谈的坎农主教。兰德里斯表示,反禁酒运动"比公开叛乱更为危险";大城市里的报纸大多被"湿派"所占据,整日里宣传"异端邪说";AAPA 的成员就是一群彻头彻尾的"叛徒"。

　　ASL 的立场越是极端,其支持者就流失得越多。就连曾在 1914 年使酒精的"终极毁灭者"这一概念深入人心,从而推动第十八修正案进入审批程序的里奇蒙·霍布森,此时也完全退出了禁酒运动。霍布森对一名记者表示:"当人们为改革做好准备时,相关法律自然会得到施行。在此之前,一切努力都是徒劳的。"除了主动退出的霍布森外,还有不少昔日禁酒盟友也纷纷被赶出了禁酒阵营。像内布拉斯加州参议员乔治·诺里斯,虽然他十多年来一直忠诚于禁酒事业,但在 1930 年

---

　　① 全国禁酒委员会成立于1913年,负责协调全美众多推动禁酒议程的政治团体,其主要工作目标是推动批准第十八修正案。

争取连任时遭到禁酒阵营的抵制,因为诺里斯认为他所在的州还有其他更重要议题需要处理,所以在两年前支持过艾尔·史密斯。商业巨头塞巴斯蒂安·克雷斯吉担心自己与联盟的关系会损害他在大城市的生意,最终也撤回了对联盟的支持。

随着大额资助的消失,ASL不得不更加依赖小额捐赠以支撑运作,但就是这些小额捐赠也逐渐消失在吞噬社会经济的同一片大萧条深渊。大萧条形势日益加剧,使得支持废除禁酒修正案的呼声更加强烈——酒不仅能带来更多税收,而且重生的酿酒厂还会创造更多的就业机会——进一步将ASL推向了崩溃的边缘。1931年夏,ASL华盛顿办公室因无力支付账单而不得不停止订阅报纸,管理层和员工要么接受降薪,要么干脆连工资也发不出。就连联盟首领斯科特·麦克布雷德也“为自己的银行账户余额感到羞愧”,不得不恳求财务部门预支他半个月薪水。欧内斯特·彻林顿在8月告诉麦克布雷德,联盟有待支付的款项数额“几乎令人震惊”。到了11月,联盟华盛顿办公室已经拖欠了四个月租金,业主威胁要把他们赶出去。到了次年1月,位于俄亥俄州的ASL总部的最后一条生命线也被切断——长期以来一直作为联盟短期贷款来源的韦斯特维尔银行(Bank Of Westerville)宣布破产关闭。

回望1920年,当时禁酒令正式成为美国宪法不可分割的组成部分,《沃尔斯泰德法》也被纳入美国法典。为了实现这一目标,ASL当年足足花费了250万美元活动经费。而到了1933年,禁酒事业和ASL都陷入绝境,当年该组织仅筹得12.2万美元资金支持组织活动,较1920年足足下降了95%。美国有史以来最强大的政治压力团体,就这样沦落到从沙发垫子下寻找硬币的窘迫境地。

目前还没有明确信号表明,围绕禁酒令辩论而积累的沮丧、敌意和恐惧最终能把华盛顿纪念碑绑在莫里斯·谢泼德口中的蜂鸟身上发射到火星,但确实有不少迹象显示禁酒令已然在走向崩溃。比如面对公司股价急剧下跌,可口可乐的高管却仍然笨拙地安抚资本市场,想让投资者相信啤酒和烈酒的回归不会影响公司业绩。政府的政策转换迹象也有不少。如在1931年美国退伍军人协会大会上,赫伯特·胡佛总统有关经济危机的演讲被现场此起彼伏的"我们要啤酒!"的呼喊声打断;或是密歇根州为缓解本州财政困境,悄无声息地向麦芽糖浆和其他家庭酿酒原材料征税(他们这样做可能真的实现了解决财政困境的目的:实施后的税收统计数据表明,底特律人每年能生产2800万加仑家酿酒);在华盛顿,20世纪20年代推动扩张联邦权力的最高法院开始转向,甚至宣布无搜查令情况下搜查车库违反宪法;在南方,肯塔基州的一位WONPR成员发现了一封杰斐逊·戴维斯(Jefferson Davis)于1887年时写的一封信,信中内容表明这位南方领袖坚决反对禁酒令,戴维斯称禁酒令是"一匹特洛伊木马",里面藏匿着"伪装良好的国家公敌"。

但在美国深陷大萧条泥潭的至暗时刻,当国民酿酒公司(National Distillers Corporation)于1932年9月宣布派发"威士忌红利"时,那些关注经济的人士应该已经意识到,转变即将到来了。该集团旗下有25个知名酒水品牌,其管理层向股东承诺,在股权登记日每持有5股公司股票,即可在1934年秋天得一箱禁酒令实施前酿造的威士忌。如果酒精合法化那天能够提前到来,特别分红也将提前派发。该公司之所以有信心将业务扩展到医疗以外的市场,是因为人们普遍认为富兰克林·罗斯福高举着废除禁酒令和拯救经济的两面大旗,并且正在顺利向大选进军。* 马里兰州众议员约翰·C. 林西克姆(John C. Linthicum)简明地总结了民主党的竞选纲领——如果废除禁酒令,大萧条"将如正午前的雾气般快速散去"。他同时还承诺:"这个国家的一切不道德行为、敲诈勒索和非法走私也都将成为历史。"甚至连南方民主党人也开始向反禁酒阵营的顶梁柱靠拢,其中包括肯塔基州的阿尔本·巴克利和亚拉巴马州的雨果·布莱克等人,他们此前都是坚定的"干派"大将。

更令人震惊的是,许多发起推动废除禁酒宪法修正案的共和党大佬都站出来支持民主党候选人。罗斯福公开宣称,啤酒合法化后"每年都能为联邦政府增加几亿美元财政收入",这无疑让皮埃尔·杜邦非常高兴,萨宾更不需要游说。"有人说,这位民主党候选人最近才因为政治算计转而支持废除禁酒修正案,"萨宾说道,"但到目前为止,还不确定共和党候选人会因为任何原因而改变立场,进而支持废除禁酒修正案。"

1932 年,萨宾成功开展了一场南方之旅,引发了全国性关注。在南方地区,她和 WONPR 的一些社会名媛(包括皮埃尔·杜邦的妻子爱丽丝)令查尔斯顿和亚特兰大的俱乐部女会员们大开眼界。《查尔斯顿新闻与信使报》(*Charleston News And Courier*)在社交版用醒目的标题写道:"西蒙斯·V. H. 瓦林的夫人(Simons V. H. Waring)为禁酒改革代表斟茶。"在亚特兰大,《宪法报》追踪报道了萨宾的来访。"查尔

---

* 一方面,罗斯福在禁酒问题上一直摇摆不定,但在决定拥护反禁酒立场后,他立即展现出自己强硬的风格。另一方面,他的妻子则是一位坚定的禁酒人士,在过去一直公开支持第十八修正案。作为酒精瘾君子的女儿,埃莉诺·罗斯福不允许在她举办的晚餐上出现酒水,反对丈夫沉溺于鸡尾酒,甚至在 1927 年还希望州警察突袭他们爱喝酒的叔叔在哈德逊山谷的一处农场。

斯·萨宾夫人是智慧与教养的化身。"该报在第一篇报道中写道。不
出所料,第二篇报道仍然洋溢着崇拜之情,称前来参加这场盛事的亚特
兰大人"把比特摩尔庄园(Biltmore)的舞厅挤得水泄不通"。

　　到了夏天,萨宾和她的社团成员[包括新加入的艾米丽·波斯特
(Emily Post)]已经完成从社交版到总统竞选头版的重大跃升。当年
6月,民主党全国代表大会通过了废除禁酒宪法修正案的竞选政纲,萨
宾也受邀列席大会;7月,她说服 WONPR 支持罗斯福。她出现在《时
代周刊》的封面上,照片上的她优雅华贵,纤细的脖子上戴着极具魅力
的珍珠项链。当一群因不愿改变立场而从 WONPR 分裂出来的共和党
成员发表声明,抗议协会支持罗斯福时,萨宾优雅地回应道:"我在这
份请愿书中没有看见任何令人愉悦的词句。但是,或许 WCTU.ASL,或
卫理公会戒酒、禁酒与公共道德委员会及坎农主教可以。"

　　没过多久,"干派"共和党人也纷纷厌恶徒劳的执法、胡佛的拖延,
以及被沃尔特·李普曼称之为"禁酒口号障眼法"的那一套喋喋不休
但又云山雾罩的禁酒宣传套路,他们开始倒向"湿派"。为了推动废除
禁酒修正案,共和党招募了滴酒不沾的小约翰·洛克菲勒和前议员阿
尔弗雷德·迈克尔森,前者在 1932 年 6 月 6 日退出禁酒阵营是当年最
轰动的新闻之一,后者自从佛罗里达官员查扣了他的私酒后明显改变
了自己的政治立场以匹配他的口味。根据洛克菲勒的说法,"大规模"
犯罪活动刺激他改变了立场。禁酒阵营对洛克菲勒的说辞感到非常愤
怒,也痛苦不堪(前众议员威廉·厄普肖苦苦恳求小洛克菲勒"不要帮
助杜邦和拉斯科布摧毁第十八修正案,你的老母亲也在为禁酒修正案
祈祷")。通用汽车的阿尔弗雷德·斯隆和轮胎制造商哈维·费尔斯
通(Harvey Firestone)也紧随小约翰·洛克菲勒的步伐加入了废除禁酒

修正案阵营。面对势不可挡的民主党竞选浪潮，那些迫切希望抓住任何能够确保他们赢得选举的共和党人也纷纷倒向废除禁酒修正案的一边，其中背叛程度最彻底的当属华盛顿州参议员韦斯利·琼斯。

除了主流共和党人中的极少数人士，还有相当多的民主党人实际上支持废除禁酒修正案。但这些议员们延续各种长期困扰禁酒讨论的委婉话术，表示他们支持向各州"提交"一项废除禁酒修正案的修正案。这同样也是一种闪烁其辞，使用模棱两可的措辞表述自己含糊的想法，正如"湿派"在第十八修正案悬而未决时所使用的话术一样——他们没有强加自己的意志，只是通过州立法机关给予人民一个作出决定的机会。在当时，含糊其辞使一个政治人物可以支持禁酒却不必加入"干派"；现如今，对于同一批政客及许多同类政客而言，这同样也是他们可以反对禁酒却不必成为"湿派"的一种表达方式。

在罗斯福毫无悬念地获得压倒性胜利，以及"湿派"获得国会多数议席的8天前，世纪协会（Century Association）的管理委员会（成员包括威克沙姆委员会主席乔治·威克沙姆）在位于曼哈顿西43街、由斯坦福·怀特设计建造的俱乐部大楼召开会议，投票通过向俱乐部内务委员会拨款5000美元采购酒水。大选当天，兴高采烈的路易斯·马提尼在他位于纳帕谷的酿酒厂里拉响汽笛以示庆祝，洪亮而欢快的汽笛声足足持续了15分钟。1932年12月28日，安海斯－布希集团董事会拨款1.5万美元购买了一批克莱兹代尔马①"用于广告营销"。

---

① 克莱兹代尔马是一个挽马品种，名字来源苏格兰克莱兹代尔县的农马。克莱兹代尔马外形威武雄壮，额头和4个蹄子都是白色，具有极高的辨识度。安海斯－布希集团将购买的克莱兹代尔马组成马队在全世界各地巡游演出，营销效果极好，至今仍然是百威啤酒的经典广告形象。

1933 年 2 月,《合众国宪法》第二十一修正案提交国会辩论,其内容比第十八修正案更加简明扼要。该条修正案的关键词在于 15 个单词组成的第一款:"合众国宪法第十八修正案现予废止。"其后还有两款,其中第二款将向禁酒州输入作为饮料的致醉酒类的行为定为非法,第三款规定了该条修正案的特殊批准程序——不经州立法机构批准,而是由各州专为该修正案召集的制宪会议批准。最后一款由纽约律师小约瑟夫·H. 乔特(Joseph H. Choate Jr.)领导的一群"湿派"人士提出,他们意识到州议会议事日程过于复杂以及乡村少数人口仍然控制州议会的现实,因此想通过这种方式绕开这些障碍。

2 月 14 日,莫里斯·谢泼德站在参议员大厅,孤身一人启动阻挠议事。经过漫长的八个半小时,精疲力竭的他放弃了。显然,等待投票的参议员们的耐心比他更持久。参议院投票结果是 63 : 23,废除禁酒修正案的修正案获得通过。在十六年前投票支持第十八修正案的 22 名参议员中,有 17 人投票反对他们曾为之奋斗的修宪成果。两天后,众议院仅经过 40 分钟简短辩论,就以 289 : 121 通过了新修正案。

3 月 4 日,新总统在就职典礼上向美国人民宣布——美国人民唯一需要恐惧的是恐惧本身。当天,ASL 将酒店套房中的一个房间出租给前来华盛顿参加总统就职庆典的乡下人,从而为日益枯竭的联盟账户增加了 2 美元的收入。

3 月 16 日,应富兰克林·罗斯福总统的要求,新一届国会复核了1919 年的"语言学辩论",重新定义了"致醉"一词的定义。国会讨论的法案副标题如是写道——"一项通过对特定非致醉酒类征税以增加收入的法案"。换而言之,如果不重新定义,新增收入就无从谈起。新定

义自 4 月 7 日起生效,除去那些明确禁止的州外,酒精含量低于 3.2%
的啤酒是合法的。啤酒厂、装瓶厂、箍桶厂、啤酒花种植户、卡车运输公
司、制冰厂以及其他几十家企业立即开始从失业大军中招募万千上万
的工人,就连可口可乐公司也曾担心行业竞争而考虑过生产“可口可
乐”牌的淡啤和黑啤。4 月 7 日,百威啤酒的克莱兹代尔马队首次公开
亮相,并向纽约州前州长艾尔·史密斯赠送了一箱啤酒。另一支百威
工作团队来到白宫,却发现其他啤酒公司已经捷足先登。哥伦比亚广
播公司通过全国电台网络播报各地举行的啤酒狂欢活动。在密尔沃
基,4207 家旅馆在午夜时分统一领到了新许可证。在巴尔的摩,亨
利·门肯举起一杯啤酒,一口气喝干了杯中已然合法化的液体,连连称
赞“相当不错,一点也不赖”。

多年来,虽然曼哈顿地区的啤酒和烈酒供应源源不断,但直到
1933 年春天,坎农主教口中的“撒旦王座”——曼哈顿——才算真正回
到禁酒令前的状态。新闻记者斯坦利·沃克(Stanley Walker)说,回归
的表现是“夜总会和地下酒吧的老板开始向多年来的常客——禁酒执
法人员建议,是时候开始为他们的餐饮酒水买单了”。

1933 年 4 月 10 日,密歇根州制宪会议在全美率先批准了第二十一
修正案。马丁·S. 麦克多诺(Martin S. McDonough)是参加该州制宪
会议的代表之一,他曾是一名检察官,在 1920 年的“私酒叛乱”中对抗
过阿尔弗雷德·达尔林普尔率领的武装执法人员。巧合的是,达尔林
普尔此时刚被任命为联邦禁酒局最后一任局长(这个职位在 4 个月后
就被罗斯福撤销了)。在任职的最后几天,达尔林普尔告诉记者,如果
ASL 愿意接受低度葡萄酒和啤酒合法化,“第十八修正案本可在宪法中

保留上百年"。J. 埃德加·胡佛拒绝把即将失业的禁酒执法探员吸纳到自己的队伍,公开的理由是他们没有达到联邦调查局的招募条件。

到了仲夏时节,又有 14 个州陆续批准了新宪法修正案。在 NBC 和 CBS 联合直播的纽约州制宪会议上,州长赫伯特·雷曼(Herbert Lehman)向保利娜·萨宾致以崇高的敬意——"她和她的女同胞们为我们的共同目标挺身而出,和我们共同奋斗"。艾尔·史密斯被推举为此次制宪会议的主持人,对他的主持人提名获得了该州共和党主席——伊莱休·鲁特的附议,后者还赞颂他为"杰出的民主党人、优秀的政治家"。现年 88 岁的鲁特对一位朋友表示,自己"非常高兴能够参加废除禁酒修正案的制宪会议。看起来没有人觉得有必要记恨任何人,整个大会的气氛也因此令人感到神清气爽"。

新修正案批准过程中也遇到一些小插曲。密西西比州一直踟蹰不前,该州一些反对废除禁酒令的人士再次翻出世纪之交时人们经常听到的那套陈词滥调。法官威廉·M. 考克斯(William M. Cox)在杰克逊县的集会上鼓吹说,感谢禁酒令,"许多白人妇女免遭肉欲和复仇驱动的污秽触碰,许多黑人男子免于死在绞刑架上或私刑烈火中"。但南方各州并非铁板一块,阿肯色、亚拉巴马和田纳西都在 8 月的前两周相继批准了废除禁酒修正案。至此以后,久悬不决的不确定性不复存在。

在商业市场,不少生意悄然之间发生了巨大变化。就在 1932 年,国民酿酒公司的股价曾一度下降到 17 美元;而到了 1933 年 7 月,该公司股价已经飙涨到 115 美元。与此同时,芝加哥期货交易所的谷物价格也在飙升。在圣皮埃尔岛,布隆夫曼夫妇已经告知当地商人他们以后每次租用仓库的租期将不会超过 90 天。当年 7 月,岛上最后一批私酒商贩争先恐后地将 97.3 万箱酒水销售一空，以迎接最后一个发薪日的到来。10 月，纳帕县的一家报纸在报道中写道，没有一车货物离开山谷运往东部。当然了，整个收获季的产出正全部被酿造成美味的葡萄酒。

当地时间 1933 年 12 月 5 日下午 3 点 31 分，犹他州成为第 36 个批准废除禁酒修正案的州。在诞生 13 年 10 个月又 19 天后，美国禁酒令正式被宣告死亡（这一结果令摩门教徒感到不悦，但也在他们可接受范围内；据《盐湖城论坛报》(Salt Lake Tribune)报道，当摩门教首领在州制宪会议上发言时，他的模样像极了"恺撒葬礼上的马克·安东尼"）。同一天，马里兰州议会大厦内的官方私酒商贩也被正式解雇。在纽约华尔道夫酒店的翡翠厅，皮埃尔·杜邦和 AAPA 的工作人员正举办隆重的庆祝活动。杜邦向致力于废除禁酒令的同仁展示了一支斟满鸡尾酒的高球杯，杯中的美酒都是按照杜邦的要求，从一只纯银大酒杯中舀出来的。

保利娜·萨宾和 WONPR 的成员在华盛顿五月花酒店举办了盛大晚宴，以纪念这一重要历史时刻。虽然餐桌上没有提供酒精饮料，但这并不意味着人们对酒精的态度倒退到禁酒令之前那种女性还要偷偷摸摸喝酒的时代。女性饮酒已是寻常之事，看看《描绘者》(Delineator)杂志上频繁出现的啤酒广告就能知道。《描绘者》是一本当时广受欢迎的女性杂志，以将著名的巴特利克裁缝图样①带入成千上万的美国家庭而闻名。在其中一则广告中，一个卷发小女孩正在给一位显然是她

---

① 19 世纪中期以后，英美的女性杂志开始刊登服装图样，但一般只有一个尺寸，不适合非专业人士。后来一位美国裁缝巴特利克(Ebenezer Butterick)设计出了适合普通非专业人士的裁剪纸样。

祖父辈的男士端上一杯充满泡沫的啤酒。而在十五年前,同样一对漫画角色可能会出现在完全不同的场景之中:爷爷在一家酒馆吧台喝得酩酊大醉,昏睡得不省人事;可怜的小女孩满眼都是泪水,哀求爷爷带她回家。

第二十一章

劫后众生

1927 年，韦恩·惠勒去世时，《华盛顿邮报》刊发的讣告毫不吝啬赞叹之辞："在美国历史上，从来没有任何一位平民的影响力可与韦恩·惠勒相提并论。"惠勒去世 6 年后，禁酒令在废除禁酒修正案的风暴中终于土崩瓦解，他的影响力也随着他一手缔造的传奇烟消云散。在 ASL 垮台后的几年，惠勒的名字零星地在《纽约时报》上出现过几次，多是类似"韦恩·惠勒的把戏"之类的话语。而自 1935 年起至1975 年的 40 年间，惠勒的名字在报纸上仅出现过 12 次，其中 4 次与"干派"名人讣告相关，3 次出现在有关禁酒令书籍的书评上。而在1975 年后，他的名字就再也没有在报纸上出现过。美国历史教材不曾遗漏过禁酒令的故事，但却彻底遗忘了它的缔造者。在死后的 80 年中，惠勒留下的遗产或许出现在每一场单一议题的政治运动中，但他本人却再也没有出现过。现实就是，韦恩·惠勒这个人已经从美国的国家记忆中消失了。

禁酒令终结后的几年间，惠勒的盟友及接班人走向了截然不同的人生道路。1933 年 12 月 6 日，此前 6 年间曾连续担任联邦禁酒局及工业酒精管理局(Bureau Of Industrial Alcohol)局长的詹姆斯·多伦越过监管者与被监管者之间的高墙,转身成为酒精生产商共同组建的行业组织①高管。在失业7年后,伊兹·爱因斯坦仍继续公开为禁酒令辩护。1932年,他在出版的自传扉页中写道:"献给被我逮捕的4932位人士,希望他们不要因为我的尽忠职守而怪罪于我。"但在1935年,伊兹·爱因斯坦为儿子的婚礼准备了93美氏度的黑麦威士忌,以及加州白葡萄酒和古拉雷特潘趣酒等各色美酒,他毫不顾忌地表示:"如果你想了解我的看法,我觉得如今酒的品质着实不怎么样,比起私酒贩子在禁酒令时代贩卖的私酒差远了。"梅布尔·维勒布兰德没能争取到心仪的联邦法官席位,后来转型成为娱乐行业的顶级律师。她的客户名单很长,克拉克·盖博(Clark Gable)、珍·哈洛、弗兰克·卡普拉(Frank Capra)等大明星都名列其上。卡普拉曾盛赞道,他担任美国导演工会(Screen Directors Guild)主席后所做的"第一件有意义的举措"就源自"从伟大法律女神——梅布尔·沃克·维勒布兰德——那儿所习得的智慧、经验与法律技巧"。1954年,这位曾被艾尔·史密斯指责把宗教带入1928年总统大选的禁酒先锋,在好友约翰·西里卡的引导下正式皈依天主教。

　　人生轨迹没有发生变化的是安德鲁·沃尔斯泰德。1922年,他竞选连任失败。3年后,这位禁酒令时代最重要法律的起草者加入了设在明尼阿波利斯的联邦禁酒局西北区域办公室担任检察官。后来他辞去公职,在花岗岩瀑布市一栋建筑的二楼租了一间小办公室,重新做起了执业律师。在废除禁酒修正案获得批准的四周前,他在自己的办公

---

①　多伦就职的这家组织为"蒸馏烈酒研究所"(Distilled Spirits Institute)。

室接受了一名记者的采访。"沃尔斯泰德先生表示，他希望人们能够意识到，禁酒令及之后发生的一切对如今已是平民百姓的沃尔斯泰德而言，都是过去时了。"他还特别补充说，"我多说无益，因为每句话都会被别人当作奚落我的笑料"。沃尔斯泰德在晚年特别遗憾自己因全国禁酒法而被人铭记。他曾经表示，希望人们能记住他是《卡伯-沃尔斯泰德法》(Capper-Volstead Act)的共同作者，该项法律一定程度上豁免农民不受反托拉斯法规制，因而可以通过自愿的形式组建合作社。遗憾的是，他的这个小小心愿也落空了。

与《沃尔斯泰德法》的发起人不同，第十八修正案的起草者几乎完全从人们的记忆中消失了。温文尔雅、爱援引莎士比亚词句的进步主义者——德克萨斯州的莫里斯·谢波德或许可称得上是禁酒令最忠诚的政治守护人。谢波德在1933年初的阻挠议事行动虽然以失败告终，但他并没有放弃战斗。当年夏天，在德克萨斯州投票表决废除禁酒修正案之前，他乘坐一辆福特皮卡(车厢里装着演讲台和音响设备)，开启了一趟长达5000英里的演讲之旅，走遍了德克萨斯州内50余座城镇，竭力反对废除禁酒修正案。但在8月底的公投中，多数德克萨斯州选民支持批准第二十一修正案。《时代周刊》的编辑援引谢波德在三年前的错误判断讥讽道："就在上周，蜂鸟和华盛顿纪念碑都在飞往火星的路上了。"余生的八年时间里，每到1月16日，谢波德都会在参议院发表控诉酒精罪恶的演讲。1935年，他甚至发起了废除"废除禁酒修正案"的修正案。1941年，谢波德逝世，参议院在讣告中写道，禁酒令的终结是他一生中"最大的遗憾与最深的伤痛"。

谢波德身上那种永不言败的精神并没有被所有的"干派"盟友传承下去。在犹他州批准废除禁酒修正案后不到一天，底特律郊区德宝酒店的服务生就为客房送去了啤酒。这家酒店是亨利·福特的产业，也是他花费心思颇多的产业之一。《纽约时报》表示，这家酒店菜单的更新"不禁令人揣摩，福特先生将来的立场到底是什么？"这是一个很合理的质疑，因为福特在仅仅 4 年前还曾公开表示，如果饮酒之风再起他就关闭自家的工厂。人们没有等待太久。仅仅 3 个月之后，福特先生就在广告中大肆宣传自家的福特卡车非常适合蓬勃发展的啤酒生意的需要。

　　那些梦想和激情未受商业利益影响的改革分子没有退缩，但是时代改变了他们。到了 1933 年，WCTU 已经窘迫到在全国大会上讨论每一分钱怎么花的地步，要投票决定拨款 300 美元用于在密苏里州开展反废除禁酒修正案的活动，拨款 150 美元用于俄克拉荷马州的反啤酒活动。埃拉·布尔（1947 年时以 90 岁高龄从 WCTU 主席的位子上退休）将联盟的工作重点转移到国际运动，并且将弗朗西斯·威拉德的"全面出击"信条（当然，像威拉德那样的号召力已经不覆存在了）带到诸如裁军运动、关心妇女地位之类的社会活动中。在组织发展后期，WCTU 的政治立场向右翼偏转。例如在 1998 年，该组织在马里兰州的宣言中表示将"致力于反对堕胎和同性性行为的工作……赞扬在家养育孩子的家庭妇女"。但有一点 WCTU 坚持得非常好：就在同一年，该组织"隆重召开大会庆祝弗朗西斯·威拉德升入天堂 100 周年"。除此之外，WCTU 继续保留着威拉德在埃文斯顿市中心居住过的小别墅作为纪念馆（奈何资源实在有限，这座纪念馆每月仅对外开放六小时）。

　　ASL 的结局也好不到哪去。废除禁酒修正案生效后不到 1 年，该组织的密歇根分部就宣告破产。斯科特·麦克布雷德谴责"饮酒复辟"制造了暴徒、混乱和工潮，并且要为日益增加的中暑死亡事件负责。坎农主教"继续写作和演讲"，一位传记作家写道，"但应者寥寥。"在为数不多引发讨论的言辞中，比较著名的却与他多年始终不渝的反天主教立场相关。1939 年，他批评国会为悼念教皇庇护十一世去世而临时休会。他的最后一次公开发言是给《里士满时讯报》的一封信，抗议该报漫画版停止连载《豪迈王子》(Prince Valiant) 和《幻影侠》(The Phantom)。

实际上，ASL 也尝试过转变身份，先是更名为戒酒联盟 (Temperance League)，后又更名为美国戒酒联盟 (American Temperance League)（这些名字都没有使用太久）。1964 年，该组织最终更名为美国酒精问题协会 (American Council On Alcohol Problems)，致力于推广"禁欲哲学"。美国酒精问题协会的总部位于亚拉巴马州伯明翰市，仅有两名工作人员，但仍坚持出版《联盟信号报》。想当年，ASL 的报纸曾是韦斯特维尔印刷厂的支柱业务，印刷机日夜不停，每周都会出版全国版，同时发行的还有好几个州版。到了 2008 年，这份报纸缩水到仅有 4 页篇幅，而且按季出版。

一方面，相较于禁酒人士，并非所有反禁酒人士的境况都过得更好。但不可否认的是，那些以出售酒精饮料为生的人确实做到了这一点。对于啤酒巨头家族——如柏斯特家族、布希家族、米勒斯家族和康胜 (Coorse) 家族——而言，禁酒令帮助他们扫清了市场。在 1915 年经营的 1345 家啤酒公司中，仅有 31 家在啤酒合法化后的 3 个月内重新生产出啤酒，而那些啤酒巨头们在禁酒令期间依靠生产冰淇淋、奶酪或麦芽糖浆等产品维持着公司的经营。虽然啤酒合法化后又有好几百家公司陆续重返啤酒市场，但头部大型企业此时开始急遽扩大市场份额，强化区域垄断地位,并且将此趋势一致延续下去(到 1935 年,五大啤酒公司控制了 14% 的市场份额;到了 1958 年,它们的市场份额已经达到 31%;而到了 2009 年,其中生存下来的三大巨头已经占据了 80% 的市场份额)。啤酒公司不仅变得更加富有,而且更加聪明了。1941 年,当战争再次降临时,啤酒市场的超级家族——几乎仍为德裔美国人垄断——没有重复他们父辈及祖辈所犯下的错误。安海斯-布希家族甚至重新设计了公司商标,用美国秃鹰替换了张开双翼的德意志鹰,并且大量认购战争债券。他们的忠心获得了联邦政府的认可,也赢来了特殊的回报——联邦政府授权征兵局对啤酒工人采取缓征入伍政策。仅仅在十年前,啤酒还属于非法商品;而如今,生产啤酒的工人却被当作至关重要的战争资源。

另一方面,葡萄酒产业的恢复则相对波折。啤酒酿造过程简单快捷,但葡萄酒酿造则需时间的积累。当废除禁酒修正案通过时,即使是半成品的葡萄酒也缺少存货。在加州纳帕谷,1920 年代为用于家庭自酿葡萄酒而种植的紫北塞葡萄藤一眼望不到尽头,但这些葡萄藤在之后的几年令整个纳帕谷浓烟滚滚。[正如葡萄酒作家弗兰克·斯昆麦克(Frank Schoonmaker)所言:"加州葡萄园拥有得天独厚的种植条件,这些烂品种越早清除越好。"]但更为糟糕的是,经过 14 年的摧残,加州葡萄酒行业在禁酒令之前多年积攒下的酿酒经验与技巧大多都失传了。美国酿酒科学圣地——加州大学戴维斯分校在 20 世纪 20 年代还取消了酿酒专业,更是令酿酒技能的传承雪上加霜。

如酿酒师欧内斯特·A. 温特(Ernest A. Wente)所言,到最后只剩下一个人"在禁酒令废除时正好坐在驾驶席上"——乔治斯·德·拉图尔。得益于和天主教会之间的协议,德·拉图尔的璞立酒庄在禁酒令期间一直漂浮于圣餐葡萄酒的大河上。当竞争对手在 1933 年着手重新充实库存时，德·拉图尔已经轻松坐拥 100 万加仑葡萄酒存货，并在禁酒令废除后的几个月内迅速投放到干渴的市场。《圣赫勒拿星报》评论称："德·拉图尔先生在今年发了大财。他为很多人提供了工作机会，付给他们不错的薪酬，给山谷里的大量家庭带去了小康生活。"对璞立酒庄而言，比市场更宝贵的是其酿酒技能。当其他葡萄酒酿造商千方百计重建生产技术体系时，璞立酒庄经验丰富的酿酒师横扫美国各大葡萄酒赛事，拿奖拿到手软。1940 年，德·拉图尔逝世，其生前荣耀之盛在其葬礼上可见一斑——四位大主教共同主持了他的葬礼。

对一些人来说，后禁酒令时代的烈酒市场还有宗教信仰的问题。《财富》杂志在报道中毫不客气地指责犹太商人对烈酒产业的把控。1933 年 11 月，该杂志刊发了题为"忠于信仰的四绅士"的报道，并在标题下附上了四位行业领袖的头像。11 个月后，《财富》杂志又露骨地讽刺道："不管怎样，就是希特勒也不会乐见烈酒行业存在一个统治阶层。"在后禁酒令时代，统治烈酒行业的要么是发迹于药用酒的行业新贵，如仙蕾公司（Schenley）的刘易斯·罗森斯蒂尔（Lewis Rosenstiel），要么就是从北方边境杀过来的加拿大人。在后一个群体中，山姆·布隆夫曼是其中的佼佼者。

1933 年，布隆夫曼家族买下了印第安纳州劳伦斯堡（Lawrenceburg）的罗斯维尔联合酿酒厂（Rossville Union Distillery），此时禁酒令尚未被正式废除。和他们在 1922 年购入的绿蔷薇酿酒厂不同，这家新收购的酿酒厂没有被拆解后迁到蒙特利尔。12 月 5 日，遥远的圣皮埃尔岛上的码头工人和卡车司机降下法、美两国国旗至半旗位置,为禁酒令举行了隆重的葬礼。而此时,山姆·布隆夫曼已经通过收购罗斯维尔联合酿酒厂这一笔交易,把该厂仓库内的40万加仑库存威士忌收入囊中。在兄弟艾伦的紧密配合下,布隆夫曼兄弟买断了苏格兰合作伙伴的股份,收购了马里兰州的卡尔弗特酿酒厂(Calvert Distillery),创作出施格兰集团后来一直使用的宣传口号——适度饮酒(Drink Moderately),并且推出了"皇冠五号"和"皇冠七号"两种后来为公司创造了巨大利润的威士忌品牌。在进入美国市场的第一个完整年度,施格兰公司在1935年足足销售了100万箱皇冠系列威士忌。

但无论是努力成为一名良好公民还是经营着蓬勃发展的商业王国,都不能洗清布隆夫曼兄弟在从事私酒贸易岁月中烙下的私酒贩子污名。1934年底,加拿大政府在调查了以往多年的贸易记录后,发起了一场声势浩大的法律行动,指控布隆夫曼四兄弟及其他57人违反《出口法》的规定将酒水走私出加拿大国土,以及通过圣皮埃尔岛向加拿大本土走私私酒,逃掉了大量应向政府缴纳的关税。针对向境外走私酒水的指控,布隆夫曼兄弟的律师们提出了一个合情合理的反驳理由,指出加拿大政府也是上述行为的重要参与者。对于向境内的走私指控,律师们给出的反驳更是大胆——虽然有布隆夫曼家族生产的酒水流向了圣皮埃尔岛,也有的酒水经圣皮埃尔岛流向了加拿大本土,但从布隆夫曼家族在圣皮埃尔岛上的银行账户流回他们在蒙特利尔银行账户的资金超过了300万加元,如果真有向境内走私,资金流动不该如此。他们成功地说服法庭相信,没有足够证据表明布隆夫曼兄弟需要对跨境酒水走私现象负责。

不过,美国官员并没有准备张开双臂欢迎山姆·布隆夫曼。美国政府驻蒙特利尔总领事曾试图说服联邦当局以走私罪指控布隆夫曼兄弟,认为对他们的定罪"将是一场道德与士气上的空前胜利,其成绩可比肩对阿尔·卡彭的抓捕"。总领事还补充道,此举还能"消灭山姆·布隆夫曼和艾伦·布隆夫曼兄弟二人的狡猾头脑和罪恶天赋所滋养的为非作歹能力"。

然而美国政府并没有起诉布隆夫曼兄弟。相反,美国财政部代表政府与加拿大政府展开谈判,希望加拿大方面能够补偿美国政府在禁酒令期间因加拿大威士忌跨境走私而遭受的税收损失。经过剑拔弩张的谈判,美国政府最终同意将最初提出的税收补偿金额从6000万美元降低至区区300万美元,加拿大政府则根据各家酿酒厂在禁酒令期间向政府缴纳的税收占比要求酿酒厂补偿美国政府损失的税款。此时的布隆夫曼家族毫不掩饰他们在所谓"出口生意"中的头把交椅地位,独自承担了补偿税款总额的50%。

当美国财政部官员到访施格兰集团位于蒙特利尔市皮尔大街的公司总部时,布隆夫曼却指出,所谓补偿的对象其实被弄反了。据在场人士表述,布隆夫曼告诉美国财政部官员,"美国政府应该万分感激他在禁酒令期间持续向美国走私黑麦威士忌和波本威士忌的行为,因为如此一来这些口味的威士忌在美国的流行才得以保持"。布隆夫曼特别强调说,如果没有他的走私,美国人肯定会转而适应苏格兰威士忌,美国本土威士忌产业就休想东山再起了。

对于21俱乐部的查理·伯恩斯和杰克·克伦戴尔而言,他们转向合法经营须做的唯一动作就是在1933年12月5日(周五)午夜将日历翻到新的一页。得益于多年来培养的众多忠实大客户,俱乐部在周六的生意和周五一样火爆,唯一的不同在于加了点税。不仅如此,俱乐部老板在20世纪20年代和老主顾结下的良好私人关系通过其他方式收获了回报。1941年,罗斯福赦免了伯恩斯违反禁酒令的有罪判决,这位前地下酒吧老板因此才有资格申领持枪执照。地下酒吧时代的21俱乐部素以其精心设计的用于在地下室消灭犯罪证据的机械系统闻名遐迩;到了20世纪50年代,俱乐部的传奇仍在延续,其中最出名的一则传说是这样的:政府在西52街21号后面的土地上建造纽约公共图书馆(New York Public Library)大楼时,需要向下挖掘地基。不曾料到,建筑工人在开挖到地面以下十几英尺的深度时,竟然被弥漫在土壤中的浓郁酒精气味吓了一跳。

　　1934年初,纽约州国会众议员约翰·J. 奥康纳(John J. O'Connor)曾表示,如果不是联邦政府极度需要新的酒税填补开支,"我们至少还要继续为废除禁酒令奋斗十年"。国会对新开征酒税所带来收益的饥渴,为奥康纳议员的说法提供了明证。不仅AAPA的领导层预见到了烈酒与啤酒中所蕴含的庞大财政收益,政府也看到了这一点。1934年1月第一周,众议院就以388∶5的票数通过了一项开征酒税的法案。

　　努力推动废除禁酒令的经济保守主义分子并没有获得预期中的快乐。废除禁酒修正案的通过激发了已于1933年6月通过的《全国工业复兴法》中的一项法律条款——该法第217条规定,如果废除禁酒修正案获得通过或财政收支实现平衡(以先实现者为准),联邦政府将立即撤销因紧急状态加征的股息税和超额利润税。该条法律的规定无异于为火箭和石头设计了一场速度比赛。在废除禁酒令后的第一年,即使在许多州仍然保持禁酒或严格限制酒精销售的情况下,联邦政府就获得了258911332美元的酒税收入,相当于联邦政府总收入的9%。

　　新增加的收入的确推动了政府削减所得税。在废除禁酒令后次年,收入在 2000 至 3000 美元之间的劳动者所缴纳的个税下降了 20%。但是,减税政策却并未惠及富人阶层。政府把大部分新征收的酒税归于新增收入,很快就被用于支持联邦政府在罗斯福总统首个任期后两年开始激增的各项积极施政蓝图。对于大力支持废除禁酒修正案的经济保守人士而言,高税负和新政计划的叠加简直就是完美的地狱。他们的确打败了禁酒势力,但从他们自己的角度看,他们也同样输得一塌糊涂。1934 年夏,一个小团体在华盛顿开会,交流他们心中的不满,与会人士包括约翰·拉斯科布、伊雷内·杜邦、詹姆斯·沃兹沃斯及艾尔·史密斯＊,俨然如一次 AAPA 成员聚会。经过此次会议的讨论,与会人士决定发起成立美国自由联盟(American Liberty League)。和他们在 AAPA 中的分工一样,杜邦家族继续承担了新联盟运作所需的大部分经费。史密斯和沃兹沃斯当选为联盟首届五人理事会理事,皮埃尔·杜邦也紧跟着加入了他们。

鉴于当时美国社会民众对富兰克林·罗斯福总统的忠诚度日益提高,新成立的美国自由联盟很快就变得臭名昭著。联盟的成员个个都大名鼎鼎,但对于提高声誉却并无助益——太阳石油公司的 J. 霍华德·皮尤(J. Howard Pew)、通用汽车公司主席阿尔弗雷德·斯隆、钢铁巨头欧内斯特·T. 韦尔(Ernest T. Weir),以及永不缺席的老将詹姆斯·蒙哥马利·贝克(曾称罗斯福新政人士都是"华盛顿的斯大林")。

＊ 史密斯在过去素以持自由主义立场、致力于推动社会福利的纽约州州长形象而广为人知,所以他加入该团体着实令人大跌眼镜。事实上,史密斯作为拉斯科布的密友,在 1928 年总统大选期间就开始转向右翼阵营,成为历史上第一位支持高关税的民主党候选人。也是因为与拉斯科布的紧密关系,他后来与反罗斯福新政的右翼群体结盟。自由联盟内最不可能出现的成员非里奇蒙·霍布森莫属,他的出现,等同于一位"干派"大将飘荡在"湿派"的海洋之中。

面对这群千万富翁组成的反对联盟,罗斯福总统非常淡然,他知道这群人根本不能体会到大萧条重压下绝大多数美国人民的疾苦。对罗斯福或者说对罗斯福时代的大部分国民而言,这个所谓的自由联盟不过是一群"寡廉鲜耻的银行家"而已,他们为了自己的私利而不断寻求可操纵的"政治傀儡"。总统坦然表示,自己非常自豪能够赢得"来自庞大贪婪食利阶层的无尽仇恨"。

1936 年,美国自由联盟试图再次召集昔日曾经摧毁禁酒令的政治与金融势力,以期能够阻挡罗斯福连任。不幸的是,这一年对自由联盟而言犹如噩梦一般。最初的挫败来自一场有 2000 名成员和支持者参加的集会。如当时记者报道所描述的,这场聚会"人流摩肩接踵,放眼望去,燕尾服接着燕尾服、飘逸的塔夫绸晚礼服接着华丽的黑色天鹅绒晚礼服",他们都站在华盛顿五月花酒店用镀金石膏装饰的穹顶和闪闪发光的水晶吊灯下,聆听艾尔·史密斯发表声讨罗斯福新政的演讲。而就在他们聚会的时候,美国有高达 20% 的劳工失去工作。新的一年刚刚开始,美国民众对自由联盟的好感度就坠到了谷底。在耗费大量的精力与金钱后,联盟支持的共和党总统候选人阿尔弗雷德·M. 兰登(Alfred M. Landon)收获了美国总统大选历史上最惨重的失败(在选举人投票中以8∶523输给了罗斯福)。

总统大选的惨败给了皮埃尔·杜邦当头一棒,也让这位连续多年占据美国纳税额榜首的纳税人幡然醒悟——他此前对 AAPA 的鼎力支持,实际上被误导了。杜邦写道:"我认识到了我所犯的错误。运动目标应该直接针对第十六修正案本身"——也就是所得税修正案——"我相信推翻第十六修正案所花费的时间和遇到的麻烦会比废除它的小兄弟(第十八修正案)要少得多"。禁酒令已经死亡 3 年了,但杜邦认为更应该死亡的罪恶所得税却活得好好的。

　　"伟大的首都只能有一个,华盛顿或莫斯科,"艾尔·史密斯在五月花酒店举行的自由联盟晚宴上大声疾呼道,"政府空气也只能有一种,要么是充满清新、纯净、新鲜空气的自由美利坚,要么是充溢着腐败恶臭气味的共产主义俄国。"史密斯的这番鼓动说到了现场观众的心坎里。《华盛顿邮报》报道称:"现场欢呼声此起彼伏,声浪震动了整个大厅。"演讲台旁边的嘉宾席上,绅士们"内穿白色绉缎衬衣,外穿黑色晚礼服",整齐地坐成一排。其中最引人注目的,当属主导自由联盟管理工作的六人管理委员会成员之一——保利娜·莫顿·萨宾。

　　在《女性与废除禁酒修正案》(Women And Repeal)这部关于WONPR 的权威历史研究作品中,作者格蕾丝·鲁特(Grace Root)认为,女性权利与废除禁酒令是保利娜·萨宾在美国政治界所留下的两项主要政治遗产。鲁特(她是伊莱休·鲁特的儿媳)表示,这位WONPR 创始人掀起了一股社会风潮,以至于美国的丈夫们都纷纷质问她,"萨宾夫人,您对我的妻子都做了些什么? 她现在每天都坚持先读完报纸社论版后,才帮我端上早餐咖啡!"几十年后,萨宾的孙女——保利娜·萨宾·威利斯(Pauline Sabin Willis)也给出了类似但相对直白的评价:她带领一代美国女性"扔掉扑克牌,走出家门",主动且独立地投身于国家政治生活。虽然女性在 1919 年就赢得了投票权,但通过反对当时实力强大的 WCTU 及其盟友,萨宾及 WONPR 证明,女性群体也并非只有一种政治立场。

　　萨宾此前与美国自由联盟的密切往来也表明,从 WCTU 分裂出来的女性所追随的政治理想与她们丈夫所追随的近乎一致。1933 年,萨

宾的丈夫去世。1936 年,她与同样支持自由联盟政治理念的前战争部
长德怀特·F. 戴维斯(Dwight F. Davis)再婚。当然,萨宾对政治的热
情还有其他驱动因素。她曾对记者表示,自己最喜欢的活动就是"组
织管理"。当自由联盟需要她时,萨宾积极参与其中,并整合了它的
理念。

　　但当这个联盟走向解体时,萨宾没有像许多联盟成员那样改变立
场并走向美国优先(America First)运动所主张的孤立主义阵营。第二
次世界大战期间,萨宾担任红十字会旗下的义工服务组织负责人,协调
公益资源为超过 400 万个家庭提供了帮助。战后,她仍然积极参与政
治活动,主要支持民主党议题。如专栏作家约瑟夫·奥尔索普(Joseph
Alsop)所言,此时的萨宾已是华盛顿特区"最受敬仰的女主人"[萨宾
在 1949 年将月桂果庄园出售给了国际电气工人兄弟会(International
Brotherhood Of Electrical Workers)]。1953 年,她公开谴责麦卡锡主义
者的赤色猎巫行径,认为此举导致"人心惶惶,互相猜忌和轻易受骗"。
但萨宾在废除禁酒令后最为人称道也最能反映她政治能量的事例发生
在更早几年。当时国会刚刚通过一项法案,其核心条款是减税。萨宾
不赞同富人推动的减税议程,于是直接督促好友哈里·杜鲁门总统否
决该项法案。

　　哈佛大学校园内的每栋建筑外立面上所镌刻的名字,都展示着金
钱的力量。明达·冈兹伯格欧洲研究中心(Minda de Gunzburg Center
For European Studies)以山姆·布隆夫曼长子的名字命名,紧邻的一栋
建筑则是阿道弗斯·布希大楼(Adolphus Busch Hall)。布隆夫曼的基
金会本质上是靠非法私酒生意赚的钱建立的,布希家族的财富则来自

于酒馆文化的流行，而这些都不会影响这两个家族的名字被镌刻在这些建筑上供人纪念。禁酒令实施之前从酒精产业中所创造的财富一直颇受非议，未曾想到这些旧有财富的继承人在禁酒令后竟然能转身洗白，甚至那些通过违法犯罪而牟取暴利的人都能够收买一张通向尊贵社会的通行证。

　　从某种程度上说，一个时代最残暴的黑帮匪首往往会营造出神秘的光环，身上血债累累的恶人也能创造跨越时代的浪漫传奇，其中最典型的非阿尔·卡彭莫属。他的传奇不仅得益于他自己在世时对媒体的娴熟操纵，也有赖于过去几十年来好莱坞的神话创造。自从本尊去世后，曾经出演过卡彭角色的明星有罗德·斯泰格尔（Rod Steiger）、F. 默里·亚伯拉罕（F. Murray Abraham）、威廉·德瓦内（William Devane）、埃里克·罗伯茨（Eric Roberts）、罗伯特·德尼罗（Robert De Niro）、本·吉扎拉（Ben Gazzara）及小杰森·罗巴兹（Jason Robards Jr.），更别提保罗·穆尼（Paul Muni）在原版《疤面煞星》中出演的托尼·卡蒙特（Tony Camonte），以及翻拍版中出演此角的阿尔·帕西诺（Al Pacino）。虽然阿尔·卡彭从来没有被描绘成正面英雄角色，但他在电影中的形象已经足够羡煞所有自我陶醉的黑帮分子。即使在卡彭去世 60 多年后，人们仍然能在购物网站 eBay 上轻易找到一大堆与他有关的纪念品，譬如手表、集换式卡片、摇头娃娃、玩具机关枪、墙壁挂钟、打火机、腰带扣和 T 恤，还有双面制作的阿尔·卡彭姓名牌、阿尔·卡彭戴过的帽子并附有收藏文件、卡彭的死亡证明复印件、富兰克林造币公司（Franklin Mint）出品的阿尔·卡彭收藏刀，以及 Hugo Boss 牌的"阿尔·卡彭风格"套装等。文学界对于他的神话缔造也贡献良多，其中传记作品有：《黑色帽子：怀亚特·厄普与阿尔·卡彭传奇》（*Black*

Hats: *A Novel Of Wyatt Earp And Al Capone*)、《阿尔·卡彭时代的芝加哥旅行指南》(*Travel Guide To Al Capone's Chicago*)、《高尔夫球手阿尔·卡彭：高尔夫世界趣事》(*Al Capone Was A Golfer: Hundreds Of Fascinating Facts From The World Of Golf*)，以及广受好评的《阿尔·卡彭帮我洗衬衫》(*Al Capone Does My Shirts*)等。

著名饶舌歌手50分(50 Cent)把阿尔·卡彭视为他的时尚偶像。1999年，阿尔·卡彭纪念爵士乐队(Al Capone Memorial Jazz Band)发行了一张CD唱片。虽然圣皮埃尔岛的经济生活在1933年就回归到出海打鱼的艰苦状态，但岛上的罗伯特酒店(Hotel Robert)却在店内藏品中展示了一顶据说是卡彭留下的草帽。酒店老板或许未曾想过，卡彭可能根本就没听说过圣皮埃尔岛，更不要说到访该地了。更为荒诞的是，萨斯喀切温省的穆斯乔市(Moose Jaw)内拥有一系列与阿尔·卡彭相关的场所，譬如了不起的阿尔咖啡馆、一家名为"卡彭藏身地"的汽车旅馆，以及兜售各种廉价卡彭纪念品(咖啡马克杯、冰箱贴等等)的商店。鼓吹者们信誓旦旦地表示，卡彭曾经到访过穆斯乔，并在当地开了妓院和赌场，甚至还在当地做过扁桃体摘除手术。但他们可能没有意识到，卡彭曾于1931年在芝加哥接受过一位多伦多记者的采访。这位记者在了解有关卡彭逃税的问题时顺便提到了他与加拿大的关系，卡彭不屑地回答道："我都不知道加拿大在哪条街上。"

虽然卡彭的不朽看起来仅存在于期望、错误和媚俗所构建的梦幻之中，但他给后禁酒令时代的美国所留下的广阔犯罪世界却真实可见——也是跨国有组织犯罪的鼻祖。这个犯罪辛迪加由"幸运儿"卢西亚诺、弗兰克·科斯特洛(Frank Costello)、迈耶·兰斯基等人创建并经营，根植于禁酒令的肥沃土壤而疯狂生长，而其中的主要黑帮大佬们也都趁着私酒浪潮成长为一世枭雄。饮酒合法化后,他们又发展出比贩卖私酒更加暴利的新产业。历史学家马克·H.哈勒(Mark H. Haller)在1976年写道:"来自波士顿、纽约、新泽西、费城、佛罗里达、克利夫兰、芝加哥和明尼阿波利斯的前私酒贩子携带几千万巨资,毫不吝啬地砸向新的利润增长点。"哈勒的研究得到了一个联邦委员会的资助,该委员会耗费3年时间收集了几百位来自执法部门和其他领域证人的证词。哈勒直言不讳地指出,这些私酒贩子已经打造出一台新的金钱机器,而且被证实是"他们一生奋斗的巅峰之作"——拉斯维加斯。

不过仍然有一部分人决定继续投资已经合法化的酒精产业,即使如今他们需要支付该死的新酒税。朗吉·茨威尔曼曾经跟随老板约瑟夫·赖因费尔特(Joseph Reinfeld)经营着一家名为布朗葡萄酒(Browne Vintners)的销售公司,后于1940年将公司出售给山姆·布隆夫曼。数年后,赖因费尔特以他出售股权的资金作为启动资本,联合新合伙人从约瑟夫·肯尼迪手中买下了著名的萨默赛特进口公司(Somerset Importers)。这位约瑟夫·肯尼迪,就是那位——在禁酒令刚开始时从父亲那里继承了经营合法酒精业务公司大部分股权、在1922年为他的哈佛大学同学毕业十周年聚会提供私酒、控制了雷电华电影公司、20世纪20年代最成功的股市投机商、禁酒令结束70余年后除阿尔·卡彭外最为公众所熟悉的与私酒行业有关名人的——乔·肯尼迪①。如果你告诉人们你准备写一本关于禁酒令历史的作品,几乎每个人都会问你同样的问题:"你有关于乔·肯尼迪的新爆料吗?"

---

① 即美国第35任总统约翰·肯尼迪的父亲约瑟夫·P.肯尼迪。

下面要讲的,就是一个新故事。

1933 年 9 月 26 日,科罗拉多正式成为第 24 个批准废除禁酒修正案的州。同日,45 岁的乔·肯尼迪与一对年轻夫妇一同乘坐"欧罗巴号"邮轮(*S. S. Europa*)前往欧洲。他们此行目的地是英格兰,随后在那里开启了禁酒令时代最为持久的传说。

同行的年轻男士是从事保险代理工作的詹姆斯·罗斯福(James Roosevelt),他的另一个身份是新总统的长子。正如《星期六晚邮报》在报道中所写的,他"看起来就像是美国的威尔士王子"。肯尼迪是如此钟爱这位年仅 25 岁的邮轮旅伴,以致经常以小罗斯福的"义父"自居。在伦敦停留期间,他们分别与时任英国首相拉姆齐·麦克唐纳(Ramsay MacDonald)及其两位继任者——内维尔·张伯伦(Neville Chamberlain)和温斯顿·丘吉尔会面,一同与酿酒公司联合体的总经理共进午餐。对于想打开政界和商界大门的乔·肯尼迪而言,没有比与总统儿子同游更有助益的方式了。

当他从英国返回美国时,他的妻子继续陪同小罗斯福夫妇前往戛纳、罗马等地旅行,并在梵蒂冈觐见了教皇。肯尼迪离开前几乎已经敲定了独家代理进口帝王威士忌、翰格威士忌和哥顿杜松子酒的所有合同。这些合同对肯尼迪的商业王国来说是至关重要的第三支柱,另外两个支柱是他此前已经从华盛顿获得的药用酒精经营许可,以及在边境建好的庞大保税仓库。11 月,运输酒精的船只陆续到港。肯塔基州的国民酿酒公司曾提醒肯尼迪,务必在出发去往英国前"准备好经营生意的商业构架"。肯尼迪对这个建议显然铭记于心,因此他也预见到了 1933 年 12 月 6 日将是他人生财富下一阶段大扩张的起点。当日早晨，全美尚且沉浸在酒精解禁前夜的狂欢中尚未苏醒，肯尼迪在给记者阿尔瓦·约翰斯顿（Alva Johnston）的信中表示，自己"已经向市场上投放了一大船翰格药用威士忌和另外一大船帝王药用威士忌"。他投资 11.8 万美元设立的萨默赛特进口公司此时正好派上用场。这家公司的名字颇有渊源，来自一家位于波士顿的绅士俱乐部，该俱乐部曾拒绝肯尼迪及其他爱尔兰天主教徒进入。当然，萨默赛特公司的成立是肯尼迪和富兰克林·罗斯福之子深厚友谊的成果，其浑身上下都散发着官商合作的特殊气息，但它在各个方面又都完全合法。

"完全合法"这一点，在曾长期担任《芝加哥论坛报》华盛顿分社总编辑一职的沃尔特·特罗安（Walter Trohan）20 多年后的一篇报道中并没有提到，当时肯尼迪的儿子约翰刚开始担任马萨诸塞州国会参议员。这篇 1954 年的报道主要是关于詹姆斯·罗斯福的离婚新闻，特罗安还讲述了小罗斯福帮助约瑟夫·肯尼迪进入酒精生意的秘闻。在简要描述了肯尼迪和英国合作伙伴达成的协议后，特罗安特别强调，事情发生在"禁酒令尚未被废除的时点"。特罗安所言不虚，但他忽略了一些事情。1933 年 11 月时禁酒令的确尚未被废除，但肯尼迪是以药用酒精的名义进口英国威士忌到美国的，到港后就直接存放在合法的保税仓库内。禁酒令时期的这段历史埋下了一颗种子，经过持续一生的各种流言、敌人和巨额财富的滋养，为乔·肯尼迪勾画了一副广受认可的形象——私酒贩子。

然而，根本没有任何可靠的理由能够令人相信肯尼迪曾是私酒贩子。关于禁酒令最广为人知的遗产可能就是它自己的神话——糅合历史知识、小道消息和好莱坞幻象于一体——非常接近真相，因此令人容易相信，但又永远没有真正接近真相，关于肯尼迪的神秘传闻就是其中典型。虽然肯尼迪一生中的诸多经历与特性（非常富有、曾经从事酒精生意、不受大众待见，也谈不上令人信任等）本身就是流言生长的肥沃土壤，但非常奇怪的是，关于他的这些流言直到禁酒令被废除30年后才突然冒出来。20世纪30年代，肯尼迪曾被三次任命为须经参议院批准的联邦政府职务（证券交易委员会主席、海事委员会主席及驻英国大使），其中最后被任命为驻英国大使时，禁酒令刚结束没多久，美国社会关于禁酒令的记忆依然深刻，但当时却并没有人认为乔·肯尼迪曾经做过私酒贩子——共和党没有，反罗斯福的民主党没有，残余的"三K"党没有，反爱尔兰裔的波士顿权贵没有、尖酸刻薄的媒体人员没有，就连依然因为蒙辱而充满愤恨的禁酒派干将们也没有。翻阅参议院档案，也没有发现任何指控他贩卖私酒的记录；查找《纽约时报》、《华盛顿邮报》《华尔街日报》或《波士顿环球报》，也未曾发现过类似的报道。就连以强烈反对罗斯福闻名的《芝加哥论坛报》和长期支持禁酒的《洛杉矶时报》，此前也没有任何认定、暗示或怀疑他是私酒贩子的只言片语。在他接受参议院的三次提名听证期间（最后一次提名听证发生于禁酒令被废除仅4年以后），曾有关于肯尼迪卷入操纵证券市场的留言，以及他可能存在利益冲突的问题。至于所谓卷入非法酒水贸易，根本闻所未闻。在禁酒令的冲击依然记忆犹新的历史时期，在任何存在不法嫌疑的蛛丝马迹都会被总统或肯尼迪自己的政敌大肆宣扬的关键时刻，根本连半句流言蜚语都未曾出现过。

　　20世纪50年代，总统对于肯尼迪的又一个任命引发了关于他以往经历的新调查。时任总统德怀特·艾森豪威尔计划提名他担任外国情报活动总统咨询委员会（President's Board Of Consultants On Foreign Intelligence Activities）成员，协助总统监督中央情报局的工作。白宫幕僚长谢尔曼·亚当斯(Sherman Adams)的办公室要求联邦调查局详细审查肯尼迪以往所有社会关系与活动记录。联邦调查局收集了大量档案文件，几乎触及他生活的每一个角落，就连他与詹姆斯·罗斯福在商业上的合作关系也没有遗漏。即使经过如此详细周密的全方位调查，官方结论中也没有任何关于他曾经从事私酒生意的线索，连他的政敌也未曾暗示或攻击过这一点。

上述状态持续了很多年。很明显，当他的儿子宣布参加总统大选后，"私酒贩子"这个词首次和肯尼迪的名字联系在一起，例如 1960 年 10 月 15 日的《圣路易斯邮报》上，爱德华·R. 伍兹(Edward R. Woods)在文章中写道："在美国部分特别干燥的地区，乔·肯尼迪如今已经被他儿子的批评者们视为一个富有的私酒贩子。"此文刊出后沉寂了一段时间，直到 1964 年沃伦委员会(Warren Commission)的报告发布后再次出现在公众视野。这一说法的支持者们认为，约翰·肯尼迪是被黑帮势力谋杀的，暗杀事件涉及黑帮大佬山姆·詹卡纳(Sam Giancana)①与肯尼迪家族的旧怨。

此后，黑帮大佬的传奇秘闻就像春天的花朵一样迅速绽放，成为美国人茶余饭后的谈资。黑帮大佬迈耶·兰斯基以前从未提起过乔·肯

---

① 山姆·詹卡纳(1908—1975)，意大利西西里移民后代，出生于芝加哥。詹卡纳在年少时就加入"42 帮"，从街头混混做起，很快就成为帮派新星。"42 帮"解散后，他又赢得芝加哥犯罪集团大佬的青睐，成为第一个加入芝加哥犯罪集团的前"42 帮"成员(素以野蛮残暴盛名在外，其成员不受芝加哥犯罪集团待见)，曾一度控制了芝加哥的私酒与赌博产业，并于 1957 年成为该犯罪集团的老大。坊间一直传闻约翰·肯尼迪在竞选总统时依靠山姆·詹卡纳的帮助拿下了伊利诺伊州，但肯尼迪上任后却支持弟弟鲍勃·肯尼迪领导司法部严厉打击黑帮势力，触及詹卡纳的利益，于是詹卡纳联合其他黑帮势力刺杀肯尼迪总统。

尼迪,但在此时却突然跟风谈起自己与肯尼迪在禁酒令时期的交往。1973 年,弗兰克·科斯特洛也告诉一位记者(当时二人正在合著一本书),称自己曾在禁酒令期间与肯尼迪做过买卖。说完此事一个多星期后,科斯特洛就去世了。十年后,另一位黑帮大佬——乔·博纳诺(Joe Bonanno)——在著名新闻节目《60 分钟》(60 Minutes)上重复了科斯特洛的说法,此时他正在为自己的新书做推广。1991 年,一位为《纽约时报》撰写戏剧评论的评论家在没有说明任何细节的情况下,直接在评论文章中称肯尼迪是一位私酒贩子。同年,肯尼迪的孙子因为强奸遭到指控。在陪审团成员资格审查环节,一位候选陪审员也持相似观点,称肯尼迪家族的财富来自于贩卖私酒。在当时,要想找到一个不认为"乔·肯尼迪"是私酒贩子的有一定社会见识的人,简直比登天还难。

有一些可信度甚低的"乔·肯尼迪曾贩卖私酒"的说法,其"证据"仅仅是某个人的模糊记忆。就像一个人说他早年曾在马萨诸塞州格罗斯特的码头看见肯尼迪,当时肯尼迪正在等待下一艘货船到港。但这位所谓的见证人可能没有意识到,20 世纪 20 年代的肯尼迪已经是一位非常成功的股票投机商,同时还是一家大型电影公司的实际控制人,他有很多更加有意义的方式打发时间。更有一位作家竟然仅仅凭借已经 93 岁高龄的阿尔·卡彭的调音师的片面之词,就认定肯尼迪曾经在卡彭的家里吃过意大利面,而且还商量用他的一船爱尔兰威士忌交换卡彭的加拿大威士忌。

回过头看,当时很多人根据肯尼迪曾经为哈佛同学十周年聚会提供私酒一事就斩钉截铁地认定他是私酒贩子,却不知道在 1922 年,这是任何一位 33 岁的运动健将都能轻而易举做到的事,更不用说肯尼迪的父亲在禁酒令实施之前就合法经营着酒水生意,而且根据法律规定有权保留自己未售出的存货。

还有些人给出了支离破碎且无法验证的所谓证据。例如,一位传记作家发现了一封肯尼迪在 1938 年写给时任国务卿科德尔·赫尔的信件,这位新任驻英国大使在信中提及自己曾跟英国做了 20 年生意。但作为成功商人和电影公司老板,肯尼迪在当时有大量跨国生意需要打理。此外,如果这位传记作家意识到一个重要事实——国务卿赫尔终身不沾酒水且积极支持禁酒,可能就不会那么急于断定肯尼迪是在向赫尔炫耀自己贩卖私酒的光荣历史。还有人声称,1927 年加拿大海关调查委员会(Canadian Royal Commission On Customs)的一份听证会记录中提到了约瑟夫·肯尼迪的名字。不过这些人没有注意到,这份听证会记录中提到的"约瑟夫·肯尼迪出口公司"是一家注册在温哥华的公司,公司名字并非来自老板的名字,背后实际控制人是不列颠哥伦比亚省的著名酿酒商——亨利·赖菲尔(Henry Reifel)。根据山姆·布隆夫曼的传记作者泰伦斯·罗伯逊(Terence Robertson)的考证,赖菲尔不过随手借用一家温哥华酒吧里服务生的名字当作公司商号而已。

即使是声誉卓越的调查者,也没找到肯尼迪曾经从事私酒生意的确凿证据。为了坐实肯尼迪贩卖私酒的指控,过去 40 年来,最著名的调查记者费尽心机以克服所谓"政府档案缺乏"的困难。在翻阅上千页的联邦调查局报告文件后,他发现"肯尼迪和有组织犯罪及私酒走私产业"之间"不存在任何关联"。此路不通,就另寻他径。这位调查记者转而利用在过去几十年一直守口如瓶的知情人士所讲述的大量二手甚至三手传闻,拼凑出肯尼迪从事私酒走私的犯罪历史,并且还能被一位研究苏格兰威士忌的知名学者所引用。令人诧异的是,这位接受采访的苏格兰人在禁酒令废除 30 多年后清楚地回忆了禁酒令时期的往事——不但准确地说出了乔·肯尼迪在 1934 年进口的酒水品牌,而且非常巧合的是他还特别嘱咐采访者不要披露他的名字,即使在他死后也不可以。

我们可以不妄加揣测这位苏格兰老人内心的恶意。在 20 世纪 60 至 80 年代,肯尼迪家族的显著崛起,期间也一直伴随着与日俱增的流言蜚语,自然也会令原本模糊不清的记忆瞬间变得似乎意义重大(或者如有着远大抱负的文学创作者科斯特洛和博纳诺所期望的——更加有利可图)。但那些如揉捏橡皮泥一般故意扭曲认知逻辑和研究标准的写手们则更不能获得原谅。例如,一位撰写肯尼迪家族传记的作者在根本没有发现任何有关肯尼迪走私私酒证据的情况下,竟然大言不惭地说道:"回忆的爆料量级远比个人经历的真实性重要。"

欲加之罪,何患无辞!或许,在这个世界的某个角落,真的有一份文件或可信的记忆,能够证实乔·肯尼迪与非法私酒贸易之间的关联。但今天的我们可以非常确信的是,乔·肯尼迪曾在禁酒令行将废止前合法进口了一批酒水到美国,并在禁酒令废除后大赚了一笔。在此后的岁月里,"合法"的记忆逐渐从记录的文字中消失,正如沃尔特·特罗安在 1954 年的那篇文章中所展现的。在近 80 年的时间里,经过无数新闻报道、历史记录及传记档案浩如烟海般的记录,3 次参议院提名听证流程的详细审查,以及敌视、怀疑肯尼迪的群体(甚至包括那些崇拜儿子但厌恶父亲的肯尼迪追随者们)持之以恒的挖掘,或许仍然有人认为,能够证明他曾经做过私酒贩子的证据碎片现在应该出现了。

遗憾的是,乔·肯尼迪从来没有做过私酒贩子,就像如今所有人都未曾做过一样。

后记

　　从任何角度看,禁酒令运动都是一场彻头彻尾的失败之作。它的出现滋养了犯罪活动和制度化的虚伪,减少了政府财政收入,破坏了政治体系的运行,严重限制了个人正当权利,助长了贿赂、勒索和官员腐败的风气。禁酒令还导致了大量暴力伤害与谋杀案件,如因假酒而导致的中毒死亡、因缺乏训练与监督的执法人员粗暴执法而导致的死亡、因偶遇黑帮暴力火并不幸死亡等。大众之前关于禁酒令的普遍想象——夜总会舞池里鞋跟翻飞的时髦女郎,或者挥舞斧子销毁查扣的非法啤酒——很容易就能被不同的景象所取代:玛莎葡萄园岛海岸上潮水涌动,把被劫掠的私酒贩子的尸体冲上岸来。这些尸体已经被海水浸泡得膨胀起来,他们的眼睛被挖掉了,手掌和脸庞也被浓硫酸腐蚀得一塌糊涂;或者是堪萨斯州威奇塔市那些残废的饮酒者们,他们的生命被35美分一瓶的杰克姜汁酒中所含的神经毒素摧残,余生再也无法正常行走。

　　但禁酒令也并非一无所成,至少它在一点上取得了非凡的成就——作为禁酒令"14年统治"的直接结果,美国人的饮酒量下降了。事实上,禁酒令废除之后,美国人的饮酒量仍在持续下降。回到20世纪的头几年,在大多数州开始立法限制饮酒之前,美国每一位成年人年均消费 2.6 加仑纯酒精——大致相当于 32 瓶 80 美氏度的烈酒,或者 520 瓶 12 盎司装的啤酒。多方统计数据表明,美国人均饮酒量在禁酒令第一年就下降了 70 多个百分点。随着美国人的干渴程度在禁酒令期间的变化,人均酒精消费量也不断提升,但即使废除禁酒令也没有令美国的酒水阀门大开——禁酒令之前 2.6 加仑的人均酒精消费历史高点直到 1973 年方被赶上(但这个新高点仅维持到 1980 年代中期,之后又扭头呈下降趋势,直到如今人均 2.2 加仑的消费水平)。在 1934 年上映的电影《瘦人》(*The Thin Man*)中,威廉·鲍威尔(William Powell)和玛娜·洛伊(Myrna Loy)二人一共喝了 33 杯酒。而大家在真实生活中喝酒的习惯,正如莫里斯·马基在《纽约客》上所说的,其实与电影中截然不同。马基在禁酒令废除仅仅两周后写道:"有天下午,我们一行四人前往公使酒店(Ambassador Hotel)喝鸡尾酒,坐下聊了 3 个小时,每个人也就喝了三杯鸡尾酒而已——平均每小时一杯。我们四人想想都感到不可思议,要是在禁酒令时期的地下酒吧,绝不可能就喝这么一点酒。地下酒吧里有一种无形的紧张气氛,促使人们一杯接一杯地不停喝酒,即使喝得心满意足了也不愿放下酒杯。"

禁酒令废除后人均饮酒量增长缓慢,导致其处于一种尴尬境地:纵观全国,第二十一修正案让喝酒变得更难了,而非更加容易。在禁酒令末期,特别是在大城市、沿海地区或加拿大边境接壤地区,别说喝一杯,就是喝一瓶酒都非常容易。甚至在某些地方如果有人想买一整船的酒,也算不上难事。买卖双方不用费什么口舌,交易就达成了。法律严禁的事物实际上根本不受管制,法律也就形同具文。一幅漫画作品如此讽刺道:"当你不能在星期日买到酒喝的时候,你会想起禁酒令之前的旧时光吗?"

但废除禁酒修正案颠覆了很多既有规则,各州相继制定了一系列管制规范和执法体系,取代以前个人可以为所欲为饮酒的状态。废除禁酒令后,卖酒场合有了营业时间限制,饮酒者有了年龄要求,甚至还有了"星期日蓝色法律"。为了确保酒吧和酒水商店远离学校、教堂和医院,这些场所在选址上也有了地理限制。各州对销售酒精实行牌照管制,迫使合法销售者守法经营。而在不少州,政府甚至将买酒的人也列入惩罚对象。正如禁酒令没有实现禁酒的目的,饮酒合法化也没有令饮酒完全合法。

有些州在联邦政府废除禁酒令后依然继续执行本州禁酒令,而且还实现了禁酒信仰、禁酒令已遭废除之现实与当地特色三者共存的魔幻景象。1938年,此前因规避田纳西州禁酒令而迁往圣路易斯市的杰克·丹尼酿酒厂又迁回其诞生地林奇堡镇(Lynchburg),而林奇堡所在的摩尔县(Moore County)当时仍维持着地方禁酒令,这就造成了一种非常有趣的现象——工人们可以在林奇堡酿酒,但无人能在该地买酒。密西西比州禁酒令一直维持到1966年,看起来非常执着,其实却非常生动地展现了当地政府自欺欺人的一面。销售酒水在当地属于不法行为,但与此同时,地方政府多年来一直向非法销售的酒水征收10%的赋税,这就激励地方政府鼓励不法行为。1950年,大文豪威廉·福克纳(William Faulkner)公开为当地既有规则辩护,号召密西西比人民不要废弃"'干派'选民和违法售酒者之间长久且幸福的婚姻,而且我们公平的州政府为双方分别提供了最后的圣殿与堡垒"。威利·莫里斯(Willie Morris)在个人回忆录《北上返家》(*North Toward Home*)中提到一个与酒精管制有关的故事。亚祖市(Yazoo)计划通过选民投票表决新修订的酒精管制法律,当地一个私酒贩子为此四处游说,他大声疾呼道:"为了我的家庭,请大家务必投票支持禁酒!"

但即使地方政府无意阻止私酒流动,第二十一修正案第二款①也赋予它们出于不相关的目的来制定酒类管制法律的空间。在有些州,政府官员有权豁免夜总会或酒吧遵守裸露禁令,这不是因为他们有权规制公共场合的裸露行为,而是因为根据当地法院对第二款的解读赋予执法官员以极大的权力,使得他们可以决定提供酒水服务的场合能做些什么。在纽约市,当地官员也利用类似权力同意比莉·哈乐黛(Billie Holiday)在承认贩毒指控后继续在该城的卡巴莱夜店表演。

废除禁酒令影响深远,美国社会诸多与酒精产业干系甚微的领域也受到波及。大时代涌动沉浮,有人站上潮头,有人溺于水下。"大萧条"在美国肆虐多年,专门面向市中心老主顾的哈勒姆夜总会也失去了原本堪称暴利的私酒业务,那些经常去乡村度假的时髦客人也不再穿貂戴珠。到了1938年,跨越大洋的"豪饮之旅"完全消失了。换言之,"漫无目的之旅"催生了大量往返于美国港口和加勒比海的豪华度假航线。那些原本靠驾驶增强马力的改装汽车与国税局执法人员在乡村小路赛跑谋生的南方乡村青年们,很快发现人们如今愿意付钱观看他们赛车,因此催生了纳斯卡赛车(NASCAR)。也有不少失意者意识到,新的创意和新的拼搏能够让他们重回胜利高峰。在得到老朋友富兰克林·罗斯福保证说禁酒令即将废止后,巴哈马群岛总督给治下的行政部门下达了新指示:"诸位先生,事已至此,也就意味着——如果

---

① 第二款规定:"在合众国任何州、领地或属地内,凡违反当地法律为在当地发货或使用而运送或输入致醉酒类,均予以禁止。"

我们不能给美国人带去美酒,那么我们就必须为美酒带来美国人。"之后的情况正如一位当地时事评论家所说的,巴哈马群岛的旅游业在原本专注于私酒贸易的加拿大皇家银行的帮助下于加勒比海扎下立足之地,极力扩展"从北方蒙特利尔至南方伯利兹(Belize)"的业务机会。

抛开个体、产业或国家经济的命运不谈,禁酒令所留下的最不朽传奇当属它作为后世榜样或教训的长久普适性。禁酒令期间,一方面,政府颁布了种类繁多的刑事法律,在废除禁酒令后又延续惯性制定了许多针对绑架和抢劫银行案件的新法律;而另一方面,正是得益于联邦政府在禁酒令执法工作上表现出的腐败无能,各州才有充分理由对抗联邦政府权威,将大部分刑事法律执法权和管辖权紧紧握在地方政府手中。因为禁酒令证明了国家不能通过立法规制道德问题,那些为毒品合法化而奔走呼号的人才有信心直接将毒品与酒精相提并论。20世纪50年代,南方政客们猛然发现禁酒令是一个可供为邪恶念头辩护的完美先例——《沃尔斯泰德法》的彻底失败表明,适用于一个地区的道德准则未能够适用于其他地区。由此推论,推动学校种族融合肯定会沦落为一场荒唐的灾难。

在禁酒令的无尽余波中,有一个教训是最本质的,也是最无可辩驳的。1966年夏,一个天气晴好的日子,山姆·布隆夫曼向人们道出了这一点。当时,布隆夫曼在位于纽约州塔里敦的美景宫别墅接受两家杂志社记者的采访。为了给讲述布隆夫曼统治美国酒精产业的传奇准备素材,记者们询问了他在禁酒令期间的经历。几十年来,布隆夫曼经常被问到此类问题,他已经磨炼出一套可随时回应的自动问答话术;这在加拿大并不属于非法行为(他的意思是只要遵守海关和税收法律就可以,这是错误的);施格兰公司的产品从来没有直接出售给私酒贩子

（这句话符合事实——施格兰公司先把酒卖给布隆夫曼家族全资所有的代理商,然后再由代理商直接卖给私酒贩子）;他从来没有见过家族公司的产品被运到美国(不算错误,但似是而非)。

但这次不一样。当时正值7月,77岁高龄的山姆·布隆夫曼刚游完泳,此刻正身着运动短裤和运动衫呼吸着新鲜空气,享受着运动后的愉悦,也沉浸在晚年的显赫、平静和自信之中;四壁满是真皮封面书籍和精致艺术画作,房前是阶梯起伏的花园美景,远处是辽阔的哈德逊河,一眼望去美不胜收。布隆夫曼得以敞开心扉,道出埋藏于内心深处的真情实感。他对记者说道:对于禁酒令期间发生的一切,真正的原因只有一个——"你们美国人非常干渴"。

本书注释部分篇幅较大,扫描二维码回复"最后一杯"即可在线查看

致谢

　　本书的写作在 2002-2003 年冬天正式启动,期间因为我加入《纽约时报》编辑部工作而中断了 18 个月,后来两次偶然的邂逅再次搅动了我原初的计划。

　　第一次邂逅是与老朋友温蒂·沃尔夫、瑞克·科特及莉兹·达罕索夫。温蒂和瑞克曾经是我的出版人,他们令我确信禁酒令必须是我下一本书的写作主题;丽兹——曾经是,现在是,未来也将一直是我的经纪人——于是开始想方设法帮我实现这个目标。

　　几个月后,我在布鲁克林大桥上和肯·伯恩斯不期而遇。这些年来肯一直和我念叨:"我们一起制作一部纪录片吧。"我对影片制作的了解和我对分子物理学的了解相差无几。面对他的积极鼓励,我只能报以不可思议的眼神回复。而在这一次偶遇中,当我告诉他我正在研究禁酒令的历史时,肯握住了我的手,直截了当地表达了自己的想法:"就是它了,那就是我们要制作的影片。"

　　我们的想法实现了——这个想法也必须实现——肯和他的同事(也是我的好友)琳·诺威克着手制作他们策划的影片,而我也开始启动我的写作计划。在此过程中,双方不断交流想法、研究成果和各类资源,我们都获益匪浅,因此可以说两项计划是一对堂兄弟。因为肯、琳、杰弗里·瓦尔德和莎拉·波特斯坦的帮助,本书完稿后的内容比预想的要好得多。要是他们也同样评价我在他们即将上映的影片中所做的微薄工作,我会感到非常开心。

本书涉及大量研究工作,我在写作过程中离不开诸位研究助理的协助。其中尤其要感谢乔纳森·利希滕斯坦、帕特里克·麦凯里、爱丽尔·拉特纳、迈克尔·史毕斯及丹·怀特。赞恩·寇蒂斯-奥尔森、艾米·爱汀格和莉莉·罗斯曼在我写作本书的不同阶段分别提供了帮助。在此我必须特别表达对莉迪亚·奥克伦特的感谢(或者说骄傲),其中情意之深仅有作为父亲的我能够体会。

像本书如此复杂的写作计划,要求作者必须长途跋涉,研究各地保存的历史档案。为了推进我的研究工作,我去过剑桥、华盛顿、威尔明顿、多伦多、底特律、安阿伯、芝加哥及旧金山等地,还在纳帕谷开展了为期两周的研究工作。除此之外,还有许多在此领域非常有建树的学者毫不保留地向我提供了大量我无法接触到的研究材料,他们包括圣路易斯的亚伦·阿金斯、圣保罗的马特·贝克、辛辛那提的艾米·胡普里奇·库克、巴尔的摩的安妮·林斯基和渥太华的克利福德·斯科特等。我在安阿伯的本特利历史图书馆开始研究工作时,菲比·诺布勒斯也提供了大量的帮助。

在查阅资料过程中,许多图书管理员及档案管理员给予我热情的款待、周到的帮助,并分享了他们宝贵的经验。在此我要特别铭记四位朋友:纽约公共图书馆的大卫·史密斯把帮助作者开展研究视为自己的使命,我也很荣幸跻身能够获得热心的大卫帮助的数百位研究者之列;威尔明顿哈格利博物馆负责保管杜邦家族和布隆夫曼家族档案的玛吉·麦克宁奇周到解决了我访问研究延期的问题,并在之后的三年里耐心细致地回答我发过去的问题;国会图书馆手稿部的杰夫·弗兰纳里对部门内浩如烟海的藏品如数家珍,他总是能够准确找出我最需要的文件,着实令我拜服不已;伊莲恩·麦克尔罗伊是马萨诸塞州韦尔弗利特公共图书馆内的一位研究所负责人,她和团队满足了我所有的查阅需求,没有哪本书或微缩胶卷是他们找不到的。回想在韦尔弗利特做研究的那段夏日时光,他们热情周到的服务让我的室内研究工作不至于如预想中的单调沉闷。

　　其他为本书写作提供协助的图书管理员和档案管理员还包括:哈格利博物馆的理查德·詹姆斯、国会参议院历史研究办公室的布莱恩·麦克劳克林、明尼苏达历史学会的布里吉德·希尔兹、索纳玛县葡萄酒图书馆的波·西蒙斯、洛杉矶犹太人历史学会的斯蒂夫·萨斯、约翰杜瓦父子有限公司的雅基·瑟金特、《波士顿环球报》的丽萨·图特、温莎公共图书馆的汤姆·瓦伊迪克、约翰·F. 肯尼迪政府学院的苏珊娜·沃内。写到这我想起了那个疯狂的夏天早晨,当时我忙到天快亮了,所有的地方都关了门,加州大学戴维斯分校的达里尔·莫里森变不可能为可能,让我得以在一个不能错过的航班前休息了四个小时。国家档案馆中部平原区分馆的蒂姆·里夫斯帮我找出了与李·莱维(就是曾在旗下杜松子酒酒标上添加恶俗元素而声名狼藉的那位酒商)有关诉讼的法庭记录。

　　如今仍然在世的许多人还保留着有关禁酒令的鲜活(或者说可靠)记忆,他们知道自己亲人(其中不少也是我书中所涉及的人物)许多不为人知的故事。对这些人士的访谈(有些是我完成的,有些是我的研究助理完成的)丰富了我对书中人物的理解,在此我要表示诚挚的感谢。他们分别是:艾丽卡·富勒和沃尔特·富勒(乔治斯·德·

拉图尔)、帕特·列文森和安东尼·舒尔特(大卫·舒尔特)、苏珊·伯恩斯·罗斯柴尔德(查理·伯恩斯和杰克·克伦戴尔)、朱利安·斯泰因(埃默里·巴克纳)、克里斯托弗·惠勒和罗宾·惠勒(韦恩·惠勒),以及保利娜·萨宾·威利斯和希拉·莫顿·科克伦(保利娜·萨宾)。艾丽卡和沃尔特·富勒、朱利安·斯泰因及罗宾·惠勒还为我提供了此前从未被其他学者或记者接触过的私人文件。琳和她的同事在佛罗伦萨人电影公司制作的一些补充访谈也加深了我对禁酒令时代的理解。

　　还有不少学者热心回复了我提出的一些细节问题,指导我探寻可供使用的研究资料,并在他们深耕多年的领域提出了非常深刻的见解。这些真知灼见,都是我不曾奢望的研究成果。关于税收政策历史,我请教了唐纳德·布德罗和约瑟夫·桑戴克;关于禁酒令相关的法律制度变迁,我请教了杰森·马佐内、罗伯特·波斯特和威廉·斯通茨;关于约瑟夫·肯尼迪,我请教了大卫·纳索;关于阿尔·卡彭,我请教了乔纳森·艾格;关于犹太教会圣餐葡萄酒产业,我请教了玛尼·戴维斯;关于山姆·布隆夫曼,我请教了詹姆斯·杜布罗;关于英国酿酒产业、圣皮埃尔岛、私酒舰队,我请教了劳伦斯·斯皮内利、J.P. 安德里厄和罗纳德·韦尔。尤为令我难忘的是,兰吉特·迪格和约翰·福克斯拿出了他们有关皮埃尔·杜邦和联邦法律执行问题的未出版研究成果,供我随意翻阅。迈克尔·勒纳通读了我的手稿,提供了极有价值的见解和修改建议。我和好朋友罗伯特·斯克拉当初因为学习历史而相识,我让他足足等待了四十年才做出今天的研究作品,并很荣幸请他通读了手稿。当然,他和我在此提到的许多朋友一样,不应为本书中出现的任何事实差错或理解错误而承担文责。

还有不少朋友帮助我形成了本书的整体框架,他们不时提出的意见督促我对有些问题重新做更深入的研究。这些朋友包括:约翰·培根、苏西·博洛廷·泰勒·布兰奇、波比·布里斯托、莉莎白·科恩、尼古拉斯·德尔班科、梅丽莎·齐亚诺·埃利斯、雷·埃尔曼、莱昂·弗里德曼、吉姆·盖恩斯、皮特·盖泽斯、乔尔·戈拉、丽萨·格伦瓦尔德、卡萝·霍夫曼、约翰·休伊、迈克尔·詹韦、乔·卡恩、斯蒂夫·利普希茨、布鲁斯·麦考尔、比尔·鲍尔斯、杰弗里·普雷科特、约翰·罗斯曼、玛莎·谢里尔、杰克·斯奈德、本·索恩伯格、苏珊·蒂夫特、格伦·瓦格纳、温蒂·沃尔夫及拉斐尔·伊格莱西亚斯。

在此还要感谢一些亲爱的朋友和敬爱的同事们。2006年,哈佛大学约翰·F. 肯尼迪政府学院下属琼·绍伦斯坦出版、政治与公共政策中心的亚历克斯·琼斯和南希·帕尔默为我解决了临时住所(后来那里就变成了我的第二研究工作室),并且指引我进入了哈佛大学令人叹为观止的庞大图书馆。在绍伦斯坦中心研究期间,我还认识了埃迪·霍尔维、汤姆·帕特森等多为朋友。虽然相处短暂,但他们的学识令我折服,我们的友谊也尤显珍贵。

在过去四年多时间里,来自斯克里布纳出版社的科林·哈里森和苏珊·摩尔多的鼓励和支持是我完成本书写作所必不可缺的动力源泉,他们的同事杰西卡·曼纳斯和凯蒂·里佐的协助也同样重要。在以往四分之一世纪中,无人能及的克里斯·杰罗姆一直逐词逐句地帮我修改书稿,帮我避免在哪怕要求最低的读者面前出丑(当然,如果她未能发现本书中的个别错误,全部责任都应归于我自己)。丽兹·达罕索夫与我共事的时间更加长远,她支持我的工作,承受我的埋怨,忍受我的脾气,给予了我无尽的宽容,这些都远超过"写作经纪人"的职责范畴。最后,我要感谢我最深爱的家人——贝基、约翰和莉迪亚。有了他们,我就是世界上最幸福的人。

D. O. 韦尔弗利特

马萨诸塞州,2009 年 8 月

译后记：改变美国的禁酒令

2019 年 9 月，我在旧金山 Mikkeller Bar 小酌，深为此地迷人的精酿啤酒风味倾倒。期间和酒保闲聊，提及我正在翻译关于美国禁酒令的书籍。酒保流露出一丝困惑，显然对一百年前的 Prohibition 没有什么概念。不过这位酒保倒也爽快，既然都做着与酒相关的事，勉强也算半个同道中人，就又送了我一杯。酒量很浅的我，喝得微醺回到了酒店。

美国人对禁酒令的记忆都已经模糊，中国人更是陌生。大约十年前，我沉迷于电影《美国往事》，对电影中几位好兄弟经营地下酒吧发财致富的情节印象深刻，进而开始关注美国禁酒令的历史。同期美剧《大西洋帝国》开始上映，连播了五季。这部美剧制作精良，剧中黑帮的权欲情仇故事确实令人目眩神迷，而我更关注的仍是该剧的故事背景——禁酒令。

2010 年，丹尼尔·奥克伦特（Daniel Okrent）关于禁酒令的全景式作品——*Last Call：The Rise and Fall of Prohibition* 出版，一时大热。2011 年，PBS 以此书为底稿，制作了三集纪录片——《禁酒令》。Last Call 是一部不可多得的关于禁酒令的深度研究作品，我读后第一时间就分享给了何帆和曾健两位老师。当时恰好翻译完《最高法院的"喜剧之王"：安东宁·斯卡利亚大法官传》，就想着手将之译成中文。不料因为种种插曲,直至今日,方才出版。

禁酒令存续的近十四年间,整个美国被折腾得天翻地覆。然则禁酒令废除后,无论是曾经赫赫有名的相关人物,还是那段时间的记忆,很快就从美国国家记忆中消失了。许多人通过电影熟知私酒大佬麦克斯、面条的每一阶段人生,却对缔造禁酒令的韦恩·惠勒及其推动的禁酒宪法修正案一头雾水。一如译者此前的认知历程,现在人们关于禁酒令的认识,更多地停留在好莱坞制作的幻象中。

在本书翻译初稿完成的 2020 年,恰是美国宪法第十八修正案(禁酒令)生效 100 周年。100 年虽然漫长,但美国禁酒令这段波澜壮阔的历史,不应该仅存在于娱乐作品里。

如果自 19 世纪 40 年代有组织的华盛顿人戒酒行动开始算起,至 1933 年废除禁酒宪法修正案,禁酒令在时间维度上持续了近一百年。在一个世纪的漫长历史中,禁酒令从来不是仅作为单一政治议程而存在,它的兴起、发展、高潮、落幕,在横向维度上与美国历史上诸多重大社会变革交织在一起。推动男女政治权利平等的女性参政权运动、设立所得税的所得税修正案运动,以及进步主义、排外主义、种族主义、宗教仇视、金本位、高关税等重大政治议程,皆与禁酒令联系密切。禁酒运动的历代领导组织及领袖人物,以禁酒令为核心,建立了一个政治议程多元化的禁酒统一战线。

禁酒统一战线的一系列成果,深刻改变了美国社会,重塑了美国宪政。经过禁酒令的洗礼,美国的联邦政府从之前的小政府,逐渐成长为大政府,为二战后崛起为全球霸权做了充分的组织准备。禁酒令及其相关政治议程的推进,也为二战后美国国内民权运动、政党分化重组埋下了伏笔。

　　有关禁酒令的这段历史，着实令译者沉醉其中。当然，每位读者都有不同的口味偏好，对同一杯酒也会品出不同的滋味。本书原作者研究功底深厚，参考书目浩如烟海；文笔也相当了得，全书大部分内容皆可作为英语文学写作教材使用，令酒量甚浅的译者二人经常喝醉。如有翻译谬误或不妥之处，文责皆在译者，还请各位读者多多海涵，并不吝指正，以期未来得以修订。

钟志军　罗梦玲

2021 年 9 月于上海

图书在版编目（CIP）数据

最后一杯：美国禁酒令的立与废／（美）丹尼尔·奥克伦特（Daniel Okrent）著；钟志军，罗梦玲译. --北京：中国民主法制出版社，2022.1
书名原文：LAST CALL：The Rise and Fall of Prohibition
ISBN 978-7-5162-2763-3

Ⅰ.①最… Ⅱ.①丹… ②钟… ③罗… Ⅲ.①酒-社会问题-美国-20 世纪 Ⅳ.①D771.288

中国版本图书馆 CIP 数据核字（2022）第 025236 号

本书中文简体版经过版权所有人授权北京麦读文化有限责任公司，由中国民主法制出版社出版。
著作权合同登记号：01-2021-3507

图书出品人：刘海涛
出版统筹：乔先彪
图书策划：曾 健 海 伦
责任编辑：陈 曦 谢瑾勋
装帧设计：组配の匠

书名/最后一杯：美国禁酒令的立与废
作者/［美］丹尼尔·奥克伦特（Daniel Okrent）著
编译者/钟志军 罗梦玲

出版·发行/中国民主法制出版社
地址/北京市丰台区右安门外玉林里 7 号（100069）
电话/（010）63055259（总编室） 63057714（发行部）
传真/（010）63056975 63056983
http：//www.npcpub.com
E-mail：mzfz@npcpub.com
经销/新华书店
开本/32 开 880 毫米×1230 毫米
印张/18 **字数**/415 千字
版本/2022 年 3 月第 1 版 2022 年 3 月第 1 次印刷
印刷/北京天宇万达印刷有限公司

书号/ISBN 978-7-5162-2763-3
定价/89.00 元
出版声明/版权所有，侵权必究

（如有缺页或倒装，本社负责退换）